INTERFACES DA PSICANÁLISE

Blucher

RENATO MEZAN

Interfaces da psicanálise

2ª EDIÇÃO

Interfaces da psicanálise
Copyright © 2002 by Renato Mezan
Editora Edgard Blücher Ltda.
2ª edição – 2019

Capa
Leandro Cunha

Índice remissivo
Noemi Moritz Kon

Índice onomástico e índice de textos de Freud
Marisa Nunes

Preparação
Eliane de Abreu Santoro

Preparação dos índices
Luciano Marchiori

Revisão
Isabel Jorge Cury
Otacílio Nunes
Beatriz de Freitas Moreira
Beatriz Carneiro

Blucher

Rua Pedroso Alvarenga, 1245, 4° andar
04531-934 – São Paulo – SP – Brasil
Tel.: 55 11 3078-5366
contato@blucher.com.br
www.blucher.com.br

Segundo o Novo Acordo Ortográfico, conforme 5. ed.
do *Vocabulário Ortográfico da Língua Portuguesa*,
Academia Brasileira de Letras, março de 2009.

É proibida a reprodução total ou parcial por quaisquer
meios sem autorização escrita da editora.

Todos os direitos reservados pela Editora
Edgard Blucher Ltda.

DADOS INTERNACIONAIS DE CATALOGAÇÃO NA PUBLICAÇÃO (CIP)
ANGÉLICA ILACQUA CRB-8/7057

Mezan, Renato
    Interfaces da psicanálise / Renato Mezan. – 2. ed. –
São Paulo : Blucher, 2019.
    592 p.

    Bibliografia
    ISBN 978-85-212-1865-4 (impresso)
    ISBN 978-85-212-1866-1 (e-book)

    1. Psicanálise 2. Inconsciente (Psicologia) 3. Freud,
Sigmund, 1856-1939 I. Título.

19-1797   CDD 150.195

Índice para catálogo sistemático:
1. Psicanálise

Para Yvoty, Francisco e Eleonora,
meus tesouros

Conteúdo

Apresentação 9

PRIMEIRA PARTE – MOMENTOS DE UMA HISTÓRIA 15

A interpretação dos sonhos: origem e contexto 17

A Medusa e o telescópio: Freud e o olhar 32

As cartas de Freud 83

O irmão: ficção psicanalítica 100

O inconsciente segundo Karl Abraham 115

Do autoerotismo ao objeto: a simbolização segundo Ferenczi 151

Cem anos de interpretação 174

A recepção da psicanálise na França 196

Figura e fundo: notas sobre o campo psicanalítico no Brasil 221

SEGUNDA PARTE — A PSICANÁLISE NO SÉCULO 255

Subjetividades contemporâneas 257

Destinos da agressividade entre os judeus 273

Humor judaico: sublimação ou defesa? 286

Sonhos induzidos: a eficácia psíquica da publicidade 302

Psicanálise e cultura, psicanálise *na* cultura 317

Conteúdo

TERCEIRA PARTE — A PSICANÁLISE NA UNIVERSIDADE 393

Psicanálise e pós-graduação: notas, exemplos, reflexões.............................. 395
Sobre a epistemologia da psicanálise 436
Notas de leitura... 520

Nota sobre a origem dos textos 557
Índice remissivo 561
Índice de obras mencionadas.. 577

Apresentação

"*Cent fois sur le métier/ remets ton ouvrage*", diz um verso da *Arte poética* de Boileau, citado em algum lugar por Piera Aulagnier: *métier* como tear, numa referência à origem da palavra *texto*. Os fios que compõem este tecido são ideias, palavras, imagens, lembranças; e a trama que desenham é a de um pensamento se fazendo, às voltas com as dificuldades da prática clínica, da atividade acadêmica e do próprio trabalho de escrever — as faces do *métier* deste autor, agora no sentido de ocupação ou profissão.

Faces, interfaces... imagens que remetem à geometria e à informática. Certamente não por acaso: na geometria, a razão humana descobriu seu poder de provar, o que serviu de modelo para a argumentação filosófica — mas também descobriu, ao estudar a proporção entre o lado e a diagonal do quadrado, que a irracionalidade habita o coração mesmo do que parece racional. Já a informática opera com um aparelho e com códigos, por meio dos quais signos, imagens e palavras se interpenetram constantemente. Que belas metáforas para a psicanálise! Também aqui, razão e desrazão convivem — na alma humana como no pensamento do analista, seja este clínico, seja teórico; também aqui, palavras e imagens se recobrem a todo momento, umas dando nascimento às outras, num processo de engendramento recíproco e de mútuo esclarecimento.

Mas não forcemos demais a analogia. A psicanálise possui uma dimensão terapêutica, que é sua essência e sua razão de ser; mas possui também uma

Apresentação

dimensão teórica, pois formula teses sobre o psíquico que pretendem ser verdadeiras, portanto passíveis de algum tipo de demonstração. Situa-se entre as disciplinas humanas, e, como todas elas, depende de fatores extracientíficos para se constituir e sobreviver. Esses fatores provêm do entorno social e cultural, de sorte que o não diretamente clínico faz igualmente parte dela, como pressuposto, como objeto ou como aresta de contato. Vale dizer que a teoria freudiana tem, como um rio, montante e jusante: a montante suas condições de possibilidade, a jusante suas aplicações na terapia e na crítica da cultura. Essa imagem também pode ser lida numa clave diacrônica: a montante, o passado da psicanálise, embutido inelutavelmente no seu presente; a jusante, as tarefas clínicas e éticas que se impõem aos que a praticam.

Os artigos aqui reunidos espelham essa dupla visada, tentando situar nossa disciplina em vários contextos e compreender de que modo tais contextos se encontram, nela, transpostos e reconfigurados. Procurei mostrar isso ao longo de três eixos principais, que correspondem às três partes do livro: questões de história da psicanálise, os vínculos sutis que a unem ao entorno cultural e social, e os problemas atinentes ao seu ensino no ambiente universitário.

A disciplina freudiana já conta mais de um século de existência. Nestes cento e poucos anos, ela se constituiu como um movimento institucionalizado, com seus debates internos, suas regras de formação e seus veículos de difusão. Envolveu e inspirou milhares — talvez dezenas de milhares — de profissionais, que a ela dedicaram o melhor de suas vidas e de suas reflexões, muitas vezes enredados em paixões e em sofrimentos pessoais, alvo de perseguições políticas que os obrigaram a mudar de língua e de país: o nazismo na Europa, as ditaduras na América Latina ceifaram muitas carreiras, mas também contribuíram para que a psicanálise emigrasse — junto com seus praticantes — para terras mais hospitaleiras, nas quais se implantou e desenvolveu. Tudo isso é, legitimamente, parte da sua história e, portanto, objeto para um estudo de teor histórico, capaz de apresentar às novas gerações o que as precedeu e que influi, muitas vezes *à leur insu*, sobre as querelas e perplexidades do presente.

Para além dessas peripécias institucionais e biográficas, porém, a expressão "história da psicanálise" pode designar igualmente a evolução das práticas e das ideias que a singularizam. Já não analisamos como Freud, mas certamente *também* analisamos como Freud, e não só na disposição física da sala de consulta: muitas das noções por ele forjadas permanecem como fundamentos da escuta e da interpretação. Por outro lado, cem anos de história trouxeram importantes contribuições de outros analistas, e isso em todas as gerações que nos separam do fundador. O que, da herança freudiana, ainda é atual e o que é hoje nosso, sem que tivesse sido inventado por ele?

Essa questão atravessa a primeira parte deste livro: os nove trabalhos que a compõem abrem-se com a figura de Freud, tratando da atualidade do seu *opus magnum* (a *Traumdeutung*), da complexa relação que mantinha com o olhar (por que o famoso divã?), da sua incansável atividade de correspondente (ele escreveu cinco vezes mais cartas do que trabalhos científicos, ou seja, algo em torno de 20 mil páginas). Segue-se um pequeno exercício de "ficção freudiana", para falar como Octave Mannoni: o que o irmão da Jovem Homossexual pensaria do tratamento seguido por ela, durante alguns meses, com o famoso Professor?

Os dois artigos seguintes abordam a obra de Karl Abraham e de Sándor Ferenczi, sem dúvida os mais importantes e criativos entre os discípulos diretos de Freud. Algumas ideias desses pioneiros incorporaram-se ao "senso comum psicanalítico", a tal ponto que por vezes já não as ligamos aos seus autores; outras, mais datadas, envelheceram e são antes matéria para os historiadores. Não se veja nisso, de resto, qualquer demérito: ainda que sob sua forma literal tais ideias não tenham hoje o mesmo valor que as outras, por vezes sobrevivem, modificadas, em conceitos e esquemas interpretativos forjados por seus discípulos (como Melanie Klein, continuadora de Abraham, e a escola das relações de objeto, fruto colateral das preocupações clínicas e dos avanços teóricos de Ferenczi).

O que significa, exatamente, dizer que já não interpretamos como Freud? Esse é o tema de "Cem anos de interpretação", no qual procuro descrever alguns momentos da história dessa prática, que, sempre segundo Octave Mannoni, singulariza a atividade do analista. O texto sobre a recepção da psicanálise na França examina um traço curioso do modo pelo qual os franceses leram e leem Freud, a que chamei de *galicanismo*: a tendência a separar, na sua obra, o "aceitável" do "inaceitável", o que acontece sistematicamente desde que, nos anos 1920, psiquiatras, filósofos e escritores surrealistas se interessaram por ela. É também um tributo aos meus mestres franceses, com quem me iniciei na filosofia — neste "departamento francês de ultramar" encravado nos matagais da então incipiente Cidade Universitária — e na psicanálise, seguindo os seminários de Conrad Stein e de outros, ao mesmo tempo que, com Claude Le Guen, fazia um primeiro percurso analítico.

Apresentação

Mas eu vivo no Brasil, assim como meus leitores; aqui continuei, com Vera Stella Teles, minha análise, e aqui passei a fazer parte de uma associação de analistas, o Departamento de Psicanálise do Instituto Sedes Sapientiae. Carecemos ainda de uma história abrangente da psicanálise em nosso país, como as que já existem para a França, os Estados Unidos, a Argentina e — embora não num volume único — para a Inglaterra. O artigo que encerra a primeira parte visa a contribuir para que um dia essa história possa ser escrita; seu fio condutor é uma questão que foi proposta à comissão editorial da revista *Percurso*, que tenho a honra de dirigir há mais de dez anos: o que mudou na nossa prática e no nosso pensamento desde a criação, sob o impulso de Regina Schnaiderman, do curso de psicanálise no Sedes? Escrito para comemorar o vigésimo aniversário dessa instituição, o texto busca estabelecer algumas das linhas de evolução que se podem discernir nesse período — o nosso, afinal, pois a maioria dos analistas que hoje trabalham no Brasil começou sua carreira dos anos 1970 para cá. Acompanha esse texto um levantamento dos principais livros e artigos publicados, aqui e no exterior, de 1977 a 1997.

A segunda parte percorre o eixo "do século", isto é, da existência social e cultural da psicanálise, por meio de quatro trabalhos sobre problemas específicos e de um texto de natureza mais teórica e metodológica. A conferência sobre as subjetividades contemporâneas discute a matriz social da vida psíquica; os dois artigos sobre os judeus — um a respeito do seu humor, outro sobre o assassinato do primeiro-ministro de Israel, Yitzhak Rabin — sugerem hipóteses sobre os meios pelos quais esse grupo humano, ao qual pertenço, lida com a agressividade e as circunstâncias da modernidade, que tantas mudanças trouxeram para a sua existência já multimilenar. A conferência sobre a publicidade busca compreender os mecanismos pelos quais ela obtém os seus efeitos, jogando com os anseios primitivos e com as tendências pulsionais que habitam todo ser humano.

Todo ser humano? Não haverá aí uma pretensão descabida da psicanálise? A meu ver, para dar uma resposta adequada a essa pergunta, é preciso investigar com calma os vários sentidos em que se pode compreender a expressão "psicanálise e cultura". É esse o tema do último artigo dessa parte, cuja fonte é um curso proferido em 1999 no programa de estudos pós-graduados em psicologia clínica da PUC de São Paulo.

É nessa instituição que trabalho há vinte anos, como professor e orientador. A inclusão da psicanálise nos estudos universitários é certamente um fenômeno da maior importância, e coube à geração da qual faço parte realizar essa tarefa. O que se pode aprender com essa experiência? Do que tratam os trabalhos psicanalíticos produzidos na academia? Tendo concluído a orientação de dez doutorados, quarenta mestrados e duas pesquisas de pós-doutorado, procurei na terceira parte do livro refletir sobre a natureza da pesquisa em psicanálise, bem como sobre a contribuição que para ela se pode esperar do esforço coletivo de tantos professores e estudantes. Dos três trabalhos que a compõem, o primeiro focaliza questões surgidas nesse âmbito, não a partir de posições preconcebidas, mas começando por observar o que *de fato* se faz — do que tratam algumas teses e dissertações — para daí tirar ideias mais gerais sobre a orientação e o lugar da universidade na disposição atual da produção de conhecimento em nossa área.

O segundo, sobre a epistemologia da psicanálise, tem um escopo mais amplo. Ouvem-se a todo momento críticas à sua consistência teórica, algumas bem argumentadas, outras de desconcertante ingenuidade, outras ainda nascidas da ignorância ou da má-fé. Baseando-se, como o artigo sobre psicanálise e cultura, em cursos proferidos na puc, o texto retoma essa questão desde os seus fundamentos, examinando a construção dos objetos e dos conceitos na nossa disciplina, e ilustrando-a com a discussão de alguns exemplos da prática clínica.

Por fim, o conjunto de leituras reunidas no texto que fecha a terceira parte apresenta livros que a meu ver merecem destaque, quer porque tratam de temas atuais, quer porque suscitam interrogações pertinentes, ou ainda por trazerem informações úteis. A atividade de resenhador está longe de ser secundária na vida intelectual: ela permite o diálogo com colegas que quiseram expor de modo sistemático as suas ideias, além de divulgar para o público em geral textos que de outra forma talvez permanecessem fora do seu alcance. E, para o psicanalista que passa longas horas no ambiente um tanto irreal das sessões com seus pacientes, esse diálogo tem uma saudável função regeneradora, sobre a qual me expliquei em outro lugar.[1]

A quem se dirige este livro? A todos os que se interessam pela psicanálise: psicanalistas, psicólogos e psiquiatras, por certo, mas também estudantes, colegas de outras áreas ou simplesmente pessoas curiosas pelo que de mais obscuro se passa na alma humana. Alguns textos são mais complexos, exigindo do leitor

---

[1] Renato Mezan, "Sobre a psicanálise e o psicanalista: leituras", in *Figuras da teoria psicanalítica*, São Paulo, Escuta/Edusp, 1995.

Apresentação

certa familiaridade com a nossa disciplina; outros podem ser lidos sem dificuldade pelos que nela se iniciam. Aqueles que já haviam sido publicados em obras coletivas, em órgãos especializados ou nos cadernos culturais da imprensa foram revistos, retrabalhados, fundidos ou expurgados de trechos que já não apresentavam interesse. Alguns são totalmente inéditos, outros aparecem com algumas alterações ou em contextos mais apropriados, outros ainda estão sendo aqui republicados como o foram originalmente. A "Nota sobre a origem dos textos", incluída no final do volume, dá as referências de cada um. Também figuram dois índices, um remissivo e outro de obras citadas, com a finalidade de tornar mais efetivo o uso deste livro como ferramenta de pesquisa.

Mais do que obedecer a uma praxe editorial, quero aqui manifestar minha verdadeira gratidão a todos os que, de uma forma ou de outra, contribuíram para que estes trabalhos pudessem vir à luz. Meus alunos, com quem discuti muitas das questões aqui formuladas, estão presentes quase a cada página, às vezes nomeados, quase sempre implicitamente. Também devo reconhecimento aos que, convidando-me para participar de colóquios ou para redigir artigos, ofereceram-me a oportunidade de estudar temas que talvez de outro modo não tivessem atraído minha atenção: Abrão Slavutzky, quase um irmão; Adauto Novaes, Alcino Leite, Fanny Hisgail, João Frayze Pereira, Maria Olympia França, Rosa Maria Abras, Walnice Nogueira Galvão e meus companheiros da comissão editorial de *Percurso*. Agradecimentos especiais vão para Purificacion Barcia Gomes, cujos comentários muito enriqueceram vários dos textos aqui reunidos, e para Luís Cláudio Figueiredo, que me estimulou a formular de modo mais rigoroso muitas das ideias que percorrem o livro.

A Angela Maria Vitório, minha secretária e primeira decifradora de meus manuscritos, que digitou e redigitou todas estas páginas, meu muito obrigado por sua competência, paciência e dedicação.

"Cent fois sur le métier..." Que estes textos tenham para você, leitor amigo, o papel dos lançadores do tear: trançando aos fios do seu pensamento e da sua experiência os que percorrem os do autor, que eles o façam refletir, como me fizeram refletir as experiências e os pensamentos que lhe deram origem.

São Paulo, julho de 2002

PRIMEIRA PARTE

Momentos de uma história

A interpretação dos sonhos: origem e contexto

"Este livro é minha reação ao fato mais importante, à perda mais pungente que ocorre na vida de um homem: a morte de meu pai." Assim se expressa Freud no prefácio à segunda edição de *A interpretação dos sonhos*, em 1909, dez anos após a publicação da primeira — cujo centenário estamos comemorando por estes dias. Como que para saudar o novo século com um progresso decisivo no conhecimento da alma humana, o editor Deuticke colocou no frontispício do livro a data de 1900. E, de fato, o século que ora se encerra foi — ao menos no campo das humanidades — o século freudiano. Nenhuma outra corrente de pensamento influenciou tanto nossa visão do homem, das relações interpessoais, da educação das crianças, dos conflitos emocionais, para não falar do óbvio — a sexualidade — quanto a escandalosa disciplina da qual a *Traumdeutung* é o primeiro monumento e ao mesmo tempo uma das mais impressionantes realizações.

É interessante pensar que, muitas vezes, as obras inaugurais de uma área da invenção humana atingem um grau de perfeição dificilmente alcançado pelas que se seguem. É como se a descoberta de um novo campo expressivo trouxesse consigo um potencial de criação de ideias e de padrões que já nas primeiras concretizações se encontra realizado em grau superlativo. Pense-se no caráter ao mesmo tempo original e modelar dos poemas homéricos para a língua grega, do *Pentateuco* para o idioma hebraico, da *Divina comédia* e dos *Contos de*

A interpretação dos sonhos: origem e contexto

Canterbury para o italiano e para o inglês, ou ainda no *Cravo bem temperado* para o sistema tonal na música, nos concertos de Mozart para o piano da sua época e das sonatas de Beethoven para o da sua... os exemplos certamente não escasseiam. *A interpretação dos sonhos* é algo do mesmo gênero: referência para todas as realizações futuras e demonstração impressionante da fecundidade de um pensamento revolucionário.

O livro saiu em novembro de 1899, mas sua redação se iniciou bem antes. Ela faz parte de um conjunto de trabalhos que ocupou Freud na segunda metade da década de 1890, após a publicação dos *Estudos sobre a histeria*, em 1895. Aliás, esse foi um ano fértil em inovações, sem as quais nosso século não teria a feição que teve: os irmãos Lumière realizam a primeira projeção de cinema, Marconi inventa o telégrafo sem fio, ocorre a primeira Bienal de Veneza, Roentgen descobre os raios X, e em Paris se publica a *Iconographie de la Salpêtrière*, um livro adornado com gravuras mostrando com riqueza de detalhes as contrações, paralisias e contorções das histéricas internadas naquele hospital. Ora, a histeria era na época o grande mistério da medicina, e discutia-se até mesmo se se tratava ou não de uma doença. Havia os que pensavam que as histéricas eram apenas simuladoras em busca de atenção; Freud, nas pegadas de seu professor Charcot, era dos que se opunham a tal concepção e dedicara-se nos anos anteriores a elucidar o problema da histeria.

Tal esforço o conduziu a diversas consequências, entre as quais a descoberta do método para interpretar os sonhos. Tentando compreender por que as histéricas não conseguiam nem lembrar nem descobrir o sentido dos seus espetaculares sintomas, Freud foi levado a postular a existência de uma região psíquica na qual se alojava a recordação de certos traumas, frequentemente de natureza sexual: o inconsciente. Em virtude da ação de mecanismos a que denominou *defesas*, essas ideias e lembranças penosas se encontravam separadas da consciência, porém conservavam seu poder patógeno; assim, os sintomas eram resultado de diversas combinações entre os impulsos proibidos e as defesas contra eles, em particular a repressão.

Esse é o pano de fundo contra o qual se organizam suas pesquisas no final da década de 1890. Não é difícil compreender que, tendo partido de um problema específico — a natureza e o tratamento da histeria —, Freud se visse pouco a pouco a braços com toda a psicopatologia, na época território tão desconhecido quanto o interior da África. Por que, em alguns casos, os conflitos conduziam à formação de uma histeria, em outros à de uma neurose obsessiva, em outros ainda a quadros diferentes? Por que a sexualidade desempenhava um papel tão essencial nesse conjunto de perturbações? Como funcionava a memória, para que o ato de recordar e de reviver os traumas esquecidos tivesse a extraordinária consequência de extinguir os sintomas? Por que a interpretação deles, isto é, a descoberta da sua causa e da sua significação, abria caminho para a cura da paciente? Essas e outras questões impuseram a Freud a tarefa de construir toda uma psicologia, isto é, uma teoria da mente capaz de dar conta tanto do seu funcionamento normal quanto dos diversos tipos de desarranjo que o podem afetar. E, ao longo dos anos que vão de 1895 até 1900, nós o vemos debater-se com esses mistérios, tateando, propondo e descartando hipóteses, até conseguir criar o arcabouço do que seria a psicanálise.

AS AFINIDADES ELETIVAS

Temos dessa época uma documentação extraordinária: as cartas trocadas com Wilhelm Fliess, um médico de Berlim, judeu como Freud, e que durante anos foi seu principal interlocutor. Por elas sabemos das suas dificuldades teóricas, clínicas e pessoais durante aquele período, talvez o mais rico e fecundo da sua longa vida. Por mais de quinze anos, de 1887 até 1902, Freud enviou quase diariamente a seu amigo uma vasta série de esboços teóricos e relatos clínicos, bem como narrativas detalhadas do seu dia a dia e comentários acerca dos acontecimentos políticos, culturais e científicos que o interessavam.

Naturalmente, remetia também a Fliess os capítulos do livro sobre os sonhos, à medida que os ia escrevendo, e esperava ansioso as críticas e os comentários do seu "único público", como o chamava carinhosamente. A correspondência com Fliess é assim uma espécie de *making of* da *Traumdeutung*, o filme paralelo que documenta peripécias, impasses e conflitos que acompanharam a sua redação.

Freud necessitava, para construir sua psicologia, de uma via de acesso ao inconsciente menos cheia de obstáculos do que a que lhe proporcionavam as neuroses. Esse foi o motivo que o levou a se interessar pelos sonhos, além do fato de que seus pacientes — como os de hoje, aliás — frequentemente contavam sonhos nas sessões. Freud teve a ideia de aplicar ao sonho o mesmo método que aperfeiçoara para investigar as neuroses, isto é, a combinação da associação

A interpretação dos sonhos: origem e contexto

livre com a interpretação do sentido. E assim, na manhã de 25 de julho de 1895, sentou-se à sua mesa de trabalho e dedicou-se a associar cada fragmento de um longo sonho que tivera na noite anterior: o da "injeção em Irma".

Esse sonho e sua interpretação compõem o segundo capítulo do livro, intitulado "Análise de um sonho-modelo". Freud toma cada elemento do sonho — o cenário, os diálogos, os personagens, etc. — e segue as associações que ele lhe suscita: com isso, forma-se uma trama paralela de ideias, imagens e sentimentos, na qual certos fios se cruzam e se recruzam. A essa trama, ele denominou *conteúdo latente do sonho*, e postulou que, por meio de *condensações* e *deslocamentos*, ela daria origem ao sonho "sonhado", ou seja, ao *conteúdo manifesto*. Isso implicava postular que o conteúdo latente se apresentava transposto e como que deformado no conteúdo manifesto, e que a responsabilidade de tal deformação incumbia às defesas encarregadas de censurar o que, no conteúdo latente, fosse reprovável pela consciência moral — isto é, os desejos sexuais e agressivos. Desse modo, chegou à definição do que é a função psicológica do sonho: "um sonho é a realização disfarçada de um desejo reprimido", fórmula que se tornou célebre.

No final de 1896, falece o pai de Freud, fato que o lança numa grave depressão. Ele já tinha o costume de anotar seus sonhos e os interpretar sistematicamente; vários deles, inclusive o que teve na noite da morte do pai, foram incluídos no livro. Durante o ano de 1897, Freud está inquieto: seus esforços para construir a "psicologia" se revelam infrutíferos, o luto pelo pai inibe sua criatividade, as análises são interrompidas pelos pacientes antes da solução dos seus sintomas... As cartas documentam esses momentos difíceis, bem como as tentativas de teorização dos problemas clínicos: Freud se persuade de que as histéricas haviam sido seduzidas pelos pais e que esse trauma era a causa última — o *caput Nili*, a cabeceira do Nilo — dos sofrimentos delas. Publica essa hipótese — e é saudado com sonoras gargalhadas por seus colegas médicos, um dos quais chega a dizer que a teoria da sedução era um "conto de fadas científico".

A AUTOANÁLISE

E então, em setembro de 1897, sobrevém a catástrofe: Freud se dá conta de que a sedução era mais uma fantasia do que uma realidade. Na dramática carta de 21 de setembro de 1897, descreve a Fliess os motivos que o levaram a abandonar aquela hipótese, e ao mesmo tempo comenta que seu trabalho dos últimos cinco anos desmoronava como um castelo de cartas. Desesperado, inibido em seu trabalho, perdido em meio aos enigmas que o atormentavam, decide aplicar a si mesmo o método terapêutico que inventara e empreende uma autoanálise sistemática. Como não podia consultar um psicanalista — pois era o único praticante da arte —, resolve valer-se da "estrada real para o inconsciente" que os sonhos lhe ofereciam. Noite após noite, estes se tornam mais vívidos e detalhados: no dia seguinte, ele os anota e interpreta, percorrendo todas as veredas a que o levam suas recordações e fantasias.

O resultado não se faz esperar: em poucas semanas, como lemos nas cartas do outono de 1897, desvenda todo um período da sua primeira infância, no qual encontra os impulsos incestuosos e agressivos que posteriormente denominou "complexo de Édipo". Confirma com sua mãe certos detalhes factuais surgidos da interpretação desses sonhos; a descoberta de que eram verídicos o anima a continuar. Ele prossegue em sua aventura solitária, seguindo duas vertentes simultâneas que desde então se encontram indissociavelmente vinculadas na psicanálise: a exploração de um psiquismo singular (o seu), com as experiências, lembranças e fantasias próprias a ele e apenas a ele, e a teorização em escala mais vasta, buscando extrair, desse material absolutamente individual, características, constantes e mecanismos que pudessem ser válidos para todos, ou ao menos para uma certa categoria de pessoas.

Em *Freud, pensador da cultura*, especialmente no segundo capítulo, procurei traçar as principais etapas e ramificações desse trajeto, cujos detalhes naturalmente não é o caso evocar aqui. O que fica claro, como desenho geral, é que Freud opera constantemente em três níveis ou registros. Um é o da análise de suas próprias produções psíquicas, especialmente os sonhos. Outro é o das questões clínicas suscitadas por seu trabalho, tanto no plano técnico (questões ligadas à interpretação, à transferência, à resistência e a outros aspectos do processo analítico) quanto no plano psicopatológico (a distinção e classificação das diversas neuroses). O terceiro, de fundamental importância, é o da referência à cultura e ao social-histórico, ou seja, a dimensões extraindividuais que de um modo ou de outro determinam a vida psíquica do indivíduo. Estão nesta categoria suas reflexões sobre a moral e seu papel coercitivo quanto aos desejos, mas também os primeiros estudos de obras literárias, nas quais discerne a operação

A *interpretação dos sonhos*: origem e contexto

dos mesmos mecanismos e elementos postos em relevo pelo estudo das neuroses e dos sonhos: defesas, condensação, deslocamento, fantasias, etc.

Dessa maneira, Freud se interessa pelos atos falhos e, em 1898, envia a Fliess a análise do esquecimento do nome de Signorelli, o pintor dos afrescos da catedral de Orvieto, fato que formará o capítulo inicial da *Psicopatologia da vida cotidiana*. Também começa sua coleção de piadas judaicas, que fornecerão o material ilustrativo de um de seus livros mais importantes, *O chiste e sua relação com o inconsciente*, no qual se debruça pela primeira vez sobre a questão da agressividade. E, animado pelos resultados da sua autoanálise, que lhe permite vencer a depressão e descobrir modos mais eficazes de trabalhar na clínica, decide no início de 1898 escrever um livro sobre a interpretação dos sonhos.

UMA SÍNTESE DAS DESCOBERTAS FREUDIANAS

O que se disse até aqui basta para perceber como a *Traumdeutung* é muito mais do que um manual para interpretar os sonhos. A obra concentra praticamente tudo o que Freud havia descoberto até então, e seu plano aparentemente simples oculta uma riqueza que até hoje os analistas não acabaram de explorar. O primeiro capítulo foi na verdade o último a ser escrito: é uma revisão da literatura científica sobre os sonhos, tal como existia em 1899. Freud adiou sua redação o quanto pôde, porque o material era árido e pouco trazia de interessante tanto para ele, que acabara de organizar suas próprias ideias, quanto para o leitor, que seria obrigado a percorrer dezenas de páginas antes de chegar ao que de fato era relevante. Mas, depois de um debate epistolar com Fliess, Freud decidiu que era necessário provar à comunidade médica que sabia do que estava falando, que conhecia o que se fizera antes dele, e podia dar razões convincentes para recusar o ponto de vista predominante na época, a saber, que ou o sonho não tinha sentido algum, ou era apenas resultado de processos fisiológicos no cérebro, no fundo não muito diferentes dos gases intestinais que às vezes acompanham a digestão.

Atravessada essa *selva selvaggia*, o leitor encontra a análise do sonho de Irma, com seu cortejo de associações. Um breve capítulo iii enuncia a tese de que todo sonho é uma realização de desejos, ilustrando-a com exemplos de sonhos infantis e de "comodidade" (o sedento que sonha com água, o estudante tresnoitado que sonha já ter chegado ao seu local de trabalho, etc.). Vem em seguida o quarto capítulo, que introduz as noções centrais de deformação, conteúdo latente e conteúdo manifesto. O capítulo v trata do material e das fontes do sonho — as vivências recentes ("restos diurnos"), o infantil, o somático — e discute alguns sonhos típicos, como os de nudez, de exame e da morte de pessoas queridas.

O capítulo VI, o mais longo, estuda o *trabalho do sonho*, ou seja, os mecanismos pelos quais de todas as fontes e materiais latentes se elabora o sonho manifesto. Aqui se amplia o exposto no capítulo iv sobre a condensação, o deslocamento, a "consideração pela figurabilidade" — ou seja, os mecanismos pelos quais *ideias* se transformam em *imagens* — e se aborda a questão da lógica do sonho, isto é, como materiais tão díspares se combinam para formar uma sequência de imagens que funciona como uma narração.

No sétimo capítulo, Freud enfrenta o grande problema de construir um modelo da psique que possa explicar como o sonho é possível. Aqui surgem as ideias de inconsciente, consciente e consciência, de regressão, de realização do desejo como aquilo que move o "aparelho psíquico" e ao mesmo tempo o emperra. Discute-se também a questão da angústia, materializada no fenômeno tão comum do pesadelo, e se introduz o conceito capital de processos primários e secundários.

Esta breve enumeração dos tópicos do livro não pode transmitir a sensação de maravilhamento que se apodera de quem o lê pela primeira vez. Freud é um escritor magnífico. Dá inumeráveis exemplos de cada tema que aborda, extraídos de sonhos próprios e de pacientes; comenta obras literárias — na seção "sonhos típicos" do capítulo v, fala de *Édipo-Rei* e de *Hamlet*, a propósito dos desejos edipianos na criança, mas aqui e ali salpica seus argumentos com referências a Cervantes, Shakespeare, Goethe, Zola e inúmeros outros ficcionistas. Oferece mais do que uma introdução à teoria das neuroses, comparando seguidas vezes aspectos da vida onírica a questões da psicopatologia. Pouco a pouco, vai persuadindo o leitor de que a tese defendida no livro é verdadeira, e por vezes utiliza o recurso de conversar com um interlocutor imaginário, que levanta objeções que o leitor certamente também faria. Assim, quando se abre o capítulo "teórico", com a comovente narrativa do sonho da criança morta cujas roupas pegam fogo porque sobre elas caiu a vela funerária, o cenário está armado para a construção da "psicologia" que Freud perseguira com tamanho afinco

A interpretação dos sonhos: origem e contexto

nos anos anteriores e que serve como fundamento tanto para a teoria dos sonhos quanto para a teoria das neuroses, além de fornecer as justificativas metapsicológicas para a técnica psicanalítica.

UM TRABALHO DE DETETIVE

A ordem lógica dos capítulos — cada qual com um grande sonho cuja análise faz avançar o argumento, cercado de inúmeros outros que ilustram tópicos mais específicos — oculta, porém, uma outra, a da autoanálise. Devemos a Didier Anzieu um paciente trabalho de reconstrução dessa autoanálise, num livro que ainda hoje, quarenta anos após sua publicação, é leitura obrigatória para quem se interessa pelas origens da psicanálise: *L'auto-analyse de Freud* (puf). Utilizando referências cruzadas entre os sonhos, a correspondência com Fliess e os fatos históricos a que Freud alude ao comentar certos sonhos — a queda de um gabinete ministerial, a eleição de um prefeito antissemita em Viena, a guerra de 1898 entre os Estados Unidos e a Espanha, etc. —, Anzieu reconstitui todo o trajeto de Freud por seu próprio inconsciente. Mostra de que modo os sonhos abriram caminho para a análise de seus desejos infantis, das angústias que os acompanhavam e dos sintomas que ambos colaboraram para organizar no adulto Freud; expõe as etapas da elaboração do luto pelo pai; elucida os fundamentos neuróticos da amizade com Fliess, que a rigor bem se poderia chamar de "paixão transferencial". Aliás, como talvez fosse previsível, a conclusão do livro sobre os sonhos trouxe também o fim dessa relação, na qual Fliess desempenhou sem saber o papel de um analista — um tanto obtuso e atuador, é verdade, mas indispensável para que o processo se instalasse e se desenvolvesse.

Quando começa o novo século, Freud dá os passos necessários para ser nomeado *professor extraordinarius*, cargo honorífico cujo prestígio na sociedade austríaca poderia lhe granjear clientela e algum respeito por parte de seus colegas médicos. Tem encaminhados o *Caso Dora* — a primeira amostra mais consistente do seu trabalho, publicada somente em 1905 —; o livro sobre os atos falhos, que saiu em 1901, e o esboço do *Chiste*. Conseguiu finalmente construir um sistema de psicologia fundamentado em hipóteses claras sobre a estrutura da psique, sistema capaz de dar conta tanto de seu funcionamento normal quanto dos transtornos que o podem perturbar, cada um engendrando uma neurose diferente. Tem os elementos para fundamentar sua prática e dar conta do sucesso ou do fracasso de seus tratamentos.

A interpretação dos sonhos é o marco central nesse trajeto: antes de a concluir, Freud era um cientista talentoso, mas perturbado por sintomas que ele mesmo chamava de histéricos e por inibições e depressões que às vezes o incapacitavam para seu trabalho. Era um homem um tanto frustrado, que sabia ser muito capaz, mas que chegara aos quarenta e poucos anos (na época, isso era o início da velhice) sem atingir os altos objetivos que sua ambição e seu talento lhe haviam fixado.

Obviamente, a publicação do livro não mudou isso do dia para a noite: mas o que ele continha era o começo de uma nova disciplina, bem como o ajuste de contas de Sigmund com seu pai, com a sociedade tacanha em que se sentia sufocado e com seus próprios demônios interiores. Em breve, começaria a reunir em torno de si jovens médicos interessados em suas descobertas, que formariam o núcleo inicial do movimento psicanalítico. Ainda teria pela frente quarenta anos de vida produtiva, como sabemos, e muitas descobertas ainda estavam por se associar ao seu nome. Mas certamente estava justificado em considerar, como escreveu em 1931 no prefácio à terceira edição inglesa do seu livro: *"Insight such this as falls to one's lot but once in a lifetime"* — descobertas como esta só se fazem uma vez na vida.

UM ANO EMBLEMÁTICO: 1895

Se agora alargamos nosso foco e tentamos observar o contexto mais amplo no qual se inscrevem as pesquisas mencionadas acima, um aspecto se impõe à nossa consideração: a forte densidade de descobertas e invenções que marca os meados da década de 1890. Tomemos como exemplo o ano de 1895, que se situa exatamente no meio dela. Ao contrário de outros anos que exercem especial fascínio sobre a imaginação por assinalarem o início ou o fim de um ciclo — como 1000 ou 2000 — ou pela configuração particular dos seus algarismos — como 666, a Besta do Apocalipse —, 1895 não apresenta nenhum charme numerológico especial. Mas datas assim podem ser especialmente ricas em fatos sociais e culturais, como se no breve espaço de alguns meses surgissem os frutos quase maduros de processos que até então vinham se desdobrando silenciosamente:

A interpretação dos sonhos: origem e contexto

o que sugere que os ritmos de diferentes esferas da vida social, científica e artística podem ser colocados lado a lado, evidenciando certas simultaneidades prenhes de sentido. São instantes breves, mas túrgidos, cuja pulsação dá origem a efeitos aparentemente heterogêneos: só o olhar retrospectivo pode perceber que, de algum modo, eles apontavam para direções convergentes.

Tal é o caso do ano de 1895. Em seu artigo *L'anatomia impossibile*, o curador da Bienal de Veneza de 1995, Jean Clair, assinala uma série de fatos e descobertas que ocorreram precisamente em 1895: a invenção do cinema pelos irmãos Lumière e da radiotelefonia por Marconi, a descoberta do raio x por Roentgen, a nova edição adornada com fotogravuras da *Iconographie de la Salpêtrière*, a publicação dos *Estudos sobre a histeria*, de Freud e Breuer, a primeira edição da Bienal italiana...

Dessa série, o elemento menos conhecido do grande público talvez seja o livro francês. Trata-se de uma reunião de imagens que retratavam as contorções corporais típicas da grande histeria, tal como as protagonizavam as pacientes do hospital da Salpêtrière em Paris nas apresentações do professor Charcot.

O espetáculo visual que ali se desenrolava — mulheres quase em transe, retorcidas nas posições mais extravagantes — conferia um ar ligeiramente fantástico às exposições do médico, que procuravam explicar quais mecanismos mentais estavam ali em ação. A ciência e o circo encontravam-se assim reunidos, e o público (estudantes e cientistas, mas também interessados em geral) vivia momentos de grande impacto, não isentos de um certo condimento erótico, assim como de algum *frisson* ligeiramente impróprio para o que pretendia ser uma austera lição de neurologia.

Jean Clair está interessado, em seu artigo, no estatuto da imagem, que de estática (na pintura e na fotografia) passa ao mesmo tempo a ser tremulante e reprodutível em larga escala, a poder ser extraída do interior dos corpos (pelos raios X), a poder em breve ser transmitida através do espaço (pela televisão, que surgirá poucas décadas depois).

Para além do sentido estético dessa transformação, sentido que repercute sobretudo na esfera das artes visuais — campo da sua especialidade —, é todo um universo cultural que, em torno de 1895, se vê afetado de forma ampla e, para os contemporâneos, provavelmente pouco clara. A mudança ocorreu em muitos campos simultaneamente, de modo que não é inadequado nos referirmos aos anos 1890 como especialmente pródigos: como se no espaço de uma década se tivesse gestado muito do que viria a ser a cultura do século xx.

Várias obras importantes se ocuparam desse período, dentre as quais cabe destacar o livro *Viena fin-de-siècle*, de Carl Schorske (Companhia das Letras). Aqui o autor se concentra na Viena da época de Freud, mas também de Klimt, do novo urbanismo, dos expressionistas e simbolistas, do surgimento do chamado "marxismo ocidental", da nova música. Nem todas essas correntes, é claro, têm suas datas significativas exatamente no ano de 1895, mas é verdade que, se ampliarmos nosso horizonte para alguns anos antes e depois, verificaremos uma extraordinária concentração de produções que apresentam um certo "ar de família", o que justifica estudá-las em conjunto e contrapô-las em conjunto ao que se produziu no período imediatamente anterior.

Outro historiador, Stuart Hughes, propõe em seu livro *Consciousness and society* (Nova York, Vintage Books, 1977) que a década de 1890 pode ser tida como um período especialmente fértil para a "reorientação do pensamento europeu". Para Hughes, o que caracteriza esse breve período é a "revolta contra o positivismo", nesta categoria incluindo-se não somente as ideias filosóficas de Auguste Comte, mas toda uma forma de compreender e representar a realidade.

O que caracteriza essa categoria? É todo o ideário do século XIX que ela implica: a crença no progresso da razão e da sociedade, a possibilidade de princípio de submeter o irracional às leis do intelecto, a esperança de poder descrever por meio da ciência — e portanto controlar por meio da técnica — a realidade natural e social. Em diversos países e em diversos ramos da atividade cultural, esse ideário se vê atacado a partir de diversos pontos de vista: assim se poderia descrever, de modo extremamente sumário, o que ocorre nessa década. Para resumir numa linha um movimento cultural tão complexo: a naturalidade dos códigos expressivos até então vigentes se vê questionada de modo radical. Por códigos expressivos entendo aqui, por exemplo, a perspectiva na pintura, a tonalidade na música, a transparência semântica na linguagem, a descrição realista do meio social e da psicologia dos personagens no romance. As transformações ocorrem lentamente e com ritmos diversos nas diferentes áreas, e só por comodidade se pode agrupá-las ao redor de uma data "crucial". Mas, feita essa ressalva, é impressionante a radicalidade com que os criadores se atiram à demolição da herança que tinham recebido.

Um exemplo é a teoria filosófica de Ernst Mach, que recusa a existência de um "sujeito" substancial e afirma que nosso eu nada mais é do que um aglomerado de sensações. Bergson está preocupado com os "dados imediatos da

A interpretação dos sonhos: origem e contexto

consciência"; Freud, na época, com o sentido dos sonhos e com a histeria, fenômenos aparentemente irracionais, mas que podem ter uma lógica própria.

O reconhecimento da lógica das paixões, na esfera da psicologia e da filosofia, talvez seja a marca distintiva dessa mutação. Não que ela fosse desconhecida até então: seria absurdo pretender tal coisa. Mas, de um modo ou de outro, o afetivo havia permanecido como região à parte, uma espécie de território reservado à sensibilidade individual, passível em princípio de controle pela razão (este é o tema de todas as éticas), porém sempre considerado um poder essencialmente "disruptor" e excessivo, não distante do caótico e eventualmente do louco. O que a psicanálise veio mostrar é que essas paixões obedeciam a uma outra lógica, a do inconsciente, e que essa lógica podia ser enunciada num sistema teórico.

Dessa forma, o território da razão se vê simultaneamente reduzido e ampliado. Reduzido, porque ela se descobre muito mais influenciada do que se podia suspeitar pelo seu "outro", infiltrada por ele até mesmo onde pensava reinar soberana (pense-se nas noções de "racionalização" e de "sublimação"). Ampliado, porque a própria razão permite compreender como e por que tais processos ocorrem e, eventualmente, como eles podem ser revertidos ou parcialmente neutralizados (pense-se nas noções de "sintoma" e de "interpretação").

A aposta de Freud é que a análise pode transformar e emancipar. Nisso, é acompanhado por outros pensadores e criadores em diversas esferas, também sensíveis ao poder do estranho em nós. A inspiração dessa empreitada é, sem dúvida, socrática e iluminista. Mas a criatura irá além do criador, e nem sempre se poderá atrelar novamente o irracional às rédeas da razão, mesmo mais bem temperada do que quando vestia as roupagens do "pequeno racionalismo" (Merleau-Ponty).

O século xx, filho daquela década inquieta, angustiada e sublime, será o mais selvagem e violento da história, palco de destruição e barbárie sem precedentes, porque potencializadas pela tecnologia. Mas será também palco de uma vitalidade criativa que alterará radicalmente a vida humana, mesmo que a velocidade de tal alteração seja fonte de mais angústia e de mais desorientação. Talvez o ano de 1895 seja emblemático dessa situação: entre tantas outras obras, ele viu surgir uma novela, *O jardim do conhecimento*, do escritor austríaco Andrian, cuja epígrafe era "Ego Narcissus". Como se sabe, Narciso apaixonou-se por sua imagem e morreu fascinado por ela.

O narcisismo não será a marca distintiva do século que começou em 1895, tanto na sua vertente megalomaníaca quanto na sua vertente autoerótica, tanto nas defesas narcísicas erigidas contra a sensação de estilhaçamento e de fragmentação (tão característica da psique contemporânea), quanto ainda — *last but not least* — na afirmação das "pequenas diferenças", que pode conduzir à "ação afirmativa" bem como aos massacres tribais a que assistimos atualmente?

Signo dos tempos, o tema da Bienal de Veneza coordenada por Jean Clair foi "o corpo e o autorretrato". Ele se pergunta: "e se o *Novecento* tivesse sido, mais do que qualquer outro, o século do autorretrato e não da arte abstrata?". Perdido no seu espelho, Narciso procuraria reencontrar-se por meio da busca desesperada de sua imagem, que no entanto sempre lhe escapa... e sempre reaparece, um pouquinho além do seu alcance: como se Tântalo presidisse ao destino de Narciso!

Voltemos um instante à *Traumdeutung*. Quando Freud a redige, o século XX ainda está por começar. Mas como não reconhecer, nos temas e nos métodos apresentados no livro, uma antecipação do que estava por vir? Se há uma atividade na qual o autorretrato está ao alcance de quem não é artista, esta é precisamente a psicanálise: ao longo de centenas de sessões, o paciente vai configurando, toque por toque, pincelada por pincelada, uma imagem que pode ser sugestivamente comparada a um retrato — talvez o de Dorian Gray, aliás contemporâneo de todos esses desenvolvimentos. A comparação não parecerá tão descabida se pensarmos na neurose de transferência, que segundo Freud é um decalque aproximado da neurose original, destinado a se dissolver no decurso da análise. A analogia, porém, se encerra aqui: pois na análise o modelo sobrevive, ainda que com rugas, enquanto o retrato tem existência apenas virtual.

A ATUALIDADE DA *TRAUMDEUTUNG*

Na sua composição paulatina, o "retrato" analítico recebe uma importante contribuição da análise dos sonhos. A cada vez que um analista interpreta um relato de sonho, de certa forma está mantendo um diálogo com Freud, o que é a prova mais eloquente da atualidade do livro. Entre as inúmeras homenagens que lhe foram prestadas por ocasião do centenário da sua publicação, gostaria de destacar um número da revista *Psychê*, editada pelo centro de psicanálise da

A interpretação dos sonhos: origem e contexto

Universidade São Marcos e dedicado à prática da interpretação dos sonhos na clínica contemporânea.[1] Os artigos retomam aspectos que Freud evidenciou, ou se referem a conceitos introduzidos na psicanálise por analistas posteriores, mas que confirmam que a estrutura do campo psicanalítico é no essencial como o fundador a descreveu. Esse dado não é nada trivial, e merece que o consideremos com atenção.

Em primeiro lugar, pontos de detalhe mencionados na *Traumdeutung* conservam sua atualidade e são utilizados diariamente pelos analistas: por exemplo, a ideia de que o sonhador pode ser representado por qualquer elemento do conteúdo manifesto se encontra ilustrada, num dos textos, pelo sonho em que a gestante se vê representada pelo bebê que vai nascer. Cassandra Pereira França se pergunta se os sonhos infantis são ou não iguais aos do adulto — para Freud, eram apenas mais simples e transparentes —, mostrando que há pontos coincidentes. A tese freudiana de que os sonhos são a estrada real (hoje diríamos: a autopista) para o conhecimento do inconsciente é comprovada pelos artigos sobre Matte Blanco, sobre o aspecto estético do *self*, a mobilidade psíquica e a importância de a criança ter sido "sonhada" por seus pais. É importante notar que, mesmo se para os diversos autores a mente humana não está constituída exatamente da mesma forma que para o Freud de 1900, o sonho trabalhado na clínica continua a ser um dos meios privilegiados de acesso a ela. Isso porque o sonho evidencia de modo particularmente claro uma série de aspectos do funcionamento psíquico, num tipo de material que, de uma vez por todas, Freud nos ensinou a interpretar. Assim, as *funções* do sonho (outro tópico longamente discutido na *Traumdeutung*) continuam a ser exploradas: vários textos de revista mostram como o sonho oferece acesso à mente infantil, deixa entrever de que maneira o indivíduo vislumbra sua própria existência, alude às dimensões "misteriosas" do viver, abre espaço para a reestruturação da vida e para a integração da personalidade, elabora o traumático por meio da repetição ou da antecipação (um parto iminente, por exemplo). No trabalho clínico, o sonho abre espaço no universo das representações — o que Freud demonstra no seu livro —, mas também para um campo aquém das representações: um dos autores fala no "aquém do reprimido".

---

[1] Revista *Psychê*, nº 4, São Paulo, Centro de Psicanálise da Universidade São Marcos, 1999.

Pode-se dizer que, tanto para Freud como para os pós-freudianos, a psicanálise deve chegar ao "profundo" (*Tiefenpsychologie*), àquilo que nos move à nossa revelia. O que é exatamente esse "profundo"? Freud o situa nas paragens do complexo de Édipo, e a banalização aparente dessa noção, após um século de psicanálise, em nada diminui a importância da descoberta. Mas ele mesmo falou na "pré-história" desse complexo, e é por essa via que enveredam seus sucessores. Nesse número da revista *Psychê*, o que um dos autores chama de o "transfundo da mente" aparece em vários momentos, referido às obras de Bion, de Winnicott, de Melanie Klein, de Matte Blanco, e conceituado como "ser interior", "ininterrupta cadeia de processos oníricos", "aspectos paradoxais", "aspectos estético do *self*", etc., segundo a terminologia adotada por cada autor.

O sonho também pode ser tomado em sentido metafórico, como constituição do humano por meio do sonho da mãe em relação ao seu filho, ou, como faz outra autora, o cinema pode ser considerado análogo do sonho: trata-se de um filme no qual a distinção entre a história e a realidade aparece esfumada, como que entre parênteses. Ilustra-se assim a mobilidade psíquica, isto é, a capacidade de transitar entre modos diversos de funcionamento e, por esse trânsito, atingir simultaneamente uma maior discriminação e uma maior integração entre eles.

Esses exemplos, tomados de uma publicação recente, em si mesmos não têm qualquer valor estatístico. Mas o leitor poderá repetir a experiência com outras publicações, e elas não faltam neste ano comemorativo; tenho certeza de que se dará conta de como a *Traumdeutung* continua a ser uma referência comum para todos os psicanalistas, seja qual for a sua orientação clínica ou teórica. E isso tanto porque ainda pensamos com os seus conceitos — mesmo e sobretudo quando os utilizamos para inventar outros — quanto porque os sonhos de Freud nos servem como referência compartilhada, como material cuja função *exemplar* inspira a teorização flutuante de cada um de nós.

Em suma: tem razão André Green, que, ao ser interrogado certa vez sobre o que havia de "novo" na psicanálise, respondeu sem hesitar: "Freud".

A Medusa e o telescópio:
Freud e o olhar

Nenhuns olhos têm fundo: a vida, também, não.
Guimarães Rosa

Se pedirmos a alguém que nos desenhe uma cena em que figure um psicanalista, é muito provável que sobre o papel apareça, atrás de um indivíduo deitado num divã, um personagem sentado rabiscando num bloquinho. E, se o artista acrescentar o clássico retrato de Freud pendurado na parede, sua charge ganhará o valor de um estereótipo imediatamente decodificável: pouco importa que o analista raramente tome notas durante as sessões, ou que na grande maioria dos consultórios a fotografia de Freud brilhe por sua ausência! O essencial é que, no espírito do público, essa seja uma imagem frequentemente evocada quando se fala na terapia freudiana. E, convenhamos, com uma ponta de razão: a aparência física do *setting* analítico é de fato essa, embora não baste alguém deitar-se num divã e outro sentar-se fora do alcance da visão do primeiro para que a conversa a se dar nessas curiosas condições mereça o nome de psicanálise.

Mas observemos o desenho: o olhar estará de fato ausente da situação analítica? Do lugar onde está o paciente, o analista é, com efeito, invisível, embora nada impeça que ele veja à sua frente uma janela, uma parede ou mesmo seus próprios pés. Quanto ao psicanalista, pode olhar para o paciente, ainda que nas condições usuais a forma do divã o impeça de enxergar as feições do seu interlocutor. E — detalhe interessante — o senhor na parede pode estar olhando para o que se trama em seu nome... De modo que convém refletir um pouco antes de afirmar, como sugeriria uma consideração apressada, que na situação analítica o olhar está excluído; ao final do nosso percurso, veremos que ele está em diversos lugares onde de início não imaginávamos que estivesse. Mas, primeiramente, por que o analista se oculta por trás do paciente? Ninguém melhor do que Freud para nos esclarecer:

> Insisto no conselho de deitar o paciente num divã, enquanto o analista toma lugar atrás dele, sem que este o veja. Essa disposição tem um sentido histórico: é um resíduo do tratamento hipnótico, a partir do qual se desenvolveu a psicanálise. Mas ela merece ser conservada por diversas razões. Em primeiro lugar, por um motivo pessoal, que contudo outros talvez compartilhem comigo. Não suporto ser fitado por outrem durante oito (ou mais) horas por dia. Como ao escutar abandono-me, eu mesmo, ao curso de meus pensamentos inconscientes, não quero que minha expressão dê ao paciente material para interpretações ou o influencie no que tem a dizer. Habitualmente, o paciente concebe a situação que lhe é imposta como uma privação e se opõe a ela, especialmente se a pulsão visual desempenha em sua neurose um papel significativo. Persisto, porém, nessa medida, que tem o propósito — e o atinge — de impedir a mistura imperceptível da transferência com as associações do paciente e de isolar a transferência, deixando-a aparecer a seu tempo como uma resistência nitidamente circunscrita.[1]

A disposição que exclui o olhar tem assim uma função técnica precisa: criar condições favoráveis para que se instale a situação analítica propriamente dita. Muito sumariamente, podemos dizer que o fato de não ver o psicanalista faz com que o paciente possa configurá-lo como quiser, mediante um jogo de projeções e de deslocamentos a partir do qual se torna possível inferir quais as tendências inconscientes ativas naquele momento. Mas o texto de Freud diz muito mais do que isso. Os termos empregados são de grande impacto: *anstarren*

---

[1] *Studienausgabe* (1913) ("O início do tratamento"), *Ergänzungsband*, pp. 193-4; *Biblioteca nueva*, II, p. 1668. As siglas sa e bn designam neste artigo, respectivamente, as edições alemã e espanhola das obras de Freud.

(fitar) significa também "arregalar os olhos"; *aufzwingen* (impor) tem como conotação "corrigir", "completar", etc.; *sich sträuben* (opor-se) quer dizer igualmente "arrepiar-se"; e *beharren* (persistir) implica "teimar", "ser persistente". Esses vocábulos deixam entrever que, para Freud, tal condição é absolutamente indispensável à estruturação do campo analítico — e é natural que assim seja, já que ele a vincula à livre associação, à interpretação (os pensamentos inconscientes do analista), à resistência e à transferência, isto é, às quatro coordenadas sem as quais simplesmente não haveria análise. A passagem de Freud contém, além disso, quatro outras indicações, que nos servirão de vetores para organizar nosso trajeto: a ideia de "resíduo da hipnose", o fator pessoal de natureza fóbica cujo sintoma é a intolerância a ser encarado, a ideia de pulsão visual — *Schautrieb* —, à qual Freud atribui um papel na constituição da neurose, e a noção de "privação", que caracteriza a experiência do paciente. Vamos, então, por partes: comentaremos cada uma dessas noções, para, na conclusão, retornarmos à situação psicanalítica e procurar situar nela a dimensão do olhar.

"UM RESÍDUO DO TRATAMENTO HIPNÓTICO..."

A psicanálise possui uma pré-história e só foi instituída como método terapêutico após uma demorada evolução. Essa pré-história começa com Jean-Martin Charcot, em cujo departamento no hospital da Salpêtrière o jovem Freud realizou em 1885 um estágio de seis meses. No necrológio que redigiu em 1893, quando seu mestre veio a falecer, o discípulo ressaltou o papel da visualidade no trabalho de Charcot: este se denominava *un visuel* e considerava o ato de *ver* o início de toda operação científica — a observação minuciosa dos fenômenos histéricos deveria fornecer a base para a organização de quadros patológicos, ou "tipos".

A ambição de Charcot era constituir uma nosografia exaustiva. "Muitas vezes o ouvimos afirmar que a maior satisfação de que um homem poderia usufruir seria ver algo novo, isto é, reconhecê-lo como novo; e, em observações constantemente repetidas, retornava ao mérito e à dificuldade de tal visão, perguntando-se a que se deveria o fato de os médicos nunca verem nada além daquilo que haviam aprendido a ver..."[2] O olhar agudo tem aqui o sentido de

---

[2] *Charcot* (1893), BN, I, pp. 31 ss.

observar eternamente, de perceber diferenças mínimas para ordená-las num sistema classificatório, comparável ao de Cuvier no plano da zoologia; visa, portanto, a conhecer, nomear e finalmente construir tipos ideais, capazes de permitir o diagnóstico correto. Além disso, Charcot entendia o ato de ver como meio de obter um gozo, o maior que um homem poderia alcançar. Atenção, porém: "ver algo novo" é "reconhecê-lo como tal", e *este* é o momento do gozo. Não é como concomitante à visão, mas como consequente a ela, que o prazer emerge num ato de julgamento, pelo qual posso afirmar que "isto é novo". O verdadeiro prazer está no conhecer, e a visão é mais deciframento que contemplação.

Mas, se lermos com atenção, perceberemos que o texto de Freud sugere outras dimensões da visualidade em Charcot: este gostava de ser visto em ação por seus alunos, e seu trabalho com as histéricas as transformou em "foco de atenção geral". Sobretudo, o emprego da hipnose para provocar ou remover artificialmente os sintomas histéricos deu origem a demonstrações espetaculares, às quais acorria o *"tout Paris"*: as pacientes, seminuas, contorciam-se em malabarismos impressionantes, oferecendo-se à visão dos médicos e do público leigo. O que é fascinante nessas sessões é precisamente o papel desempenhado pelo olhar. O próprio Charcot, cujos olhos de feiticeiro hipnotizavam as internas, é objeto tanto do olhar delas quanto do olhar do público; a dimensão plástica é onipresente, como mostrou J. Pontalis:[3] ela está na sala lotada, mas também na atenção prestada ao corpo da histérica, às suas atitudes durante o *grande attaque* (que recebem nomes como "crucificação", "súplica amorosa" e outros igualmente sugestivos), aos pontos de excitação do seu organismo, antepassados das zonas erógenas... À exibição da pele corresponde a imantação do olhar; mas o médico se engana ao pensar que é ele quem domina a cena. Charcot comparava os rostos das doentes a certas figurações da pintura renascentista ou barroca; ele próprio era caricaturista e colecionador de obras de arte. É patente que, com Charcot, estamos imersos de ponta a ponta no prazer de ver e ser visto, de modo que a ideia consciente de que ver é principalmente "observar com atenção" se revela como uma espantosa denegação do *Schautrieb*, a pulsão de ver que será posteriormente descrita por Freud.

Ora, para que a psicanálise se constitua, essa festa ocular terá de ser abandonada. Primeiramente, será dispensado o público: o tratamento se fará a portas

---

[3] J. B. Pontalis, "Entre Freud et Charcot", in *Entre le rêve et la douleur*, Paris, Gallimard, 1977, pp. 15-7.

fechadas, sem a presença de qualquer observador. Em seguida, a "terapia catártica" de Breuer sofrerá alterações, suprimindo-se o recurso à hipnose como meio de descobrir as cenas traumáticas que teriam originado os sintomas. Dessa época, Freud conserva o hábito de deitar confortavelmente o paciente sobre um divã; mas, para caracterizar a ruptura com a hipnose, pede a ele que feche os olhos, atitude que seria vantajosa para a auto-observação e para a emergência dos pensamentos sobre os quais se vai trabalhar.[4] Esta regra é abandonada pouco tempo depois, já que, num texto datado de 1904, Freud diz explicitamente que "não pede aos pacientes que fechem os olhos".[5] Com a renúncia à exigência de se concentrar num sintoma de cada vez — portanto com a invenção do procedimento da livre associação —, o método analítico havia adquirido seu instrumento próprio. (É de supor que a injunção de fechar os olhos tivesse o sentido de contribuir para reduzir ainda mais os estímulos externos, favorecendo dessa maneira o movimento associativo.)

A livre associação é a forma pela qual Freud procede à análise dos seus sonhos. Em meio às tentativas para descobrir um modo de curar a histeria — tentativas repetidamente frustradas até bem avançada a década de 1890 —, a interpretação dos sonhos funciona como guia seguro, não tanto pelo fato de os sonhos serem mais claros do que os sintomas, mas por fornecerem um paradigma para o trabalho clínico e a investigação teórica. Em particular, o sonho é um fenômeno indiscutivelmente psíquico, no qual as excitações corporais desempenham papel reduzido.

No trajeto que conduz de Charcot à psicanálise, a exclusão progressiva do olhar é, portanto, paralela à organização progressiva da categoria de "espaço psíquico", ela própria concomitante à diminuição progressiva do papel do corpo físico na terapia analítica. Pontalis observa com razão que a origem dos mecanismos histéricos não será mais buscada nas regiões do corpo, mas na articulação das fantasias; a situação analítica "pode ser acusada de ritual obsessivo ou de refúgio fóbico, mas certamente não de provocação histerizante".[6] A exuberância visual da consulta de Charcot vai dar assim lugar à "outra cena", e o órgão dionisíaco do psicanalista já não será o olho. A exigência de *dizer* em vez de *mostrar* abre o registro da escuta e da interpretação verbal, isto é, o registro da psicaná-

---

[4] *A interpretação dos sonhos*, cap. II, SA, II, p. 121; BN, I, p. 409.

[5] "O método psicanalítico de Freud" (1904), SA, *Erg.*, p. 102; BN, I, p. 1004.

[6] Pontalis, op. cit., p. 17.

lise. Resta saber se, com isso, o olhar fica de fato excluído da análise; parece-me que não, e que ele vai simplesmente se localizar em outras paragens. Mas, para poder situá-las, é necessário tomar um desvio — e o caminho nos é mostrado pela referência ao sonho e à fobia. Pois, se na passagem com que iniciamos estes comentários o rigor técnico é a razão aparente da "disposição que merece ser conservada", nela também Freud alude à sua intolerância em ser observado durante várias horas por dia. O que significará isso? Quais sentidos poderá ter para ele a representação dos olhos e do olhar, a ponto de esse fator ter desempenhado um papel na invenção do dispositivo analítico? Para responder a esta questão, sigamos o convite de Freud e penetremos com ele no universo dos seus sonhos.

"NÃO SUPORTO SER FITADO..."

O tema dos olhos atravessa de ponta a ponta *A interpretação dos sonhos*. O hábito de iniciar a leitura desse livro pelo capítulo II, saltando o primeiro, dedicado à maçantíssima "literatura científica sobre os sonhos", tem a desvantagem de deixar na sombra um fato importante: o primeiro sonho pessoal narrado por Freud diz respeito precisamente aos olhos. Falando dos materiais do sonho e da memória (seção 8), menciona um sonho no qual uma impressão é substituída por uma relação: no sonho aparece uma pessoa que ele sabe quem é — o médico de sua cidade natal —, mas seu rosto aparece impreciso, misturado com o do professor de história do liceu, que era caolho. Por que essa condensação? Questionando sua mãe acerca do médico de Freiberg, Freud recebe a resposta de que este último também era caolho.[7] E a imagem do doutor Josef Pur, o médico caolho, vai assombrar o livro dos sonhos, reaparecendo sem ser nomeada em momentos cruciais da argumentação, como veremos mais adiante.

Esse não é o único sonho a envolver a representação dos olhos. Na noite anterior ao enterro do seu pai, Freud sonha com uma espécie de placa, na qual está escrito: *"Pede-se fechar os olhos"*, ou então: *"Pede-se fechar um olho"*.[8] Sabemos pela carta 50 a Fliess (de 2 de novembro de 1896) que o sonho ocorreu na noite anterior ao enterro, e não, como é dito na *Traumdeutung*, que se seguiu a ele.

---

[7] *A interpretação*, cap. I, seção 8, SA, II, p. 44; BN, I, p. 358.

[8] *A interpretação*, cap. VI, seção C, SA, II, p. 316: BN, I, p. 539.

A Medusa e o telescópio: Freud e o olhar

A data tem importância, já que o sonho é uma reação à morte do pai, e, no prefácio à segunda edição do seu livro, Freud afirma que o próprio livro é sua reação à morte do pai: o sonho apresenta portanto, em miniatura, algumas das tendências ligadas a essa experiência. A comparação detalhada das duas versões do sonho — a da carta e a do livro — foi realizada por Conrad Stein, num artigo intitulado "La paternité",[9] do qual me servirei mais adiante.

Não deixa de ser curioso que um sonho ocorrido numa ocasião tão importante seja mencionado apenas de passagem na *Interpretação dos sonhos*, ilustrando um problema sem maior importância — a maneira pela qual o trabalho do sonho representa visualmente uma alternativa —, e que Freud tenha modificado, ainda que pouco, o conteúdo de suas associações. Por um lado, conforme as regras enunciadas pela própria *Traumdeutung*, tal mudança significa que as novas associações (as do livro) devem ser acrescentadas às antigas (as da carta), e não as substituir. Por outro lado, é uma mudança que introduz aspectos insuspeitados no conteúdo do sonho: Freud refere-se rapidamente ao sentido da expressão "fechar um olho", que em alemão, assim como em português ou francês, conota tolerância ou indulgência com uma falta alheia. Essa indulgência é relacionada com a tendência à autoacusação que se manifesta nos sobreviventes por ocasião de um falecimento e com o fato de Freud ter insistido numa cerimônia sóbria, atendendo ao desejo do morto e contrariando sua família, que teria preferido um enterro mais pomposo.

Na carta 50, há um detalhe que é omitido ao leitor do livro: a placa com a inscrição remete ao salão do barbeiro ao qual Freud ia todas as manhãs para aparar a barba e que estava cheio no dia do enterro. Como teve de esperar sua vez, chegou atrasado ao velório, irritando ainda mais a família.[10] No livro — e esta é a nova associação — a placa é comparada aos avisos que, nas estações ferroviárias, proíbem fumar. Atraso, proibição, apelo à complacência, tendência à autoacusação: eis alguns temas que transcendem em muito o pequeno problema metapsicológico a propósito do qual o sonho é mencionado!

Por que Freud necessitava da indulgência de seu pai? "Fechar os olhos" é algo que representa um dever em relação aos mortos, cujos olhos devem ser

---

9 Conrad Stein, "La paternité", *L'inconscient*, nº 5, Paris, janeiro de 1968, pp. 65 ss.

10 Um detalhe não mencionado por Freud é que faz parte dos rituais judaicos não aparar a barba durante o período dos sete dias de luto. Ir ao barbeiro era assim uma demonstração de irreligiosidade da qual certamente seu pai, bem mais praticante do que ele, não teria gostado.

fechados num ato de piedade. Se Freud cumprira seu dever, se se mostrara bom filho respeitando a vontade do pai quanto à modéstia do enterro, por que se sentiu culpado e apelou para a complacência do morto? Evidentemente, porque a morte do pai parece ter reavivado os desejos hostis que, no contexto do complexo de Édipo, o concernem: desejos, precisamente, de morte. Stein observa que, em outros sonhos, o tema do atraso está constantemente relacionado tanto com os olhos quanto com os desejos hostis perante substitutos do pai. Assim, no sonho *"Non vixit"* ("não viveu"), Freud conta que costumava chegar atrasado ao laboratório de Brücke, e que este, um dia, repreendeu-o severamente. A passagem merece ser citada:

[...] em seguida, olho para P. de um jeito penetrante, e, sob meu olhar, ele fica pálido, nebuloso, seus olhos ficam de um azul doentio, e enfim ele se dissolve. Sinto-me extraordinariamente feliz com isso [...].

As associações:

O centro do sonho é formado por uma cena na qual aniquilo P. com um olhar. Os olhos dele ficam singular e estranhamente azuis, depois ele se dissolve. Essa cena reproduz de modo incontestável uma outra, realmente vivida (segue-se a história do atraso). O que Brücke me disse foi breve e claro; mas o essencial não dependia em absoluto das palavras. O que me demoliu foram os terríveis olhos azuis com os quais ele me encarou e diante dos quais me senti desaparecer — como no sonho, que, para meu alívio, inverteu os papéis. Quem puder se lembrar dos olhos maravilhosos que o mestre conservou até idade muito avançada, e alguma vez o viu encolerizado, poderá se colocar facilmente na mesma situação afetiva que o jovem pecador de então.[11]

Onde estão os desejos hostis em relação ao pai? Um pequeno exercício de interpretação psicanalítica: Freud se identifica a Brücke e, utilizando o poder dos olhos, aniquila o adversário; eis aí a hostilidade. Mas essa hostilidade é dirigida contra o pai, em primeiro lugar porque, identificando-se a Brücke, Freud toma o lugar deste (e não cabem dois no mesmo lugar); em seguida porque, sob

---

[11] *A interpretação*, cap. VI, seção F, SA, II, pp. 409-10; BN, I, pp. 602 ss.

A Medusa e o telescópio: Freud e o olhar

o olhar fulminante de Freud, o colega P. vai ficando com os olhos da cor dos de Brücke. Ocorre aqui um deslocamento pelo qual Freud, tomando o lugar do mestre venerado, usurpa seu privilégio (o olhar terrível) e o utiliza contra o próprio mestre, cuja relação com a imago paterna é óbvia. Além disso, como o dito mestre havia repreendido o "jovem pecador", supõe-se que em algum lugar havia pecado — e certamente não na banal falta de chegar atrasado ao laboratório. Por fim, tendo repreendido Freud, Brücke torna-se apto a receber um "pedido de indulgência" e portanto a representar o pai. Ora, tanto Jakob Freud à época do sonho "Pede-se fechar os olhos" quanto o colega P. à época do sonho "Non vixit" já estavam mortos. Stein observa a esse respeito que o fato de eles já terem morrido, aparentemente, não basta para saciar os desejos de morte do sonhador, razão pela qual este os põe em cena novamente, só que agora como obra dele mesmo. Isso é explícito no segundo sonho (P. morre dissolvido pelo olhar de Freud), e de maneira simbólica também ocorre no primeiro, no qual a injunção "Pede-se fechar os olhos" se dirige a Freud, para que feche os olhos do pai e num certo sentido seja o autor da morte deste. Esse segundo sentido deve permanecer encoberto pela significação piedosa, a de que fechar os olhos do morto constitui um dever de piedade filial.

Esses mesmos olhos desempenham uma função central num terceiro sonho, o célebre sonho do "conde Thun", do qual transcrevo a cena final:

> Estou de novo na estação, mas em companhia de um homem de certa idade. Invento um plano para passar despercebido, e imediatamente o vejo realizado [...]. Ele simula ser cego, ao menos de um olho, e eu lhe mostro um penico (que compramos ou tivemos de comprar na cidade). Sou portanto um enfermeiro e devo mostrar-lhe o penico porque ele é cego. Se o bilheteiro nos vir, nos deixará passar sem nos incomodar. A posição do homem e seu membro urinando aparecem plasticamente.[12]

Freud associa a esse sonho duas cenas de infância: uma, com dois ou três anos, em que urinou na cama e, para consolar o pai, prometeu-lhe comprar uma linda cama nova na cidade mais próxima (o penico); uma outra, com sete ou oito anos, em que molhou a cama dos pais, ocasião na qual Jakob disse algo

---

[12] A interpretação, cap. V, seção B, SA, II, pp. 218-25; BN, I, pp. 474 ss. Cf. Stein, "La paternité", pp. 70 ss.

como "este menino nunca fará nada que preste". E continua, dizendo que isso o feriu terrivelmente, já que em muitos dos seus sonhos aparece uma enumeração de suas realizações, como se dissesse ao pai: "Viu? Acabei fazendo algo que presta!". O velho cego de um olho é o pai, que sofreu na velhice de um glaucoma unilateral. Além disso, as referências a "passar despercebido pelo bilheteiro" e ao membro visível plasticamente sugerem que, às cenas de exibicionismo infantil, devemos acrescentar uma outra, na qual o menino teria visto ou desejado ver seus pais durante uma relação sexual (Freud alude a algo assim, de modo muito discreto, a respeito do sonho *"Hollthurn"*[13]).

Resumindo esses diferentes fios que partem da representação dos olhos, Stein mostra que o pedido de indulgência conduz até o quarto dos pais, à cabine do trem que o representa (sonhos ligados à *matrem nudam*, cf. carta 70 e seguintes a Fliess), e a várias cenas que ocorrem ou devem ter ocorrido em Freiberg e mais tarde em Viena.

> Se precisa da indulgência, é finalmente à indulgência do pai que ele apela, por ter sentido a seu respeito impulsos hostis no quadro de seu interesse libidinal pela mãe. Assim, pede ao pai que "feche os olhos". Esse sonho ocorre depois que o desejo já se realizou. Só que os mortos não fecham os olhos por si mesmos. É preciso fechá-los; esse é o "dever no sentido literal". Assim, Freud podia ter a impressão de ser o artífice da realização de seu desejo de que o seu pai manifestasse indulgência (nada melhor do que ter um pai cego para passar despercebido, como indica o "sonho revolucionário"), ou que ele estivesse morto. [...] Ao mesmo tempo, assegurava-se da impunidade ao transgredir as proibições paternas. É isso que explica a placa que proclama uma obrigação (fechar os olhos) ser comparada àquela que, nas estações, proclama uma proibição (de fumar). A noção importante que devemos reter é que, no exercício do dever de piedade filial, a pessoa encontra ocasião de transgredir o interdito paterno e de dar livre curso à megalomania infantil, que visa a esmagar o pai sob a própria superioridade.[14]

A interpretação de Stein situa portanto o tema dos olhos no contexto do complexo de Édipo, e a ideia sutil proposta por ele é a de que a morte real do

---

[13] *A interpretação*, cap. V, seção G, SA, II, p. 441; BN, I, p. 623.
[14] Stein, "La paternité", pp. 75-6.

A Medusa e o telescópio: Freud e o olhar

pai não pode satisfazer o desejo edipiano pela boa e simples razão de que tal desejo não é "que o pai morra", mas "que eu mate o pai". Nesse sentido, a morte real do pai *frustra* o desejo inconsciente, ativa o ressentimento e a hostilidade, fazendo com que, no sonho, a situação seja retificada, tornando-se aquele que sonha o "artífice" da morte do pai. O médico caolho é adequado para representar o mesmo pai, afetado pela cegueira de um dos olhos. Por sua vez, os olhos de Brücke representam a censura do superego, porém não em relação ao atraso, e sim a um impulso muito mais agressivo. O tema do atraso cumpre a função de deslocar a culpa para uma falta insignificante, desviando a atenção dos desejos parricidas do inconsciente. É o que dá conta da ligação, no sonho do laboratório, entre a reprimenda do mestre e o assassinato do colega P. E são tais desejos que engendram a "tendência à autoacusação" que se manifesta nos sobreviventes, por mais que estes tenham sido dedicados e respeitosos com o moribundo e com suas últimas vontades.

Se o comentário de Stein demonstra de forma insofismável a conexão do tema dos olhos com o complexo de Édipo e abre caminho para pensar sua conexão com o complexo correlato — o de castração —, é a Monique Schneider que devemos uma outra dimensão deste tema, evidenciada por meio de uma leitura do conjunto de A *interpretação dos sonhos* entre cujos fios condutores se encontra precisamente a ideia de rastrear todas as referências aos olhos e ao olhar. Assim fazendo, ela desvenda uma outra série de aspectos dessas representações, os quais concernem agora ao feminino e a angústias psicóticas, por oposição às ansiedades ditas neuróticas, que gravitam em torno do Édipo e da castração.

O sonho mais célebre da literatura psicanalítica — o da injeção em Irma — põe em cena um exame médico em que os olhos desempenham um papel importante. A paciente vai mal, Freud se aproxima dela e *olha* para sua garganta: está inflamada, horrendas formações carnosas são visíveis a olho nu, ela está pálida e parece bem doente. Freud, preocupado, chama o doutor M. (Breuer) e seus colegas Otto e Leopold, que, por sua vez, olham a paciente, examinam-na e chegam à conclusão de que ela foi infectada por uma seringa suja, na qual havia uma solução de trimetilamina, uma das substâncias produzidas pela putrefação do esperma. Do ponto de vista que nos interessa aqui, cabe ressaltar que Irma representa, entre outras pessoas, uma jovem chamada Emma, operada por Fliess em Viena e que passara muito mal depois da cirurgia. Fliess havia esquecido no nariz da moça meio metro de gaze, que, tendo apodrecido, ocasionou uma infecção e, ao ser retirada por outro médico, na presença de Freud, produziu uma hemorragia quase fatal.[15] Freud se sente mal à vista do "jorro de sangue" e escreve imediatamente a Fliess; várias cartas são trocadas entre eles (aliás, censuradas na primeira edição da correspondência), e a imagem da moça ensanguentada o persegue durante várias semanas.

Monique Schneider estabelece duas correlações importantes. A primeira vincula Emma a Irma, por meio do tema do sofrimento feminino e do problema da responsabilidade do médico. A segunda interpreta a reação de Freud diante do jorro de sangue à luz de um episódio da infância deste último, no qual intervém justamente o médico caolho, o doutor Josef Pur. Sabemos pela *Interpretação dos sonhos* que, quando pequeno, Freud quis pegar "algo bom", caiu do banquinho em que havia subido e machucou-se muito, necessitando de pontos no queixo, o que gerou uma cicatriz permanente.[16] A reconstrução desse episódio é obra semelhante à composição de um quebra-cabeça, pois o relato da cena está no capítulo VII, a referência à cicatriz no capítulo I, e a ideia de ter sido ajudado por um caolho encontra-se na parte sobre os sonhos típicos de exame, que, justamente, servem de introdução ao tema do complexo de Édipo (capítulo V).

A hipótese de Monique Schneider é que a referida queda deve ter sido de rara violência, que o menino sangrou muito (Freud diz que poderia ter perdido todos os dentes naquele momento) e que a imagem do médico ficou carregada de grande ambivalência, pois, por um lado, representava o auxílio e, por outro, a dor, o sangue e uma impressão particularmente aterrorizadora. Isso porque, ao terror da situação deve ter-se acrescentado o de estar sendo socorrido por um médico *caolho*. Segundo a autora, o olho vazado virá figurar uma espécie de abismo, um vazio horripilante no qual o olhar se perde e que remete a quem o olha a imagem do *nada*: representação extremamente sinistra, que Freud reencontrará na garganta de Irma. Essa reconstrução aparentemente gratuita se apoia num fato que pede interpretação: em Freud, o jogo dos olhos e dos olhares põe em cena dois aspectos absolutamente opostos, como veremos mais adiante. Guardemos por enquanto a ideia de Monique Schneider, segundo a qual a figura do médico caolho é vinculada à de "ajuda simultaneamente decisiva e temível,

---

[15] Max Schur, "L'affaire Emma", *Études Freudiennes*, nº 15/16, Paris, 1979.

[16] *A interpretação*, cap. VII, seção C, SA, II, p. 534; BN, I, p. 686; e o sonho mencionado na nota 7.

A Medusa e o telescópio: Freud e o olhar

porque marca por toda a vida o corpo da criança. A carta a Fliess que menciona a reemergência da figura do médico fala aliás de um 'sonho cheio de animosidade'. Essa ambivalência extrema não é solidária das imagens mais arcaicas? Nessa representação, o que ajuda quase não se distingue do que machuca. Confusão que estará no centro do sonho de Irma [...]. Imagem mal separada das trevas, tanto representativas quanto afetivas, em cujo interior foram inicialmente encontradas".[17]

Essa interpretação vem situar o tema do olho — de "um olho", tal como aparece no sonho da véspera do enterro, na figura do Ciclope, no sonho "Meu filho, o míope", na ideia de ligar a bilateralidade ocular com a bissexualidade e em outras passagens da *Traumdeutung* — num contexto muito mais arcaico do que aquele no qual se situa o comentário de Conrad Stein. A tônica aqui não é o desejo sexual, mas o horror diante de imagens mais fluidas, menos precisas, e que parecem se situar num momento anterior ao da diferenciação dos sexos, próximos, numa série de configurações, daquilo que Melanie Klein denominou "posição esquizo-paranoide". O sangue que jorra aos borbotões, a mutilação, o vazio, a angústia da fragmentação e de dissolução, a imagem de algo ou de alguém ao mesmo tempo terrivelmente perseguidor e onipotentemente bom, localizam o clima das "imagens mais arcaicas" e justificam que a autora fale em "confusão", em "imagens mal separadas das trevas", em "escuro afetivo e representativo". É curioso notar que, no sonho em que se refere ao médico caolho, Freud termina seu comentário com a menção à cicatriz, que no entanto só foi acrescentada na segunda edição do livro; ali permaneceu até a quarta edição, sendo retirada da quinta, que veio à luz em 1925; dois anos antes, manifestara-se um câncer no maxilar de Freud... Se se tratar de um movimento conjuratório, como sugere Monique Schneider, isso indicaria uma pregnância especial da imagem do caolho e de sua órbita vazia, especialmente apta a figurar para Freud aquilo a que denominará "sentimento de inquietante estranheza".

A representação do sangue que jorra do nariz de Emma relaciona-se com a teoria de Fliess, segundo a qual o nariz teria estreita ligação com a vagina. Seria então uma ponte a unir o sangue, o nariz, a vagina, a garganta de Irma, a boca sangrando do menino e o olho vazado, numa constelação presidida pela significação da castração — pois esta também é imaginada resultando numa ferida sangrenta. Ora, o sexo vermelho de uma mulher é representado pelo olho

---

[17] M. Schneider, *Père, ne vois-tu pas...*, Paris, Gallimard, 1985, p. 105.

dela no enigmático "Sonho de um homem", que figura na seção 8 do capítulo V, dedicada ao "infantil como fonte do sonho". O homem vê dois garotos brigando; um deles foi atirado ao chão pelo outro; o homem vai castigá-lo com a bengala levantada, mas o menino corre para perto da mãe. "Esta se volta para o sonhador e o olha com um olhar horrível, de modo que ele foge dali apavorado. Nos olhos dela, vê-se a carne vermelha mostrando-se na pálpebra inferior."[18] Freud interpreta esse sonho pela perspectiva da sexualidade e da castração, baseando-se nas associações do "homem".

O menino jogado ao chão representa a mulher no ato sexual. A pálpebra vermelha remete ao sexo das meninas vistas urinando quando o homem era pequeno, assim como a mãe no sonho. A bengala levantada é a ameaça perante os desejos sexuais do sonhador em relação à mãe. Até aqui, nada de especial; o interesse da análise que Monique Schneider dedica a esse sonho reside na oposição de *dois* olhares, o primeiro produzindo o sonho e pertencendo ao homem ("ele vê..."), o segundo figurado pela pálpebra avermelhada da mulher. O olhar que produz o sonho é uma expressão de quem tem a visão para circunscrever, para abarcar algo numa cena, para captar contornos e imagens bem definidas — olhar que distingue e observa, olhar do médico, olhar do cientista (Brücke) — e uma das figuras do olhar do intérprete, aquele que desvenda significações no aparentemente absurdo e introduz ordem naquilo que aparecia como caótico: o sonho, o sintoma... A esse olhar de luz opõe-se um outro, "horrível", diante do qual o sonhador "foge apavorado": olhar que remete ao sexo feminino, vermelho como a pálpebra da mulher, vermelho como a garganta de Irma, vermelho provavelmente como a órbita vazia do doutor Pur.

> Horror de um olhar transformado em boca, em sexo feminino... O olhar já não pode funcionar como aquilo que vem circunscrever, limitar, represar os poderes da garganta-precipício. Ele atualiza por si só a carne aberta e irrepresentável. [...] Sonho-fornalha, em que aparece, na carne avermelhada, o que podemos discernir como um limite do imaginário freudiano, espécie de beirada além da qual nada mais se dá a ver.[19]

---

[18] *A interpretação*, SA, II, pp. 211-2; BN, I, p. 469.
[19] M. Schneider, *Père*, pp. 140-1.

A Medusa e o telescópio: Freud e o olhar

A representação dos olhos e do olhar surge assim como uma encruzilhada para onde convergem diferentes fantasias inconscientes, de natureza sexual e agressiva, pertencentes a diferentes estratos do psiquismo. Em outros termos, ela é *sobredeterminada*, e um dos fatores dessa sobredeterminação reside precisamente no recobrimento da dimensão angustiante do olhar/ser olhado por uma perspectiva reasseguradora, na qual o ato de ver está a serviço do controle e da discriminação. São vários níveis que se cruzam incessantemente: *ver* é observar, é satisfazer a curiosidade e assim correr o risco de retaliação paterna, é produzir sonhos; *ser visto* é ser confortado no narcisismo de quem conseguiu desmentir a profecia do pai, mas também é ser capturado num campo de fascínio do qual só se pode escapar fugindo apavorado; *ver* é ter de suportar a imagem do sexo mutilado e sangrento, do olho vazado, da garganta abissal. Se é assim, podemos compreender que Freud não tolerasse ser encarado durante horas a fio e que tenha construído um dispositivo no qual essa possibilidade atemorizadora esteja ativamente excluída.

Na passagem citada no início desta conferência, Freud se refere com franqueza à sua idiossincrasia nesse sentido, atenuando-a porém com a expectativa de que "outros a compartilhem comigo". Não creio vantajoso reduzir essa notação a um mero apêndice psicologista: há muitos terapeutas que utilizam o divã e que, no entanto, não sentem dificuldade alguma em ser encarados por outros pacientes, atendidos face a face. Na observação de Freud, eu veria antes a sugestão de que tais poderes do olhar não são apenas fruto de sua imaginação pessoal, mas aludem a um setor importante do funcionamento psíquico em geral, capaz de ser observado por outras pessoas, desde que se sirvam adequadamente do dispositivo psicanalítico. E, na passagem citada, a referência à "pulsão de ver" abre um caminho para que possamos estudar a questão, deixando de lado as particularidades do sistema defensivo de Sigmund Freud para nos interrogarmos quanto à atividade psíquica que ele denomina *Schautrieb*.

"ESPECIALMENTE SE A PULSÃO VISUAL..."

"O paciente se opõe à situação [...], especialmente se a pulsão visual desempenhar em sua neurose um papel significativo." A frase de Freud ganha sentido à luz de uma descoberta essencial da psicanálise: a de que as neuroses representam perturbações da vida sexual, não apenas no sentido de que a atividade sexual diminui de frequência ou de intensidade, mas no sentido de que os sintomas neuróticos são alimentados pelas pulsões sexuais e, a bem dizer, *são* a vida sexual do neurótico. Sabemos que a psicanálise amplia muito a noção corrente de sexualidade, considerando sexuais atividades, fantasias e situações que aparentemente nada têm a ver com o sexo. Isso porque a finalidade biológica da reprodução não é intrinsecamente vinculada à sexualidade: a psicanálise afirma e demonstra que a chamada "síntese genital" é tardia e precária, e que na verdade devemos falar, no plural, de *pulsões sexuais*, em vez de nos referirmos a uma genérica e hipotética "sexualidade".

O aspecto no qual a concepção psicanalítica das pulsões sexuais mais se afasta do senso comum é a ideia de que elas não são inatas no ser humano, porém se desenvolvem de modo curioso a partir de outras funções, estas, sim, biologicamente determinadas. Procurando dar conta da sua gênese, Freud é levado a considerar que a excitação sexual *se destaca* das atividades ou tendências ligadas à conservação do indivíduo, em especial das que dizem respeito à alimentação e à excreção. Mas não é sob esse ângulo, afinal bem conhecido, que vamos abordar a questão. Seguindo as indicações de Jean Laplanche, considero mais sugestivo dar ênfase a uma passagem dos *Três ensaios para uma teoria sexual* na qual Freud, falando das "fontes indiretas" da sexualidade, afirma que não apenas os orifícios da pele, mas a pele interna, qualquer órgão e mesmo qualquer atividade do corpo ou da mente podem dar origem à excitação sexual:

> a conclusão a que chegamos é que a excitação sexual se produz como um efeito marginal (*Nebenwirkung*) de toda uma série de processos internos (excitações mecânicas, atividades musculares, trabalho intelectual, etc.), a partir do momento em que a intensidade desses processos ultrapassa certos limites quantitativos. O que chamamos pulsões parciais da sexualidade ou bem deriva diretamente dessas fontes internas de excitação, ou bem representa um efeito combinado dessas mesmas fontes e da ação das zonas erógenas.[20]

---

[20] *Três ensaios*, cap. II, seção 7 ("Fontes da sexualidade infantil"), SA, V, p. 109; BN, II, p. 1214. Esse texto é citado e comentado por Laplanche em *Vie et mort en psychanalyse*, Paris, Flammarion, 1970, cap. I, pp. 37 ss.

A ideia central desse texto é a do *apoio* da sexualidade sobre os instintos de conservação, dos quais deriva, por um processo de desvio e torção, a sexualidade propriamente humana, a partir do instante em que a intensidade de qualquer processo vital supera um determinado limiar.

Essa observação me parece essencial, pois situa a sexualidade num plano diferente daquele em que se localiza o indivíduo. Reparem que ela está *aquém* ou *além* deste último. Além, na sua função reprodutiva, pois o que se perpetua não é o indivíduo, mas a espécie por meio dele: entre as aranhas e as abelhas, como entre certos peixes, o macho morre ou é devorado pela fêmea após ter cumprido seu papel na fecundação. Mas, sobretudo, a sexualidade da qual trata a psicanálise se situa *aquém* do indivíduo se o consideramos uma unidade cuja expressão psíquica é o sentimento do eu e cuja expressão social é a ideia de *pessoa*. Com efeito, a sexualidade se apresenta como fragmentada por essência: seu lugar não é a pessoa como tal, mas as zonas erógenas, as atividades isoladas, o funcionamento descoordenado dos órgãos ou dos sistemas fisiológicos. Estrutura-se segundo um esquema plural — *as* pulsões — e segundo um esquema pré-pessoal — as pulsões *parciais*. Cronológica e ontologicamente, estas precedem a unidade da pessoa. É por ser simultaneamente fonte de prazer e ameaça de desintegração que as pulsões parciais se constituem no alvo privilegiado das defesas; e é por serem múltiplas que sua característica fundamental é a labilidade, a plasticidade, a capacidade de se combinarem umas com as outras e de se substituírem, por meio de um jogo extremamente complexo de investimentos, deslocamentos e inversões, movimentos a que Freud denominou "destinos das pulsões".

Esse é, aliás, o título de um artigo de 1915, no qual Freud fala extensamente da pulsão visual. São mencionados quatro destinos possíveis de uma pulsão: a repressão, a sublimação, a inversão no seu contrário e a reversão para a própria pessoa. A repressão e a sublimação foram tratadas em artigos específicos da mesma época, embora o intitulado "Sublimação" não tenha sido publicado por Freud — provavelmente ele não tenha ficado satisfeito com o que escrevera. Ora, nos dois destinos pulsionais restantes, os exemplos estudados não são, como se poderia imaginar, a pulsão oral ou a pulsão anal, mas os dois pares antitéticos sadismo/masoquismo e prazer de ver/prazer de ser visto. Antes mesmo de abordar mais de perto o que é dito sobre a pulsão visual, notemos a vizinhança em que Freud a localiza: constantemente, no artigo "Pulsões e destinos de pulsão", ela é mencionada junto com a violência sexual. Nosso trajeto pela *Interpretação dos sonhos* terá mostrado, espero que com clareza, que essa situação de proximidade dos olhos e do olhar com a dimensão agressiva da sexualidade está longe de ser casual. Veremos agora que isso não ocorre apenas nos trabalhos freudianos de ordem mais pessoal, mas é um dado constante dos textos propriamente "científicos".

Examinemos então esses dois destinos pulsionais. A inversão no seu contrário (*Verkehrung in das Gegenteil*) diz respeito às finalidades da pulsão, isto é, à forma pela qual esta alcança a satisfação. Toda pulsão se origina em algum ponto do corpo (sua *fonte*) e consiste numa certa magnitude de excitação (seu *impulso*). A satisfação consiste na supressão dessa excitação, e tal supressão é a *finalidade* perseguida pela pulsão. Aquilo por meio do qual se cumpre essa finalidade é, segundo Freud, o *objeto* da pulsão, e desse objeto é dito que se trata do fator mais variável da montagem pulsional. Qualquer coisa ou pessoa, qualquer parte do corpo, próprio ou alheio, é apta a se tornar objeto de uma pulsão, desde que cumpra a condição essencial de permitir a extinção da excitação correspondente, isto é, desde que possibilite a satisfação da pulsão. Assim, a inversão no contrário concerne à finalidade pulsional: de uma finalidade ativa — atormentar o objeto, ver o objeto — ela pode se transformar numa finalidade passiva — ser atormentado pelo objeto, ser visto pelo objeto. Quanto à reversão para a própria pessoa (*Wendung gegen die eigene Person*), ela não altera a finalidade, mas o objeto da pulsão: de externo, este se transforma em interno. Por exemplo, o masoquismo é um sadismo dirigido contra o próprio sujeito, a exibição do corpo implica que eu também me veja nu.[21]

Essas primeiras observações, contudo, envolvem um problema: Freud começou a falar das transformações das pulsões, sem no entanto ter dado conta da gênese das pulsões. Percebendo a dificuldade, ele dá um passo atrás e propõe uma série de esquemas de derivação, primeiro para o par sadismo/masoquismo, em seguida para o par voyeurismo/exibicionismo. Ora, é extremamente interessante perceber, acompanhando a minuciosa leitura realizada por Laplanche, que esses esquemas situam a origem da sexualidade não no momento *ativo* de ver ou de infligir dor, mas no momento *reflexivo* em que o sujeito se inflige dor ou se vê. Vale a pena acompanhar brevemente o percurso de Laplanche para o par sadismo/masoquismo, porque ele nos permite compreender mais claramente

---

[21] Esse parágrafo é um resumo do que Freud estabelece em "Pulsões e destinos de pulsão", SA, V, pp. 86-90; BN, II, pp. 2044-5.

A Medusa e o telescópio: Freud e o olhar

tanto a gênese da pulsão visual quanto o intrigante fato de ela se situar em paragens vizinhas às da dor da qual se goza.

O essencial do comentário de Laplanche consiste em fazer a distinção entre a violência e o sadismo, ou, mais precisamente, entre uma agressividade não sexual e os atos sexuais que impliquem uma componente agressiva. Nisso Laplanche segue ao pé da letra a indicação freudiana dos *Três ensaios*, segundo a qual a excitação sexual nasce como efeito marginal de qualquer atividade do sujeito, desde que esta ultrapasse um determinado limiar. No caso da agressividade, é o próprio Freud que nota, no artigo sobre as pulsões, que o ato de infligir dor a outrem não é uma finalidade originária da pulsão.

Laplanche utiliza essas indicações para operar um esclarecimento conceitual de grande alcance: sugere distinguir entre a agressividade, que pode ter como objeto o próprio sujeito ou uma entidade exterior, e o sadismo/masoquismo, reservando esse binômio "para tendências, atividades ou fantasias *que comportem necessariamente um elemento de gozo ou de excitação sexual*".[22] Em suma, o sadismo e o masoquismo seriam o tipo de pulsão parcial que deriva de agressividade quando esta atinge um certo limiar, ou, mais precisamente, que deriva de atividades do sujeito que podem ter um caráter agressivo, mas que não visam originalmente à consecução de um prazer de índole sexual. É o caso daquela tendência a que Freud chama de "pulsão de domínio" (*Bemächtigungstrieb*), que consiste na inclinação a se apoderar ou assenhorear de algo, podendo até ferir ou destruir esse algo, mas sem que tal finalidade seja buscada no registro do prazer. O protótipo desse gênero de tendência é dado pelo bebê que estende as mãos para pegar coisas, sem prestar atenção à fragilidade ou ao perigo que elas possam apresentar. É o que podemos chamar, com Laplanche, de "ação instrumental" e é o primeiro momento descrito por Freud na gênese do sadismo:

a) O sadismo consiste na atividade violenta, no exercício de força contra outra pessoa como objeto;

b) Esse objeto é abandonado e substituído pelo próprio sujeito. Com a reversão para a própria pessoa, realiza-se também a transformação da finalidade pulsional de ativa em passiva;

---

[22] Laplanche, *Vie et mort*, cap. V, p. 136.

c) Novamente é buscada uma outra pessoa como objeto (da pulsão), que, em consequência da transformação ocorrida com a finalidade pulsional, deve tomar o lugar de sujeito (da ação violenta).[23]

O que é esclarecido pela distinção proposta por Laplanche, e que me parece de grande valia, é que o momento "a" *não* é um momento sádico, mas simplesmente agressivo. É o momento pré-sexual, de acordo com o esquema dos *Três ensaios*. A sequência do texto de Freud, embora não explicitamente, confirma essa leitura. Com efeito, o momento "b" é o do tormento infligido a si mesmo, como no caso da neurose obsessiva; trata-se de uma autoagressão, que porém ainda não é o masoquismo. Este aparece no momento "c", pois exige que o papel do carrasco seja assumido por outra pessoa.

Onde emerge a sexualidade? No momento "c" ela já está constituída, visto que o masoquismo é, com toda a evidência, um conjunto de fantasias e comportamentos sexuais. Se o momento "a" é o da agressividade ainda não sexualizada, a conclusão que se impõe é que o instante de origem da excitação sexual reside no momento "b", o momento reflexivo intermediário entre o ativo e o passivo. É o que Freud deixa entrever num parágrafo denso do artigo sobre as pulsões:

> Para a criança agressiva, infligir dor não conta nada, não é o que ela visa. Mas, uma vez realizada a transformação em masoquismo, as dores se prestam perfeitamente para fornecer uma finalidade passiva masoquista. Temos todas as razões para admitir que as sensações de dor, como outras sensações de desprazer, transbordem para o domínio da excitação sexual e provoquem um estado de prazer. Uma vez que experimentar dor se tornou uma finalidade masoquista, a finalidade sádica, infligir dor, pode aparecer retroativamente. Então, provocando essas dores em outrem, o sujeito goza de modo masoquista na identificação com o objeto sofredor.[24]

O que aprendemos aqui é que o prazer propriamente sexual aparece na posição reflexiva, como consequência da intensidade da dor; o sadismo aparece retroativamente, isto é, vem num hipotético momento "d", mediante a identificação com o objeto sofredor, no qual é projetada a parte de si que goza com as dores.

---

[23] *Pulsões e destinos de pulsão*, SA, V, pp. 90-1; BN, II, p. 2045.

[24] "Pulsões", SA, V, pp. 91-2; BN, II, p. 2045. Ver o comentário linha por linha desse trecho em Laplanche, *Vie et mort*, pp. 139-42, no qual este justifica a transposição de "criança sádica" em "criança agressiva".

Convém notar cuidadosamente que a pulsão sexual começa a surgir no momento "a", quando este ultrapassa o limiar "x" de intensidade; porém sua emergência efetiva se dá no momento reflexivo "b", acompanhada de uma fantasia pela qual o sujeito se substitui ao objeto originalmente visado pela pulsão de domínio. Isso significa que o objeto da pulsão sexual não é mais o mesmo que o da pulsão de domínio: aqui isso é particularmente evidente, uma vez que o objeto da pulsão de domínio é "outra pessoa", e o da pulsão sexual, "a própria pessoa". Há portanto uma perda do objeto original, que obriga justamente a criar uma fantasia: isso vale para toda e qualquer pulsão sexual, não apenas para o sadismo/masoquismo.

Tomemos o exemplo da oralidade. O seio físico da mãe e o leite, objetos da tendência de mamar que faz parte do instinto de autoconservação, são substituídos pelo ato de chupar o dedo, e este é o primeiro objeto integralmente sexual da criança: integralmente sexual porque nele a finalidade da nutrição — a partir da qual emergiu por apoio o prazer oral — encontra-se fora do circuito que encobria o prazer no momento "ativo" de mamar. Laplanche resume com clareza a situação:

> O apoio é portanto apoio da sexualidade nascente sobre as atividades não sexuais, mas o surgimento efetivo dessa sexualidade não está ainda aí. Ela só aparece, como fenômeno identificatório e isolável, no momento em que a atividade não sexual, a função vital, se destaca do seu objeto natural ou o perde. Para a sexualidade, é o momento reflexivo que é constituinte, momento da reversão para si, "autoerótico", no qual o objeto foi substituído por uma fantasia, por um objeto *refletido* no sujeito.[25]

Esse excurso pelo problema do sadismo e do masoquismo está longe de ser supérfluo para o esclarecimento do *Schautrieb*. Pois o que impressiona na discussão a seu respeito efetuada por Freud no texto que estamos estudando é precisamente a dimensão *originariamente reflexiva* da pulsão visual. Freud começa por estabelecer para ela um esquema análogo ao anterior: primeiro a atividade de ver dirigida para um objeto externo; em seguida a renúncia ao objeto, com a concomitante reversão para a própria pessoa (aqui para uma parte do corpo

---

[25] Laplanche, *Vie et mort*, p. 137.

próprio) e inversão da finalidade da ativa em passiva (ser visto); por fim, a busca de outra pessoa, a quem o sujeito se exibe a fim de ser contemplado.

Mas, refletindo melhor, Freud se dá conta de que o momento "a" (ver o objeto externo) não é, a bem dizer, o primeiro:

> A pulsão de ver é com efeito, no início da sua atividade, autoerótica: ela tem certamente um objeto, mas o encontra no próprio corpo. Só posteriormente é conduzida, pelo caminho da comparação, a trocar esse objeto por um objeto análogo no corpo de outra pessoa (momento *a*).[26]

O objeto inicial da pulsão de ver é o "membro sexual", e, da atividade de "ver o próprio membro sexual", derivam as duas formas costumeiras em que se manifesta essa pulsão: a ativa — "ver o objeto externo" — e a passiva — "ter o próprio objeto/membro sexual visto por outra pessoa". Então: o que vem primeiro? A criança abre os olhos e vê a mãe, ou o que quer que seja, mas não diretamente seu membro sexual, o que é de conhecimento público. Esses objetos são externos por não pertencerem ao corpo do bebê; mas Freud afirma convictamente que o primeiro objeto da pulsão visual é uma parte do próprio corpo...

Essa aparente contradição pode ser facilmente levantada se utilizarmos agora o que aprendemos acerca do sadismo/masoquismo e da agressividade. O momento "a" — ver um objeto externo — pode ser comparado com a pulsão de domínio, que é uma atividade ligada à autoconservação, e não à sexualidade. Ver, nesse sentido, ainda não é a pulsão de ver; informa sobre o estado do mundo, se há ou não perigo, se o objeto visto é tal ou qual. É o que proponho denominar "ação instrumental de ver", sugerindo que dessa atividade, conforme o esquema dos *Três ensaios*, se destaque em algum momento — a partir de um certo grau de intensidade — o prazer de ver (*Schaulust*, que significa tanto o desejo quanto o prazer de ver). Esse é o momento de nascença da pulsão erótica, que vem subverter o sentido do ato de olhar e desviá-lo de sua função originalmente ligada à autoconservação.

Se agora refletirmos que toda pulsão sexual é originalmente autoerótica, o "surgimento efetivo" da *pulsão sexual visual* ocorrerá no momento reflexivo ("ver seu membro sexual"), no qual o objeto "membro sexual próprio" substitui

---

[26] "Pulsões", SA, V, p. 93; BN, II, p. 2046.

e transforma o objeto original do instinto de olhar, que não é o membro sexual, mas o mundo à volta. A partir daí, haverá concomitantemente dois olhares: o do instinto e o da pulsão, o da autoconservação e o do prazer sexual, que poderão eventualmente entrar em conflito ou operar na mesma direção. Do lado da pulsão visual sexual, o sujeito pode tomar dois caminhos: ou se identificar com o membro sexual próprio e desejar ser visto por outrem (exibicionismo), ou identificar o outro com o "seu" membro sexual, e, pela via da comparação, buscar ativamente objetos externos para ver, os quais são substituições mais ou menos deformadas do "membro sexual próprio".

Se essa gênese da pulsão visual estiver correta, não é de admirar que o momento reflexivo seja acompanhado de uma fantasia, cuja função primeira é sempre reparar a perda do objeto original do instinto. A protofantasia da visualidade é a de contemplar o próprio membro sexual, num circuito fechado cuja natureza narcisista é evidente. Por ser uma posição narcisista, o olhar seu próprio membro realiza de certo modo a megalomania infantil, segundo a qual o sujeito se imagina como o alfa e o ômega do universo. Ao mesmo tempo, há um aspecto fundamental dessa fantasia originária, ou dessa situação originária da visualidade erótica, e que consiste no fato de que a parte do corpo que olha (o olho) não é a mesma parte do corpo olhada (o membro sexual). Aqui se encontra a matriz da divisão futura entre o sujeito e o objeto, assim como o fundamento de possibilidade de sua reversão recíproca (porque ambos fazem parte do mesmo corpo, o meu).

Essa conclusão me parece relevante, porque a pulsão visual costuma ocupar uma posição bastante secundária nos tratados de psicanálise e na forma habitual com que pensamos nas pulsões sexuais: o mais das vezes, o que nos ocorre é falar da oralidade, da analidade, da genitalidade. Ora, nessas pulsões mais frequentemente lembradas é menos perceptível o recobrimento original entre a fonte e o objeto, pois ambos coincidem na boca, no ânus, etc. No momento originário de cada uma das pulsões, o órgão corporal funciona reflexivamente: o protótipo de oralidade, diz Freud, não é tanto a boca que chupa o dedo, mas os lábios que se beijam a si mesmos. Isso explica que, ao lado das formas ativas das fantasias relacionadas com essas pulsões (devorar, expelir/controlar, penetrar) e das respectivas formas passivas, existam e tenham grande importância na psicanálise as formas *reflexivas* de tais fantasias (devorar-se a si mesmo, expelir-se de si mesmo, penetrar-se a si mesmo).

É possível também inferir que, independentemente de seu conteúdo ativo, passivo ou reflexivo, *a fantasia enquanto tal*, na medida em que substitui um objeto perdido, é — como diz Laplanche — "objeto refletido no sujeito", quer dizer, é *reflexiva por essência*, e por isso capaz de aplacar o desejo. O mesmo vale para o sonho, que é uma modalidade da satisfação alucinatória do desejo: não importa seu conteúdo, todo e qualquer sonho é uma realização de desejo — e antes de mais nada do desejo de ver, pois se trata de um filme que se desenrola no interior das pálpebras — porque a criação de um sonho satisfaz o desejo megalomaníaco infantil de ser simultaneamente o sujeito e o objeto, o autor e o ator do filme noturno.

A pulsão visual se revela assim como um verdadeiro paradigma da sexualidade, na medida em que nela a dimensão reflexiva é originária — e, portanto, seus objetos por excelência são a fantasia e o sonho, ambos produções psíquicas nas quais o ver desempenha uma função essencial. A sexualidade, por sua vez, está por natureza associada ao desejo, desejo que se sustenta e que renasce porque seu objeto está desde sempre perdido: essa afirmação basilar da psicanálise soará um pouco menos estranha, se compreendermos que o objeto fundamental do desejo, ou ao menos um de seus traços fundamentais, é o estado de completude narcísica cuja expressão é a megalomania infantil e cuja figuração exemplar é dada pelo modelo do sujeito que contempla seu próprio órgão sexual.

Essas observações nos ajudam a compreender que o visual não é um elemento acessório ou secundário na esfera das pulsões sexuais, mas, ao contrário, é um aspecto constante e constitutivo delas. Nas três fantasias originárias estudadas por Freud, o olhar desempenha papel relevante. Na fantasia da sedução, é o ser visto que predomina; na fantasia da cena primitiva, a relação sexual entre os pais é o objeto de uma visão pela qual o sujeito imagina (= põe em imagens) a sua origem. E, na fantasia da castração, o olho e o olhar têm uma função crucial: ela é imaginada como punição, entre outras coisas, pela curiosidade sexual, e por esse motivo os olhos são o substituto simbólico mais comum dos genitais.

Tais aspectos da pulsão visual são examinados por Karl Abraham num artigo extremamente interessante que prolonga e comenta um pequeno texto que Freud dedicara em 1910 às *Perturbações psicogênicas da visão*. Esse pequeno trabalho costuma ser citado porque nele ocorre pela primeira vez a expressão "pulsão do ego"; Freud se pergunta o que acontece quando um órgão — no caso o olho — torna-se terreno de conflito entre a pulsão sexual e as tendências do ego que visam à autoconservação. A resposta é que se produz um sintoma, que aqui toma a forma da cegueira histérica. Esse resultado traduz a existência de uma repressão das fantasias associadas ao olhar e, ao mesmo tempo, a falha dessa repressão, isto é, uma vitória de Pirro das pulsões do ego, que não conseguem eliminar suas adversárias. A inutilização do órgão corresponde a um triunfo da sexualidade, que não está interessada naquilo que a visão possa aportar de útil para a vida do indivíduo. É como se ela dissesse algo assim: "já que não posso me exprimir pelos olhos, estes não verão nem mesmo o que as tendências do ego necessitam ver".

Um dado interessante a respeito do artigo é que foi escrito para comemorar o jubileu do oculista e professor Leopold Königstein, amigo pessoal de Freud; em 1885, Königstein, assistido por Sigmund e por outro médico chamado Koller, operou um glaucoma unilateral do qual sofria Jakob Freud. O anestésico utilizado na cirurgia foi uma solução de cocaína, produto com o qual Freud se ocupava na época e sobre cujas propriedades anestésicas — descobertas por Koller — ele fala na *Autobiografia*. É um assunto que, quarenta anos depois, ainda lhe desperta animosidade: estivera quase a ponto de fazer uma descoberta importante, e, por causa de Martha, não a fizera... Frustração séria, de modo que o tema dos olhos se enriquece com mais essa determinação. Ora, o homenageado pelo artigo também está ligado à esfera de representações que gravita em torno dos olhos (é oftalmologista): a ambivalência ronda... E, com efeito, se o artigo de Freud não é uma contribuição particularmente importante para a teoria psicanalítica, por outro lado exprime uma pequena vitória contra Königstein: a psicanálise consegue elucidar e curar uma perturbação diante da qual a oftalmologia médica confessa sua impotência.

Clinicamente, o artigo de Abraham — que se intitula "Modificações e perturbações da pulsão visual nos neuróticos" e data de 1913 — é muito rico. Abraham comenta que o exemplo da cegueira histérica é raro e que ele próprio teve oportunidade de observar fenômenos mais comuns envolvendo perturbações neuróticas do olhar, em especial o que denomina *Lichtscheu*, o pavor à luz. Não cabe aqui resumir seu texto, que demonstra uma notável acuidade clínica e uma grande maestria no manejo das noções da psicanálise de então; retomarei apenas dois aspectos dele. O primeiro é o que Abraham caracteriza como "destinos da pulsão visual"; o segundo é a relação dos olhos com as fantasias de castração.

Quanto aos destinos da pulsão visual, Abraham observa que ela se modifica notavelmente no curso da evolução psicossexual. Uma parte dela é sublimada por meio da transformação em "curiosidade em geral", traço característico da psique infantil e cujos primeiros momentos são de natureza sexual. Na qualidade de "pulsão de conhecer" (*Wisstrieb*), ela pode se tornar motor de inúmeras atividades, cujo protótipo é o objeto dessa pulsão, a teoria sexual infantil: são seus derivados o prazer de pesquisar, o interesse pela observação da Natureza, o gosto pela leitura, o prazer de viajar (ver coisas distantes e novas), etc. Aqui, o elemento distintivo reside no interesse pelo que é *outro*, ainda não conhecido, diferente: reconhecemos o eco longínquo da estrutura original da pulsão de ver, em que o objeto visto não coincide com o órgão que vê. Outra forma frequente de sublimação da pulsão de ver é a elaboração do que o olho percebe: a atividade artística, a contemplação no seu sentido estrito, encontram aqui sua origem. Nesses dois casos, a pulsão visual conseguiu destacar-se de seu objeto originalmente sexual (nisso consiste a sublimação), e alimenta com sua energia, bem como com fantasias inconscientes, toda uma série de comportamentos e desempenhos associados à dimensão do prazer.

Mas a pulsão visual também pode sucumbir à repressão por parte das tendências egoicas. Nesse caso, diz Abraham, será utilizada para construir sintomas neuróticos, tanto no registro do corpo propriamente dito (é a via tomada pela histeria) quanto — por meio de sua derivada, a pulsão de conhecer — no registro do pensamento (é a via tomada pela neurose obsessiva). Aqui, como já havia notado Freud no caso do Homem dos Ratos,[27] as principais manifestações sintomáticas da pulsão visual reprimida dizem respeito à sexualização do ato de pensar, sexualização que se caracteriza como neurótica por não chegar jamais ao prazer, isto é, à solução do problema que ocupa o intelecto. Com efeito, é na dúvida insolúvel que, no caso de neurose obsessiva, se exprime essa pulsão: perguntas impossíveis de responder, consideração detalhada de todos os fatores envolvidos numa questão, porém de forma tal que a decisão é sempre adiada, indicam que o prazer reside na *ruminação*, e não no alcançar a solução aparentemente procurada.

Outro fator presente na elucubração compulsiva é a ambivalência, isto é, a presença simultânea do amor e do ódio, a qual nos remete novamente ao

---

[27] *Observações sobre um caso de neurose obsessiva* (1909), cap. II, seção C, SA, VII, p. 100; BN, II, pp. 1480 ss. As observações de Abraham se encontram em seu artigo "Perturbations et modifications du voyeurisme chez les névrosés", *Œuvres complètes*, tomo II, Paris, Payot, 1966, pp. 36 ss.

A Medusa e o telescópio: Freud e o olhar

vínculo estreito entre a pulsão visual e o entrelaçamento sexualidade/agressividade que constitui o sadismo e o masoquismo. Parece existir aqui uma proibição de atingir o clímax do processo, o que, incidentalmente, nos traz de volta ao sonho "Pede-se fechar os olhos". Ali também, diz Freud, o sonho exprime uma dúvida: os olhos/um olho. A análise de Stein nos mostra que a dúvida não provém, como pretende Freud na *Interpretação dos sonhos*, de uma falha no trabalho da condensação, mas da constelação afetiva fortemente ambivalente que sustenta essa imagem dos olhos. Estes são o instrumento da curiosidade sexual, a mesma que fez o pequeno Freud desejar entrar no quarto dos pais e se interessar pelo "membro sexual". A ambiguidade — tradução ideativa da ambivalência — é soberana na frase "Pede-se fechar os olhos": ela admite um sentido literal, um figurado (a complacência) e um simbólico (o dever em relação aos mortos). Os olhos a serem fechados são tanto os do pai quanto os do próprio Freud (= não queira ver o que não pode ser visto). De modo que a frase "era particularmente adequada para representar as fontes infantis do sonho, não somente porque diz respeito aos olhos [...], mas ainda porque a inversão que resulta das múltiplas alusões a eventos recentes figura a ideia da inversão por meio da qual se exprimem, simultaneamente, a megalomania infantil do sonhador e seu desejo de fazer com que o pai desapareça, a fim de tomar o seu lugar".[28]

O olhar apresenta-se assim como *veículo de um poder*, poder que na neurose obsessiva é ao mesmo tempo afirmado e negado. A figuração mais característica desse poder, no universo do inconsciente, é a fantasia de castração, tanto no sentido ativo (castrar o pai, castrar o homem) quanto no sentido passivo (ser castrado pelo pai, ser castrado pela mulher, ter sido castrada pela mãe ou pelo pai). Uma outra figuração do poder da visão é a ideia da descoberta, a paixão de desvendar os segredos do passado, do que está oculto ou do que virá a acontecer. Por essa perspectiva, é certo que Freud concedeu ao olhar uma função eminente no trabalho analítico, já que a interpretação pode ser concebida como um dos avatares desse olhar que desvela. As metáforas arqueológicas tão comuns em seus escritos apontam nesta direção: interpretar é aqui *descobrir, revelar, trazer à luz*. Ocorre que essa atividade regida pela luminosidade não é a única que existe na análise; ela própria pode ser sinal da atuação de tendências defensivas no analista — pois "ver" é, então, tomar conhecimento de, a fim de não sucumbir a —, e a relação inconsciente dos olhos com a castração sugere que o poder

---

[28] Stein, "La paternité", p. 81.

do olhar está pelo menos tão voltado para a destruição e a agressividade quanto para a construção ou reconstrução das Pompeias que trazemos em nós.

Tais considerações indicam qual a próxima etapa do nosso trajeto. Vamos primeiramente abordar o tema da castração, para em seguida retornar à situação analítica e estudar brevemente algumas de suas facetas capazes de ser relacionadas com o olhar — e isso tanto do lado do paciente como do lado do analista.

"O PACIENTE EXPERIMENTA UMA PRIVAÇÃO..."

Tornou-se quase caricatural interpretar a alusão aos olhos como símbolo dos genitais, assim como encarar o medo de perdê-los como transposição da angústia da castração: são exemplos constantemente invocados para desqualificar as "receitas pré-fabricadas" com que o psicanalista cozinha suas deduções. Não obstante, continua sendo verdadeira a simbolização dos genitais pelos olhos, e um exemplo clínico trazido por Abraham nos mostra a riqueza e a complexidade dessa relação.

Trata-se de um homem que vai se consultar por causa de problemas vinculados à potência sexual e a uma acentuada depressão; sofre também de uma fobia à luz que o obriga a medidas de resguardo excepcionalmente intensas. Associando sobre o medo da luz, o paciente acrescenta também temer que um parente seu, ou ele mesmo, seja privado de um olho. Interessava-se pelas afecções oculares dos outros; só mulheres que usassem óculos o atraíam, e tanto melhor se fossem caolhas. Outras associações conduziam ao tema da interioridade do paciente em relação a seu pai; este o superava em tudo, controlava-o; era impossível esconder-lhe qualquer coisa: de todos os modos, o pai *via tudo*, e esse olho observador do pai era identificado inconscientemente com o sol. Abraham tira a conclusão óbvia: "o medo que o paciente tem dos olhos do seu pai [...] é a expressão deformada do seu desejo de escapar ao olho inquisidor".[29] Outro fator a contribuir para a identificação entre o pai e o sol era o tema do brilho: ele era inteligente, brilhante, etc. Tantos elogios recobriam, como se pode imaginar, o intenso ciúme que o paciente sentia em relação ao pai. Um de seus temores consistia em olhar para a mãe; impunha-se verdadeiros malabarismos para não ter de ver

---

[29] Abraham, "Perturbations", p. 13. O caso aqui resumido ocupa várias páginas do artigo.

A Medusa e o telescópio: Freud e o olhar

a ela ou a qualquer parte descoberta do corpo dela que não fosse o rosto ou as mãos. O sol que não deve ser visto representava, portanto, a mãe que o filho não deveria ver, se quisesse escapar à cólera do pai, cuja vigilância era igualmente simbolizada pelo sol.

Em particular, o que é proibido ao filho é aquilo que ele deseja intensamente ver: o sexo da mãe. A fantasia "ver o sexo materno" sustenta as duas simbolizações, a do sol como alegoria desse sexo e a do sol como olho vigilante do pai, ocupado em impedir que o menino veja o sexo em questão e, portanto, seguir todos os passos dele. O impulso visual, excepcionalmente forte e por isso reprimido com força inusitada, vai-se deslocar então para outras coisas, em especial para partes do corpo feminino habitualmente fora da órbita sexual (é o preço do sintoma): os olhos e os pés. As moças de óculos ou que tivessem um pé artificial o excitavam sobremaneira; interessava-se também por jovens que houvessem sofrido alguma amputação, e fantasiava com frequência que iria roubar os óculos de alguma garota míope ou arrancar o membro artificial de alguma mulher aleijada.

Não é preciso ser um psicanalista muito sutil para compreender o sentido dessas ideias: são representações do desejo de castrar a mulher. Se ela pode ser castrada, é porque possui um pênis, e essa fantasia representa por sua vez uma denegação do medo de ser castrado: não é preciso temer isso, pois "ninguém é castrado", "a castração não existe". Assim como o medo de perder seu próprio olho, porém, a angústia de castração não desaparece por esse sofisma: ela continua presente no inconsciente como expectativa de ser punido pela contemplação proibida e como deslocamento do temor de perder o pênis, transposto para o temor de perder um olho. "A punição pela privação da vista aparece como a pena de Talião pelas tendências voyeuristas dirigidas à mãe e pelas fantasias ativas de castrar o pai ou de deixá-lo cego."[30] Cego por quê? Porque, como mostra o sonho revolucionário de Freud, nada melhor do que ter um pai cego para poder observar sossegadamente a mãe ou o pênis desse pai.

O caso narrado por Abraham está longe de ser raro na prática psicanalítica. Embora os sintomas do seu paciente sejam bastante específicos, o fato é que inúmeras vezes se verifica a existência de fantasias inconscientes semelhantes às que ele descreve. O mais curioso, porém, é que o mesmo símbolo — o sol —

---

[30] Abraham, "Perturbations", p. 17.

venha a representar simultaneamente o olho do pai e a vagina da mãe, mediante um jogo de clivagens, projeções e deslocamentos que giram em torno da polaridade "sujeito que vê/objeto que é visto", nos registros complementares do desejo e do temor, e com significações tanto sexuais quanto agressivas.

A associação do olho com o sexo masculino é menos estranha do que a sua associação com o sexo feminino, pelo menos... à primeira vista. Mas ela surgia, vocês se lembram, no "sonho de um homem" relatado por Freud: ali era a carne vermelha das pálpebras que simbolizava os genitais da mulher. Essa relação é portanto dupla: numa primeira vertente, o genital é visto pelo olho, e a punição por ver o genital representa-se pelo arrancamento do órgão pecador; numa segunda vertente, o olho é ele mesmo símbolo do genital feminino (o olho da mulher que representa sua vagina avermelhada). Parece portanto haver uma rede de representações extremamente densa, na qual, por efeito de espelhamento, o que vê e o que é visto se embaralham o tempo todo, numa atmosfera impregnada de terror e ansiedade que remete constantemente à castração — ora castração de quem vê, ora castração já realizada no órgão feminino que é visto. A isso se soma, como vimos, a ereção do olhar separador e discriminador como um escudo diante do sem-fundo apavorante do abismo, igualmente tornado presente por meio da visão.

Ora, há um mito grego no qual esses temas aparecem com notável clareza, e pode ser útil estudá-lo mais de perto, a fim de compreender a vinculação que os une na *mesma* rede de representações. Trata-se, vocês já adivinharam, do mito da Medusa, a Górgona que transforma em estátua de pedra todos aqueles sobre quem recai seu olhar. Para nos guiar nessas paragens, recorreremos ao helenista francês Jean-Pierre Vernant, autor de um lindo livro que se chama *La mort dans les yeux*.

Vernant ressalta um fato pouco conhecido: a face da Medusa é uma máscara. Essa máscara tem duas características: é sempre representada de frente, exceção notável nas convenções pictóricas dos gregos arcaicos, e é sempre horrivelmente monstruosa, misturando traços de diferentes animais (serpentes, leões, etc.), embaralhando todas as categorias, o mortal e o divino, o animal e o humano, o masculino e o feminino. Trata-se de uma representação daquilo que é *absolutamente outro*, do caos, do que é indizível e impensável, e que só pode ser encontrado num clima de terror sobrenatural. É ainda uma representação da vagina no que esta pode conter de assustador e horrendo.[31] De onde vem o esquema plástico dessa potência sobrenatural, que associa tão intimamente a cabeça, o rosto e o sexo feminino?

Uma investigação dos poemas homéricos mostra que, na *Ilíada*, a cabeça da Medusa está ligada à aparência e à mímica do guerreiro possuído pelo *ménos*, pela fúria destrutiva do massacre. Vários detalhes apontam nessa direção: o brilho do seu olhar aterrorizador remete ao fulgor do bronze de que eram feitos capacetes e escudos, a fim de ofuscar o adversário; ela é constantemente descrita emitindo uivos agudíssimos, sons horripilantes e ranger de dentes que reproduzem os gritos com que os guerreiros buscavam assustar o inimigo. O tema da cabeleira de cobras faz parte do mesmo contexto: os combatentes de Esparta deixavam crescer o cabelo e o untavam com substâncias que o tornavam brilhante, sempre com o intuito de compor uma aparência aterrorizadora. Por contraste, é interessante assimilar que era costume, também em Esparta, cortar o cabelo das noivas, hábito cujo sentido óbvio é o de despojá-las de qualquer resquício de selvageria ou agressividade. Outro elemento que remete à guerra é a associação da Medusa com o cavalo: assustado, ele tem um aspecto terrível, relincha agudamente, bate as patas, ajuda a semear o pânico nas hostes adversárias. Segundo a lenda, Medusa decapitada pare pelo pescoço o cavalo alado Pégaso, confirmando a ligação ressaltada por Vernant.

É nesse quadro, em que o medo está associado ao aspecto visual do guerreiro enfurecido, que vai surgir o tema do olhar que petrifica. Na *Ilíada*, Medusa ou Gorgô ainda não é aquela que transforma os homens em estátuas, mas seu olhar já veicula a dimensão do pânico, de terror sobrenatural: a face dela adorna o capacete de Palas Atena e o escudo de Agamênon. Um eco dessa associação com a guerra está na forma como Ovídio narra a história de Perseu, o herói que decapitou o monstro: ele emprega sucessivas vezes — e para vencer os mais variados oponentes — a arma terrível que a cabeça da Medusa constitui.

Na *Odisseia*, o cenário muda: já não é no campo de batalha, mas no Inferno, que mora Gorgô. Ela impede a entrada dos vivos no Hades, exercendo uma

---

[31] Nem sempre a vagina possui essa significação. Mesmo entre os gregos, lembremos a história de Baudô, que conseguiu fazer rir a deusa Deméter (inconsolável porque sua filha Perséfone havia sido raptada por Hades, o deus dos infernos) mediante um gesto obsceno, o de levantar a saia e exibir sua vagina grotescamente maquilada como um rosto fazendo caretas. Cf Jean-Pierre Vernant, *La mort dans les yeux*, Paris, Hachette, 1986, pp. 31 ss.

função simétrica à do cão Cérbero, que não deixa os mortos saírem do reino do além. Gorgô só permite aos vivos penetrar no Hades se forem transformados em mortos, isto é, petrificados com o seu olhar. Assim, ela passa a estar associada não apenas ao medo que gela os corações, mas igualmente, por uma metáfora que parte da paralisia que invade quem se sente aterrorizado, à própria ideia da paralisia. Unindo este tema ao da morte, que vem da representação bélica anterior, temos a imagem do cadáver rígido, protótipo da estátua de pedra em que Gorgô converte quem a ousa fitar. Essa rigidez é complementada pela enorme agitação de quem está possuído pelo pavor, elemento presente na mobilidade das serpentes que se agitam na cabeça do monstro.[32]

A lenda de Perseu, narrada por Ovídio nos livros iv e v das *Metamorfoses*, possui diversos pontos de contato com a de Édipo, além da presença dos olhos (no caso de Édipo, a cegueira final, mas igualmente a visão inteligente que o faz adivinhar a resposta aos enigmas da Esfinge — também um monstro feminino ligado à sexualidade; mas isso é uma outra história[33]). Existe a profecia de que Perseu matará seu avô; por isso, este encerra a filha num subterrâneo, mas Zeus a fecunda transformando-se numa chuva de ouro. A mãe e a criança são expulsas da cidade, numa caixa fechada abandonada à natureza selvagem sob a forma do mar. A caixa chega a uma ilha, governada por um tirano a quem o jovem herói promete, numa festa em que se embriagou, trazer de presente a cabeça da Górgona. Para executar essa proeza, ele necessita de instrumentos mágicos que estão com as Ninfas, e ninguém conhece o caminho até as Ninfas, exceto as Greias, três velhas que possuem um único dente e um único olho: estes passam de mão em mão quando elas querem ver ou comer, e Perseu, surrupiando o olho único no instante em que uma delas o dá a outra, as obriga a revelar o caminho. As Ninfas lhe entregam sandálias aladas como as de Hermes, o capacete de

---

[32] A agitação desenfreada se vincula também à dança e à música orgiástica que a acompanha — ecos do aspecto sonoro herdado da tradição mais antiga. Conta-se que a flauta foi inventada por Palas Atena para imitar os sons agudos que havia ouvido da boca de Medusa. Ora, no sistema musical dos gregos, a flauta é o instrumento que acompanha a dança e o transe, opondo-se à lira; relaciona-se com os modos variados da *mania*, o furor irracional que se apodera dos homens no delírio, no êxtase, nos movimentos frenéticos, etc. E, como quem sopra na flauta faz um enorme esforço com os músculos faciais, temos aí novamente o tema do rosto assustador que provoca o medo em quem o vê.

[33] Sobre esse tópico, cf. Renato Mezan, "A vingança da Esfinge", in *A vingança da Esfinge*, 3ª edição, São Paulo, Casa do Psicólogo, 2002.

A Medusa e o telescópio: Freud e o olhar

Hades, que torna invisível quem o usa, um alforje (para esconder a cabeça decepada) e a *haspé*, a foice com que deverá ser cortada a cabeça de Gorgô. Reparem quantas alusões aos olhos: o único *olho* das Greias, o capacete que deixa *invisível*, o fato de que Perseu, no momento decisivo, se serve de seu escudo como um *espelho*, evitando cruzar *os olhos* com Gorgô... Mas também aparecem referências à castração: Perseu furta o olho das velhas como o paciente de Abraham imaginava roubar os óculos das moças míopes, e, detalhe fundamental, a *haspé* é a foice que Cronos usou para castrar seu pai, Urano.

Num curto texto de 1922 e que permaneceu inacabado, Freud estuda o tema da cabeça da Medusa. Sua interpretação é clara e concisa: tudo nessa história remete à castração, a começar pela própria imagem da cabeça cortada. A sutileza de Freud, porém, seu verdadeiro gênio interpretativo, aparece ao falar das estátuas de pedra: estas representam não só a cegueira e a morte, mas sobretudo a rigidez do pênis em ereção, isto é, constituem uma esplêndida formação de compromisso pela qual o poder castrador do olhar da Medusa é simultaneamente afirmado e negado. "Fico duro como um pênis = sou o pênis = portanto não o perdi." Reconhecemos aqui um eco da identificação do sujeito com seu membro sexual, que no texto de 1915 forma o momento zero da pulsão de ver. Outra denegação da castração aparece na cabeleira da Górgona, feita de serpentes, que são outros tantos símbolos fálicos. O que a imagem conota, assim, é tanto a realidade da castração quanto a denegação de que ela existe e é eficaz. Mas por que seu agente precisa ser uma figura feminina? Porque a castração denegada, antes de ser a do próprio sujeito, é a castração da mãe:[34] a cabeça da Medusa representa, primeiro de tudo, a reação do menino diante da contemplação dos genitais maternos, a "vagina coberta de pêlos" que aterroriza a imaginação infantil. A ênfase no olhar do monstro nada mais é do que a transposição do fato de que, para perceber a ausência do pênis na mãe ou nas meninas, é preciso enxergar o sexo delas: o olho "demonstra" a castração, e dessa forma sua representação entra no circuito das fantasias relacionadas com ela.

Mas essa explicação não pode nos satisfazer, pois a mulher não é um homem castrado. Se o olho "percebe" a castração, é porque já está dada a fantasia de que ela existe: trata-se de uma interpretação, não de uma percepção. Em outras palavras, é porque o olho já gravita na órbita das representações ligadas

---

[34] "A cabeça de Medusa" (1922), BN, p. 2697.

à castração — tanto como veículo da curiosidade a ser punida quanto como símbolo do genital masculino — que a visão da vagina "confirma" a validade das fantasias correspondentes, reforçando o vínculo que já unia os olhos aos genitais. A essa gênese do vínculo em questão, convém acrescentar aquela outra, originada na esfera do narcisismo, pela qual a protofantasia da visualidade se enuncia como "sujeito olhar seu próprio membro" (o verbo no infinitivo, porque a rigor ainda não se pode falar de sujeito).

O que ocorre, na verdade, é que a representação dos olhos está sobredeterminada, e pode ser útil distinguir dois níveis diferentes nessa cadeia de determinações: o nível da triangulação edipiana e um outro, mais arcaico, ligado a fantasias das quais está ausente a representação do pai. No nível edipiano, os olhos são o instrumento da curiosidade sexual infantil e servem para ver aquilo que está reservado ao pai, isto é, a nudez da mãe, com todas as consequências que tal descoberta acarreta para a estruturação da diferença sexual. É assim que eles aparecem no relato clínico de Abraham, e é assim que aparecem na análise feita por Freud acerca de um conto de Hoffmann, "O homem da areia". Esse homem da areia é um velho monstruoso que arranca os olhos das crianças para dá-los a seus filhos; portanto é, de saída, uma figuração do pai (tem filhos) e do pai castrador. Eis o eixo da leitura freudiana. A angústia pela perda dos olhos aparece intimamente ligada à morte do pai, e essa imagem surge no conto a cada vez que o herói está prestes a realizar seu desejo sexual (namorar, casar, etc.). A imagem do pai castrador é figurada pelo advogado Coppelius e pelo fabricante de instrumentos *ópticos* Coppola, que nada mais são do que as vertentes malignas da imago paterna.[35] A fantasia de ser castrado pelo pai contém um elemento fundamental, o de essa ação paterna tornar possível um gozo "feminino" e, portanto, materializar a atitude feminina perante o pai, que é um dos componentes do complexo de Édipo. Na história de Hoffmann, a boneca-autômato Olímpia encarna essa faceta do inconsciente do personagem central, o estudante Natanael.

Nas análises explícitas de Freud, o tema dos olhos sempre aparece nesse contexto, cujas coordenadas são Édipo e a castração pelo pai edipiano. Mas o estudo de Vernant sobre a máscara da Medusa, assim como a significação bissexual do

---

[35] "O sinistro" (1919), SA, IV, p. 256; BN, III, p. 2494. Cf. o excelente comentário de Oscar Cesarotto a esse trabalho de Freud e aos contos de Hoffmann (*No olho do outro*, São Paulo, Max Limonad, 1987, especialmente pp. 128 ss.).

A Medusa e o telescópio: Freud e o olhar

sol no caso de Abraham e o "sonho de um homem" relatado na *Traumdeutung*, apontam para um outro nível de significação: um nível em que os olhos e o olhar não remetem mais ao pênis nem ao pai, e sim ao *sexo da mulher*, em especial ao sexo da mãe. E parece-me, no segundo contexto, que as fantasias associadas a essas representações mergulham num terreno mais profundo, mais arcaico, e por isso mesmo portador de uma angústia muito mais intensa. Vernant alude a essa dimensão desde o início do seu livro, assinalando que, das potências do Além em cujo culto ou a respeito das quais intervêm máscaras, Gorgô é a que representa a alteridade absoluta, o caos, o infame e a morte. Duas divindades helênicas estão associadas às máscaras: Ártemis e Dioniso. Ártemis não é apenas a deusa da caça, mas também a divindade que preside às *margens*, às fronteiras ao mesmo tempo nítidas e permeáveis que separam a Natureza e a Cultura: protege os partos (fronteira entre a não vida e a vida), cuida das crianças até a adolescência (momento em que entrarão na vida da pólis, como efebos ou como noivas), vela pela caça (que é incursão do civilizado no reino do natural, com retorno do natural para o civilizado sob a forma do cozimento daquilo que se caçou). Já Dioniso representa a alteridade do transe, do não normal, do disfarce, da embriaguez e do teatro: é a divindade estrangeira que se heleniza, mostrando que podemos ser "outros" sem deixarmos de ser "o mesmo", o que aliás é verificado pelo fato de que o teatro, território de Dioniso, situa-se precisamente no centro da pólis.

Diante dessas potências, que abrem portas para uma alteridade de certa forma domesticada, Gorgô se ergue como a representação do caos, daquilo que mistura todas as regiões do ser e embaralha as espécies, os sexos, o aquém e o além. A desordem, como vimos, já se instala nas suas próprias feições, constituídas com pedaços da face de vários animais. O pavor suscitado pelo olhar de Gorgô é um pavor do informe, daquilo que abole todas as categorias, isto é, da homogeneidade absoluta da morte. O aspecto importante é que a ação dessa potência se dá quando seu olhar *cruza* o olhar do homem: como é sempre representada de frente, é impossível vê-la sem ser visto por ela. No cruzamento de olhares, instala-se a fascinação especular: ela petrifica quem a vê, e, petrificado, o homem fica também cego e opaco. Há portanto um efeito de *desdobramento*: a face da Górgona reproduz a natureza da máscara, que consiste em ser um reflexo do rosto humano, capaz porém de se destacar dele e ser usada por um outro. Se usar a máscara é alienar-se no rosto desse outro — ao menos enquanto dura a mascarada —, *fitar* a máscara da Górgona é tornar-se vítima da alienação mais radical. Nas palavras de Vernant,

> como se essa máscara só tivesse se separado de você para se fixar à sua frente, como sua sombra ou seu reflexo, sem que você possa se separar dela. É o seu olhar que está preso na máscara. O rosto de Gorgô é o Outro, o duplo de você mesmo, o estranho, em reciprocidade com seu rosto como uma imagem no espelho... Quando você encara Gorgô, é ela que faz de você esse espelho no qual, transformando-o em pedra, ela mira sua própria e terrível face, e se reconhece a si mesma nesse duplo, no fantasma em que você se transforma a partir do momento em que enfrenta o olho dela.[36]

Para Vernant, estudioso da religião grega, o que a máscara de Gorgô dá a ver é minha própria imagem depois de morto: daí sua terrível potência, que se estende entre o terror e a morte, passando pelo olhar e pela paralisia. Para o psicanalista, tais representações — e o próprio fraseado do trecho que acabei de citar — situam o olhar da Medusa no registro do *narcisismo primitivo*, registro no qual o desdobramento, a sombra, o reflexo e o espelho constituem manifestações do "duplo". Encontrar-se com esse duplo produz uma sensação celebrizada por Freud em seu estudo *Das Unheimliche* — *unheimlich* quer dizer sinistro, inquietante, estranho, assustador. É ao estudo dos fenômenos que despertam tal sentimento que é dedicado o texto, no qual figura, entre outros, o tema dos olhos e de sua relação com a castração, já que a imagem do Homem da Areia é *unheimlich* em grau superlativo.

Mas o tema da castração não é o único a gozar desse privilégio: apoiando-se num estudo de Otto Rank — "O duplo" —, Freud mostra que todas as variações do duplo são igualmente *unheimlich*. Entre elas, encontra-se a representação da morte, que segundo Rank é a própria origem da imagem do duplo: o duplo é primeiramente a alma, que sobrevive à morte, e portanto constitui uma denegação do seu poder de aniquilamento. A imagem no espelho, a sombra, o reflexo são figurações da alma, que se volta contra o sujeito e se torna independente da sua vontade; variações mais modernas desse tema são as bonecas animadas, os robôs, os androides, Frankenstein e outras criações que compartilham com as primeiras a qualidade de serem sinistras.

---

[36] Vernant, *La mort*, pp. 81-2.

A Medusa e o telescópio: Freud e o olhar

Freud dá um passo além de Rank, argumentando que o caráter sinistro do duplo, em suas manifestações variadas, não é originário, e sim derivado. O que fundamenta sua asserção é precisamente a ligação do duplo com a esfera do narcisismo primitivo: antes de ser um mensageiro sinistro da morte, o duplo é o refúgio de todas as aspirações não realizadas do ego, isto é, encarna o ego ideal.[37] É só posteriormente, quando novos momentos evolutivos já estão instalados e exigem o abandono dessa imagem superinvestida de si mesmo, que o duplo vem a ganhar sua significação de espantalho: esta nada mais é do que a expressão da censura que foi interiorizada no meio-tempo e para a qual as pretensões à perfeição, à imortalidade e à onipotência características do ego ideal precisam ser estigmatizadas como negativas, ou, melhor ainda, precisam ser reprimidas.

O interesse dessas observações de Freud consiste em mostrar que o que torna sinistra a figura do duplo não é ser ele minha sombra ou uma antecipação do meu aspecto no Além, mas o fato de que é algo que *retorna inopinadamente*. E esse algo é perfeitamente definido: trata-se do reprimido que retorna aureolado pela angústia, irreconhecível precisamente por causa da repressão. Mas nem todo retorno do reprimido é angustiante; o que particulariza essa categoria do retorno do reprimido — e portanto define a essência do sinistro — é que tal qualidade se torna perceptível "quando complexos infantis reprimidos são reativados por uma circunstância exterior, ou quando convicções primitivas superadas parecem encontrar uma nova confirmação".[38] Entre os complexos infantis, aqueles ligados ao que é *separado* ou *separável* assumem especial importância: é por sua relação com a castração que membros decepados, espectros (espíritos separados do corpo), cadáveres (corpos separados da alma) e todas as monstruosidades do Além (vampiros, lobisomens, mulas-sem-cabeça, sacis...) adquirem o caráter de singular estranheza que lhes é peculiar. Nesse sentido, os olhos estão duplamente determinados: são eles que percebem as "circunstâncias exteriores" que parecem confirmar crenças arcaicas ou que reativam complexos infantis; e eles mesmos podem ser arrancados, isto é, separados do corpo. Por isso são o símbolo por excelência do órgão castrável, o pênis, e por isso figuram na lenda da Medusa.

O elemento mais fundamental dessa série de representações é a ideia de *separar*, no sentido de *cortar com violência*: assim, todas as feridas, operações,

---

[37] "O sinistro", SA, IV, p. 259; BN, III, p. 2497.
[38] "O sinistro", SA, IV, p. 271; BN, III, p. 2503.

extrações de dentes, etc. são aptas a figurar a castração. O segundo elemento fundamental é que o agente da castração age por *vingança* e para restabelecer seus privilégios ameaçados ou usurpados pelo que vai ser castrado; nesse sentido, é um agente que permanece *exterior* ao sujeito, jamais se confunde com ele nem com o órgão castrado, e pode perfeitamente ser figurado pelo pai, de quem o sujeito esteve sempre "separado" (no sentido de não ter saído da barriga dele) e com o qual é possível entrar num conflito de rivalidade figurável como um combate (Édipo e Laio). Assim, um membro decepado é *unheimlich* porque remete às antigas fantasias de castração, reativadas por ocasião da visão de algo exterior e que parecem se confirmar pela própria presença do membro decepado — decepado, supõe-se, por alguém que tem o poder de decepar e que decepa o membro de outro como um aviso para mim.

Tudo isso diz respeito ao que chamei de "primeiro nível", ou nível edipiano, da representação dos olhos e do olhar. Mas isso ainda não nos explica por que a figura de Gorgô é uma figura *feminina*. De acordo com o que acabo de dizer, não seria muito mais lógico que ela fosse uma figuração do pai e, portanto, masculina como ele? Bem, dirão vocês, há o deslocamento: Medusa poderia representar, sob um disfarce feminino, uma potência essencialmente masculina. Talvez; mas uma consideração mais detida do texto de Vernant mostra que não é assim. Leiamos:

> essa monstruosidade só pode ser abordada de frente, num enfrentamento direto com a Potência, a qual exige, para ser vista, que se entre no campo do seu fascínio, com o risco de se perder nela. Ver a Górgona é olhá-la nos olhos, e, pelo cruzamento dos olhares, deixar de ser si mesmo... O fascínio significa que o homem não pode mais separar seu olhar, desviar seu rosto do rosto da Potência, que seu olhar se perde no olho da Potência, que o olha assim como ele a olha, que ele próprio é projetado no mundo presidido por essa Potência... Pelo jogo do fascínio, o que vê é arrancado de si mesmo, despossuído do seu olhar, invadido pelo olhar da figura diante dele e que, pelo terror mobilizado por suas feições e pelo seu olho, se apodera dele e o possui.[39]

Notem as metáforas espantosas de que se serve Vernant: perder-se, deixar de ser si mesmo, não mais poder se separar ou se desviar, ser arrancado de si...

---

[39] Vernant, *La mort*, p. 80.

A Medusa e o telescópio: Freud e o olhar

É bastante claro, acredito, que aqui não se fala mais de seccionar o que está inteiro ou articulado, mas de outro tipo de ataque, que funciona por *aspiração* e não por corte. Há um termo que retorna três vezes no citado parágrafo de Vernant: é a palavra *fascínio*, que certamente conota imobilidade e paralisia, mas sobretudo, pelo efeito de espelhamento, representa a absorção que a figura feminina impõe ao sujeito. Quem olha Gorgô não apenas se torna pedra: de certo modo, funde-se com ela, deixa de ser "um" e passa a ser uma espécie de pasta sem forma, que é como que engolida pelo olho da Medusa. De tal maneira que a estátua de pedra é apenas um resíduo do que foi um homem, após cumprir-se a operação designada como "perder-se", "ser projetado para o mundo presidido pela Potência", "ser despossuído de si". É uma operação de homogeneização, de apagamento de todas as diferenças, em especial dos limites do corpo e da psique, da diferença individuante que torna cada um de nós *um*.

O olhar da Medusa aparece assim como veículo de um *retorno ao indiferenciado*, e o instrumento pelo qual se realiza esse retorno é precisamente o olho — pois aqui não é mais possível distinguir o olho dela e o meu, há apenas um olho para os dois. Reparem na profusão de oscilações do mesmo ao mesmo no texto de Vernant: o movimento é descrito ora do ponto de vista do monstro, ora do ponto de vista da vítima ("seu olho se perde no olho da Potência, que o olha como ele a olha", etc.). A vítima não é fragmentada pelo olhar de Gorgô, mas "aspirada" ou "invadida" por ele. Em poucas palavras: tudo isso metaforiza a realização do incesto, não sob a forma de um coito entre dois adultos, um dos quais é a mãe do outro, mas sob a forma irrepresentável da *dissolução de si no retorno ao indiferenciado*. O olho da Medusa encarna o poder de absorção da vagina materna, e é sem dúvida para tapar esse orifício devorador que a fantasia infantil o dota de um portentoso falo.

O terror sem fundo e sem forma materializado no que Vernant denomina "o caos" é o pavor perante uma mãe onipotente e sem limites, cujo sexo toma a forma imprecisa de uma não forma, de um abismo sem contornos ou arestas, ao qual não corresponde e não pode corresponder o pênis de um pai. Para que essa imagem terrífica possa ser atenuada, é necessário que surja a representação de um limite, de um perímetro capaz de circunscrever um espaço, de distinguir um dentro de um fora: essa é a função da boca, que, decerto, sorve e devora, mas está limitada pelos lábios e pode ficar aberta ou fechada. O medo de ser devorado pela mãe é uma formação inconsciente certamente angustiante, porém *menos* do que a de ser aspirado e reintroduzido entropicamente no corpo do qual se nasceu.

A Medusa representa, pois, não uma, mas *duas* modalidades do terrível: a primeira é a de que estamos falando, a segunda se vincula à castração. Pois, diante da ameaça do caos, a possibilidade de castração — por angustiosa que seja — constitui claramente um perigo menor, porque concerne à perda de uma *parte de si* e não à morte completa. E mesmo a ameaça de castração pode ser denegada: a estátua é, lembrem-se, a prova de que o pênis está ali, e mais duro que nunca.

Quanto à outra modalidade do terrível, sua representação mais aproximativa é o escuro, do qual tantas crianças têm medo. O que assusta no escuro? Precisamente, a *ausência de orientação*. Não deixa de ser significativo que as histórias infantis representem o perigoso sob a forma de monstros que têm nome, forma e hábitos mais ou menos regulares: o lobo mau, o bicho-papão, a Cuca, etc. Eles são seguramente assustadores, porém menos do que o "escuro", porque contra eles é possível se defender. No mundo grego, é a figura de Mormô, uma cabeça sem corpo e que morde como um cavalo, que representa o nosso bicho-papão: ela vem de noite devorar as crianças desobedientes. Reparem que a figuração da castração funciona ao mesmo tempo como um perigo e uma defesa: a cabeça de Mormô já é um órgão separado do corpo, ela morde (como o cavalo do pequeno Hans), mas também pode ser vista e neutralizada, ao passo que, com o que é "escuro", não se pode fazer nem uma coisa nem outra. E é por sua relação com o escuro (do Hades, onde as trevas são eternas) que o olhar da Medusa representa simultaneamente o incesto e a morte.

Do ponto de vista clínico, a ligação do olho com o sexo feminino em seu sentido de "carne vermelha que horroriza" está patente no sonho do paciente de Freud, quando o olhar esbugalhado da mãe o convida a retornar ao indiferenciado/homogêneo/escuro que é o ventre materno antes da nossa concepção. No material relatado por Abraham, a história de uma paciente que buscava a obscuridade mais completa tem conexão evidente com o tema da Medusa, como ressalta o próprio autor; ora, na neurose daquela paciente, a fantasia de retornar ao ventre materno — particularmente ao seu intestino, conforme a teoria sexual infantil que assimila o nascimento à defecação — desempenhava um papel capital.[40] E tal fantasia, como mostra Freud em seu estudo, é *unheimlich* em grau superlativo.

---

[40] K. Abraham, "Perturbations", pp. 31 ss.

Unheimlich, como sabemos, quer dizer sinistro, estranhamente familiar e ao mesmo tempo inquietante. Há nessa palavra a condensação de dois opostos, o familiar e o estranho, e a análise de Freud mostra que o familiar *se tornou* estranho; da conjunção do que era conhecido com o seu avesso provém o sentimento em questão. Por esse ângulo, a cabeça da Medusa é *unheimlich*, na medida em que nessa representação coincidem o terror do informe e seu antídoto, o medo da castração. Que o veículo dessa *Unheimlichkeit* seja o olho não deve, a esta altura, nos soar tão improvável. Pois os olhos e o olhar são especialmente aptos para figurar a coincidência dos contrários, o tranquilizador e o horripilante. Quando Freud redige suas associações sobre o sonho *"Non vixit"*, o termo *unheimlich* aparece imediatamente referido aos olhos de P.: "Eu o olho de um jeito penetrante, e os olhos dele se tornam *merkwürding und unheimlich blau*, singular e estranhamente azuis...".

Ora, é muito notável que o alemão possua outro vocábulo que abrigue significações contrárias e que tal vocábulo diga respeito precisamente ao olhar. *Übersehen* quer dizer abranger com a vista, ter uma perspectiva global, uma literal supervisão; e também não ver, deixar passar, não reparar, não dar por: ser indulgente, em suma. (Indulgência se diz *Nachsicht*, em que, para variar, encontramos *Sicht*, equivalente ao inglês *sight*, isto é: a visão.) No sonho em que Freud passa brilhantemente em seu exame de história, a ajuda do professor caolho consistiu precisamente em *übersehen*: o "caolho prestativo" não deixou de reparar numa marquinha feita pelo estudante na pergunta que ele tinha menos condições de responder, e não insistiu naquela questão. É como se cada um dos olhos encarnasse um dos sentidos de *übersehen*: um deles vê, o outro não — de forma que o caolho é a representação plástica mais conveniente para esse círculo de ideias.[41]

Übersehen, ver nitidamente, circunscrever, focalizar o conjunto, abranger — é o olhar luminoso que já conhecemos, aquele que discrimina e classifica, a serviço do reasseguramento e do controle do assustador. O sujeito desse olhar é, em seus escritos, invariavelmente Freud, o que "resolveu o grande enigma", o conquistador, etc. *Übersehen*: não ver, deixar passar, ser portanto surpreendido e correr sérios riscos — é o olhar que emana de um buraco, do vazio da órbita

---

[41] Monique Schneider, *Père*, p. 103. O sonho do exame figura na *Interpretação dos sonhos*, cap. V, seção D, SA, II, p. 278; BN, I, p. 515.

do doutor Pur, mas vazio enganador, porque não é placidez e ausência, e sim boca do Inferno. Olhar metaforizado na potência absorvente do feminino, na garganta de Irma, na pálpebra avermelhada da mulher no "Sonho de um homem" — esse olhar *visa* Freud, se dirige a ele e ameaça aspirá-lo como Medusa aos guerreiros gregos. Esse olhar de sucção e aniquilamento tem sua origem na representação angustiante do abismo, localizado na maioria das vezes no sexo feminino ou em representações que o substituem. Olhar, portanto, que rompe os limites, que dissolve aquilo sobre o que recai — espelho mágico cuja imagem é a face da Medusa. Quem sabe se não era examente esse o olhar que Freud não suportava oito horas por dia? Talvez; o fato é que, no texto do qual partimos, a última alusão ao olhar faz referências à situação analítica.

"PERSISTO, PORÉM, NESTA MEDIDA..."

"Persisto, porém, nesta medida, que tem — e atinge — o propósito de impedir a mistura imperceptível da transferência com as associações do paciente e de isolar a transferência deixando-a aparecer a seu tempo como resistência nitidamente circunscrita."[42] O sentido imediato desse trecho é claro; interessa-nos mais, porém, o entrelaçamento das metáforas e o que elas deixam adivinhar quanto ao clima afetivo em que se situam. Notemos o tom enfático e a palavra "propósito" (*Absicht*: mais uma vez...): trata-se de alguém seguro, que sabe o que quer e os meios de consegui-lo. E no que consiste o êxito? Numa série de operações cujo alvo é de ordem defensiva: impedir, isolar, evitar a mistura imperceptível. O dispositivo analítico é concebido para exorcizar a Medusa, para assegurar, ao menos de início, um mínimo de transparência ao que vai ocorrer.

Diante da inevitável manifestação da transferência, que virá precisamente operar uma mistura (a "falsa ligação" que desde os *Estudos sobre a histeria* acompanha a psicanálise) entre as imagos arcaicas do paciente e a pessoa do terapeuta, a frase de Freud descreve um movimento separador, capaz de captar a sombra sem confundi-la com a tela na qual se projeta. A ordem instaurada pelo gesto separador se implanta tanto na coordenada espacial ("nitidamente circunscrita") quanto na vertente temporal ("a seu tempo"). A exclusão do olhar do paciente

---

[42] "O início do tratamento", SA, *Ergänzungsband*, p. 194; BN, II, p. 1668.

A Medusa e o telescópio: Freud e o olhar

tem, seguramente, razões técnicas ponderáveis, mas estas não vêm ao caso agora: interessa-me mostrar que é inegável uma certa continuidade, na ordem da fantasia, entre o "não suporto ser fitado" e a descrição aparentemente neutra das vantagens técnicas decorrentes da posição invisível em que se coloca o analista. Poderíamos traduzir assim: *para que eu possa ver, o outro não deve me ver*. No jogo transferencial que imanta o campo analítico, é patente que aqui Freud cinge o capacete de Perseu, e que, de um modo ou de outro, o paciente é que está no lugar da Medusa... No fluxo das associações do paciente, o analista aparece assim como alguém capaz de discernir o instante em que se instaura uma transferência, e, como esta deve ser interpretada, ao vê-la se segue o dissolvê-la. O olhar do analista encarna os poderes descritos, muito precisamente, como *isolantes*, e a necessidade de ser tanto mais agudo quanto mais *imperceptível* é a mistura que ele está encarregado de evitar.

Essa descrição do trabalho de psicanalista não é, certamente, a única que encontramos em Freud; ela predomina sobretudo em seus primeiros escritos, nos quais o trabalho analítico assume a forma de um constante desenterrar de significações. Freud-detetive, juntando indícios que configuram a cada vez a cena do crime, ainda é a imagem que ressalta do caso Dora. É curioso notar que, quando Freud tenta descrever seu trabalho com os pacientes, as metáforas arqueológicas alternam-se com as teatrais e com as bélicas. Noções como "resistência" e "investimento" têm obviamente uma origem guerreira; mas o que mais vem se inserir na pena de Freud são as imagens *visuais*. Aquilo que produz uma histeria é uma *cena* traumática; depois, será uma *cena* de sedução. O sonho se efetua num outro *palco*. Buscam-se *representações* reprimidas, que ao serem descobertas tomam o aspecto de *cenas* visuais. A exclusão física do olhar do paciente torna-se assim condição para uma verdadeira proliferação de imagens, proliferação que — por estranho que pareça — está do lado de Freud. O que ocorre no consultório da Berggasse 19 é uma verdadeira orgia visual, muito diferente da que se passava na consulta de Charcot, mas ainda assim orgia visual. E isso corresponde, com toda a clareza, ao desejo de Freud, o qual bem poderia apropriar-se da alcunha que seu mestre dera a si mesmo: *"un visuel"*. Na *Interpretação dos sonhos* e nas *Recordações encobridoras*, ele se refere ao caráter extremamente nítido de suas primeiras recordações infantis; e, se levarmos a sério a interpretação da paixão de conhecer como sublimação da pulsão de ver, deveremos admitir que tal pulsão apresentava, no caso de Sigmund, uma intensidade extraordinária. A exuberância e a precisão de seus sonhos já bastariam para demonstrar isso, mesmo ao mais desatento leitor do seu livro.

A interpretação dos sonhos termina com o famoso capítulo VII, no qual Freud constrói um modelo do que denomina "aparelho psíquico". Esse aparelho toma como paradigma um instrumento óptico, o telescópio (Freud = Coppola?!), que não apenas serve para ver o distante, mas sobretudo se compõe de um sistema de lentes organizadas de modo especial. A noção de "espaço psíquico" e a ideia de uma tópica fazem pensar numa sucessão de paisagens, separadas por barreiras de montanhas, lagos, mares e outros acidentes geográficos. Esse espaço não é localizável na anatomia do cérebro, mas nem por isso deixa de ser um "visível". Parece-me que essa condição responde tanto à necessidade de pôr em imagens conceitos de extraordinária complexidade quanto à realização de um desejo excepcionalmente intenso do seu inventor. A imaginação teórica de Freud funciona num registro constantemente visual. Sirva de exemplo, entre dezenas de outras passagens, este trecho de "A psicoterapia da histeria":

se pudéssemos mostrar a um terceiro, após sua eliminação completa, o material patogênico em sua organização multidimensional, complicada e agora conhecida, esse terceiro nos perguntaria com razão: "Como este camelo pôde passar pelo buraco da agulha?". Fala-se, não sem razão, de um "estreito da consciência". O termo adquire sentido e vivacidade para o médico que realiza uma tal análise. Apenas uma lembrança de cada vez pode entrar na consciência do Eu; o paciente, que está ocupado com a elaboração dessa única lembrança, não vê nada do que está reprimido e esquece o que já emergiu. Se o domínio dessa recordação patológica tropeça com dificuldades, por exemplo se o paciente não desiste das resistências contra ela, quando quer reprimi-la ou mutilá-la, o desfiladeiro se fecha; o trabalho se interrompe, nada de novo pode vir, e a lembrança que se encontra na passagem fica ali parada, defronte ao paciente, até que este a tenha admitido no espaço do seu Eu. Toda a massa especialmente extensa do material patológico é assim forçada a atravessar uma estreita fenda, chegando fragmentada e aos pedaços à consciência. É tarefa do psicoterapeuta reconstruir a organização presumida a partir desses fragmentos...[43]

---

[43] "A psicoterapia da histeria" (1895), SA, *Erg.*, p. 84; BN, I, p. 160.

A Medusa e o telescópio: Freud e o olhar

Penso que esse texto fala por si só. Vale a pena, contudo, ressaltar um aspecto curioso: a ideia de que a lembrança, caso tropece com resistências intensas, "fica parada defronte do paciente até que este a tenha admitido no espaço do seu Eu". Se imaginarmos que a lembrança fica imóvel, como um quadro na parede, percebemos que Freud opõe aqui duas modalidades de relação com esse conteúdo psíquico. O paciente pode ficar olhando para ele (*Vorstellung*, representação, contém o prefixo *vor* — *before* — diante de), ou pode "admiti-lo no espaço do seu Eu". Não é interessante que, nessa passagem, *a visão esteja do lado da resistência?*

Com sua argúcia habitual, Monique Schneider tira grande partido dessa notação. Costuma-se falar em "tomada de consciência" para designar o que acontece quando o reprimido vem à tona; o termo frequentemente utilizado para descrever o que se passa é *insight*, que contém *sight*, visão. É certo que tal visão brota de súbito, como uma fulgurância dificilmente verbalizável; mas conviria interrogarmos a própria ideia de uma visão, nesse caso, por mais esclarecedora que possa ser. A expressão "tomar consciência" envolve o gesto de assenhorear-se, apoderar-se de algo, num movimento essencialmente ativo, cuja geometria é a de um distanciamento. "A tomada de consciência de uma realidade implicaria um movimento de liberação dessa realidade, e não é uma liberação desse gênero que se pediria à psicanálise? Tomar consciência do seu passado, das suas motivações, das suas fantasias, seria não mais ser escravo delas, mantê-las à distância que se supõe ser a do olhar. A tomada da consciência seria esse movimento de ruptura instaurador de um espaço, que torna possível o ato de ver."[44]

Por essa perspectiva, "tomar consciência" quer dizer separar-se de, destacar-se de, e isso é possível porque se destacou algo (lembrança, motivação) da massa extensa e confusa do inconsciente. Significa recortar e pôr diante de si o que se recortou, a fim de melhor poder expelir o recortado, conformemente ao esquema expulsivo da terapia catártica. Esta visa, com efeito, fazer com que um "corpo estranho" — a cena traumática — seja recuperado a fim de ser expulso, a fim de que deixe de constituir um "grupo psíquico isolado", e que ou bem se integre às demais correntes associativas, ou bem seja eliminado definitivamente, caindo no esquecimento. A catarse é purificação, eliminação do que havia sido traumático, restauração de uma integridade quebrada pelo momento

---

[44] M. Schneider, "Affect et langage dans les premiers écrits de Freud", *Topique*, nº 11/12, 1974, p. 121.

patógeno — e esse momento é o de encontro com algo que vem de fora, capaz justamente de ser representado como um *trauma*, isto é, como um choque violento que por seu impacto rompe a superfície da psique. Que a catarse tenha de ser operada mediante a revivescência do momento traumatizante — pois a condição da eficácia do tratamento é que a cena patógena seja recordada e revivida com toda a orquestração afetiva que lhe corresponde — nada altera quanto a este ponto: uma vez liquefeito e reposto em circulação, o afeto até então congelado e enrijecido se escoa pelas palavras e pelos gestos, num movimento de esvaziamento cujo término é quietude e serenidade.

O "princípio de inércia" do projeto não diz outra coisa: a finalidade do aparelho psíquico é "livrar-se das excitações", reduzi-las ao grau zero ou, como isto é impossível, mantê-las no grau mais baixo possível. Dessa forma, "ver" a cena é o último elo da cadeia que começa com a evocação e passa pela encenação no corpo e na psique, no calor da hora; num movimento que vai de dentro para fora, a cena como que se destaca da mente, situa-se simultaneamente no passado e à frente do indivíduo, acabando por esvair-se como um fantasma que encontra o repouso. Freud imaginava escrever um livro sobre as neuroses cuja epígrafe seria *"Afflavit et dissipati sunt"*, isto é, "Soprou e se dissolveram": o alvo da operação terapêutica é aqui a dissolução do sintoma ou da lembrança, um "então não era eu"; e o momento visual é solidário desse distanciamento, porque introduz uma luminosidade tranquilizadora sobre os monstros engendrados pelo sono da razão.

Ora, o assombroso é que, à medida que avança o texto dos *Estudos sobre a histeria*, a ênfase na expulsão e no distanciamento como metas da terapia catártica vai diminuindo, e a ela, aqui e ali, vai sendo contraposto um modelo bastante diferente: o da "aceitação no espaço do Eu", para retomar os termos do artigo mencionado há pouco. Essa aceitação ou admissão se dá no espaço do Eu ou na consciência do Eu, como é dito duas linhas antes. Monique Schneider nota que a configuração da consciência como um *espaço* introduz uma mudança radical na concepção ocidental da consciência, pois deixa de figurá-la como um *agente* capaz de realizar atos transparentes, frutos de uma deliberação que depende essencialmente do sujeito. É curioso notar que a ideia de *perceber* — mesmo em seu sentido metafísico de "tomar consciência" — é absolutamente tributária, pelo menos até Merleau-Ponty, da ideia de atividade situada no sujeito e que este exerce *vis-à-vis* de um objeto, diferente dele não só porque é externo ou extenso, mas sobretudo porque é *inerte*. Tanto o grego *katálepsis* quanto o latim *perceptio* significam originalmente captação, apropriação de, e especificamente designam o ato de recolher impostos (em francês ainda se diz *percepteur des impôts*). O sentido ativo de recolher duplica-se aqui pela conotação do poder, já que quem recolhe impostos é uma autoridade. Não é em absoluto casual que tal palavra, *katálepsis*, tenha sido escolhida, quando da constituição pelos gregos do vocabulário técnico da filosofia, para designar o ato por excelência da consciência e que no pensamento clássico ela tenha sido conservada.

Ora, o que Freud designa como *Annahme* ou *Aufnahme* é algo radicalmente diferente; "*Annahme*, com efeito, não significa ver, objetivar, mas, ao contrário, admitir, adotar, assimilar, isto é, tornar seu, movimento que envolve o ser em vez de desimplicá-lo. Não se trata apenas de constatar um processo, mas de desposá-lo, de acolhê-lo em si, de abrir um lugar para ele. E, quando se trata de representações inicialmente apreendidas como insuportáveis, esse movimento de admitir evoca mais a ideia de uma abdicação do que a de uma tomada do poder".[45] Não há mais espetáculo que se desenrola à minha frente e se oferece à minha visão, mas acolhimento de algo que brota de dentro de mim e que não se deixa apreender por um olhar. Nada de cenas delimitadas e isoláveis, capazes de ser captadas por uma sucessão bem definida de olhares bem definidos; a consciência espacializada aparece como um recinto do qual se demolem as paredes (em Freud, a tomada de consciência é correlativa ao levantamento da barreira da repressão), é uma derrota do ego e não uma vitória dele, e a resistência que este opõe ao processo demonstra-o com suficiente clareza.

A admissão do conteúdo reprimido já não pode ser comparada a um ato visual, não corresponde a uma discriminação ou a uma separação. Conscienciar não consiste em uma sucessão de atos distintos uns dos outros, mas num processo no qual as etapas se cavalgam e se imbricam, a tal ponto que Freud poderá falar a esse respeito de um *après-coup*, da ressignificação de um momento pelos que se seguem a ele. Elaboração, dirá Freud; mudança profunda no regime ontológico da consciência, dirá Monique Schneider, pois ela perde o seu estatuto de *agente*. Ela não mais será um soberano que percorre seus domínios e, inspecionando-os, se sente seguro. É preciso conceber a admissão à consciência como algo que exclui um face-a-face com a representação-cena; é preciso

---

[45] M. Schneider, "Affect", p. 122.

figurá-la como um processo de impregnação ou penetração, em metáforas mais orais do que teatrais. E isso é correlativo à mudança de natureza daquilo que é conscienciado; da lembrança de uma cena traumática, passamos ao reconhecimento de um desejo ou uma fantasia. Escreve Monique Schneider:

> não se pode comparar, com efeito, a descoberta de um pensamento que aparece ao olhar com aquilo que se manifesta como emergência de um desejo. As metáforas da captura e da atividade, que sustentam o tema da "tomada de consciência" ou do "ato de consciência", se encontram aqui perplexas, incapazes de caracterizar algo que advém como uma experiência de desfalecimento, como uma transformação que atinge mortalmente toda veleidade ativa.[46]

Defrontamo-nos assim com um outro aspecto da abolição do olhar na situação analítica, muito mais radical do que a proibição de encarar o psicanalista. Não é só a pessoa do terapeuta que se encontra subtraída à visibilidade, mas a própria visibilidade, como modo de expressão de vida psíquica, na medida em que possa conotar uma ação de distanciamento perante as representações que vão surgindo no trabalho analítico. Pelo menos, uma certa visibilidade, aquela que desde os gregos serve de paradigma do conhecimento: a visão clara e distinta, que Descartes promoverá a critério da verdade. O que faz avançar uma psicanálise não é a evidência intelectual das interpretações propostas pelo psicanalista, mas um movimento interior que ocorre com o paciente e que dificilmente se deixa descrever em termos de atos de visão.

Isso não impede que o tema compareça às associações do paciente. Como poderia deixar de surgir? Com frequência, toma a forma da fantasia de que falar de si equivale a desnudar-se; no interior da transferência, todas as posições ligadas à pulsão visual poderão se presentificar, segundo a organização de cada pessoa. A regressão na situação analítica é por vezes vivenciada como se o psicanalista fosse a Medusa, e, quando emerge, a imago da mãe primitiva não deixa de despertar o terror primevo a ela associado. É certo que, durante o tratamento, o paciente vê imagens, narra sonhos, etc.; mas esse é o material da análise, não o seu resultado.

---

[46] M. Schneider, "La conscience investie", *Études Freudiennes*, nº 29, Paris, 1987, pp. 36-7.

A Medusa e o telescópio: Freud e o olhar

Para que a análise atinja seu resultado — qualquer que seja nossa concepção acerca do que é este resultado — é necessário que o analista interprete aquilo que lhe é comunicado. Talvez seja nos processos psíquicos que precedem a interpretação verbalizada que possamos localizar, agora no psicanalista, o lugar próprio da visualidade na situação psicanalítica. No trecho citado no início deste nosso trajeto, Freud dizia que "eu mesmo, ao escutar, abandono-me ao curso de meus pensamentos inconscientes...". Sabe-se que a "atenção livremente flutuante" do analista corresponde à regra fundamental enunciada ao paciente, isto é, dizer tudo o que lhe vem à cabeça. Mas o analista não diz tudo o que lhe ocorre quando se abandona ao curso de seus pensamentos inconscientes; encontra-se numa situação parecida àquela de quem sonha, na medida em que o acesso à motilidade — a começar pela motilidade da fala — está bloqueado a maior parte do tempo.

Seria necessário, mas não o faremos aqui, considerar detidamente a metapsicologia dos processos psíquicos do analista em seu trabalho, consideração da qual talvez surgisse alguma luz acerca do processo que resulta na formulação de uma interpretação. Mas é possível dizer, de modo muito sumário, que ela costuma passar por uma fase intermediária, na qual surgem, no espírito do analista, determinadas imagens, suscitadas pela interação entre o que lhe diz o paciente e seu próprio repertório de fantasias e lembranças. Essas imagens assumem frequentemente o caráter de representações plásticas, que podem orientar a formulação da interpretação verbal, mesmo que esta — como sucede muitas vezes — não seja comunicada de imediato ao paciente. A linguagem do psicanalista é assim o contrário de um vocabulário teórico, pois de nada adiantaria fornecer ao paciente explicações sobre seus processos psíquicos. O "falar por imagens" é certamente um dos componentes da interpretação, e, na elaboração dessas imagens, a pulsão de ver do psicanalista encontra um terreno mais do que propício para se exercer.[47]

E isso nos traz de volta aos destinos da pulsão visual que examinamos antes. Um deles é sua sublimação em paixão de conhecer — o exercício da psicanálise pode ser a continuação desse processo. Muitas vezes, ele é também a

---

[47] Entre os trabalhos que abordam essa difícil questão, destacam-se os de Pierre Fédida ("Le visuel", conferência em São Paulo, agosto de 1987), Miriam Chnaiderman ("Imagens em fuga", *Folhetim*, nº 448, 25 ago. 1985), Maria Eunice Santos ("Entre a memória e o olhar", Salvador, 1987; fotocopiado) e Juan D. Nasio (entrevista sobre seu seminário "Experiencias clínicas y nuevos nombres teóricos", Buenos Aires, *Psychê*, nº 13, agosto de 1987, pp. 22 ss.).

forma tomada pelo desejo de reparação e de reconstrução das imagos infantis do próprio analista; longe de desqualificar seu trabalho, essa determinação leva em conta que a criança que vive em nós continua ativa, impregnando, com seus desejos e fantasias, boa parte do que fazemos como adultos. Nesse sentido, o trabalho do psicanalista — como qualquer atividade humana — envolve tanto Eros quanto Tânatos; lembremos que a pulsão visual habita na vizinhança do sadismo e do masoquismo, e perceberemos que o olhar do analista não é jamais observação neutra: como veículo da sua imaginação, como canal por onde surgem constantemente imagens que metaforizam fantasias inconscientes — dele e do paciente —, ele vem carregado com as forças poderosas da transferência, que é suscitação e ressurreição do desejo infantil.

Que esse desejo assuma a feição tranquilizadora da paciência benevolente, seja. Que ele tome por objeto não a autoglorificação do narcisismo do analista, mas a possibilidade para aqueles que se deitam no seu divã de, por essa experiência, alcançarem um viver menos sofrido, seja. Mas convém lembrar que, para que isso ocorra, são necessários um investimento afetivo muito grande e um constante cuidado para não invadir o paciente com a proliferação visual ou verbal do próprio analista. Proliferação que é condição do seu trabalho e que ao mesmo tempo pode cegá-lo para o universo de imagens do paciente: o acesso às fantasias inconscientes deste último pressupõe que a transferência nos dê pistas legíveis, mas só se torna capaz de lê-las quem pode suportar ser objeto das emoções transferenciais sem tomar a nuvem por Juno, isto é, sem confundir o transferido com sua própria pessoa.

O risco da captação imaginária, do espelhamento mortífero, ronda a psicanálise como a sua sombra, e é esse risco que o conselho de Freud procura circunscrever. A exclusão do olhar não é apenas uma medida defensiva que o analista fóbico racionalizaria desta ou daquela maneira; ela contribui para que os fenômenos do campo analítico, "do outro palco", possam emergir, assim como no cinema é necessário apagar as luzes para que na tela as imagens ganhem vida e movimento. Isso não impede que, em certas sessões, a temperatura emocional atinja as raias da incandescência; pois a pulsão visual é um dos paradigmas da sexualidade, e, impedida de se manifestar em pessoa, ela poder vir a ativar outras facetas das pulsões sexuais. Em si mesmo, isso não é mau; é até uma das finalidades da terapia psicanalítica — "devolver ao paciente a capacidade de amar e de trabalhar", como diz algures Freud. Mas, confrontado com a árdua tarefa de tourear a transferência, o psicanalista às vezes se recorda dos versos de Camões, quando, ao final do episódio de Inês de Castro, o poeta adverte que o olhar da Medusa tem um lado avesso:

Mas quem pode livrar-se por ventura
Dos laços que Amor arma brandamente,
Entre as rosas e a neve humana pura,
O ouro e o alabastro transparente?
Quem, de uma peregrina formosura
De um vulto de Medusa propriamente
Que o coração converte, que tem preso
Em pedra não, mas em desejo aceso?[48]

Resta saber se a Medusa habita apenas o divã.

[48] Luís de Camões, Os lusíadas, canto III, 142.

As cartas de Freud

Ao terminar as provas da *Matura* — exame com que, no Império Austro-Húngaro, os estudantes concluíam o curso colegial e ganhavam o direito de ingressar na universidade —, o jovem Freud, então com dezessete anos, escrevia a seu amigo Emil Fluss:

> Meu professor me disse que eu tenho o que Herder chama tão amavelmente um estilo *idiotisch*, isto é, ao mesmo tempo correto e característico. Esse fato incrível me deixou razoavelmente espantado [...] Provavelmente, você tampouco percebeu que se correspondia com um estilista do alemão. Assim, como amigo e sem qualquer interesse pessoal, permita-me dar-lhe um conselho: conserve minhas cartas, reúna-as, guarde-as cuidadosamente — nunca se sabe![1]

De fato, não sabemos se Fluss aceitou a sugestão e conservou as missivas do "estilista". Em todo caso, o professor de alemão não era mau juiz em questões de estilo, porque foi justamente essa característica de sua obra, o estilo, que acabou por valer a Freud um prêmio: o "Goethe", de literatura, conferido em

---

[1] Carta a Emil Fluss (16 jun. 1873), *Briefe 1873-1939*, Frankfurt, Fischer Verlag, 1960; em espanhol, *Epistolario* (em dois volumes), Barcelona, Plaza y Janet, 1974. Todos os volumes de cartas mencionados neste artigo foram originalmente publicados pela Fischer, de modo que não repetirei a indicação a cada vez.

As cartas de Freud

1930 pela municipalidade de Frankfurt. Mas então já não se tratava de cartas, e sim do conjunto da obra que escreveu — mais de 3 mil páginas em letra miúda, que revolucionaram nossa forma de pensar a alma humana e marcaram profundamente o século em que nos tocou nascer.

Pois bem: as cartas de Freud, caso puséssemos lado a lado os volumes que as enfeixam, encheriam uma prateleira do mesmo tamanho que a de seus textos "oficiais". O historiador alemão Gerhard Fichtner fez o levantamento: até 1989, conheciam-se exatamente 4899 cartas, das quais 3123 publicadas e 1776 (então) inéditas. Como nem todos os destinatários seguiram o desinteressado conselho dado ao colega de colegial, certamente muitas outras foram destruídas ou se perderam nas migrações — de país ou de continente — que ritmaram a vida dos europeus ao longo das décadas agitadas entre 1890 e 1940. Fichtner calcula que Freud deva ter escrito umas 20 mil cartas, das quais a metade ainda subsistentes — ou seja, algo como o dobro das repertoriadas em seu levantamento.[2]

São números que impressionam, principalmente quando se leva em conta que Freud respondia escrupulosamente a toda a sua correspondência. Utilizava para isso as horas noturnas, intervalos entre sessões e principalmente os domingos. Mantinha igualmente um registro, atualizado a cada dois ou três dias, em duas colunas: cartas recebidas e cartas enviadas. Ao lado do nome do destinatário e da data, colocava um resumo de duas ou três linhas para referência futura, caso, por exemplo, uma dada missiva se extraviasse no correio.

É claro que nada disso se destinava à publicação, ao menos não no início da sua enorme atividade epistolar. Por que então foram conservadas pelos que as receberam? Em primeiro lugar, tratava-se de um hábito muito comum, e não somente entre *amoureux* — os famosos maços amarrados com fita de veludo e guardados como tesouros nas gavetas dos *boudoirs*. Em segundo lugar, a vasta maioria da sua correspondência foi trocada com amigos e discípulos, que tinham em alta conta o fato de se corresponderem com o grande homem e, portanto, preservaram com orgulho e cuidado as provas desse privilégio. O mesmo vale, com maior razão, para os que não tinham qualquer relação direta com ele, mas lhe escreviam para pedir um conselho, para enviar um livro

---

[2] Gerhard Fichtner, "Les lettres de Freud en tant que source historique", *Revue Internationale d'Histoire de la Psychanalyse*, vol. ii (1989), Paris, puf, pp. 57-9.

ou cumprimentá-lo nos seus aniversários. Esses fatores explicam por que tantas cartas se conservaram.

Quanto à sua divulgação, com o passar dos anos ficou claro que a correspondência continha muitos dados que permitiriam um melhor conhecimento de sua vida e obra. Isso motivou a publicação de coletâneas que, em vários casos, apresentam tanto as cartas *de* Freud quanto as escritas *para* Freud. Torna-se assim possível acompanhar quase dia a dia, por um período de 67 anos — de 1872 até 1939 —, o seu cotidiano, a evolução de suas ideias, o preparo dos sucessivos livros e artigos, suas tristezas, alegrias, cóleras e afetos. Não é preciso sublinhar o interesse que apresenta todo esse material, não somente para os que estudam a psicanálise, mas também para quem quer simplesmente ver como funcionavam a cabeça e o coração de um grande homem.

ALGUNS DADOS FACTUAIS

Freud morreu em 23 de setembro de 1939, em Londres, onde se refugiara após a anexação da Áustria por Hitler, ratificada, aliás, pela entusiástica adesão dos austríacos ao novo regime nazista. A Segunda Guerra Mundial estava em suas primeiras semanas; seis longos anos iriam se passar até que a paz retornasse à Europa. Mas a uma Europa muito diferente daquela em que vivera o fundador da psicanálise: dividida ao meio pela Cortina de Ferro, subjugada politicamente pela hegemonia da União Soviética e dos Estados Unidos, e principalmente — para o que nos interessa aqui — sem quase nenhum dos analistas que, até o advento do nazismo, haviam cultivado a "jovem ciência", fazendo-a progredir de forma tão ampla e rápida. Nos países dominados pelos comunistas, a disciplina freudiana era considerada "ciência burguesa decadente"; na Alemanha e na Áustria, os poucos analistas sobreviventes levaram décadas para se reorganizar, e até hoje, cinquenta anos depois, não gozam de maior destaque no panorama mundial. A maioria dos psicanalistas "continentais" emigrou para a Inglaterra ou para os Estados Unidos, e, ao terminar a guerra, procurava ainda refazer a vida nos novos lugares.

É nesse contexto que surge a iniciativa de reunir e publicar as cartas de Freud, paralelamente aos projetos de produzir uma biografia autorizada e editar sua obra completa em alemão e inglês. Anna Freud, sua filha e "herdeira

As cartas de Freud

espiritual", estará no centro desses empreendimentos, o que automaticamente fez de Londres o epicentro deles. Acontece que, desde o início da guerra, os documentos pessoais de Freud haviam sido enviados aos Estados Unidos (pois não era nada garantido que Hitler não venceria a Batalha da Inglaterra) e confiados à Biblioteca do Congresso, sob a forma de um "Arquivo Freud" depositado na seção de manuscritos e livros raros. Ali, sob a guarda de Kurt Eissler, estavam em mãos confiáveis; Eissler e Anna Freud, junto com seu irmão Ernst Freud e com Ernest Jones — único dos primeiros discípulos a sobreviver à guerra e, na qualidade de presidente da IPA, a exercer um papel de relevo na política psicanalítica do pós-guerra —, foram os personagens centrais na aventura dessas publicações, que bem poderia ser narrada sob a forma de um romance de capa e espada, para não dizer uma novela policial.

A família e o círculo mais próximo de Freud detinham as cartas enviadas a ele e algumas cópias das enviadas *por* ele. A maioria destas últimas se encontrava nas mãos dos herdeiros de seus colegas e discípulos, ou seja, as viúvas e os filhos de Karl Abraham, Sándor Ferenczi, Oskar Pfister, etc. Apenas um conjunto estava inteiramente disponível: as cartas enviadas a Wilhelm Fliess entre 1887 e 1902, que documentavam os anos de gestação da psicanálise — a época da autoanálise, da invenção dos principais conceitos, da redação da *Interpretação dos sonhos* e de um vínculo verdadeiramente passional entre Freud e seu amigo berlinense. Essas cartas haviam sido adquiridas pela princesa Marie Bonaparte a um livreiro alemão, que por sua vez as comprara da viúva de Fliess. Ao tomar conhecimento do fato, Freud — então ainda vivo — exigiu que o material fosse destruído imediatamente, porque continha dinamite pura: confissões extremamente pessoais, dados da autoanálise, maledicências várias, informações sobre pacientes (e sobre erros terapêuticos cometidos tanto por seu amigo quanto por ele próprio, como se viu depois) — enfim, um caudal de informações que ele não desejava ver expostas aos olhares indiscretos dos "inimigos da psicanálise". Marie Bonaparte não aceitou o ultimato; contemporizou o quanto pôde e acabou por vencer: tendo sido a responsável pela retirada da família Freud da Áustria nazificada, era difícil negar-lhe o que quer que fosse, e Freud acabou por ceder em sua exigência. Contudo, com o início da guerra, todo o assunto ficou em banho-maria, sendo retomado somente no final da década de 1940.

O trabalho era hercúleo: Freud escrevia com a caligrafia gótica em que fora alfabetizado, numa letra de difícil leitura, tornada ainda mais difícil pelo

Renato Mezan

fato de o alemão ter passado a ser escrito em caracteres latinos nas últimas décadas do século XIX (quando se veem fac-símiles das cartas, as dele são praticamente ilegíveis, enquanto as do correspondente podem ser decifradas com facilidade por um leitor que conheça o alemão). Foi preciso preparar cópias datilografadas de todo o material — não existia xerox naquele tempo! — e em seguida cotejar tudo com os originais, para detectar eventuais erros de transcrição. E, uma vez feito esse trabalho preliminar, era preciso decidir: o que publicar? o que cortar? com que critérios?

Isso porque a oposição feroz do grande homem à divulgação do que julgava ser suas "intimidades" deixou uma marca na forma como acabou por ser realizada a primeira coletânea: a censura sobre dados julgados demasiado comprometedores, ou que envolvessem terceiras pessoas, ou... ou... Diga-se, por respeito à verdade, que os editores — a princesa, Anna Freud e Ernst Kris — se explicaram sobre seus motivos e critérios no prólogo à edição alemã:

A seleção foi efetuada tendo em vista o princípio de publicar tudo o que seja relevante para o trabalho e as inquietações científicas de Freud, bem como para compreender as circunstâncias sociais e políticas em que se desenvolveu a psicanálise. Por outro lado, foram omitidas ou abreviadas aquelas passagens ou documentos cuja publicação seria incompatível com a discrição profissional ou pessoal, bem como os esforços de Freud para discutir as teorias científicas e os cálculos periódicos de Fliess; além disso, todas as repetições de ideias idênticas, as frequentes referências a encontros programados, a reuniões planejadas ou realizadas, e a múltiplos incidentes cotidianos no círculo das respectivas famílias.[3]

O livro saiu em 1950; chamou-se *As origens da psicanálise* e pode ser consultado no final do terceiro volume das *Obras completas* em espanhol (Biblioteca Nueva), além de diversas edições independentes.

Apesar da precaução dos prefaciadores em afirmar que o "volume não contém nada sensacional e se destina sobretudo ao leitor e ao estudioso aplicado das obras já editadas de Freud", ele teve o efeito de uma bomba. Até então, quase nada se sabia dos bastidores da criação freudiana; não havia sido publicada

---

[3] *Aus den Anfangen der Psychoanalyse* (1950); tradução espanhola: *Los orígenes del psicoanálisis*, Madri, Biblioteca Nueva, 1973 [1950], volume III, p. 3433.

As cartas de Freud

(e aliás nem redigida) a biografia de Jones, que só veria a luz ao longo da década seguinte. Freud era apenas sua figura pública, a do cientista austero e um tanto avesso à publicidade, devotado à sua disciplina, a seus pacientes e ao movimento que criara. Nas cartas a Fliess, porém — mesmo na versão *ad usum Delphini* que assumiram em 1950 —, o panorama era inteiramente diverso: via-se um homem atormentado pelas preocupações, pelo isolamento, pela precariedade de suas finanças, mas também um criador de gênio às voltas com suas ideias, com os problemas teóricos, técnicos e clínicos que precisou resolver para inventar a psicanálise; e, sobretudo, as cartas que se seguem à morte do pai e se estendem pelos anos de 1897 até 1900 testemunham o caminhar da autoanálise por meio dos sonhos e das associações que Freud registrava para enviar a Berlim. Era toda a pré-história da disciplina que se iluminava, assim como o *making of* da joia maior na coroa dos textos freudianos — sem dúvida a *Traumdeutung*. O impacto da publicação das *Origens* foi imenso, e basta pensar no uso que desse livro fez Lacan (no "retorno a Freud") para ter uma ideia da sua extraordinária importância.

Nos anos seguintes, foram surgindo outros volumes, que seguiram o modelo do primeiro: ciclos relativamente completos de cartas a um determinado correspondente, sempre editadas de modo a preservar o que nelas houvesse de interesse científico ou histórico, deixando em silêncio o que, por demasiado "pessoal", pudesse arranhar a imagem de Freud. Tal cuidado era compreensível, e deve-se ter claro que não implicou ocultar suas eventuais fraquezas ou defeitos: afinal, eram psicanalistas os que cuidavam de as publicar e psicanalistas a maioria dos seus leitores. A psicanálise não tem medo das paixões, e, por curioso que possa parecer, a exposição de um Freud apaixonado — portanto humano, com seus momentos de brilho, mas também de mesquinhez ou insegurança — não diminuiu, antes engrandeceu, sua estatura intelectual. Assim, podemos estabelecer uma lista das correspondências disponíveis, todas do maior interesse para quem se interessa por psicanálise ou simplesmente pela história das ideias no século XX:

1960 — Dois volumes, com cartas dirigidas entre 1873 e 1939 a inúmeros correspondentes. Contêm parte do copioso carteio com sua noiva e futura esposa, Martha Bernays, então vivendo em Hamburgo (dados bibliográficos na nota 1).

1963 — Correspondência com o pastor Oskar Pfister (*S. Freud — O. Pfister, Briefe 1909-1939*), editada em francês pela Gallimard, com uma boa introdução de Daniel Widlöcher.

1965 — Correspondência com Karl Abraham (*S. Freud — Karl Abraham, Briefe 1907-1926*) (367 cartas, sendo metade de Freud e metade de Abraham); tradução francesa pela Gallimard.

1966 — Correspondência com Lou Andréas-Salomé (*S. Freud — Lou Andréas--Salomé, Briefwechsel 1913-1937*); tradução francesa pela Gallimard.

1968 — Correspondência com Arnold Zweig (*S. Freud — A. Zweig, Briefwechsel 1926-1939*); excelente introdução de Marthe Robert à edição francesa da Gallimard.

1970 — Correspondência com Georg Groddeck (*S. Freud — G. Groddeck, Briefwechsel*).

1974 — Correspondência com Carl Gustav Jung, a primeira a ser publicada na íntegra, numa excepcional edição devida a William McGuire e Wolfgang Sauerländer (*S. Freud — C. G. Jung, Briefwechsel*; tradução inglesa, Londres, The Hogarth Press e Routledge & Kegan Paul).

1989 — Correspondência de juventude com o amigo Eduard Silberstein (*S. Freuds Briefe an Eduard Silberstein 1872-1878*); tradução brasileira pela Imago.

1992 — Início da publicação integral da correspondência com Sándor Ferenczi (*S. Freud — S. Ferenczi, Briefe I: 1908-1914; Briefe II: 1914-1918*); tradução francesa pela Calmann-Lévy, aos cuidados do grupo do Coq Héron.

1993 — Correspondência com Ernest Jones (*S. Freud — Ernest Jones, Briefwechsel*); tradução inglesa pela Hogarth Press.

Além dessas, conhecem-se outras cartas de Freud por suas biografias e por publicações isoladas, que seria impossível repertoriar aqui. Antes de passar a alguns comentários sobre o conteúdo dessas coletâneas, duas observações devem ser feitas:

a) A publicação da correspondência com Jung estabeleceu um novo padrão de qualidade, provando que a transcrição integral das cartas em nada prejudicava a memória dos dois homens. Pelo contrário, desfez muitas lendas e malentendidos, permitindo reconstruir toda a trajetória da relação entre eles, bem como esclarecer inúmeros pontos históricos ligados ao início do movimento analítico — para não falar da gênese de textos tão importantes quanto o "Leonardo", o *Caso Schreber, Totem e tabu*, "Para introduzir o narcisismo" ou, no caso de Jung, os *Símbolos e metamorfoses da libido*.

As cartas de Freud

Anos depois, após terem sido vencidas inúmeras resistências impostas pelos herdeiros dos dois lados, iniciou-se a publicação integral — atualmente em curso — das cerca de 1250 cartas entre Freud (550) e Ferenczi (700), talvez o documento mais importante para a história da disciplina freudiana desde a edição, em 1950, de *As origens da psicanálise*.

b) Em 1985, finalmente saiu a transcrição / tradução integral da correspondência ativa com Fliess, sob os cuidados de Jeffrey Moussaieff Masson.[4] Masson é o autor de um livro muito controverso, *Atentado à verdade* (traduzido para o português pela Imago), no qual sustenta que a edição completa dessas cartas mostra como Freud mentiu a respeito da sedução das histéricas por seus pais, transformando o abuso sexual real em "fantasias edipianas". Não é o caso agora de entrar nessa polêmica; basta dizer que as cartas não substantivam tal alegação, e que, mais uma vez, a publicação de todo o material serve para que cada leitor forme sua opinião com base nos dados mais completos de que se dispõe até o momento. A diferença principal em relação à edição de 1950 é que há mais detalhes sobre o cotidiano, sobre as doenças (reais ou imaginárias) de Freud e sobre a prática clínica de ambos, com abundantes referências a pacientes — o que, em se tratando de médicos e pesquisadores, nada tem de condenável: as cartas não eram para ser lidas por mais ninguém!

CONTRAPONTOS

Agora que o leitor tem uma ideia do que significa a expressão "as cartas de Freud", podemos tentar alguma caracterização do conteúdo desse verdadeiro continente epistolar. Duas metáforas, empregadas respectivamente por Gerhard Fichtner e Alain de Mijolla, podem nos servir de apoio: a da cordilheira e a do organista.

Fichtner escreve:

---

[4] *Briefe an Wilhelm Fliess, 1887-1904*. Sobre Masson e suas aventuras com a instituição psicanalítica, pode-se consultar com proveito o livro de Janet Malcolm, *Nos arquivos de Freud* (Rio de Janeiro, Record, 1993), que contém uma longa entrevista com ele e os comentários da jornalista do *New York Times*.

Considerando as cartas de Freud [...] em sua distribuição ao longo da vida, percebemos uma imagem característica: altas montanhas, com picos bastante desiguais, durante a primeira metade de sua vida; e quase um planalto, ou pelo menos um maciço montanhoso, para os anos mais tardios. Podemos identificar com facilidade os picos: os contrafortes das cartas de juventude, em particular a Silberstein, são seguidos pelo monte Everest das cartas a Martha Bernays, datando da época do seu noivado e das quais a maioria ainda permanece inédita. O maciço das cartas a Fliess é fácil de reconhecer em sua solidão, enquanto o pico da correspondência com Jung não se distingue mais tão claramente do planalto que o cerca...[5]

Os números confirmam essa inteligente comparação. Foi nos anos de 1883 a 1885 que Freud escreveu mais cartas (cerca de duzentas por ano, quase todas a Martha). Outro período muito intenso é 1910-13, com algo entre 160 e 190 por ano: é a época do início do movimento analítico, em que nascem simultaneamente as correspondências com os principais discípulos (Jung, Abraham, Ferenczi, Pfister, etc.), que viviam em outras cidades, não em Viena. O período de Fliess, embora de exclusividade quase completa, tem um ritmo menos furioso: uma carta a cada semana ou dez dias, especialmente durante os anos de 1894 a 1899, época de maior intensidade da relação entre ambos.[6] E o "planalto dos anos tardios", isto é, de 1915 até o fim, comporta sempre algo entre sessenta e cem cartas anuais, com um pico em 1926 (seu septuagésimo aniversário, para o qual o correio trouxe tantos cumprimentos que meses depois ele e Anna ainda se queixavam da corveia que era responder a tudo aquilo).

Mais do que as cifras, porém, o que interessa é o que elas encobrem — ou revelam. Na *Revista Internacional de História da Psicanálise*, no número dedicado à correspondência de Freud, há um artigo de Alain de Mijolla que é nesse sentido precioso, e só posso aqui remeter o leitor à cuidadosa análise ali apresentada (que ocupa 42 páginas em formato grande). É de Mijolla a segunda imagem que podemos aproveitar:

---

[5] G. Fichtner, op. cit., p. 59.

[6] A esse respeito, continua sendo utilíssima a introdução de Ernst Kris à edição original da correspondência (na edição espanhola da Biblioteca Nueva, volume III, pp. 3435-67).

As cartas de Freud

A metáfora do organista seria sem dúvida ainda mais próxima dessa extraordinária atividade, ao mesmo tempo solitária e relacional: cada correspondente tem sua linha melódica, com variações possíveis, numa polifonia escrita com rigor e sempre cuidadosamente controlada, mesmo em suas passagens afetivamente *molto agitato*.[7]

A forma de publicação que acabou por prevalecer — ciclos organizados por correspondente, com a única exceção do volume "geral" publicado por seu filho em 1960 — favorece certamente a percepção desses matizes e, portanto, do lugar que cada interlocutor ocupa no imaginário de Freud — ou será preciso dizer no seu sistema de transferências?

Vejamos brevemente alguns desses traços. As cartas a Eduard Silberstein, que datam do fim do colegial e do início dos estudos universitários, apresentam a característica curiosa de muitas estarem redigidas em espanhol: os dois amigos haviam aprendido a língua com o auxílio de gramáticas e dicionários, para ler *Dom Quixote* no original. Decidem encarnar Cipião e Berganza, dois cachorros falantes das *Novelas exemplares* (também de Cervantes), e com esses *noms de plume* assinam as respectivas cartas (Freud era Cipião). Elas falam dos projetos, amores, lazeres e estudos dos dois adolescentes, entre os seus dezesseis e 22 anos.[8] Assim como no caso da correspondência com Fliess, dispomos somente das cartas de Freud; as de Silberstein foram certamente incineradas num dos "autos-de-fé" periódicos em que Sigmund destruía seus papéis e anotações.

A voz que fala nessas cartas é a de um adolescente estudioso, sério, um pouco pedante, mas atento às pequenas graças do cotidiano e às nuances do comportamento dos seus próximos: "Sou ou me considero um observador perspicaz; vivendo num numeroso círculo familiar, em que se desenvolvem tantos caracteres, meu olho se tornou agudo" (4 de setembro de 1872). Também se revela desde cedo a ansiedade pela resposta rápida: "Tua última carta me demonstrou quão injusto fui ao te culpar de descaso com relação a este teu amigo; espero que perdoes minha impaciência, que não consegue se habituar com a ideia de que uma comunicação de um de nós precise de cinco dias para chegar ao outro" (17 de agosto de 1872). Esse será um traço vermelho a permear

---

[7] Alain de Mijolla, "Images de Freud au travers de sa correspondance", *Revue Internationale d'Histoire de la Psychanalyse*, vol. ii (1989), p. 28.

[8] *As cartas de Sigmund Freud para Eduard Silberstein* (Rio de Janeiro, Imago, 1995).

Renato Mezan

a correspondência com Martha, mas também com Fliess, Jung e Ferenczi.[9] Quando a resposta tarda, a aflição se instala, e se por vezes é motivo de queixas parte humorísticas, parte afetuosas, em outras a contenção da escrita deixa transparecer a fúria do amante que se sente traído pelo amado.

É no ciclo de Martha que a exigência de reciprocidade — atrás da qual se vislumbra facilmente a exigência de *exclusividade* — se manifesta com mais vigor, talvez porque as convenções do gênero "cartas de amor" permitam uma maior liberdade na expressão. Mesmo assim, Freud é absolutamente enfático: "Não quero que minhas cartas fiquem sem respostas, e pararei de te escrever se não me responderes" (25 de setembro de 1882).[10] O escopo dessas cartas à noiva é demasiado amplo para que se possa percorrê-lo em poucas linhas. Nelas Freud se exprime por inteiro: conta sobre sua vida apertada de pesquisador no laboratório de Brücke, faz reflexões sobre a existência, os sentimentos, os amigos, a religião e um sem-número de outros assuntos. Também fazem parte desse ciclo os relatos do estágio em Paris e do deslumbramento com Charcot, assim como das experiências com a cocaína, que quase acabou com sua carreira antes mesmo de ela se iniciar.

Casado com Martha, Freud instala seu consultório em 1886 e continua a se interessar pelas neuroses, o que o aproximará de Fliess. Esse é outro ciclo impossível de resumir; montado sobre o pretexto da troca de experiências profissionais, o carteio converte-se a partir da ruptura com Breuer no principal veículo de comunicação entre Freud e o mundo exterior, seja cientificamente — é a Fliess que comunica todas as suas descobertas —, seja afetivamente, pois o amigo é o seu "único público". Daí por que a ruptura, no início de 1902, é tão dolorosa; sobre todo esse capítulo, podem-se consultar (além das cartas, cuja leitura é indispensável a quem queira entender como se criou a psicanálise) várias obras e autores.[11]

---

[9] O espaço reduzido não nos permite citar exemplos, que podem ser encontrados com facilidade simplesmente folheando as cartas. Cf. também Mijolla, op. cit., pp. 29-30.

[10] As cartas podem ser consultadas no primeiro volume do *Epistolario* em castelhano, ou, em português, sob o título um tanto estranho de *Cartas de amor de Freud* (Rio de Janeiro, Imago, 1987).

[11] Didier Anzieu, *L'auto-analyse de Freud*, Paris, puf, 1975; Wladimir Granoff, *Filiations*, Paris, Minuit, 1975, e *La pensée et le féminin*, Paris, Minuit, 1976; Renato Mezan, *Freud: a trama dos conceitos*, São Paulo, Perspectiva, 1982, e *Freud, pensador da cultura*, São Paulo, Brasiliense, 1997 (6ª edição); e, entre as várias biografias, a mais recente, de Emílio Rodrigué: *Sigmund Freud, o século da psicanálise*, São Paulo, Escuta, 1995.

As cartas de Freud

Começa o século XX, e, com ele, termina a era da *splendid isolation*: forma-se a Sociedade Psicológica das Quartas-Feiras, na qual se reúnem — na sala de espera do consultório de Freud — os primeiros interessados na nova ciência. A partir de 1907, chegam os discípulos estrangeiros, em especial Abraham, Jung e Ferenczi: como eles vivem respectivamente em Berlim, Zurique e Budapeste, o fluxo de cartas vai recomeçar, porém agora distribuídas por vários "canais". De forma muito geral, pode-se dizer que nos três ciclos Freud assume a posição paterna, à qual responde diferentemente cada um dos três interlocutores. Abraham jamais a contestou; as cartas dele e para ele (ao menos as publicadas) mostram um partidário convicto das teses freudianas, um organizador de primeira água e um excelente aluno, sempre disposto a confirmar com observações inteligentes as ideias do mestre. Mijolla comenta com perspicácia: "O 'rochedo de bronze' é um pouco frio, demasiado reservado, sem dúvida muito pouco *mishigue* para que a vibração relacional necessária a Freud se instale de modo durável".[12] De fato, Abraham não se envolve sexualmente com seus pacientes, não tem complicações especiais na sua vida amorosa e, se às vezes requisita Freud como supervisor ou analista "pontual", jamais ultrapassa os limites da conveniência.

Que diferença com os ciclos de Jung ou de Ferenczi! O de Jung, por estar à época publicado havia mais tempo e na íntegra, era objeto de estudos úteis a quem se adentrava nele.[13] Intelectualmente o mais destacado dos jovens discípulos, único não judeu entre eles e totalmente refratário ao abecê da psicanálise, Jung é alvo de uma maciça campanha de sedução por parte de Freud, que culminará com a fantasia de que o psiquiatra suíço seria o seu herdeiro espiritual (por exemplo, cartas 18F, de 19 de abril de 1907; 169F, de 19 de dezembro de 1909; 304F, de 5 de março de 1912, etc.). Ao longo de seis anos, trava-se entre ambos um frutífero debate intelectual. É Jung quem inventa o termo "complexo"; quem fala a Freud do livro de Schreber e da *Gradiva* de Jensen, estando assim diretamente na origem de dois importantes textos do período. Também há diferenças insanáveis: Freud não acompanha Jung em suas incursões pela mitologia e pelo simbolismo, que realmente nada têm de psicanalíticas: razão pela qual é o interlocutor (ou o adversário) visado em *Totem e tabu*. Por outro lado, as críti-

---

[12] Mijolla, op. cit., p. 38. *Mishigue* é o termo ídiche para maluco.

[13] Entre outros, François Roustang, *Un destin si funeste*, Paris, Minuit, 1976; Renato Mezan, *Freud, pensador da cultura*, especialmente capítulo 3; Lilian Frey-Rohn, *From Freud to Jung*, Nova York, Delta Books, 1974.

cas de Jung a certos aspectos das ideias de Freud o fazem refletir, o que resulta em consideráveis melhoras no arcabouço conceitual da psicanálise, como por exemplo a invenção do conceito de narcisismo e a teoria da introversão da libido nas psicoses (22F, 14 de abril de 1907).

A esse aspecto de proveito recíproco, contudo, soma-se uma série de malentendidos transferenciais e contratransferenciais. Freud quer acreditar que Jung é seu "melhor aluno e quem mais faz pela causa" (11F, 1º de janeiro de 1907), enquanto este se recusa a aceitar o papel prescrito: "Peço-lhe que tenha paciência comigo e confiança no que fiz até agora. Sempre tenho um pouco mais a fazer do que ser um simples discípulo fiel. Estes não lhe faltam [...] mas não fazem avançar a causa" (86J, 3 de abril de 1908). Não é possível aqui dar muitos exemplos, mas, para ter uma ideia da temperatura emocional que a relação atinge ao encaminhar-se para a ruptura final, veja-se este trecho escrito por Jung:

> Gostaria de assinalar que sua técnica de tratar seus alunos como pacientes é um erro. Com isso, o senhor produz ou filhos servis ou alunos sem-vergonha (Adler, Stekel e toda a gangue insolente que agora anda fazendo das suas em Viena). Sou suficientemente objetivo para enxergar o truque: o senhor anda por aí farejando todos os atos sintomáticos na sua vizinhança e assim reduz todo o mundo ao nível de filhos e filhas que, corando, admitem seus erros. Enquanto isso, o senhor fica por cima como o pai. Por puro respeito, ninguém ousa puxar a barba do profeta... (338J, 18 de dezembro de 1912).

Já o ciclo de Ferenczi — ainda em vias de publicação — se estende por 25 anos sem que jamais o tom chegue a tais extremos. Dos três discípulos mais próximos, Ferenczi foi o único a solicitar uma análise formal a Freud, que acedeu a contragosto. No entanto, o início das hostilidades de 1914 interrompeu a empreitada poucas semanas depois; Ferenczi estava num tal estado de excitação, que escreveu a Freud dizendo que então compreendia "o que é a fornalha da transferência". A demanda de Ferenczi era — e continuou a ser durante toda a relação com Freud — de natureza quase fusional, ao mesmo tempo que solicitava ao outro, em seu papel de pai, ser capaz de suportar a luta do filho pela independência. De seu lado, como observa judiciosamente Judith Dupont, "Freud desejava um filho que já tivesse resolvido seus problemas em outro lugar [...], um companheiro independente, que respeitasse sua privacidade e não o

As cartas de Freud

fosse perturbar com seus próprios problemas".[14] Mas o grau de intimidade — e mesmo de cumplicidade — que os dois interlocutores atingem ao longo dos anos não tem paralelo nos documentos dos demais ciclos. Ferenczi, aliás, manteve a partir dos anos 1920 uma correspondência importante com Georg Groddeck, igualmente publicada,[15] que — ao abrir outro canal de comunicação — permitiu-lhe elaborar parte da sua demanda em relação a Freud e liberar este último da exigência de "franqueza total". Aliás, tal exigência jamais fora aceita pelo parceiro mais velho:

> Não tenho mais necessidade desse desvelamento completo da personalidade [...]. Desde o caso Fliess, em cuja superação, precisamente, o senhor me viu ocupado, essa necessidade se extinguiu em mim. Uma parte do investimento homossexual foi retirada e utilizada para enriquecer seu próprio ego. Tive sucesso ali onde o paranoico fracassa.[16]

Esse tipo de comentário — apesar da observação de Jung mencionada anteriormente — é bastante raro nas cartas de Freud: tratando-se do fundador da psicanálise, é notável a contenção com que usa, muito de leve e em poucas ocasiões, o instrumental analítico para formular interpretações (de si ou de outrem). As cartas são testemunho de um enorme investimento nas relações — enorme quanto ao tempo gasto lendo-as e escrevendo-as e também quanto à intensidade dos sentimentos. Mas são sobretudo uma mescla muito bem-sucedida de *proximidade* e de *distância*, de atividade autoerótica (sexualização do ato físico de escrever e também gozo na formulação das próprias palavras) e relação verdadeira com o outro, permitindo a abertura para que este o surpreenda e o inspire, o comova e o faça sentir-se amado.

O volume da correspondência já publicada é tamanho que se torna impossível comentar cada ciclo, ainda que do modo sumário como fizemos a propósito de Abraham, Jung e Ferenczi. Mas o que foi dito basta, acredito, para validar a imagem do organista proposta por Mijolla, cujo interesse é o de nos instigar a

---

[14] Judith Dupont, "La relation Freud-Ferenczi à la lumière de leur correspondance", *Revue Internationale d'Histoire de la Psychanalyse*, ii (1989), pp. 183 e 188.

[15] Ferenczi-Groddeck, *Correspondance 1921-1933*, Paris, Gallimard, 1982.

[16] Freud a Ferenczi, citada por Ernest Jones (*La vie et l'œuvre de Sigmund Freud*, Paris, puf, 1961, tomo II, p. 87).

um questionamento: que lugar cada correspondente ocupa no Eros de Freud? E como esse lugar determina, em parte pelo menos, o teor "científico" das cartas dirigidas a cada um? Pois nossa ênfase na dimensão emocional não nos deve fazer esquecer que a correspondência é também, em larga medida, o laboratório e o fórum nos quais Freud testa seus *insights*, lançando-os a este ou àquele e observando a reação, aprendendo com as objeções e refinando os conceitos que posteriormente apresentará a um público mais amplo. É o caso da discussão travada com Abraham sobre a libido oral, que preludia a tese da identificação com o objeto em "Luto e melancolia". Outro debate é conduzido, na mesma época, com Ferenczi, dessa vez sobre a relação entre as diversas neuroses e as épocas pré-históricas (que culminará com o artigo "Visão de conjunto das neuroses de transferência", e, do lado de Ferenczi, com seu grande afresco mítico--teórico *Thalassa*). É igualmente o caso do tema de Moisés, que percorre todo o ciclo de cartas trocadas com Arnold Zweig a partir de 1927; e se poderiam multiplicar os exemplos.

Outro traço imediatamente perceptível nas cartas freudianas é o humor, que às vezes se destila em ironia ou mesmo em sarcasmo. À sua cunhada Minna escreve, por exemplo, em 13 de julho de 1891: "Meu consultório me deixa atualmente bastante tempo para escrever cartas. Pergunto-me se não deveria pendurar minha fotografia na sala de espera, com a inscrição: 'Enfim só'".[17] E quando a cidade de Viena — com quem manteve relações ambivalentes por toda a sua vida — lhe conferiu o *Bürgerrecht* (título de cidadão honorário), em 1924, comentou com Abraham:

> A ideia de que meu 68º aniversário — que cai depois de amanhã — pode muito bem ser o último deve ter ocorrido também a outros, porque a cidade de Viena se apressou a me conceder o título de cidadão honorário, quando normalmente se espera a pessoa fazer setenta anos para receber tal honraria.

E a Ferenczi, que perguntava no que consistia exatamente esse título, explica sarcasticamente: *"Man kann Schabes davon machen"* ("Pode-se fazer um *shabat*

---

[17] *Epistolario*, II, Barcelona, Plaza y Janet, 1973, p. 7.

As cartas de Freud

com isso").[18] Incidentalmente, o tópico do judaísmo também ocupa um certo espaço nas suas cartas, de início a Abraham (para acentuar sua oposição comum ao "ariano" Jung), depois, de modo mais esparso, a diversos correspondentes durante os anos 1920 e, por fim, com Arnold Zweig, que emigrara para a então Palestina após a ascensão de Hitler ao poder.[19]

Por algum motivo que vale a pena pesquisar um dia, a coletânea que reúne as cartas trocadas com o pastor Pfister — não muito numerosas, se comparadas com os "picos" Fliess, Jung e Ferenczi — contém algumas das melhores ilustrações da prosa epistolar de Freud. Talvez isso ocorra em virtude de algo a que se poderia chamar a "justa distância": Pfister jamais foi tão próximo de Freud quanto Fliess, Martha ou os membros do "comitê secreto" formado após a expulsão de Jung. Pastor protestante e um dos primeiros psicoterapeutas a trabalhar com adolescentes, Pfister permaneceu em sua trilha e é o destinatário (nada difícil de identificar) de *O futuro de uma ilusão*. É a esse homem, cujas ideias em matéria religiosa eram tão opostas às suas, que Freud dirige palavras que bem podem resumir o que significava para ele a atividade de trocar cartas:

> O que o senhor me conta não é sempre alegre, mas será que temos o direito de esperar que tudo seja sempre alegre? Ao menos, fico contente porque o senhor me dá notícias suas, me fala dos seus trabalhos, do que o senhor espera, do que lhe falta. É tão fácil, a distância, perder-se quando nada sabemos uns dos outros, quando não se compartilha uma mesma vida... Mas as relações pessoais são algo particularmente precioso, algo que não coincide com a comunidade de trabalho ou de interesses. Justo agora, quando ambos tomamos conhecimento das últimas e fundamentais divergências em nossas respectivas concepções da vida, temos uma ocasião particular (e uma forte inclinação, espero!) para manter este tipo de relação.[20]

---

[18] Cf. Ernest Jones, *A vida e a obra de Sigmund Freud*, volume III, Rio de Janeiro, Imago, 1989, p. 113. Essa expressão ídiche significa "não serve para nada", já que no sábado é proibido aos judeus ortodoxos realizar qualquer trabalho.

[19] Ver a esse respeito R. Mezan, *Freud, pensador da cultura*, e especialmente *Psicanálise, judaísmo: ressonâncias*, Rio de Janeiro, Imago, 1995.

[20] Freud a Pfister (nº 92), 7 fev. 1930, in *Correspondance de Sigmund Freud avec le pasteur Pfister, 1909-1939*, Paris, Gallimard, 1966, p. 190.

Não é nada muito psicanalítico, e certamente não é passional. Mas revela uma sabedoria profunda, uma tolerância ao outro e um genuíno interesse por ele, ao mesmo tempo que aceita que o outro possa lhe trazer alegrias e tristezas. O autor das linhas citadas sabe que existem comunidades de trabalho e de interesse, cuja solidez repousa sobre o cimento sexual (afinal de contas, também figura em seu currículo a *Psicologia das massas e análise do ego*!). Mas não desdenha esse "algo particularmente precioso", capaz no entanto de se sobrepor às "divergências fundamentais e últimas", que pertencem ao terreno intelectual e nele permanecem. Tampouco ignora que esse "algo" mereça ser cultivado, porque... porque sim, porque responde a uma "inclinação forte" que existe em mim, e que, se se encontra também no outro, forma com ela uma junção "preciosa". A essa junção, os antigos chamavam — e Freud não discordaria do termo — *humanitas*.

O irmão: ficção psicanalítica

Inspirando-se no volume em que diversos escritores brasileiros reinventaram, do ponto de vista de cada um dos personagens, o conto de Machado de Assis "Missa do galo", Rosa Abras, colega nossa de Belo Horizonte, propôs certo dia que um grupo de analistas fizesse o mesmo com a história da "jovem homossexual", paciente anônima que Freud estuda em "Psicogênese de um caso de homossexualidade feminina" (1919). Decidiu-se que cada autor trabalharia independentemente, combinando apenas que os nomes dos personagens seriam os mesmos. Oscar Cesarotto "foi" o pai da moça, encarnada por Maria Rita Kehl; Márcio Peter de Souza Leite "reproduziu" uma carta até então "inédita" de Freud à sua mãe, tratando do atendimento que fizera; outros colegas escreveram como a "mundana" ou a mãe do jovem. Coube-me ser o irmão, a quem convencionamos batizar de Friedrich — personagem mencionado apenas de relance, como um dos modelos masculinos que teriam tido influência sobre a orientação sexual da paciente. Essas cartas poderiam ter sido escritas por ele? O leitor julgará.

Viena, 17 de junho de 1919

Querido Karl,

Enfim! Com todos esses transtornos nas comunicações, só ontem recebi a carta que você me enviou; ela levou mais de um mês para vir de Berlim até aqui. Assim, pude me inteirar do que você anda fazendo e dos seus novos interesses;

Berlim deve ser realmente fascinante, apesar de todas as complicações e das consequências terríveis da derrota, desses exércitos de famintos e desabrigados que você encontra pelas ruas e que tanto o assustam. Sim, precisamos nos pôr em dia, conversar por cartas — mesmo sem saber quanto tempo o correio levará para entregá-las —, pois, assim como você, eu também dou muito valor à nossa amizade. Afinal, no tempo em que sua família morou em Viena, fomos quase inseparáveis, e uma relação dessa intensidade precisa ser preservada. Pelo menos, é o que penso! E por aqui há muitas novidades; nem sei por onde começar, se pelo mais recente ou pelo mais antigo.

Bem, houve anteontem o incidente com os comunistas, que faziam uma manifestação; em algum momento, começou uma briga com a polícia, e soube que morreram vários trabalhadores. O clima político está quente, assim como em Berlim; não tínhamos líderes vermelhos como os da Alemanha, que de qualquer modo foram mortos — estou me referindo a Rosa Luxemburgo e a Liebknecht, cujo assassinato em janeiro causou aqui certa comoção —, mas também aqui vivemos o fim de uma era, e tudo está muito confuso. Papai — que, é claro, vota com os social-cristãos — comentou que os comunistas precisam ser detidos, e houve mais uma discussão azeda ontem no jantar. Falou-se do que está acontecendo na Hungria, com os sovietes de Béla Kun no poder, e naturalmente papai se opõe a tudo o que cheire a socialismo. Em Munique vocês também tiveram uma República dos Conselhos, mas teve vida curta, apenas algumas semanas. Eu sou mais pelos social-democratas, que aliás ganharam por pouco as eleições de fevereiro — três cadeiras de diferença em relação aos social-cristãos — e têm uma série de projetos para melhorar a vida da classe trabalhadora. Karl Seitz, o prefeito, propôs uma reforma fiscal que deixou a burguesia horrorizada — e obviamente papai o detesta.

Por que me inclinei para os social-democratas? Entre outras coisas, porque desde que entrei para a faculdade de medicina, há um ano mais ou menos, tenho visto de perto a miséria e a doença. A gripe espanhola fez aqui estragos terríveis, talvez a pior calamidade em matéria de saúde pública desde a grande peste de 1679 — a que deu origem à Coluna da Peste no Graben, como você bem sabe. Mesmo os alunos do primeiro ano foram mobilizados nas enfermarias, e vi gente morrendo como moscas, debilitados, esfomeados — um horror. Suponho que em Berlim não tenha sido muito diferente.

O irmão: ficção psicanalítica

Aliás, esse pequeno treinamento de enfermagem me foi útil por outro motivo, bem mais grave para nossa família. Eleonora tentou se matar há cerca de dois meses, jogando-se no fosso do bonde em circunstâncias que logo vou descrever. Não sofreu nada mais grave do que uma perna e umas costelas quebradas, mas teve de ficar em repouso por várias semanas, e eu lhe servi de enfermeiro durante as primeiras noites. Conversamos muito e acabamos por nos aproximar bastante; ela é muito inteligente, como você bem se lembra, mas vem sendo fonte de desgostos familiares já há um bom tempo. O fato é que ela nunca foi muito amiga de homenagens masculinas — você mesmo tentou namorá-la, e sabe como ela o rejeitou — e, para dizê-lo logo, parece ter fortes inclinações para pessoas do seu próprio sexo. Sim, meu amigo, minha irmã gosta de estar em companhia de mulheres! Papai ficou horrorizado ao saber disso, há coisa de uns dois anos. Foi nas férias de verão de 1917, logo depois que nasceu nosso irmãozinho Johann. Ela teve uma reação muito estranha, bem diferente da que vimos quando mamãe teve o Franz; naquela época, pouco antes de começar a guerra, Eleonora ficara toda maternal, fizera amizade com aquele garotinho que encontrou no Volksgarten e não parava de falar no assunto. Você se lembra, ela tinha na época treze anos e pedia o tempo todo para que *Fräulein* Gunda, nossa governanta, a levasse até a estátua de Strauss naquele parque, porque sabia que ali encontraria o menino. Tanto fez que os pais dele acabaram vindo jantar aqui em casa, e mamãe vê até hoje aquela senhora, que se tornou sua amiga.

Pois bem: quando nasceu o pequeno Johann, Eleonora ficou muito transtornada. Começou a procurar a companhia de mulheres, jovens mães como a do garotinho — só que agora o interesse era por elas, não pelos seus filhos. Em Bad Gastein, houve aquela cena horrível em que papai quase bateu nela, ao saber que estava atrás de uma atriz — ninguém menos que Pola Negri, que ainda não era tão famosa, mas já despontava como uma mulher notável (você deve tê-la visto em *Carmen* e naquele delicioso filme egípcio, *Os olhos da múmia Ma*). Mamãe não se preocupou muito, mas papai ficou furioso, gritou com ela na rua, humilhou-a, só faltou chamá-la de prostituta. Dali para a frente, Eleonora o desafia a cada momento, e, tendo fracassado com a Negri — que voltou a Berlim e que eu saiba não veio mais à Áustria —, enrabichou-se com uma senhora Klein, ou pelo menos assim conhecida. Maria Klein é bonita, tem uns 28 ou trinta anos, e ouvi Eleonora dizer que é de família nobre; mas sua reputação não é das melhores, vive com uma amante, e, até a tentativa de suicídio de Eleonora, não lhe dava a menor bola. Já minha irmã, apaixonada por ela, ficava horas esperando-a à saída de casa ou do teatro, e, no dia em que tentou se matar, estava passeando com *Frau* Klein quando cruzou com papai, que saía do escritório. Parece que o velho deu-lhe um daqueles olhares furibundos, ela disse à amiga que ele não queria mais vê-las juntas, e *Frau* Klein decidiu terminar ali mesmo aquela relação, que de qualquer modo não lhe agradava. Eleonora ficou desesperada e se jogou no fosso do bonde; por sorte, não vinha nenhuma composição, e os passantes a acudiram; papai chamou um táxi e a levou para casa. Foi um susto e tanto, mas o doutor Bauer logo chegou e viu que o caso não era dos piores; como lhe disse, algumas fraturas e nada mais.

Desde então, papai parou de criticá-la tanto e ao que parece ela ficou mais calma; porém continua vendo *Frau* Klein, a qual, comovida pelo gesto de Eleonora, está lhe dando um pouco mais de atenção. Não sei como isso vai terminar, mas estou preocupado, pois Eleonora está totalmente tomada por sua paixão: não quer continuar os estudos, ela que sempre falou em ser advogada e lutar pelos direitos das mulheres; não sai mais, só para ir à ópera ou ao cinema, e tem muito poucas amigas. Enfim, um problema sério.

Bem, de resto as coisas vão como podem ir. Falta tudo na cidade, o inverno deste ano foi horroroso — sem aquecimento — e, ao que tudo indica, o próximo será pior ainda. O curso de medicina é interessante, temos bons professores — você sabe que Viena era, antes da guerra, um dos melhores centros médicos, e continua a sê-lo —, e eu realmente gosto do que estou estudando. Mamãe vai bem, sempre um pouco coquete, mas isso faz parte da sua natureza. Franz está crescido, já tem cinco anos e em breve começará a ir ao jardim de infância. Os negócios de papai vão como podem ir, nesta atmosfera confusa dos nossos tempos; boa parte dos seus fornecedores está agora em países estrangeiros, desde que as províncias se separaram para formar estes novos países, Hungria, Tchecoslováquia e Iugoslávia; tudo é difícil, os trens são raros e funcionam mal, e só a Ópera vai bem — Richard Strauss foi nomeado diretor há pouco e promete uma temporada brilhante a partir de setembro.

Escreva-me quando puder e conte um pouco do que vai por Berlim, como você está, e como vão as garotas.

Um forte abraço do seu amigo

Friedrich

O irmão: ficção psicanalítica

Viena, 20 de setembro de 1919

Prezado Karl,

Ao voltarmos das férias, esperava-me a sua carta, que foi muito bem-vinda. Já imaginava que você fosse se admirar com o que lhe contei sobre Eleonora, e tenho novidades a respeito. Mas tanta coisa aconteceu desde junho, que peço a você licença para pôr minhas ideias em ordem e contar uma coisa de cada vez. Antes, deixe-me expressar minha inveja por você estar em Berlim; li ontem na *Neue Freie Presse* sobre a estreia do último filme de Lubitsch, *Madame DuBarry*, que segundo o jornal foi um sucesso aí. Você já foi vê-lo? Dizem que Emil Jannings está ótimo como Luís xv, e Eleonora vibrou quando soube que Pola Negri está excelente no papel da DuBarry. Ela continua gostando de cinema, especialmente dessas fitas da ufa dirigidas por Lubitsch. Papai não aprova essa inclinação e diz que Eleonora gosta mesmo é de ver a espevitada Ossi Oswalda em papéis como o da *Princesa das ostras* — este você deve ter visto, é uma comédia muito engraçada. Mas papai nunca aprova nada do que nós, seus filhos, fazemos, de modo que já não nos admiramos com suas recriminações. Em todo caso, o cinema tem sido um ponto em comum entre mim e Eleonora, e sempre discutimos os filmes que vemos juntos. Quanto às desaprovações de papai, a última foi hoje, quando falamos à mesa sobre política: você sabe que nosso chanceler, Karl Renner, é social-democrata e que acaba de assinar em Paris o tratado que a Áustria firmou com os Aliados. Para papai o tratado é uma vergonha, e ele diz que o nome Saint-Germain — o subúrbio de Paris onde foi celebrada a cerimônia — ficará sempre sendo o símbolo de uma humilhação para nossa jovem República. Mas o que mais se podia fazer? Fala-se muito aqui na proibição imposta pelo tratado, impedindo a Áustria de se unir à Alemanha, coisa a que os social-cristãos tão caros a papai são absolutamente favoráveis. Ele mesmo, como muitos outros, acha que a Áustria amputada de suas províncias não é um país economicamente viável e se queixa de que os negócios vão mal. Contudo, ainda temos a possibilidade de passar o verão nas montanhas... Não sei; penso que a situação dele é menos precária do que ele diz ser.

Já que você quer saber sobre Eleonora, vou lhe contar como ela está. Temos conversado bastante e criamos o hábito de ir ao cinema. Vimos entre outras fitas a *Carmen* de Lubitsch, novamente com a dupla Emil Jannings-Pola Negri; mas falta a música, e a versão para ópera é sem dúvida melhor. Já a *Princesa das ostras* e *A boneca* são excelentes; aguardamos ansiosos a chegada a Viena da *DuBarry* e temos visto outros filmes, principalmente alemães, já que os estrangeiros ainda não são distribuídos aqui. Veremos agora, depois do tratado, como ficam as coisas; espero que cheguem logo, pois ouvi dizer que há excelentes comédias americanas, a que Eleonora e eu temos muita curiosidade em assistir. E há este novo filme de Griffith, *O nascimento de uma nação*, que os jornais dizem ser esplêndido, mas que até agora não pôde ser exibido em Viena.

Bem, com Eleonora as coisas vão como estavam indo. Continua loucamente apaixonada por *Frau* Klein, mesmo esta o tendo aconselhado a desistir das mulheres e a procurar um rapaz a quem possa amar. A reputação de *Frau* Klein está em baixa aqui em Viena; nobre ou não, ela é simplesmente uma cortesã e vive do que arrecada com diversos homens. Sim, porque ela sai com oficiais, empresários e juízes, e continua a ter sua amante, ao que parece atirando dos dois lados da trincheira. Agora Eleonora cismou que irá salvá-la da ruína, regenerá-la, etc., tudo dependendo apenas de *Frau* Klein ceder aos seus apelos e se tornar sua amante oficial. Mas, até onde sei, entre elas as coisas não passaram de alguns abraços e beijos na mão, de modo que às vezes Eleonora assume o papel de Diotima no *Banquete* e faz belos discursos sobre o amor sem sexo, sobre a pureza do vínculo entre ela e *Frau* Klein, e assim por diante. Mamãe, que até pouco tempo atrás não parecia tão escandalizada com o *affaire*, agora a trata muito mal; é papai quem se preocupa mais, pois no fundo é um homem carinhoso, apesar de sua rudeza e de suas ideias politicamente reacionárias. Pensa que Eleonora está doente, e, sendo eu estudante de medicina, incumbiu-me de averiguar se existe algum tratamento para a homossexualidade.

Pois bem: existe, e se chama *psicanálise*. Aqui em Viena vive um certo doutor Freud, que também não goza de boa reputação no meio médico; outro dia, visitando o Josephinum — o museu de anatomia com aquelas figuras de cera que o imperador José mandou fazer em 1781, para que os estudantes de medicina pudessem aprender como é o corpo humano —, encontrei-me com Raimann, o assistente de Wagner-Jauregg. Talvez você tenha ouvido falar do caso dos neuróticos de guerra; eram soldados que ficavam em pânico, não podiam combater, correndo o risco de serem fuzilados por traição ou deserção. Wagner-Jauregg, como psiquiatra mais eminente da faculdade, declarou durante a guerra que aqueles soldados não eram covardes, mas doentes, e recomendou um tratamento à base de pequenos choques elétricos. Fala-se agora numa investigação,

O irmão: ficção psicanalítica

porque teriam ocorrido excessos de crueldade com esses choques; e Raimann me disse que será formada uma comissão para averiguar o que houve. Também me disse que os psicanalistas, adeptos de Freud, eram contrários a esse tratamento e que propunham uma espécie de psicoterapia, conversando com os soldados. Ao que parece, saíram-se muito bem; da conversa com Raimann participou também um colega meu, húngaro, que mencionou ter servido na guarnição de Pápa com um certo capitão Ferenczi. Esse Ferenczi, ao que parece o principal freudiano da Hungria, fazia esse tipo de tratamento com os soldados do hospital de Pápa, obtendo resultados apreciáveis. Wagner-Jauregg detesta Freud e os psicanalistas, mas as autoridades militares ficaram impressionadas com o desempenho dos médicos que usaram a psicanálise e, segundo Raimann, estão pensando em pedir ao doutor Freud que participe da comissão.

Assim fiquei sabendo sobre o tal método, e falei dele a papai. Quando soube que Freud tem teorias muito estranhas sobre a sexualidade e que elas não são aprovadas pela universidade, papai não gostou da sugestão: para ele, a respeitabilidade vem acima de tudo. Mas estou insistindo, pois encontrei na biblioteca da faculdade diversas obras de Freud e as estou lendo. Uma delas é um volume de conferências que ele fez aqui na universidade durante a guerra, *Lições de introdução à psicanálise*; achei-as magníficas e nem um pouco pornográficas, como dizem os rumores a seu respeito. Pelo contrário, são muito bem escritas e ponderadas, com muitos exemplos, e bem mais interessantes que as classificações descritivas de Kraepelin, que é o texto adotado aqui como manual básico de psiquiatria.

Enfim, estou em campanha para que papai e mamãe consultem Freud e vejam se ele pode fazer algo por Eleonora; por enquanto, ainda não falei com ela, pois de nada adiantará sem a permissão dos dois. Em breve, poderei dizer o que resultou dos meus esforços; até lá, receba um forte e cordial abraço do seu amigo

Friedrich

Viena, 4 de outubro de 1919

Estimado Karl,

Uma breve nota para lhe dizer que papai e mamãe foram ver Freud e que decidiram permitir que Eleonora faça uma "psicanálise". Gostaram dele, ou pelo menos o respeitam; ele lhes disse que é difícil curar a homossexualidade,

Renato Mezan

especialmente num caso como esse, em que Eleonora não quer mudar seu comportamento nem sofre de modo algum por ele; mas concordou em vê-la por um ou dois meses, para "estudar o caso", e então tomar uma decisão. Quanto a minha irmã, aceita se tratar, não tanto porque pense em mudar de vida, mas porque — assim me disse ela — lhe causa pena o sofrimento de papai; com mamãe, suas relações estão meio estremecidas, e francamente acho que Eleonora a detesta. Fiz Eleonora me prometer que me contará todos os detalhes do tratamento; ardo de curiosidade por saber como é uma psicanálise, pois, como disse, venho estudando os livros de Freud, que cada vez me parece mais inteligente e sagaz. Li recentemente a história de "Dora", uma moça de dezoito anos como Eleonora, que sofria de histeria; nem tudo o que ele escreve me parece lógico, mas sem dúvida é brilhante, e só espero que nossa amiga não o deixe plantado depois de quatro meses, como fez a outra jovem.

Por aqui as coisas vão como podem ir; agitação política depois do tratado, discussões sobre os projetos dos social-democratas para Viena — querem transformá-la numa vitrine do socialismo, com ideias sobre educação popular, habitação, saúde, etc. — e uma movimentada temporada no teatro e na ópera. Nenhum Max Reinhardt por aqui, infelizmente, e nenhuma ufa para produzir filmes; mas as orquestras vão se recompondo, e outro dia Richard Strauss apresentou sua primeira montagem como diretor, *A mulher sem sombra*, uma nova ópera cujo libreto foi escrito por Hugo von Hoffmannsthal. Foi aplaudido de pé por nossa exigente plateia vienense. Na faculdade, começo meu segundo ano na sala de anatomia e já aprendi a dissecar alguns membros. Viena está cheia de refugiados políticos da Hungria, após a entrada dos romenos em Budapeste e a queda do regime dos sovietes, em agosto. Ao que parece, não teremos gripe espanhola neste inverno, mas tampouco gás suficiente para o aquecimento, nem outros combustíveis. Brrr!

Um forte e cordial abraço do seu amigo

Friedrich

O irmão: ficção psicanalítica

Viena, 13 de novembro de 1919

Prezado Karl,

Novidades! Estou apaixonado — e ela me deu esperanças! Chama-se Hilde, é minha colega da faculdade de medicina — entrou no primeiro ano agora com a nova turma —, tem olhos verdes e lindos cabelos escuros. Conheci-a na cantina da faculdade, conversamos, marcamos um passeio no Prater, andamos na roda-gigante e fomos tomar o vinho novo num dos *Heurigen* próximos ao parque. Ela é inteligente, culta, aprecia música e literatura, e, o que é mais importante, gosta de mim! Temos nos encontrado diariamente, à saída das aulas, e lhe emprestei meus cadernos do ano passado. Enfim, meu amigo, estou nas nuvens! Ela dança muito bem, e no próximo domingo iremos a um baile — estou treinando meus passos de valsa, para desenferrujar as pernas...

Eleonora começou há algumas semanas sua análise com o doutor Freud. Ele mora na Berggasse, próximo à Votivkirche, a poucas quadras da parte da Ringstrasse conhecida como Schottenring. É um homem de uns sessenta e poucos anos, com barba e meio calvo; Eleonora ficou impressionada com seus olhos, que, diz ela, são os mais penetrantes que já viu. Fala baixo, com um alemão impecável, e a voz inspira confiança. A análise ocorre todos os dias, de segunda a sábado, às quatro da tarde. Ela se deita num divã, e, como já está começando a esfriar, há uma manta para que os pacientes se cubram, porque o aquecimento ainda é muito falho e irregular. Há vários estrangeiros, americanos e ingleses, com quem ela se encontra ao entrar no apartamento ou sair dele; a razão disso, me parece, é que assim o doutor Freud recebe seus honorários em moeda forte, pois nossa coroa austríaca vai de mal a pior, por causa da inflação que se seguiu à guerra. Aliás, papai me disse que está pagando a análise dela com sua reserva de libras esterlinas, o que mostra como está desejoso de que o tratamento dê certo; se não der, disse ele outro dia, procurará arranjar logo um casamento para Eleonora. Assim, acredita ele, os seus "instintos naturais" despertarão, e ela voltará a ser uma mulher no sentido pleno da palavra. Eleonora, por sua vez, me confidenciou que não repele a ideia, mas não porque pense em abandonar *Frau* Klein, e sim porque, com o marido, poderia escapar ao que chama a "tirania" de papai. E, um tanto cinicamente, acrescentou que saberá se arranjar com o infeliz marido para poder fazer tudo o que quiser — e ele que se dane. Contanto que não se depare com um Petrucchio, como na *Megera domada* de Shakespeare...

Você me pergunta o que penso da homossexualidade dela. Devo dizer que estou dividido. Intelectualmente, não vejo problema nenhum nisso; a psicanálise diz que a homossexualidade não é uma doença, mas um tipo de escolha sexual que tem como causa uma parada no desenvolvimento das pulsões. Moralmente, não vejo como condenar quem prefere companheiros do seu próprio sexo — são muitas vezes pessoas nobres e inteligentes, como Oscar Wilde e tantos outros. Na Grécia antiga, Safo escreveu odes tão belas quanto as dos melhores poetas líricos, e sua paixão era dirigida às sensuais jovens da ilha de Lesbos. Tenho acompanhado a campanha do doutor Magnus Hirschfeld para retirar do código penal alemão o artigo que considera crime a homossexualidade, e seus argumentos me soam bastante convincentes. Mas, afetivamente, preferiria que Eleonora fosse como as outras moças, que usasse sua beleza inegável e todos os seus dotes para fazer a felicidade de um homem — você, por exemplo, que gostava tanto dela quando vivia em Viena. Não sei; estou confuso. Em todo caso, com ela evito falar de minhas dúvidas, porque ganhei sua confiança e não quero perdê-la.

Ela continua apaixonada por *Frau* Klein, que outro dia tive oportunidade de conhecer. É uma mulher bonita, elegante, magra e de feições regulares, embora um pouco duras. A ligação de Eleonora com ela é muito mais forte do que a dela com Eleonora; para você ter uma ideia: há poucas semanas, Grete (uma amiga sua francamente homossexual) lhe fez propostas, e minha irmã as recusou com o maior desprezo. Você vê que conversamos sobre coisas muito íntimas; mas, por outro lado, se Eleonora quer mesmo conviver com mulheres, por que não aceitou a solicitação da sua amiga? Não entendo. Talvez ela não esteja tão segura assim do que quer — quem sabe?

Perguntei-lhe do que fala na sua análise. Ela diz que fala de tudo, de nossa família, de *Frau* Klein, do que pensa, etc. Também conta seus sonhos, e Freud os interpreta. Ela o admira muito pela sua inteligência e pela sua atitude calorosa, mas por outro lado fica um tanto incrédula com as coisas que ele lhe diz. Dou a você um exemplo, que ela contou anteontem, para que você possa julgar por si próprio.

Ela sonhou que estava grávida e feliz com isso; seu marido lhe dava um anel de ouro para comemorar a concepção do primeiro filho. Você deve saber que o método do doutor Freud consiste em dividir o sonho em partes e solicitar "associações" para cada elemento do sonho; depois, junta tudo e faz a sua interpretação.

O irmão: ficção psicanalítica

Pois bem: o anel lembrava a Eleonora o anel dos Nibelungos, e justamente tínhamos visto, poucos dias antes, a nova versão do *Crepúsculo dos deuses* montada por Strauss, que está fantástica. Na saga dos Nibelungos, há um personagem, Siegmund, que o doutor Freud interpretou como se referindo a ele, que também se chama Sigmund. Eleonora foi associando, e de Sigmund passou a Siegfried, que é o herói do *Crepúsculo*. Você lembra que, nessa ópera, Siegfried recebe uma poção mágica fabricada por Hagen, o traidor; essa poção deve fazer com que ele se esqueça de sua esposa, a valquíria Brunhilde, e se apaixone por Gutrune, irmã de Gunther, o rei dos Gibichungen; Siegfried, bebendo a poção, esquece que já é casado com Brunhilde e a traz para se casar com Gunther. Tudo isso foi mencionado por Eleonora, que conhece bem a *Tetralogia* de Wagner.

Freud lhe disse que a trama se liga à história da própria Eleonora; Brunhilde — pela semelhança dos nomes — presta-se bem a representar Hilde, minha namorada, o que faz com que Gunther represente a mim, e Gutrune, a própria Eleonora, irmã do rei. Mas Gutrune não quer se casar, pelo menos não antes de conhecer Siegfried; há um momento, no início do primeiro ato, em que ela diz que se se casar ficará grávida e perderá sua beleza por causa das deformações que o parto pode produzir. Ora, essa é a opinião de Eleonora, que no momento não pode nem ver uma mulher grávida — e há muitas em Viena, com o regresso dos soldados... Assim, segundo Freud, se confirma que Gutrune representa a própria Eleonora, mas com o sinal trocado, por assim dizer, já que no sonho ela aparece grávida e feliz.

Mas o melhor vem agora. Gutrune, na ópera, muda de ideia ao ver Siegfried, e é ela quem lhe dá a poção mágica para beber. Freud tirou partido disso e deduziu que Eleonora queria "dar-lhe uma poção mágica", capaz de o confundir e fazê-lo "perder a memória". O sonho seria a poção, por assim dizer. Portanto, concluiu, não há desejo algum de gravidez, Eleonora não tem a menor intenção de romper com *Frau* Klein, e o que o sonho significa é que ela quer enganar Siegfried/Sigmund, fazendo-o crer que a análise vai "curá-la" e que ele poderá incluir o caso entre os seus "troféus de combate". Mais ainda, é o que ela estaria fazendo com papai, enganando-o quanto ao sucesso da análise e fazendo-o esperar que todo esse esforço dê o resultado que ele espera.

O que você me diz disso?! Fiquei impressionado, e Eleonora também; *se non è vero, è ben trovato*, como dizem os italianos. Freud chama essa atitude de "resistência", e a substituição de personagens uns pelos outros de "transferência".

110

Eleonora me contou que ele falou um bom tempo sobre essas noções; ela escutou, achou tudo muito interessante, saiu da consulta e foi encontrar *Frau* Klein no café da esquina da Berggasse com a Währinger Strasse...

Bom, eis o que queria contar a você. De resto, nada de muito novo; ontem festejou-se o primeiro aniversário da nossa jovem República, o doutor Karl Renner fez um discurso no Parlamento e houve todas as cerimônias de praxe. Mas o povo não está muito entusiasmado, e a meu ver teremos dias difíceis pela frente; a lembrança da velha Áustria, do velho imperador José e de toda a pompa da corte dos Habsburgo ainda está muito viva. As cicatrizes da guerra vão demorar a se fechar, se é que se fecharão alguma vez...

Mas deixemos de lado a melancolia. Nossa cozinheira fez uma *Sachertorte* para a sobremesa de hoje à noite, tenho um lindo cadáver me esperando amanhã na sala de anatomia, Hilde me mandou um bilhete delicioso, e o mundo deve ter tons mais alegres do que se poderia adivinhar somente pela leitura dos jornais!

Um forte abraço do seu amigo, hoje muito feliz,

Friedrich

Viena, 16 de dezembro de 1919

Estimado Karl,

Hoje, depois de exatos dois meses, Eleonora anunciou que o doutor Freud decidiu interromper o tratamento, visto que nada vai mudar no comportamento sexual dela. Aconselhou-a a procurar uma analista mulher — sim, elas existem —, uma médica chamada Helene Deutsch, discípula dele. Deixou entender que, com uma analista mulher, talvez a psicanálise tenha mais êxito. Não compreendi bem por que, mas suspeito que o motivo tenha a ver com colocar na vida e nos interesses de Eleonora uma outra mulher. Se ele pensa que com isso ela vai desistir de *Frau* Klein, temo que esteja muito enganado...

Papai ficou muito aborrecido com o desfecho da história e se recolheu ao seu escritório, provavelmente para ver quantas libras nos restam depois de pagar os honorários do doutor Freud. Mamãe não demonstrou grandes sentimentos, mas acredito que ela já não tivesse muitas expectativas, desde o início. Eu mesmo

O irmão: ficção psicanalítica

fiquei triste, porque venho me interessando muito pela psicanálise e gostaria que essa tentativa tivesse dado melhores resultados.

Devo sair para procurar um presente de Natal para Hilde, que está cada vez mais bonita — ou pelo menos eu a vejo assim. O frio já chegou, a neve começou a cair, e nada de aquecimento; o inverno será ainda pior que o do ano passado. O dinheiro anda curto, e penso em procurar, nas lojas da Kärtnerstrasse, algo feito de boa lã para aquecer minha amada; só palavras e abraços não vão dar conta do recado...

Saudações natalinas e um feliz 1920 para você e para os seus, é o que deseja o seu amigo

Friedrich

Viena, 8 de abril de 1920

Querido Karl,

Estou enviando, junto com esta carta, um exemplar da *Internationale Zeitschrift für Psychoanalyse*, cujo número 6:1 acaba de sair. Mal acreditei quando vi na capa o título do artigo de Freud: "Psicogênese de um caso de homossexualidade feminina". É a história de Eleonora, sem tirar nem pôr; ele diz que é um caso recente — *"ein frisches Fall"* — e é "fresco" mesmo, pois o tratamento acabou pouco antes do Natal. Como em *Hamlet*, podemos dizer que a carne servida no jantar do enterro ainda não esfriou, e já a apresentam no banquete de casamento...

Você acha mórbida essa minha "associação"? Não sei o que pensar, ainda estou sob o impacto da leitura. Como sempre, a prosa é magnífica, a história se lê como uma novela, e não como um desses aborrecidos "casos" da literatura psiquiátrica. O raciocínio é claro e límpido, desde que você concorde com as premissas da teoria psicanalítica. Mas, caramba, é a história da *minha irmã*, e mal posso aceitar que essa seja a "psicogênese" do seu comportamento. Aliás, eu também apareço — de leve — no relato, mas num ponto decisivo: Freud escreve que *Frau* Klein se parece comigo, e que, ao escolhê-la, Eleonora realizou de modo disfarçado seus desejos incestuosos; pois, como naquelas bonecas russas, "dentro" da imagem de *Frau* Klein está a minha, e, dentro da minha, a de papai.

Gelei ao ler isso, e certamente não vou mostrar a ele o que Freud escreveu sobre nós... Ele também diz que Eleonora tem inveja de mim por eu ser homem — "inveja do pênis", chama-se isso —, mas nunca notei nada disso nela. Será que sou tão cego assim?

Não quero discorrer muito; você lerá o relato e me dirá suas impressões. Eleonora ainda não viu o texto, e hesito se devo ou não mostrá-lo a ela. Eu mesmo só por acaso deparei com a revista, na vitrina de uma livraria à qual vou pouco, porque é demasiado cara para meus recursos de estudante; mas estava por perto, já que havia ido à Kärtnerstrasse comprar um presente de aniversário para Hilde. Mas essa é uma outra história. Sabe o quê? Vou ler mais uma vez o artigo; e, se me convencer de que a lógica de Freud é boa, apesar das "resistências" que o conteúdo desperta em mim, irei procurá-lo. Quem sabe o que pode sair de uma conversa com esse homem?

Fico por aqui. Um forte abraço de seu amigo, de cujo espanto, como dizia Aristóteles, talvez nasça alguma filosofia.

Friedrich

REFERÊNCIAS

Os fatos da vida política e artística mencionados nas cartas acima correspondem ao que efetivamente se passou em Viena entre junho de 1919 e abril de 1920. As pessoas públicas mencionadas também existiram efetivamente e ocuparam as funções referidas. Para a documentação, consultaram-se as seguintes obras:

Z. Baptista Filho, *A ópera*, Rio de Janeiro, Nova Fronteira, 1987, verbete "O anel dos Nibelungos", pp. 616-40.

Benét's Reader's Encyclopaedia, Nova York, Harper and Row, 1987, verbete "Kriemhild".

E. e L. J. Bourget, *Lubitsch ou la satire romanesque*, Paris, Stock, 1987 (coll. Champs/Contre-Champs), especialmente pp. 14-34.

E. Coche de la Ferté, *Hugo von Hoffmansthal*, Paris, Seghers, 1973 (coll. Monographies), especialmente pp. 55 ss.

S. Freud, *Über die Psychogenese eines Falles von weiblicher Homosexualität*, Studienausgabe, Frankfurt am Main, vol. VII, pp. 255-81. A nota introdutória de J. Strachey esclarece que o texto foi redigido em dezembro de 1919 e janeiro de 1920, tendo sido publicado na *Internationale Zeitschrift für Psychoanalyse* em março de 1920, permitindo assim reconstituir a cronologia dos eventos.

S. Freud, *Sobre la psicogénesis de un caso de homosexualidad femenina*, na tradução de Lopez Ballesteros, Madri, Biblioteca Nueva, vol. III, pp. 2545-61. Dois erros de tradução podem aqui induzir a engano o leitor incauto: à página 2549, Ballesteros diz que a dama não dava atenção à paciente *"hasta después de su tentativa de suicidio"* (cf. Freud, *"bis zum Selbstmordversuch"*, "até a tentativa de suicídio", *Studienausgabe* VII, p. 263); e, à p. 2550, lemos que a paciente tem um irmão *"un poco menor que ella"* (cf. Freud, *"den wenig älteren Bruder"*, "um irmão um pouco mais velho", *Studienausgabe* VII, p. 265).

E. Jones, *A vida e a obra de Sigmund Freud*, Rio de Janeiro, Imago, 1989, vol. II, pp. 281-4 (refere-se ao texto de Freud, dando data de composição e tecendo outros comentários), e vol. III, pp. 38 ss., sobre o episódio envolvendo Wagner-Jauregg e o tratamento dos neuróticos de guerra.

S. Kracauer, *De Calligari à Hitler: une histoire psychologique du cinéma allemand*, Lausanne, L'Age d'Homme, 1977, especialmente cap. 4 (pp. 45-63).

F. Kreissler, *Histoire de l'autriche*. Paris, puf, 1977, col. Que sais-je?, especialmente pp. 81-92.

Vienne de A à Z: une ville se présente, Viena, Wiener Fremdverkehrsverband (Comissão de Turismo da Cidade de Viena), 1986.

J. Willet, *Art and politics — Weimar period (the new sobriety, 1917-1933)*, Nova York, Pantheon Books, 1978, especialmente o capítulo "Revolution and the arts: Germany, 1918-1920".

O inconsciente segundo Karl Abraham

Os trabalhos de Karl Abraham não apresentam um interesse apenas histórico; introduzem-nos também a uma mente clara e precisa, que compreendeu de imediato o que era a nova ciência da alma e contribuiu de modo fundamental para o seu desenvolvimento. Muitas das noções que hoje consideramos evidentes na clínica cotidiana foram inventadas ou aprofundadas por Abraham; por outro lado, é impossível apagar as sete ou oito décadas que nos separam do seu tempo, e uma das finalidades do presente artigo é justamente tentar avaliar as dimensões conceituais dessa distância.

O HOMEM E A OBRA

Primeiramente, alguns dados para localizar o personagem e seus escritos. Abraham nasceu em 1877, em Bremen, uma das cidades da Liga Hanseática, portanto comercial e majoritariamente protestante. Sua família era de judeus extremamente religiosos; o avô foi um rabino destacado, e, desde menino, Abraham apresenta um talento muito grande para línguas. Chegou a considerar a possibilidade de se dedicar à filologia; aprendeu grego e latim na escola; falava bem francês, espanhol, inglês e italiano. Sua cultura clássica era bastante grande, como se vê pelo que escreveu. Decide cursar medicina; como era o costume

O inconsciente segundo Karl Abraham

alemão na época, estuda em várias faculdades, um pouco em cada uma, e termina o seu curso na cidade de Freiburg, próxima à fronteira com a Suíça.

Resolve aperfeiçoar-se no hospital Burghölzli de Zurique, no qual se faziam então as pesquisas mais avançadas da psiquiatria europeia. De fato, fica alguns anos nessa instituição, onde conhece Jung — ambos eram assistentes de Eugen Bleuler — e se familiariza com as ideias de Freud. No entanto, sendo alemão e judeu, o futuro de Abraham na Suíça não seria dos mais brilhantes; percebe que não conseguiria fazer carreira; assim, depois de se aconselhar com Freud — a quem visita no final de 1907 —, resolve voltar para Berlim, ali se instalando no ano seguinte. Abraham vai se tornar o principal personagem da psicanálise alemã, posição que conservará até a sua morte prematura (aos 48 anos) no dia de Natal de 1925. Presidiu a *Deutsche Psychoanalytische Gesellschaft*, tendo sido reeleito diversas vezes, o que lhe deu, evidentemente, uma posição de extremo destaque na política psicanalítica. Também foi presidente da IPA entre 1924 e 1925.

Muito sumariamente, essa é a trajetória de Abraham. Quanto à influência que exerceu sobre a psicanálise, basta dizer que foi o analista de muitos analistas que depois se tornaram importantes: Helen Deutsch, os irmãos James e Edward Glover, Melanie Klein, Sándor Radó, Theodor Reik, Alix Strachey — mulher de James Strachey — e muitos outros. Formou diretamente, portanto, boa parte da elite psicanalítica dos anos seguintes. Em 1920, a cidade de Berlim presencia a fundação do instituto de psicanálise, modelo de todos os outros que vieram depois: Abraham participa do instituto com aulas e supervisões.

Durante a guerra, foi psiquiatra militar e com essa função acumulou experiência sobre as neuroses traumáticas, tendo participado com um artigo no volume coletivo de 1919, dedicado às neuroses de guerra.[1] Naquele artigo, como em outros, aparece um traço característico de Abraham: o de baluarte da ortodoxia. É um homem extremamente inteligente, como Ferenczi e os demais que se aproximam de Freud no início da psicanálise; mas, contrariamente a alguns dos seus colegas, jamais usou suas capacidades para organizar uma contestação. Tudo indica que ele encontrou, na pessoa de Freud e no movimento psicanalítico, um substituto paterno não ameaçador. Há uma extensa correspondência

---

[1] "Contribution à la psychanalyse des névroses de guerre"; cf. K. Abraham, *Œuvres complètes*, Paris, Payot, 1966, volume II, pp. 173-80.

Renato Mezan

de Abraham com Freud, cobrindo os anos de 1907 até praticamente a sua morte, e ali ambos falam sobre tudo: assuntos políticos, brigas internas da psicanálise, saúde da família, nascimento dos filhos — passa tudo pela correspondência.[2]

Lendo essas cartas, se vê claramente que a postura de Abraham é sempre a de não contestar — nem os fundamentos teóricos da psicanálise, como farão outros, nem a posição paterna, de liderança, que cabia a Freud —, o que o torna, obviamente, o aliado ideal. E, justamente por ser tão fiel, é um pouco desprezado por Freud, que gastou muito mais tempo, tinta de caneta e energia tentando se entender com Jung e Ferenczi do que com Abraham, para quem reservava palavras às vezes um pouco duras. Contudo, nas disputas que atravessaram o movimento psicanalítico, Abraham sempre tomou o partido da instituição. Era membro do famoso comitê secreto em torno de Freud; opôs-se a Jung, depois a Rank, e escreveu várias críticas a textos dos colegas por tais textos lhe parecerem desvios perigosos para a integridade da psicanálise.

Embora um tanto genéricas, estas informações nos bastam para localizar a obra de Karl Abraham. Se o leitor quiser mais detalhes, pode consultar um artigo — que é também uma homenagem póstuma — publicado por Ernest Jones no *International Journal* de 1926, que traz um bom resumo da obra do colega falecido.[3] Há também o necrológio escrito por Freud, no terceiro volume das *Obras completas* em espanhol, e o discurso fúnebre proferido por Reik — ex-paciente seu — no dia do enterro de Abraham (esse discurso está no livro *Variações psicanalíticas sobre um tema de Gustav Mahler*).[4]

Para conhecer a obra de Abraham, além dos seus escritos — alguns dos quais serão discutidos mais adiante —, dispomos de duas boas fontes. Uma é o artigo de Ernest Jones, base de tudo o que se escreveu sobre o nosso autor desde então e que também aqui será utilizado como referência. A outra tem uma história curiosa: na esteira do seu interesse pelo passado da psicanálise, Lacan encomendou a dois alunos seus, Daniel Widlöcher e Guy Rosolato, então jovens e aplicados, que fizessem uma leitura dos trabalhos de Abraham e a apresentassem num seminário. O resultado de seus esforços foi publicado sob o

---

[2] *Sigmund Freud — Karl Abraham, Correspondance 1907-1926*, Paris, Gallimard, 1969 (publicada originalmente em 1965).

[3] "Karl Abraham", *International Journal of Psychoanalysis*, 7:2 (1926), pp. 155-81.

[4] Paris, Denoël, 1973; a edição americana original é de 1953.

O inconsciente segundo Karl Abraham

título "Karl Abraham: leitura de sua obra" e saiu na revista *La Psychanalyse*, número 4, em 1958.[5]

Jones divide os trabalhos de Abraham em quatro grandes grupos. Ao primeiro ele chama "primeiros trabalhos pioneiros", e dois deles merecem que retenhamos nossa atenção. Seu texto de estreia na psicanálise chama-se "Diferenças psicossexuais entre a histeria e a demência precoce", e logo é seguido por um outro, "Relações psicológicas entre sexualidade e alcoolismo" — são as primeiras abordagens psicanalíticas desses temas. O artigo sobre a histeria e a demência precoce, que trata da diferença entre essas duas patologias, é uma intervenção na discussão que Freud mantém com Jung para saber se a psicanálise serve ao estudo das psicoses ou não. A opinião de Jung é que não; a opinião de Abraham é que sim; no entanto, Abraham é um psiquiatra e sabe que um demente precoce não é o mesmo que um histérico. Escreve então esse artigo, utilizando uma ideia lançada por Freud que ele aproveitou e desenvolveu: na verdade, é possível, sim, aplicar a teoria sexual às psicoses, desde que entendamos que nelas a libido reflui dos objetos para o ego. Ou seja, nesse artigo se antecipa a noção de narcisismo. Logo em seguida, publica um livro bem interessante, *Sonho e mito*, que explora algumas representações míticas bíblicas e gregas; traz uma análise extremamente instigante de Prometeu, assim como das histórias, entre outras, de Sansão, Adão e Eva, Caim e Abel. Tudo é interpretado à luz da psicanálise de 1909, ou seja, os mitos são realizações de desejo e demonstram os mesmos mecanismos que os sonhos — deslocamento, condensação — no nível coletivo. É um livro de 1909; não deve ser lido como se tivesse sido escrito em 1998, mas traz ideias muitíssimo sugestivas.

Em seguida vem o grupo a que Jones chama, no seu artigo, *"neat and finished studies"*, ou seja, estudos bem-feitos e bem-acabados. Dois são de psicanálise aplicada: "Giovanni Segantini", sobre um pintor suíço então bem conhecido, e "Amenhotep". Este discute a personalidade do faraó que tentou instalar, no Egito antigo, o culto monoteísta ao deus Sol. A base para esse trabalho é a descoberta das tábuas de Tel-el-Amarna, em 1880; por esses documentos, ficou-se conhecendo então a história do faraó Amenhotep, marido da famosa Nefertiti,

---

[5] Essa revista, na qual escreviam os jovens analistas próximos de Lacan — Laplanche, Granoff, André Green, Piera Aulagnier, Conrad Stein, Rosolato, Widlöcher, entre outros —, é um tesouro para quem se interessa pela história da psicanálise na França. Foram publicados seis números, anuais, entre 1955 e 1960.

cujo busto adorna hoje o museu egípcio de Berlim. O essencial da história é o vínculo do jovem faraó com a mãe e o fato de ele ter mandado apagar de todos os monumentos o nome do seu pai.[6]

Ainda no grupo dos "estudos bem-acabados", Jones enumera quatro trabalhos de Abraham obrigatórios para quem quiser estudá-lo mais de perto. O primeiro é um texto de 1913, "As transformações do voyeurismo nos neuróticos". Trata-se de um trabalho muito curioso, no qual Abraham estuda a pulsão visual, partindo da fotofobia (sensibilidade exagerada que indivíduos têm em relação à luz) e indo até a significação sexual de certas imagens.[7]

Depois, em 1916, escreve "Sobre a ejaculação precoce", também um trabalho pioneiro. O terceiro, de 1918, é o que aborda as neuroses de guerra. Por fim, em 1920 surge um trabalho dos mais originais, "Manifestações do complexo de castração na mulher". É o primeiro artigo psicanalítico a focalizar em detalhe a questão da sexualidade feminina à luz das teorias vigentes na época. Quando fala em complexo de castração na mulher, Abraham não se refere apenas à eventual sensação das mulheres de terem sido castradas, mas ao desejo *ativo* de castrar o homem: ou seja, o complexo de castração na mulher na sua manifestação agressiva, sob a forma de fantasias cruas de arrancar o pênis do homem, ou a partir de imagens um pouco mais sublimadas, mas que vão no mesmo sentido.

O terceiro grupo é o que Jones considera *"the most original works"* de Abraham, os seus trabalhos mais originais, dos quais faz parte *História da libido*, que vamos comentar logo mais. Jones enumera, além desse clássico, mais dois artigos. Um é de 1916, "Exame da etapa pré-genital mais precoce no desenvolvimento da libido" — é a reação de Abraham à publicação da terceira edição dos *Três ensaios*, em que Freud introduz a noção de fase oral, examinada em três parágrafos. Já o artigo de Abraham traz uma quantidade de dados clínicos e teóricos que aprofunda bastante a ideia de erotismo oral.

---

[6] Por falar em "apagar o nome", Freud não cita esse estudo de Abraham no *Moisés e o monoteísmo*, embora o tema seja bem próximo: tudo indica que Moisés tenha sido ligado a esse culto monoteísta no Egito, e, ao ser restaurada a antiga religião — após a morte de Amenhotep iv —, saiu do país com o que seriam as tribos hebraicas. Assim, Freud se envolve num jogo complicado de identificações cruzadas (com o pai, com o filho, com o filho como pai do pai...), cujos meandros podemos suspeitar.

[7] Esse texto é uma das referências do artigo "A Medusa e o telescópio", neste volume.

O inconsciente segundo Karl Abraham

Além do artigo de 1916 e do livro sobre a história da libido, faz parte do grupo um outro trabalho, publicado em 1925, e que reúne três ensaios dos anos 1920: *Estudo psicanalítico da formação do caráter*. Trata-se do ancestral direto de *Análise do caráter*, de Reich. Abraham discute, nos três ensaios, o caráter oral, o caráter anal e o caráter fálico, e continua um tema que já abordara anteriormente, o da resistência narcísica em psicanálise. Sob o título "formação do caráter" ou "estudo do caráter", na verdade o que se faz é estudar o ego, suas defesas e patologias. Muito do que aparece nos escritos dessa época com o nome um pouco estranho de "caracterologia", quando de índole mais psicopatológica, versa sobre o que chamamos hoje de *borderline* ou personalidades narcísicas; quando a perspectiva é mais genética, o assunto é a formação do ego e os problemas que ela pode apresentar.

O quarto grupo é o dos *"shorter papers"*, que Jones diz serem sobre assuntos muito variados: de fato são assim, de modo que não os mencionarei aqui. Podem ser encontrados nos dois volumes das *Obras completas*.

O INTERESSE PELO "PRECOCE": O PRÉ-GENITAL

Com essas referências básicas, podemos agora abordar o *pensamento* de Abraham. Continuando na companhia de Jones, aprendemos que nosso autor se ocupa basicamente de cinco grandes áreas da psicanálise. O primeiro de seus interesses foi *a infância e a sexualidade infantil*, tema no qual destaca o trauma e a reação dinâmica ao trauma. O erotismo oral, especialmente os seus efeitos na vida posterior do indivíduo, é também investigado por Abraham. O livro sobre a história da libido talvez seja o exemplo mais claro desse interesse, pois o que ele conta é exatamente a história da libido *infantil*. Sobre os estágios que Abraham introduz na história da libido, Jones tem o seguinte a dizer:

> Nenhuma dessas subdivisões — fases oral, sádica, etc. — foi originalmente criada por Abraham; mas a forma detalhada e explícita pela qual ele as analisou, mostrando as relações precisas de cada uma com as demais, constitui um trabalho de mestre.[8]

Em seguida vêm os trabalhos sobre a sexualidade. Coerentemente, Abraham se interessa sobretudo pelas *pulsões parciais* e pelo funcionamento delas nas

---

[8] Jones, op. cit., p. 164.

etapas ditas *pré-genitais*. Dois ou três desses trabalhos podem ainda hoje ser lidos com proveito. Um, de 1912, é extremamente interessante: trata-se de um estudo sobre o fetichismo do pé e do corsete. (O corsete é o item da indumentária feminina que Coco Chanel aposentou — uma espécie de espartilho que servia para realçar o busto.)[9] O artigo sobre o voyeurismo também traz exemplos de uma pulsão parcial — no caso, a pulsão de ver. No texto sobre a ejaculação precoce, Abraham aborda o erotismo uretral; e, no artigo de 1920 sobre o complexo de castração na mulher, discute a questão do pré-genital na evolução feminina (pré-genital, porque o desejo de castração se manifesta muitas vezes sob a forma do morder, ou seja, é uma castração oral realizada sobre o pênis do parceiro). Além disso, escreveu sobre o sadismo, a analidade, a fixação incestuosa, entre outros temas.

Vê-se, mesmo por esta rápida enumeração, que toda a temática do precoce, do *arcaico*, é extensamente trabalhada por Abraham. Não é de admirar que também tenha sido esse o foco de interesse de sua discípula Melanie Klein. Que eu saiba, não existe nenhum depoimento sobre a forma como Abraham analisou Melanie Klein, que frequentou seu divã por dois anos. Será que essa parte da vida dela foi especialmente explorada, já que Abraham tinha interesse e competência para fazer isso com seus pacientes? É bastante possível que essa análise, feita nos últimos anos da vida de Abraham e interrompida por sua morte, tenha entrado fundo no "arcaico" da própria Melanie Klein. Isso eventualmente daria a ela instrumentos para perceber a mesma problemática nas crianças com quem trabalhava, para depois teorizar e criar instrumentos de abordagem semelhante em seus pacientes.

Em todo caso, é visível que — seja do lado de Abraham, seja do lado de Ferenczi — os dois principais discípulos de Freud tentam, já desde os anos 1910 e certamente na década de 1920, ir além (ou aquém) daquilo que Freud havia explorado mais: o nível edipiano, com todos os seus correlatos. Isso não quer dizer que Freud não tenha se interessado pelo arcaico; as próprias noções com as quais aqueles autores trabalham — fase oral, anal, etc. — haviam sido inventadas por Freud. Mas o ímpeto exploratório para esse passado mais remoto é dado de fato pelos seus colaboradores.

O terceiro item da lista de Jones são os "estudos clínicos" sobre a demência precoce e a histeria, bem como os que se dedicam à psicose maníaco-de-

---

[9] Cf. Karl Abraham, "Un cas de fétichisme du pied et du corset", *Œuvres complètes*, I, pp.

O inconsciente segundo Karl Abraham

pressiva, que é o terreno favorito de Abraham. Um deles, de 1913, chama-se "Preliminares à investigação e ao tratamento psicanalítico da psicose maníaco-depressiva". Em todos esses trabalhos, inclusive os que estão coletados no livro acerca da história da libido, o autor segue insistentemente uma pista: a alternância melancolia/mania, ou fase depressiva/fase maníaca, naquilo a que se chamava na época de "doença circular" e que hoje é mais conhecida como "doença bipolar". Há um fato ao qual ele, como psiquiatra, era extremamente sensível: na psicose maníaco-depressiva, o indivíduo se apresenta livre de sintomas durante intervalos mais ou menos longos. Quer dizer, a depressão não é seguida imediatamente pela mania, por sua vez seguida imediatamente por depressão, e assim por diante. Há fases maníacas, mas depois vem um "intervalo livre", como se diz; aparece a fase depressiva, logo outro intervalo livre. Esse tipo de organização psicopatológica, um pouco misterioso e que escapa à simples oposição paranoia/esquizofrenia, atrai o interesse de Abraham, especialmente porque durante a fase dita livre de sintomas o comportamento desses pacientes é muito parecido com o comportamento dos obsessivos. Esse é o gancho dos seus estudos, que vão bem longe tentando entender tais mecanismos.

Nesse exame da psicose maníaco-depressiva em seus pacientes, o interesse de Abraham é também atraído pela relação específica que eles mantêm com a figura materna. No artigo de 1916, "Exame da etapa mais precoce", que é sobre a fase oral e a depressão, ele fala em algo que muitos acreditam ter sido inventado por Melanie Klein, mas que é dele: a depressão primária na infância. Utiliza a ideia de um analista holandês, Stärcke, que havia publicado um artigo no qual afirma que a retirada do seio, no desmame, tem para o bebê o efeito de uma castração. Abraham se apoia na observação do colega holandês e desenvolve, no artigo de 1916, a ideia de uma depressão primária na infância ligada à perda dos primeiros objetos.

Ainda nessa linha psicopatológica, escreveu trabalhos sobre inúmeros outros temas, como angústia, fobia, histeria, tiques, alcoolismo e drogas. Também inaugurou a discussão clínica sobre análise com pacientes mais velhos: há um artigo de 1920, "Prognósticos sobre a psicanálise em pacientes com uma certa idade", no qual, lembra Jones, Abraham diz que o prognóstico depende mais da *idade da neurose* do que da idade *do paciente*, o que não deixa de ser verdadeiro. Ou seja, Abraham cobriu um largo espectro de assuntos, escrevendo artigos sobre praticamente tudo o que interessa a um psicanalista do ponto de vista da psicopatologia. Aqui cabe uma observação marginal: Abraham tem um estilo muito diferente do de Ferenczi. Ao lermos trabalhos de um e de outro, sobre o mesmo assunto — por exemplo sobre as neuroses de guerra, ou sobre os tiques —, isso se torna perfeitamente perceptível. Abraham é conciso e objetivo; já se disse, com razão, que nele falta poesia, e é exatamente o que sobra em Ferenczi. Tanto pelo estilo mais metafórico, às vezes mais alusivo, quanto pela pujança da imaginação; alguém capaz de escrever *Thalassa* é uma personalidade muito diferente de alguém que escreve a *História da libido*.

Ainda segundo Jones, outros temas de interesse de Abraham são a caracterologia e os símbolos, sobre os quais elaborou pequenos textos extremamente interessantes; neles o autor aborda o simbolismo da aranha, o simbolismo da cobra, a encruzilhada na lenda de Édipo, o número três, a escuridão — enfim, diferentes coisas que os pacientes mencionavam em sonhos e associações.

Por fim, vêm os trabalhos sobre psicanálise aplicada. Jones escreve que a partir deles Abraham abriu o caminho para as pesquisas posteriores sobre mitologia efetuadas por Otto Rank, Theodor Reik e outros.[10] No livro sobre *Sonhos e mito*, além das lendas que já citei, Abraham estuda as "bebidas divinas", como o néctar, interpretando-as como símbolo dos líquidos corporais, especialmente o sêmen. Hoje, talvez pudéssemos aproveitar suas ideias sobre as bebidas divinas para fazer uma análise da ideologia da saúde. Não temos mais néctar, mas temos Gatorade, ou o espinafre de Popeye, cuja eficácia é exatamente a mesma. Os traços orais de avidez, voracidade, insaciabilidade aparecem na nossa cultura para quem quiser ver, engendrando inclusive a hipótese de que talvez a patologia por excelência deste início de século — assim como foi a histeria no século XIX — possa ser a anorexia.[11] Anorexia e fase oral: não é preciso muita inteligência analítica para fazer a ponte. Se for assim, temos aqui realmente um emblema do mundo contemporâneo, e nesse caso a obra de Abraham se revela de uma atualidade extrema.

Para concluir essa abordagem inicial, vale a pena citar um trecho de Jones:

---

[10] Jones, op. cit., p. 174.

[11] Suzanne Robell defendeu na puc de São Paulo uma tese a esse respeito, publicada sob o título *A mulher escondida: anorexia nervosa em nossa cultura* (São Paulo, Summus, 1997).

O inconsciente segundo Karl Abraham

Se tivéssemos de selecionar um único trabalho de Abraham como o mais importante, seria provavelmente o que realizou sobre o erotismo oral. Ele descreveu com riqueza de detalhes suas variadas manifestações, mapeou claramente o seu desenvolvimento interno e a sua evolução para [*into*] as fases posteriores; explicitou sua relação tanto com o amor quanto com o ódio, demonstrou sua importância clínica a respeito do alcoolismo, da drogadição e especialmente da psicose maníaco-depressiva, e — *last but not least* — nos deu uma visão reveladora do importante papel que o erotismo oral desempenha na formação do caráter. Talvez a lição mais relevante que devemos a Abraham seja sobre a importância imensa do período de amamentação e as graves [*fateful*] consequências que o antagonismo em relação à mãe durante esse período pode ter para a vida posterior.[12]

A RELAÇÃO DE OBJETO

Esse texto de Jones forma um pano de fundo para o tipo de comentário que fazem Widlöcher e Rosolato, menos resenhístico e mais de conteúdo. Especialmente porque, quando Jones diz que Abraham explicitou a relação do erotismo oral a partir de vários elementos, mapeando claramente seu desenvolvimento interno e sua evolução *into succeeding libidinal phases*, aquilo a que está aludindo, na minha maneira de entender, é a ideia de *relação de objeto*. O erotismo oral é apreendido por Abraham sob a forma de uma relação oral com um objeto predominantemente oral, mas que pode não ser oral no sentido concreto. A oralidade vai se deslocando cada vez mais da pulsão e da zona erógena da boca para uma forma de apreensão do objeto, a qual se chama *incorporação* e que é a metabolização da oralidade biológica.

Por que ver aqui a ideia de relação de objeto? Quando Jones lembra "suas várias manifestações, etc.", e também que Abraham mapeou o seu desenvolvimento interno e sua evolução rumo às fases posteriores, fica claro que o erotismo oral *permanece* nessas fases — anal, fálica, etc. — sob a forma de *resíduos da relação de objeto oral*. É sobre este ponto, especificamente, que se detém o trabalho de Widlöcher e de Rosolato.[13]

---

[12] Jones, op. cit., pp. 176-7.

[13] Guy Rosolato e Daniel Widlöcher, "Karl Abraham: lecture de son œuvre", *La Psychanalyse*, nº 4 (1958), pp. 154-78.

Para tanto, analisam cuidadosamente a *História da libido*, ressaltando que no livro há o desejo de "estabelecer correspondências estreitas entre o esquema da organização libidinal e as diversas entidades clínicas", o que exige refinar e subdividir o dito esquema. O ponto de partida para isso, como já lembrei, é a identidade de sintomas entre a psicose maníaco-depressiva nos chamados "intervalos livres" e a neurose obsessiva: ordem, limpeza, desconfiança, obstinação, valorização da posse, etc. O que faz com que Abraham pense que tais sintomas devem provir de uma mesma fase libidinal; dessa forma o autor passa a trabalhar então com a ideia de *fixação*. Sabe-se que a neurose obsessiva possui relação com resíduos da etapa sádico-anal; se a hipótese da semelhança de sintomas com a psicose maníaco-depressiva for bem fundamentada, então esta também teria algo a ver com o mesmo estágio. Dito de outro modo: como a ideia-chave é que cada entidade psicopatológica está vinculada a um momento do desenvolvimento psicossexual, a identidade de sintomas faz pensar em algum vínculo genético entre essas duas patologias. Isso está dito na primeira página de *História da libido*.

Como ele sai da dificuldade? Dividindo a fase sádico-anal em duas subfases. O raciocínio é muito simples: a identidade de sintomas aponta para a identidade de origem, mas, se tal identidade fosse total, não haveria por que existirem *duas* neuroses. Se são duas, é porque há alguma coisa de diferente dentro da própria fase em que se originam — daí a ideia de a subdividir. Abraham vai propor a distinção (que se tornou clássica) entre fase anal expulsiva e fase anal retentiva; a primeira liga-se à maníaco-depressiva, e a segunda, à neurose obsessiva. Na verdade, a melancolia tem a ver tanto com a primeira subfase anal quanto com a segunda subfase oral, a da incorporação. Por isso Abraham toma como fio condutor os impulsos de destruição do objeto, seja em suas manifestações orais, seja nas anais.

O desenvolvimento começa no estágio oral de sucção ou de indiferenciação autoerótica, e vai caminhando através dos estágios oral canibal, os dois anais, o fálico e o genital. O quadro a seguir, construído por Rosolato e Widlöcher, condensa várias versões do esquema dispersas em diferentes artigos e textos de Abraham:

O inconsciente segundo Karl Abraham

Fases	Amor objetal	Ambivalência	Inibição das pulsões	Controle da inervação	Patologias
Genital	Amor normal pelo objeto	Pós	Sublimação (social, artística, científica)	Normal	Normal
Fálica	Amor objetal — exclusão genital (castração)	Sim	Escoptofilia Exibicionismo — pudor, vergonha	Conversão histérica	Fobias — histeria de angústia
Sádico-anal retentiva	Amor parcial	Sim	Sadomasoquismo — compaixão	Tiques	Neurose obsessiva
Sádico-anal expulsiva	Amor parcial — incorporação	Sim	Homossexualidade — nojo	Tiques	Melancolia (intervalo livre) Paranoia
Oral canibal	Narcisismo: incorporação total do objeto	Sim	Ansiedade mórbida	Catatonia	Melancolia Mania
Oral — sucção	Auto erotismo	Pré	Sem inibição, sem objeto	Catatonia	Melancolia (suicídio)

O que pensar do esquema proposto por Abraham? O princípio dele é, como dizem os dois franceses, uma "escalarização", a construção de uma escala. Isso traz vantagens e desvantagens. Por um lado, facilita perceber o vínculo entre as neuroses e as fixações e regressões; por outro, o próprio Abraham era sensível às desvantagens desse método, que são várias: rigidez, clichês óbvios, correspondências talvez inexatas, paralelismos abusivos que se fazem entre tal ou qual neurose ou fase do desenvolvimento. Isso poderia ser eventualmente resolvido refinando-se o esquema; Margaret Mahler, por exemplo, tentou fazer isso. Ela toma o esquema de Abraham e o subdivide, criando fases e subfases, abrindo janelas dentro de janelas, em termos mais modernos. No limite, seria possível vincular — um pouco como na tábua de Mendeleyev — cada patologia a um determinado tipo de conflito, que teria o seu lugar numa sequência lógica e cronologicamente determinada.

Mas o grande problema desse tipo de esquema, dizem Widlöcher e Rosolato — a meu ver com razão —, é que ele pressupõe, e isso está errado, que *a regressão se dê na mesma ordem que a progressão*. A progressão tem uma ordem fixa e imutável: fase oral 1 e 2; fase anal 1 e 2; fase fálica, fase genital; não é possível atravessá-las de outro jeito. Já com a regressão isso não ocorre: o indivíduo pode estar na fase genital, e por razões A, B ou C experimentar uma regressão para a fase oral, sem passar pela anal — especialmente se se pensar, como Abraham faz, cada vez menos em termos de etapas cronologicamente delimitadas e cada vez mais como modos de apreensão de objeto ou, para usar o termo consagrado, como modos de *relação de objeto*. Por quê? Porque, se tenho relações de objeto oral, anal, fálica e genital, em tese elas podem estar simultaneamente disponíveis.

Seja como for, com todas as cautelas que se devem tomar, o esquema de Abraham é útil, tanto por colocar as coisas numa sequência clara quanto por procurar estabelecer, como diz Jones corretamente, vínculos entre vários aspectos do funcionamento e do desenvolvimento psíquico. É o que mostra o quadro montado por Widlöcher e Rosolato. O que é, em suma, esse famoso esquema?

São seis etapas. O primeiro estágio é aquele a que Abraham chama de "estágio da sucção": quanto à relação com o objeto, não há objeto externo, e em termos de vínculo pulsional é pré-ambivalente, não há ainda a distinção amor/ódio. O objeto é o próprio indivíduo e o prolongamento dele no seio materno, percebido como uma parte do corpo próprio; por isso é autoerótico. Também não há nenhuma *inibição* da relação de objeto. Caso haja uma fixação a essa fase, a patologia resultante é o autismo, ou a catatonia; a melancolia, diz Abraham, tende para esse ponto como seu fim. A esse respeito, são analisadas as tendências suicidas dos melancólicos como sinal de que finalmente chegamos aonde tínhamos de chegar, isto é, um ponto sem inibição, mas também sem objeto, autoerótico, pré-ambivalente e morto. É o "primeiro e mais precoce estágio do desenvolvimento libidinal".

O segundo estágio é o sádico-oral ou canibal, na terminologia de *Totem e tabu*. Aqui aparece o narcisismo com incorporação total do objeto: é um estágio ambivalente, porque no narcisismo coexistem amor e ódio. A característica patológica mais saliente dessa fase é aquilo que Abraham chama de "ansiedade mórbida", ou angústia. Laplanche dirá, em seu livro sobre a angústia, que ela é o *afeto de base*, aquele no qual se transformam ou podem se transformar todos os outros. Sendo o afeto de base, tem de aparecer muito cedo na vida psíquica.

O inconsciente segundo Karl Abraham

É por isso que Abraham o coloca aqui, logo no início: assim que surge a ambivalência, surge junto com ela a angústia, e essa vai ser a fase à qual regride, na etapa depressiva, o melancólico. Ele tende para a fase 1, mas na maior parte do tempo permanece na fase 2, daí os seus sintomas propriamente depressivos.

Depois se segue o primeiro estágio sádico-anal, que é o expulsivo. Abraham fala aqui em "amor parcial com incorporação": é um estágio ambivalente, vincula-se à homossexualidade, e a formação reativa correspondente é o nojo. A manifestação sintomática mais interessante dessa fase são os tiques, e, como patologia fixada nessa etapa, temos as psicoses, especialmente a paranoia e a melancolia nos ditos intervalos livres.

Em seguida vem a quarta etapa, ou segunda fase sádico-anal, dita retentiva, também parcial, também ambivalente; é o momento em que se instala o sadomasoquismo. Segundo Abraham, a formação reativa contra o sadismo é a compaixão ou a piedade, e esse é o ponto de enraizamento preferencial da neurose obsessiva.

Surge então a fase 5, fálica ou primeira genital, na qual temos o amor objetal e o complexo de castração, visivelmente ambivalente. Aqui predominam as pulsões parciais mais "elevadas", a escoptofilia e o exibicionismo. Consequentemente, as formações reativas correspondentes serão o pudor ou a vergonha, ligados exatamente à exibição e à visão. Nessa fase se enraízam as histerias de angústia, ou fobias, e as histerias de conversão.

Por fim, no sexto estágio, ou fase genital, aparece o amor objetal dito pós--ambivalente, e as inibições das pulsões são de caráter sublimatório; o controle da inervação e a capacidade de assumir e administrar os estímulos psíquicos, como diz Abraham, são normais; é a fase da normalidade. A respeito dessa sexta etapa, vale observar que nos *Seminários* a ironia de Lacan se fez sentir sobre a noção de "amor genital". Mas Abraham está longe de ser um imbecil; sabe perfeitamente que o que chama de "etapa genital pós-ambivalente" não tem nada de samaritano, e, se tivesse, seria patológico. O critério da normalidade na fase objetal "completa" ou genital é, diz ele, "o grau em que o indivíduo consegue superar, *sempre relativamente*, o narcisismo e a agressividade nas suas relações com os objetos".[14] É isso que, segundo Abraham, define a normalidade psíquica

---

[14] Karl Abraham, *Esquisse d'une histoire du développement de la libido basée sur la psychanalyse des troubles mentaux (História da libido)*, em *Œuvres complètes*, volume II, p. 278. Cf. Jones, op. cit., p. 173. "Abraham notou que o meio mais severo de testar a normalidade genital é avaliar a extensão

e o amor objetal; não quer dizer que o amor objetal esteja isento de ambivalência ou narcisismo. A meu ver, essa é uma excelente definição de normalidade em psicanálise; nada tem a ver com média estatística, mas admite um critério qualitativo-dinâmico, ligado à qualidade da relação com o objeto, determinada por uma certa proporção entre o interesse pelo outro e o interesse por si mesmo, assim como entre agressividade e amor.

Dito isso, Widlöcher e Rosolato voltam à questão do protótipo da depressão e insistem muito no fato de o abandono pela mãe na infância mais precoce ter sido diagnosticado por Abraham como uma fonte de traumas. O indivíduo que passou por esse tipo de experiência reagirá a cada ameaça como se fosse uma ameaça de abandono, e portanto, no maníaco-depressivo, a compulsão de repetição será especialmente intensa. Abraham acha que talvez o terreno ideal para verificar as hipóteses freudianas de *Além do princípio do prazer* seja exatamente a psicose maníaco-depressiva, não só porque ela é cíclica — e portanto a repetição está obviamente instalada —, mas ainda porque o modo de relação básica com o objeto (temer o abandono, agir preventivamente contra ele e, ao fazer isso, provocar exatamente a rejeição pelo outro) é a realização mesma da repetição sem sair do lugar.

Os dois autores assinalam ainda uma característica importante da noção de relação de objeto: os *operadores* que a tornam manejável. Propõem uma pequena tabela a partir dos esquemas de Abraham, na qual aparecem "séries metabólicas" próprias a cada fase pré-genital:

Sádico-oral	Sádico-anal 1	Sádico-anal 2
Receber	Abandonar	Guardar
Apropriação	Rejeição	Conservação
Incorporação	Expulsão	Retenção

Na tabela, estão esquematizadas as relações objetais dos estágios entre o narcisismo originário e a fase fálica: a fase oral "canibal"; a fase sádico-anal expulsiva (1), e a fase sádico-anal retentiva (2). Temos na primeira linha *os atos* de receber, abandonar e guardar. O *modo de relação* no qual prevalece cada um

---

na qual o sujeito superou o narcisismo e a atitude de ambivalência que percorrem os estágios anteriores."

O inconsciente segundo Karl Abraham

desses atos chama-se apropriação, rejeição ou conservação (segunda linha). Consequentemente, *o mecanismo psíquico* por meio do qual se realiza a apropriação, a rejeição ou a conservação chama-se respectivamente *incorporação, expulsão* e *retenção*.

Fica bem claro que a relação de objeto consiste, no essencial, num determinado ato psíquico: por isso o verbo e o substantivo, indicando modalidades de captação e de "modelização" do objeto. Qual é a novidade das fases anais diante da oral? Aquilo que está na coluna 1 com o nome de *incorporar* é desdobrado, nas seguintes, em *expulsar* e *reter*. Incorporar significa pôr para dentro, isto é, de alguma maneira reter, mas também — e simultaneamente — expulsar o que não se pode ou não se quer ingerir. A incorporação é frequentemente parcial; ela gradativamente se torna cada vez mais parcial, até se transformar em *identificação*. Lacan vai falar em identificação a um traço; Freud falava em identificação histérica a um sintoma: trata-se de um mecanismo apto a depurar algo que, no início da vida, ainda é extremamente maciço.

Nas fases seguintes, aquilo que estava indiferenciado na incorporação se desdobra em dois movimentos diferentes, o que possibilita falar em "incorporação anal". Nas discussões clínicas dos anos 1930 e 1940, é comum encontrarmos referências à incorporação anal do pênis paterno. A incorporação é um modo oral de relação; mas pode-se perfeitamente imaginar uma incorporação (oral) que ocorresse pelo ânus: não é porque envolve o ânus que precisa ser anal. O que permite diferenciar uma coisa da outra não é a zona erógena envolvida, mas *o que acontece com o objeto*; pode haver uma incorporação oral pelo ouvido, por exemplo.

Aliás, um estudo interessante de Abraham é sobre o ouvido como zona erógena. Os amantes da música ou os analistas que investem no ato de ouvir encontram-se nessa situação. Todos nós que assistimos a aulas e conferências realizamos constantemente uma incorporação fantasmático-oral pelo ouvido. Na mitologia cristã, é assim que são às vezes representadas as imagens do Espírito Santo. No século xiv, principalmente na escola de Siena, é comum ver a Anunciação representada deste modo: o anjo Gabriel ou uma pomba (emblema do Espírito Santo) comunicam à Virgem que ela terá um filho, e as palavrinhas aparecem numa bandeirola entrando no ouvido da jovem: incorporação oral — aqui, fecundação propriamente dita — pelo ouvido.

Renato Mezan

A AMBIVALÊNCIA E O PROBLEMA DO DUALISMO PULSIONAL

Com as observações precedentes, entramos já no vivo da nossa questão: o que há no inconsciente é, entre outras coisas, algo a que se pode chamar *relações de objeto*. Estas representam modos de absorção e configuração do objeto; cabe perguntar como se relacionam com as zonas erógenas ou com a pulsão parcial que as ativa. Esse é o problema teórico que Abraham vai tentar resolver no seu livro; para isso, estuda a trajetória do desenvolvimento e, sobretudo, trabalha com a ideia de um conflito interno à própria libido. Em outras palavras, trata-se de uma psicopatologia que não apela em instante algum para a noção de uma pulsão agressiva independente. Mas isso não o impede de falar várias vezes no "conflito de ambivalência". Como entender tal expressão? Para propor uma resposta, é preciso retornar um momento à tabela de Widlöcher e Rosolato, assim como ao papel extremamente importante que nas diversas etapas psicossexuais desempenha a ambivalência. Das seis ali descritas, quatro — as centrais — são ditas ambivalentes, e as outras se definem em relação a este critério: a pré-ambivalente e a pós-ambivalente.

Em termos pulsionais, ao que se deveria a onipresença da ambivalência? A primeira resposta que ocorreria a um psicanalista é: a uma mistura da pulsão sexual com alguma outra coisa que não fosse a pulsão sexual. Quando se fala em conflito de ambivalência, pensamos imediatamente na oposição entre amor e ódio ou hostilidade acerca do objeto. Esperaríamos então que Abraham fizesse considerações a respeito dessa "outra coisa", que não seria a pulsão sexual, e que, no tempo em que ele escreveu seu livro — isto é, em 1921 —, apenas poucos meses antes se intitulava na obra de Freud *pulsão de morte*, com a sua componente autodestrutiva.

Por que estou fazendo tanto caso disso? Depois da ideia de inconsciente, a ideia de conflito psíquico talvez seja a noção mais fundamental de que dispõe a psicanálise para tentar compreender o funcionamento do ser humano. Quem fala em conflito fala em luta entre algo e outro algo, que por definição não pode ser o *mesmo* algo. Não se trata, de modo algum, de um problema metafísico ou especulativo, porque definir o que são esses "algos" que se combatem no conflito psíquico implica opiniões bastante precisas sobre como tal conflito pode eventualmente ser minorado, portanto sobre as possibilidades da terapia e também sobre as modalidades concretas em que ele se apresenta, ou seja, as estruturas psicopatológicas.

O inconsciente segundo Karl Abraham

Sabemos que, desde o início do seu trabalho, Freud vê na sexualidade uma força; não necessariamente uma *pulsão*, mas uma tendência, que impele para o objeto. Contra essa tendência age um repúdio, cuja natureza não é muito bem esclarecida nos seus primeiros trabalhos. Ele ora é figurado pela censura do sonho, ora pelos ideais morais, como, por exemplo, no caso Elizabeth dos *Estudos sobre a histeria*, ou no caso da paciente que não podia ir à sessão porque na vez anterior tinha desejado que Freud a beijasse. Há um impulso; esse impulso é de alguma forma silenciado, com consequências mais ou menos graves, por algo que se opõe a ele e cuja natureza não é muito bem esclarecida nas obras iniciais de Freud. Ele chama isso por vários nomes — por exemplo *Gegenwille*, contra-vontade ou vontade oposta — até chegar a falar nas duas "tendências psíquicas" que se opõem no trabalho do sonho.

Com a entrada em cena da teoria das pulsões propriamente dita, nos *Três ensaios*, Freud é levado — um pouco pela tendência à simetria — a dizer que às pulsões sexuais se opõe o que ele chama de *Ichtriebe*, as pulsões do ego, conceito que também não fica lá muito claro. Também por uma razão de simetria, à libido — que seria o nome dado à energia dessa pulsão sexual — ele opõe o *interesse*, que seria a energia das pulsões do ego. Chamar o "interesse" de energia já é complicado em meros termos psicológicos, quanto mais em termos metapsicológicos! O fato é que essa oposição é misteriosa; não se sabe exatamente ao que a sexualidade se opõe, em força equivalente, embora se saiba desde sempre em psicanálise que a sexualidade se opõe ao *ego*. Mas este é um pouco como o combate entre o urso polar e a baleia: o ego é uma instância psíquica, ou uma formação coerente relativamente estruturada, traço que o caracteriza desde o *Projeto*. Freud menciona a coesão quando, ainda no *Projeto*, define o ego como "conjunto de neurônios investidos". O que garante que esses neurônios formem um ego? É que eles estão amarrados entre si por conexões mais fortes do que as que existem com o ambiente ao redor. É uma estrutura coesa se opondo a uma força. Convenhamos que isso não é muito coerente do ponto de vista lógico, mas enfim é desse modo que as coisas se organizam: ego de um lado, sexualidade do outro; o ego sendo o agente das defesas ou do recalque, e a sexualidade impelindo à realização de desejos, à produção de fantasias, etc.

Freud tenta aplicar o esquema da dualidade pulsões sexuais/pulsões do ego, que eu saiba, uma única vez, num trabalho muito interessante: "Contribuição psicanalítica à teoria das perturbações psicogênicas da visão". É um estudo escrito em 1910, com poucas páginas, no qual ele procura explicar o fenômeno

132

da "cegueira histérica". Nesse trabalho, diz Freud, o órgão da visão se apresenta como *palco* do conflito entre as duas pulsões. Uma o impele a ver coisas sexuais, a espiar pelo buraco da fechadura, e a outra se opõe a esse desígnio; como resultado, o olho fica incapacitado para ver qualquer coisa, sexual ou não.

Esse artigo é mais conhecido pelo fato de que nele, pela primeira vez, Freud emprega o termo "complexo de Édipo" para designar o que sempre havia chamado de *Vaterkomplex*, ou complexo paterno. Mas é um trabalho relativamente menor e sem muita continuidade; penso que isso mostra um considerável embaraço por parte de Freud para saber *ao que* se opõe a pulsão sexual.

Mais ou menos na mesma época entra em cena a ideia de narcisismo, que é extremamente rica. Junto com a noção de inconsciente, talvez seja a ideia mais inteligente inventada pela psicanálise desde 1895 — inteligente como potencial para a compreensão de muitos fenômenos e, ao mesmo tempo, com grande plasticidade de valência teórica, digamos assim, para entrar em combinação com muitas outras e produzir conceitos derivados de amplo alcance. A essência da ideia de narcisismo é que o ego pode ser investido como um objeto sexual. Disso se segue todo o restante.

Se o ego se revela objeto de um investimento libidinal, sob a forma narcísica, como fazer para que ele continue a ser o oponente da pulsão libidinal? Esse é um grande problema teórico e clínico, e vai levar a um dos pontos de discussão entre Freud e Jung. Se tudo é libido, então a libido é o *élan vital* de Bergson e nela não há nenhuma especificidade sexual. Mas Freud insiste que sim, que há uma especificidade sexual, e faz uma série de malabarismos para tentar encontrar um oponente à altura da libido.

Por que ele precisa encontrar um oponente? Para poder preservar a ideia de que é um conflito que move o psiquismo. Esse é um postulado da psicanálise do qual não é possível abrir mão, ao contrário de outras abordagens psicológicas, nas quais a alma humana não é essencialmente, por definição, movida pelo conflito. Ele precisa de dois elementos, pelo menos, para poder falar seriamente em conflito. De vez em quando, afirma que esse problema não é tão importante: na *História do movimento psicanalítico* lemos que saber se existem uma ou duas pulsões é uma coisa que interessa tanto para a vida prática quanto saber, para a adjudicação de uma herança, se todos os homens são filhos de Adão e Eva. Mas essa saída é ligeiramente desonesta do ponto de vista intelectual; mais frequentemente, vemos Freud confessar que há uma dificuldade séria nesse ponto.

O inconsciente segundo Karl Abraham

Com a ideia de pulsão de morte, que é o que precede imediatamente o texto de Abraham, o conflito pulsional passa a ser visto entre essas duas pulsões: Eros e a pulsão de morte. A introdução desse novo conceito, como se sabe também pelos estudos de Laplanche, acarreta uma mudança de foco no estatuto da sexualidade. O que diz Laplanche, em suma, é o seguinte: até a introdução da pulsão de morte, a sexualidade é *bad for you*. Não é lá muito bom alguém ser dominado pela sexualidade; isso produz neurose, perversão, psicose. A sexualidade é indispensável, mas tem um potencial destrutivo e perturbador, inerente à sua própria vitalidade, que precisa ser contido pelo recalque ou pela sublimação, senão o resultado é a impossibilidade de se viver em sociedade. É a não evolução psíquica — seja do lado de realização instantânea imediata de todos os desejos, a criança feroz, seja porque a sexualidade adere ao objeto e, uma vez tendo aderido a esse objeto, não o larga mais, passando a funcionar pelo princípio do prazer.

Com a ideia de pulsão de morte, no entanto, a sexualidade se desloca para o lado do que é intrinsecamente bom, passando a ser o elemento vitalizador, criador e mantenedor das uniões, desde o plano celular-molecular (força de atração e de repulsão) até o plano cósmico. Em *Além do princípio do prazer*, talvez numa parte redigida na noite em que Freud fumou 22 charutos em vez dos vinte habituais, ele se lança às especulações que todos conhecem: Eros vai fornecer desde a força química que mantém as moléculas juntas até a atração dos planetas entre si. Ou seja, é alguma coisa que varre o universo; de maneira alguma é somente psicológica, ou biológica-corporal.

E a essa força se opõe uma outra entidade, a pulsão de morte, que para Freud é um oponente igualmente temível, como ele diz no final de *O mal-estar da civilização*, e certamente não é o criador de coisa alguma. Hoje há uma certa tendência a considerar a pulsão de morte algo *very good for you*; pode até ser que seja, mas não é assim que Freud a concebe. Pulsão de morte é aquilo que arrasta o indivíduo para a desorganização e o silêncio; é aquilo que é autoagressivo, destruidor, mas primariamente autodestruidor; e novamente as análises de Laplanche são bastante esclarecedoras a esse respeito, quando fala em heteroagressão e autoagressão.[15]

---

[15] Cf. Jean Laplanche, *Vie et mort en psychanalyse*, Paris, Flammarion, 1970, especialmente o capítulo 6. A meu ver, essa análise é mais exata do que a apresentada em "A pulsão de morte na teoria da pulsão sexual" (*Teoria da sedução generalizada*, Porto Alegre, Artes Médicas, 1988), na qual Laplanche muda de opinião e passa a falar em "pulsão sexual de morte".

Por que isso é importante? Porque, voltando-se contra o indivíduo, o *Todestrieb* encontra a tendência à união e à multiplicação, que é Eros; e a agressividade, ou mais precisamente a heteroagressividade, já é uma combinação das duas. Em *O ego e o id* e *Além do princípio do prazer*, Freud se pergunta se existe um exemplo puro de pulsão de morte, sem que ela esteja amalgamada com a pulsão de vida. E postula então dois mecanismos: a *Vermischung*, o amálgama, e a *Entmischung*, que seria o contrário, a separação dessas duas pulsões. Supõe que esse mecanismo opere desde muito cedo, pois, caso contrário, a pulsão de morte atacaria o próprio indivíduo no momento seguinte ao seu nascimento, e ele morreria.

Assim, a pulsão de morte opera num plano muito próximo ao da biologia. Quando Freud diz que ela opera "em silêncio", que o rumor da vida vem de Eros, isso a meu ver significa que ela não pode ser facilmente ligada a *representações*. Se não for totalmente desprovida de representações, a pulsão de morte é pelo menos inapta a acolhê-las, ao contrário da pulsão de vida, em cujo campo as representações são inúmeras: fantasias, objetos, desejos. A própria ideia de morte não é uma representação da pulsão de morte. A ideia de morte é um conceito da razão humana, não uma representação inconsciente — a meu ver, é isso que Freud quer dizer, quando afirma que no inconsciente não há tal ideia. Representações inconscientes são fantasias, agenciamentos de imagens, como a mãe má, o seio bom, o objeto desejável, o objeto fóbico, etc. O conceito de morte — como o conceito de vida, o conceito de bem, o conceito de martelo ou o conceito de cabelo — não são representações inconscientes. Para dar um exemplo chulo, na minha infância se cantava "cu da mãe tem dente, morde o pau da gente": isso é uma representação inconsciente. Em linguagem mais elegante, a fantasia de que os orifícios maternos são castradores é uma representação inconsciente, mas o *conceito* de castração não faz parte dessa categoria.

Pode ser que eu esteja enganado, mas é assim que leio: quando Freud propõe que a pulsão de morte trabalha em silêncio, a meu ver isso significa que ela é inapta a acolher representações. Consequentemente, não sendo apta a acolher representações, é difícil poder flagrá-la individualmente, separada da pulsão de vida.

Essas considerações sobre o dualismo das pulsões em Freud constituem uma introdução ao problema de Abraham, que é o que nos interessa discutir com mais detalhe. Por quê? Porque é impossível deixar de lado o papel do ódio como elemento independente na vida psíquica — quer o chamemos agressivi-

O inconsciente segundo Karl Abraham

dade, interesse do ego, ódio pelo objeto ou tendência a fugir da intrusão. Afinal de contas, não é possível fazer uma teoria da alma humana sem levar em conta que as pessoas sentem hostilidade umas pelas outras e em relação a si mesmas. E Freud não esperou os anos 1920 para falar no masoquismo, nas diferentes manifestações do auto-ódio, na recriminação do melancólico, ou mesmo na agressividade em relação aos objetos edipianos. A hostilidade, os desejos de morte são coisas que acompanham a psicanálise desde sempre.

O que faltava — e de certa maneira continua faltando no tempo de Abraham, antes de *Além do princípio do prazer* — era um suporte pulsional para essa hostilidade. A cada vez que Freud tenta explicar um movimento hostil ou agressivo, acaba dizendo: "Finalmente, estamos diante de uma combinação das duas pulsões". A fúria destrutiva, para nos limitarmos a ela, é claramente infiltrada por elementos pulsionais eróticos. Então, de fato, a questão teórica é complicada. Como fazer para isolar o ódio em estado puro? No início da década de 1920, várias vezes vemos Freud às voltas com essa dificuldade, como, por exemplo, nos textos "O problema econômico do masoquismo" e "O ego e o id", ou no artigo sobre a perda da realidade na psicose e na neurose. Num certo momento, ele afirma: uma "pura cultura da pulsão de morte" talvez pudesse ser ilustrada pelo superego do melancólico; este o ataca e recrimina com tal virulência, aparentemente sem nenhum traço de amor ou de interesse objetal, que talvez se pudesse ter uma ideia do que seria a pulsão de morte em estado puro pensando-se nesse exemplo.

Mas a ideia de procurar uma representação ou uma imagem pura do que seja uma pulsão pode muito bem ser uma formulação equivocada. Por quê? Porque a ideia de pulsão, pela sua natureza, é um conceito extremamente abstrato, uma configuração teórica muito distante da experiência imediata. Consequentemente, parece ingênuo buscar na experiência imediata uma ilustração de algo como a pulsão, que teoricamente está "lá embaixo" — é uma das raízes de toda a árvore. Do ponto de vista da abstração, isto é, da distância em relação à experiência, esse conceito apresenta um elevado grau de abstração. Do ponto de vista real, supondo que existam pulsões, elas estão no fundo da alma de cada um nós, e não em sua superfície. A ideia de procurar uma ilustração empírica de um *conceito transcendental* é um erro denunciado, desde 1781, pela *Crítica da razão pura* de Kant. Qual é o erro? É tomar alguma coisa da ordem conceitual, condição de possibilidade de fenômenos, como se fosse do mesmo nível dos fenômenos que se está querendo fundar ou ilustrar.

Em todo caso, a questão do antagonista da libido começa a ser proposta por Freud em termos um pouco diferentes no *Além do princípio do prazer*. Ora, quando Abraham deseja elucidar a psicopatologia e a teoria do desenvolvimento, ele escreve uma história *da libido*; essa palavra *libido* deve ser tomada a sério. É uma tentativa de explorar até os confins últimos as potencialidades dessa noção para dar conta do funcionamento psíquico, inclusive no seu aspecto de ambivalência. Esse é o ponto interessante: lembremo-nos de que "ambivalência" significa amor mais ódio. O amor obviamente está ligado à libido; mas a origem e o funcionamento do ódio são menos claros que os da libido. De forma geral, se levamos a sério o que Freud diz sobre a pulsão de morte ser fundamentalmente autoagressão, ela não é a mesma coisa que o ódio; é bem diferente.

A sugestão de Freud de que a pulsão de morte em estado puro poderia ser ilustrada pelo superego do melancólico pede certa cautela. Quanto a crueldade e rigidez, sim — que a agressividade implique hostilidade, eis algo bastante claro. Mas dizer que o superego do melancólico é *desprovido de objeto* é muito complicado, na medida em que esse mesmo melancólico incorporou no ego o seu objeto de amor, e o próprio superego nasce da introjeção dos objetos edipianos. Parece que o ódio se define mais facilmente a partir da relação com o objeto do que em relação às pulsões. Esta é uma ideia que vale a pena explorar, porque é uma boa pista.

Durante os primeiros anos do século XX, Freud fez diversas tentativas para explicar a origem do ódio, sem no entanto o definir como antagonista da pulsão sexual. Como o ponto de partida das equações metapsicológicas é sempre o jogo pulsional, era preciso "deduzir", no sentido geométrico, a origem do ódio. Isso porque precisamos dele como um valor nas nossas equações: $x + y^2$ produz histeria, $x - y + n$ produz melancolia, etc. O ódio é um elemento, um valor — no sentido matemático — sem o qual não é possível montar as equações psicanalíticas; então, temos de encontrar uma maneira, continuando na linguagem matemática, de compreender a sua *derivação*.

Ocorre que, para fazer isso, começar com a pulsão talvez não seja o melhor caminho: é difícil derivar diretamente o ódio da libido, e o oposto da libido é uma tendência ao zero e à aniquilação, que não é ódio. A pulsão de morte é silenciosa; o ódio é ruidoso, alimenta a cólera, a raiva, a indignação, a vingança, etc. Por outro lado, todas essas emoções têm um componente erótico, embora não se reduzam a vínculos eróticos. Alguém que estupra, para dar o exemplo

O inconsciente segundo Karl Abraham

clássico, está evidentemente ligado de modo erótico ao objeto, mas também está ligado a ele de uma maneira que não é possível reduzir apenas ao erótico. Então, vamos dando a essa incógnita um valor provisório, sob o nome de *ódio*.

Como Freud, na sua teorização, resolve o problema? Por meio do *vínculo com o objeto*. O ódio é um tipo de vínculo que, em seu estado puro, procura o *afastamento do objeto*. Estou me referindo ao final de *Pulsões e destinos de pulsão*, em que Freud diz que "o objeto nasce no ódio". Nossa primeira tendência, diante do mundo exterior, é evitá-lo e nos refugiarmos nos domínios deliciosos do narcisismo. O primeiro contato com o externo, com o não eu, faz surgir o elemento do ódio, elemento que vai levar a um refluxo narcísico muito parecido com aquele que é efeito da pulsão de morte. Mas não se trata primariamente de uma pulsão, ao menos não no sentido em que empregamos esse conceito ao falar de pulsão sexual, e a prova disso é que na sua economia o objeto jamais pode ser dito *contingente*, característica essencial do objeto da pulsão sexual. Tampouco se pode falar aqui de investimento, ao menos não no sentido de investimento do objeto pela pulsão sexual. Por outro lado, a pulsão de morte é o movimento do psiquismo para se afastar do "de fora" e mergulhar no "de dentro", e com isso se autodissolver; esse refluxo narcísico antiobjeto é muito parecido com o que ocorre no caso do vínculo odioso com o objeto.

Como resolver o problema? O efeito dos dois movimentos é o mesmo, mas a economia conceitual que permite compreendê-lo é completamente diferente num caso e no outro. No primeiro, parte-se do jogo pulsional, e o objeto é encontrado no meio do caminho; no segundo, a função do objeto é indispensável, e o movimento é *consequência* do encontro com o objeto, não *causa* desse encontro. É por aí que vejo uma possibilidade de solução. Na verdade, talvez seja essa a encruzilhada teórica de que vão partir as duas concepções predominantes na psicanálise contemporânea, a que chamo *pulsional* e *objetal*. Mas trata-se de um outro problema, do qual não podemos nos ocupar neste momento. Basta dizer que por essa via se estabelece um vínculo entre narcisismo e pulsão de morte, de importância absolutamente central para toda a psicopatologia — pense-se na gama das patologias antiobjeto, ou nas que fazem do objeto narcísico um instrumento de morte, como por exemplo as patologias aditivas.

Tudo isso talvez tenha a aparência de uma discussão sobre o sexo dos anjos, pouco ligada à realidade prática. Mas na verdade, como disse há pouco, depende bastante de como entendemos os ingredientes do conflito a ideia que vamos ter *do que* está em conflito e de *como* é possível intervir nele. O vínculo entre narcisismo e pulsão de morte, e não mais apenas entre narcisismo e sexualidade, como era o caso em 1910-2, é uma novidade dos anos 1920. Mas, ao mesmo tempo, há um certo elo com o objeto determinado pelo desejo de se afastar dele, como se vê por todas as fantasias de intrusão, bem como pelo desejo de independência, de *autarcia*, para usar o termo correto (autarcia quer dizer autossuficiência, "eu me basto"). Os elementos ligados ao ódio vão aparecer nessa constelação, e essa é uma das razões para que a temática do objeto vá ganhando cada vez mais importância: ela permite, além de outras coisas, uma plasticidade maior na representação metapsicológica dos sentimentos. O ódio é um sentimento, não uma pulsão. Assim, partindo do objeto, temos a *atração* e a *repulsão* como base da química emocional e podemos formar as equações do que costumo chamar de "paralelograma das forças" que definem o vínculo de cada um com os seus objetos.

A temática do amor e ódio vai então começar a se desenvolver, especialmente quando Freud afirma, em *Pulsões e destinos de pulsão*, que amor e ódio não devem ser predicados das pulsões parciais diante de seus objetos igualmente parciais. Não se pode falar de "amor" da boca pelo sorvete; isso não tem sentido. Esses termos devem ser preservados, diz ele, para nos referirmos às relações do *ego* com os seus *objetos totais*. Quem ama e quem odeia é o ego; quem atrai e quem repele é o objeto, e quem investe e desinveste são as pulsões; convém não confundir tais coisas.

O que é muito interessante nisso tudo é que o ódio, sozinho, não é "quente". O ódio pelo objeto não me leva a me aproximar dele; ao contrário, me afasta dele. Se me aproximo do objeto, ainda que seja para destruí-lo, controlá--lo, agredi-lo, xingá-lo ou feri-lo, já está presente nessas equações uma certa dose de libido. É por isso que Freud diz, de maneira extremamente interessante, que o amor admite três opostos: ser amado, que seria o inverso apenas; a indiferença, tanto faz como tanto fez, e o ódio — são as três polaridades da vida psíquica. (Estou me referindo ao texto de 1915, *Pulsões e destinos de pulsão*.)

ETAPAS DO DESENVOLVIMENTO, MELANCOLIA E MANIA

É contra esse pano de fundo que Abraham ataca os problemas da psicopatologia e do desenvolvimento. Como não pode deixar de considerar o conflito de ambivalência, é levado a atribuir as tendências destrutivas e hostis a uma parte da libido; a essa parte da libido, ele chama *sádica*. É por isso que várias das fases libidinais chamam-se sádico-oral, sádico-anal, e assim por diante. Ora, o que são essas tendências da libido sádica? Se é libido, funciona de acordo com o princípio do prazer. O prazer envolvido nesses atos é o da destruição ou o do controle, segundo ocorra antes ou depois da passagem pela fronteira da psicose. Alguns trechos, no início da *História da libido*, esclarecem a maneira como o autor entende a destruição e a hostilidade: são expressões da tendência *libidinal*. Vejamos:

> A pulsão parcial sádica da libido infantil nos mostra assim a oposição entre duas tendências ao prazer. Uma aspira à destruição; a outra, à dominação do objeto. Veremos em seguida que a tendência conservadora que poupa o objeto é constituída pelo recalque da direção, originalmente destrutiva, da pulsão. O afastamento ou a perda de um objeto podem ser considerados pelo inconsciente tanto um comportamento sádico de destruição quanto um comportamento de expulsão anal.[16]

E aí vem uma parte muito interessante do texto, que compara em várias línguas as palavras *perder* e *defecar*, mostrando como elas se aproximam nas suas raízes. A ideia é que a perda de um objeto pode ser ocasionada pela destruição dele — caso em que estamos próximos da oralidade — ou como algo que no inconsciente equivale a uma expulsão anal.

O texto continua:

> Para esclarecer o desenvolvimento que preside à entrada na neurose obsessiva e na melancolia [como sempre, Abraham compara as duas patologias], voltemos ainda uma vez a falar dos períodos relativamente assintomáticos da vida do paciente. A "remissão" do obcecado ou "intervalo" do maníaco-depressivo mostram-se como momentos de sublimação bem-sucedida das pulsões anais e sádicas. Quando uma ocasião particular desperta o perigo da perda objetal, os pacientes dos dois grupos têm reações violentas. Toda a força da libido com fixação positiva se eleva contra a supremacia ameaçadora da corrente hostil ao objeto.

---

[16] K. Abraham, *História da libido*, *Œuvres complètes*, vol. II, p. 262.

Ou seja, é uma briga interior à libido; a libido com fixação positiva se eleva contra a corrente (*libidinal*) hostil ao objeto. "Ali onde predominam as tendências conservadoras, *conservar* e *submeter*, o conflito com o objeto de amor dá lugar às manifestações obsessivas." Isso é conhecido. "Quando, ao contrário, vencem as tendências sádico-anais que visam a destruir e rejeitar o objeto, o sujeito chega a um estado de depressão melancólica."[17]

Ou, mais adiante:

> O processo regressivo do melancólico não para na etapa sádico-anal precoce, mas tende às organizações libidinais ainda mais primitivas. Tudo se passa como se o ultrapassamento da fronteira entre as duas subfases anais fosse particularmente grávido de consequências nefastas. A dissolução das relações objetais parece precipitar a *libido* numa queda de etapa em etapa.[18]

Creio que está claro o ponto: o conflito se dá entre tendências opostas que permanecem *dentro* da libido. Qual é o interesse disso, além da curiosidade epistemológica de saber que Abraham pensa assim e vai muito longe na ideia de trabalhar com as tendências destrutivas inerentes à própria libido? É mostrar que a ideia de relação de objeto envolve, entre outras coisas, uma hipótese sobre os diferentes modos de satisfação possíveis para a pulsão. Se conservar e dominar — assim como expulsar e rejeitar — são fins libidinais, são também por definição modos de gozo libidinal. E esses modos de gozo libidinal podem envolver, neles mesmos, elementos de destruição. Ou seja, atos como destruir e dominar são vistos como finalidades *libidinais*, inerentes a um certo tipo de pulsão libidinal que se chama sádica e que admite modos de expressão orais e anais. Modos de expulsão sádico-orais: morder, despedaçar, triturar. Modos anais de satisfação da pulsão sádica: o controle e a expulsão/evacuação. Isso tudo é escrito dez anos antes de *A psicanálise da criança*: não estou citando Melanie Klein! Esses modos anais operam por meio da expulsão e da rejeição, ou de uma modalidade muito mais sutil, que é o domínio, o controle do objeto — Abraham fala, pelo menos nessa edição francesa, no "triunfo" sobre o objeto; serão depois temas clássicos do pensamento kleiniano.

---

[17] *História da libido*, loc. cit., p. 264.
[18] Ibidem, p. 265.

O inconsciente segundo Karl Abraham

Nesses elementos está presente uma satisfação sexual; e nisso Abraham, que é o guardião da ortodoxia, está um pouco atrás do seu mestre Freud, para quem a libido sozinha nunca pôde dar conta da totalidade do funcionamento psíquico. Abraham chega a ser mais realista do que o rei, embora de modo muito inteligente e sutil. Na verdade, ele leva a teoria da libido até um extremo tal que esta bate contra os seus próprios limites.

Paralelamente, Freud está elaborando sua nova concepção da oposição entre as pulsões. Na posteridade da psicanálise, vai diminuir muito a importância do tema "conflito entre pulsões" e será introduzida uma outra modalidade de conflito intrapsíquico, o conflito entre *instâncias*. Como se Freud — depois de dez ou quinze anos tentando resolver das maneiras mais elaboradas o problema do conflito psíquico em termos essencialmente pulsionais — um belo dia virasse a mesa e dissesse: "Chega! Esse problema está mal colocado, vamos começar tudo de novo. O conflito que interessa não é apenas o que se dá entre amor e ódio, pulsão destrutiva e pulsão construtiva, pulsão de vida e pulsão de morte; também interessa o conflito entre o ego, o superego e o id". E com isso o livro chamado *O ego e o id* introduz uma mudança radical nos *termos* do problema.

Agora Freud vai ter um outro mistério para resolver: como as pulsões se combinam com as instâncias? O xadrez se torna um pouco mais complicado: o superego contém elementos da pulsão destrutiva, mas também elementos da pulsão de vida, na medida em que introjetou objetos edipianos; o ego tem os seus vários senhores, o id é o caldeirão das pulsões, etc. etc. As coisas vão se complicando no campo da metapsicologia; mas, para todos os fins práticos, o conflito que interessa descrever — posição que rapidamente foi adotada pela maioria dos analistas — é o conflito entre as instâncias. Quem está falando na sessão: o superego, o ego ou o id? Como o ego administra as exigências dos seus três senhores, a realidade, o superego e o id? Desse modo, o conflito intrapsíquico deixa de ser formulado exclusivamente como combate entre as pulsões, e tende a ser cada vez mais formulado como oposição entre as instâncias. Mas nosso autor não viveu para ver esse desenvolvimento, pois morreu em 1925, quando o processo apenas estava se iniciando.

Voltando à *História da libido*. Abraham vai descrever agora as várias modalidades da evolução e da psicopatologia a partir de combinações *dentro* do jogo libidinal. O segundo capítulo chama-se "Perda objetal e introjeção no luto normal e nos estados psicológicos anormais". Nele, Abraham descreve fatos muito interessantes; por exemplo, algo que aconteceu com ele próprio: seu pai falecera

142

no começo da Primeira Guerra Mundial. Abraham ficou alguns meses de luto, e um belo dia se deu conta de que seu cabelo havia ficado inteiramente branco. Meses depois, o dito cabelo voltou a ter a sua tonalidade original, e ele explica isso afirmando tratar-se de um sinal visível da introjeção da figura paterna — um homem de cabelo e barba brancos. O embranquecimento capilar representava, portanto, uma expressão da introjeção dessa figura paterna, e isso de uma forma bastante espetacular.

E aí Abraham faz uma de suas observações preciosas, distinguindo o que é introjeção normal e introjeção melancólica:

> No sujeito normal, a introjeção se segue a uma perda real (falecimento) e está sobretudo a serviço da conservação da relação com o defunto. É uma maneira de manter o defunto vivo dentro de mim [...]. A introjeção melancólica, ao contrário, ocorre a partir de uma perturbação fundamental da relação libidinal com o objeto e é a expressão de um conflito de ambivalência do qual o ego só consegue se separar retomando por sua própria conta a hostilidade contra o objeto.[19]

Essa é uma passagem interessante, pois oferece um critério diagnóstico. Quando uma introjeção é normal e quando é patológica? A introjeção normal tem como condição a perda real, seja por falecimento ou por abandono, e antes de tudo está a serviço da conservação da relação com o defunto. Aqui se pode ver com clareza como a relação de objeto orienta o pensamento de Abraham. A serviço do que está esse mecanismo? É para conservar ou para anular o vínculo com o objeto? Se é para conservar o laço com o objeto e elaborá-lo na situação de perda, o luto é um momento necessário e vai ser superado, como o foi quando a cor dos seus cabelos retornou ao normal. Se, ao contrário, surge primeiro uma perturbação fundamental na relação libidinal com o objeto — perturbação que significa aumento da hostilidade —, ocorre uma introjeção melancólica, que é a expressão de um conflito de ambivalência do qual o ego só conseguiu se proteger assumindo para si, por sua conta, a hostilidade contra o objeto. Ou seja, aconteceu um processo cujas etapas convém discriminar:

1) existe um conflito com o objeto, no qual as tendências amorosas e hostis em relação a ele sofrem uma perturbação "fundamental";

---

[19] Ibidem, p. 269.

O inconsciente segundo Karl Abraham

2) esse conflito com o objeto se torna extremamente doloroso, e quem tem de administrá-lo é o ego;

3) como o ego faz isso? Retoma dentro de si tanto o objeto (introjeção) quanto as tendências hostis contra o objeto, que já eram dele mesmo. Agora não temos só um conflito intralibidinal, mas ainda um conflito intraegoico: o ego ocupou todo o espaço, engoliu o objeto; porém um objeto envenenado, e envenenado por ele mesmo, dirá Melanie Klein, graças à projeção das pulsões agressivas. Abraham não vai tão longe, mas está no mesmo caminho.

No capítulo 3, Abraham fala na introjeção melancólica, distinguindo duas etapas da fase oral. Estuda um exemplo muito interessante, de um paciente que tinha como impulso predominante comer excrementos. À primeira vista, isso pareceria se relacionar com uma analidade mal resolvida. Também aparece outro personagem famoso na galeria dos tipos abrahamianos, o paciente que saía pelas ruas olhando o chão em busca de botões de madrepérola. Abraham faz uma análise brilhante desses botões, mostrando que na verdade representam — por ser o complemento deles — o oposto dos excrementos. O excremento é escuro e mole, o botão de madrepérola é branco, brilhante e duro, e por aí vai. O paciente saía atrás desses botões como uma forma de recuperar, pela via da introjeção, os seus objetos perdidos.

É uma clínica psicanalítica extremamente interessante. No primeiro caso, a respeito da introjeção na melancolia, Abraham diz o seguinte: "O paciente já havia passado por diversos episódios melancólicos, ligados basicamente à relação com sua noiva; havia desenvolvido uma certa raiva da noiva, mas esta continuava gostando dele, enquanto ele recusava o vínculo com ela". Esse homem procura Abraham e conta que tinha uma ideia obsedante: comer os dejetos espalhados pela rua.

> Essa obsessão mostrou ser expressão da sua tendência a reincorporar, sob a forma de dejetos, o objeto expulsado como se fossem fezes. [...] Temos aqui a confirmação literal da nossa suposição de que o inconsciente apreende e valoriza a perda objetal como um processo anal, e a introjeção como um processo oral. [Não é Piera Aulagnier, é Abraham!] O impulso coprófago me parece conter ou ocultar um simbolismo típico da melancolia. Segundo minha experiência, o objeto de amor é o alvo de certos impulsos que correspondem à etapa sádico-anal precoce, às tendências a expulsar e a destruir. O produto do assassinato, o cadáver, é identificado

com o produto da exoneração, isto é, as fezes. Isso nos permite entender o impulso de comer excrementos como um *impulso canibal para devorar o objeto de amor assassinado oralmente.*[20]

Com isso, pode-se mostrar que a melancolia se exprime não só no dialeto sádico-anal, mas ainda sob a forma de um vínculo *oral* com o sadismo. Ele compara, como depois foi feito muitas vezes, a paranoia e a melancolia do ponto de vista das suas estratégias para recuperar, ou para *restituir*, o objeto depois da perda. O paranoico faz isso por meio da projeção; projeta um objeto que inicialmente perdeu ou destruiu, e ele lhe volta de fora. A melancolia, diz Abraham, utiliza para o mesmo fim o procedimento inverso: a introjeção. A melancolia não apenas está próxima da neurose obsessiva, pela sua fase libidinal de origem, mas ainda está próxima da paranoia, pela estratégia complementar de recuperação de um objeto originalmente atacado e, portanto, perdido ou eventualmente destruído.

Vai-se estabelecendo dessa forma uma trança entre vários elementos da psicopatologia que não tem mais nada a ver com os sintomas. É isso que torna psicanalítica a tentativa de elaborar um quadro da psicopatologia: o que interessa é a *dinâmica*. Os sintomas podem ser concordantes ou discordantes com aqueles identificados pela psiquiatria ou pela psicologia experimental, mas a forma de raciocínio não é a mesma. É por isso que a mesma afecção aparece em casas diferentes nas tabelas de classificação de tipo psiquiátrico e nas classificações que a psicanálise oferece.

Continuando a respeito da melancolia, Abraham escreve: "As tendências sádico-orais são a fonte essencial de sofrimento psíquico na melancolia, principalmente quando se voltam contra o ego do paciente sob a forma de tendências à autopunição". Sem querer enfatizar mais uma vez o que já disse em todo este artigo, vale notar que a *tendência à autopunição* é apresentada como consequência das *tendências libidinais sádico-orais*. Continua:

> Os dados psicanalíticos nos permitem pensar que o melancólico procura escapar aos seus impulsos sádico-orais; estes se exprimem clinicamente, mas são sustentados pelo desejo de uma atividade de sucção que pudesse dar plena satisfação.[21]

---

[20] Ibidem, pp. 272-3.
[21] Ibidem, p. 275.

O inconsciente segundo Karl Abraham

Há duas coisas a ressaltar nessa passagem. Primeiramente, a patologia não é uma *expressão direta* das tendências predominantes: é uma tentativa de *escapar* à tendência predominante. Abraham é um psicanalista, portanto pensa em termos de conflito. O sintoma, o sofrimento psíquico, resulta do impulso *e* da defesa contra o impulso; de tal maneira que aquilo que no quadro clínico é mais evidente provém do esforço para contrabalançar o predomínio das tendências libidinais destrutivas.

O segundo ponto é que essas tendências libidinais destrutivas são sustentadas por um "desejo de sucção que proporcionaria plena satisfação". Esse desejo é um remanescente da fase oral pré-ambivalente. É isso que permite dizer que o melancólico *tende* para essa fase pré-ambivalente; se a regressão chegar até lá, ele se mata. A queda da libido de etapa em etapa pode conduzir até uma fase zero, que seria a pré-ambivalente. E aqui aparecem coisas bem conhecidas sobre a sucção e o morder, bem como sobre o elemento de ambivalência presente na oralidade: descrito em termos biológicos, é o fato de que, ao comer alguma coisa, automaticamente a destruímos, no mesmo movimento pelo qual a ingerimos. O sujeito introduz em si, destrutivamente, o objeto, mas para dele usufruir e de certo modo o conservar.

A partir desse momento, a ambivalência reina sobre a relação do ego com o objeto. Aqui uma observação lateral: esse texto de Abraham lembra muito a descrição que faz Hegel da relação com o objeto na *Fenomenologia do espírito*. Antes de encontrar a outra consciência, a consciência-herói encontra o mundo exterior, e, dentro desse mundo exterior, realiza o ato de pegar algo e o consumir; e é assim que ela vai se encontrar com a outra consciência, que não pode ser tomada e consumida como um objeto, isto é, como não consciência, como não eu.

Em virtude disso, não é difícil a alguém que conhece bem a psiquiatria — como é o caso do jovem Lacan, que como vários outros frequentou o famosíssimo seminário de Kojève — fazer o vínculo entre a descrição abrahamiana da libido oral e a descrição hegeliana do conflito das duas consciências, mostrando que é o mesmo tipo de relação com o objeto que está sendo descrito filosoficamente por Hegel na *Fenomenologia do espírito* e psicanaliticamente por Abraham na *História da libido*. Essa aproximação está na gênese da teoria lacaniana do imaginário.

Os dois capítulos seguintes do livro de Abraham tratam da psicogênese da melancolia e do modelo infantil da depressão melancólica, que é o ancestral da fase depressiva teorizada por Melanie Klein. Ele compara então a melancolia com a esquizofrenia: na esquizofrenia também existe um refluxo libidinal, mas aqui a perda dos interesses vitais é vivida na "obtusidade". Provavelmente, isso se refere aos aspectos catatônicos, à pasmaceira, para falar em português mais simples, do esquizofrênico. Já na melancolia houve a perda objetal, mas o paciente se queixa de ter perdido o que amava, e liga a esse fato os seus sentimentos de inferioridade.

> Esse objeto, melancolicamente introjetado no ego, fica exposto sem defesa a todos os impulsos libidinais ambivalentes dentro daquele: o que contém a possibilidade das viradas maníacas.[22]

Em seguida vem um capítulo especial sobre a mania, no qual o autor cita Freud na *Psicologia coletiva*: esta afecção é uma festa do ego. A expressão "festa do ego" é de Freud — o ego sacode o jugo do superego e entra num delírio maníaco. Abraham trabalha essa ideia, mostrando que na verdade a precondição para a mania é a introjeção do objeto, porque, bem à moda de Ferenczi, tal movimento *aumenta* os limites do ego. Posso conceber a introjeção de duas formas: abrir a boca e colocar dentro dela uma bala — nesse caso, quem se movimenta é a bala —, ou deixar a bala onde está e espichar a boca até chegar à bala, o que faz o diâmetro da boca aumentar, e, portanto, a sua circunferência também. É desse modo que Ferenczi descreve a introjeção, no seu artigo de 1909 intitulado "Transferência e introjeção"[23]: o ego aumenta porque passa a abarcar objetos que antes estavam fora dele. Não é difícil perceber como essa concepção da introjeção permite pensar um autoengrandecimento "festivo" do ego na mania.

No capítulo final, "Contribuição à psicogênese da melancolia", Abraham junta todos esses elementos e procura traçar a "equação química" dessa afecção, isto é, determinar o conjunto de fatores cuja operação conjunta produz essa e nenhuma outra patologia. Enumera então cinco fatores:

---

[22] Ibidem, p. 279.

[23] Cf. Ferenczi, "Transfert et introjection", em *Œuvres complètes*, Paris, Payot, 1975, tomo I, pp. 93-125. O leitor desejoso de saber mais sobre esse conceito central no pensamento de Ferenczi — e em toda a teoria psicanalítica — pode consultar com proveito o número 10 da revista *Percurso* (segundo semestre de 1993), dedicado à obra do psicanalista húngaro.

O inconsciente segundo Karl Abraham

a) predisposição constitucional: não tanto a retomada hereditária da depressão presente em algum membro da geração anterior, mas um reforço do erotismo oral. Essa predisposição específica permite:

b) a fixação privilegiada da libido à fase oral; tal fixação produz um prazer muito intenso associado a essa zona erógena e um desprazer desmesurado diante de qualquer renúncia nesse plano;

c) uma grave ferida narcísica é imposta à criança por uma decepção amorosa enquanto ela está nessa etapa. Esse elemento é novo e se deve a Abraham. É uma adaptação da ideia do trauma, que priva a criança, por assim dizer, dos seus objetos orais e também dos seus objetos de amor. Ele chega a dizer que essa decepção frequentemente é bilateral, isto é, concerne ao pai e à mãe. Não é só o abandono pela mãe, mas um tipo de trauma no qual o pai não é capaz de reparar a ausência materna, ou o contrário; a criança se vê então presa de um sentimento de abandono extremamente doloroso e intenso. Se isso ocorrer na fase oral, ela reagirá a isso no modo oral, ou seja, com extrema avidez e tentando abarcar o que lhe passa pela frente, desenvolvendo os mecanismos de introjeção patológica (isso porque a maneira de não perder, nesse momento, é comer, como se fosse uma defesa). Abraham chama isso de *decepção primária da infância*;

d) o fato de essa decepção ocorrer antes do recalque do complexo de Édipo, portanto em presença das pulsões parciais, é o quarto elemento. A ele Abraham atribui uma grande importância: "Se o transcurso desse primeiro grande amor objetal for surpreendido pelo traumatismo psíquico da decepção, as consequências são severas. Devido ao fato de as pulsões sádico-orais ainda não terem se extinguido, estabelece-se uma associação durável entre o complexo de Édipo e a etapa canibal do desenvolvimento da libido. Assim se operará a introjeção dos dois objetos de amor, isto é, da mãe e depois do pai".[24] Ou seja, a identificação que geraria o superego se degrada numa identificação canibal com os traços agressivos-orais dos objetos chamados pai e mãe. Consequentemente, o superego dessa pessoa apresentará traços de crueldade oral na sua vida adulta. É isso que quer dizer "relação de objeto": uma certa forma de apreensão do objeto é por assim dizer impressa na psique, e predominará a cada vez que hou-

---

[24] *História da libido*, loc. cit., p. 283.

ver na experiência algo que exija acionar aquela configuração — um pouco como a galeria de estilos do Windows, que configura o seu texto sempre da forma pré-programada;

e) a repetição da decepção primária na vida ulterior ocasiona a instalação de uma melancolia. Ou seja, se as precondições infantis são dadas, forma-se a potencialidade melancólica, para citar Maria Lúcia Violante, que desenvolveu esse conceito na puc.[25] A potencialidade melancólica é formada por esses quatro primeiros fatores. Se a melancolia manifesta vai ou não se instalar dependerá dos acasos da vida e de haver algo que repita essas condições na idade apropriada.

Com isso, Abraham passa à mania, sobre a qual também tem a dizer coisas muito interessantes. Por exemplo, vincula a velocidade do pensamento — ou do que arremeda o pensamento na mania — a uma digestão acelerada e à necessidade de expulsar aquilo que foi avidamente introduzido; e isso ele liga com a logorreia tão característica da mania, a *fuite d'idées*. A fuga das ideias é um sintoma característico da mania, como sabe quem já viu no hospital psiquiátrico um paciente desse tipo. Abraham tece uma análise disso no campo de oralidade: esta predomina de tal maneira que tudo o que é retentivo desaparece, inclusive a possibilidade de contenção e elaboração desse objeto oral, ou oralmente apreendido, que é o pensamento ou a linguagem. O sujeito tem então uma relação "vomitória" com as ideias, determinada pela oralidade. E termina dizendo que o maníaco sofre de um "metabolismo psicossexual acelerado".[26] Piera Aulagnier vai retomar esse tema com grande brilho, utilizando-o na *Violência da interpretação*.

ABRAHAM E NÓS

Disse no início deste artigo que, além de apresentar brevemente o pensamento de Abraham sobre o inconsciente, desejava avaliar a distância conceitual

---

[25] Maria Lúcia V. Violante, *A criança mal-amada: estudo sobre a potencialidade melancólica*, Petrópolis, Vozes, 1995.

[26] *História da libido*, loc. cit., p. 292.

O inconsciente segundo Karl Abraham

que nos separa dos seus escritos. Não quero dizer com isso que tais escritos se tornaram caducos; se assim fosse, não haveria interesse algum em exumá-los. O que tenho em mente é que hoje já não interpretamos nem teorizamos exatamente do modo como se fazia em 1920; no entanto, Abraham é parte da psicanálise e nos reconhecemos em muitos dos seus raciocínios. Como pode ser isso?

A resposta é simples: muitos dos *problemas* que ele propõe a si mesmo são perfeitamente atuais, embora algumas das *soluções* que oferece já não o sejam. O inconsciente segundo Abraham é uma região psíquica na qual a libido luta consigo mesma, investindo e preservando objetos, ou os desinvestindo e destruindo. Sua teoria das pulsões envelheceu, portanto, e hoje trabalhamos com uma pulsão a que ele não podia conferir grande importância: a pulsão de morte, cuja função "desobjetalizante" foi bem estudada por André Green. Mas sua teoria das relações de objeto permanece atualíssima, estando na origem tanto do pensamento kleiniano quanto, de modo mais distante, na da escola dita das *object relations* — Winnicott, Bálint —, cujo outro padrinho é sem dúvida Ferenczi.

Certos elementos do seu arcabouço teórico continuam úteis para a prática atual, e ao mesmo tempo, em alguns detalhes, ficaram um pouco "enrugados". O principal desses elementos é o vínculo entre as organizações psicopatológicas e as etapas do desenvolvimento, que continua a ser a base do diagnóstico psicanalítico; contudo, esse vínculo já não é estabelecido do mesmo modo como Abraham sugeriu. Em outras palavras, o *princípio* continua valendo, mas sua aplicação produz resultados um pouco diferentes.[27]

Além disso, a precisão das suas descrições e a *finesse* do raciocínio clínico tornam a leitura de Abraham extremamente proveitosa. Com frequência, temos a impressão de que já sabíamos algo parecido com aquilo que ele nos diz: é que, assim como M. Jourdain falava em prosa sem saber disso, nós também falamos "abrahamês" sem nos darmos conta, a tal ponto que muitas de suas ideias vieram a impregnar o discurso e o pensamento característicos da psicanálise. Esse talvez seja o sinal mais claro — e também o mais sutil — de que as ideias de Karl Abraham permanecem atuais e que podem por isso nos inspirar novos desenvolvimentos na disciplina em que ele foi um mestre incontestável.

---

[27] Para uma ideia do que é a psicopatologia psicanalítica contemporânea, cf. Mareike Wolf, *La psychopathologie et ses méthodes*, Paris, puf (*Que sais-je?*, nº 3298), 1998.

Do autoerotismo ao objeto:
a simbolização segundo Ferenczi

Sándor Ferenczi é mais conhecido, entre os psicanalistas contemporâneos, pelos trabalhos que realizou nos últimos quinze anos de sua carreira, entre 1918 e 1933. São textos emocionantes, que documentam e teorizam uma prática das mais fecundas, explorando territórios até então desconhecidos e imprimindo à psicanálise uma inflexão que ainda hoje orienta nossa percepção do processo analítico; com efeito, Ferenczi reflete sobre a contratransferência, sobre a regressão induzida pela situação analítica, sobre a experiência do aqui e do agora, sobre o impacto do trauma infantil na constituição da personalidade, sobre as finalidades terapêuticas da análise e as exigências que delas decorrem para o funcionamento do analista... A lista é impressionante. Muitos artigos e livros já foram, porém, dedicados à discussão dessas questões; aqui pretendo focalizar alguns aspectos menos conhecidos da obra de Ferenczi, que a meu ver contribuem para uma melhor compreensão das ideias mais frequentemente associadas ao seu nome.

1

Primeiramente, convém situar Ferenczi em seu contexto, pois a época em que viveu — entre 1873 e 1933 — já não nos é familiar. A vida de Ferenczi coincide com o surgimento da Hungria moderna e com um notável florescimento

Do autoerotismo ao objeto: a simbolização segundo Ferenczi

da cultura artística e científica na cidade onde se radicou, Budapeste. Poucos anos antes de seu nascimento, em 1868, a Hungria recebe um estatuto político que lhe garante a autonomia interna no quadro do Império Austro-Húngaro; Budapeste torna-se a capital e experimenta um rápido desenvolvimento econômico, urbanístico e cultural. Ali se concentram os jornais, os teatros, a vida intelectual e artística; a cidade polariza um sentimento nacional húngaro que já se manifestava havia uma ou duas gerações. Mas Budapeste, com sua crescente sofisticação, é malvista pelos setores mais tradicionais da aristocracia e da Igreja, ferozmente reacionárias; a presença de uma forte minoria judaica atrai-lhe a alcunha de "Judapest". Com o passar dos anos, intensifica-se a oposição entre um país agrícola, atrasado e ainda semifeudal, e sua capital dinâmica e aberta às correntes inovadoras da cultura europeia, percebidas como "perigosas" e "subversivas" pelas classes dominantes. A isso se acrescenta uma forte antipatia da intelectualidade pelo centro hegemônico do império, a cidade de Viena, de modo que a jovem capital se volta muito mais para a França e para a Alemanha, fazendo contrastar sua receptividade ao novo com o conhecido conservadorismo vienense.

Como em vários países da Europa Central e Ocidental, a intelectualidade húngara imbui-se de uma missão civilizadora, vendo a si própria tanto como encarnação da inteligência da nação — daí o interesse em resgatar e aprimorar os ricos veios da cultura popular — quanto como canal de comunicação entre o local e o universal — daí a busca de ideias e de formas nos centros europeus mais desenvolvidos. Assim, nos teatros de Budapeste são encenadas as peças de Bernard Shaw e Strindberg, fundam-se revistas como a *Nyugát* (*Ocidente*), busca-se estar a par dos avanços mais recentes na filosofia, na literatura e nas humanidades de que se fala em Paris ou em Berlim; mas ao mesmo tempo um compositor como Béla Bártok procura inspiração nos ritmos e melodias da tradição popular.

A combinação desses diferentes fatores resulta numa produção cultural de primeira grandeza em vários setores, que se estende por todo o período no qual viveu Ferenczi e da qual ele é, aliás, um dos mais ativos participantes. São contemporâneos de Ferenczi e vivem a poucos quarteirões dele, para só citar alguns nomes, o filósofo György Lukács, o historiador da arte Arnold Hauser, o sociólogo Karl Mannheim e o próprio Bártok.[1] Ao contrário de Freud, que

---

[1] Jean-Michel Palmier, "La psychanalyse en Hongrie", em R. Jaccard (org.), *Histoire de la psychanalyse*, Paris, Le Livre de Poche, col. "Biblio Poche", volume II, pp. 163 ss. Boas indicações encon-

Renato Mezan

em Viena levava uma vida voltada essencialmente para seu trabalho e sem qualquer conexão com os principais criadores em outras áreas, Ferenczi é amigo de muitos intelectuais húngaros, escreve em suas revistas, frequenta suas casas e os cafés onde se reúnem, tomando parte ativamente no debate de ideias ao seu redor. E isso ocorre antes mesmo de se tornar analista, como o comprovam os títulos das várias dezenas de artigos que escreveu nos anos que precederam seu encontro com Freud.[2]

A própria conversão de Ferenczi à psicanálise é uma prova da sua paixão pelo que de melhor se fazia e se pensava na sua época. Tornar-sé aluno de Freud em 1908 era abraçar um caminho fascinante, porém perigoso: a psicanálise, embora já possuísse um sólido arcabouço conceitual, era considerada por quase todos "um conto de fadas científico", na expressão de Krafft-Ebing. Ferenczi lê em meses tudo o que existia da literatura analítica, traz à nova disciplina todos os seus formidáveis intelectuais e imediatamente imprime a ela seu carimbo característico, perceptível à primeira vista. Ferenczi já era, antes de se tornar analista, um observador atento e rigoroso, um escritor de primeira água e um teórico provido da imaginação mais audaciosa — essas qualidades marcarão sua carreira psicanalítica, e a psicanálise o ajudará a aprofundá-las e a refiná-las.

A pesquisa de Ferenczi se volta essencialmente para os aspectos clínicos e teóricos da psicanálise *stricto sensu*. Mas sua atividade de divulgador é também fundamental, e deve-se certamente a ele a boa acolhida reservada à nova disciplina pelos meios intelectuais de Budapeste: entre os fundadores da Sociedade Húngara de Psicanálise em 1913, conta-se por exemplo o crítico literário Hugo Ignotus. Como dirigente dessa instituição, Ferenczi formou a escola húngara de psicanálise, que no período entreguerras foi das mais importantes e que, por intermédio da emigração, fecundou tanto a psicanálise inglesa (M. Bálint e Melanie Klein, por exemplo) quanto a americana (René Spitz, Sándor Radó, Franz Alexander), sem contar os analistas que permaneceram na Hungria e ali foram responsáveis pela manutenção da psicanálise durante os anos sombrios do stalinismo (Imre Herrmann e outros). Entre os elementos que caracterizam a orientação geral da escola húngara e que têm sua origem nos

---

tram-se também em Elizabeth Roudinesco, "Psychanalyse à l'origine ou l'impossible rencontre", em *Un discours au réel*, Paris, Maison Mane, 1973, pp. 59 ss.

[2] Cf. Claude Lorin, *Le jeune Ferenczi: premiers écrits, 1899-1990*, Paris, Aubier, 1983.

Do autoerotismo ao objeto: a simbolização segundo Ferenczi

interesses e nas ideias de Ferenczi, cabe destacar o tema da relação mãe-criança (uma grande novidade em 1920); a formação analítica centrada na análise pessoal do candidato mais do que — ou pelo menos tanto quanto — no estudo e na supervisão; a questão do simbolismo individual e coletivo; a preocupação com as conexões entre a psicanálise e as disciplinas afins, ecoando o clima de diálogo e interesse que evoquei anteriormente, próprio da vida cultural húngara no início do século XX — que suscitou entre outras a obra de Géza Róheim (o primeiro antropólogo-psicanalista) e as investigações de I. Herrmann no terreno da lógica e da linguagem.

Como se vê, Ferenczi absorveu do seu meio e transmitiu à psicanálise um espírito de questionamento, de curiosidade, de inquietação. É claro que esse fator não é o único responsável pela grandeza de sua obra, mas é certamente dos mais relevantes. A ele se acrescentam suas qualidades pessoais de investigador e terapeuta, e o estreito contato com Freud, que perdurou por 25 anos e foi um dos fatos mais importantes da sua vida.

2

Ferenczi produziu uma obra rica e variada, na qual figuram textos sobre os mais diversos temas, do simbolismo dos lençóis à grande especulação mítica desenvolvida em *Thalassa*. Sua produção está integralmente disponível em francês e inglês, e vem sendo traduzida para o português pela editora Martins Fontes. Segundo Michel Bálint, um de seus mais argutos comentadores, é possível agrupar os trabalhos de Ferenczi sob três grandes rubricas: as "contribuições à técnica clássica" (de 1909 até 1926), os artigos sobre a chamada "técnica ativa" (1919-26) e as "indicações para futuros desenvolvimentos" (a partir de 1927 até 1933).[3] Como qualquer classificação, essa também é esquemática, porém me parece útil para uma primeira orientação.

Os trabalhos sobre a técnica ativa, que se iniciam com "Dificuldades técnicas na análise de uma histeria" (1919), na verdade envolvem uma detalhada descrição dos processos psíquicos do paciente e do analista durante o tratamento e repousam sobre uma concepção marcadamente econômica da metapsico-

---

[3] Michael Bálint, "Experiências técnicas de Sándor Ferenczi", em B. Wolman (org.), *As técnicas psicanalíticas*, Rio de Janeiro, Imago, 1976, vol. II, p. 14.

logia. Com efeito, a ideia básica de Ferenczi é que uma das principais fontes da resistência à análise consiste na utilização, sob a forma de masturbação "larvar" ou disfarçada, da libido mobilizada pelo próprio processo analítico. Esta, em vez de ser investida no prosseguimento do trabalho associativo ou transferida para o analista, seria desperdiçada no investimento autoerótico, produzindo uma estagnação da análise e transformando-a numa satisfação substitutiva da qual seria muito difícil que o paciente viesse a se despojar. É no intuito de recuperar para a análise essas quantidades de libido, dela desviadas por ações ou movimentos aparentemente anódinos, que o analista passa a proibir a realização deles, tanto fora quanto dentro da sessão, nisso consistindo a sua "atividade".

Após alguns anos, porém, Ferenczi se dá conta de que tal intervenção causava mais problemas do que os que pretendia solucionar, em especial porque correspondia a uma atuação contratransferencial do analista, a qual era capaz de alterar sensivelmente as coordenadas do processo terapêutico. Nos casos mais graves, o incremento de tensão resultante da "técnica ativa" chegava a verdadeiros paroxismos, que segundo Ferenczi reproduzem de um modo ou de outro vivências traumáticas datando da infância do paciente. É nesse momento que a preocupação de Ferenczi com o sofrimento psíquico, visível desde seus primeiros trabalhos, o conduz a reformular a teoria do trauma e a reorganizar suas intervenções, visando a evitar que, por causa do analista, o paciente fosse obrigado a repetir infindavelmente os traumas que, possivelmente, se encontravam na origem da sua neurose.

Entre os fatores que, do lado do analista, poderiam favorecer a repetição patológica, conta-se em primeiro lugar a contratransferência, do que deriva a necessidade de que o próprio analista estivesse constantemente atento às motivações pessoais de sua atitude e em particular aos movimentos de encobrimento dessas motivações — aquilo a que chamava a "hipocrisia profissional". Segundo Ferenczi, a insinceridade do analista e a denegação de suas intenções e emoções quanto ao paciente reproduziam a mentira e o silêncio dos adultos perante seus próprios sentimentos para com a criança. Mentira e silêncio, antes de mais nada, referentes à paixão erótica e à dominação narcisista, que marcariam indelevelmente a vida psíquica da criança a elas submetidas. Ferenczi apontava assim para o que posteriormente se chamaria o duplo vínculo, isto é, uma mensagem paradoxal — porque denegadora — de seu próprio conteúdo, proveniente do adulto e dirigida à criança. Esta, impossibilitada de dar sentido simultaneamen-

Do autoerotismo ao objeto: a simbolização segundo Ferenczi

te ao que lhe diz o adulto e a seus próprios sentimentos de ternura, medo ou ódio, se veria obrigada a violentos movimentos de defesa, que mutilariam irremediavelmente seu aparelho psíquico: eis aí o trauma essencial, em sua composição bifásica — o ataque do adulto à sanidade mental da criança e o autoataque desta sobre si mesma, reproduzindo e intensificando os sentimentos de confusão, terror e angústia.

Essas são, como disse no início, as teses de Ferenczi mais conhecidas dos analistas — sua posição quanto ao trauma e as prescrições técnicas para a análise da contratransferência, visando a impedir que a atuação contratransferencial se converta em repetição circular da violência na situação analítica. Mas o que gostaria de elucidar são os pré-requisitos dessas teses, ou seja, aquilo que Ferenczi elaborou antes de propor os procedimentos técnicos pelos quais se tornou célebre e foi tão combatido. Isso porque julgo que as convicções a que chegou em sua maturidade analítica — depois da guerra, essencialmente — só podem ser apreciadas à luz do caminho que o conduziu até elas; ora, esse caminho está documentado nos textos de sua autoria que são menos lidos, precisamente os que surgem durante a década de 1910.

Nesses textos, como procurarei mostrar, estão contidas não apenas as premissas dos desenvolvimentos posteriores, mas também muitas indicações valiosas para o analista atual, além daquelas que, no dizer de Bálint, "incorporam-se à rotina cotidiana do psicanalista". Pois talvez não seja exagerado dizer, como o faz André Green, que Ferenczi é o fundador da psicanálise moderna, se por psicanálise moderna entendemos o tipo de trabalho centrado na análise minuciosa do aqui e agora, na investigação das sutilezas transferenciais e no acompanhamento detalhado do funcionamento das relações de objeto. O que acabo de enumerar refere-se à análise de estilo kleiniano, o que não é absurdo — Melanie Klein foi, por um tempo, paciente de Ferenczi —, mas não se reduz a isso, como veremos. Em suma: o que desejo mostrar, a partir da leitura de certos trabalhos de Ferenczi, é que pouco a pouco vai surgindo uma inflexão que distancia a prática analítica do estilo do primeiro Freud, voltado para a descoberta dos fatores patogênicos no passado e conferindo à *rememoração* um papel decisivo para a cura do paciente. Sem dúvida, a estreita colaboração entre os dois homens também influencia o trabalho de Freud, que afinal de contas inventou as noções de transferência e de compulsão à repetição, tendo escrito em 1914 o artigo sobre "Repetição, recordação e elaboração". Não se trata de estabelecer divisões rígidas, este ali e o outro aqui. Mas é verdade que o percurso de Ferenczi o levou a regiões a que Freud já não podia acompanhá-lo, e essa divergência certamente não se esgota em questões de temperamento ou fidelidade: a meu ver, a trajetória do discípulo, embora inicialmente muito próxima do modelo do mestre, contém desde o começo elementos não redutíveis a ele, tanto no plano clínico quanto nas concepções sobre o desenvolvimento e a metapsicologia.

3

Os primeiros trabalhos de Ferenczi não se ocupam diretamente da técnica analítica, mas de questões clínicas e teóricas. Foi ele o primeiro a chamar constantemente a atenção para os elementos formais do comportamento do paciente na sessão, para sua maneira própria de falar, para o tom da voz, para os pequenos maneirismos de cada um e, principalmente, para as manifestações do corpo na sessão (tontura, dores de cabeça ou de dentes, etc.). Enquanto Freud via os atos sintomáticos como produções do inconsciente determinadas pela história pregressa do paciente, Ferenczi vai além, interrogando-se sobre o papel causativo que a própria situação analítica, galvanizada pela transferência, poderia ter sobre tais manifestações. Não por acaso, seu primeiro artigo importante se intitula "Transferência e introjeção" (1909). O conceito de introjeção, forjado por ele em contraposição ao de projeção, está na base de várias de suas ideias mais originais: vale a pena, portanto, determo-nos brevemente no seu significado.

Ferenczi parte da ideia freudiana de transferência como um caso particular do deslocamento de afetos de uma representação reprimida para outras, menos perigosas para o eu porque menos capazes de gerar desprazer. Em virtude do recalcamento da representação penosa, libera-se o afeto correspondente a esta, que se torna assim disponível para investir outras; esse excesso de excitação flutuante é que vai ser ligado pelos sintomas e, na situação analítica, transferido para a pessoa do analista. Mas como essa ligação pelos sintomas é por natureza instável, há sempre um montante de afeto disponível para se submeter à tendência ao deslocamento, vindo investir o que quer que, por alguma analogia secundária, se preste a absorvê-lo. O neurótico é assim um indivíduo constantemente em busca de objetos sobre os quais transferir essa quantidade livremente flutuante de afeto. É o que o incita a

Do autoerotismo ao objeto: a simbolização segundo Ferenczi

incluir na sua esfera de interesses a maior parte possível do exterior, para torná-la objeto de fantasias, conscientes ou inconscientes. Esse processo [...] é um processo de *diluição*, pelo qual o neurótico tenta atenuar a tonalidade penosa dessas aspirações livremente flutuantes, insatisfeitas e impossíveis de satisfazer. A esse processo inverso ao da projeção, proponho denominar *introjeção*.[4]

A introjeção se diferencia da projeção por dois motivos. Em primeiro lugar, a introjeção alarga a esfera do eu, nela incluindo partes do mundo exterior. Ferenczi não a concebe como a inclusão no eu de um objeto perdido, como fará em "Luto e melancolia" — aqui, o objeto perdido é restaurado no círculo do eu, mas sem que, por assim dizer, o raio desse círculo aumente. Para Ferenczi, ao contrário, não é o ego que fica no mesmo lugar e o substituto imaginário de objeto que vai para dentro dele; é o eu que se amplia de forma a abraçar os objetos. Por isso, ele pode afirmar que o eu do neurótico está "patologicamente dilatado". Patologicamente porque assim o neurótico dilapida seu capital afetivo numa enorme série de objetos, nenhum dos quais é verdadeiramente importante. Daí a ideia de uma diluição da libido, cuja função é essencialmente defensiva.

Já na projeção, ocorre o movimento inverso; a libido *retrai-se* para o eu e desinveste o mundo exterior. É somente em seguida que se dá a exteriorização projetiva, porém com uma característica fundamental, que é a segunda diferença importante entre os dois mecanismos: a projeção implica a inversão daquilo que está sendo projetado, tanto inversão do afeto (de amor para ódio ou vice- -versa) quanto do sujeito do sentimento (não sou eu que o amo, mas ele que me odeia — Schreber). A diferença fundamental entre a projeção e a introjeção, desse modo, não reside na direção do movimento, que é a mesma (de si para fora), mas no destino dado aos sentimentos e afetos deslocados para o objeto.

Isso equivale a usar como sinônimos a noção de investimento no objeto e a ideia de introjeção: "O mecanismo dinâmico de todo amor objetal e de toda transferência para um objeto é uma extensão do eu, uma introjeção; foi a essa união entre os objetos e nós mesmos, essa fusão dos objetos com nosso eu, que

---

[4] S. Ferenczi, "Transfert et introjection", in *Psychanalyse, 1*, Paris, Payot, 1975, p. 100.

chamei de introjeção".[5] Num vocabulário mais contemporâneo, diríamos que todo investimento objetal é de índole narcísica, ou pelo menos autoerótica. Ora, essa tese tem uma consequência importante sobre o que se pode chamar de *objeto*, visto que o que opera a inclusão do objeto no eu é o deslocamento para ele de sensações, sentimentos e afetos. O curioso aqui é que o objeto não aparece como *fonte* de tais sensações e sentimentos, mas como o *alvo* deles. Poder-se-ia pensar que o objeto é propriamente *constituído* por cristalizações e polarizações desses afetos sobre um determinado suporte, sendo apenas este, o suporte, empiricamente dado. Creio que essa consequência é de fundamental importância, porque faz do objeto um elemento propriamente psíquico, cuja relação com aquilo no qual se incrusta (o suporte) é determinada pelo sujeito segundo uma lógica essencialmente afetiva.

É esse ponto de partida que, a meu ver, explica por que Ferenczi vai se interessar em seguida pelo "Desenvolvimento do sentido de realidade", título de outro de seus artigos importantes (1913). Se a origem das sensações de prazer e desprazer é autoerótica, deslocando-se em seguida para os objetos, a conclusão evidente é que "a primeira percepção de si é de natureza monista: eu e o mundo somos uma coisa só".[6] Como dar conta então do estabelecimento de uma relação viável com a realidade? O critério para essa separação, que produz simultaneamente um eu e um mundo exterior, é o desprazer, aquilo a que Ferenczi denomina "a malícia das coisas", o fato de que o mundo não se submete aos meus desejos e que não basta a onipotência do pensamento para satisfazer necessidades, vontades e fantasias. Freud já o dissera no *Projeto* e o repete em "Dois princípios do funcionamento psíquico", texto do qual o artigo de Ferenczi se apresenta aliás como um comentário. Haverá assim uma sucessão de etapas pelas quais passa o sujeito, começando na total indistinção entre realidade psíquica e material e chegando até a uma discriminação suficiente de si e do mundo.

Mas, se seguirmos essa trilha, seremos obrigados a concluir que "realidade" e "objetos" estão longe de significar coisas idênticas; na verdade encontram-se em pólos opostos do eixo sujeito-mundo. O objeto não é apenas encontrado ou investido; ele é propriamente constituído pelo movimento introjetivo, que faz coalescerem sensações e afetos sobre um suporte. O objeto está longe,

---

[5] S. Ferenczi, "Le concept d'Introjection", *Psychanalyse, 1*, p. 196.
[6] S. Ferenczi, "Transfert et introjection", loc. cit., p. 101.

Do autoerotismo ao objeto: a simbolização segundo Ferenczi

assim, de ser apenas um conteúdo cognitivo, uma imagem impressa na mente como representação, e que corresponderia quase exatamente àquilo de que é representação. O objeto ferencziano é uma trança ou um bloco de afetos, que pulsa e age sobre o psiquismo. Mais do que uma pintura cuja tinta libidinal poderia ser apagada, mas deixando intacta a tela, o modelo é aqui o de uma escultura, com sua tridimensionalidade, seu volume, seus cheios e seus vazios, cuja substância seria simultaneamente criada e modelada pelo escultor. Isso é ilustrado pela análise da relação hipnótica, na qual, segundo Ferenczi, "são as forças psíquicas inconscientes do sujeito que, na sugestão, representam o elemento ativo, enquanto o papel do hipnotizador, que se acreditaria onipotente, reduz-se ao papel de objeto que o sujeito aparentemente impotente utiliza ou rejeita segundo as necessidades do momento".[7]

Essa maneira de formular as coisas coloca a questão da *onipotência* no centro da problemática do objeto e da realidade. De fato, a história do desenvolvimento do sentido de realidade é a história da progressiva limitação da onipotência — ou da ilusão de onipotência — de que a criança pode imaginar dispor sobre as coisas e o mundo. Mas o interessante é que, no artigo sobre o sentido de realidade, Ferenczi vai enumerar exatamente as dificuldades para que isso ocorra; ou, dito de outro modo, falará da tenacidade desse sentimento de onipotência, a despeito dos sucessivos compromissos que a criança é levada a estabelecer com a "malignidade das coisas". Ao longo das seis etapas que distingue nesse processo, o que a cada vez prevalece é a possibilidade de manter intacta a ilusão da onipotência, ilusão que aliás se fundamenta, segundo Ferenczi, na vivência real de onipotência própria do feto no ventre da mãe: "Se o ser humano tem uma vida psíquica, mesmo inconsciente, nesse corpo materno, deve experimentar por causa da sua existência a impressão de ser realmente onipotente. O que é a onipotência? É a impressão de ser tudo aquilo que se quer e de não ter nada mais para desejar".[8] Nesse caso, cabe perguntar: como surge a consciência a partir do inconsciente, a falta a partir da plenitude (plenitude que Ferenczi designa com o nome de "período de onipotência incondicional")? Esse trajeto da "onipotência incondicional" até a percepção e a tolerância da realidade vai deixar fundas marcas na vida psíquica, mas também, é preciso dizer, a concepção que aqui se desenha

---

[7] Ibidem, p. 106.

[8] S. Ferenczi, "Le développement du sens de réalité et ses stades", em *Psychanalyse*, 2, Paris, Payot, 1978, p. 51.

imprime seu selo a boa parte do pensamento de Ferenczi.

A tônica do artigo é que, a cada experiência de desmentido da onipotência, ocorre uma situação que instaura novamente a ilusão, mas sem que ocorra uma volta ao estágio anterior. Ao contrário, a criança vai adquirindo novos modos de se reassegurar de que seus desejos são imediata ou mediatamente realizáveis. Assim, a experiência do frio, da dor ou da fome, que conduz à alucinação do estado de satisfação (no que Ferenczi segue as indicações de Freud), é contrarrestada pelos cuidados do meio ambiente, que efetivamente põem fim às sensações penosas. Enquanto esse processo real ocorre no mundo, com os adultos tomando providências para cuidar da criança, esta representa-se a si mesma como capaz de, pela alucinação, pôr fim à sua dor, já que ignora por completo que esta foi aliviada pela intervenção de outrem. Em seguida, quando por qualquer motivo o ambiente não responde com presteza às necessidades da criança, ela chora ou manifesta por algum signo corporal o seu desconforto; a intervenção do adulto sana novamente a condição penosa, com o que a criança reconforta sua sensação de ser onipotente, agora graças aos "gestos mágicos", isto é, aos movimentos do seu corpo que parecem ter produzido a satisfação.

Essas três primeiras etapas são, na terminologia de Ferenczi, etapas de introjeção: aquilo que vem satisfazer a criança — as sensações agradáveis produzidas pelo cuidado daquele a quem Winnicott chamará a mãe "suficientemente boa" — vão sendo paulatinamente incluídas no espaço psíquico da criança, no seu "eu dilatado". Mas, no quarto momento, ela fará a experiência de uma frustração mais severa, quando alguma sensação penosa perdurar apesar dos "gestos mágicos". É o momento da cisão entre o mundo e o sujeito, da descoberta de que há algo irredutível e não introjetável, um "exterior" à psique. Ora, o que faz a criança? Forçada a se representar esse exterior, ela o adornará com as qualidades e características que descobriu em si mesma, fundamentalmente com a capacidade de desejar, alucinar e ter movimentos. Por um mecanismo projetivo, ela emprestará essas propriedades a coisas e pessoas que existem no espaço exterior à sua psique. É o momento "animista", em que as coisas aparecem dotadas de vontade, de vida e de poder.

O ponto sobre o qual quero chamar a atenção é que para Ferenczi a criança que vive a fase animista reencontra no mundo exterior

os seus próprios órgãos ou o funcionamento deles. O psiquismo da criança pro-

Do autoerotismo ao objeto: a simbolização segundo Ferenczi

duz, no que diz respeito ao seu próprio corpo, um interesse primeiramente exclusivo, e depois preponderante, na satisfação de suas pulsões e no prazer que lhe proporcionam as funções de excreção, as atividades de sugar, comer, tocar as partes genitais. Nada há de extraordinário, então, em que sua atenção seja atraída em primeiro lugar pelas coisas e processos do mundo exterior que a fazem lembrar-se, mesmo se por uma semelhança longínqua, de suas experiências mais caras. Assim se estabelecem essas relações profundas, que persistem por toda a vida, entre o corpo humano e o mundo dos objetos, que chamamos de relações simbólicas.[9]

Por que é importante essa notação? Porque ela estabelece o vínculo entre o símbolo, o corpo e a psique, vínculo que a meu ver está na base da concepção ferencziana do que é a clínica analítica. Veremos isso, em um momento, com mais detalhes. Para concluir a história do desenvolvimento do sentido de realidade, cabe mencionar as duas últimas etapas: na quinta, os gestos mágicos são substituídos por *palavras e pensamentos mágicos*, à medida que a criança adquire os rudimentos da linguagem. Na sexta, a criança descobre que mesmo pedir não basta, que há o "peso das circunstâncias" e que é preciso distinguir o que o desejo exige do que ocorre no plano da realidade, aceitando de algum modo a inevitável distância entre um e outro.

Esse artigo, mesmo no breve resumo que é possível apresentar neste espaço, mostra-se como fundamental para a evolução das ideias ferenczianas. Um dos tópicos de interesse é a concepção da vida infantil: contrariamente ao que se poderia supor lendo apenas os últimos trabalhos de Ferenczi, nos quais prevalece a visão da criança vítima das paixões e mentiras dos adultos, aqui a imagem da criança é sensivelmente menos dramática. Os adultos comparecem como auxiliares benévolos, adivinhando as necessidades dela e colaborando para manter uma atmosfera na qual pode evoluir com segurança, do que é prova a persistência do sentimento de onipotência ao longo de todas as fases do desenvolvimento do sentido de realidade. Quer seja por alucinações, simbolizações animistas, gestos ou palavras mágicas, a criança descrita por Ferenczi conserva por muito tempo, e arraigadamente, a sensação de felicidade; a aquisição do "sentido de realidade" não representa — até então — nada semelhante a um traumatismo. Outro ponto de interesse é a ênfase central concedida ao movi-

---

[9] Ibidem, p. 59.

mento de simbolização no acesso à realidade, movimento que confirma o que foi dito anteriormente sobre a constituição do objeto psíquico por meio do investimento libidinal — agora, porém, mediado pelo corpo e pelo que logo se mostrará como o poder *autossimbólico* do corpo. Da mesma forma, no quinto período, o dos pensamentos e palavras mágicas, o que é próprio da linguagem não é sua função designativa, mas sua função evocativa — essa é a essência da magia, fazer ser o que não é por meio da palavra —, o que a meu ver muito aproxima essa especulação energética da realidade da sessão analítica, na qual a linguagem tampouco designa as coisas, e sim as faz ser pela evocação (há aqui toda uma concepção do que é a transferência, como algo mais do que um deslocamento de afetos entre representações, isto é, como um roteiro no qual a linguagem *faz ser* ao analista isto ou aquilo, segundo a fantasia predominante).

4

O interesse de Ferenczi pela gênese psíquica do objeto é o que distingue esses primeiros trabalhos seus da contribuição de outros autores da mesma época, como Abraham ou Rank. Seu interesse não é apenas de ordem teórica, embora se expresse sob a forma de uma construção teórica. A meu ver, ele está enraizado na outra vertente da sua atividade de psicanalista, a clínica cotidiana. Ferenczi sempre foi um observador extraordinário, atento aos detalhes e fenômenos da prática, que revelava — como continua revelando ainda hoje — aspectos insólitos e surpreendentes do psiquismo humano. Assim, seus escritos dos anos 1910-20 contêm inúmeras observações curiosas, que procurava registrar e compreender à luz dos conhecimentos psicanalíticos então disponíveis: questiona-se sobre "a quem contamos nossos sonhos", sobre "os gases intestinais", sobre a "sensação de vertigem ao se levantar do divã", sobre as "neuroses do domingo", etc. O pano de fundo dessas anotações é a percepção de que, na situação analítica, o funcionamento mental é imantado pela transferência e que as próprias coordenadas dessa situação induzem certas manifestações ou certos comportamentos nos seus dois protagonistas. Em outras palavras, o analista não é um observador neutro; sua presença, seu modo de ser, suas palavras, imprimem ao funcionamento do paciente uma torção própria, capaz de suscitar efeitos específicos.

Do autoerotismo ao objeto: a simbolização segundo Ferenczi

Como a análise é vista como uma interação produtiva e não somente como campo em que se desdobram condições preexistentes, o analista ocupa constantemente o lugar do objeto, ou, mais exatamente, ocupa o lugar de suporte do objeto. Essa ideia não está explicada nos artigos que estamos comentando, mas a meu ver organiza toda a reflexão de Ferenczi e estabelece a ponte entre sua maneira de praticar a análise e as questões que propõe a si mesmo sobre o desenvolvimento inicial da criança. Assim, compreende-se que defina a transferência como um caso particular da introjeção, e, nesta, ressalte o movimento de inclusão dos objetos no eu, movimento que se opera por meio da sexualidade: a extensão dos interesses originalmente autoeróticos ao mundo exterior, à realidade, consistente numa "objetalização do autoerotismo primitivo".[10]

Ferenczi trabalha aqui, visivelmente, com a teoria das pulsões tal como ela se apresentava na época de "Para introduzir o narcisismo": do autoerotismo primitivo, regime anárquico e disperso pelas zonas erógenas, as pulsões sexuais convergem para o corpo próprio e daí para o objeto externo (é o esquema traçado por Freud no "Caso Schreber"). A novidade em relação às teses de Freud consiste na ênfase mais intensa na descrição do processo de objetalização (as fases do sentido de realidade, e logo mais a elaborada análise do símbolo), ênfase que, se meu argumento estiver correto, se apoia no estudo detalhado das formas pelas quais o analista se torna objeto das pulsões do paciente no transcorrer do trabalho analítico. Dessa maneira, a perspicácia clínica e a imaginação teórica operam lado a lado, ao longo de um eixo comum.

Podemos perceber isso sob um outro aspecto: a noção de introjeção, apesar de o uso analítico tê-la convertido praticamente em sinônimo de *incorporação*, na verdade se opõe a esta última. Na incorporação, a condição fundamental é a perda do objeto; ela bem compensa, por um mecanismo de interiorização, a perda sentida como intolerável, por meio da construção no ego de um verdadeiro monumento ao objeto perdido ("Luto e melancolia"). Como observa agudamente Maria Torok, a introjeção pressupõe a *presença* do objeto a ser introjetado e se interrompe quando este vem a faltar. Isso porque "a introjeção procura introduzir no ego, ampliando-o e enriquecendo-o, a libido anônima, inconsciente ou recalcada. Assim, não é tanto o objeto que se trata de introjetar, mas o conjunto

---

[10] Maria Torok, "Maladie du deuil et fantasme du cadavre exquis", em *L'écorce et le noyau*, Paris, Aubier-Flammarion, 1978, p. 236.

de pulsões e de suas vicissitudes, das quais o objeto é a *ocasião* e o *mediador*.[11] Ora, a situação analítica é uma situação de presença, presença física dos protagonistas, com seus corpos e por palavras efetivamente pronunciadas. É certo que há nela referência ao ausente, ao passado, à vida exterior, aos outros de modo geral; mas o próprio da contribuição de Ferenczi é chamar a atenção para o aspecto da presença, do peso ontológico, se assim podemos dizer, da realidade "situacional", da realidade da sessão. Não é difícil perceber que, sensível a essa dimensão, seu interesse teórico seja atraído para as modalidades de constituição do objeto, como estou procurando demonstrar.

Se as pulsões são originalmente autoeróticas, isso significa que sua fonte, seu objeto e seu alvo coincidem na zona erógena respectiva: a "extensão" ou "objetalização" desse autoerotismo será por conseguinte extensão e objetalização das zonas erógenas, antes de ocorrer a unificação das pulsões no objeto *corpo próprio* e no objeto *ego*. É por isso que, no artigo sobre o sentido de realidade, Ferenczi insiste nas "relações profundas e duradouras entre o corpo humano e o mundo dos objetos, que chamamos relações simbólicas". É a etapa dita animista, por meio da qual a simbolização aparece como uma consequência lateral do processo de introjeção, consequência de extrema importância, porque equivale à presença no inconsciente — por intermédio dos símbolos — de uma relíquia de momentos decisivos da evolução do sujeito.

A incorporação, por sua vez, tem o sentido de uma negação da perda, o que é evidente; mas há ainda uma outra questão. A rigor, a ideia de perda vem no lugar do reconhecimento de uma ferida narcísica e funciona como uma defesa contra a dissolução da ilusão de onipotência. Tentemos imaginar as etapas do processo: havia um movimento de introjeção, de expansão de interesse libidinal, que por qualquer razão se viu interrompido. Algo acontece ao sujeito. Mas a ideia de perda inverte a situação, implicando que algo tenha acontecido ao objeto — o objeto desapareceu, o objeto morreu, o objeto fugiu, etc. —, de tal forma que a própria noção de perda envolve a negação da ferida narcísica, na medida em que esta aparece como resultado de algo ocorrido com o objeto e não com o sujeito, ou melhor, com o sujeito *por causa* de algo ocorrido no e com o objeto. Não fui eu quem não pôde continuar gozando: foi o objeto que me abandonou. Aliás, não foi o objeto que me abandonou; ele foi tomado por al-

---

[11] Maria Torok, ibidem, p. 236. Ver também, a esse respeito, "Deuil *ou* mélancolie", no mesmo livro.

guém, pelo terceiro ou rival: essa é uma forma fantasmática de inocentar o objeto, de isentá-lo da acusação de ser causa de dor, frustração e desprazer. O movimento de incorporação nega assim a perda do objeto — ele continua a existir em mim — e também a importância do sujeito — porque negar a perda, que já é uma negação, equivale a reafirmar (por dupla negação, portanto) a capacidade do sujeito de restaurar sua própria plenitude. A incorporação é uma salvaguarda da onipotência.

Já a introjeção e seu correlato, a simbolização, operam na direção inversa, como etapas no caminho que conduz à "realidade". O extraordinário da concepção de Ferenczi consiste precisamente em que tal realidade não é construída *contra* o sujeito, pelo recalque das suas forças próprias, mas pela integração delas; discriminar-se não é se apagar para que a realidade se imponha, mas é, ao contrário, investi-la a partir da "extensão dos interesses autoeróticos" e da "objetalização do autoerotismo", com isso ampliando a esfera do próprio eu. Compreende-se que Ferenczi dedique toda a atenção ao problema do símbolo, no plano teórico, e que seja um entusiasta das possibilidades terapêuticas e curativas da psicanálise, no plano clínico: é a experiência analítica, com a ajuda cautelosa do analista presente, que possibilitará a ampliação da vida emocional do paciente. No sentido preciso que essas palavras têm em Ferenczi, e sem lê-lo pelas lentes do anacronismo, a experiência analítica é uma experiência de cura pela simbolização. Isso ficará claro se nos voltarmos agora para o grupo de artigos que trata do símbolo e dos fenômenos de "autossimbolização", que são o meio pelo qual, na clínica, pode-se aceder às regiões obscuras em que a psique fabrica um sujeito e um objeto.

5

O símbolo atraiu a atenção de todos os analistas da primeira geração, e é interessante compreender por quê. Trata-se dos símbolos que aparecem nos sonhos e, como se pensava então, também nas culturas primitivas — Freud, Jones, Rank, Stekel e outros se ocuparam dessa questão. O problema que o símbolo propõe à psicanálise é espinhoso, já que um símbolo é uma figuração transindividual de significado constante, apesar das diferenças entre indivíduo. Como explicar essa constância? Jung partirá daí para a teoria do inconsciente coletivo, mas os psicanalistas a rejeitaram. Freud — assim como Ferenczi — acredita na transmissão de símbolos pela filogênese (fantasias originais, etc.). Mas não é por esse caminho que me parece mais interessante prosseguir. Na verdade, Ferenczi concebe o símbolo de modo muito rico, fazendo-o relacionar-se de maneira original com o objeto e a representação. No artigo "Ontogênese dos símbolos", de 1913, lemos a seguinte definição:

> Só podemos considerar símbolo, no sentido psicanalítico do termo, as coisas (representações) que chegam à consciência com um investimento afetivo que a lógica não explica nem justifica; coisas cuja análise permite estabelecer que devem essa sobrecarga afetiva a uma *identificação afetiva* com outra coisa (representação), à qual pertence de fato esse suplemento afetivo. Nem toda comparação, portanto, é um símbolo, mas unicamente aquela da qual um dos termos está reprimido no inconsciente.[12]

Essa definição sugere para o símbolo um triplo estatuto, ao mesmo tempo tópico, econômico e dinâmico. Do ponto de vista tópico, o símbolo é um conteúdo da consciência, mas que se encontra vinculado de maneira privilegiada com outro conteúdo, este inconsciente. Do ponto de vista econômico, o conteúdo consciente se caracteriza por um excesso de investimento, desproporcional ao seu significado como simples representação — é a "sobrecarga afetiva". E, do ponto de vista dinâmico, essa sobrecarga está associada ao símbolo em virtude de um processo defensivo, envolvendo deslocamento e condensação, pelo qual o investimento próprio a uma representação foi retirado dela e atribuído de forma constante e privilegiada a outra, que se torna assim o símbolo da primeira.

E por que aproximamos essas representações? Ferenczi assume aqui uma postura decididamente antiempirista: não é por semelhança ou contiguidade que associamos A e B, mas percebemos A e B como próximos ou parecidos porque, inconscientemente, já estabelecemos vínculos entre ambos. Vínculos, como se pode prever, derivados da "extensão dos interesses autoeróticos": é pela via das zonas erógenas que se criam os símbolos — essa é a sua característica universal —, mas também é preciso observar o sentido individual que cada sujeito atribui aos símbolos que para ele são significativos. Aqui o clínico

---

[12] S. Ferenczi, "Ontogénèse des symboles", em *Psychanalyse*, 2, p. 106.

Do autoerotismo ao objeto: a simbolização segundo Ferenczi

Ferenczi espia por cima do ombro do teórico Ferenczi: o que fascina não é o estabelecimento de uma lista universal de símbolos, como queria, por exemplo, Stekel, mas o caminho singular pelo qual uma criança, explorando a sensorialidade do seu corpo e das coisas que a circulam, vai estabelecer relações de significações próprias, por vezes únicas, entre os símbolos de sua eleição e os conteúdos que eles simbolizam. Ao seguir por essa linha, o que Ferenczi faz é quase dissolver a própria ideia de símbolo, se por isso entendermos apenas um conteúdo que constantemente sinaliza outro. A análise que oferece de alguns símbolos — os lençóis, a pipa, os olhos, etc. — invariavelmente leva em conta a construção pessoal, única e irrepetível do símbolo. É por essa razão que esses pequenos estudos são, na verdade, investigações sobre a gênese do objeto, e investigações que se fundamentam de ponta a ponta na prática clínica. Dito de outro modo, o estudo dos símbolos é a segunda ponte que Ferenczi estabelece entre a clínica e a teoria, no sentido de impregnar a segunda com os resultados da primeira de forma muito mais intensa e direta do que o faz Freud. Com Ferenczi, pode-se dizer, a teoria metapsicológica e a teoria epigenética se tornam traduções conceituais do experienciado na clínica — uma direção na qual a psicanálise posterior irá se desenvolver, especialmente com os longínquos herdeiros de Ferenczi que são os analistas da escola inglesa.

Num pequeno artigo de 1913, "O simbolismo dos olhos", Ferenczi estuda sete exemplos em que os olhos e o olhar funcionam como símbolos dos órgãos genitais. O interessante aqui não é tanto essa relação constante, mas o fato de ela se inscrever em contextos biográficos, psicopatológicos e transferenciais completamente diferentes uns dos outros. Há uma moça virgem que sofre do medo compulsivo de que uma agulha possa cegá-la, mas que no entanto vive provocando pequenos acidentes envolvendo exatamente os olhos (representação simbólica da ruptura do hímen pelo pênis, desejada e temida por ela); um paciente desloca para a miopia a timidez excessiva e a angústia, num quadro hipocondríaco ligado à fantasia de coito sádico e a receios de retaliação por castração; um terceiro desenvolve uma fobia de insetos, a partir da equivalência entre os termos húngaros para *inseto* e *pupila* ("inseto dos olhos"); num quarto, o masoquismo é a força determinante da sexualidade como reação a desejos sádicos, porém o sintoma mais saliente é o medo de ter os olhos feridos (a partir da vulnerabilidade, elemento comum aos genitais e aos olhos). Em todos os casos, os olhos simbolizam os genitais, mas não por substituição direta, e sim por meio da transposição de *fantasias* que envolvem o sujeito, atos e cenas sexuais, pulsões parciais, mecanismos de defesa, etc. O símbolo tem interesse, portanto, pelo fato de ser parte da construção de um sintoma, e só pode ser elucidado por meio da análise do sentido deste último.

O que torna os olhos tão apropriados para figurar os órgãos genitais? Responde Ferenczi: por sua forma, suas dimensões variáveis, sua sensibilidade e seu grande valor narcísico, "eles se revelam regularmente aptos a acolher os afetos deslocados dos órgãos genitais".[13] Esses atributos não têm todos o mesmo valor explicativo: a forma e as dimensões variáveis são fatores empíricos e contradizem a postura antiempirista de que falei há pouco. Com efeito, para que os olhos sejam "selecionados" como símbolo, não basta a semelhança perceptiva de forma ou qualidade com aquilo que irão simbolizar — isso seria atribuir à *Gestalt* uma valência superior à da fantasia inconsciente. É do lado da sensibilidade e do "valor narcísico" que Ferenczi busca a explicação para o símbolo: "Mas é provável que esse deslocamento não tivesse tanto êxito, se os olhos não tivessem em primeiro lugar o importante valor libidinal que Freud descreve, em sua teoria sexual, como um componente particular da pulsão sexual (pulsão de ver)".[14] É portanto como fonte de uma pulsão parcial que os olhos se prestam a representar os genitais (é essa a importância da sensibilidade, aqui a ser entendida como sensibilidade erógena), ao que se acrescenta o valor narcísico, ou seja, a importância de ambos os órgãos para a imagem de si e para a construção da identidade.

No simbolismo, ocorre assim uma composição de erotismos, ideia que servirá a Ferenczi como ponto de partida para *Thalassa*. Tal ideia implica a concepção de diferentes qualidades de prazer associadas às diferentes pulsões parciais, o que a meu ver representa o primeiro passo para a construção da teoria das relações de objeto. O objeto, na "relação de objeto", caracteriza-se precisamente por seu valor qualitativo, isto é, pelo tipo de prazer que é capaz de proporcionar (oral, anal, etc.). Ora, o próprio das pulsões, na versão que Ferenczi apresenta delas, não é tanto a uniformidade da sua tendência à descarga, mas a especificidade do prazer sensorial presente nos atos físicos pelos quais elas se materializam: a fricção produzida sob grande pressão no erotismo uretral, a pressão constante sobre as paredes dilatáveis do intestino no erotismo anal retentivo, etc.

---

[13] S. Ferenczi, "Le symbolisme des yeux", em *Psychanalyse, 2*, p. 69.
[14] Ibidem, p. 69.

Do autoerotismo ao objeto: a simbolização segundo Ferenczi

Ou seja, na raiz do simbolismo, encontramos a capacidade da psique de representar as partes do corpo umas pelas outras, a partir da equivalência erógena entre elas. Ferenczi considera que essa deve ser a maneira mais primitiva de formação dos símbolos, como havia descrito no artigo sobre o sentido de realidade ("fase animista"). A plasticidade e a mobilidade da libido são então os fatores determinantes, engendrando "paridades simbólicas" que em seguida passam a fazer parte de complexas configurações de desejos, fantasias e sintomas. O símbolo, em suma, resulta de uma comparação inconsciente cujo termo comum é a sensação de prazer que vincula entre si zonas erógenas e também as representações psíquicas que as representam. A tendência da libido a se espraiar com "exuberância" aparece, desse modo, como responsável pela formação dos símbolos, pela formação do objeto erótico inconsciente e pelo desenvolvimento do sentido de realidade (a partir da "objetalização do autoerotismo primitivo", como deve estar claro a esta altura).

6

A investigação do simbolismo, em Ferenczi, não corresponde a uma curiosidade especulativa, mas surge da prática e da minuciosa análise de sintomas determinados. Vinculando o simbolismo, em última instância, à mobilidade da libido e à capacidade para a introjeção, Ferenczi vai naturalmente ser levado a se interrogar sobre a forma pela qual as manifestações dessa ordem que aparecem na sessão interferem no processo analítico. Essa trajetória o levará a inventar a "técnica ativa", numa série de passos a cujo exame procederemos para concluir este artigo.

O primeiro passo está documentado num pequeno trabalho de 1912, "Sintomas transitórios durante a análise". Trata-se de sensações corporais que surgem inopinadamente durante uma sessão, como dor de dente, vertigem, hipersensibilidade ou gosto específico na boca, etc. Em todos os casos, a interpretação apropriada faz desaparecer os fenômenos, o que assegura seu caráter psicogênico; o que ocorreu foi, segundo Ferenczi, uma simbolização *hic et nunc*, cujo sentido envolve fantasias inconscientes ativadas pela análise e de um modo ou de outro absorvidas pela transferência. O interessante é que, pela primeira vez, Ferenczi alude aqui à possibilidade de o sintoma transitório ter sido provocado pela análise: "Não podemos excluir que a análise, ao penetrar nas camadas muito dolorosas do psiquismo, cuja aparente quietude ela perturba, leve o paciente a empregar meios novos para a formação dos sintomas. Pois, na vida cotidiana, o encadeamento de ideias teria sido interrompido a boa distância das zonas dolorosas".[15] A análise aparece assim como dotada de um poder *traumatogênico*, que é mais do que a simples constatação de que mexer nas feridas da alma produz inevitavelmente alguma dor.

No caso da dor de dente, a paciente expressava um sofrimento psíquico por uma dor física, valendo-se da capacidade de simbolização dos órgãos do corpo uns pelos outros, e também "referindo-se" ao que Ferenczi havia acabado de lhe dizer, ou seja, uma interpretação evocadora dos sentimentos de humilhação que ela experimentava por sua condição econômica insatisfeita, que a impedia de possuir coisas belas e luxuosas. A psicanálise da época explicava esse tipo de formação de sintomas pela capacidade de conversão própria da histeria (a "complacência somática" de Freud). Ferenczi concorda que a histeria se serve frequentemente desses mecanismos, mas amplia a hipótese para dar conta de sintomas obsessivos, alucinatórios e de outros tipos. O que está em jogo aqui é a excitação provocada pela análise e a defesa contra essa excitação, que utiliza a autossimbolização como veículo da resistência.

Os exemplos desse tipo de fenômeno são abundantes nos escritos do período 1912-6, ilustrando várias maneiras pelas quais ele pode se verificar. Nas interpretações que propõe, Ferenczi acentua a sobredeterminação do sintoma passageiro, ligando-o tanto à história de vida do paciente quanto à situação transferencial e a seus mecanismos de defesa próprios. As hipóteses de base são as que já conhecemos, e vão sendo constantemente enriquecidas pelo estudo atento das modalidades específicas de constituição de cada uma das fantasias subjacentes.

Mas pode acontecer que a excitação libidinal não conduza à formação de um sintoma transitório — que de qualquer maneira é uma "contribuição" do paciente ao processo analítico —, e sim a uma situação de estagnação do processo

---

[15] S. Ferenczi, "Symptômes transitoires au cours d'une psychanalyse", em *Psychanalyse*, *1*, p. 203. Um bom comentário dessa série de artigos encontra-se em Ilse Barande, *Sándor Ferenczi*, Paris, Petite Bibliothèque Payot, nº 201, 1972, em especial nos capítulos 4 ("Les matérialisations et les phénomènes auto-symboliques") e 7 ("De la pratique à la théorie, de la théorie à la technique active").

Do autoerotismo ao objeto: a simbolização segundo Ferenczi

associativo. Nesse caso, não surge qualquer conteúdo psíquico, nem um substituto sensorial para ele, como a vertigem ou a dor de dente: a excitação é canalizada por uma descarga autoerótica, por meio de um gesto em aparência anódino, mas cujo efeito é desviar da transferência o combustível libidinal sem o qual ela não pode funcionar. É esse o caso da célebre paciente das pernas cruzadas, que Ferenczi estuda no artigo de 1919 "Dificuldades técnicas na análise de uma histeria", e que o motivou a adotar a técnica ativa. Trata-se de uma mulher que utiliza o ato de cruzar as pernas como veículo de satisfação masturbatória e que com isso, segundo Ferenczi, conseguia uma homeostase sexual tão grande que nenhuma parcela de libido ficava liberada para alimentar o processo analítico. Daí a proibição de que ela se servisse desse recurso, proibição que resulta numa série de outras formuladas pelo analista — esse é, de início, o procedimento "ativo", que caracterizará o trabalho de Ferenczi nos anos seguintes.

Com isso se fecha o círculo. A teoria do simbolismo repousa sobre uma concepção do funcionamento libidinal que acentua a dimensão econômica, isto é, a distribuição da libido pelos diferentes objetos que a satisfazem e pelas diferentes formas que pode assumir tal satisfação. O corpo aparece assim como teatro de dramatização tanto das fantasias quanto das modalidades de resistência; em sua função de foco da erotização, subjaz aos processos de simbolização das zonas erógenas umas pelas outras e, portanto, aos processos de objetalização da libido; já como participante na conversação analítica, serve como apoio tanto da associação como da resistência, e em ambos os casos como um dos fatores por meio dos quais se manifesta e se organiza a transferência. Inversamente, as falas silenciosas ou estridentes do corpo tornam-se foco da atenção do analista, contribuindo para estabelecer a concepção de que tudo o que ocorre na sessão tem valor transferencial e pode ser utilizado como matéria para interpretação. Como parte desse percurso ao mesmo tempo clínico e conceitual, a teoria das pulsões é lentamente infletida na direção de uma teoria dos objetos, que para Ferenczi ainda é fortemente marcada pelo econômico, embora contenha indicações cada vez mais claras da importância do fator relacional.

O curioso é que, atribuindo às vicissitudes da libido um papel tão importante, Ferenczi parece subscrever a uma concepção um tanto solipsista do funcionamento psíquico. Em sua concepção inicial, como procurei mostrar, o elemento essencial é a plasticidade da libido, e o caminho vai justamente no sentido de uma "objetalização do autoerotismo primitivo", expressão que fala por si só. O objeto é por assim dizer um concentrado de pulsões, engendrado pela circulação da libido e pela pressão que esta exerce no sentido da exteriorização (introjeção). Mas a prática da análise revela a outra face da moeda: o objeto — no caso o analista — tem igualmente o poder de mobilizar o sujeito e, eventualmente, de feri-lo (poder traumatogênico da análise). O último Ferenczi, a partir de 1920, se concentrará nesse segundo aspecto, procurando remontar, por meio da regressão e do relaxamento, até os traumatismos fundamentais da infância. Nessa medida, o objeto muda de estatuto, pois na verdade o sujeito, longe de criá-lo no movimento libidinal, encontra-se na posição de alvo do transbordamento passional dos adultos, isto é, de suporte dos objetos inconscientes *deles*. Já não há objetalização do autoerotismo, mas identificação traumatizante ao agressor preexistente, o que altera significativamente a noção do que seja um objeto e em todo caso confere ao outro um papel determinante na gênese do sujeito.

Ferenczi não pôde extrair todas as consequências dessa profunda modificação teórica, em cuja origem se encontra sua forma personalíssima de praticar a análise. Mas a psicanálise contemporânea deve-lhe a indicação e os primeiros desenvolvimentos dessa hipótese, presente nas mais diversas escolas do pensamento pós-freudiano, de Lacan aos kleinianos e à psicologia do *self*, para não falar dos freudianos franceses (vejam-se as teorias de Laplanche sobre a "sedução generalizada", de Piera Aulagnier sobre a "violência da interpretação" e de Le Guen sobre o "Édipo originário", para mencionar apenas algumas). É nesse sentido — e sem precisar por isso minimizar a importância decisiva de Freud — que não soa descabida a afirmação de André Green segundo a qual de Ferenczi descendemos todos os analistas atuais — ainda que, como convém a uma filiação psicanalítica, esta também tenha permanecido por tanto tempo ignorada ou, quem sabe, reprimida.

Cem anos de interpretação

"A interpretação é o ato pelo qual se reconhece o analista." Essa afirmação de Octave Mannoni[1] poderia ser subscrita por qualquer um de nós, ainda hoje. Com efeito, contam-se às centenas, ou talvez aos milhares, os artigos psicanalíticos que se referem à interpretação; somente no fichário pessoal do autor destas linhas, figuram sob essa rubrica 298 entradas (até o momento...). Mas interpretação do quê? E quais características distinguem a interpretação psicanalítica de outras modalidades da arte — isso se forem, efetivamente, outras modalidades da *mesma* arte? Examinando a questão de *o que interpretar*, pode-se ter um acesso particularmente frutífero à história da psicanálise, visto que certamente já não interpretamos exatamente do modo como Freud o fazia — e as diferenças, a meu ver, são produto de profundas mudanças na teoria e na prática da análise. Naturalmente, no espaço de algumas páginas, não é possível retomar toda a trajetória; destacarei apenas alguns pontos, que me parecem especialmente significativos.

---

[1] Octave Mannoni, "Sur l'interprétation", em *Ça n'empêche pas d'exister*, Paris, Ed. du Seuil, 1982, p. 97. Cf. igualmente Laplanche e Pontalis, *Vocabulaire de la psychanalyse*, Paris, puf, 1967, verbete "Interprétation".

1

A ideia de que um evento, uma fala ou um fenômeno representam indícios de alguma outra coisa — e de que essa "outra coisa" pode ser alcançada a partir de um estudo atento da primeira — remonta à Antiguidade e manifestou-se primeiro no campo religioso: visava-se descobrir quais as intenções da divindade, o que o futuro reservava aos homens, o que se deveria ou não fazer diante de uma dada circunstância. Hebreus, egípcios, caldeus, gregos e romanos desenvolveram métodos de interpretação, tomando como indícios a ser interpretados aquilo que suas respectivas crenças vinculavam ao mundo supraterrestre. Assim, os arúspices romanos perscrutavam o voo das aves ou as entranhas dos animais sacrificados para decidir o que era "fasto" ou "nefasto"; os hebreus, uma vez compilados os escritos que formam a Torá, supostamente revelada por Jeová a Moisés, dedicaram-se ao seu estudo, formulando novas leis a partir das que ali estavam registradas.[2]

A laicização da interpretação — sua aplicação não mais ao que poderia transmitir ordens ou desejos dos deuses, mas a textos literários e de modo geral ao universo da linguagem humana — é obra dos gregos. Para que isso ocorresse, foram necessárias ao menos duas condições: a constituição de um *corpus* literário vasto e diversificado e a constatação de que o sentido de muitos trechos desse *corpus* já não era evidente a um leitor desavisado, fosse porque a língua evoluíra e muitas palavras antes correntes haviam se tornado obscuras, fosse porque as referências e alusões já não eram tão simples de decodificar, ou porque no processo de copiar à mão os originais, e depois copiar as cópias (única forma de difusão de um escrito antes da invenção da imprensa), tivessem sido introduzidos e perpetuados erros maiores ou menores, cuja soma podia tornar problemática a compreensão do texto. Assim, foi no período helenístico (século iii a. C. e seguintes) e em Alexandria, especialmente, que se constituiu a interpretação no sentido que conhecemos: uma série de procedimentos aparentados à gramática, à retórica e à crítica literária, utilizados para compreender o que já então eram os "clássicos" — poemas épicos e líricos, obras dos trágicos e dos

---

[2] Ver, a esse respeito, Renato Mezan, "Processo primário e interpretação", em *Psicanálise, judaísmo: ressonâncias*, Rio de Janeiro, Imago, 1995 (2ª edição), texto no qual examino os procedimentos interpretativos característicos do Talmude e da Cabala e os comparo com o que fazemos quando analisamos.

Cem anos de interpretação

comediógrafos, diálogos e tratados dos filósofos. A interpretação chamava-se então *hermeneutiké*, palavra das mais interessantes e sobre a qual vale a pena determo-nos um instante.

O termo deriva do verbo *hermeneúo*, que compreende, segundo A. Bailly, três atos diferentes mas aparentados: 1) exprimir seu pensamento pela fala; 2) portanto, daí, fazer conhecer, indicar, expor alguma coisa; e 3) interpretar, traduzir. Da mesma forma, o substantivo *hermenêia* significa: 1) expressão de um pensamento, portanto "elocução", "faculdade de se exprimir"; e 2) interpretação de um pensamento, daí "explicação", "esclarecimento". O *hermeneús* é, então, o intérprete, o que faz compreender, e também — fruto da descoberta surpreendente de que entre os bárbaros havia algo a se aprender — o tradutor. Todos esses termos estão vinculados à figura de Hermes, o mensageiro dos deuses, filho de Zeus e de Hera e protetor das viagens e do comércio.[3] Hermes é um dos deuses ligados ao *trânsito*, à *passagem* (viagens, comércio); essa ideia de movimento entre lugares (ou entre sentidos) está aparentada à palavra *hormé*, "apetite", e que Aristóteles elevará à categoria de um conceito na *Ética a Nicômaco* (em que *hormé* significa "desejo"). A *hermeneutiké* é assim uma arte do trânsito e do vínculo entre pontos distantes, quer sejam geográficos ou semânticos. Na acepção mais restrita, ela é uma arte da tradução, da recuperação ou da preservação do sentido, e suas raízes religiosas transparecem no termo que a designa, muito próximo, em grego, ao que dá nome ao deus.

Como arte da tradução, porém, ela repousa sobre a capacidade de expressão: o sentido inicial do termo não é tanto o de dizer que isto significa aquilo, mas o de "exprimir pela fala", isto é, colocar em palavras o próprio pensamento. É por isso que Aristóteles intitula "Sobre a interpretação" um dos tratados da sua *Lógica*, precisamente aquele que trata da proposição ou sentença e das variadas formas pelas quais o predicado se liga ao sujeito, tanto lógica quanto gramaticalmente. Ainda aqui, o essencial da *hermeneía* é a ideia de vínculo ou de conexão (*symplokê*), no caso entre um sujeito ou substância e os predicados ou atributos que lhe convêm. Ora, essas duas características da interpretação vão ser reencontradas na psicanálise: um dos termos mais frequentes sob a pena de Freud é *Verknüpfung*, que significa ligação ou conexão, e na *Interpretação dos sonhos* encontramos a ideia de que a expressão verbal do sonho, o seu relato, já é uma interpretação, sobre a qual irá se exercer a interpretação do psicanalista.

---

[3] A. Bailly, *Dictionnaire Grec-Français*, Paris, Hachette, s/d, p. 361.

A palavra que Freud emprega, como bem sabemos, é *Deutung*: ela significa interpretação, sem dúvida, mas também sugere a ideia de esclarecimento ou explicação, de introduzir ordem no caos aparente: *deut* é a raiz de *deutlich*, nítido, claro, distinto, e do substantivo correspondente *Deutlichkeit*. *Deuten* é tornar nítido o que aparecia como confuso ou embaçado e ao mesmo tempo revelar a lógica, mostrar as conexões daquilo que se está interpretando com o conjunto da vida psíquica do indivíduo: "Interpretar um sonho significa indicar seu sentido, substituí-lo por algo que se inclui como um elo importante e com idêntico valor na cadeia de nossos atos psíquicos".[4] Aliás, era algo semelhante que pretendia fazer Artemidoro, o intérprete antigo dos sonhos citado elogiosamente por Freud e cujos métodos eram bem menos arbitrários do que se supõe — é verdade que ele associava a partir do sonho que lhe era relatado, mas, como mostra E. Kouki num interessantíssimo artigo, procurava informar-se detalhadamente das circunstâncias, dos costumes e da história singulares de cada cliente, já que, "se muitos tiverem o mesmo sonho, a realização será diferente para cada um, porque ninguém se encontra nas mesmas circunstâncias".[5] Artemidoro fala em "realização" porque tomava o sonho como um presságio, na tradição religiosa; mas o desvendamento do seu sentido dependia estreitamente da pessoa que o havia sonhado. Kouki mostra que há bem mais semelhanças entre seu método e o de Freud do que costumamos supor.

2

Um excelente estudo do tema da interpretação em Freud encontra-se na dissertação de mestrado de Myriam Uchitel, apresentada em 1995 ao Programa de Pós-Graduação em Psicologia Clínica da puc de São Paulo.[6] Em seu trabalho, a autora retraça a trajetória da interpretação ao longo da obra freudiana, desde o início até "Construções em análise"; e o que se revela é que, na época dos *Estudos sobre a histeria*, Freud já falava em interpretação, mas não concedia a essa atividade nenhum privilégio especial. A interpretação coexistia com o método

---

[4] Freud, *Die Traumdeutung*, *Studienausgabe*, II, p. 117 (capítulo ii).

[5] Artemidoro de Cálcis, *Tratado da interpretação dos sonhos*, IV, 27, citado por Elizabeth Kouki, "Artémidore, ou du bon plaisir de l'interprète", *Topique*, 45, junho de 1990, p. 79.

[6] Myriam Uchitel, *Além dos limites da interpretação*, São Paulo, puc, 1995, 189 pp.

Cem anos de interpretação

catártico, encarregado de produzir mudanças no psiquismo e no comportamento do paciente, aquela conduzindo a uma compreensão da situação patogênica. O caráter intelectual da operação interpretativa torna-se assim claro, ao menos nos inícios do percurso de Freud; mas já na época da *Interpretação dos sonhos* ele buscava transformá-la num instrumento terapêutico. *Elucidar o sentido* deixa assim de ser um entre outros momentos do trabalho clínico, para converter-se na mola de uma mudança psíquica: conhecer o recalcado seria o passo fundamental para torná-lo inofensivo. Interpretar continua sendo descobrir o sentido latente de um conteúdo manifesto, mas essa operação — idêntica à de tornar consciente o inconsciente — ganha uma posição central na atividade do analista. Assim, lemos no artigo "O método psicanalítico de Freud" (1903) o seguinte:

> Freud construiu a partir daí uma arte da interpretação, à qual cabe igualmente a tarefa de extrair do minério das associações não intencionais o metal dos pensamentos recalcados. O objeto desse trabalho de interpretação é não apenas as associações do paciente, mas também seus sonhos [...], suas ações não intencionais ou não deliberadas [...], e os erros de suas atividades na vida cotidiana [...]. Os detalhes dessa técnica de interpretação ou de tradução [...] são, segundo suas indicações, uma série de regras empiricamente estabelecidas acerca de como deve ser construído o material inconsciente com base nas associações, como se deve entendê-lo quando faltam as associações do paciente e informações sobre os tipos mais importantes de resistências que se apresentam no decorrer de tal tratamento.[7]

Aqui já vemos Freud preocupado com a interpretação do que ocorre na sessão de análise. O que se submete à interpretação são as associações do paciente, comparadas ao minério do qual se deve extrair o metal dos pensamentos recalcados; nessas associações estão incluídos os seus sonhos e o que eles lhe evocam, os atos falhos, etc., mas também as *resistências* — e isso é novo na história da interpretação. Descobrir o significado latente de um conteúdo manifesto é o que os intérpretes vinham fazendo desde a Antiguidade; mas determinar que esse conteúdo é latente *porque* submetido ao recalque e conceber que a interpretação refaz ao contrário o caminho da defesa já é uma contribuição específica de Freud. É todo o funcionamento do aparelho psíquico, tal como o

---

[7] "Die Freudsche Psychoanalytische Methode", SA, *Ergänzungsband*, p. 104.

descreve a primeira tópica, que constitui o fundamento da interpretação: se o recalque separa e torna inconsciente, ela deve partir dos vestígios deixados pela ação separadora (o sonho relatado, as associações espontâneas), reconstruindo em direção inversa aquilo que o recalque recalcou e restituindo tanto o conteúdo recalcado quanto as operações defensivas que o tornavam irreconhecíveis. Ora, esse intento esbarra na continuidade da ação do recalque, que se faz sentir na análise como resistência: é por esse motivo que se torna necessário interpretar quando a resistência bloqueia o fluxo de associações — quando estas "faltam" —, e para tanto é imprescindível conhecer as "resistências típicas mais importantes". A interpretação passa a visar não só ao esclarecimento do que era obscuro, mas também à *modificação de uma situação dinâmica* (a relação entre a tendência a se manifestar, própria ao inconsciente, e a ação das defesas, que objetivam impedir tal manifestação).

O trabalho de Myriam Uchitel mostra detalhadamente, em diversos escritos de Freud e em seus relatos de caso, como opera a interpretação: sob esse nome genérico, incluem-se o "resgate de lembranças recalcadas num inconsciente povoado de acontecimentos traumáticos [...]; o deciframento de um inconsciente repleto de desejos e fantasias [...]; e a análise de repetição daquilo que se atualiza na transferência e que aponta para um inconsciente alimentado por pulsões, além de desejos, fantasias e acontecimentos".[8] Pois, se o propósito de vencer as resistências constitui o pano de fundo da operação interpretativa, é porque a própria resistência é uma repetição — repetição da manobra defensiva que originou aquilo que há para interpretar e indicação de que no decorrer da análise vão se reproduzir, atualizados na transferência, os conflitos que originaram e que mantêm as neuroses. Mas atenção: ao introduzir a resistência e a transferência como parte essencial do que deve ser interpretado, Freud dá um passo decisivo para afastar a interpretação do registro intelectual em que ela significa principalmente "desvendamento de um sentido latente", sentido entranhado nas *associações* do paciente. É assim que a interpretação psicanalítica deixa de ser uma espécie de "hermenêutica", para ganhar seus contornos próprios e sua característica específica: não apenas uma *tradução*, mas instrumento de modificação. Interpreta-se agora para alterar uma relação entre forças psíquicas, pela comunicação ao paciente, nas circunstâncias oportunas e do modo adequado,

---

[8] M. Uchitel, op. cit., p. 54.

Cem anos de interpretação

da compreensão alcançada pelo analista quanto a essa relação. Em outros termos, continua a haver tradução — isto significa aquilo —, porém dela se exige uma operatividade que não repousa essencialmente sobre a adequação do sentido latente ao sentido manifesto, e sim sobre a intenção calculada para desequilibrar e reequilibrar, em favor da consciência, o interjogo entre o recalcado e o ego. Essa nova função da interpretação é ilustrada no caso do "Homem dos ratos", em que a "solução da ideia do rato" — segundo Freud, ao menos — acarreta a *dissolução* dela e portanto a dissolução dos sintomas que sobre ela se apoiavam, com a consequente cura do paciente.

Não é o caso, aqui, de retraçar detalhadamente o modo pelo qual Freud se serve da interpretação em seu trabalho clínico e em seu pensamento teórico. Sabemos que ela dá margem à possibilidade de construção ou de reconstrução da história do paciente e da história da neurose, entretecendo as lembranças recuperadas e as vivências transferenciais numa vasta tapeçaria que, idealmente, restituiria a trajetória do sujeito do seu nascimento até o fim da análise. Idealmente, porque na realidade tal objetivo não é alcançável; o que é certo é que Freud acredita no poder mobilizador da interpretação para recolocar em circulação as representações e os afetos bloqueados pela defesa, para tingir o cerne das cenas decisivas da infância (veja-se o "Homem dos lobos") e para definir o estilo das relações que essas cenas alimentam na vida adulta do paciente (veja-se, entre outros, o *Leonardo* e o artigo sobre "Um tipo especial de escolha de objeto no homem"). Por meio da interpretação, chega-se aos complexos de Édipo e de castração, ao desenho da vida sexual e amorosa, às angústias e fantasias, etc. Contudo, Freud considerou até o fim de sua vida que a "estrada real" para a compreensão do inconsciente reside na interpretação dos sonhos; e a repetição transferencial, ainda que descoberta e teorizada por ele, não chegou jamais a se constituir em objeto privilegiado e quase exclusivo da interpretação.

Esse é um aspecto central, porque na história da psicanálise se verifica um progressivo deslocamento do alvo da interpretação: este se afasta paulatinamente do modelo da *Traumdeutung*, em direção ao que Freud havia estabelecido no artigo de 1914 intitulado "Recordação, repetição e elaboração". Laplanche caracteriza assim a concepção predominante em Freud — predominante porque, apesar do que escreve naquele artigo, Freud não chegou a explorar em seu trabalho clínico todas as consequências da ideia de que a transferência constitui a "arena" onde se desenvolve o processo analítico: "interpretar em psicanálise é, antes de mais nada, desmantelar e arrasar a organização do texto manifesto. E, a partir daí, seguir sem perder o pé as cadeias associativas que formam uma rede aparentemente desordenada e monstruosa, sem nenhuma proporção nem correspondência com a cadeia da qual está suspensa".[9] Na sequência, Laplanche comenta que o essencial da interpretação psicanalítica (à maneira de Freud) é o seu método, e que este consiste num *aplatissement*, num achatamento de todos os elementos do texto, conferindo ênfase e valor idênticos a qualquer das partes e ao conjunto delas: não há relações de subordinação da parte ao todo, um detalhe recebe a mesma atenção (flutuante) que o todo da narrativa. Como se vê, é a técnica adequada para elucidar um sonho que aqui se encontra promovida a paradigma da interpretação psicanalítica em geral.

Na verdade, Freud oscila entre manter esse paradigma ainda textual e subordiná-lo à dinâmica da situação analítica, o que faz, por exemplo, num dos artigos da *Metapsicologia* ("O manejo da interpretação dos sonhos"). Ou melhor: na dinâmica da situação analítica, regida pelos movimentos transferenciais, o que Freud privilegia é o caráter *repetitivo* da transferência, sua propriedade de "recordar em atos". Por esse motivo, a interpretação se move contra o pano de fundo da resistência — resistência em recordar, portanto em tornar consciente o inconsciente, portanto em mudar — e, buscando vencer tal resistência, tem como objetivo último a *reconstrução*. A transferência é algo de exclusiva responsabilidade do paciente; emana de seus complexos ou de suas pulsões e reproduz no decorrer da análise os padrões infantis do afeto e da defesa, desde que o analista mantenha sua neutralidade e se ofereça como depositário abstinente dos movimentos transferenciais. É certo que o analista deve procurar conhecer, ao máximo, seus próprios complexos e, na medida do possível, evitar que eles interfiram na acuidade da sua percepção; mas ainda assim, parafraseando o adágio de Freud ("eu o tratei, Deus o curou"), pode-se dizer que no trabalho da dupla analítica vigora uma divisão tácita: "Você associa, eu interpreto". E como conclusão: "Eu reconstruo, você confirma" — pela recordação ou, como lemos em "Construções na análise", experimentando quanto à verdade do reconstruído um sentimento de convicção que vale por uma recordação. A interpretação, que vai de um elemento singular a outro elemento singular, serve assim de

---

[9] Jean Laplanche, "Interpretar (com) Freud", in *Freud*, São Paulo, Documentos, 1969, p. 58; republicado em *Teoria da sedução generalizada*, Porto Alegre, Artes Médicas, 1988.

Cem anos de interpretação

ponte para a construção da história passada, e a essa construção, se assumida como própria pelo paciente, incumbe o valor de mola da cura.

Ora, é precisamente esse efeito modificador da interpretação/construção, nos moldes em que Freud a concebe, que será cada vez mais questionado no decorrer da história da psicanálise. Digo "nos moldes em que Freud a concebe" porque, a partir dos anos 1920, o paradigma da interpretação do sonho será em boa parte substituído pelo que conhecemos com o nome de "análise da transferência", e, embora os nomes "interpretação" e "transferência" tenham permanecido, o fato é que seus referentes passaram por uma substanciosa transformação nas mãos dos sucessores de Freud.

3

De maneira geral, podemos dizer que o que será questionado é a transparência absoluta da *situação* analítica, sua função de puro revelador daquilo que se passa nas emoções do paciente. Correlativamente, a transferência perde cada vez mais o sentido exclusivo de repetição do passado para ser percebida em sua densidade e em sua espessura no atual, convertendo-se portanto a interpretação no procedimento pelo qual é enunciada a situação presente. É na situação presente, aliás, que uma parte cada vez maior corresponde a algo que não provém diretamente do inconsciente do analista, mas se considera como suscitado pelas coordenadas próprias da situação — seja esse "algo" a reação contratransferencial do analista, o estímulo à regressão devido à posição deitada e à exigência do não agir, a estrutura de linguagem, ou outro fator qualquer. Não é preciso restringir a interpretação ao famoso "aqui e agora" para se dar conta de que, nessas condições, o paradigma estabelecido na *Traumdeutung* torna-se cada vez menos funcional, pois seu registro é essencialmente textual, e o processo analítico — como se percebe aos poucos — está longe de se reduzir ao textual. A fala conserva, é claro, seu lugar central, mas muito do que ocorre na sessão de análise se situa aquém dela, devendo a interpretação justamente atrair para a região das palavras aquilo que se dá na dimensão do ato, da fantasia, da resistência. O que é inconsciente vai muito além dos "pensamentos recalcados", metal a ser extraído do mineral das associações, na metáfora comentada anteriormente: a balança se inclina fortemente para o que acontece, por assim dizer, "em volta" das associações.

O resultado desse movimento é a aparição, na década de 1920, de acaloradas discussões sobre a metapsicologia do processo analítico ou sobre o que se convencionou chamar de "teoria da técnica".

O volume desse material é imenso, e não é possível reproduzir aqui todos os meandros da discussão. O que me parece interessante é tentar discernir alguns pontos-chave, momentos de inflexão decisivos, que são outras tantas etapas na construção das técnicas contemporâneas da análise.

O primeiro desses pontos é certamente a "técnica ativa" de Ferenczi, logo seguida pela "análise do caráter" de Reich e pelas inovações teóricas e técnicas introduzidas por Melanie Klein, bem como pelo aparecimento do que se designará posteriormente como "psicologia do ego" e "teoria das relações de objeto". Todas essas modificações, que ocorrem simultaneamente na teoria e na técnica, têm como ponto de partida a nova importância concedida à reação terapêutica negativa, isto é, à descoberta de que a comunicação ao paciente do conteúdo oculto de seus pensamentos não apenas podia ser perfeitamente ineficaz para obter uma melhora, mas ainda era capaz de conviver com um agravamento da sua condição. Freud vinculou a reação terapêutica negativa ao sentimento inconsciente de culpa, e da teorização desse sentimento resultou a invenção do superego; esta, por sua vez, abriu caminhos para a reformulação da tópica, trazendo como consequência a ruptura da bela correspondência entre metapsicologia e procedimentos terapêuticos (= interpretação) que havia vigorado na época da primeira tópica. A questão poderia ser formulada assim: qual a técnica adequada para lidar com um psiquismo estruturado sob a forma da tríade id, ego e superego? Qual o papel respectivo da libido e da agressão — auto-heteroagressão — na formação dos sintomas? Tanto a segunda quanto a nova teoria pulsional proposta por Freud a partir de "Além do princípio do prazer" transformaram profundamente a técnica da psicanálise e, por conseguinte, o modo como se entendia — e como se praticava — a interpretação.

Vamos então por partes. A "técnica ativa" apresentada por Ferenczi em seu artigo "Dificuldades técnicas na análise de uma histeria", de 1919, pretendia vencer uma resistência especialmente tenaz: em vez de produzir associações e desenvolver uma transferência utilizável pela análise, a paciente "desperdiçava" sua libido numa "masturbação larvar" durante as sessões — permanecia com as pernas cruzadas de modo tal que Ferenczi supôs proporcionar-lhe um prazer autoerótico especialmente intenso. A "atividade" consistiu, nesse caso, em

Cem anos de interpretação

proibir à paciente que utilizasse aquela posição, e com isso, calculava o analista, a excitação que nela encontrava uma descarga disfarçada se tornaria disponível para o trabalho analítico. Essa intervenção não é, certamente, uma interpretação, mas repousa sobre uma interpretação (da resistência, dos seus motivos e da sua configuração quanto à distribuição dos investimentos libidinais). Não nos interessa no momento estudar a atitude em si, mas sim ressaltar que, de uma forma até então inédita, a concepção do processo que a ela subjaz coloca a ênfase no presente da sessão em detrimento da "reconstrução do passado" pela via das associações. É certo que Ferenczi esperava que a excitação assim recanalizada viesse a estimular a atividade associativa, mas seu interesse principal estava em primeiro lugar dirigido a favorecer uma intensificação da transferência na atualidade da sessão.

A justificação teórica desse interesse no presente e nas possibilidades terapêuticas que ele poderia implicar encontra-se num pequeno livro publicado em 1924 por Ferenczi e por Otto Rank, *Perspectivas da psicanálise*.[10] No segundo capítulo, encontramos uma cerrada crítica às formas "estagnadas" do trabalho analítico, que, no entender dos autores, conferiam excessiva ênfase à interpretação dos detalhes e dos sintomas, considerada terapêutica *per se*, em detrimento da interpretação da repetição transferencial. A crítica visa basicamente à ideia de que a lembrança cura; para Ferenczi e Rank, nada adianta a lembrança se o paciente não revive, na situação analítica, algo análogo àquilo de que está se recordando. O passado e o reprimido precisam encontrar um representante no presente e na consciência — portanto na situação analítica atual — para que o paciente possa experienciá-los efetivamente. Existe, é certo, uma pluritemporalidade nos processos psíquicos, mas o analista deve direcionar sua atenção para a reação *atual*. Trata-se, dessa forma, de aumentar decisivamente o peso da recomendação técnica enunciada por Freud, segundo a qual a interpretação deve tomar como alvo a faceta psíquica mais em evidência no momento atual — regra à qual, em meu entender, Ferenczi confere um alcance bem maior do que o próprio Freud jamais o havia feito.

Ainda no segundo capítulo, Ferenczi chama também a atenção para a contratransferência — o "fator pessoal do médico" — como razão para as falhas técnicas:

---

[10] Tradução francesa em *Psychanalyse*, *3*, Paris, Payot, 1984, pp. 220-36; ver também Renato Mezan, "Do autoerotismo ao objeto: a simbolização segundo Ferenczi", neste volume.

o narcisismo do analista parece adequado para criar uma fonte de erros particularmente abundante, na medida em que suscita às vezes uma espécie de contratransferência narcísica que leva os pacientes a colocar em evidência as coisas que o lisonjeiam, reprimindo as observações e associações pouco favoráveis a respeito dele.[11]

A reação às teses de Ferenczi foi ampla e variada. O próprio Ferenczi aumentou-as e modificou-as nos anos seguintes, mas sem ceder quanto à importância central da repetição transferencial como aquilo sobre o que deveria se pautar a interpretação. Já em 1924, Edward Glover publica uma crítica muito bem argumentada acerca da técnica ativa: é interessante observar que, entre as diversas reservas quanto à eficácia dela, a principal seja que a técnica proposta por Ferenczi representa uma interferência nociva para o desenvolvimento espontâneo da transferência.[12] A divergência, como se vê, não é em relação ao papel essencial da transferência — sobre isso, ambos estão de acordo —, mas quanto à alegação ferencziana de a técnica ativa ser apropriada para suscitá-la ou colocá-la em relevo.

Na mesma época, Freud publica, com três anos de intervalo, *O ego e o id* (1923) e *Inibição, sintoma e angústia* (1926). No primeiro, introduz o conceito do superego; no segundo, reformula sua teoria da angústia, concebendo-a como reação do ego a perigos reais ou imaginados como reais. O impacto combinado dessas novas concepções sobre a técnica foi imenso, afetando *ipso facto* a prática da interpretação. No capítulo ii de seu livro, Bergmann e Hartman sugerem que a nova tópica encorajava os analistas a conceber as produções do paciente — sonhos, fantasias, associações — como um compromisso entre as três instâncias da personalidade e a pensar a tarefa analítica como uma lenta e paciente modificação do superego: a introjeção patológica dessa instância seria a responsável pela neurose, de modo que diminuir sua severidade e moderar suas exigências teria como consequência um alívio decisivo para os sofrimentos psíquicos. A figura do analista seria representativa de um superego mais benigno; ao introjetá-la, o paciente passaria a dispor de um aliado fundamental, capaz de não se opor com tanta fúria às demandas realistas do ego e aos desejos realizáveis do id.[13] Na

---

[11] Ferenczi, op. cit., p. 232.

[12] E. Glover, "Active therapy and psycho-analysis: a critical review", republicado em M. Bergmann e F. Hartman (orgs.), *The evolution of psychoanalytic technique*, Nova York, Columbia University Press, 1990 (2ª edição), pp. 126-43.

[13] Cf. Bergmann e Hartman, op. cit., p. 34.

Cem anos de interpretação

relação com o analista reside assim o foco dinâmico da cura, de maneira que a interpretação deve centrar-se preferencialmente nela. Essa ideia foi desenvolvida especialmente por James Strachey em seu célebre artigo "A natureza da ação terapêutica da psicanálise", de 1934, no qual afirma que as únicas interpretações verdadeiramente "mutativas" são as que se pautam pela transferência e a tomam como objeto.[14] A interpretação da transferência é *the ultimate operative factor*", o fator operativo em última instância, para obter a alteração qualitativa do superego; por meio dessa alteração se poderia alcançar o resultado terapêutico desejado — permitir que o paciente saísse de seu estágio infantil de desenvolvimento. Strachey representa talvez o ponto extremo dessa tendência ao considerar mutativas *somente* as interpretações transferenciais; mas a teoria metapsicológica que lhe serve de base — interpretar a transferência é essencialmente interpretar a brutalidade do superego — tornou-se tão comum na segunda metade da década de 1920 que Glover podia escrever em 1931: "A tendência da terapia psicanalítica moderna aponta para a interpretação dos sintomas sádicos e das reações de culpa".[15] A agressividade, exercida na esfera intrapsíquica pelo superego — embora as pulsões agressivas emanem do id —, tornara-se assim o alvo privilegiado da interpretação.

Foi Melanie Klein que, vindo por um caminho um tanto diferente, tirou as conclusões mais radicais dessa posição; em seus escritos coligidos sob o título de *A psicanálise da criança* (1934), o sadismo é o ponto sobre o qual incide preferencialmente a interpretação, com isso diminuindo consideravelmente a angústia. Aqui vemos uma outra elaboração a partir das teses de Freud em *Inibição, sintoma e angústia*. Klein adota imediatamente tanto a segunda tópica quanto a segunda teoria da angústia, e também a segunda teoria pulsional (pulsão de vida e de morte), à qual confere, como se sabe, uma significação diretamente clínica: a angústia deriva da ação intrapsíquica da pulsão de morte, e a defesa primitiva contra a angústia consiste na projeção dela para objetos exteriores, que se tornam assim persecutórios e vêm atacar o sujeito "com todos os meios do sadismo" por ele mesmo mobilizados anteriormente contra os ditos objetos.

Essa posição metapsicológica é a *rationale* das características básicas da interpretação tal como praticada então por Melanie Klein: ela visa ao conteúdo

---

[14] O artigo de Strachey está republicado em Bergmann e Hartman, op. cit., pp. 331-60.

[15] "O efeito terapêutico da interpretação inexata", republicado em Bergmann e Hartman, op. cit., pp. 317-30.

da angústia (as fantasias que a provocam), com especial atenção para a transferência negativa, isto é, para a agressividade e para a destrutividade tal como se apresentam na relação com o analista. Interpretação que se concentra, portanto, no que Susan Isaacs denominará "o ponto de máxima angústia" e que é fornecida muito rapidamente, no início do processo terapêutico, com bons resultados segundo os kleinianos. O conceito de transferência desenvolve-se, na obra de Melanie Klein, paralelamente ao de fantasias inconscientes, que por sua vez se relaciona com o de "situação primitiva de angústia".[16] A formulação final de Melanie Klein a esse respeito encontra-se no texto "As origens da transferência", sua comunicação ao Congresso de Amsterdam de 1951, na qual apresenta a noção de "situação total da transferência". Escreve ela:

> Minha experiência é que, ao desenredar os detalhes da transferência, é essencial pensar em termos de *situações totais* transferidas do passado para o presente, bem como em termos de emoção, defesa e relações de objeto [...]. Minha concepção da transferência, enraizada nos estágios mais primitivos do desenvolvimento e em camadas profundas do inconsciente, é muito mais ampla [do que as referências diretas ao analista no material do paciente] e resulta numa técnica pela qual são deduzidos, de todo o material apresentado, os *elementos inconscientes* da transferência.[17]

"Deduzidos" significa, obviamente, "interpretados", tanto no sentido de compreensão pelo analista quanto de comunicação ao paciente de tais "elementos inconscientes". Na versão kleiniana, a interpretação é interpretação do *conteúdo* da situação "total", e seu *timing* é determinado pela avaliação — de preferência rápida — daquilo em que consiste e onde está o "ponto de máxima angústia". A interpretação é portanto "profunda" e frequente, visando a tocar de imediato a angústia por trás das defesas.

A essa forma de interpretar e à teoria que a ela subjaz se opõem, por um lado, o que se convencionou chamar de "técnica clássica", e, por outro, as prescrições

---

[16] Cf. R. Hinshelwood, *A dictionary of Kleinian thought*, Londres, Free Association Books, 1991, verbete "Technique".

[17] Melanie Klein, "The origins of transference", em *Envy and gratitude & other works*, Nova York, Delta Books, 1977, p. 55. Uma crítica bastante severa do método de interpretação kleiniano, mostrando os riscos de "tradução simultânea" em termos da teoria adotada, encontra-se em Maurice Dayan, "Mme K. interpréta", em *L'arbre des styles*, Paris, Aubier-Montaigne, 1980, pp. 107-63.

Cem anos de interpretação

técnicas associadas ao nome de Wilhelm Reich. Ambas se baseiam numa leitura radicalmente diferente da realizada por Melanie Klein sobre os *mesmos* textos de Freud, que são *O ego e o id* e *Inibição, sintoma e angústia*. Esse é um tópico dos mais interessantes na história da psicanálise, porque nos permite ver como diferentes sensibilidades clínicas se enfrentam com um mesmo problema — a interpretação — e pretendem basear-se no mesmo fundamento teórico — a herança de Freud. É claro que esse fundamento comum se apresenta sob luzes inteiramente diversas segundo seja focalizado por este ou por aquele prisma, dado que toda referência é já interpretação, recorte da obra fundadora por fatores que vão bem além dela; mas é fascinante observar esse *parting of the ways* no nascedouro, isto é, nos anos 1920.

Retomemos a questão da tópica. Em *Inibição, sintoma e angústia*, Freud descreve resistências provenientes do id (compulsão à repetição), provenientes do ego (uso dos mecanismos inconscientes de defesa para se proteger da angústia) e provenientes do superego (reação terapêutica negativa e sentimento inconsciente de culpa). Essa classificação transformou em tarefa do analista a identificação da instância da qual partia uma resistência dada, a fim de interpretá-la e removê-la. A resistência, por essa perspectiva, configurava o alvo privilegiado da interpretação, acreditando-se que tal passo fosse indispensável para que o paciente pudesse *ouvir* e incorporar as "interpretações de conteúdo". A recomendação era, portanto, exatamente inversa à de Melanie Klein, e sugeria ir do mais superficial ao mais profundo, em vez de procurar atingir diretamente esse "mais profundo". Coube a Wilhelm Reich, em seu livro sobre a análise do caráter (1927), sistematizar essa recomendação e extrair dela consequências radicais. O caráter é precisamente o conjunto hierarquizado das defesas, que no decorrer da análise aparecem como resistências. Essa ideia, combinada com a ênfase praticamente exclusiva na transferência negativa, define os traços característicos do método reichiano de interpretação.[18] Sem aprovar inteiramente os pressupostos de Reich, Otto Fenichel endossa em 1938 as recomendações formuladas por ele: "A interpretação da resistência precede a interpretação do conteúdo" e "sempre analisar partindo da superfície".[19] A posição de Fenichel é no entanto mais

---

[18] Ver W. Reich, "The technique of character analysis", republicado em Bergmann e Hartman, op. cit., pp. 230-70.

[19] Otto Fenichel, "Comments on the literature of psychoanalytic technique", em *Problems of psychoanalytic technique*, Nova York, The Psychoanalytic Quarterly, Inc., 1941, p. 104.

matizada que a de Reich, na medida em que julga necessário um equilíbrio entre a análise da resistência e a análise do conteúdo.

Da obra de Reich partem as duas grandes tendências que, nos Estados Unidos, ocuparão a cena da psicanálise com a chegada dos emigrados no início da década de 1930: os psicólogos do ego e os culturalistas. Destes últimos não falaremos neste trabalho, mas é evidente a sua filiação à outra vertente da obra de Reich, a tentativa de fundir marxismo e psicanálise; da vertente que se expressa em *Análise do caráter*, inclusive por meio de uma crítica da própria noção de caráter, mas preservando o direcionamento da atenção para o trabalho defensivo do ego, surgirá a "ego-psychology", que se apoia também no livro de Anna Freud sobre *O ego e os mecanismos de defesa* (1936).

Muito se tem escrito a respeito dos "desvios" em que a psicologia do ego teria incorrido, desnaturando a herança de Freud, reduzindo a psicanálise a uma serviçal da ideologia e a um empreendimento sutil (e às vezes não tão sutil) de adaptação dos indivíduos à sociedade de massas. Essa imagem da principal escola americana — ao menos até a década de 1960 — provém no essencial da polêmica iniciada por Lacan, cujo volume estridente não nos deve dispensar de estudar o caso "como o caso foi". Ora, no tocante à interpretação, é necessário dizer que a *ego-psychology* seguiu à risca as pegadas da psicanálise vienense e que quem se afastou das práticas então correntes foi precisamente Lacan. Não está aqui em questão o valor das contribuições do mestre francês, nem a verdade ou a falsidade de sua releitura de Freud: o que afirmo é que, por intermédio de Otto Fenichel e de outros emigrados dos anos 1930, o que se firmou como *ego-psychology* foi o ramo da psicanálise que menos se afastou do vocabulário de Freud e de sua concepção geral da psique, do desenvolvimento mental e do processo terapêutico. Mesmo que soe como escandalosa, essa afirmação se baseia no estudo da obra de Hartmann e de outros autores dessa escola, e constatar essa fidelidade quase canina dos autores americanos ao Freud que lhes foi transmitido não significa, como é óbvio, nem compartilhar de suas posições, nem valorizá-las como eles mesmos fizeram — ou seja, acreditar que a sua era a única e verdadeira psicanálise.[20]

---

[20] Não está em questão, neste trabalho, a *interpretação* de Freud própria à *ego-psychology*, como não é o caso de abordar os conceitos de adaptação, aliança terapêutica e outros, discutidos pelos autores americanos e ausentes da obra freudiana. Mas é necessário compreender que, entre todas as escolas pós-freudianas, essa foi a única a manter intactos os elementos centrais do *corpus* freudiano,

Cem anos de interpretação

A *ego-psychology* manteve o princípio freudiano de interpretar os impulsos subjacentes ao material associativo como derivados das pulsões sexual e agressiva que buscam expressar-se na consciência. Esses impulsos — o "mais superficial", porque já pré-consciente — constituíam o objeto da interpretação, e a defesa era por sua vez interpretada como a última barreira erigida para impedir a conscienciação deles. Nesse processo, o ego era visto simultaneamente como a parte da psique que resistia e como a parte que poderia colaborar com o analista, a partir da auto-observação — daí a ideia de uma *cisão* no ego e, posteriormente, a de tomar essa cisão como apoio para a "aliança terapêutica". Daí também a ideia de que parte da relação com o analista é transferencial e parte não, esta última estando baseada na capacidade atribuída ao ego de ter percepções "realistas" sobre si mesmo, sobre o terapeuta e o processo analítico.[21]

A diferença entre essa concepção e a reichiana consiste essencialmente em a interpretação da resistência não ocupar o lugar quase exclusivo que Reich lhe reserva, e isso porque a transferência também não é considerada quase exclusivamente negativa. A capacidade de cisão do ego (no sentido preciso que lhe atribui essa escola) é o principal critério de indicação de análise, já que dela depende a possibilidade de estabelecer tanto a neurose de transferência (por meio de sua parte "neurótica") quanto a aliança de trabalho (por sua parte "saudável").

Embora a psicologia do ego tenha sido formulada e praticada com mais amplitude nos anos 1940 e 1950, faz-se necessário um breve comentário sobre sua maneira de conceber a interpretação para que se possa compreender o panorama multifacetado da psicanálise logo antes e logo depois da Segunda Guerra Mundial. Segundo uma indicação de Bergmann e Hartman, podemos resumi-lo assim: de um lado, os psicólogos do ego trabalhando como acabei de descrever, servindo-se da "teoria estrutural" e da teoria das pulsões como *drives* sexual e agressivo; de outro, os que procuravam interpretar apenas as defesas (basicamente os discípulos mais radicais de Reich), os que desejavam apoiar-se exclusivamente na interpretação da transferência (por exemplo Strachey), e os kleinianos, que enfatizavam a necessidade de interpretar a angústia, a agressividade

---

em especial o paradigma pulsional. Talvez seja exatamente essa a sua fraqueza, mas isso é um outro vasto problema.

[21] Para uma exposição detalhada da técnica que se funda sobre a psicologia do ego, ver Ralph Greenson, *Técnica y práctica del psicoanálisis*, Buenos Aires, Siglo XXI, 1976.

e a transferência negativa, mas num quadro metapsicológico que paulatinamente foi se afastando dos esquemas herdados de Freud.[22]

4

E hoje? Consolidadas as diferentes escolas de psicanálise, o fato é que a interpretação continua prevalecendo como método, mas *o que* se interpreta depende do que cada tendência considera o cerne da vida psíquica; a maneira como se conceptualizam os processos inconscientes determina o modo como uma análise pode interferir neles e eventualmente modificá-los. Mesmo a escola lacaniana, que propôs substituir a interpretação pela leitura da cadeia significante, é tributária em sua prática dos pressupostos metapsicológicos que a orientam — e não poderia ser de outro modo.

Numa deliciosa brincadeira, Joyce McDougall imagina uma supervisão na qual o analista relata ter sido procurado por uma jovem chamada Branca de Neve. Ela teria vindo para se queixar de uma péssima relação com sua mãe, uma mulher cruel e que quer fazê-la desaparecer. A mãe — que na verdade é uma madrasta — tem inveja dela, pois a enteada é muito bonita; na passado, a mãe-madrasta fora uma beldade, mas agora passa o tempo interrogando seu espelho. E, para apoiar a história de que a mãe quer assassiná-la, há o caso das maçãs estragadas que ela lhe deu para comer ainda há pouco. Tendo ouvido a narrativa, os analistas expõem seus comentários:

— o adepto da *ego-psychology* observa uma problemática essencialmente edipiana: Branca de Neve deseja o pai e quer matar a mãe, portanto imagina que esta tenha ciúmes dela. O relato de que a mãe não é a verdadeira mãe e a fantasia sobre as maçãs revelam uma histérica de manual: "É preciso interpretar a problemática edipiana e examinar detalhadamente as defesas do ego contra a culpa".

— o kleiniano deduzirá que se trata de uma projeção, sobre o bom seio materno, de um seio mau que envenena o bebê em Branca de Neve. Tendo ficado bloqueada na posição esquizoparanoide, a jovem não pôde elaborar a posição depressiva e portanto vive em busca de uma mãe perfeita. Nessa posição, projeta o seio mau nas maçãs: "É preciso interpretar sua avidez projetada sobre o seio bom materno, que a fez temer represálias da mãe interna".

---

[22] Cf. Bergmann e Hartman, op. cit., p. 38.

— o kohutiano vê na menina a vítima de uma mãe desprovida de qualquer empatia, que fez de Branca de Neve seu "objeto-*self*". A patologia da mãe é visivelmente narcísica (o espelho). É preciso "mostrar a essa moça infeliz a empatia do analista por seu sofrimento, para em seguida interpretar sua dificuldade de ser feliz por causa de um ideal narcísico inatingível, modelado segundo a imagem da mãe como objeto-*self*".

E o lacaniano? Este dirá: "*Maçã*! O que é uma *maçã*? Esse significante revela toda a estrutura à qual está assujeitada a jovem. A *maçã*, símbolo mitológico privilegiado, é a mesma que Eva, em sua própria falta, ofereceu a Adão. E essa maçã ficará entalada na garganta do homem por toda a eternidade. O que é preciso interpretar? Basta enunciar a palavra 'maçã' e encerrar a sessão".[23]

Paródia à parte — pois o lacaniano de J. McDougall parece ter estudado bem seu Jung —, há uma parcela de verdade nessa sátira sobre os analistas. Não é possível examinar as questões contidas em cada "interpretação", nem é essa a intenção da autora. Mas é inegável que a conduta de cada um dos supervisores fictícios estará determinada por sua apreensão da problemática de Branca de Neve, e portanto a linha de interpretação proposta visará a atingir o que cada um considera mais fundamental na problemática. A única e ponderável exceção fica por conta do lacaniano, que não interpretará no mesmo sentido que os outros — desvendando "o que significam" as queixas —, mas se centrará nas repetições dos significantes essenciais e procurará destacá-los sem maiores comentários.

Seria preciso estudar com detalhe o procedimento lacaniano, tal como exposto por exemplo no artigo "A direção do tratamento e os princípios do seu poder"; isso ficará para uma outra vez. Cabe apenas dizer que, na óptica lacaniana, os elementos que os outros analistas destacariam como alvo da interpretação pertencem ao registro do imaginário, enquanto a técnica analítica deveria visar ao simbólico — ou, no último Lacan, o "real da pulsão". Sirva-nos de referência um breve extrato de um trabalho de C. Pommier, que tem ao menos o mérito de localizar o que visa à análise na versão lacaniana.

A interpretação (*Deutung*) concerne à causa do desejo, que sempre escapará à significação (*Beudeutung*) [...]. A causa do desejo é o que organiza o fantasma, e, nesta medida, nunca é localizável em termos significantes, se bem que a associação de

---

[23] Joyce McDougall, "De l'indicible à l'interprétation", *Topique*, 47, 1º semestre de 1991, pp. 37-8.

significantes seja regida pelo fantasma. O fantasma [...] é esta representação imaginária que acompanha o pensamento ou a fala, à qual está articulada sem se reduzir a ela. O fantasma tem como causa o desejo, quer dizer, o que não chega a se satisfazer; concerne a uma impotência em gozar e visa satisfazer imaginariamente esta impotência [...]. A causa do desejo resiste à compreensão, porque esta é da ordem de um gozo que toda a aparelhagem da linguagem procura reconquistar. Toda frase compreensível está ali, logo, para encobrir o desejo, a vacância, de onde, contudo, se origina.[24]

A tônica dessa passagem reside no conceito de falta: falta da interpretação em capturar a significação, falta da cadeia significante em poder localizar a causa do desejo, falta do desejo em se satisfazer, falta do gozo que suscita o reconhecimento de si mesmo pelo fantasma e pela "aparelhagem da linguagem"... Enquanto a interpretação clássica concerne a um excesso (de libido, de angústia, de resistência, etc.) e visa a aliviar esse excesso, diluindo a violência do afeto por meio da sua ligação com a palavra — neste ponto convergem todas as outras tendências que procurei esboçar mais atrás —, a perspectiva lacaniana substitui a ideia de excesso pela de falta ou ausência e concebe o funcionamento psíquico como algo estruturado para recobrir esse vazio (o que incumbe essencialmente ao imaginário). Posto isso, o trabalho da análise não pode ser o de *acrescentar* a essa série de recobrimentos mais aqueles que resultariam da interpretação, mas sim realizar a tarefa oposta: revelar o vazio que se oculta no fundo da alma humana. Por isso Lacan é tão sarcástico quando comenta o trabalho de seus colegas, chegando a comparar a literatura psicanalítica ao "enorme monturo das cavalariças de Áugias" (em "A direção do tratamento"): concebe o modo de trabalhar desses autores como restrito ao imaginário, como algo a reforçar a *méconnaissance* do ego, como atuação do analista, enfim, como exatamente o que *não* deve fazer o discípulo de Freud.

Lacan pouco contou de seu próprio trabalho clínico, e seu modo de compreender o funcionamento psíquico é ilustrado sobretudo por comentários de textos literários (entre dezenas de outros, tome-se a série de aulas sobre Hamlet no seminário VI, de 1958-9, *O desejo e sua interpretação*). Mas um ótimo acesso aos

---

[24] C. Pommier, *O desenlace de uma análise*, Rio de Janeiro, Zahar, 1990, pp. 129-36. O recorte do texto é o proposto por Lucy Linhares da Fontoura, "Interpretação: da decifração do sentido à suspensão do significante", *Boletim Pulsional*, 74, junho de 1995, São Paulo, p. 15.

Cem anos de interpretação

meandros da clínica lacaniana nos é oferecido por Serge Leclaire em seu livro *Mata-se uma criança*, especialmente numa passagem como esta, que me limitarei a citar:

> Na história de um certo Pierre-Marie, a insistência repetitiva da lembrança de seu pai afogando um cachorrinho nos impôs, em função da carga emotiva que a acompanhava, que tomássemos em consideração a morte, na idade de um ano, de um irmão mais velho chamado Pierre. [...] Pierre-Marie aparece como o substituto de Pierre, e todo o seu problema consiste em matar a representação de Pierre-Marie, substituto de Pierre morto. [...] Se a criança morta havia aparecido em sua análise, permanecia ainda letra morta, e estávamos bem longe de poder tomar em consideração que a criança a matar era ele mesmo, Pierre-Marie. No entanto, podiam-se já reconhecer as rupturas de sentido oferecidas pela estrutura gramatical do fantasma. [...] A série de figuras suscetíveis de ocupar o lugar do "se" [*on*] que mata é indefinida. Não importa: [...] a parte essencial do fantasma é constituída por sua estrutura gramatical. [...] O Pierre-Marie a matar é a *representação do desejo de sua mãe*, representação tão bem chamada Pierre-Marie, do nome do irmão morto e da Virgem-mãe. O que se deve matar — para que Pierre-Marie possa viver — é a representação assim estreitamente ligada ao seu nome, que aparece de início como a de uma criança consoladora, substituto vivo, destinado à imortalidade, de um morto, figura inarticulada do desejo da mãe [...]. O significante diretor que determina o desejo da mãe não é, na maioria das vezes, tão localizável como na história de Pierre-Marie: representação inconsciente propriamente dita, tanto mais difícil (se não impossível) de localizar e de nomear quanto está inscrita no desejo de um outro [...].[25]

Comentar essa passagem — e o que se segue a ela no texto de Leclaire — equivaleria a escrever um livro sobre a interpretação lacaniana. Quero apenas indicar que a atividade interpretativa está aí retratada a nu, exercendo-se sobre os objetos indicados pela teoria de Lacan: o fantasma, o significante, o desejo, etc. Certamente, Leclaire não se mirou no exemplo do supervisor imaginado por Joyce McDougall; se o fizesse, bastaria pronunciar a palavra "Pierre-Marie" e encerrar a sessão... Contudo, permanece a impressão de que, embora

---

[25] Serge Leclaire, "Pierre-Marie ou de l'enfant", em *On tue un enfant*, Paris, Seuil, 1975, pp. 19-21.

interprete as falas do paciente para delas extrair o seu sentido, boa parte do que é interpretado não é comunicada ao paciente quando o analista intervém na sessão; o interpretado serve de referência para as interpretações, mas não se espera de sua comunicação o efeito transformador que Freud imputava à *Deutung*. Também fica a impressão de que, na prática da análise, o imaginário não tem um papel tão pequeno assim, já que Leclaire procura restituir toda a riqueza das representações (e de "carga emotiva" que as acompanhava) de Pierre-Marie. O que distingue essa passagem do que pudemos observar nos textos citados na seção anterior deste artigo é o lugar mais do que modesto que ocupa a interpretação da transferência e das resistências, precisamente aquilo em torno do que se organizaram as discussões técnicas dos primeiros pós-freudianos. Nesse sentido, pode-se falar de uma "maneira lacaniana" de interpretar, que se exerce sobre objetos diferentes — porque a teoria deles é diferente, apesar do uso de termos idênticos, como "desejo", "fantasma", etc. — daqueles que a teoria clássica indicava como o *interpretandum* (aquilo que se deve interpretar).

No início deste trabalho, dissemos que o exame do problema da interpretação poderia oferecer um acesso particularmente claro à história da psicanálise. Creio que a ideia se confirmou: não tanto porque a arte de interpretar tenha se modificado no essencial, mas porque, por meio do que se considerou que deva ser interpretado, é todo o espectro das teorias e das técnicas que os psicanalistas inventaram que se abre como num leque. Da interpretação como desvendamento dos "pensamentos reprimidos" à interpretação da relação transferencial, com seu séquito de fenômenos resistenciais e repetitivos, e à interpretação *in petto* que sustenta a escansão dos significantes no estilo de Lacan, o que ressalta é o trajeto percorrido pela psicanálise desde Freud, e que, a meu ver, é responsável pela sua sobrevivência. Freud permanece a referência básica, sem dúvida, mas seria ingênuo e errado reduzir nossa disciplina ao que ele formulou. Já não basta que tenha criado a disciplina, seus métodos, o enquadramento analítico, os conceitos-chave e tantas coisas mais? Esta breve introdução à história da interpretação sugere, assim o espero, que o passado de nossa disciplina tem muito a nos ensinar: afinal, Freud foi o primeiro, mas não o último — nem o único — psicanalista!

A recepção da psicanálise na França

> *En este mundo traidor*
> *nada es verdad ni mentira:*
> *todo es según el color*
> *del cristal por que se mira.*
> (Quadrinha popular espanhola)

Num artigo intitulado "Discurso filosófico e discurso psicanalítico: balanço e perspectivas",[1] Luiz Roberto Monzani propõe uma leitura de conjunto do que se poderia chamar a recepção da psicanálise na França. Recepção pelos filósofos, que desde os anos 1920 não cessam de perscrutar, sob os mais variados ângulos, a obra de Freud — e a galeria de leitores é impressionante: Georges Politzer, Jean Hyppolite, Jean-Paul Sartre, Maurice Merleau-Ponty, Gilles Deleuze, Félix Guattari, Paul Ricœur, Michel Foucault... Ora, pode ser interessante averiguar se na própria psicanálise francesa — tanto na leitura que os analistas propõem do legado freudiano quanto nas doutrinas e nos sistemas que desenvolveram a partir dele — não se encontram traços parecidos com os que Monzani

---

[1] Em Bento Prado Jr. (org.), *A filosofia da psicanálise*, São Paulo, Brasiliense, 1990. Uma resenha desse livro encontra-se em Renato Mezan, *Figuras da teoria psicanalítica*, São Paulo, Escuta/Edusp, 1995.

destaca nas modalidades filosóficas de apropriação. Se for assim, talvez se possam elucidar alguns dos mecanismos pelos quais se operou a *galicanização* da psicanálise.

O ENRAIZAMENTO DOS CONCEITOS NO SOCIAL

Toda obra inovadora, ao ser absorvida no grande caldo da cultura, é afetada por uma espécie de filtro, pelo qual ela passa até se decantar por completo e se tornar parte da tradição — a qual, na verdade, nada mais é do que a média ponderada das grandes obras do passado. Isso vale para a filosofia, as artes, as ciências e as religiões; nesse processo, há por certo alguma diluição, algum embotamento do gume original das ideias e formas. A degradação final é o *kitsch*, a banalização pela perda completa do que chocava pela novidade ou pela audácia: a adaptação por Waldo de los Rios da *Sinfonia nº 40* de Mozart a torna adequada à função de música de elevador, justamente porque lima todas as ousadias de ritmo e de harmonia do original. Mas, mesmo sem chegar a esse extremo, o novo — que, por sê-lo, era necessariamente dissonante em relação ao já conhecido — transforma-se paulatinamente em parte deste, e, à força de ser reiterado, acaba por incorporar-se aos padrões já familiares. Exemplos não faltam na história da arte: o impressionismo ou o cubismo já não escandalizam ninguém, as complexas texturas harmônicas de Chopin não impediram que se formasse a imagem do compositor "água com açúcar", o ritmo alucinante da montagem no cinema de Eisenstein foi absorvido pela indústria de Hollywood, e assim por diante.

O filtro que examinaremos neste estudo, porém, não é o da banalização progressiva: trata-se antes de tentar captar um tipo de *sensibilidade*, algo semelhante ao que os franceses denominam poeticamente *l'air du temps*. Falando da forma como Bleuler e Jung leram Freud, a psicanalista suíça Mireille Cifali cunhou o termo *tamis helvétique*: *tamis* é a peneira, aquilo pelo qual algo que vem de fora deve necessariamente passar para se tornar aceitável num novo ambiente. Poderíamos usar a metáfora da barreira alfandegária, ou qualquer outra que aponte para o mesmo sentido: a ideia de *filtro*, evocando o cheiro do café coado ou um experimento de química, servirá bem para nossos propósitos. O filtro precisa necessariamente ter uma certa consistência, suficiente para impor alguma

A recepção da psicanálise na França

modificação ao que por ele passa, porém não a ponto de impedir sua passagem ou de diluí-lo, tornando-o indistinguível. A noção de *ideologia* possui algo em comum com a porosidade que estou tentando caracterizar; com ela, aprende-mos que o filtro se origina em fatores sociais no sentido mais amplo e, em últi-ma análise, faz parte do próprio tecido social, refletindo lutas e interesses que por meio dele se apresentam mediatizados. Um exemplo ajudará a compreen-der quão sutis são essas mediações.

Quando Aristóteles descreve o mundo físico, divide-o em duas grandes regiões: a sublunar e a supralunar. No mundo sublunar (nosso planeta) existem quatro elementos, dos quais são constituídos todos os corpos: terra, água, fogo e ar. Esses elementos apresentam, entre outras propriedades, o fato de se move-rem "naturalmente" em linha reta: o ar e o fogo, sendo leves, para cima; a terra e a água, pesadas, para baixo. Isso explica a queda dos corpos ou o seu afasta-mento do solo, partindo da ideia de que o corpo busca o seu "lugar natural". O movimento não é, assim, nada mais do que a *busca do repouso*, obtido quando o corpo chega o mais perto possível do lugar natural. Já os corpos celestes são constituídos por um quinto elemento, o éter, cujo movimento natural é circular, o que explica por que a Lua, o Sol, os planetas e as "estrelas fixas" giram nos céus. Sendo "incorruptíveis" (isto é, neles não ocorre jamais qualquer mudan-ça), convém a esses corpos um movimento igualmente sem começo nem fim, imagem visível da perfeição e da eternidade. Na esfera sublunar, o repouso, por ser estável, é tido por mais perfeito do que o movimento: o que está em repou-so não precisa se movimentar, não necessita buscar uma condição diferente daquela que já atingiu.

Essa ideia, que privilegia o estático em relação ao dinâmico, encontra eco na concepção ética de que a vida contemplativa é preferível à vida ativa: vida contemplativa não significa, evidentemente, nada semelhante à preguiça, mas a dedicação ao pensamento, o cultivo daquilo que no homem é o mais huma-no — a razão — e a recusa de ocupações manuais ou comerciais (que consti-tuem a "vida ativa"). Ora, o pressuposto social dessa concepção ética — e da ideia correspondente na física — é o ócio da classe dominante, garantido pela organização política da cidade grega. Esse ócio possui um valor ético e um valor metafísico, permeando a concepção da felicidade como aprimoramento prazeroso das capacidades propriamente humanas (a razão e a virtude), que só pode ocorrer se as necessidades básicas estiverem asseguradas pelo traba-lho de outros.

No plano dos conceitos, temos assim uma codeterminação pela ideologia, mas essa codeterminação de modo algum é linear: seria ridículo dizer que "interessa" à aristocracia ateniense difundir a ideia de que, por ser leve, o fogo se dirige para cima. O que ocorre é a impregnação do vocabulário científico por uma *Weltanschauung* na qual se valorizam a estabilidade e a hierarquia; esses valores fundamentais são transpostos para o plano conceitual por mediações complexas, que permanecem opacas para quem vive naquela sociedade. Resgatá-las implica estar consciente dos riscos do historicismo, do sociologismo e do psicologismo — que consistem, todos, em avaliar o *valor de verdade* de um enunciando ou de uma teoria pelas circunstâncias em que são construídos, pelo lugar social de quem os constrói, pelos seus "complexos" ou pela sua biografia. Essas dimensões não estão ausentes do plano abstrato — pensando assim, estaríamos acreditando na geração espontânea das ideias ou no seu engendramento por cissiparidade —, mas tampouco se pode concluir a partir delas se uma afirmação é verdadeira ou falsa. Estão precisamente *incluídas* de modo latente nos conceitos, graças a um sistema de mediações que ao mesmo tempo insere estes últimos numa trama extraconceitual e preserva a autonomia relativa da trama conceitual.

FREUD *CHEZ LES PHILOSOPHES*

Estas observações preliminares têm sua importância quando nos aproximamos dos problemas da recepção, pois nos alertam para a complexidade inerente a todo processo de transposição — agora, a transposição de um sistema de ideias para um ambiente cultural estranho ao seu *environment* original. A introdução da psicanálise na França segue um padrão que o artigo de Monzani deixa evidente: a separação, na obra de Freud, entre o que é "aceitável" e o que é "inaceitável", seguida pela incorporação do "aceitável" ao sistema do filósofo que assim procede e de uma crítica ao "inaceitável" baseada nos princípios daquele sistema.

A concepção da psique proposta por Freud possui duas vertentes, a que Paul Ricœur chamou "força" e "sentido". O interjogo das forças (pulsões, defesas, etc.) produz a dissociação tópica entre consciência e inconsciente, e o sentido se distribui entre o patente e o latente em virtude do mesmo interjogo. Em Freud, essas duas dimensões são indissociáveis, e a operação interpretativa é simultaneamente uma leitura do sentido (tornar consciente o inconsciente) e

A recepção da psicanálise na França

uma intervenção sobre as forças (remover o recalque). Ora, é precisamente aqui que incide a dissociação imposta pelo "filtro francês": o lado "força" será sistematicamente desqualificado em favor do lado "sentido", o qual é em seguida recuperado pelas filosofias da consciência e da existência. Desde os anos 1920, a metapsicologia — pois é dela que se trata — vai ser exorcizada como "mecanicista", "naturalista", "positivista"; a prática da interpretação, tida por "humanista", é em contrapartida incorporada como instrumento precioso para a compreensão da alma. No livro organizado por Bento Prado Jr., vemos como diferentes autores seguem essa via: Politzer valoriza a psicanálise como meio para entender o drama de uma existência, Hyppolite faz uma leitura existencialista da *Verneinung* (denegação) inspirada em Hegel, Roland Dalbiez aceita o "método psicanalítico" e repudia a "doutrina freudiana", Sartre inclui no seu sistema uma "psicanálise existencial", e assim sucessivamente.[2]

A que se deve esta extraordinária homogeneidade no recorte da obra freudiana? Por um lado, à tradição humanista da psicologia e da psiquiatria francesas, bem estudada por Elizabeth Roudinesco nos primeiros capítulos de sua *História da psicanálise na França*.[3] Por outro, ao prisma dominante da filosofia francesa entre os anos 1930 e 1960 do século XX, prisma constituído por uma curiosa mescla de fenomenologia e marxismo. Vale notar que essas doutrinas tampouco são de origem francesa e também passam pelo processo de aculturação que afeta a psicanálise. Tal é a força do que chamei há pouco "galicanismo", referindo-me à heresia que vicejou na França no século XVII: os galicanos "defendiam a autonomia dos bispos franceses (igreja galicana) em face da autoridade pontifícia romana", como ensina mestre Aurélio.

Essa metáfora é útil para designar uma tendência que percorre o pensamento francês desde Descartes, e que não poupa a psicanálise: a reivindicação do direito ao livre exame da tradição, para nela discernir o que é valioso e o que deve ser descartado. O resultado dessa postura costuma ser o afrancesamento das doutrinas e das ideias, em nome de princípios postos como universais *porque* racionais: veja-se o caso da tradução de Shakespeare por Voltaire, ou de *As mil e*

---

[2] Para uma visão mais detalhada dessa maneira de ler Freud, convém consultar os textos reunidos na coletânea mencionada. Ver igualmente "Sobre a epistemologia da psicanálise", neste volume, e, sobre Sartre, a tese de Camila Salles Gonçalves, *Desilusão e história na psicanálise de Jean-Paul Sartre*, São Paulo, Nova Alexandria, 1999.

[3] E. Roudinesco, *Histoire de la psychanalyse en France*, vol. I, Paris, Ramsay, 1985.

uma noites por Galland, às quais cabe como uma luva o epíteto de *les belles infidèles*. Voltaire acreditava honestamente que, ao expurgar Shakespeare dos seus "excessos bárbaros" e ao atrelá-lo à métrica trágica, estava lhe prestando um serviço inestimável, porque o submetia aos cânones do "bom gosto" e assim o tornava palatável para o mundo civilizado (que na época falava francês).

É precisamente isso que ocorre com a fenomenologia, quando esta é importada para a França. Em sua origem, ela é essencialmente uma teoria do conhecimento, que retoma a empresa cartesiana e kantiana de assegurar à filosofia um fundamento enfim sólido. Tal fundamento é encontrado por Husserl na intencionalidade da consciência: todo conhecimento é um ato de consciência, e toda consciência é consciência *de* alguma coisa. Este "alguma coisa" é portanto um conteúdo da consciência, e seu aparecer para ela é um fenômeno, de onde o termo *fenomenologia* (já empregado por Hegel, num sentido próximo, na *Fenomenologia do espírito*). A consciência pode visar um objeto de diversas maneiras: cognitivamente, afetivamente, através da memória, da expectativa, do prazer estético, etc. Os trabalhos de Husserl exploram as diferentes modalidades do funcionamento da consciência, em especial no que se refere ao conhecimento, mas também quanto à percepção do tempo, e sob outros aspectos. Seu discípulo Heidegger publica em 1927 *Ser e tempo*, uma ampla investigação fenomenológica da existência (*Dasein*) que marcou toda a geração de filósofos franceses que se formava por volta de 1930.

Como mostra Vincent Descombes,[4] esses jovens nascidos com o século (Sartre em 1905, Merleau-Ponty em 1908) se revoltam contra o neokantismo então vigente no pensamento filosófico gaulês e recusam uma primeira versão local da filosofia da consciência, o bergsonismo. Seu santo patrono é Hegel, que como precursor do marxismo (e da revolução russa, o grande evento político do início do século) se vê revalorizado pelo curso de Alexandre Kojève na École Pratique de Hautes Études, ao qual também assistiu Lacan. O que se destaca na leitura kojeviana de Hegel é a *dialética*, da qual se servirão Sartre e Merleau-Ponty em seus escritos, e a noção de *experiência*, tanto no sentido individual quanto no coletivo (experiência histórica). Para Kojève, Hegel era o filósofo que havia mostrado a origem irracional do racional; seus alunos iriam em busca de

---

[4] Vincent Descombes, *Le même et l'autre: quarante-cinq ans de philosophie française, 1933-1978*, Paris, Minuit, 1979.

A recepção da psicanálise na França

uma "filosofia concreta" que pudesse trazer o pensamento para a esfera da ação e do drama que cada qual vive em sua existência — daí o elogio da *práxis*, o privilégio da "existência" sobre a "essência", a valorização do corpo e da percepção: em suma, o miolo mesmo das doutrinas que levam o nome de Sartre e de Merleau-Ponty.

Ora, nessas doutrinas o ser humano é visto como imediatamente ligado ao *outro*, ou seja, ao social e ao político. Isso explica a união entre fenomenologia e marxismo, aquela encarregada de dar conta da consciência individual, este da consciência política que conduz à ação revolucionária. A fenomenologia deve oferecer ao marxismo a psicologia de que ele carece, e o marxismo deve proporcionar à fenomenologia a teoria da sociedade que ela não pôde formular. Sem entrar em detalhes que nos afastariam demais do nosso assunto, cabe observar que o galicanismo está presente nessas tentativas: trata-se de depurar cada uma das doutrinas daquilo que contradiz o seu próprio espírito, resgatando o que nelas é verdadeiro e útil. É evidente que isso não é dito de forma tão explícita, mas, no caso do marxismo, é o que fazem livros como *As aventuras da dialética* (Merleau-Ponty), *Marxismos imaginários* (Raymond Aron) ou *Crítica da razão dialética* (Sartre); de modo diverso, segundo a perspectiva de cada autor, o objetivo de todos eles é recuperar os conceitos marxistas, afastando-os da barbarização que lhes impôs o comunismo soviético. O mesmo vale, como outro conteúdo, para o empreendimento althusseriano de separar o jovem Marx ainda ideológico do Marx maduro, paradigma da cientificidade.

Tem-se assim o pano de fundo contra o qual se desenha a recepção francesa de Freud. Não é de admirar que a metapsicologia fosse repudiada: nada mais estranho a uma apreensão fenomenológica da vida psíquica do que os pontos de vista dinâmico e econômico. Freud será criticado por ser naturalista, por ter mecanizado a descrição do drama humano, por não ser suficientemente dialético. Mas, ao mesmo tempo, nele se buscarão os traços de uma dialética ignorada — e que o leitor filósofo porá em evidência —, assim como serão valorizados o método interpretativo, a sexualidade (Georges Bataille), a livre associação (André Breton e a escrita automática), o empenho em compreender a singularidade de uma vida (Politzer e o "drama"). É esse o "filtro" francês, e sem o ter presente é impossível compreender o que significou o "retorno a Freud" inaugurado por Lacan.

Não se pense que a existência do filtro deva ser condenada por si mesma. Ele é um dado inescapável, fruto de movimentos no plano da cultura que precedem e envolvem a chegada da psicanálise a qualquer país. Na Argentina, que podemos tomar como exemplo de contraste, o filtro contém um elemento político bastante acentuado, que se origina nas circunstâncias nas quais a psicanálise ali se implantou e difundiu. O clima dos anos 1940 e 1950 impunha uma polarização à vida política argentina em torno do projeto peronista de um Estado de bem-estar com fundamentos populistas. A disseminação do atendimento psicológico em todo tipo de instituição de saúde mental (que ocorreu nos anos 1960 e sobretudo nos 1970) foi possível graças aos largos contingentes de psicólogos que então se formavam e em cujo preparo a psicanálise tinha um papel de relevo, devido à rede capilar de grupos de estudo inicialmente dirigidos pelos próprios analistas da IPA. Ora, as exigências do momento favoreceram tanto a elaboração teórica das relações entre grupo e indivíduo (o ecro de Pichon Rivière) quanto o surgimento da figura do psicanalista politicamente engajado, que se via como um *"trabajador en la salud mental"*; a reflexão de um José Bleger produzirá, entre outros trabalhos, o intitulado *Psicanálise e materialismo dialético*, retomando a tradição freud-marxista da Europa Central (Reich, mas também Fenichel, os frankfurtianos, etc.). E não há como negar a motivação política — no sentido emancipatório e democrático — do movimento "Plataforma", que no final dos anos 1960 cindiu a Associação Psicanalítica Argentina. Ou seja: em grau maior ou menor, a dimensão política permeia o *ethos* de toda a psicanálise naquele país e lhe confere suas feições idiossincráticas.[5]

Vemos assim que o problema não é tanto a existência do filtro — ele sempre está presente, às vezes de modo mais conspícuo, às vezes menos —, mas o *ângulo de refração* que ele impõe à psicanálise, e isso independentemente da vontade dos psicanalistas; estes também estão imersos no *socius* e nas coordenadas culturais que dele derivam tanto quanto em parte o constituem.

A OUTRA VOLTA DO PARAFUSO: LACAN E O ESTRUTURALISMO

Sabemos que quem "galicanizou" de vez a psicanálise foi Jacques Lacan, e isso — paradoxalmente — sob a palavra de ordem do retorno a Freud. Não é difícil compreender de onde provém a necessidade de um tal retorno: três décadas

---

[5] A esse respeito, ver Jorge Balán, *Cuéntame tu vida: una historia del psicoanálisis argentino*, Buenos Aires, Planeta Editorial, 1991.

A recepção da psicanálise na França

do regime de leitura que acabamos de descrever haviam desfigurado a obra freudiana a ponto de a tornar irreconhecível. O sentido do retorno a Freud, dizia Lacan, era o retorno ao sentido de Freud, e para isso cabia voltar a lê-lo em seus próprios termos: todo Freud, dinâmica e economia inclusive, textos maiores e menores, e se possível no original alemão.

A figura de Lacan é certamente o pivô em torno do qual se organizam todos os debates da psicanálise francesa, desde os anos 1950 até a atualidade; sua obra é uma referência para todos os analistas do Hexágono, inclusive para aqueles que se opuseram a ele, quer porque discordassem da sua leitura de Freud, quer porque recusassem seus procedimentos no plano da terapia, ou porque combatessem suas posições no plano institucional.

Como se realizou o "retorno a Freud"? Ninguém pode saltar por cima de sua própria sombra: sob a aparência de um resgate do sentido original, o que se deu foi uma leitura tudo menos inocente. Em primeiro lugar, ela se inscreve no *Zeitgeist*, no espírito do tempo, pelos instrumentos dos quais se dota — a linguística de Saussure e a antropologia de Lévi-Strauss lhe fornecem os conceitos de *significante* e de *sistema simbólico*, que servirão de arma de guerra contra as ilusões do "imaginário". E é por essa via que Lacan se aproxima da tendência que triunfará nos anos 1960, o estruturalismo, da qual ele mesmo acabou por se tornar um dos expoentes.

Vincent Descombes apresenta esse momento do pensamento francês de modo particularmente claro, razão pela qual acompanharemos aqui a sua análise. Diz ele:

> a ambição da fenomenologia francesa era apoiar uma filosofia dialética da história sobre uma fenomenologia do corpo e da expressão. A geração que se mostra ativa depois de 1960 denuncia na dialética uma ilusão e recusa a abordagem fenomenológica da linguagem. Aparece assim uma oposição total, ou que gostaria de ser total, entre a doutrina dominante no pós-guerra e aquilo que vai receber logo mais, na opinião [do público], o nome de *estruturalismo*.[6]

Qual é a base para essa oposição? Ela apresenta duas vertentes: a crítica da dialética e a crítica do papel da consciência. A dialética passa ao "banco dos réus" porque os filósofos veem nela não mais o instrumento para compreender

---

[6] Descombes, op. cit., p. 93.

204

a mobilidade contraditória do real, mas a "forma mais insidiosa da lógica da identidade, isto é, de um pensamento que só pode compreender o outro reduzindo-o a uma figura do *mesmo*, que subordina a diferença à identidade". Esse é o caminho seguido por Gilles Deleuze, e que dará origem à "filosofia da diferença" (*Nietzsche e a filosofia, Lógica do sentido, Diferença e repetição*). Já a crítica à consciência — e ao eu no qual ela se enraíza — recusa a função de fundamento absoluto que a fenomenologia lhe atribuía, vendo nessa função um resquício idealista que reduz o ser ao "ser para mim". Jacques Derrida dirá que a fenomenologia está encerrada na *clôture* (redil) da representação. Para os estruturalistas, não apenas o eu não é o sujeito, mas ainda a própria noção de sujeito deve ser inteiramente reformulada na direção da *impessoalidade* (é o caminho que tomará Lacan, ao falar de sujeito do inconsciente).

Descombes esclarece que não se pode falar de uma "filosofia estruturalista", mas sim de um *efeito* do estruturalismo — que na origem é apenas um método — sobre o discurso filosófico. Esse efeito consiste na substituição das *descrições* pelas *desconstruções*. A fenomenologia buscava descrever fenômenos, e os fenômenos apareceriam para uma consciência, sendo portanto parte da sua experiência (*Erlebnis, vécu*).

> Tudo o que é deve poder ser descrito como o sentido oferecido pela vivência de alguém [...]. Sejam os exemplos do sonho, da loucura ou do mito. Como receber o que dizem o sonhador, o alucinado, ou quem recita o mito? O relato do sonho, o delírio e a fala mítica são a cada vez a *expressão* de uma *experiência* particular: a experiência onírica do mundo no primeiro caso, a experiência esquizofrênica no segundo e a experiência mítica no terceiro. Trata-se de modos de existir, de "ser-no-mundo". [...] E, como a vivência é a origem da verdade, a análise fenomenológica do mito, por exemplo, consistirá em descrever a "consciência mítica", isto é, o sentido que oferece o mundo para quem tem dele uma experiência mítica.[7]

Ora, nada mais estranho ao método estruturalista e à ontologia que ele supõe do que a "descrição da consciência mítica". A desconstrução (termo introduzido por Derrida) quer mostrar *como é construído* um discurso ou um sistema de signos, e isso implica denunciar como ilusória a pretensão do sistema

---

[7] Descombes, op. cit., pp. 96-7.

A recepção da psicanálise na França

de apenas refletir a própria coisa, "permitindo que o sentido dela se diga a nós". Os enunciados são construídos da forma como são, não porque as coisas *sejam* assim, mas em virtude das coerções próprias ao discurso. Ou seja, o código não é transparente, e as mensagens ou enunciados que nele se produzem devem muito às possibilidades e restrições do próprio código: "O poeta não escuta tanto seu coração quanto aquilo que lhe dita a língua francesa, cujos recursos e limites dão origem a uma poética à qual deve obedecer o poema", no bom exemplo de Descombes.[8]

Roman Jakobson, o Círculo de Praga e Ferdinand de Saussure haviam aplicado esses princípios à linguística; Lévi-Strauss, inspirando-se neles, aos sistemas de parentesco (e depois aos mitos indígenas); Georges Dumézil, aos mitos gregos, romanos e germânicos sobre os deuses. Em todos esses casos, o que a análise estrutural mostra é que um determinado conteúdo representativo (o mito, o sistema de alianças, a distribuição das funções entre as divindades) é *isomorfo* a outros, pois resulta de transformações semelhantes num determinado sistema de elementos, e, em consequência disso, as relações entre esses elementos são análogas em todos os conjuntos considerados. "A estrutura é precisamente aquilo que se conserva no isomorfismo entre dois conjuntos", conclui Descombes.[9] Lévi-Strauss dirá o mesmo numa linguagem mais pitoresca: "Os animais totêmicos não são bons para comer, mas bons para pensar" — ou seja, as relações entre eles espelham as relações entre os clãs.

Essa breve descrição do panorama intelectual no qual Lacan promove o "retorno a Freud" permite compreender várias coisas. Em primeiro lugar, que sua leitura (nos anos 1950, ao menos, época que aqui nos interessa) privilegia o significante e o simbólico em detrimento do imaginário — este é o território do *moi*, sede das ilusões do sujeito. Lacan atinge dois alvos simultaneamente: a leitura filosófica que, a partir da fenomenologia, valorizava em Freud o plano da experiência e desvalorizava a metapsicologia "impessoal", e a psicologia do ego, tendência psicanalítica que nada tem a ver com a filosofia francesa, mas que podia ser consistentemente criticada com os instrumentos fornecidos pelo estruturalismo. O "retorno" buscava assim recuperar o eixo da análise freudiana — o inconsciente, região radicalmente estranha à racionalidade egoica — e envolvia uma

---

[8] Ibidem, p. 98.
[9] Ibidem, p. 105.

recusa radical a quarenta anos de história da psicanálise, tanto no interior do movimento analítico quanto no caso específico de sua recepção na França.

Mas o que há no inconsciente? Aqui o alvo é o kleinismo. Melanie Klein, certamente, nada tem de existencialista, mas *sob essa perspectiva* sua descrição do inconsciente (o "mundo interno") se aparenta à descrição que fazem os fenomenólogos da experiência do sujeito. Ora, para Lacan as representações inconscientes se organizam pelas "leis do significante", as quais precedem e organizam os significados. Dito de outro modo, a análise dos significados não é primeira, porque o significado depende da linguagem: no mesmo movimento, o sujeito deixa de ser aquilo que se expressa na linguagem para se converter naquilo que *está submetido* a ela, "aquilo que um significante representa para outro significante". O sujeito não está na origem do sentido de seus enunciados, mas é um efeito destes últimos, assim como o próprio significado ou sentido que por meio deles toma forma. Nas palavras de Descombes:

> o sentido da mensagem não é o sentido da experiência, o sentido que teria a experiência antes de qualquer expressão, se a pudéssemos exprimir. É o sentido que a experiência pode *receber* num discurso que se articulará segundo um certo código, isto é, num sistema de oposições significantes. Lacan insistiu sobre essa heterogeneidade entre a linguagem e a experiência [...]. A necessidade em que está o homem de exprimir suas *necessidades* numa *demanda* dirigida a outrem — e de redigir essa demanda na língua falada por este outrem, a saber a língua materna — o sujeita (*assujettit*) ao significante. Submissão que produz nele um efeito aberrante [...]: o *desejo*. O homem deseja na medida em que é *sujeito*, o que já não quer dizer "origem absoluta" do sentido, mas antes "assujeitado ao significante" (assim como, numa monarquia absoluta, alguém é súdito do rei).[10]

Se é com esses instrumentos que se opera o retorno a Freud, e se tal retorno produz esses resultados, podemos dizer que Lacan escapa às determinações do filtro francês? Parece-me que não, e não somente porque sua leitura de Freud está impregnada de tudo o que acabamos de ressaltar. O filtro francês se caracteriza,

---

[10] Ibidem, p. 119. Em francês, *súdito* e *sujeito* se expressam com a mesma palavra, *sujet*, cuja polissemia o autor explora aqui.

A recepção da psicanálise na França

como vimos, pela separação entre um "bom" Freud e um "mau" Freud, e — apesar da retórica em contrário, apesar dos inegáveis efeitos de arejamento e da fecundidade produzidos pelo exemplo de Lacan — é exatamente isso que vamos encontrar na sua obra. Muito já se escreveu sobre a eliminação do ponto de vista econômico na psicanálise lacaniana — o privilégio do significante acarretando o formalismo da análise, a sua "intelectualização", a desconsideração pelo campo das forças e pela sua intensidade. Em parte, essas críticas são procedentes, ao menos na fase que estamos examinando. Mas não se pode pretender que Lacan tenha deixado completamente de lado o Freud psicodinâmico: entre os "quatro conceitos fundamentais" da psicanálise, ele arrola o de pulsão, e toda a temática do real é uma tentativa de pensar o que escapa às redes do simbólico, fazendo *irrupção* e produzindo um efeito *traumático* sobre a vida psíquica. Fica difícil afirmar que um pensador que trata dessas questões e atribui a elas o peso que Lacan lhes atribui tenha abandonado a psicodinâmica — na verdade, ele a repensa em outros termos, mas de modo algum se pode dizer que não a leva em conta.

A meu ver, o efeito do filtro está em outro lugar: na concepção lacaniana do ego. Desde sua tese de doutorado, Lacan lhe recusa a função de vínculo com a realidade, sublinhando a dimensão das identificações (que em 1932 dará origem à "fase do espelho"). Ora, há em Freud, se não duas teorias do ego, ao menos duas concepções bastante diferentes da sua gênese e da sua função: ele é um precipitado de identificações e um objeto de amor das pulsões (narcisismo), mas é também o *locus* dos mecanismos de defesa e a ponte entre o aparelho psíquico e a realidade exterior (a "prova de realidade" é uma função do ego). Lacan descarta resolutamente esse segundo aspecto, recusando ao ego o papel de agente psíquico da realidade e privilegiando a sua dimensão de sede das ilusões: desde a "antecipação jubilatória" da totalidade corporal na fase do espelho até a "estrutura paranoica" do ego, passando pela ideia de que analisar é desconstruí-lo na "travessia do fantasma", é sempre esse lado que se destaca na sua leitura.

Não se trata de avaliar se Lacan tem ou não razão; o que quero deixar claro é que ele também opera uma seleção na herança de Freud, e isso apesar da pretensão de restituí-la em sua integridade. Dir-se-á talvez que todo leitor faz o mesmo, e que numa obra tão extensa e de temáticas tão variadas como a de Freud é inevitável privilegiar certos aspectos e deixar outros na sombra. É certo, mas isso só confirma que não existe leitura inocente. Ela não é jamais decalque do que está escrito, embora a compreensão do que está escrito e sua restituição exata sejam obrigatoriamente a primeira etapa de toda leitura. A leitura é trabalho para decifrar as significações que estão no texto, mas esse trabalho só pode ser feito com as ferramentas de que dispõe o leitor — e essas ferramentas, entre as quais se incluem as *questões* que ele dirigirá ao texto, são-lhe oferecidas pelo *seu* tempo, não pelo tempo em que aquele foi redigido. Em outras palavras, *"el cristal por que se mira"* refrata o lido segundo certos ângulos. É evidente que o cristal ou o filtro não determinam *toda* a leitura, pois há que tomar em conta também os aspectos individuais do leitor — sua formação, sua posição no contexto da cultura, sua prática, seus interesses. Mas eles a codeterminam em grau nada desprezível, como espero que esteja claro a esta altura.

Em que a leitura lacaniana de Freud é codeterminada pelo filtro francês? Em primeiro lugar, dissemos, pela necessidade de separar o joio do trigo; mas sobretudo porque sua crítica ao "realismo do ego" se alicerça na sólida tradição de moralistas como La Bruyère e La Rochefoucauld. Para essa tradição, e obviamente por outros motivos, o *moi* é *haïssable* (detestável), fonte de vaidade e de soberba, presa de ilusões inescapáveis, que o conduzem a tomar suas nuvens por Juno. Salta aos olhos o parentesco entre essa tradição e o recorte feito por Lacan nas concepções freudianas sobre o ego — e a prova de que estas admitem mais de uma leitura está justamente na psicologia do ego, que prolonga uma tendência já visível no último Freud: a de ver no "fortalecimento do ego" o meio para domesticar a violência das pulsões. Esse tema atravessa a oposição entre os vienenses, capitaneados por Anna Freud, e o kleinismo nascente, como atestam as conferências de uns no território dos outros e vice-versa, ocorridas em meados da década de 1930.[11] E convém não esquecer que os primeiros trabalhos de Heinz Hartmann se situam na esteira de *O ego e os mecanismos de defesa*, livro de Anna Freud que recebeu inteira aprovação do seu pai. Ora, quem são os "psicólogos do ego"? Embora seja uma crença difundida, essa tendência *não* se originou nos Estados Unidos, mas na Europa, e foi transplantada para a América

---

[11] Cf. Ernest Jones, *A vida e obra de Sigmund Freud*, Rio de Janeiro, 1989, volume III, pp. 202-3. Refiro-me aqui às tentativas de cada um dos lados para fazer o outro compreender as respectivas posições, enviando a Londres psicanalistas austríacos (como Robert Waelder) e, a Viena, psicanalistas ingleses (entre os quais Joan Rivière).

A recepção da psicanálise na França

pelos exilados do nazismo: Hartmann, Kris, Helen Deutsch, Sándor Radó, Otto Fenichel, Franz Alexander...

Resumamos nossa conclusão: o empreendimento lacaniano de resgatar Freud produziu o *seu* Freud, por meio do próprio movimento que visava a restaurar a pureza matinal do freudismo. Essa consequência inesperada do "retorno" está na origem de toda a psicanálise francesa, tanto a de linha lacaniana quanto a mais "clássica". É o que veremos com o estudo mais detalhado de um exemplo.

A PROVA DOS NOVE: DUAS LEITURAS OPOSTAS DA SEDUÇÃO

O que caracteriza a posição de Freud na França, sem dúvida como resultado do "retorno a Freud", é seu estatuto de *interlocutor*. Lacanianos e não lacanianos mantêm com a obra do fundador um constante diálogo, e isso se traduz pela preocupação em iniciar qualquer pesquisa, sobre qualquer tema, com um levantamento do que Freud disse sobre o assunto — ainda que seja numa nota de rodapé. A construção do autor é então apresentada como uma derivação mais ou menos direta de algum princípio freudiano, ou mesmo de uma observação marginal, cujo alcance o próprio Freud não percebeu. Essa situação distingue o Freud dos autores franceses do Freud inglês ou americano: nas versões anglo-saxônicas, ele é em geral o predecessor ilustre, o primeiro, o grande descobridor, etc., mas o interesse maior está no que escreveram os seus sucessores. Algo semelhante ocorre entre os kleinianos: cada vez menos se citam textos de Klein, e cada vez mais de Bion, de Rosenfeld ou de membros contemporâneos da escola. Essa forma de proceder supõe que o essencial do pensamento fundador já tenha sido absorvido e que suas ideias sobre tal ou qual ponto não apresentam mais interesse intrínseco, visto que desde então muito já se avançou na trilha que eles abriram.

Dentro do clima geral definido pelo princípio da interlocução, alguns autores se limitam a questões localizadas, enquanto outros vão até os fundamentos da teoria, buscando reformulá-la de modo a torná-la apta a compreender a clínica contemporânea. Surgem assim verdadeiros sistemas "parafreudianos", como os de Piera Aulagnier, Jean Laplanche, Conrad Stein, Claude Le Guen e outros.[12] Ora, embora no teor manifesto os seus escritos apresentem divergências por vezes consideráveis, uma mesma inspiração os conduz: revisar Freud para expurgá-lo daquilo em que ele não foi suficientemente fiel aos seus próprios princípios. Parece paradoxal, mas aqui não se trata de adequar Freud ao marxismo nem à fenomenologia, e sim ao *freudismo*, construindo teorias que evitem os impasses que, segundo esses autores, o mestre não soube ou não pôde evitar.

Temos portanto a ação habitual do filtro francês, mas agora operando numa perspectiva pós-lacaniana. A palavra de ordem é retornar a Freud, mas sem convalidar os resultados teóricos alcançados por Lacan: segundo tais autores, a intenção de Lacan era perfeita, mas a execução do projeto não conduziu ao resgate do "sentido de Freud", e sim à constituição do lacanismo — e quanto a isso não se lhes pode negar certa dose de razão. O curioso é que, ao retomar certos aspectos da obra freudiana, cada autor chega a conclusões nem sempre compatíveis com as dos outros; penso que isso se deve tanto às questões que cada um coloca ao texto — o que chamei de aspectos individuais do leitor — quanto ao modo diverso pelo qual opera, em suas mãos, o famoso filtro. Mas este está sempre presente, como ficará claro ao estudarmos mais de perto duas dessas elaborações: a de Jean Laplanche e a de Claude Le Guen. Tomaremos como fio condutor a questão da sedução; mas, para compreender a diferença entre as duas visões acerca do tema, convém relembrar rapidamente a problemática na qual cada autor a insere. Falaremos primeiro de Laplanche, depois de Le Guen.

Laplanche começa como um comentador de Freud: depois de redigir com Jean-Bertrand Pontalis o *Vocabulário da psicanálise* (1967), em *Vida e morte em psicanálise* (1970) e, na série das *Problemáticas* (cursos dados em Paris vii nos anos 1970 e 1980) ele mergulha no texto freudiano, expondo suas articulações e seus pressupostos. Mas já nessa tarefa de esclarecimento é sensível a ênfase em certos aspectos e a recusa de outros, como que preparando o terreno para a criação de sua própria perspectiva, a "teoria generalizada da sedução", que servirá de base para os *Novos fundamentos da psicanálise* (1987).

---

12 Estudei detalhadamente esse problema em "Três concepções do originário", em *Figuras da teoria psicanalítica*, São Paulo, Escuta/Edusp, 1995. Cabe aqui esclarecer que, pelo termo "parafreudianos", entendo esses autores que se situam no interior da problemática do freudismo, mas que, para certas questões, propõem soluções diversas das que o próprio Freud encontrou. O termo, é óbvio, não possui nenhuma conotação pejorativa.

A recepção da psicanálise na França

Desde as conferências de *Vida e morte*, Laplanche valoriza em Freud a sexualidade, e, no plano do ego, a vertente sexual do narcisismo. Mas recusa a ideia de uma origem endógena da pulsão sexual; à medida que vai caminhando pela obra de Freud, impõe-se a visão de uma sexualidade — e de um psiquismo — que se constitui *de fora para dentro*, e de modo algum de dentro para fora. Já em *Vida e morte*, ele distingue entre a sexualidade e a ordem vital, a fim de resolver o velho problema do "estado anobjetal", que seria mais ou menos idêntico ao narcisismo primário. Laplanche mostra que o momento inaugural da sexualidade não coincide com o momento inaugural da vida: pouco importa que o bebê tenha da mãe algum tipo de percepção; ela só se torna *objeto sexual* quando a função de nutrição sofre um desvio que a torna propriamente humana. Ele recupera a ideia de *instinto* como montagem predeterminada pela biologia, que organiza comportamentos como o de mamar; a sexualidade vai surgir quando, dessa função biologicamente predeterminada, se destacar um elemento que não é biológico, mas psicológico — o prazer. Laplanche retoma nesse contexto a célebre passagem dos *Três ensaios* em que Freud mostra a constituição do prazer no ato de chupar o dedo, que é ao mesmo tempo o primeiro objeto substitutivo do seio e o "protótipo de todas as gratificações sexuais futuras". Isso serve a Laplanche para demonstrar que a sexualidade não nasce com o sujeito, mas se forma num segundo momento; o mesmo esquema será aplicado para o narcisismo, como derivação da sexualidade — e com isso se resolve o famoso enigma do "estado anobjetal". Do ponto de vista da sexualidade, não existe tal estado, pois a sexualidade nasce com o objeto (seio/dedo); pode haver um primeiro período da vida em que inexista o objeto (sexual), mas essa questão não interessa à psicanálise, que trata do sujeito sexuado.

O modelo oral implica, como é evidente, que a pulsão se estruture de fora para dentro, a partir de uma experiência que não pode surgir sem o concurso do outro (no caso, a mãe, detentora do seio). Laplanche se liga aqui a toda uma corrente da psicanálise que insiste no aspecto estruturante do objeto em relação à psique: Melanie Klein e o bom objeto como núcleo do ego, Bion e a função do devaneio materno, Piera Aulagnier e a "sombra falada", para só citar alguns autores.

Ocorre que uma outra vertente da teoria freudiana enfatiza a dimensão *endógena* da pulsão: pense-se na origem dela em *Pulsões e destinos de pulsão*, ou na forma pela qual Freud compreende a transferência nos chamados escritos técnicos. Ali lemos que todo ser humano dispõe de certas imagos que projeta sobre qualquer objeto, imprimindo a este os traços do que já existia no psiquismo.

212

Melanie Klein descreve algo semelhante quando fala do objeto perseguidor: este se constitui pela projeção da agressividade da criança sobre o seio materno, que em seguida passa a ser temido como fonte de retaliação. Visivelmente, o objeto não tem aqui nenhum papel estruturante; ao contrário, é estruturado por algo que se origina no interior do sujeito e que funciona como molde para qualquer objeto a ser investido. Daí a ideia de que a evolução psíquica consiste numa progressiva redução do peso da fantasia sobre a percepção do outro, numa espécie de acesso gradual à realidade que forma o modelo do que deve ser a análise: integração entre as pulsões e integração das partes cindidas do ego vão de par com a integração dos aspectos presentes na representação do objeto, tornando-a mais próxima do que de fato é o outro por ele representado.

Laplanche faz muito cedo sua opção entre essas duas tendências, que são talvez as principais dentro da metapsicologia, e escolhe a de fora para dentro. Mas isso ainda não configura uma teoria "laplanchiana"; simplesmente, Laplanche enfatiza esse aspecto na obra de Freud, o que o conduz a recuperar a noção de sedução. O passo seguinte será dado com a ampliação dessa ideia a fim de dar conta da constituição do sujeito, não apenas na vertente pulsional, mas no *próprio processo da formação do aparelho psíquico* — este também se forma de fora para dentro, graças à implantação dos "significantes enigmáticos" que se originam no contato do bebê com os adultos.

O que singulariza a versão laplanchiana da relação de objeto — pois é disso que se trata — é a ênfase na dimensão *sexual* dos significantes enigmáticos. Isso fica claro se a compararmos com algo que não deixa de ter com ela uma certa semelhança: a teoria bioniana da *rêverie*. Bion utiliza esse termo para designar a capacidade que a mãe tem de entender as comunicações enigmáticas e misteriosas de seu bebê, capacidade que funciona para este como uma espécie de prótese psíquica. Concretamente, diz Bion, o que a mãe faz é acoplar o seu aparelho psíquico ao da criança, o que permite a esta receber, já elaborados, certos estímulos e experiências, que ela mesma não tem ainda condições de processar.

A teoria de Bion, claramente, repousa sobre a ideia de que a constituição do sujeito depende de um aporte externo: estamos no *paradigma objetal* da psicanálise. No caso de Bion, a função dessa capacidade materna é auxiliar o bebê no controle da angústia, porque o estímulo, depois de passar por esse processo no psiquismo da mãe, retorna à criança de uma maneira mais "mastigada", e ao mesmo tempo menos perigosa. Nisso Bion é um herdeiro de Melanie Klein, e a teoria da "função continente" se reencontrará em vários pontos do argumento bioniano — na descrição do processo de pensamento, por exemplo, ou na visão do papel do analista, que consiste em suma em absorver as identificações projetivas do seu paciente, processá-las e devolvê-las sob a forma de interpretações que façam sentido.

Para Laplanche, a função do adulto não é conter nem elaborar o que provém do psiquismo infantil, mas exatamente o contrário. O significante enigmático nada tem de sedativo: seu papel não é o de controlar as tensões nem o de aliviar a angústia. Se ele tem um efeito estruturante, é porque antes de mais nada produz um efeito de *irritação*. Cabe aqui a comparação com a ostra formando a pérola a partir do grão de areia que penetra em sua concha. Quando o adulto implanta um significante enigmático no psiquismo da criança ainda imatura — e aqui vemos a sombra de Ferenczi agigantar-se sobre Laplanche —, ele lhe impõe a necessidade de um trabalho psíquico, e é *porque* deve realizar esse trabalho que seu psiquismo irá se desenvolver. Na perspectiva de Bion, quem trabalha é a mãe, e a sexualidade dela conta muito pouco; na perspectiva de Laplanche, quem trabalha é a criança, e é decisivo que o adulto que emite o significante inconsciente tenha ele próprio um inconsciente, portanto fantasias recalcadas e desejos censurados pelo superego.

Não é difícil perceber que a teoria da sedução generalizada implica uma completa reelaboração da noção de pulsão — Laplanche falará de "objeto-fonte" da pulsão, eliminará a pulsão de morte como entidade independente, etc. Mas não é nosso intuito estudar o conjunto da sua obra: o que dissemos até aqui basta para mostrar a presença do filtro francês. Ele ocorre na seleção operada nas ideias de Freud, privilegiando o modelo oral em detrimento do modelo endógeno e tirando dessa opção consequências de grande alcance. Em suma: a proposta de Laplanche é explicar de que forma a psique se constitui por meio do contato com o outro, e sua originalidade está em insistir no caráter sexual desse outro, pois o seu inconsciente *passa* junto com as mensagens que ele dirige ao sujeito infantil. É essa a "sedução originária". A escolha da palavra *significante* mostra suficientemente o vínculo desse pensamento com o de Lacan e o contexto francês. *Enigmáticos* mostra a diferença de Laplanche em relação à tradição lacaniana: os significantes não são só os significantes da língua, mas são também significações enigmáticas para o próprio adulto, na medida em que contêm elementos recalcados da sua sexualidade.

Das três fantasias originárias estudadas por Freud, a que Laplanche privilegia é indiscutivelmente a sedução; em sua visão, porém, não se trata de uma fantasia, e sim de uma realidade — e mesmo a realidade essencial, aquela da qual depende todo o restante. Nos *Novos fundamentos*, ele mostra como a cena originária e a castração derivam em última análise da sedução, deixando portanto de ser originárias. A posição central da sedução o conduz a privilegiar o "ponto de vista tradutivo", ou seja, os mecanismos pelos quais o psiquismo infantil vem a assimilar o conteúdo dos significantes enigmáticos com que se defronta.[13]

Ora, Claude Le Guen está preocupado exatamente com a mesma questão — a constituição do psiquismo —, mas a investiga a partir do que se passa na situação analítica. Longe de ser apenas o encontro de duas pessoas, para Le Guen ela comporta três funções: o sujeito desejante, o objeto desejado e um obstáculo à onipotência dos desejos. Essa configuração, isomorfa à do complexo de Édipo, é segundo ele o que permite a transferência e, portanto, a intervenção sobre a vida psíquica do paciente.[14]

Mas de onde provém o complexo de Édipo? Le Guen vai a Freud (é isso que significa tê-lo como interlocutor) em busca de uma referência que o situe não somente no final da primeira infância, mas na própria origem da vida psíquica, embora, evidentemente, não da mesma forma como o complexo aparece em torno dos cinco anos. Em *L'Œdipe originaire*, seu primeiro livro, resgata um texto ao qual ninguém tinha dado muita importância: uma passagem de *Inibição, sintoma e angústia* em que Freud fala sobre a "angústia dos oito meses". Trata-se do momento em que a criança reconhece que a mãe não está presente: ela espera vê-la, mas no seu lugar vê outra pessoa, e chora angustiadamente. Isso significa que reconheceu no indivíduo à sua frente uma pessoa diferente da mãe, o que requer uma certa organização mental, o uso da memória, certas operações intelectuais. O que faz Le Guen? Destaca essa observação do seu contexto imediato para com ela criar um novo conceito: o de *non-mère*, ou não mãe.

---

[13] O filtro age ainda em outros pontos do pensamento maduro de Laplanche, como mostra toda a primeira parte dos *Novos fundamentos* — uma crítica cerrada ao biologismo e ao mecanicismo de Freud ("Uma falsa física" é o título de uma das seções do livro), que recupera de certo modo a crítica dos filósofos aos mesmos elementos da metapsicologia. O que disse no corpo do texto, porém, basta para apoiar meu argumento, e por isso deixarei de lado esses outros aspectos.

[14] Cf. Claude Le Guen, *Pratique de la méthode psychanalytique*, Paris, puf, 1989 (publicado no Brasil pela editora Escuta).

A recepção da psicanálise na França

Segue-se um estudo detalhado da triangulação entre o bebê, a representação da mãe e a representação do não mãe, do que resulta que a percepção da *ausência da mãe* desempenha nessa situação uma função estruturante. Na verdade, trata-se da matriz real de uma das fantasias originárias descritas por Freud, a da *castração*. O que significa aqui fantasia de castração? Em sentido lato, significa perder algo desejado em virtude da ação ou da presença de um outro. Podemos dizer que o sentimento da criança nesse momento é de frustração, que a realidade lhe impõe uma privação, e, como se trata de privação do objeto do desejo por excelência, ela ganha o nome de *castração*.

Le Guen supõe então que a reação do bebê à percepção do não mãe suscite uma fantasia: a de que este engoliu a mãe. Um exemplo disso aparece na passagem da *Psicopatologia da vida cotidiana*, na qual Freud narra um ataque de pânico que teve aos quatro ou cinco anos. A babá havia sido acusada de ter roubado algo da casa e se encontrava na cadeia local. O pequeno Sigmund grita e chora; quando seu irmão diz que ela havia sido *eingekastelt*, colocada dentro do cofre ou baú (*Kasten*), ele vai até o baú da família e exige que o irmão o abra, porque para ele a expressão significava que a babá estava dentro *daquele* baú. Ao ver que a moça não estava ali, o menino continua desesperado, até que, no batente da porta, surge a sua mãe, "esbelta e linda": é só então que ele se acalma, porque na verdade o que queria (por intermédio da babá) era a presença da mãe.

Le Guen mostra em seu livro como a situação do medo ao estranho contém *in nuce* uma série de aspectos que pouco a pouco vão se explicitando no funcionamento psíquico. É por isso que ele a chama de "Édipo originário": Édipo porque se trata de uma triangulação; originário porque nela estão contidos os germes do desenvolvimento futuro. Por coerência de vocabulário, o que se costuma denominar complexo de Édipo passa a ser o "Édipo secundário". É do Édipo originário que derivam as fantasias originárias, das quais, sem sombra de dúvida, a mais fundamental é a da *castração*. A da cena originária pode ser facilmente derivada dela: é apenas outro nome do momento em que a criança fantasia o desaparecimento da mãe por obra e graça do não mãe, numa perspectiva semelhante à da fantasia dos pais combinados em Melanie Klein. E a sedução? Aqui temos uma situação sumamente interessante: Le Guen não consegue deduzir, da triangulação originária, a sedução. A meu ver, isso acontece porque a sedução é sempre um jogo de *dois*, e, quando começamos com *três*, é impossível retroceder até uma situação dual. Le Guen conclui, bastante logicamente, que a sedução não é uma fantasia originária, porque não pode ser derivada do medo do estranho.[15] Mais uma vez, o filtro francês mostra sua extraordinária consistência: um momento da teoria é selecionado como fundamental, e o que não se coaduna com ele é declarado sem importância, para não dizer equivocado — e isso num autor que segue ao pé da letra o texto de referência, materializando à sua moda a injunção do retorno a Freud...

Curiosa situação! Eis dois autores preocupados exatamente com a mesma coisa, o momento inaugural da psique (num caso a sedução, em outro o Édipo, são qualificados como *originários*). Os dois estão se referindo a textos de Freud e ao mesmo conceito básico, as fantasias originárias. Cada um deles, em função da sua problemática, vai a essa parte da geografia da psicanálise, recorta-a de acordo com uma certa preocupação e *chega a resultados absolutamente opostos*. Há por certo algo comum a ambas as operações: sedução e encontro do não mãe não são mais fantasias, mas experiências reais da criança: mesma recusa, portanto, de ver na fantasia qualquer aspecto *originário*. É fácil perceber por quê: por motivos diferentes, tanto Laplanche como Le Guen recusam a teoria filogenética na qual Freud ancora a ideia das fantasias originárias — verdadeiros esquemas *a priori* que organizam o mundo psíquico e aos quais acaba por se coadunar a experiência. A recusa da filogênese não é exclusiva dos psicanalistas franceses — não conheço nenhum que acredite nela, nem na realidade da horda primitiva ou do assassinato do seu chefe, pontos aos quais Freud atribuía importância central. Mas não deixa de ser interessante observar como, na esteira de Lacan, nossos dois autores retomam os "fundamentos" do freudismo e, na própria empresa que visa a melhor assegurá-los, acabem por distinguir — ainda que de modo sutil e engenhoso — o aceitável do inaceitável. Quer este esteja na pulsão de morte ou na realidade da sedução, permanece sempre um resíduo inaceitável — e nisso o filtro francês continua tão ativo como sempre.

Mas tal filtro não induz apenas à seleção: depois de Lacan, ele exige que se dialogue com Freud. É o que fazem ambos os autores: Le Guen vincula sua contribuição pessoal — a ideia de Édipo originário e a figura do não mãe — à letra de *Inibição, sintoma e angústia*, e realiza uma leitura extremamente inteligente do "medo do estranho", dela derivando consequências sem dúvida originais. O mesmo vale para Laplanche, quando recupera o tema da sedução, que no próprio Freud se tornou secundário — tanto que foi abandonado como hipótese para

---

[15] Claude Le Guen, *L'Œdipe originaire*, Paris, Payot, 1974, p. 61.

A recepção da psicanálise na França

explicar a origem da neurose — e dele se serve para montar uma construção particular.

A pertinência dos dois autores ao mesmo território geográfico e cultural — a uma mesma província psicanalítica, se podemos dizer assim — produz outro efeito interessante, que mostra sob um ângulo inesperado como até os adversários de Lacan acabam sendo influenciados por aquilo que ele desencadeou. Le Guen opõe-se decididamente ao lacanismo, assim como, no quesito sedução e na concepção geral do que é a vida psíquica, se opõe a Laplanche — escreveu aliás uma crítica severa dos *Novos fundamentos*[16] —, mas se serve da noção de *après-coup*, cuja ressurreição na psicanálise se deve precisamente a Lacan e aos autores do *Vocabulário*... Na *Prática do método analítico*, o *après-coup* se combina com outra ideia recuperada por Laplanche do sótão empoeirado da psicanálise: a ideia de *apoio* (*Anlehnung*). Falando nos *Três ensaios* da relação entre autoconservação e sexualidade, Freud diz que as funções sexuais se apoiam, *sich lehnen an*, sobre as funções de autoconservação: por exemplo, o prazer oral no ato de mamar, o prazer anal na excreção, e assim por diante. O termo aparece também na *Introdução ao narcisismo* para designar uma das modalidades de escolha de objeto. Quando Laplanche discute o desvio do instinto que dá nascimento à pulsão sexual, recupera o termo de apoio, num sentido bem próximo do que Freud lhe atribuía — a pulsão apoiando-se sobre a função biológica, como primeiro passo para dela se destacar.

Ora, Le Guen o emprega num contexto totalmente diverso: o da ligação entre o presente e o passado, a fim de dar conta da influência deste sobre aquele. Diz então que o presente se apoia sobre o passado, e assim conjuga no mesmo mecanismo duas funções que nem em Freud nem em Laplanche têm qualquer ponto de contato: o *après-coup* e o *étayage*. Com isso, cria o novo conceito de *étayage/après-coup*, que utiliza para descrever de que maneira as experiências passadas conformam e condicionam as novas (estas se *étayent* sobre as antigas), enquanto as novas permitem às antigas se ressignificarem (o *après-coup*). Le Guen outorga a esse mecanismo um papel central no funcionamento psíquico, porque graças a ele se realiza um vaivém entre o atual e o passado que permite, entre outras coisas, a realização de uma análise. É graças a essa dialética do

---

[16] *"Nouveaux fondements pour la psychanalyse*, de Jean Laplanche"*, Revue Française de Psychanalyse*, 1989, vol. 3, pp. 1009-26.

apoio e do *après-coup* que a experiência da análise pode "modificar o passado", por meio da transferência e da revivescência do Édipo na situação analítica.

Ou seja: o mundo do conceito também dá muitas voltas!

É tempo de concluir nosso trajeto. Os dois analistas, como espero que tenha ficado claro, não são franceses apenas porque vivem em Paris ou escrevem na língua de Montaigne: são franceses na sua forma de conceber o vínculo da psicanálise que praticam com o texto de Freud, e são franceses ainda pela maneira como interrogam esse texto, pelo respeito que têm por ele e pela decisão de torná-lo mais consequente do que era nas mãos do próprio autor. O mesmo princípio governa a sua leitura e a dos filósofos — separar o joio do trigo —, mas numa escala diferente e com um intuito diferente. Os filósofos recusavam, em Freud, certos *problemas* (por exemplo o da pulsão). Já os psicanalistas aceitam como válido o que Freud põe como problema (por exemplo, a questão do originário), mas recusam *a solução* que ele lhes dá (por exemplo, a horda primitiva). Não mutilam Freud para o fazer entrar no leito de Procusto de um sistema filosófico estranho ao seu pensamento, mas também não se prosternam em adoração, como se ele fosse San Gennaro, e cada gota do seu "sangue" uma preciosidade inigualável. O pêndulo está no meio do arco: são psicanalistas dialogando com um psicanalista, em busca de soluções para questões psicanalíticas. É isso que faz de sua leitura uma *interlocução*.

La boucle est bouclée, como se diz por lá: o círculo se fecha. A história da recepção da psicanálise *chez les Gaulois* mostra de modo particularmente claro que a apreensão de um pensamento novo só pode ocorrer nas malhas da cultura ambiente — o que seria uma obviedade, se não a esquecêssemos com tanta frequência. Da recusa da metapsicologia e da anexação do "método freudiano" pelas filosofias da consciência, passamos ao "retorno a Freud", que produz um pensamento sumamente original — o de Lacan — e deixa sequelas nos sistemas "parafreudianos", os quais aplicam o mesmo princípio de sempre, mas agora para salvar Freud de Freud, e com isso fazer avançar a psicanálise.[17]

---

[17] O lacanismo produziu ainda um outro efeito, do qual não tratamos neste artigo: o ultramontanismo psicanalítico, sob a forma de uma idealização de Freud que beira o fanatismo. Cf. a esse respeito "Sobre a epistemologia da psicanálise", neste volume.

A recepção da psicanálise na França

Seria ingênuo condenar essas leituras sob o argumento de que seriam "infiéis a Freud": o texto freudiano é o horizonte, e certamente aprendemos muito sobre os meandros do seu pensamento com os autores a que me referi. Ocorre aqui o mesmo que na Antiguidade: pelo prisma dos padres da Igreja ela é uma coisa, pelo prisma do Renascimento outra, pela óptica dos neoclássicos do século XVIII uma terceira, e assim sucessivamente. O que é, então, a Antiguidade? Ela é o que se passou nos séculos anteriores às invasões bárbaras e dos quais temos testemunhos arquitetônicos, literários, esculturais, etc. Mas também é o que dela fizeram todos os que a interpretaram: no século XXI, a Antiguidade já não pode ser experienciada como se fôssemos gregos ou romanos, e só nos é acessível por intermédio das lentes dos leitores que nos precederam.

Embora a escala dos séculos ainda não se aplique a Freud, o mesmo vale para a sua obra: impossível separá-la do ruído de fundo que constituem as leituras por meio das quais — e unicamente por meio delas — podemos ter-lhe acesso. Cabe-nos atentar para isso e procurar determinar os filtros pelos quais nós mesmos, *à notre insu*, apreendemos tal obra, inserindo-nos por nossa vez na longa cadeia de sua transmissão.

Figura e fundo: notas sobre o campo psicanalítico no Brasil

Celebrado com brilho em maio de 1997, o vigésimo aniversário do Instituto Sedes Sapientiae suscitou, para alguns membros do seu Departamento de Psicanálise, o desejo de avaliar o que na nossa disciplina permaneceu e o que se transformou durante esses vinte anos. Este artigo visa a contribuir para a construção de uma resposta a essa pergunta.

A CONFIGURAÇÃO INSTITUCIONAL

Transportemo-nos por um momento a 1977 ou 1978: qual o panorama psicanalítico que nos seria dado observar? Wilfred Bion realizava sua terceira e última visita a São Paulo. No Sedes, davam-se os primeiros passos para a consolidação de um curso de formação "alternativa" à oferecida pela instituição oficial; pilotavam-no Regina Schnaiderman e alguns psicanalistas da IPA, que viam nessa iniciativa méritos diversos (contrariamente à direção da Sociedade, que tudo fez para sufocar no nascedouro essa perigosa inovação), e um grupo de analistas argentinos que a barbárie instalada em seu país obrigara a se refugiar no Brasil. Mas tais eventos, por sua vez, eram parte de processos mais complexos, iniciados antes e que continuariam a produzir efeitos depois. É preciso, portanto, recuar um pouco o relógio, a fim de os situar e tentar compreender seu sentido.

Figura e fundo: notas sobre o campo psicanalítico no Brasil

Recuar até quando? O fantasma da regressão ao infinito, ou pelo menos até o casamento dos pais de Freud, nos faz definir uma fronteira *a quo*: pelos motivos que exporei, parece justo fixá-la em torno de 1968-70. É nesse período que se lançam as sementes da "nossa época" em psicanálise, tanto no que diz respeito à configuração institucional quanto do ponto de vista do próprio conteúdo da disciplina.

Primeiramente, uma palavra sobre as instituições. A psicanálise se apresenta, em 1968, estruturada em dois blocos de dimensões bastante desiguais: a IPA, em escala mundial, e o movimento lacaniano, nesse momento ainda restrito à França. No Brasil, fazem parte da IPA a Sociedade de São Paulo, as duas do Rio de Janeiro e a de Porto Alegre; há *study groups* em outros lugares, porém ainda incipientes. Na França, pertencem à IPA a Sociedade de Paris e a APF, a qual congrega os discípulos de Lacan que escolheram retornar à associação internacional. Entre os lacanianos, agrupados na escola freudiana de Paris e firmemente controlados por um mestre ainda em plena atividade política e intelectual, o tema em discussão é o "passe".

Os acontecimentos do maio parisiense produziram efeitos também entre os analistas: criam-se as primeiras cadeiras universitárias de psicanálise, a de Laplanche e Fédida em Paris VII, a dos lacanianos em Paris viii (Vincennes). No congresso de Roma (1969), um grupo de analistas "latinos" — franceses, italianos, argentinos — questiona vivamente a estrutura de poder e o tipo de formação vigentes na IPA. Denominam-se "Plataforma Internacional", e sua ala argentina estará na origem direta de importantes transformações na psicanálise latino-americana. Já os brasileiros passam incólumes pela agitação política: filiados havia poucos anos à associação internacional e muitos ligados a Londres, não participam das tempestuosas discussões de Roma, e de modo geral se oporão às reivindicações democratizantes de "Plataforma".

O grupo de Buenos Aires — Armando Bauleo, Hernán Kesselman, Marie Langer, Emílio Rodrigué e Eduardo Pavlovsky — mobiliza politicamente a Associação Psicanalítica Argentina e se une a outro grupo, "Documento"; após diversas crises, retira-se da apa no ano de 1971. O clima político do país se radicaliza antes mesmo do golpe militar — estamos falando do início dos anos 1970, com a volta de Perón e tudo o que a precedeu e a sucedeu. O grupo dissidente forma então a Coordenadora de Trabajadores de la Salud Mental (1972), cujo Centro de Docencia y Investigación oferece cursos e conferências para centenas de estudantes.

Apressemos nosso passo: com o golpe de fevereiro de 1976, inúmeros participantes desses movimentos se veem obrigados a deixar a Argentina e a se exilar em diversos países, entre os quais o Brasil (cuja ditadura, embora também feroz, não perseguia psicanalistas, até porque estes eram em sua maioria politicamente conservadores). Levavam consigo um alto nível teórico e clínico, fruto dos trinta e poucos anos de existência da psicanálise à beira do Prata;[1] levavam também as inquietações políticas do momento e o desejo de utilizar a psicanálise como instrumento de mudança social, por meio da divulgação dos conhecimentos analíticos e da inserção em instituições educativas, sindicais, hospitalares, etc. Esses analistas irão fertilizar solos que, por outras razões e outros motivos, encontravam-se preparados para os receber; no que se refere ao Brasil, vários deles já vinham tendo contatos aqui, por intermédio de grupos de estudos dirigidos primariamente a psicólogos, então excluídos da formação analítica em todas as sociedades (com exceção da de São Paulo).

A "oferta" de tratamento e de formação encontrou assim uma "demanda" tanto de clientes quanto de alunos, demanda que Sérvulo Figueira relaciona à acelerada modernização das camadas urbanas a partir dos anos 1950; essas transformações produziram conflitos de identidade e de valores na classe média emergente, para a qual o discurso psicanalítico fornecia um "mapa de orientação". Diz ele:

> os modelos e ideias mais recentemente adotados e mais visivelmente presentes coexistem com aqueles que aparentemente foram abandonados, mas que continuam ativos e poderosos num plano mais inconsciente, ao qual os sujeitos não têm em geral acesso. O resultado desta coexistência contraditória [...] é que houve, principalmente a partir da década de 70, um *boom* da demanda terapêutica como "solução" para a desorientação e o mal-estar decorrentes, em última instância, do rápido processo de modernização cultural do país. Foi assim que a "cultura psicanalítica brasileira" foi se organizando em torno do alto consumo de terapia, apoiada numa psicanálise difundida que opera de modo múltiplo, flexível e sutil como "mapa" para orientação neste mar de incertezas.[2]

---

[1] Sobre a história da psicanálise na Argentina, pode-se consultar com proveito o livro de Jorge Balán, *Cuéntame tu vida: una historia del psicoanálisis argentino*, Buenos Aires, Editorial Planeta, 1991.

[2] Sérvulo Figueira, "Notas sobre a cultura psicanalítica brasileira" (1986), em *Nos bastidores da psicanálise*, Rio de Janeiro, Imago, 1991; cf. igualmente Renato Mezan, prefácio de *A vingança da Esfinge*. Referências bem documentadas sobre os anos 1970 e 1980 podem ser encontradas também

Figura e fundo: notas sobre o campo psicanalítico no Brasil

Esse fenômeno se verifica especialmente nas grandes cidades, como Rio de Janeiro, São Paulo, Belo Horizonte; ali ele se cruza com um outro, a instituição oficial dos cursos de psicologia a partir dos anos 1960. A psicanálise era apresentada aos estudantes como o "biscoito fino" de Oswald de Andrade, mas, exceto em São Paulo, eles não tinham acesso à formação como analistas. Muitos — iniciando suas análises e desejosos de aprofundar os conhecimentos adquiridos na universidade — passarão a frequentar grupos de estudos informais; os professores desses grupos são ora argentinos que fazem a "ponte aérea", ora analistas brasileiros que aí veem uma oportunidade de divulgar a disciplina e de aumentar sua clientela. O resultado da multiplicação do processo descrito por Sérvulo Figueira por esse outro é o *boom* das terapias nos anos 1970, que beneficia também — mas não só — a psicanálise. Aliás, entre as terapias de grupo — o psicodrama, a reichiana e outras —, a velha e tradicional psicanálise é na época francamente minoritária. Essa é uma das transformações que ocorreram nestes vinte anos: o declínio do que era então "moderno" e a difusão exponencial da psicanálise "careta".

É nesse contexto que se funda o Sedes e se inicia o curso dirigido por Regina Schnaiderman e Roberto Azevedo (ele da IPA, ela não).[3] O instituto vem se mantendo ao longo de diversas mudanças de currículo,[4] de cisões e modificações no seu sistema de direção; originará em 1985 o departamento de psicanálise e, em 1988, a revista *Percurso*.

Mas não nos apressemos: é preciso introduzir ainda um outro personagem em nossa história: a implantação do movimento lacaniano. Esta vem de duas direções, que se cruzam ao final da década de 1970. Em 1974, Oscar Masotta havia fundado a escola freudiana de Buenos Aires, a qual influenciou muitos dos analistas que aqui vieram aportar. Naquela época, Lacan era visto como o contestador que ousava enfrentar a IPA e promover um retorno a

---

no livro de Cecília M. Coimbra, *Guardiães da ordem: uma viagem pelas práticas "psi" no Brasil do "milagre"*, Rio de Janeiro, Oficina do Autor, 1995.

[3] Sobre os inícios do curso, ver Mário Fuks, "Para uma história do curso de psicanálise", revista *Percurso*, nº 1, 2º semestre de 1988 (atualmente disponível somente pela Internet, na página www. uol.com.br/percurso).

[4] Cf. Janete Frochtengarten, "A necessária inquietação de quem transmite", *Percurso*, nº 12, 1º semestre de 1994.

Freud, liberando a psicanálise do entulho americano (psicologia do ego) e de quebra dos desvios kleinianos (tendência então predominante nas sociedades psicanalíticas latino-americanas). Althusser havia escrito seu artigo "Freud e Lacan", sacramentando o caráter revolucionário e politicamente progressista (a seu ver) do pensamento lacaniano. Assim, os ventos do simbólico enfunaram as velas dos contestadores argentinos dos quais falei anteriormente; embora nem todos fossem filiados à escola, a leitura dos *Escritos* (então recém-publicados, 1966) e a referência a Lacan tornaram-se indispensáveis à formação de todo analista *aggiornato*. Por outro lado, a partir de 1975 organizam-se no Brasil os primeiros círculos lacanianos propriamente ditos (os centros de estudos freudianos em São Paulo, Rio de Janeiro e Recife), pilotados por brasileiros que haviam estudado na França e em Louvain, na Bélgica — este então um importante centro de irradiação da nova doutrina (Anika Lemaire escreveu ali sua tese, *Lacan*).

A princípio discretos, os lacanianos rapidamente alcançaram um vasto público, atraído pela combinação de rigor intelectual, contestação contra a IPA e uma interpretação generosa do *slogan* "O analista se autoriza por si mesmo". Em 1980, Lacan dissolve a sua escola (por motivos que não cabem neste estudo) e vem a falecer no ano seguinte. As disputas internas e a oposição a seu príncipe herdeiro, o genro Jacques-Alain Miller, fragmentam o campo lacaniano em inúmeras organizações (em 1989, Elizabeth Roudinesco conta dezessete somente na França), o que se reflete também no Brasil. Em todo caso, o fervor missionário dos lacanianos e sua aceitação de praticamente qualquer pessoa como estudante — e logo mais "psicanalista" — conduziu à proliferação de associações e cursos pelo país afora, o que resultou no fato de que atualmente, em muitas cidades, é essa a tendência predominante. Por outro lado, é certo que no pensamento de Lacan e na prática que ele inspira se encontram fortes elementos de "orientação" no sentido de Sérvulo Figueira — em especial o aspecto dogmático de que tão facilmente se revestem —, o que também contribuiu para o seu sucesso entre nós.

Por fim, para completar estas rápidas pinceladas, é preciso lembrar dois outros fenômenos: o surgimento do ibrapsi (Instituto Brasileiro de Psicanálise, Grupos e Instituições), em 1978, e as transformações nas associações pertencentes à IPA. Dirigido por Gregorio Baremblitt e Chaim Samuel Katz, o ibrapsi desejava reproduzir no Brasil a proposta de formar "trabalhadores em saúde

Figura e fundo: notas sobre o campo psicanalítico no Brasil

mental", com forte ênfase no aspecto político e segundo princípios marxistas. Numa perspectiva um pouco diferente, esse era também um dos objetivos do curso do Sedes, embora com o propósito de envolver os próprios analistas com o "campo da saúde mental". A difícil conciliação do "rigor psicanalítico" com um compromisso mais claro com a esquerda política e com os movimentos emancipatórios que então se esboçavam na sociedade civil orientava assim a "formação alternativa". O Sedes investiu bastante nessa direção, por exemplo firmando convênios com o Estado e com a prefeitura de São Paulo para aprimorar a formação dos agentes de saúde mental, ao mesmo tempo que estimulava a inserção dos seus alunos e professores em instituições, fossem elas públicas ou privadas, nas quais poderiam desenvolver trabalhos de índole psicanalítica.

Por outro lado, a partir de 1981, com a abertura política do país, as sociedades filiadas à IPA também passam por profundas transformações. As revelações do caso Amílcar Lobo produzem um terremoto no Rio de Janeiro: é a época do "Fórum" animado por Hélio Pellegrino e Eduardo Mascarenhas.[5] Na sociedade psicanalítica paulista, uma nova diretoria propõe um programa de modernização intelectual e democratização política, que encontra forte oposição da ala conservadora; aos poucos, porém, ele vai sendo implementado e começa a produzir ecos em outras sociedades. De modo geral, ao fim dos anos 1980, a própria IPA introduz mudanças em seus estatutos e se torna menos xenófoba em relação aos *non-English speakers*; em 1991, realiza-se em Buenos Aires um congresso em que pela primeira vez um latino-americano é eleito presidente mundial (Horacio Etchegoyen).

Dessa forma, podemos verificar que o panorama institucional da psicanálise sofreu alterações radicais desde meados dos anos 1970, tanto na escala mundial quanto, mais especificamente, no Brasil. No plano global, a IPA permanece a principal organização, com cerca de 8 mil membros reunidos em vinte e poucas associações em outros tantos países. Ainda rígida no que se refere às normas da formação, passou no entanto a admitir e a respeitar variações regionais, em especial na América Latina e na França, até porque nos países de língua inglesa a psicanálise vem perdendo espaço para a psiquiatria e as terapias *light*. O lacanismo produziu sua própria versão da IPA — a Associação Mundial de Psicanálise

---

[5] Ver a este respeito Gisálio Cerqueira (org.), *Crise na psicanálise*, Rio de Janeiro, Graal, 1982. Cf. também Miriam Chnaiderman, "Homenagem a Hélio Pellegrino", *Percurso*, nº 2, 1º semestre de 1992.

estabelecida em 1992 por Jacques-Alain Miller —, mas subsistem inúmeras "ilhas" autônomas, formando um arquipélago com diversas subtendências. Existe ainda a Federação Internacional de Associações Psicanalíticas, que no Brasil tinha como representantes, desde os anos 1960, os círculos psicanalíticos de Belo Horizonte, Rio de Janeiro e Recife, além da spid (Sociedade de Psicanálise Iracy Doyle) do Rio de Janeiro.

No plano nacional, a mesma estrutura se repete: há os grupos filiados à IPA, que vêm se expandindo nas cidades médias do interior (Ribeirão Preto, Pelotas, etc.); há a galáxia lacaniana; e há o departamento de psicanálise do Sedes, não filiado a qualquer organização superior, com influência em São Paulo e em cidades próximas, como São José dos Campos. Instituições surgiram e desapareceram, enquanto outras — conservando o nome tradicional — mudaram de orientação, em guinadas às vezes de 180 graus. Seja como for, o monopólio da IPA foi quebrado, e nada indica que será reconstituído: para o bem ou para o mal, em função dos processos que tentei esboçar, a formação psicanalítica tornou-se acessível em diferentes versões e vem produzindo um constante aumento do número de profissionais, que se encontram hoje distribuídos de Manaus ao Rio Grande do Sul e agrupados em inúmeras instituições dos mais variados matizes.

NOVAS CORRENTES, NOVAS IDEIAS

Se agora nos voltarmos para a evolução das ideias psicanalíticas, observaremos um processo análogo que se verificou no plano institucional: multiplicaram-se os focos de produção, escreveram-se muitos livros de importância fundamental, e ambos os fatos tiveram repercussões no Brasil. Como a massa de dados é muito grande, procurarei discernir as grandes linhas que reorganizaram o campo internacional desde o final dos anos 1960 e que se refletiram na produção brasileira, a qual começa a ganhar impulso na década de 1980.

Após a morte de Freud e o fim da psicanálise na Europa Central, organizam-se, a partir dos anos 1940, quatro grandes "escolas": a psicologia do ego, o kleinismo, a escola das relações de objeto e o movimento lacaniano. Essas tendências seguem cada qual seu rumo — de maneira mais ou menos independente — até o início do período que nos ocupa, digamos 1970. A partir dessa época,

Figura e fundo: notas sobre o campo psicanalítico no Brasil

surgem três fatos novos de grande importância: nos Estados Unidos, a psicologia do *self*, de Kohut (*The analysis of the self*, 1971; *The restoration of the self*, 1977); na Inglaterra, a publicação dos últimos trabalhos de Bion (*Attention and interpretation*, 1970; *Brazilian lectures*, 1973 e 1974; *A memory of the future*, 1975, 1977, 1979) e de Winnicott (*Playing and reality*, 1971). Na França, vêm à luz os primeiros trabalhos da geração formada em contato com Lacan: Laplanche e Pontalis, *Vocabulaire de la psychanalyse*, 1967; Serge Leclaire, *Psychanalyser*, 1968; Jean Laplanche, *Vie et mort en psychanalyse*, 1970; Serge Viderman, *La construction de l'espace analytique*, 1970; Conrad Stein, *L'enfant imaginaire*, 1971; André Green, *Le discours vivant*, 1973; Piera Aulagnier, *La violence de l'interprétation*, 1975.

Cada um desses livros mereceria uma análise detalhada; como isso não é possível aqui, fique ao menos registrada a ideia de que — em cada um dos três países centrais — a psicanálise "oficial" se vê questionada por dentro, e com grande vigor. O classicismo freudiano que informa a psicologia do ego — por exemplo, no manual de Ralph Greenson, *Technique and practice of psychoanalysis*, 1967, para citar só um exemplo entre muitos outros — é fortemente criticado por Kohut e, numa direção um pouco diferente, por Roy Schafer (*A new language for psychoanalysis*, 1976). Mas, embora represente de pleno direito um dos vértices mais importantes da disciplina no plano mundial, com dezenas de obras importantes e um vivo debate que nada fica a dever aos que se travam na França e na Inglaterra, a psicanálise americana nunca exerceu grande influência sobre o que se passa no Brasil; por esse motivo, deixaremos aqui de lado o seu estudo.

Já a Inglaterra, e em especial o meio kleiniano, foi nos anos 1950 a matriz tanto da psicanálise argentina quanto da brasileira. No livro *Álbum de família*, Roberto Yutaka Sagawa[6] narra — mais brevemente do que seria desejável — alguns aspectos desse processo, que retomarei mais adiante. De momento, interessa ressaltar que Bion reorienta a corrente kleiniana para o estudo dos transtornos do pensamento, introduzindo importantes alterações no modo de pensar a psicanálise próprio dessa corrente, alterações que são percebidas como notáveis avanços pelos próprios kleinianos.[7] Uma certa concretude dos objetos parciais, característica das interpretações pré-Bion, é assim abandonada em favor

---

[6] Roberto Yutaka Sagawa, "A história da Sociedade de Psicanálise de São Paulo", em *Álbum de família*, São Paulo, Casa do Psicólogo, 1994.

[7] Cf. Elizabeth Bott Spillius, *Melanie Klein hoje*, Rio de Janeiro, Imago, 1991, vol. I, p. 89. Cf. também Daniel Delouya, "Bion: uma obra às voltas com a guerra", no mesmo número de *Percurso*.

de uma leitura mais matizada e mais metafórica do discurso do paciente e da dinâmica da sessão. Essa evolução vai ao encontro dos últimos escritos de Winnicott (o livro sobre o brincar), que se veem reforçados pela republicação da coletânea *Da pediatria à psicanálise* (1975). Também é importante mencionar o chileno-americano Kernberg, que publica no mesmo ano *Borderline conditions and pathological narcissism*, e o discípulo de Winnicott Massud Khan, autor de *The privacy of the self*, de 1974. De forma muito sumária, todos esses desenvolvimentos vão na mesma direção clínica, embora com diferentes instrumentos teóricos: aprofundar a compreensão e o tratamento dos pacientes não neuróticos, bem como dos episódios e aspectos não neuróticos dos pacientes "comuns", e com isso ampliar o alcance da psicanálise "herdada", como diz Castoriadis. Não é uma ambição nova — Abraham, Ferenczi e Melanie Klein já haviam aberto o caminho nos anos 1920 e 1930, e Bálint, Rosenfeld, Searles e outros o haviam trilhado depois.

Talvez se possa dizer que as direções exploradas na Inglaterra são ampliações do que a tradição local já oferecia; mas certamente esse não é o caso na França. A geração que começa a publicar em Paris por volta de 1968-70 é a mais brilhante a surgir na disciplina freudiana em qualquer época e lugar, e suas contribuições irão marcar de modo decisivo a evolução da psicanálise brasileira. O que caracteriza esse grupo de analistas é que, tendo se persuadido da necessidade de um "retorno a Freud", não se satisfizeram com a forma que o retorno tomou em Lacan — isto é, com a promoção das categorias lacanianas como se fossem freudianas — e, cada qual a seu modo, intentam um diálogo com Freud e uma refundação do campo psicanalítico na e pela interlocução com o próprio fundador. Em outras palavras, esses psicanalistas endossam a proposta de Lacan, mas querem realizá-la de modo mais radical ou mais consistente do que o autor da ideia.[8]

Esse projeto, cultivado individualmente por Stein, Laplanche, Aulagnier, Viderman, Le Guen e outros, resulta em obras de grande envergadura, publicadas entre 1970 e a atualidade, ou seja, exatamente dentro do que chamo de "nossa época" na história da psicanálise. A esses autores devemos acrescentar os que, sem querer refazer sistematicamente todo o caminho de Freud, ofereceram contribuições de grande valor na esfera clínica ou no plano teórico — André Green, Pierre Fédida, Joyce McDougall — e também os lacanianos mais

---

[8] A esse respeito, ver Renato Mezan, "Três concepções do originário: Stein, Laplanche, Le Guen", in *Figuras da teoria psicanalítica*, São Paulo, Escuta, 1995.

Figura e fundo: notas sobre o campo psicanalítico no Brasil

originais, como Serge Leclaire e François Perrier. Toda essa geração, que hoje chega ao seu ocaso, fez da França o lugar por excelência da invenção psicanalítica nas décadas de 70 e 80, o que é comprovado pelo impressionante número de 36 revistas psicanalíticas elencadas, em 1991, por Elizabeth Roudinesco.[9]

O constante diálogo com Freud foi fortemente incentivado pela publicação, nos últimos trinta anos, de uma vasta quantidade de informações sobre ele e sua época. Primeiro, editou-se uma seleção de cartas pessoais (1960); depois começaram a vir à luz as correspondências com os discípulos Pfister (1963), Abraham (1965), Lou Andréas-Salomé (1966), Jung (1974), Ferenczi (iniciada em 1991) e Jones (1993), culminando com a versão completa do carteio com Fliess (1985). Também vieram à luz muitos fatos — especialmente sobre os anos 1890 e a relação com Fliess — quando Max Schur publicou sua biografia *Freud Living and Dying* (1972). Esse caudal de dados se amplia consideravelmente com depoimentos e biografias que tomam como objeto os analistas mais importantes, além de volumes que buscam contar de modo sistemático a história da psicanálise em diversos países.

Entre as várias dezenas de obras desse gênero, podemos destacar duas ou três sobre Freud (Marthe Robert, *D'Œdipe à Moïse*, 1974; Paul Roazen, *Freud and his followers*, 1971; Frank Sulloway, *Freud, biologist of the mind*, 1979; Peter Gay, *Freud, a life for our times*, 1985); a *História da psicanálise* de Reuben Fine (Estados Unidos, 1979); os dois volumes da *História da psicanálise na França* de Elizabeth Roudinesco (1982 e 1986); o livro de Nathan Hale *The rise and crisis of psychoanalysis in the USA* (1985); o de Judith Hughes sobre a psicanálise britânica (*Reshaping the psychoanalytic domain*, 1988), etc. Também estão disponíveis boas biografias de Ferenczi, Jones, Tausk, Melanie Klein, Anna Freud, Reich, Lacan, Helen Deutsch, Karen Horney e diversos outros protagonistas da epopeia psicanalítica. Toda essa massa de documentos iluminou de forma nova não só o passado factual do movimento analítico, mas ainda a natureza das discussões teóricas e as transformações da prática clínica, que podem hoje ser comparadas à de Freud (por meio dos diversos textos pertencentes ao subgênero "minha análise com Freud"), à de Lacan (idem) ou à de outros grandes analistas, como Winnicott e Melanie Klein. Existem duas associações internacionais de história da psicanálise, que publicam documentos e revistas e organizam encontros periódicos.

---

[9] Elizabeth Roudinesco, *Généalogies*, Paris, Fayard, 1994, p. 340.

Renato Mezan

OS TEMAS

Se para falar das obras já é difícil discernir, em meio a tantas árvores, algum desenho de conjunto na floresta, ao tentarmos abordar os temas tratados nestas últimas décadas qualquer ilusão de exaustividade seria simplesmente ridícula. A espantosa fecundidade da disciplina freudiana manifesta-se aqui com todo o seu vigor: não há uma única área da vida humana, individual ou coletiva, do passado ou do presente, da doença ou da saúde, que não tenha sido ou não possa vir a ser focalizada com os instrumentos conceituais da psicanálise. Nem sempre eles se revelarão eficazes, por limitações internas ou por serem manejados sem perícia; mas, se existe algum campo do conhecimento a que se pode aplicar o dito do poeta romano Marcial — "Sou homem, e nada do que é humano me é estranho" —, esse campo certamente é a psicanálise.

Diante disso, o que se segue é apenas um conjunto de impressões, que visam sobretudo a fazer sentir certas tendências e ressaltar o relevo de algumas questões. Comecemos pela metapsicologia: parece ter diminuído bastante o interesse pela agressividade, que na bibliografia do livro de Fine (1979) ocupa uma posição nada desprezível. Trata-se de um tema caro à psicologia do ego, que se preocupou com os mecanismos de "neutralização" da agressividade (Hartmann), e possivelmente o menor número de referências ao assunto se deva ao refluxo que essa corrente experimentou nos últimos anos: com efeito, após os últimos trabalhos de Arlow e Brenner, que datam de 1976 (*Psychoanalytic technique and psychic conflict*), nos Estados Unidos a psicologia do ego vem cedendo terreno para as tendências mais fenomenológicas, em especial a *self psychology* de Kohut.

Do outro lado do Atlântico, a pulsão de morte também tem perdido adeptos: desde que em *L'enfant de ça* (1973) André Green e Jean-Luc Donnet a conceitualizaram como função desobjetalizante e acentuaram seu aspecto de *desinvestimento*, deixando mais de lado a dimensão destrutivo-agressiva, esse conceito tem passado por vários "dissabores". Na Inglaterra, Herbert Rosenfeld tentou articulá-lo ao de narcisismo destrutivo, mas ao que parece seu esforço não teve continuidade. Um colóquio realizado em 1985 e editado no Brasil pela Escuta (*A pulsão de morte*) revela amplas divergências e até mesmo dúvidas sobre a existência dessa pulsão. Tentativas de a *aggiornar* — como a de Laplanche, que fala em "pulsão sexual de morte" — não têm obtido muito sucesso, ao menos em escala internacional. Por outro lado, especialmente no Rio de Janeiro, alguns

Figura e fundo: notas sobre o campo psicanalítico no Brasil

teóricos vêm procurando resgatar esse aspecto da teoria psicanalítica, talvez como forma de reagir contra os excessos do lacanismo centrado na "castração simbólica" e no trabalho exclusivo com o significante: é o caso, entre outros, de Garcia-Roza, Chaim Samuel Katz e Joel Birman.

Apesar desses esforços, e sem entrar no mérito da questão, de modo geral a teoria das pulsões vem sendo pouco cultivada; Eros, o oponente de Thânatos, também não vai lá muito bem das pernas, a crer no que lemos num texto polêmico intitulado "Has sexuality anything to do with psychoanalysis?", de André Green. Diz ele:

a leitura de revistas psicanalíticas durante os últimos dez anos mostra uma falta de interesse na sexualidade [...]. Ela tem deixado de ser um conceito importante, uma função teórica heuristicamente valiosa. Não é mais considerada fator essencial no desenvolvimento infantil, nem determinante etiológico para a compreensão da psicopatologia clínica. É como se a sexualidade fosse considerada agora um tópico de significação restrita, numa área limitada — e entre outras — do mundo interno.[10]

O que se pôs então no lugar das pulsões? (Este *se* não indica qualquer aprovação minha ao fato, mas somente uma constatação empírica.) A resposta encontra-se no próprio texto de Green: "As relações de objeto, as fixações pré-genitais, a patologia *borderline* e teorias e técnicas derivadas da observação de crianças".

De modo geral, o avanço do conhecimento em psicanálise tem-se dado — e isso desde os tempos de Freud — na direção do arcaico, do "profundo", do menos estruturado em termos psíquicos. Digamos que essa é a fronteira "interna" da psicanálise, fronteira que tem recuado continuamente ao longo dos últimos trinta anos. O interesse voltou-se para o "aquém da representação", para as patologias psicossomáticas, para as estruturas que manifestam menos consistência subjetiva (*borderlines*, certamente, mas também personalidades adesivas, autistas, etc.). Essa tendência não é nova na psicanálise; o que talvez o seja é o instrumental teórico e clínico desenvolvido para investigar e eventualmente tratar tais condições.

---

[10] André Green, "Has sexuality anything to do with psychoanalysis?", *International Journal of Psychoanalysis*, 1995, vol. 76, pp. 871 ss.

Paralelamente, buscou-se, em autores do passado, inspiração para enfrentar os desafios do presente: assim, voltou à cena o simpático Ferenczi, cujo extraordinário *Diário clínico* (de 1932) finalmente foi publicado (em 1985) e cuja correspondência com Freud — talvez o documento mais importante da história da psicanálise a tornar-se disponível desde a edição parcial das cartas a Fliess, em 1950 — também está sendo traduzida e publicada. Da mesma forma, valorizou-se a obra de Winnicott, tanto na França quanto no Brasil: se alguns chegam ao exagero de ver nela a redenção da psicanálise, por outro lado é certo que Winnicott tem muito a nos dizer, especialmente porque foi bastante longe no estudo e no manejo da regressão; nisso, aliás, continuava o trajeto de Bálint e em última análise do padrinho da *object relations school*, que é precisamente Ferenczi.

Do lado de Lacan, penso que a mesma tendência se expressa no que se convencionou chamar de "a clínica do real". A partir de 1970 ou 1972, o simbólico deixa de ocupar o centro das atenções de Lacan — simbólico que implica a linguagem, mas também o Édipo e a castração. Entram em cena o real e a tentativa de o capturar por meio da topologia e dos nós borromeanos, o que a meu ver tenta dar conta de problemas muito semelhantes aos que, em outras paragens, são formulados com conceitos diferentes: o que se rebela contra a "metabolização psíquica", para usar um termo de Piera Aulagnier.

De forma geral, a ideia de que o psiquismo humano se constitui no e pelo contato com o outro, mais do que por emanação a partir de estímulos pulsionais endógenos (como é o caso em certos textos de Freud), parece ter-se difundido a ponto de se tornar predominante. Laplanche e a sedução generalizada, Bion e a *rêverie*, Winnicott e a preocupação materna primária, Piera Aulagnier e a sombra falada, são exemplos dessa tendência, que dera origem também aos importantes trabalhos de John Bowlby (*Attachment and loss*, 1969 e 1973). Consequentemente, passaram a ter maior interesse as aplicações terapêuticas da psicanálise a situações não individuais, como as que envolvem casais, grupos e famílias. Essas modalidades de trabalho, assim como o psicodrama psicanalítico para tratamento de psicóticos, já existiam anteriormente, fundadas em geral sobre princípios kleinianos; mas o que agora se verifica é uma maior focalização no que, na Argentina e no Uruguai, denomina-se "configurações vinculares".

Falei há pouco da fronteira interna da psicanálise, aquela em que a disciplina depara com os limites do seu próprio objeto, o inconsciente humano. A mesma metáfora poderia servir para designar as zonas de contato com as disciplinas

Figura e fundo: notas sobre o campo psicanalítico no Brasil

vizinhas (psiquiatria, psicologia, filosofia), nas quais certamente a turbulência aumentou bastante nestas últimas décadas. A psicanálise viu-se sob ataques cerrados quanto à sua eficácia terapêutica e à sua consistência epistemológica, o que também não é novidade alguma, como sabem os leitores das cartas trocadas entre Freud e seus discípulos. Contudo, dois aspectos parecem mais graves do que os seus equivalentes nos períodos anteriores: quanto à eficácia terapêutica, o golpe não veio de terapias concorrentes e mais ou menos derivadas da análise clássica, porém de novos e poderosos medicamentos (emblema: o Prozac); no plano da validação teórica, às velhas críticas de que a psicanálise não é suficientemente "científica" (anglo-saxões) ou "dialética" (franceses e alemães), vieram se acrescentar a calúnia e o denegrimento moral da pessoa de Freud (o que se chamou nos Estados Unidos de *Freud-bashing*). Examinemos rapidamente esses dois fenômenos, cujo efeito combinado foi retirar a psicanálise da posição privilegiada que até então ocupava tanto no imaginário americano quanto nas suas instituições de saúde mental.

A descoberta dos neurotransmissores e a produção em escala comercial de neurolépticos, ansiolíticos e antidepressivos foi saudada como o dobre de finados das terapias dinâmico-verbais, que estariam tentando corrigir distúrbios bioquímicos com conversa fiada. De modo paralelo, a psicologia cognitiva — novas roupagens para o velho behaviorismo — propõe-se a curar uma fobia ou uma enurese em poucas semanas, dispensando o laborioso percurso da análise. Não é possível aqui discutir adequadamente esses problemas, que são bastante complexos. Fiquemos com as sábias declarações de Hanna Segal à revista *Veja*: "Não sou totalmente contra a utilização das drogas para casos de psicose prolongada. O que me parece perigoso é seu uso quando você tem motivos perfeitamente normais e concretos para estar deprimido [...]. Drogas podem suprimir temporariamente os sintomas, mas perpetuam o processo que está nas suas origens".[11] Não há por que temer os medicamentos; o que deve ser temido e combatido é a presunção com que certos psiquiatras se arvoram em árbitros de problemas que desconhecem e para cuja compreensão se encontram despreparados. Da mesma forma, é preciso combater a ignorância de certos analistas que, encastelados

---

[11] Hanna Segal, entrevista publicada nas "Páginas Amarelas", *Veja*, nº 1543 (22 abr. 1998). Cf. igualmente R. Mezan, "Psicanálise e neurociências: uma questão mal colocada", em *Tempo de muda*, São Paulo, Companhia das Letras, 1998.

no santuário de seus consultórios, renunciaram à curiosidade e ao desejo de aprender algo novo sobre questões tão próximas de sua seara, com isso se condenando à repetição do já sabido e ao estiolamento da sua prática.

O *Freud-bashing* surgiu a partir das informações novas sobre a vida e a época do grande homem mencionadas há pouco. Um dos expoentes dessa tendência é Jeffrey Masson, o editor da correspondência completa com Fliess, cujo livro *Atentado à verdade* é um dos mais tolos que já tive oportunidade de ler; tolo, porém maléfico, porque aparentemente bem documentado. Outro autor que se destaca nessa área é Peter Swales, duramente criticado (com razão) por Peter Gay no "Ensaio bibliográfico" que conclui sua biografia de Freud. O que importa assinalar é que Freud certamente teve seus defeitos como pessoa e seus momentos de mesquinhez, teimosia ou intolerância; isso em nada diminui sua estatura intelectual, antes lhe acrescenta um toque de humanidade que o torna mais próximo de cada um de nós. O *Freud-bashing* diz mais a respeito dos *bashers* do que do seu alvo: as bolas de lama atiradas contra Freud visam na verdade à estátua em que se havia convertido nos Estados Unidos, em virtude de uma idealização tão intensa e descabida quanto o seu reverso contemporâneo.

Por fim, uma observação sobre as traduções, isto é, sobre a transmissão da palavra do próprio fundador. Talvez o leitor se surpreenda ao ser lembrado de que a *Standard Edition* só foi concluída em 1974, pouco antes da fundação do Sedes. Já em 1983, Bruno Bettelheim, David Ornston e outros criticaram certas opções de Strachey, consideradas demasiado pedantes e pouco afinadas com a maciez (*Geschmeidigkeit*) vienense do estilo de Freud. Essa crítica é diferente da que se pode fazer ao massacre brasileiro da tradução inglesa — monumento, sem paralelo no universo psicanalítico, à irresponsabilidade e ao mau gosto —, mas a meu ver é infundada. As traduções também envelhecem, porque representam o estado da arte e da língua de chegada — aquela para a qual se traduz — num determinado momento. Imaginemos que a versão brasileira de Freud tivesse sido realizada por Graça Aranha (contemporâneo de Ballesteros, o tradutor espanhol): seria talvez necessário atualizar certos termos ou algumas construções, mas isso não lhe tiraria o valor. O mesmo se pode dizer da versão de Strachey, ainda hoje perfeitamente legível e utilíssima pelas notas e introduções. Nos anos 1970, Jorge Etcheverría produziu a tradução Amorrortu, excelente, e que testemunha o alto nível atingido pelos estudos freudianos na Argentina. Mais recentemente, a tradução francesa coordenada por Laplanche vem dando o que falar, mas esse é outro assunto que não cabe nestas notas.

Figura e fundo: notas sobre o campo psicanalítico no Brasil

AO SUL DO EQUADOR

E o Brasil? Enquanto nos países centrais se constituíam as novas correntes e se debatiam essas questões, na nossa província tropical a psicanálise ia fincando raízes por meio dos processos a que me referi no início deste artigo. Embora próspera do ponto de vista material, a comunidade psicanalítica brasileira não produziu nada de especial interesse até bem avançados os anos 1970, e certamente nada que sugerisse a existência de um pensamento original, em contraste com o que ocorreu na Argentina até a brutal interrupção imposta pelo golpe de 1976. Os motivos para essa estagnação intelectual devem ser pesquisados com calma em outra oportunidade; eles são de diversas ordens, em parte compartilhados por toda a cultura brasileira, em parte específicos do grupo psicanalítico.

Não devemos ser injustos, porém: os analistas de 1950 e 1960 eram ainda relativamente jovens, muito ligados à linha inglesa, e provavelmente — com uma ou outra exceção, como Isaías Melsohn em São Paulo — com pouca vocação para a reflexão teórica, frequentemente confundida com a intelectualização defensiva. Não que fossem incultos, longe disso: quer pela origem imigrante (principalmente judaica e italiana), quer porque pertencessem a famílias tradicionais nas respectivas cidades, os primeiros analistas valorizavam o saber e as coisas da cultura; caso contrário, não se teriam interessado por uma novidade tão escandalosa como era naquela época a psicanálise. Mas não traduziram sua considerável experiência clínica, nem seu interesse pela arte e pela literatura, em contribuições duradouras para a disciplina que cultivavam. Limitaram-se a comprovar a veracidade das teorias que os inspiravam, produzindo pouco e divulgando menos ainda o que produziam. Contam-se nos dedos os livros escritos pelos analistas brasileiros até 1970, e a própria *Revista Brasileira de Psicanálise*, órgão oficial do movimento, só em 1967 despertou da hibernação em que mergulhara após seu primeiro número, publicado por Durval Marcondes em 1926. O grande evento da década de 1970 foi a formação do grupo bioniano paulista em torno de Frank Philips, cujo trabalho marcou e continua marcando fortemente todo um setor da psicanálise brasileira; mas esses profissionais publicaram pouco, e sua influência se fez sentir sobretudo na prática clínica *intramuros*.

É com a chegada dos anos 1980 que o panorama ágrafo começa a se transformar. Regressam ao Brasil analistas formados na França e na Inglaterra, ambientes nos quais o convívio dos psicanalistas com a caneta era muito mais natural do que para os que aqui haviam permanecido. Entre estes, Fabio Hermann se destaca como o primeiro a alçar um voo mais ousado, com o primeiro volume dos *Andaimes do real* (1979). É por essa época que se funda o curso do Sedes, onde a largueza de espírito de Regina Schnaiderman e a tradição clínico-teórica materializada nos professores argentinos se unem ao trabalho de Hermann, Isaías Melsohn e outros, formando um amálgama que resgata os direitos do intelecto no que se refere ao estudo da psicanálise.

Regina — junto com seu marido, Boris Schnaiderman, com o já citado Isaías Melsohn, o casal Guinsburg (futuros diretores da editora Perspectiva) e outros intelectuais paulistanos — havia participado durante anos de um seminário informal com Anatol Rosenfeld; este introduziu o grupo à filosofia e aos estudos humanísticos e lhe instilou uma exigência de rigor só comparável à que norteava os uspianos, frutos da "missão francesa" que nos anos 1930 havia fundado a Faculdade de Filosofia. É essa a outra vertente que se encontra na origem do curso do Sedes. A ela vieram se juntar analistas como Luiz Meyer, Luis Carlos Menezes, Renato Mezan, Luís Carlos Nogueira, Anna Maria do Amaral e outros de estirpe francesa, que em diferentes períodos colaboraram com o curso e fizeram dele um dos canais pelos quais a produção europeia que mencionei começou a se tornar conhecida entre nós. No Rio de Janeiro, Jurandir Freire Costa, Joel Birman, Chaim Samuel Katz e Sérvulo Figueira, para só mencionar alguns nomes, realizaram um trabalho análogo. Por fim, com todos os reparos que se lhes possam fazer, os lacanianos são certamente uma tribo estudiosa e se encarregaram de divulgar os autores e as ideias da sua corrente.

Assim, os anos 1980 presenciam o surgimento de uma nova raça de psicanalistas: os que escrevem. Discretamente a princípio, depois em volume maior, começam a surgir trabalhos originais, que vêm alimentar a demanda por informações dos que então se aproximavam da psicanálise. Alguns são fruto dos labores de filósofos (por exemplo, *Freud: a trama dos conceitos*, escrito em 1977 e publicado em 1982, ou os livros de Luiz Alfredo Garcia-Roza, que começam com *Freud e o inconsciente*, em 1983); outros, de filósofos que se tornaram analistas (*Freud, pensador da cultura*, escrito em 1979-80 e publicado em 1985); outros, ainda, de psicanalistas que buscaram fecundar a psicanálise pelo contato com outras disciplinas (por exemplo Miriam Chnaiderman, *O hiato convexo*, 1989).

Figura e fundo: notas sobre o campo psicanalítico no Brasil

Surgem igualmente trabalhos que abordam questões semelhantes às que agitavam os países onde tinham estudado seus autores, ou que buscam modos de utilizar a psicanálise para pensar questões da atualidade brasileira (como a revista *Teoria da Prática Psicanalítica*, editada entre 1981 e 1986 por Joel Birman e Carlos Augusto Nicéas; o livro de Jurandir Freire Costa, *Violência e psicanálise*, de 1984; novos textos de Fabio Hermann, Joel Birman, Chaim Katz e outros). No âmbito lacaniano, também aparecem livros importantes: a princípio traduções de analistas estrangeiros aqui radicados (Antonio Godino Cabas, *Curso e discurso da obra de Jacques Lacan*, 1982; Alfredo Jerusalinsky, *Psicanálise do autismo*, 1984), e logo mais trabalhos originais de autores brasileiros (Alduísio Moreira, *Uma leitura introdutória a Lacan*, 1984; Oscar Cesarotto e Márcio Peter de Souza Leite, *Jacques Lacan: através do espelho*, 1985; e outros).

Nesse sentido, a abertura em 1987 da editora Escuta constituiu um poderoso estímulo à difusão da psicanálise em letra de forma. Tanto publicando obras originais quanto empreendendo um ambicioso programa de tradução da psicanálise francesa, inglesa e argentina, a iniciativa de Manoel Berlinck produz rapidamente os seus frutos, permitindo que jovens autores não precisem esperar anos a fio para ver editados os seus textos. Ainda no capítulo das traduções, Elias da Rocha Barros empreende pela Imago um valioso trabalho de divulgação do pensamento kleiniano, repondo na liça das ideias uma escola que parecia ter empalidecido com tantas novidades vindas de outros quadrantes. O mesmo vale para os lacanianos, que plantaram suas tendas na Zahar (o grupo ligado a Jacques-Alain Miller) e nas Artes Médicas de Porto Alegre (o grupo ligado a Charles Melman).

Surgem ou renascem revistas, como *Ide, Percurso, Jornal de Psicanálise, Tempo Psicanalítico* (da Sociedade de Psicanálise Iracy Doyle, a spid, do Rio de Janeiro), *Gradiva* (da Sociedade de Psicologia Analítica de Grupo, spag) e outras, que abrem novos canais de comunicação para os analistas brasileiros. Do adensamento do campo e da capacidade de diálogo entre analistas de diferentes linhas teóricas dão provas livros como os organizados por Abrão Slavutzky em Porto Alegre (*Transferências*, 1990; *Cem anos da psicanálise*, 1996) e por Joel Birman no Rio de Janeiro (*Percursos na história da psicanálise*, 1985; *Freud, cinquenta anos depois*, 1989).

Dois outros tópicos merecem destaque: a vinda sistemática de analistas visitantes e a implantação da psicanálise na universidade. O primeiro se liga à ampliação do mercado psicanalítico e às enormes carências da formação em nosso país; regularmente, trazidos por este ou aquele grupo, todos os principais nomes da psicanálise europeia vêm a São Paulo, Rio de Janeiro, Salvador, Porto Alegre, Belo Horizonte, Recife e outras cidades. Centenas de colegas e estudantes vão ouvi-los, fazem supervisões, compram seus livros recém-traduzidos, e isso vale tanto para as sociedades filiadas à IPA quanto para os grupos independentes. O acúmulo de eventos e a penetração, ainda que lenta, das ideias trazidas por esses visitantes nos últimos quinze anos aumentaram consideravelmente o nível de informação dos psicanalistas brasileiros, que vêm se familiarizando com o que tem sido desenvolvido mais recentemente e passaram a dispor de uma biblioteca comparável às existentes nos países de cultura freudiana mais antiga.

Quanto à introdução da psicanálise na universidade, ela se dá em dois tempos. Nos anos 1960, a partir de supervisões e disciplinas como psicologia do desenvolvimento, os cursos de psicologia funcionaram como canal de divulgação da maneira de pensar psicanalítica. Ainda hoje, e mesmo com a predominância de outras correntes no currículo, alguns cursos — como o da Universidade de São Paulo, onde trabalham vários analistas experientes — proporcionam aos estudantes um primeiro contato com a psicanálise, o que frequentemente os estimula a buscar uma formação nas instituições propriamente psicanalíticas.

Mais recentemente, a partir da década de 1980, a psicanálise ganha espaço nos programas de pós-graduação: inicialmente restrita às pucs de São Paulo e do Rio de Janeiro e à Universidade Federal do Rio de Janeiro, nos últimos anos essa inserção vem se ampliando de modo impressionante, com a abertura de cursos de especialização e de pós-graduação em diversos pontos do país, assim como em várias instituições das cidades maiores. Esse fato é de importância crucial, porque desde os anos 1970 a pós-graduação tem sido fortemente incentivada e subsidiada por agências como a Fapesp, o CNPq e a Capes: os analistas entram assim numa rede de pesquisa e de produção científica que já existia antes deles e da qual vêm se beneficiando amplamente. Os primeiros resultados desse investimento não demoraram a se fazer notar; têm sido apresentadas teses e dissertações de bom nível, e muitas delas encontram oportunidades no espaço editorial. Um dado entre muitos: somente entre os trabalhos orientados por mim na Pontifícia Universidade Católica de São Paulo, doze já foram publicados — o que equivale a toda a biblioteca de psicanálise existente em português quando, no início da década de 1970, comecei a estudar Freud.

Figura e fundo: notas sobre o campo psicanalítico no Brasil

ONTEM E HOJE

Enfim, qual a diferença fundamental entre o tempo de Regina Schnaiderman e a atualidade? Sem dúvida, é a constituição de um verdadeiro campo psicanalítico no Brasil. Tanto pela difusão geográfica quanto pela capilarização do conhecimento, os processos aqui evocados resultaram no *adensamento* da psicanálise brasileira, ao menos em termos quantitativos. E a qualidade, perguntará o leitor? Esse é um outro problema. Não creio — esta é uma opinião pessoal — que a psicanálise praticada no Brasil fique atrás da que se desenvolve em outros países, em relação à acuidade clínica ou à eficácia terapêutica. É certamente difícil avaliar algo assim, mas cada qual pode se basear em sua própria experiência de análise, de supervisão e de troca com colegas em encontros públicos ou particulares.

Contudo, não devemos esquecer que, para haver qualidade, é indispensável que haja certa quantidade, o que se convencionou chamar "massa crítica". Em qualquer disciplina científica ou em qualquer campo das artes, uma andorinha só não faz verão, nem quarenta ou cinquenta. É necessário que se constitua um *campo*, habitado por uma população relativamente numerosa e capaz de produzir e consumir aquilo que nele é cultivado: isso vale para o balé russo, o jazz, a literatura de qualquer idioma, o futebol, a física teórica — e também para a psicanálise. Dos milhares relativamente anônimos que formam o campo, alguns se destacarão pela excelência e o farão progredir, se suas inovações encontrarem uma rede de difusão capaz de sustentar a socialização de suas intuições solitárias até que elas se convertam em propriedade comum de quantos as quiserem incorporar. A isso se dá o nome de *constituição de uma tradição*, e a meu ver esse processo está hoje razoavelmente adiantado no Brasil. Ainda não surgiu entre nós nenhum Bion ou Lacan, mas eles também são raros no exterior e só alcançaram notoriedade já maduros (em torno dos sessenta anos, é bom lembrar). A primeira geração de analistas brasileiros criou no país um hábitat para a psicanálise; a segunda — à qual pertenço — firmou a disciplina no plano cultural, formou grupos de analistas em todos os Estados e deu impulso decisivo à formação de uma "cultura da psicanálise" num sentido menos caricato do que o descrito por Sérvulo Figueira em seus artigos. Cabe-nos também formar uma nova geração, capaz de continuar o processo (e eventualmente rebelar-se contra os que a formaram).

Os jovens analistas, na faixa dos quarenta anos, estão indo além do que encontraram já feito: o desenvolvimento recente da psicossomática, assim como a realização de pesquisas primorosas no âmbito acadêmico, são a meu ver sinais disso. Há muito o que fazer, tanto cientificamente quanto no plano da inserção dos analistas nas redes de prestação de serviços à população (área na qual se fizeram experiências isoladas, porém valiosas, e que ainda aguardam maiores desenvolvimentos), e mesmo na compreensão da cultura brasileira por meio do instrumental psicanalítico (algumas iniciativas pioneiras nesse sentido, como as de Contardo Calligaris e de Octávio de Souza, ainda não produziram os frutos necessários) e em diversos outros terrenos.

Não devemos ser triunfalistas: se o panorama da psicanálise no Brasil se transformou enormemente nos últimos vinte anos, continua útil levarmos a sério a severa advertência que Sérvulo Figueira formulava em 1986:

> Não existe, propriamente, [...] uma versão da psicanálise criada e desenvolvida por analistas brasileiros que resulte de uma relação fecunda entre a psicanálise enquanto discurso "transcultural" e as formas culturais nacionais. [...] O curioso em relação à cultura psicanalítica brasileira é que ela não tem como centro de gravidade uma psicanálise *brasileira*, mas, preponderantemente, um aglomerado de implantações da Inglaterra, e mais recentemente da França e dos Estados Unidos. [...] Em poucas palavras, e deixando de lado várias exceções, *produzir e publicar* psicanálise não são atividades centrais e imprescindíveis para o analista brasileiro que deseja "sucesso" de público — este e seu corolário imediato, o dinheiro, podem ser obtidos sem maiores demonstrações de *competência* especificamente psicanalítica. Essa característica do campo psicanalítico brasileiro, que vem mudando muito devagar ao longo dos últimos cinco anos, poderá levar — caso não surja uma geração de analistas que se destaque por sua competência e produção especificamente psicanalíticas — a um esvaziamento e empobrecimento crônico desse campo no Brasil.[12]

Repare, caro leitor: em 1986 o panorama desolador descrito por Figueira "vinha mudando muito devagar ao longo dos últimos cinco anos". Se você julga que desde 1986 as mudanças se aceleraram, e na direção inversa ao que ponderava esse autor, então concordará comigo que valeu a pena estar no campo

---

[12] Sérvulo Figueira, op. cit., pp. 222-3.

Figura e fundo: notas sobre o campo psicanalítico no Brasil

nestes últimos anos. Se estamos ainda hoje longe de contar com garantias de que essas sombrias previsões não se têm confirmado, ao menos podemos dizer que atualmente sua concretização parece mais improvável do que quando foram redigidas. É, ao menos, a minha opinião. E a sua?

Cronologia 1968-97

Ano	Fatos — Internacional	Fatos — Brasil	Estados Unidos/ Inglaterra	França	Brasil	Outros
1968	Lacan: o passe na efp Laplanche: uer de Ciências Humanas Clínicas — Paris vii		C. Rycroft: *A critical dictionary of psychoanalysis*	Revista *Scilicet*, 1 M. Bouvet: *Œuvres* S. Leclaire: *Psychanalyser* J. B. Pontalis: *Après Freud* O. Mannoni: *Freud*		Alemanha: Publicação da correspondência S. Freud-A. Zweig
1969	IPA: Contestação no Congresso de Roma Paris: criação do Quarto Grupo S. Leclaire: Depto. de psicanálise — Vincennes M. Mannoni: Bonneuil J. Laplanche: Laboratório de Psicologia — Paris vii J. Lacan: Seminário no Panthéon (sai da ens)		P. Roazen: *Brother animal* J. Bowlby: *Attachment and loss*, 1	Revista *Topique*, 1 Revista *Études Freudiennes*, 1 O. Mannoni: *Clés pour l'imaginaire* A. Green: *Un œil en trop* 1º volume traduzido das *Obras* de Ferenczi		
1970	Morte de M. Bálint Argentina: grupos Plataforma e Documento		W. Bion: *Attention and interpretation* H. Ellenberger: *The discovery of the unconscious* D. Sievers: *Freud on*	M. Mannoni: *Le psychiatre, son fou et la psychanalyse* J. Laplanche: *Vie et mort en psychanalyse* S. Viderman: *La*		Alemanha: Publicação da correspondência Freud-Groddeck

Figura e fundo: notas sobre o campo psicanalítico no Brasil

Ano	Fatos — Internacional	Fatos — Brasil	Estados Unidos/ Inglaterra	França	Brasil	Outros
			Broadway: psychoanalysis and American drama	*construction de l'espace analytique*		
1971	Morte de D. Winnicott Argentina: grupo Plataforma sai da apa		R. Wollheim: *Freud* M. Gardiner: *The Wolf Man by the Wolf Man* H. Kohut: *The analysis of the self* P. Roazen: *Freud and his followers* D. Winnicott: *Playing and reality* A. Grinstein: *The index* (14 vols.) N. Hale: *Freud and the Americans* S. Blanton: *Diary of my analysis with Freud*	C. Stein: *L'enfant imaginaire*		Alemanha: Publicação da correspondência Freud-E. Silberstein
1972	Morte de D. Lagache P. Marty/M. de M'Uzan: Instituto de Psicossomática Bion: visita à Argentina Morte de J. Bleger		M. Schur: *Freud living and dying*			G. Deleuze/ F. Guattari: *L'anti-Œdipe* J. Lacan: nós borromeanos
1973	M. Langer: denúncia do caso A. Lobo R. Major: início dos	H. Viana: Caso Amílcar Lobo W. Bion: visita	W. Bion: *Brazilian lectures* (1) J. Bowlby: *Attachment*	J. Lacan: publicação do Seminário 11 — 4 Conceitos		

Ano	Fatos — Internacional	Fatos — Brasil	Estados Unidos/ Inglaterra	França	Brasil	Outros
	encontros "Confrontations"	a São Paulo	and loss, 2	A. Green: *Le discours vivant* / A. Green/J. Donnet: *L'enfant de ça* / R. Castel: *Le psychanalysme*		
1974	O. Masotta: Escuela Freudiana de Buenos Aires / Fim da publicação da *Standard Edition* / Argentina: grupo Ateneo	W. Bion: visita a São Paulo e Rio	W. Bion: *Brazilian lectures* (2) / W. Niederland: *The Schreber case* / W. McGuire (ed.): Freud-Jung / M. Kahn: *The privacy of the self*	M. Robert: *D'Œdipe à Moïse* / C. Le Guen: *L'Œdipe originaire* / Correspondência		Inglaterra/Alemanha: Publicação da correspondência Freud-Jung
1975	Viagem de Lacan aos Estados Unidos	Visita de Bion a Brasília	D. W. Winnicott: *Through pediatrics to psychoanalysis* (2ª ed.) / W. Bion: *A memoir of the future* (1) / D. Meltzer: *Explorations in autism* / O. Kernberg: *Borderline conditions and pathological Narcissism* / M. Mahler (org.): *The birth of the human infant*	Revista *Psychanalyse à l'Université*, 1 / W. Granoff: *Filiations* / J. Lacan: publicação da tese e dos seminários 1 e 20 / P. Aulagnier: *La violence de l'interprétation* / S. Leclaire: *On tue un enfant*		

Figura e fundo: notas sobre o campo psicanalítico no Brasil

Ano	Fatos — Internacional	Fatos — Brasil	Estados Unidos/ Inglaterra	França	Brasil	Outros
1976	Morte de M. Heidegger. Golpe militar na Argentina. Inglaterra: Simpósio da IPA sobre cisões na psicanálise	Instituto Sedes Sapientiae: curso de psicanálise	M. Bergmann — F. Hartmann: *The evolution of psychoanalytical technique.* C. Brenner: *Psychoanalytical technique and psychic conflict.* K. Pribram — M. Gill: *Freud's "Project" reassessed.* R. Schafer: *A new language for psychoanalysis*	J. A. Miller: *Documentos sobre a cisão de 1953.* J. B. Pontalis (ed.): *Minutas da Sociedade de Viena, 1.* F. Roustang: *Un destin si funeste.* W. Granoff: *La pensée et le féminin*		E. Freud, L.Freud: *A vida de Freud em imagens e textos* (Alemanha)
1977	efp: Suicídio de J. Lacan (crise do passe). Morte de S. Nacht. Argentina: Fundação da apdeba	Instituto Sedes Sapientiae: chegada dos professores argentinos	O. Kernberg: *Object relations in theory and clinical psychoanalysis.* W. Bion: *A memoir of the future (2).* A. Kardiner: *My analysis with Freud.* H. Kohut: *The restoration of the self*	J. B. Pontalis: *Entre le rêve et la douleur.* A. Lemaire: *Lacan.* S. Viderman: *Le céleste et le sublunaire.* C. Stein: *La mort d'Œdipe.* P. Fédida: *Corps du vide et espace de séance*		E. Rodrigué — M. Berlin: *El antiyo yo*
1978		Visita de Bion a São Paulo	D. Meltzer: *The Kleinian development.* E. Carlson — J. Quen: *American psychoanalysis: origins and development*	O. Mannoni: *Fictions freudiennes.* F. Perrier: *La chaussée d'Antin.* J. McDougall: *Plaidoyer*		G. García: *La Entrada del psicoanálisis en la Argentina*

Ano	Fatos — Internacional	Fatos — Brasil	Estados Unidos/ Inglaterra	França	Brasil	Outros
			A. Goldberg: *The analysis of the self — A casebook*	*pour une certaine anormalité* / P. Fédida: *L'absence* / P. Aulagnier: *Les destins du plaisir*	F. Hermann: *Andaimes do real* (1: O método psicanalítico)	
1979	Morte de W. Bion		R. Fine: *A history of psychoanalysis* / W. Bion: *A memoir of the future* (3)	J. A. Miller: *L'excommunication*		
1980	Morte de R. Barthes / Morte de J.-P. Sartre / Dissolução da Escola Freudiana de Paris (efp)	Rio de Janeiro: Colóquio sobre psicanálise e fascismo	F. Sulloway: *Freud, biologist of the mind*	J. Laplanche: *Problématiques* 1, 2 e 3 / M. Schneider: *Freud et le plaisir; La parole et l'inceste* / M. Dayan: *L'arbre des styles* / P. Marty: *L'ordre psychosomatique*		
1981	Morte de J. Lacan / C. Melman: cerf / J. A. Miller: École de la cause freudienne		H. Segal: *The work of H. Segal* / R. Langs: *Classics in psychoanalytical technique*	F. Dolto: *Au jeu du désir* / J. Lacan: *Seminário 3* (Psicoses) / J. Laplanche: *Problématiques 4* / Revista *Littoral* 1 / Revista *L'Âne* 1		
1982	Fundação do cfrp (Paris) / Morte de Anna Freud		W. Bion: *The long weekend, 1897-1919* / R. Sterba:	E. Roudinesco: *Histoire de la psychanalyse en France*, 1	G. Cerqueira (org.): *Crise na psicanálise* / R. Mezan: *Freud — A*	

Figura e fundo: notas sobre o campo psicanalítico no Brasil

Ano	Fatos — Internacional	Fatos — Brasil	Estados Unidos/ Inglaterra	França	Brasil	Outros
	Morte de Helen Deutsch		*Reminiscences of a Viennese psychoanalyst*	R. Jaccard (org.): *Histoire de la psychanalyse* · J. McDougall: *Théâtres du je* · C. Le Guen: *Pratique de la méthode psychanalytique* · J. Petot: *Mélanie Klein* (2 vol.) · C. Bertin: *La dernière Bonaparte*	*trama dos conceitos* · J. Birman — C. Nicéas: *Revista Teoria da Prática Psicanalítica* 1 · F. Hermann: *O que é psicanálise* · A. Godino Cabas: *Curso e discurso da obra de Jacques Lacan*	
1983	Morte de M. Foucault		S. Mitchell — J. Greenberg: *Object relations in psychoanalytical theory* · V. Brome: *Ernest Jones* · M. Sharaf: *W. Reich*	J. Dor: *Bibliographie des travaux de J. Lacan* · A. de Juranville: *Lacan et la philosophie* · A. Green: *Narcissisme de vie, narcissisme de mort*	L. A. Garcia-Roza: *Freud e o inconsciente*	H. Vezzetti: *La loucura en la Argentina*
1984			J. Masson: *Assault on truth* · A. Grünbaum: *The foundations of psychoanalysis*	P. Aulagnier: *L'apprenti historien et le maître-sorcier* · A. Clancier: *Le paradoxe de Winnicott* · Vários: *Dictionnaire Freud-Lacan* · N. Nicolaïdis: *La représentation*	J. Freire Costa: *Violência e psicanálise* · M. Carone: tradução das *Memórias de Schreber* · O. Cesarotto — M. Leite: *O que é psicanálise* (2ª versão) · A. Jerusalinsky: *Psicanálise do autismo*	M. Langer: *Memoria, historia y diálogo psicanalítico*

Ano	Fatos — Internacional	Fatos — Brasil	Estados Unidos/ Inglaterra	França	Brasil	Outros
1985	A. de Mijolla: Associação Internacional de História da Psicanálise / J. Allouch: École Lacanienne de Paris	Morte de Regina Schnaiderman / Instituto Sedes Sapientiae: Departamento de Psicanálise	G. Cocks: *The Göring Institute* / P. Roazen: *Helen Deutsch*	J. Dupont: Publicação do *Journal Clinique de S. Ferenczi* / M. Schneider: *Père, ne vois-tu pas...?* / P. Julien: *Le retour à Freud de J. Lacan* / J. Dor: *Introduction à la lecture de Freud* / M. Dayan: *Inconscient et réalité*	F. Hermann: *Andaimes do Real 2* (Cotidiano) / R. Mezan: *Freud, pensador da cultura* / S. Figueira (org.): *Cultura da psicanálise* / A. Moreira: *Uma leitura introdutória de Lacan* / O. Cesarotto/ M. Souza Leite: *J. Lacan — Através do Espelho*	Alemanha: Publicação do "manuscrito perdido" de Freud: *Visão de conjunto das neuroses de transferência* / Alemanha/ França: Início da publicação da correspondência Freud-Ferenczi
1986	Londres: Museu Freud		H. Rosenfeld: *Impasse and interpretation* / P. Mahony: *Freud and the Rat Man* / P. Grosskurth: *Melanie Klein, her world and her work* / G. Kohn: *The independent tradition*	E. Roudinesco: *Histoire de la psychanalyse en France, 2* / F. Roustang: *Lacan, de l'équivoque à l'impasse* / J. Laplanche (org.): *La pulsion de mort*	L. A. Garcia-Roza: *Acaso e repetição*	
1987	IPA: Congresso de Montreal — 6300 membros, 23 sociedades	São Paulo: Editora Escuta, Livraria Pulsional	J. Sandler (org.): *Projection, identification, projective identification* / W. Bion: *Clinical seminars and four papers*	J. Laplanche: *Problématiques 4* / J. Laplanche: *Nouveaux fondements pour la psychanalyse* / A. Haynal: *La technique en question (Ferenczi)*	Vários: *Os sentidos da paixão* / R. Mezan: *Psicanálise, judaísmo: ressonâncias*	G. Baremblitt (org.): Publicação dos documentos da cisão de 1970-1

Ano	Fatos — Internacional	Fatos — Brasil	Estados Unidos/ Inglaterra	França	Brasil	Outros
			Revista Internacional de História da Psicanálise			
1988	Morte de F. Dolto		P. Gay: Freud — *A life for our time* E. Bruehl: *Anna Freud* N. Keill: *Freud without hindsight* J. Hughes: *Reshaping the psychoanalytic domain*		C. Stein: *O psicanalista e seu ofício* M. Berlinck: *Psicanálise da clínica cotidiana* W. Bion: trad. bras. de *Second thoughts* M. Chnaiderman: *O hiato convexo* R. Mezan: *A vingança da esfinge* S. Figueira: *O efeito psi — Influência da psicanálise* Revista *Percurso*, 1	
1989	França: 17 grupos lacanianos, 3 não lacanianos, 36 revistas de psicanálise Morte de M. Langer		E. Spillius (org.): *Melanie Klein today*, 1 e 2 B. Joseph: *Psychic equilibrium and psychic change* E. Kurzweil: *The Freudians — a comparative perspective*	P. Rey: *Une saison avec Lacan*	J. Birman: *Freud e a experiência psicanalítica* J. Birman (org.): *Freud, 50 anos depois* L. R. Monzani: *Freud, o movimento de um pensamento* J. Freire Costa: *Psicanálise e contexto cultural* E. Rocha Barros (org.): *Melanie Klein — Evoluções*	H. Vezzetti (org.) : *Freud en Buenos Aires*
1990	Morte de B. Bettelheim		W. Bion: *Brazilian*	J. Allouch: *Marguerite,*	A. Green: *Conferências*	(Itália) M. David: *La*

Ano	Fatos — Internacional	Fatos — Brasil	Estados Unidos/ Inglaterra	França	Brasil	Outros
	Morte de L. Althusser J. A. Miller: École Européenne de Psychanalyse		*lectures* (3)	*ou l'aimée de Lacan* M. Borch-Jakobsen: *Lacan, le maître absolu* D. Brun: *La maternité et le féminin* G. Bléandonu: *W. Bion* A. Green: *La folie privée*	*brasileiras* Bento Prado Jr (org.): *Filosofia da psicanálise* L. A. Garcia-Roza: *O mal radical em Freud*	*psicoanalisi e la cultura italiana*
1991	Polêmicas sobre a edição J. A. Miller dos Seminários de Lacan Tentativas de reorganizar o movimento lacaniano Congresso da IPA em Buenos Aires		R. Steiner/P. King: *The Freud-Klein controversies, 1941-1945*		F. Hermann: *Clínica psicanalítica — a arte da interpretação* L. A. Garcia-Roza: *Introdução à meta-psicologia freudiana* E. Rocha Barros (org.): *Melanie Klein — Evoluções* E. Rocha Barros: traduções *Melanie Klein hoje, Inveja e gratidão* C. Calligaris: *Hello Brazil*	J. Balán: *Cuéntame tu vida* (história da psicanálise na Argentina)
1992	J. A. Miller: Association Mondiale de Psychanalyse		M. Molnar: *The diaries of S. Freud, 1929-1939*	M. Schneider: *La part de l'ombre* A. Green: *La déliason* A. Green: *Révélations de l'inachèvement (Leonardo)*	M. Perestrello: *História da SBPRJ* C. S. Katz (org.): *Histeria — o caso Dora* J. Freire Costa: *A inocência e o vício* L. C. Figueiredo: *A invenção do psicológico*	França/Alemanha: Correspondência Freud-Ferenczi, I
1993	Primeiro colóquio		Publicação da	E. Roudinesco: *Jacques*	L. A. Garcia-Roza: *A*	

Figura e fundo: notas sobre o campo psicanalítico no Brasil

Ano	Fatos — Internacional	Fatos — Brasil	Estados Unidos/ Inglaterra	França	Brasil	Outros
	"Cem anos da psicanálise" (Genebra)		correspondência Freud-Jones; A. Grünbaum: *Validation in the clinical theory of psychoanalysis*	*Lacan*; A. Green: *Le travail du négatif*	R. Mezan: *A sombra de Don Juan*	*metapsicologia freudiana, 2*
1994	Morte de S. Leclaire				J. Freire Costa: *A ética no espelho da cultura*; C. S. Katz: *Freud e as psicoses*; J. Birman: *Psicanálise, ciência e cultura*; A. Sigal (org.): *O lugar dos pais na psicanálise de crianças*; J. Outeral/B. Thomaz: *Psicanálise brasileira*; M. A. Arantes: *Pacto re-velado*; M. C. Pereira da Silva: *A paixão de formar*; D. Gurfinkel: *A pulsão e seu objeto-droga*; H. Bessermann Viana: *Não conte a ninguém*; O. F. Gabbi Jr.: *Freud — racionalidade, sentido e referência*; *Álbum de família* (SBPSP)	

Renato Mezan

Ano	Fatos — Internacional	Fatos — Brasil	Estados Unidos/ Inglaterra	França	Brasil	Outros
1995		Colóquio "O século da psicanálise" (Salvador)	N. Hale: *The rise and crisis of psychoanalysis in the U. S*		E. Rodrigué — *Freud: o século da psicanálise* R. Mezan: *Figuras da teoria psicanalítica* B. Tanis: *Memória e temporalidade: o infantil em psicanálise* M. L. Violante: *A criança mal-amada — a potencialidade melancólica* N. Coelho Jr.: *A força da realidade na clínica freudiana* L. C. Junqueira (org.): *Corpo-mente: fronteira móvel*	
1996					C. S. Katz: *O coração distante* C. S. Katz (org.): *Temporalidade e psicanálise* J. Birman: *Por uma estética da existência* L. A. Hanns: *Dicionário comentado do alemão de Freud* A. Slavutzky (org.):	

Figura e fundo: notas sobre o campo psicanalítico no Brasil

Ano	Fatos — Internacional	Fatos — Brasil	Estados Unidos/Inglaterra	França	Brasil	Outros
					Cem anos da psicanálise D. Kupermann: *Transferências cruzadas — a psicanálise e suas instituições* N. e L. Pelanda (orgs.): *Psicanálise — uma revolução no olhar* R. Coura: *A psicanálise no hospital geral Isaías Mehlson* R. Abras (org.): *A jovem homossexual: Ficção psicanalítica*	
1997				A. de Mijolla (org.): *Fondamental de psychanalyse*	M. Uchitel: *Além dos limites da interpretação* M. Meiches: *Uma pulsão espetacular* N. Moritz Kon: *Freud e seu duplo* P. Cymrot: *Elaboração psíquica* F. C. Ferraz/R. Volich (orgs.): *Psicossoma — Psicossomática psicanalítica* Instituto Sedes Sapientiae: *Leituras de Freud*	

SEGUNDA PARTE

A psicanálise no século

Subjetividades contemporâneas

Na noite da Páscoa judaica, manda a tradição que a criança mais nova presente ao jantar festivo formule a seguinte pergunta: "Por que esta noite é diferente de todas as outras?". A solenidade de hoje me fez lembrar essa frase. Por que esta noite é diferente de todas as outras? Porque estamos reunidos, em cerimônia especial, para comemorar o vigésimo aniversário do Instituto Sedes Sapientiae. Decidiu-se assinalá-lo com uma noite dedicada à reflexão e ao pensamento, e é bom que assim seja. Mas ao mesmo tempo pensei: esta noite não é assim tão diferente das outras, porque em quase todas, nesta Casa, ocorrem o diálogo e o exercício do pensamento, nos diferentes cursos e setores que a compõem. A tese chama a antítese, e esta, a síntese: esta noite é e não é diferente de todas as outras; estamos fazendo o que sempre fazemos, porém de modo especial, numa intensificação do que acontece habitualmente, com mais emoção e com mais alegria, porque numa mesma data se cumprem vários ciclos — os vinte anos do Sedes, os tantos outros da presença, no Brasil, da Ordem das Cônegas de Santo Agostinho e os muitos séculos da sua fundação na França.

Estamos portanto diante da semelhança e da diferença, e — embora possa não parecer —, no âmago mesmo do tema que hoje nos reúne, encontra-se a questão das subjetividades, pois elas são constituídas pela *identidade* e pela *diversidade*. Por isso, minha associação com a frase da Páscoa pode ser uma boa porta de entrada para o que deveremos discutir nesta mesa-redonda. E aqui cabe

Subjetividades contemporâneas

uma outra associação, desta vez motivada pela extensão do assunto proposto, "Subjetividades contemporâneas". Quando eu estudava no Departamento de Filosofia da USP, sob a batuta de Marilena Chaui — que hoje nos honra com a sua presença —, havia o costume de advertir os alunos para que, nos seus projetos de trabalho, procurassem evitar temas como "Deus e sua época". E por quê? Porque, sendo Deus eterno e infinito, "sua época" significaria a infinitude e a eternidade, e as vastidões não são abordáveis por nenhuma pesquisa isolada. Uma questão como *subjetividades contemporâneas* possui algo em comum com aquilo contra o que nos preveniam nossos mestres: ela é tão ampla que só podemos aqui nos ater a alguns aspectos do problema.

Gostaria de os considerar do ângulo da psicanálise, e de uma psicanálise relativamente tradicional, que não se emociona muito com as vertigens da velocidade e prefere ir lentamente, escavando passo a passo o que se lhe apresenta como objeto de investigação. Isso porque, se por um lado vamos ver que a subjetividade apresenta determinações que escapam à mera individualidade, por outro não estou nada convencido de que os últimos anos tenham modificado tais determinações de modo tão amplo quanto às vezes ouvimos dizer. Devagar com o andor, é o caso de lembrar: não é porque se inventou o computador ou o telefone celular que as estruturas psíquicas vão se alterar do dia para a noite.

DOIS SENTIDOS PARA O TERMO "SUBJETIVIDADE"

A ideia de subjetividade pode ser entendida pelo menos de duas maneiras diferentes: como *experiência de si* e *condensação de uma série de determinações*. No primeiro caso, caberia uma descrição fenomenológica das variedades e dimensões dessa experiência, tomando como alvo o sujeito (foco e origem dela). A psicanálise poderia acrescentar que nem a origem nem o foco são absolutos, na medida em que o próprio sujeito contém uma dimensão inconsciente que inevitavelmente virá codeterminar a natureza, a qualidade e a amplitude da experiência que ele tem de si. Em outros termos, a palavra *experiência* evoca algo próximo da *consciência* — seria difícil imaginar uma experiência que se desse por completo no registro inconsciente, pois toda experiência envolve um aspecto emocional, e não existem emoções inconscientes. "Ter uma experiência" significa ser afetado por alguma coisa, pessoa ou situação, e "ser afetado" se traduz por alguma vivência perceptível para quem a atravessa. Contudo, percebê-la ou ter consciência dela não implica que todos os seus aspectos sejam dados de um só golpe e em transparência absoluta, nem que — mesmo no caso de um ato — o sujeito esteja imune às facetas propriamente inconscientes da sua ação ou da sua reação. Sem reduzir por completo o sujeito aos seus lados inconscientes — o que seria absurdo —, a psicanálise não pode deixar de afirmar que ele possui *também* um inconsciente, o qual codetermina (e por vezes de modo muito amplo e intenso) as experiências cujo conjunto constitui a subjetividade no primeiro sentido.

A própria palavra *sujeito* nos ensina algo acerca disso. *Sujeito* pode ser empregado como *sujeito a*, enfatizando os aspectos de dependência, passividade ou até constrangimento: estar sujeito às intempéries, às leis, às ordens de outrem. Também se aplica à acepção oposta, que acentua os aspectos de liberdade, ação, iniciativa, como nas expressões "sujeito da oração" (aquele que é ou faz o que o verbo enuncia), "sujeito de direitos", "sujeito político". Assim, podemos dizer que o sujeito se encontra no cruzamento de várias linhas de força, algumas das quais ele determina, enquanto outras o determinam. Aqui já nos encontramos numa esfera que não é mais fenomenológica, porque vai além da "sensação de si mesmo" que o inglês caracteriza com a palavra *self* e que representa o aspecto mais imediato da subjetividade.

Se então o plural "subjetividades" designa simplesmente o fato de que cada indivíduo tem de si uma experiência singular, e que portanto — como existem no mundo muitos indivíduos — são inúmeras as "subjetividades", também é certo que, no segundo sentido que indiquei, o termo pode ser utilizado no plural. Aqui ele alude a algo um pouco diferente, porque a direção de leitura não é mais do eu para o mundo, mas do mundo para o eu. Com efeito, quando refletimos sobre a subjetividade, ela pode nos aparecer como o que chamei há pouco de "condensação de uma série de determinações". Isso significa que nos interessamos pelos fatores que, combinados, engendram uma modalidade específica de organização subjetiva, um molde para as experiências individuais. Esses fatores são por natureza extraindividuais, o que quer dizer que a subjetividade é resultado de processos que começam antes dela e vão além dela, processos que podem ser biológicos, psíquicos, sociais, culturais, etc. Por isso, pode-se concebê-la como condensação ou sedimentação, num dado indivíduo, de determinações

Subjetividades contemporâneas

que se situam *aquém* ou *além* da experiência de si, e que de algum modo a conformam, ou pelo menos lhe designam certos limites e condições.

DETERMINAÇÕES SOCIAIS DA SUBJETIVIDADE: O EXEMPLO DA ADOLESCÊNCIA

Aqui convém lembrar que, em qualquer tema desse gênero, é preciso distinguir três planos: o singular, o universal e o particular. O singular é aquilo que é único, pessoal, intransferível, o que faz de mim um sujeito e do meu vizinho um outro, porque nem ele nem eu podemos dividir, sob esse aspecto, o que quer que seja. É o território da biografia, das escolhas, das paixões, dos atos individuais; cada ato soma-se aos anteriores e com eles se amalgama, de modo a constituir cada pessoa como *aquela que é* e não outra. Já o universal é aquilo que compartilhamos com todos os demais humanos: a linguagem, a capacidade de inventar, as necessidades básicas, o fato de sermos mortais e sexuados, de podermos amar e odiar, etc. Nesse segundo plano, o que condiciona a subjetividade é o *próprio da espécie*, e, para o psicanalista, entre esses predicados se contam a presença das pulsões, a necessidade de investir objetos psíquicos, a existência das defesas, das fantasias e das diferentes partes do que Freud denominou "aparelho psíquico". Tais elementos são, para a psicanálise, os que constituem a humanidade do homem e determinam nossa condição comum.

Entre o que é especificamente meu e o que comparto com todos os demais humanos, existe a região do particular, isto é, do *próprio a alguns mas não a todos*. É precisamente nesse plano intermediário que cabe falar em "subjetividades", no plural, já que nos outros dois só se aplica o singular (*minha* subjetividade, a subjetividade humana em geral). Falamos aqui de *tipos* de subjetividade, supondo que os elementos universais se materializam de modos diversos, em virtude de aspectos ou condições que podem ser denominados *contingentes*.

Um exemplo do nível intermediário é o título desta mesa-redonda: "Subjetividades contemporâneas". Está implícito nele que existiram ou existirão subjetividades que não (nos) são contemporâneas, porque as condições objetivas que presidiam ou presidirão à constituição delas não estão dadas no presente. Pensemos no que poderia ter sido a subjetividade de um escravo: enquanto existiu a escravidão, dos egípcios aos barões do café, uma das modalidades da

Renato Mezan

subjetivação possíveis aos seres humanos era essa. Ela comportaria certos elementos comuns, derivados da condição de subjugação, e certos elementos específicos, próprios a cada cultura ou época: Spartacus seria um escravo romano, ao mesmo tempo próximo — como romano — de um patrício, e diferente dele; também seria próximo de Zumbi — como escravo rebelado — e diferente dele. Mas, com a extinção do instituto jurídico da escravidão, a possibilidade de uma "subjetividade de escravo", no sentido de uma forma peculiar da experiência de si, deixou de ser efetiva, e não porque seja impossível em si ou autocontraditória, mas porque as condições que a tornavam viável cessaram de existir. O mesmo exercício poderia ser feito em relação a alguma modalidade de subjetivação futura, que não podemos ainda imaginar, mas que poderia (poderá) advir dentro de quinhentos anos.

Outro exemplo dessa determinação da experiência de si pelas condições sociais de uma certa época nos é dado pela adolescência. Ela é ao mesmo tempo uma *ideia* e uma *realidade* psicossocial, constituída por diferentes elementos, de natureza biológica (puberdade), social e também psicológica. Foi nos meados do século XIX que se passou a falar nos adolescentes como um grupo específico, diferente das "crianças" e dos "adultos". Quanto à psicologia, datam do início do século XX os primeiros trabalhos a focalizar especificamente essa problemática — por exemplo, o livro *L'âme de l'adolescent* (1909), de Pierre Mendousse. Na literatura, o herói adolescente já tinha sua figura, caracterizada pela sede de pureza, pela recusa dos valores "adultos" (associados à hipocrisia), pelas dores da passagem à maturidade... Frédéric, o protagonista da *Educação sentimental* de Flaubert (1864), é um entre muitos exemplos disso.

A esse quadro, a psicanálise nascente vem acrescentar o ingrediente fundamental da sexualidade. Nos *Três ensaios para uma teoria sexual* (1905), Freud define as mudanças que a puberdade traz à sexualidade infantil: unificam-se as pulsões parciais sob o primado da genitalidade e é preciso desligar-se dos objetos edipianos da infância para "escolher" um novo objeto, não incestuoso. Embora tenha escrito ocasionalmente sobre o tema (por exemplo, em 1913, um curto texto sobre a "Psicologia do colegial"), Freud não considerava a adolescência um conceito psicanalítico, como é por exemplo o caso da noção de *infantil*. Sabe-se que a psicanálise atribuía — e continua atribuindo — grande importância ao infantil, que sobrevive no inconsciente do adulto e contribui decisivamente para organizar a vida psíquica deste último: "reencontrar a criança no adulto"

261

Subjetividades contemporâneas

é uma das tarefas da terapia analítica. Mas não se pode dizer o mesmo da adolescência. Ao menos, não na obra de Freud.

Por outro lado, nas *Minutas* das reuniões científicas da Sociedade Psicanalítica de Viena, fala-se muito na *puberdade*, especialmente em conexão com a masturbação. Freud enfatiza com frequência que as fantasias masturbatórias da adolescência referem-se na verdade à masturbação infantil e às figuras edipianas; é a fixação a essas imagens, e não a ação de se masturbar, que pode, segundo ele, desencadear efeitos patológicos.

Posteriormente, com o trabalho de outros analistas, a problemática da adolescência entra em conexão com a teoria do narcisismo: o "quem sou eu?" do adolescente passa a ser visto como sinal de um rearranjo das identificações. Essa reorganização é bastante dolorosa e complicada, mas deve se resolver com a consolidação do sistema identificatório que assinala a entrada na maturidade. O conflito se dá, tipicamente, entre as aspirações à autonomia e as tendências que visam a manter o estado de dependência em relação aos pais. As reivindicações, as provocações, o radicalismo — que caracterizam a psique do "aborrecente" — são na verdade um protesto contra a dependência e uma tentativa de mantê-la intacta, na medida em que ela parece ser a garantia de que o amor dos pais não me será retirado "se eu crescer".

Tudo indica que existe um "trabalho da adolescência",[1] assim como se pode falar de um "trabalho do luto". A adolescência não é uma sucessão de crises passageiras que deprimem e irritam tanto o sujeito quanto os seus próximos, mas é, antes, um *processo estruturante* que afeta o conjunto da vida psíquica, tanto na área da autoimagem quanto na esfera das relações. Ele envolve a admissão e a elaboração de perdas significativas (o estatuto de criança, o corpo infantil, certas modalidades de relação com o outro), a aquisição de defesas novas e eventualmente mais plásticas, a integração de novas identificações, o acesso a novas modalidades de vínculo com os pares (de geração e de gênero) e com os diferentes (novamente, em termos de geração e de gênero). Todo esse processo de ruptura e de recomposições culmina, normalmente, com a estabilização relativa das identificações e das defesas que caracteriza a entrada na fase adulta.

---

[1] Cf. Annie Birraux, "De la crise au processus", em *L'adolescence dans l'histoire de la psychanalyse*, Paris, Editions C. I. L. A., 1996, pp. 189-205.

Quando falo de novas modalidades de vínculo com os pares e com os diferentes, penso em especial na questão da ética, tão importante para os adolescentes, sobretudo sob a forma dos ideais de liberdade. O comportamento da criança, como se sabe, é pautado pelo desejo de realização imediata e completa dos seus desejos, entre os quais o de ser o centro do universo ("Sua Majestade, o bebê", como dizia Freud). Ora, uma das descobertas da adolescência é que o indivíduo não pode ser, o tempo todo, um déspota para os outros: é necessário conviver com eles, e, para ser amado e aceito, exigem-se certas concessões. O respeito pelo outro envolve uma limitação necessária do meu poder de agir sobre ele e a aceitação do fato de que ele pode igualmente me fazer feliz ou infeliz. Ora, isso implica admitir como válido algum grau de *coerção*, e o curioso é que tal coerção parece às vezes ser desejada pelo jovem, ao menos numa certa intensidade, sendo capaz de impedir o desregramento, mas sem se tornar mutiladora. Falando desse tema, Jurandir Freire Costa referiu-se à "dimensão educativa da frustração",[2] comparando-a ao amor do cavaleiro cortês pela dama inacessível. Talvez se trate de um dos mais arraigados protótipos culturais da felicidade, já que modela uma das figuras arquetípicas do amor, pois o cavaleiro, certamente, sonha com a dama, mas o "serviço" por e para ela *não* é sentido como sacrifício inútil; ao contrário, é no sacrifício que se forja o caráter, e é ele que determina os ideais de generosidade, coragem e mesmo abnegação — qualidades, ou, como se dizia antigamente, "virtudes", com as quais também se compõe a figura do adolescente.

Por outro lado, não é fácil conviver com os jovens dessa faixa etária, porque sua insegurança (derivada dos processos inconscientes em ação) os incita a atitudes que visam a reafirmar uma identidade oscilante: a intensidade das idealizações, bem como o horror às "falsas soluções", os conduzem a uma atitude de "tudo ou nada" que frequentemente incrementa a dependência aos próprios meios que deveriam servir para diminuí-la. O adolescente provoca sem cessar, e a provocação pode conduzir os adultos a atitudes repressivas. Mas, como Winnicott observa com muita agudeza, "a ameaça representada pela adolescência se dirige àquela parte de nós que, na verdade, não a pôde viver; isso faz com que detestemos aqueles que podem vivenciar tal passagem".[3]

---

[2] Comunicação de Jurandir Freire Costa no evento "Adolescência e violência", Escola Paulista de Medicina, maio de 1997.

[3] D. W. Winnicott, "L'adolescence" (1962), em *De la pédiatrie à la psychanalyse*, Paris, Payot, 1969, p. 266.

Subjetividades contemporâneas

É essa ameaça que, a meu ver, subjaz a certas representações persistentemente negativas da adolescência. Elas vão desde o bordão "o adolescente é um vagabundo nato" (Duprat, meados do século XIX) até a ideia de que "o apetite sexual do adolescente o conduz à violência, à brutalidade e até ao sadismo; ele aprecia o estupro e o sangue" (Durkheim); também é frequente a associação entre adolescência e delinquência, ou entre adolescência e homossexualidade. Em nossos dias, difundiu-se a noção de que ela é uma invenção da indústria para estimular o consumo. Todas essas representações se estruturam em torno das ideias de "perigo" e de "doença", mas, na verdade, assim como existe a criança em nós também existe o "adolescente em nós".

Se a adolescência é (em nossa cultura) um conjunto de processos psíquicos indispensável à estruturação da psique adulta, não é difícil concluir que certas pessoas podem não ter-se saído bem dos conflitos que caracterizam tais processos. Cunhou-se recentemente um neologismo, já admitido pelo dicionário Oxford, para designar essa categoria de pessoas: a "adultescência". O psicanalista diria: não são os comportamentos exteriores que definem a "adultescência". Comportamentos e atitudes do "adultescente", por mais que soem estridentes ou exóticos, indicam apenas que os conflitos próprios à adolescência não foram bem resolvidos e persistem na fase adulta. Isso não significa, é claro, que toda exigência utópica seja patológica; há motivos para que um adulto sinta revolta ou indignação, ou para que se efetuem questionamentos radicais do estabelecido. A diferença está na dinâmica que sustenta cada comportamento. Se, sob as aparências, é ainda a autoridade das imagos edipianas que está sendo combatida; se, por meio dos desafios lançados à situação interna de dependência, percebe-se que inconscientemente é ela que precisa ser preservada a qualquer custo; se a questão é calçar uma identidade vacilante com insígnias e ações que parecem reconhecer o outro, mas na verdade o negam, enfim, se essa é a constelação inconsciente, então se pode dizer que a adolescência não terminou, por mais que o corpo e a carteira de identidade digam — com todas as letras e rugas — o contrário.

O exemplo da adolescência nos mostra de que modo um dos sonhos mais antigos da humanidade — o da eterna juventude — assume nos dias de hoje uma feição que já não é a do tempo dos alquimistas, mas a de um imperativo: "manter-se jovem". Esse imperativo é veiculado pelos meios de comunicação de massa, pela ênfase sobre uma aparente espontaneidade ("seja você mesmo"),

Renato Mezan

que nada mais é do que o total conformismo com os padrões estabelecidos como ideais pelo mercado e pela publicidade. Estes oferecem modelos identificatórios sistematicamente apresentados como exemplos de *autonomia*, quando na verdade são o oposto disso: o fenômeno da moda e da incitação a aderir cegamente a ela. O adolescente, por seu anseio de integração com os demais, é especialmente suscetível a esses apelos, como bem sabem a indústria e o comércio.

Bem, com esses dados em mente, retomemos o título da mesa-redonda. Nossa breve análise de uma modalidade manifestamente "contemporânea" da subjetividade sugere uma interrogação: *contemporâneo* é um adjetivo que se refere ao "nosso tempo", mas quando começa esse período? Desde quando se pode dizer que algo é contemporâneo? Certamente, não desde os gregos; a distância é grande demais. Alguns diriam: desde o Renascimento. Outros: desde a generalização do modo de produção capitalista. Outros ainda: desde o fim da *belle époque*, isto é, desde o início do século XX, datado em 1914. Quem sabe, os mais radicais marcariam o início da "contemporaneidade" nos anos 1960, com a revolução sexual e a profunda transformação nos costumes testemunhada desde então. Algum psicanalista mais vaidoso poderia dizer: desde a descoberta do inconsciente... Mais do que especulações gratuitas, essas ideias nos mostram que "ser contemporâneo" é ser determinado de um certo modo, que se diferencia dos anteriores por alguma característica decisiva; mas, como dizia Dante da *selva selvaggia* em que se viu perdido, *"quanto a dir qual'era, è cosa dura"*.

Contudo, vincular a diversidade das subjetividades a uma questão cronológica — as antigas, as modernas e eventualmente as pós-modernas — é um pouco restritivo, porque pressupõe que, no interior de uma dada época, as condições de subjetivação sejam iguais para todos. Isso não é verdade, para começar, em termos geográficos, ou seja, culturais: nada nos garante que um indígena de Roraima ou um aborígene australiano tenham suas subjetividades determinadas por condições comparáveis às que vigoram para um ocidental ou um chinês tradicional. Mais ainda, dentro das próprias sociedades ocidentais, quer capitalistas, quer socialistas, a subjetividade como estrutura e como experiência de si depende sobremaneira do *lugar social* que ocupa o indivíduo, o que, para dizer as coisas de modo claro, implica saber de que lado da luta de classes ele está — dos que produzem mais-valia ou dos que participam na sua apropriação.

Subjetividades contemporâneas

VÍNCULOS ENTRE O SUBJETIVO E O SOCIAL

Mas o que essas considerações têm a ver com a psicanálise? Apesar das aparências, acredito que muito. Primeiramente, a psicanálise não tem a pretensão de ser a única disciplina capaz de falar sobre o homem, e seu objeto — o inconsciente, a realidade psíquica — se situa num plano tal que para abordá-lo é impossível descartar o que outros saberes têm a dizer. Não estou falando aqui de qualquer interdisciplinaridade, nem de alianças espúrias e inconsequentes da psicanálise com outras abordagens psicoterapêuticas, mas do fato bastante evidente de que a realidade psíquica não existe num vazio. Ela precisa, para se constituir, de uma série de condições que escapa à alçada da psicanálise, a começar por um corpo ao menos em regime básico de funcionamento e continuando pelos aspectos culturais e sociais que plasmam a realidade *tout court*, por definição social e cultural.

A psicanálise pode contribuir para a compreensão do fenômeno humano de uma única maneira: aprofundando o seu ângulo próprio de preensão, insistindo em buscar, por trás do consciente e do imediato, os aspectos inconscientes e as forças psíquicas que os envolvem e os determinam. Isso significa, no tema que nos concerne, que o problema psicanalítico deve ser formulado assim: de que modo o indivíduo, portador da realidade psíquica que a psicanálise é competente para investigar, se constitui e constitui *a realidade* a partir de condições que não são psíquicas, mas se situam aquém e além da psique? *Aquém*: o biológico, já que para ter vida psíquica é necessário estar vivo, e também porque o corpo, com suas partes e funções, é objeto de investimento e de representação no psíquico. *Além*: há os outros indivíduos, seja os do passado, que construíram a sociedade e a cultura nas quais irá viver o recém-nascido, seja os do seu ambiente imediato (por exemplo, a família ou um grupo da mesma idade), por meio dos quais lhe serão transmitidos costumes, crenças e valores próprios à sua civilização.

Ao formular assim a questão da subjetividade, a psicanálise introduz um problema dos mais complexos. Por um lado, a clínica é uma prática do singular, pois cada paciente é um, cada analista é um, cada processo terapêutico é um, e se estrutura da forma como se estrutura em virtude da especificidade de seus protagonistas. Aqui, as condições extrapsíquicas que presidem à formação da realidade psíquica se encontram refratadas pelo prisma único e irrepetível constituído por *essa* dupla e por cada um dos seus membros. Por outro lado, a teoria psicanalítica — como qualquer teoria — opera com conceitos, noções e esquemas que vão além do individual e do imediato: *a* transferência, *o* sintoma, *as* defesas, *os* objetos, *as* pulsões... Em graus variados de distância do imediato — no caso, da singularidade da dupla e dos processos específicos que a interação entre seus dois membros suscita —, esses conceitos se aplicam a muitos outros casos (porque deles derivam), além daquele para cuja inteligibilidade estão contribuindo. Uma das tarefas da reflexão psicanalítica — não da terapia, mas, digo bem, da reflexão — é utilizar tais conceitos para construir um modelo razoavelmente fiel *daquele* processo; outra é utilizar tal processo, suas dificuldades e características, para refinar, ampliar ou modificar os conceitos da teoria. É assim, na dialética entre a interpretação, a construção e a teorização, que a psicanálise se constitui e continua a se desenvolver.

Mas o psicanalista não vive apenas no seu consultório ou na instituição em que trabalha. Faz parte da sua responsabilidade ética e intelectual procurar contribuir para a compreensão — e eventualmente para a modificação — das condições sociais e culturais em que ele, seus concidadãos e seus contemporâneos vivem. Esse é o terreno escorregadio da "psicanálise aplicada", mas as armadilhas que ele apresenta não são motivo para que nos esquivemos de adentrá-lo: o que nos interessa é estudar, ainda que de modo sumário, como se constitui a subjetividade individual a partir das condições gerais.

O ponto fundamental é o seguinte: a subjetividade é *instituída socialmente*. Ela é uma criação da sociedade, da mesma forma que a língua, as regras de parentesco, os valores ou os métodos de trabalho. Toda sociedade, para sobreviver, necessita produzir *modos de aculturação* eficazes, isto é, capazes de transformar os bebês que nela nascem em membros *daquele* grupo, aptos a funcionar segundo suas regras e eventualmente a transgredi-las, e também aptos a, chegado o momento, transmitir à geração seguinte o que torna única sua sociedade. A psicanálise pode ajudar a compreender de que maneira o indivíduo que nasce num grupo humano incorpora, introjeta e absorve o próprio daquele grupo, de forma a constituir-se como membro dele. E, em sociedades hierarquizadas, divididas em estamentos, classes ou castas, tal incorporação necessariamente deve incluir elementos que tornem no mínimo *suportável* e no máximo *desejável* a pertinência à categoria social em que o indivíduo está — ao menos quando nasce — destinado a funcionar. Esses mecanismos são sutis e complexos, mas, sem eles, sociedade alguma poderia se perpetuar e simplesmente desapareceria.

Subjetividades contemporâneas

A psicanálise nos ensina que é por meio das identificações que um dado sujeito se organiza em conformidade com os modelos que sua sociedade lhe oferece, aos quais, por essa razão, cabe chamar de *identificatórios*. São exemplos desses modelos o que é ser um homem ou uma mulher, um guerreiro, um operário ou um intelectual, uma pessoa honesta, sábia, etc., em suma, padrões socialmente aceitos e valorizados no plano dos costumes, das crenças, dos valores, das leis, do autocontrole. A sociedade os produz por seu próprio movimento, e esses padrões estão encarnados em pessoas ou em instituições concretas que devem servir de ideal ao jovem membro. Podemos chamar a esse processo, de modo amplo, "educação"; o seu combustível, do ponto de vista psíquico, é o jogo das pulsões, das fantasias, dos objetos, das angústias e das defesas. O indivíduo precisa investir de sentido psíquico aquilo que o ambiente lhe oferece, e, caso viva numa sociedade um pouco mais complexa, terá de escolher entre alguns ou muitos modelos e objetos de desejo. Ele o fará segundo suas inclinações, suas experiências mais fundamentais e precoces, isto é, segundo aquilo a que a psicanálise denomina sua "constituição" ou suas "disposições". O elenco de modalidades de subjetivação efetivamente presentes num dado momento de uma dada cultura será regido pela variedade de soluções de que a psique dispõe para resolver esses conflitos fundamentais — variedade em parte determinada pelas possibilidades do funcionamento mental e em parte pelo leque de opções legítimas (e ilegítimas) oferecido pela sociedade em que o indivíduo nasce e na qual lhe toca viver.

AS IDENTIFICAÇÕES E SEUS DESTINOS

Quem diz subjetividade, diz modo ou modos de ser. Por isso, é na região do narcisismo, do ego e das instâncias ideais, como o superego e o ideal do ego, que a meu ver operam os mecanismos que estou tentando caracterizar. Eles devem ser — e, empírica e historicamente, têm sido — suficientemente fortes para constituir uma maioria de sujeitos viáveis, capazes de funcionar na sociedade em questão e de perpetuar a existência dela; e, ao mesmo tempo, suficientemente flexíveis para possibilitar as diversidades individuais, os diferentes modos de ser "eu" que correspondam ao espectro próprio àquele determinado e específico grupo.

268

Aqui talvez caiba uma observação sobre a necessária *estabilidade relativa* dessas identificações, já que nosso colega Peter Pelbart fez há pouco o elogio da velocidade e da mobilidade. Quando eu disse que meu ponto de vista é o do psicanalista tradicional e um pouco "quadrado", tinha em mente precisamente esse aspecto. No nível em que as estou situando, essas identificações fundamentais precisam ser bem ancoradas e relativamente integradas, caso contrário o resultado não é a elegância do bailarino, mas a doença mental. Isso porque a oscilação do sentimento de identidade desencadeia angústias extremamente intensas, para cuja contenção o indivíduo mobiliza defesas do registro psicótico. E a psicose, infelizmente, não é nada bela, apesar de opiniões em contrário: ela é doída, triste e perigosa. Talvez a psicanálise seja mais pessimista — ou mais realista, não sei —, mas o fato é que a prática analítica nos mostra como pode ser intenso o sofrimento da fragmentação, como é forte a inércia psíquica, como é sólida a aderência aos sintomas e como um mínimo de coesão entre as diversas partes do psiquismo é indispensável para se poder viver. É claro que o objetivo de toda análise é uma mudança no funcionamento de quem a ela se submete, e em muitos casos a mudança desejável caminha para uma flexibilidade maior, uma maior permeabilidade entre o ego e o que está aquém dele. Não estou fazendo a apologia do estático, mas é preciso cuidado, para que a modificação não se faça agravando a condição do paciente; e, nos casos em que o problema não é o excesso de rigidez, mas sim o esgarçamento essencial do tecido psíquico, o trabalho da análise deve buscar uma cerzidura desse tecido, o que pode exigir *mais*, e não *menos*, coesão e integração, *menos*, e não *mais*, mobilidade e inquietação.

Isso nos leva a evocar — já que hoje não podemos nos deter nelas — as modalidades de subjetivação mais caracteristicamente focalizadas pela psicanálise e que constituem o domínio da psicopatologia psicanalítica. Com isso me refiro às "formas de ser" chamadas neurose, psicose, perversão, *borderline*, normalidade, e às suas diferentes gradações e subdivisões. Elas constituem respostas altamente complexas a questões e conflitos fundamentais do ser humano concernentes à sua identidade, às suas paixões, aos objetos preferenciais do seu amor e do seu ódio, às formas de lidar com as angústias incontroláveis de separação e de fusão, de intrusão e de fragmentação, de castração e de morte que são *our common lot*.

Subjetividades contemporâneas

ALGUMAS PERSPECTIVAS

Por outro lado, na sociedade atual, e em especial no Brasil, a determinação social da subjetividade em sentido mais estrito não pode ser esquecida. Disse há pouco que ela tem a ver com a luta de classes e a inserção de cada indivíduo neste ou naquele lado do processo. Isso significa que, por razões históricas que dizem respeito à nossa formação social, o Brasil produz brasileiros "programados" para mandar e outros brasileiros — a maioria — programados para obedecer; alguns têm à sua disposição, como objetos de investimento libidinal e de usufruto, toda a gama de produtos e de atividades, profissionais ou de lazer, que o estágio atual do capitalismo (a "sociedade de consumo") pôde inventar e produzir em escala planetária, enquanto outros — a maioria — nem sequer sonham com tais coisas. Não é indiferente, para a constituição da subjetividade, o acesso à educação (tradicional ou informatizada), porque ela veicula os produtos da cultura e habilita o indivíduo para poder gozar deles, bem como para tomá-los como objetos de desejo, no sentido de representantes dos objetos internos. Seria interessante investigar, desse ponto de vista, o efeito que têm as diferentes *ofertas* e *promessas de prazer*, bem como as diferentes gradações da *necessidade de sofrer*, sobre as diversas classes sociais e os diversos segmentos regionais da população. Tenho certeza de que um estudo assim traria muito material para nossa reflexão.

Para concluir, gostaria de mencionar um ponto que costuma despertar polêmicas: a questão da universalidade do inconsciente. Segundo alguns, a psicanálise fecharia os olhos para os fatores históricos e sociais que decisivamente condicionam as possibilidades de subjetivação, impondo a todas as épocas e sociedades o mesmo padrão de leitura — padrão qualificado, segundo o humor dos críticos, como etnocêntrico, falocrático, burguês, positivista e outros epítetos igualmente negativos. Creio que o que lhes disse pode ajudar a colocar a questão em termos mais adequados: existe universalidade e particularidade, e também singularidade, na determinação das modalidades subjetivas.

O que pode, nelas, ser considerado universal? Em primeiro lugar, a necessidade — que se impõe a todo ser humano — de se culturalizar ou se socializar, passando do estágio de bebê à fase de adulto funcional em referência ao grupo considerado. Todo filhote de *Homo sapiens*, assim como precisa aprender a falar e a caminhar sobre duas pernas, necessita separar-se de seus pais, constituir-se como indivíduo, aceitar limites impostos pelas regras sociais à realização de seus desejos, investir objetos diferentes dos que foram os seus primeiros e realizar atividades que exigem alguma tolerância à frustração: em suma, tornar-se humano. A psicanálise afirma que esses processos são conectados à organização de um ego, à introjeção de um superego, à travessia dos complexos de Édipo e de castração, ao estabelecimento de defesas estáveis e ao mesmo tempo flexíveis, a uma certa capacidade de sublimação. Esses processos psíquicos podem ser ditos universais, porque sem eles o homem fica aquém do humano. Eles estão no mesmo plano que a instituição de leis e de costumes, que a capacidade de usar a força muscular para trabalhar ou se servir da inteligência para domesticar animais, inventar e construir instrumentos, que a criação de línguas e de entidades imaginárias, que a feitura de objetos artísticos. Também aqui o universal se expressa como *potencialidade de* e como *disposição para*, sem que esteja predeterminado o *conteúdo* daquilo em que elas vão se materializar.

É no plano dos conteúdos psíquicos e sociais que intervêm a particularidade e a singularidade. Toda sociedade precisa estabelecer e impor formas de conter a agressividade dos seus membros — isso é universal —, mas *quais* serão as formas não pode ser prefigurado somente a partir da necessidade. A existência de modelos identificatórios é indispensável para que os indivíduos tenham com o que se identificar — e, nesse sentido, trata-se de um fenômeno universal —, porém dependerá de cada sociedade definir quais e quantos serão tais modelos, se estarão ou não acessíveis a todos os seus membros e, em caso positivo, em que condições.

Por fim, dentro de cada grupo e subgrupo deve existir espaço para as diferenças individuais, fruto das disposições de cada um e da sua história de vida, balizada pelos "possíveis sociais" de dada comunidade. Vê-se que os universais se situam num elevado grau de abstração e que, à medida que vamos nos aproximando da realidade concreta, o que é particular e/ou singular ganha destaque e consistência. Por essa razão, parece-me descabida a alternativa "ou o inconsciente é universal, ou é histórico": não é o inconsciente que pode ser assim qualificado. Os mecanismos e conflitos fundamentais se situam no plano universal; os conteúdos e soluções, na sua infinita variedade, pertencem ao domínio do particular e do singular.

Era essencialmente isso que eu desejava lhes dizer, a propósito das questões vastíssimas que nosso tema pode suscitar. Espero que estas observações

Subjetividades contemporâneas

contribuam para o debate e quero agradecer mais uma vez à direção do Sedes o honroso convite para estar aqui hoje à noite.

Muito obrigado.

Destinos da agressividade entre os judeus

O assassinato de Itzhak Rabin por um estudante de direito, em novembro de 1995, chocou a consciência judaica no mundo inteiro. Além dos seus efeitos calamitosos sobre o processo de paz — que, com a eleição subsequente de Benjamin Netanyahu, foi seriamente afetado e talvez irremediavelmente comprometido —, o tiro que abateu o primeiro-ministro estilhaçou também algumas ideias que pareciam inabaláveis. Uma delas diz respeito à violência entre os próprios judeus: se até então ela se afigurava quase impossível, tornou-se de repente uma realidade palpável e que precisa ser agora considerada.

Como judeu e psicanalista, esse tema me parece da mais extrema importância. Gostaria de abordá-lo brevemente nas páginas que se seguem, utilizando dados da história e algumas noções psicanalíticas. Essa opção se deve ao fato de a questão da agressividade e dos comportamentos violentos estar na interface do social e do psíquico, exigindo portanto ser focalizada tanto "de dentro para fora" quanto "de fora para dentro".

1

Durante séculos, os judeus foram um povo não violento. Essa característica pode ser em parte creditada à sua fraqueza diante dos opressores; mas tem,

Destinos da agressividade entre os judeus

por outro lado, fundas raízes na religião, nas crenças e nos costumes que constituem o judaísmo tradicional. O período "pacífico" — que se estende, *grosso modo*, da época da Mishná (século ii d. C.) até o século xix — encontra-se no entanto enquadrado, antes e depois, por momentos em que a violência foi por vezes considerada legítima. (Por *violência* estou entendendo aqui não apenas o uso da força armada, no sentido militar, mas igualmente práticas como a pena de morte e a vingança coletiva, ou também, no sentido propriamente psicanalítico, a exteriorização da agressividade, ainda que de modo estilizado ou ritualizado.)

Pois este é o verdadeiro problema: sendo seres humanos como os outros, os judeus contam, em sua organização psíquica, com "uma boa dose de agressividade", para falar como Freud em *O mal-estar na cultura*. Quais os destinos dessa agressividade e por que durante tantos séculos ela permaneceu tão pouco aparente? Que fatores podem ter contribuído para que, a partir de um certo momento histórico, ela voltasse a se manifestar? Aqui é preciso ir com cuidado, estabelecer distinções e categorias, a fim de que a hipótese que apresentarei seja construída de modo a merecer a consideração do leitor.

Voltemos então ao que nos conta a Bíblia. Nela não faltam episódios de violência, em geral de natureza coletiva: a conquista de Canaã, por exemplo, encontrou resistência dos habitantes, que tiveram de ser vencidos pela força das armas. Nada há nisso de extraordinário; uma invasão não se faz sem vítimas, e o estabelecimento das tribos hebraicas na Terra Prometida não constituiu exceção à regra. O que é característico dessa época é o fato de a *legitimidade* da violência depender da autorização da divindade ou de uma ordem explícita dela, seja no plano coletivo, seja no individual (sacrifício de Isaac em Gênesis, capítulo 22; Jefté cumprindo o voto de sacrificar sua filha em Juízes, 11...). O Deus do Antigo Testamento é representado como um ser simultaneamente misericordioso e irascível, que ordena sem piedade, por exemplo, o extermínio dos amalequitas — estes haviam combatido os israelitas de modo desleal, matando "os fracos que iam depois de ti" (Deuteronômio, 25:18), e por isso sua memória deve ser "apagada de debaixo do céu" (Êxodo, 17:14; Deuteronômio, 25:19), ou seja, aniquilação total. Esses e outros episódios fazem parte do "mal necessário". Não é a isso que desejo me referir.

A figura da divindade corresponde, segundo a psicanálise, à projeção e à antropomorfização das tendências inconscientes daqueles que a inventaram. Por mais sacrílega que pareça essa ideia, foram os judeus que criaram Jeová, e não o contrário; portanto os atributos desse personagem devem refletir, em alguma medida, as características psicológicas do grupo humano que o fez surgir. Essa asserção é válida para toda criação cultural humana, no campo da religião ou em qualquer outro: a imaginação produz mitos, entidades, situações, que servem como continentes para fantasias e angústias muito profundas. É, aliás, a capacidade de dar forma a tais elementos psíquicos e de os conter que determina a funcionalidade dessas criações, isto é, seu êxito como elementos da cultura. Desse ponto de vista, chama a atenção o aspecto colérico do Deus bíblico — cólera, aliás, que se volta insistentemente contra aqueles a quem escolheu para ser o seu povo e receber a sua Lei. Basta abrir ao acaso qualquer página dos livros dos profetas para se certificar disso. (Deixo aqui de lado, deliberadamente, o valor ético das suas pregações, que não está em discussão e que é certamente muito elevado; interessa-me, isso sim, ressaltar os elementos agressivos presentes nesses discursos, sem entrar na apreciação do conjunto da sua mensagem.) Israel pecou, afastando-se do Pacto e de seu Deus: a vingança será terrível, envolvendo destruição, fogo, peste, morticínio e todo um cortejo de horrores que frequentemente aterroriza o próprio profeta. Essas visões culminam com o que se costuma denominar a "profecia escatológica", isto é, o fim dos tempos, ou o Dia do Juízo Final, tema que será tratado inúmeras vezes e dará origem aos diferentes elementos da literatura apocalíptica, até — e incluindo — os primórdios do cristianismo (no Novo Testamento, a virulência de um João Batista atesta a força mobilizadora desse tipo de pregação).

Ora, o que podemos observar nesses textos? Há uma tensão perfeitamente perceptível entre o *transbordamento* e a *contenção* da agressividade. Esta se transforma em um atributo de Deus; aos homens, ela só é permitida a serviço da divindade — por exemplo, como punição da idolatria (entre os profetas) ou como castigo pela transgressão das leis (no Pentateuco). Nesses casos, o julgamento é implacável: pena de morte para o adultério (Deuteronômio, 22:22), mas também para quem se aproxima inadvertidamente da Arca da Aliança (como fez Uzá nos tempos de David, II Samuel, 6:6-7). As leis são explícitas, e todo o sentido delas está em elevar o nível moral do povo, a fim de que se torne digno da escolha divina: "Santificai-vos, sede santos, pois Eu sou o Senhor vosso Deus; e guardai os meus estatutos, e cumpri-os: eu sou o Senhor que vos santifica" (Levítico, 20:7-8).

Destinos da agressividade entre os judeus

No que consiste o atributo da santidade? Não devemos aqui cometer o equívoco do anacronismo: para nós, depois de 2 mil anos de cristianismo, a palavra "santidade" evoca santos da Igreja, mártires, milagres. O sentido bíblico não é esse, mas algo mais próximo do *sacer* latino, que aparece no termo português *sagrado*. O sagrado é o *absolutamente outro*, separado, puro, próprio da divindade e daquilo que com ela se relaciona. O sagrado é fonte de um terrível perigo, uma esfera de supremo poder que recusa qualquer contaminação e a destrói incontinente. Sua tradução, no plano dos homens, é a noção de *pureza*, e aqui estamos no âmago do judaísmo como religião. *Pureza* tem um significado moral (essa é a herança dos profetas), mas também, e indissociavelmente, um significado *ritual*: há situações, objetos e atos impuros, outros são puros, e boa parte da Torá — especialmente o Levítico — consiste na descrição pormenorizada do que pertence a uma e a outra dessas categorias. O objeto das leis bíblicas — e, posteriormente, das leis do Talmude — é estipular quais os procedimentos que garantem a pureza (nos dois sentidos); talvez o próprio do judaísmo clássico seja exatamente o vínculo inextricável que ele estabelece entre a pureza moral e a pureza ritual, uma sendo condição da outra e vice-versa.

Num livro muito interessante intitulado *O judaísmo vivo*, Michael Asheri esclarece esse ponto:

> [As leis] não constituem simplesmente uma série de lugares-comuns, dizendo a nós judeus para sermos justos com nossos semelhantes, mas são uma pormenorizada relação de leis que nos dizem como colocar em ação a justiça, não apenas para com nossos semelhantes, mas para com Deus, que nos escolheu para sermos Seu próprio povo especial. O fato é que não se pode ser um bom judeu sem ser um bom ser humano, mas pode-se ser um bom ser humano sem ser um bom judeu.[1]

Essa reflexão é fundamental, pois a ideia de "povo eleito" é das mais antipáticas que se possam imaginar. De modo algum significa uma superioridade natural dos judeus sobre os outros, muito menos a exclusividade do "bom" para os judeus e do oposto disso para os não judeus. Nesse aspecto, a ideia do Povo Eleito se distingue de todo racismo e preconceito: ela implica *mais*, e não *menos*, obrigações e deveres, pois é tarefa árdua o cumprimento de todos os 613

---

[1] Michael Asheri, *O judaísmo vivo — as tradições e as leis dos judeus praticantes*, Rio de Janeiro, Imago, 1995, p. 34.

Renato Mezan

mandamentos que figuram na Torá, e mais árdua ainda se se levar em conta a minuciosa regulamentação de cada uma delas, determinada pelos rabinos ao longo dos séculos.

2

Mas isso coloca um sério problema para aquele que, não sendo praticante nem religioso, e sim um simples psicanalista, quer entender por que os judeus aceitaram, por tanto tempo e com tanta disposição, essa rede extremamente complexa de regras para todo e qualquer ato da vida, dos mais simples — como lavar as mãos antes de comer — até os mais importantes. Procurei responder a isso num outro trabalho,[2] e a conclusão a que cheguei é a seguinte: a adesão tão maciça a práticas tão severas só pode ser entendida se admitirmos que traz benefícios psicológicos extremamente grandes, muito superiores a eventuais incômodos e restrições que dela possam decorrer. Sem entrar no detalhe da argumentação — para isso, convém reportar-se ao texto mencionado —, podemos dizer que tais benefícios são de duas ordens: *narcísicos* e *sublimatórios*.

A psicanálise afirma que todos nós, em nossa vida psíquica, precisamos lidar com impulsos e exigências que provêm do inconsciente. Mas boa parte dessas tendências encontra forte oposição em outros aspectos de nossa personalidade, criando situações de conflito que precisam ser mediadas e contornadas por meio das *defesas*. Assim, os impulsos sexuais nos conduzem a buscar satisfação erótica, mas esta não pode ser obtida a qualquer momento, nem com qualquer parceiro, nem de qualquer modo: o superego nos proíbe o incesto, as leis castigam o estupro e o adultério, etc. Mas nem por isso os impulsos deixam de existir, daí a necessidade de defesas ao mesmo tempo firmes e flexíveis: firmes para poderem ser eficazes, flexíveis para permitir algum grau de satisfação aos impulsos elementares. Entre as defesas, contam-se a repressão, a projeção, a inversão no contrário, a sublimação e outros mecanismos estudados pela psicanálise. Já os impulsos são, no essencial, de tipo sexual ou agressivo. Dessa forma, num ato ou numa situação psíquica qualquer, o analista verá uma mescla de

---

[2] Renato Mezan, "Violinistas no telhado: clínica da identidade judaica", em *A sombra de Don Juan e outros ensaios*, São Paulo, Brasiliense, 1993, pp. 207-58.

Destinos da agressividade entre os judeus

impulsos básicos e de defesas operando contra eles, e se perguntará quais e em que proporção contribuem para o efeito que se está observando.

A educação, ou a socialização, ou a culturalização — tanto faz — consiste em conseguir canalizar, de modo mais ou menos automático, os impulsos e as defesas fundamentais para as práticas, as crenças e os ideais que cada sociedade estabelece como desejáveis e bons, e ao mesmo tempo conseguir afastar os mesmos impulsos dos ideais, das práticas e das crenças julgados nefastos. Esse processo chama-se *investir* (com os impulsos) tais criações sociais, e, na medida em que elas permitem aos impulsos fundamentais uma dose suficiente de satisfação — ainda que por meios indiretos —, fala-se em *sublimação* desses impulsos. Por exemplo: muito já se escreveu sobre o caráter fortemente erótico de certas vivências místicas, que podem inclusive produzir sensações físicas semelhantes ao orgasmo. O místico que experiencia tais vivências canalizou boa parte de sua libido para as práticas religiosas, investiu com essa mesma libido as figuras e os conteúdos da religião, e, se a satisfação que delas tira é de tipo sublimado, nem por isso será menos intensa.

Assim, quando digo que o judaísmo clássico proporcionava, a quem o praticava, intensos benefícios psicológicos, o que tenho em mente é que tais práticas — e a inclusão no grupo que as recomendava — fortaleciam o sentimento de autoestima e canalizavam para si porções importantes da libido e da agressividade daqueles indivíduos. O aspecto da autoestima é evidente: acreditar que se é parte do povo escolhido pelo Deus único é algo que, sem sombra de dúvida, traz sensações de segurança e conforto nada desprezíveis. E esses benefícios são ainda mais reforçados por práticas específicas, como o descanso do sábado, as festividades solenes, o prestígio atribuído aos eruditos na tradição, etc.

A questão da agressividade é um pouco mais complexa. A meu ver, ela foi tratada de duas maneiras diferentes, porém concatenadas entre si. Primeiramente, a figura do Deus irascível e as ameaças de destruição, punição e vingança a ela associadas permitiram verbalizar, de forma religiosamente coerente, toda uma série de conteúdos obviamente agressivos; eles tomaram a forma do julgamento pelos pecados do povo, ou das outras nações, tornando-se assim aceitáveis para a consciência moral. Nesse sentido, pode-se falar de *sublimação*. Em segundo lugar, a noção de pureza (= santidade) obriga a toda uma série de atos destinados a evitar que o puro se misture ao impuro, o que coloca no centro das práticas religiosas do dia a dia a necessidade da *separação*. O exemplo mais evidente disso são as leis relacionadas à alimentação (*kashrut*), mas o princípio determina muitas outras regras (por exemplo, a separação entre o sábado sagrado e os dias comuns; entre as sementes que se podem semear no campo e entre o linho e a lã nas roupas — Levítico, 19:19 —; entre o período menstrual da mulher e os dias em que ela pode ter relações).

Separar implica *não tocar*, ou não permitir que se toquem, as coisas que devem ser mantidas afastadas. Separar é também *evitar*, o que sugere que algo de mau ocorrerá se o que deve ser evitado não puder ser impedido. Separar é ainda *proteger*, pois o perigo age por intermédio do contato — o que é perigoso só é prejudicial se chega suficientemente perto daquilo que é ameaçado. Estamos assim diante de diferentes figuras da destruição: perigo, ameaça, etc. Por esse motivo, as práticas que envolvem ou exigem a separação constituem barreiras eficazes contra a agressividade, ao mesmo tempo que a manutenção dessas barreiras exige um dispêndio de energia que se alimenta com a própria agressividade. É por essa razão que a psicanálise fala, nesses casos, em "formações reativas".

Nesse sentido, minha hipótese é que as práticas rituais extremamente precisas e minuciosas em que se materializaram os preceitos sobre a pureza e a separação constituíram, durante séculos, uma colossal e muitíssimo bem-sucedida formação reativa contra a agressividade dos judeus. Somadas aos benefícios narcísicos da crença na eleição por Deus e às numerosas incitações à sublimação dos impulsos corporificados nos valores éticos que norteavam tais práticas, as práticas rituais também produziram uma espécie de fanatismo inofensivo, por sua vez recoberto por racionalizações bastante convincentes. Os rabinos falaram das leis como sendo uma "cerca em torno da Torá", mas elas podem ser vistas também como uma cerca particularmente sólida contra o *"yetzer hará"*, isto é, contra os "impulsos maus" ou destrutivos — auto e heterodestrutivos, aliás — que os judeus, como quaisquer seres humanos, abrigavam em seu inconsciente.

3

Contudo, houve momentos em que, por razões psicossociais, o fanatismo tomou um aspecto mais sombrio. A vulnerabilidade e a insegurança durante os

Destinos da agressividade entre os judeus

séculos da Diáspora foram, certamente, um poderoso fator para impedir que a violência dos judeus tomasse o aspecto que melhor conhecemos: a destruição física do outro, do "inimigo". Mas em certos momentos, como na época que precedeu a destruição do Segundo Templo pelos romanos, ou no tempo dos Macabeus (Hanuká), houve verdadeiras guerras civis, nas quais facções armadas tinham por objetivo a aniquilação dos "desviantes". Diz o Talmude (Yoma 9b) que o Segundo Templo só foi destruído pelos romanos por causa do ódio entre os próprios judeus, o que constituía uma ofensa tão grave quanto a idolatria, a imoralidade e o derramamento de sangue somados.[3]

Com o advento do sionismo e do Estado de Israel, os judeus tiveram de reaprender a lutar, o que em si não é nenhum pecado. Foi preciso defender os assentamentos dos pioneiros contra os ataques da oligarquia árabe, e depois se teve de travar guerras para que o jovem Estado, invadido no dia da sua fundação, pudesse sobreviver. Também quanto a isso nada há a objetar, e, com poucas exceções, deve-se reconhecer que o exército israelense, cujas fileiras são constituídas por cidadãos comuns, é notavelmente moderado nas suas ações. Tanto assim que, quando ocasionalmente alguém pratica excessos, estes suscitam indignação e usualmente o responsável é punido. A guerra não é uma coisa bonita, e é fácil condenar os que combatem quando nós mesmos não estamos envolvidos.

Não é patológica a violência contra o inimigo num campo de batalha; também não é patológica — embora moralmente seja um problema espinhoso — a repressão contra os atos de resistência da população palestina nas terras ocupadas após a Guerra dos Seis Dias. Trata-se aqui de situações que podem ser inscritas sob a rubrica da segurança pública e da política seguida por governos democraticamente eleitos, por mais que se discorde de seus objetivos. Nisso os israelenses contemporâneos não são diferentes de outras potências de ocupação, e, se se pode condenar em princípio a própria ideia de *ocupação*, seria hipócrita pretender que só o Estado hebraico devesse se pautar por elevados princípios morais nas circunstâncias a que o conduziram a história e os acontecimentos do Oriente Médio.

Mas coisa muito diferente é o fanatismo religioso armado, quer sejam os seus adversários os judeus não praticantes, os palestinos ou aqueles de quem se

---

[3] Citado por David Horowitz (ed.), *Itzhak Rabin, o Soldado da Paz*, Rio de Janeiro, Nova Fronteira, 1996, p. 313.

discorda politicamente. O Estado de Israel foi construído como uma democracia ocidental, e nisso, é preciso reconhecer, ele deve mais aos princípios políticos estabelecidos por não judeus desde o Renascimento e o Iluminismo, passando pelas revoluções burguesas e pelo ideário socialista, do que aos preceitos religiosos do judaísmo. Todo monoteísmo envolve, por sua própria natureza, um elemento de intolerância e ódio ao diferente, àquele que não compartilha das nossas crenças. Isso vale para o judaísmo como para o islamismo e o cristianismo, que nesse ponto se opõem a civilizações mais tolerantes com o que lhes é exterior. Sem qualquer laivo de idealização, é fácil observar que, mesmo considerando-se culturalmente superiores aos seus vizinhos, os gregos ou os chineses jamais foram movidos pelo desejo de lhes impor, se necessário pela força, suas convicções. É mais do que se pode dizer dos povos monoteístas, como o comprovam as "guerras santas" e as cruzadas de todo tipo que encharcaram de sangue o planeta nos últimos quinze ou vinte séculos.

Os judeus não fizeram guerras para conquistar prosélitos, e de modo geral renunciaram — em boa parte obrigados pelos povos mais fortes em cujo seio viveram na Diáspora — à propaganda da sua religião, chegando mesmo a desencorajar a conversão. Mas isso não se deve a qualquer motivo, politicamente correto *avant la lettre*, de respeito pela verdade das convicções alheias, e sim a uma postura de indiferença, na maior parte do tempo benigna, em relação àquilo que não era judaico. Não é o caso aqui de entrar em detalhes sobre esse ponto; basta dizer que, com poucas exceções (entre as quais a Época de Ouro na Espanha), os judeus levaram sua vida sem grande interesse pelo mundo não judaico, até pelo menos o século XIX. É preciso insistir nisto: a chegada da modernidade, com a emancipação na Europa Ocidental, foi o fator que destruiu boa parte das muralhas não só físicas, mas mentais, que constituíram o gueto; e ali onde ela não se estruturou, como na Rússia czarista ou no Império Otomano, os judeus continuaram a viver e a pensar como seus antepassados medievais, até que esses Estados desapareceram, já nas primeiras décadas do século XX.

4

Penso que, em consequência do seu ingresso no mundo moderno, ocorreu uma transformação importante na economia psíquica dos judeus. Estudei

Destinos da agressividade entre os judeus

detalhadamente esse processo em outro trabalho;[4] aqui só cabe mencionar a direção geral da mudança. Ela consistiu, no essencial, na substituição da religião por outros ideais e costumes, mas sem que aquela perdesse por completo sua importância na vida das pessoas. De uma rede de práticas envolvendo toda a existência, a religião se converteu numa questão privada e num conjunto de cerimônias comunitárias, coexistindo com as dimensões propriamente civis (profissional, cultural, etc.) da vida. Essa transformação criou sérios problemas no plano das identificações, gerando por exemplo uma questão impensável na época anterior: o que é ser judeu? Mas sem sombra de dúvida foi o fenômeno mais importante, na longa história desse povo, desde a estruturação do judaísmo rabínico no período que se seguiu à destruição do Segundo Templo e ao fim do Estado hebraico antigo.

Foi na esteira dessa ocidentalização que se formulou a ideia de um renascimento nacional, e não por acaso o sionismo nascente enfrentou forte oposição dos círculos religiosos mais conservadores. Houve, é certo, uma facção religiosa no movimento sionista (inclusive criando *kibutzim* ortodoxos), mas ela sempre foi minoritária, tanto entre os sionistas quanto entre os religiosos. Somente após a criação do Estado de Israel e, mais particularmente, após a Guerra dos Seis Dias — com a reconquista de Jerusalém e dos territórios além do Jordão que faziam parte do Israel hebraico —, os religiosos voltaram a ter um papel político mais importante.

Contudo, esse papel vem sendo extremamente problemático. Se minha tese sobre os destinos da agressividade entre os judeus estiver correta, podemos tirar dela uma consequência inquietante. A força da tradição, a crença na eleição divina, a adesão estrita a práticas que funcionavam como formações reativas contra o transbordamento da agressividade, a sublimação dela na figura de um Deus cuja misericórdia era acompanhada por uma extrema severidade — tudo isso conteve as pulsões destrutivas e as direcionou para o que chamei de "fanatismo inofensivo". Mas a violência subjacente a tais mecanismos de defesa não desapareceu em virtude disso; sublimada ou reprimida, ela continuou a existir e certamente não se exteriorizou sob a forma de violência *também* porque os judeus estavam privados das condições materiais necessárias para que tal coisa ocorresse.

---

[4] Ver Renato Mezan, *Psicanálise, judaísmo: ressonâncias*, Rio de Janeiro, Imago, 1993, especialmente o primeiro capítulo.

Ora, com a independência política e as liberdades vigentes num Estado democrático, tornou-se possível canalizar parte da violência até então contida pelos mecanismos que descrevi para o exercício puro e simples da força bruta. Como os ortodoxos continuam praticando todos os rituais que sempre praticaram, não é do lado das formações reativas que as coisas parecem ter-se alterado. Tudo indica que está havendo uma *dessublimação da agressividade*, estimulada por uma reinterpretação do Pacto do Sinai: se Deus devolveu ao povo a herança de Abraão (a Terra Santa), será pecaminoso retirar-se dela e permitir que seja profanada pelos "incircuncisos". Da mesma forma, na parte da Terra Santa na qual já se instalara o Estado, a religião deve prevalecer em todas as esferas da vida, a fim de que não se conspurque o solo consagrado.

Assim, surge para a agressividade dessublimada um novo objetivo: impor aos não praticantes o respeito às crenças e leis tradicionais. Por essa razão, o fundamentalismo religioso é uma séria ameaça para os judeus seculares, tanto em Israel quanto na Diáspora, e também uma séria ameaça para o caráter democrático do Estado hebraico. É como se a mentalidade medieval se visse armada com os recursos dos tempos de hoje. Há um conjunto de partidos religiosos em Israel cujo objetivo é a instauração de uma teocracia, isto é, a transformação das leis tradicionais em leis do Estado. Partes importantes desse programa já foram cumpridas, como a imposição de regras religiosas para o casamento (não há matrimônio civil em Israel). Existe um fosso intransponível entre a mentalidade secular — para a qual a cidadania é a criação de direitos e a imposição de obrigações por assembleias eleitas e legitimadas pelo voto — e a mentalidade religiosa, que entende que as leis se fundam na autoridade divina da Torá e na sua interpretação pelos eruditos ao longo dos séculos.

O que estamos vendo atualmente é a transformação de crenças religiosas em programa político, e é em nome dessas crenças que o estudante disparou seus tiros nas costas de Itzhak Rabin. Este foi considerado *traidor* porque assinou acordos que previam a retirada de Israel de boa parte dos territórios que os religiosos consideram ter sido dados por Deus aos hebreus antigos. Segundo os organizadores da biografia de Rabin à qual me referi — *Itzhak Rabin, o Soldado da Paz* —, esse crime vergonhoso representa um momento particularmente agudo da guerra

entre as culturas secular e religiosa em Israel, que é o pano de fundo para o assassinato de Rabin e cujo futuro poderá vir a determinar o futuro do país. No assassinato

Destinos da agressividade entre os judeus

de Rabin, o desenrolar da luta se mistura ao intenso conflito entre esquerda e direita no movimento sionista, que precedeu e antecipou a amarga discussão contemporânea sobre o que fazer com os territórios conquistados na guerra dos Seis Dias.[5]

Seria preciso escrever muito mais para comentar esse trecho, que resume cem anos de sionismo, de sucessos e fracassos. Aqui, só cabe dizer que existe uma afinidade eletiva entre o fanatismo religioso — judaico ou não — e as concepções políticas de direita, assim como existe uma incompatibilidade visceral entre esse mesmo fanatismo e as concepções políticas de esquerda. E isso porque, embora a esquerda possa se tornar autoritária e mesmo fanática — o exemplo dos comunistas russos ainda está vivo na memória de todos —, o seu fanatismo vem *no lugar* do religioso, pois ela está comprometida por natureza com a igualdade entre os homens e com a visão secular do mundo. Nenhuma religião é socialista, e os princípios básicos das religiões — a revelação divina, a força da tradição — são incompatíveis com a ideia de que o poder e a justiça surgem da instituição da sociedade por si mesma, assim como são incompatíveis com a ideia de que o bem-estar de todos é um valor em si e que deve ser incentivado por políticas públicas que vão, necessariamente, em sentido inverso ao que produziu o *status quo*.

Isso é especialmente verdadeiro no caso dos judeus contemporâneos. A era moderna se caracterizou, na história desse povo, pela Emancipação — isto é, pela remoção das barreiras legais que o oprimiam — e pela convivência, em escala até então inédita, com o Outro, ou seja, com os povos europeus e americanos. O efeito desses processos sociais foi o surgimento do judaísmo moderno, certamente mais dilacerado do que o medieval, mas responsável — entre outras coisas — pelo surgimento do Estado de Israel. Com todos os graves problemas (também psicológicos) gerados por essa nova condição, ela representou um enorme avanço para os judeus, e uma das provas disso é precisamente a liberação das energias criativas que se encontravam até então aprisionadas pela miséria, pela opressão e pelo investimento exclusivo na religião. Se esse investimento foi, por muitas gerações, benéfico para os judeus, chegou um momento em que ele se converteu em um limite intransponível, impeditivo para a incorporação

---

[5] Op. cit., p. 315.

do mundo moderno e *no* mundo moderno. A razão disso é fácil de entender: a modernidade exige o contato com o Outro, a entrada no domínio dos princípios universais da Revolução Francesa e a participação na cultura em todos os sentidos. Esse processo vai de encontro a todo fundamentalismo, o qual pode assim ser entendido como uma *reação antimoderna com os meios (inclusive armados) da modernidade.* Foi com uma metralhadora resolutamente moderna que Baruch Goldstein massacrou os muçulmanos que rezavam na Gruta dos Patriarcas, e será com escavadeiras e betoneiras resolutamente modernas que seus companheiros reconstruirão o Templo, se isso lhes for permitido, depois de pôr abaixo a mesquita de El-Aksa.

Por mais que esta constatação machuque nosso narcisismo, é preciso convir que o fanatismo religioso atravessa a história judaica de ponta a ponta. Ele foi, durante a maior parte dela, relativamente inofensivo, porque canalizado para as práticas religiosas e formulado em visões apocalípticas de castigo e destruição dos pecadores, prenúncio necessário da reconciliação entre Deus e seu povo na era messiânica. Em alguns momentos, desviado desse leito mais ou menos anódino, o fanatismo veio à tona sob a forma de violência contra os adversários, por definição também judeus. A época atual presencia mais um surto desse tipo, e ele deve ser contido tanto em Israel quanto na Diáspora, onde se manifesta como obscurantismo e repúdio às conquistas duramente obtidas nos últimos duzentos anos.

Os tiros do estudante abalaram também a autoimagem que gostamos de cultivar: a de que os judeus não são fanáticos. Ledo engano! O risco do fanatismo é inerente a toda mensagem de salvação, e, quando a esta se junta o desespero, aquele se multiplica por mil. A face feroz do fundamentalismo judaico não pode ser ocultada, principalmente de nós mesmos: talvez essa seja a mais importante lição a tirar da tragédia da Praça dos Reis.

Humor judaico: sublimação ou defesa?

Para Mario Luís Frochtengarten

Boa tarde a todos. Gostaria de agradecer à Sociedade Brasileira de Psicanálise de São Paulo, e em especial à doutora Maria Olympia França, o convite para participar desta mesa-redonda, por ocasião das exposições sobre Freud que neste momento ocorrem na nossa cidade. Sabe-se como o fundador da psicanálise apreciava as piadas judaicas e de que modo ele as utilizou para ilustrar suas teses sobre os processos primários em *O chiste e sua relação com o inconsciente*. Por muito tempo considerada uma obra menor, foi Lacan quem, nos anos finais da década de 1950, a resgatou de um injusto esquecimento: certamente por motivos ligados à sua teoria do significante, mas também porque nesse livro Freud nos oferece uma primeira visão do papel do Outro como objeto da agressividade, bem como um esboço do que será mais tarde designado como o mecanismo da identificação. Interessa menos a Lacan a segunda grande vertente da obra, que consiste numa discussão extremamente esclarecedora do sentimento de prazer, cuja importância no arcabouço geral do pensamento de Freud não é necessário sublinhar.[1]

---

[1] Para um estudo mais detalhado das questões estritamente psicanalíticas, para cuja compreensão o *Witz* de Freud é indispensável, cf. Renato Mezan, *Freud, pensador da cultura*, Brasiliense, 1985, pp. 223 ss. Quanto ao humor judaico, para essa conferência utilizei, entre outras fontes, um artigo redigido em 1974 e publicado na revista *Shalom*, nº 113: "Crítica e autocrítica: humor judaico". Bem diz a propaganda: a primeira vez a gente nunca esquece...

A análise empreendida no *Chiste* distingue dois aspectos da frase espirituosa: a sua técnica e o seu conteúdo. É importante lembrar que, seguindo uma sugestão de Bergson, cujo livro *O riso* (1900) ele consultou, Freud também distingue entre o cômico e o propriamente espirituoso: o primeiro é principalmente visual ou gestual, e envolve duas pessoas, a que ri e aquela de quem se ri. Já o dito espirituoso se dá na esfera da linguagem e pressupõe três pessoas: a que inventa a piada, a que é o objeto dela e o terceiro, o ouvinte, a quem ela é contada. O prazer do primeiro está ligado essencialmente à construção engenhosa da frase de espírito, portanto à sua técnica; o prazer do segundo provém da surpresa e do súbito levantamento de uma repressão, isto é, sua origem é aquilo a que Freud chama a "tendência" da piada. Esta é, na maior parte das vezes, agressiva ou obscena; mas, como a obscenidade tem evidentes propósitos hostis, conclui-se que o riso equivale à descarga de uma certa quota de energia psíquica, até então utilizada para manter sob recalque uma ideia ofensiva, a qual, por sua vez, consegue driblar a censura e ser expressa, graças à roupagem inocente do dito espirituoso.

Dessa breve menção à psicanálise da piada — sobre a qual ainda muito se poderia dizer, mas que não é nosso tema de hoje —, podemos tirar uma conclusão importante: não existe humor politicamente correto. O alvo da piada é por ela ridicularizado, quando não humilhado e ofendido. Prova disso são as inúmeras piadas sobre grupos étnicos (portugueses, negros, baianos, mulheres, homens, profissões...), as quais expressam desprezo por seus integrantes, geralmente reduzidos a um único traço supostamente característico do grupo. Assim, o português "é" burro, seu raciocínio concreto "é" incapaz de compreender uma metáfora ou de efetuar uma dedução ("Joaquim está dirigindo e vê uma placa: 'Curva perigosa à esquerda'. Imediatamente, desvia o carro para a direita e cai no precipício"); o irlandês "é" beberrão; o argentino, arrogante ("Juan Carlos está caminhando no parque de Palermo com seu filho de dez anos. O menino olha para cima e diz: 'Papá, cuando yo crezca, quiero ser como vos'. O pai, orgulhoso: 'Por supuesto, mi hijo... pero por qué?'. E o garoto: 'Para tener un hijo como yo'."); o judeu, invariavelmente avarento ("Por que os judeus têm nariz comprido? Porque o ar é de graça."), e assim por diante. Esse gênero de piada não é em geral elaborado por membros do grupo em questão, mas reflete as imagens preconceituosas que outros grupos

Humor judaico: sublimação ou defesa?

têm do que é assim ridicularizado. E, às vezes, os "acusados" dão o troco: como na França os belgas são considerados estúpidos, corre na Bélgica a seguinte anedota: "Por que os franceses gostam de piadas de belgas? Porque elas são fáceis de entender...".

Anedotas como essas nos permitem compreender que o humor é um fenômeno eminentemente social, já que envolve o sujeito e mais alguém, quer na posição de objeto da hostilidade, quer na de aliado contra tal objeto. Por esse motivo, *aquilo de que se ri* pode nos dar uma pista importante sobre a organização de um dado grupo humano, bem como sobre a estrutura psíquica dos seus componentes. Por *organização* tomo aqui as instituições, os costumes, as crenças, a hierarquia social, os tipos característicos — enfim, aquilo que singulariza uma sociedade ou uma fração sua, bem como suas relações com outras sociedades ou outras frações dela. E com *estrutura psíquica* me refiro às relações que se estabelecem entre os vários níveis e mecanismos do aparelho psíquico, níveis e mecanismos em boa parte universais, mas também — e é isso que nos interessa — específicos de um dado grupo humano. Todos os seres humanos têm um inconsciente, um ego e um superego, assim como um equipamento pulsional básico e formas de lidar com os conflitos que ele pode desencadear — defesas, sublimações, identificações e assim por diante. Mas a experiência histórica e social de um certo grupo sedimenta conteúdos — precisamente, as instituições, costumes, crenças, ideias, tradições, etc. — que por sua vez serão determinantes para a socialização dos indivíduos pertencentes àquele grupo, fazendo deles aquilo que são e não o que poderiam ser se tivessem nascido em outra época, em outro lugar ou em outro estamento social.

É por essas razões que faz sentido falar de um humor judaico, como faz sentido falar do humor carioca ou inglês: se o riso é universal, se podemos nos divertir com as comédias de Aristófanes ou as novelas de Rabelais, também é verdade que o humor de diferentes épocas e de diferentes povos tem características próprias, que correspondem a isso que, de modo um tanto vago, estou denominando "experiência histórica". A dos judeus, especialmente no sombrio período em que seu palco principal foi a Rússia czarista, forma o solo natal do humor dessa nação.

Renato Mezan

SOB A BOTA DO CZAR

Não é fácil precisar as razões pelas quais o humor judeu nasce nessa época e não em outra; contudo, um rápido olhar sobre as condições sociais de então pode nos ajudar a distinguir algumas das possíveis razões. Em primeiro lugar, é um tempo de opressão e de dificuldades econômicas extremas, que atingiam grande parte dos judeus da Europa Oriental. Não havia perseguições religiosas sistemáticas, como as das Cruzadas, embora aqui e ali se dessem massacres sangrentos (os *pogroms*), o último dos quais ocorre em 1905 (*O homem de Kiev*, de Bernard Malamud, se baseia nos fatos da época). Mas os judeus eram claramente cidadãos de terceira classe, impedidos de morar fora do "distrito de residência", proibidos de ingressar nas escolas e universidades, sofrendo toda sorte de restrições à sua mobilidade econômica e social. Formavam um grupo compacto nos territórios da Polônia (anexada pelos czares em 1791), da Ucrânia, da Lituânia e de outras áreas periféricas da Grande Mãe Rússia. Falavam sua própria língua — o ídiche — e eram alvo de discriminação e preconceito por parte das populações locais, incentivados tanto pela Igreja católica romana quanto pela ortodoxa. Na estrutura social agrária da época, eles constituíam uma camada intermediária entre os camponeses, mantidos em crassa ignorância e em estado de servidão feudal — só abolida na Rússia na década de 1860 —, e os senhores locais, que muitas vezes os escorchavam com impostos e ameaças de expulsão.

Não é de admirar que, naquela área, superpovoada e de escassos recursos econômicos, a miséria rondasse os vilarejos em que viviam quase todos os judeus — os *shtetls* — e a vida cotidiana fosse um rosário de dificuldades de todos os tipos. (Foram aliás as condições pavorosas que levaram à emigração maciça para as Américas, ao surgimento de movimentos políticos que buscavam autonomia e emancipação, como o sionismo e o *Bund*, e à participação significativa dos judeus nos partidos revolucionários de todos os matizes.)

Dentro do seu "distrito de residência", os judeus viviam como era possível, em comunidades geralmente pequenas, dotadas de forte coesão interna. Essa coesão era facilitada por uma densa rede de instituições próprias, ligadas à prática religiosa, à educação e aos diversos tipos de assistência aos mais fracos — pobres, órfãos, viúvas, idosos, etc. Dessas instituições, a que me parece mais relevante para compreender, se não a gênese, pelo menos a *forma* do humor judaico, é a escola. Praticamente todos os judeus eram alfabetizados — as mulheres

Humor judaico: sublimação ou defesa?

em ídiche, os homens em ídiche e hebraico —, e o estudo dos livros religiosos, em especial o Talmude, era bastante disseminado.

Ora, uma peculiaridade da religião judaica tem aqui importância fundamental: o comentário dos textos sagrados, visando à compreensão das leis e das regras nas quais consiste o judaísmo. Esse comentário, como se sabe, é muitas vezes sutil e engenhoso, requerendo e favorecendo o exercício de capacidades como a memória, a inteligência verbal, o raciocínio indutivo e dedutivo, a percepção de analogias entre coisas aparentemente distantes umas das outras, a habilidade para ler entre as linhas e daí retirar significados pertinentes. A prática da educação universal — cujo assunto era, quase exclusivamente, a própria religião — disseminou essas capacidades por todos aqueles que quisessem ou pudessem estudar, e a alta valorização do conhecimento por parte da comunidade estimulou, de forma muito intensa e ampla, a busca de prazer narcísico por essa via.

Na facilidade verbal assim desenvolvida pelos judeus e no grande apreço deles pela inteligência e pela sutileza, o humor judaico encontra uma das suas fontes, claramente ligada aos fatores que Freud denominou "técnicos": o manejo rápido e mesmo virtuosístico da linguagem e do raciocínio, a capacidade de perceber nexos entre variadas esferas da vida e da mente, de desfazer e refazer com argúcia os elos lógicos de um argumento — tudo isso contribuiu para dar às piadas a sua feição própria.

Alguns exemplos podem nos ajudar a compreender esse ponto. "Yánkale pergunta à sua mãe: 'Mãe, por que *lokschen* (macarrão) se chama *lokschen*?'. E a mãe: 'Parecem *lokschen*, têm gosto de *lokschen*, têm forma de *lokschen* — por que não se chamariam *lokschen*?'." Ou a do judeu que vai todo dia ao restaurante com um aspargo atrás da orelha; o garçom, intrigado, morre de curiosidade de saber o que aquilo significa, mas não ousa perguntar. Até que um dia o judeu chega com uma cenoura atrás da orelha. O garçom não resiste: "Por que o senhor está com uma cenoura atrás da orelha?". E o judeu: "Porque hoje não achei aspargos na feira". Outra: o judeu entra no restaurante e pede "peito de vitela". O garçom: "Com batatas?". "Não — com sutiã!"

Não há dúvidas de que o humor judaico, como o conhecemos hoje, nasceu na Rússia do século XIX. Uma das hipóteses para explicar sua origem é a do "riso a partir das lágrimas": as condições de vida eram tão duras, a ameaça de perseguição e mesmo de massacre tão presente, que os judeus daquela época e daquele lugar teriam encontrado no humor uma forma de se defenderem. Esse argumento, porém, não me parece sólido: houve perseguições e miséria em outras épocas da história judaica, e elas não engendraram a mesma resposta. Por outro lado, no que se refere à prontidão do raciocínio e à presteza da *repartie*, o Talmude foi estudado muito antes do século XIX, e esse estudo não produziu, nem como efeito lateral, o surgimento do humor. Daí se conclui que a agudeza de raciocínio e a hostilidade do ambiente são fatores talvez necessários, mas não suficientes, para dar conta da gênese do humor judaico.

A meu ver, é preciso levar em conta mais um fator para compreender a gênese do *jüdischer Witz*: a mudança na relação com a autoridade trazida pela Revolução Francesa e pelo racionalismo que a precedeu. Naturalmente, não estou sugerindo que os camelôs judeus da Polônia fossem leitores de Voltaire ou de Diderot: penso apenas no formidável cataclisma que representou a revolução, e em especial a decapitação de Luís XVI, para abalar a pretensão da autoridade a ser *intangível* e em última análise de direito divino. Revoltar-se, matar um rei, lutar pela liberdade em nome de princípios como os da Declaração Universal dos Direitos do Homem foram façanhas cujo alcance hoje dificilmente podemos aquilatar. É óbvio que os judeus da Europa Oriental não participaram diretamente desses eventos, ocorridos em outras partes do continente; contudo, a ideia de que o *status quo* era por essência imutável, de que os mais fortes sempre levariam a melhor sobre os mais fracos, viu-se irremediavelmente contestada. O próprio mundo judaico, englobado no Império Russo, foi no entanto diretamente afetado pelas guerras napoleônicas (*Guerra e paz*); ainda que o General Inverno tenha destroçado os exércitos invasores, foi possível testemunhar que o czar não era invencível, que o *status quo* podia ser ameaçado e eventualmente transformado.[2] E como esse *status quo*, no caso dos que inventaram o humor judaico, era dos mais injustos e opressivos, o humor se revelou uma arma extremamente poderosa para criticá-lo, para expor suas entranhas e também abrir uma réstia de esperança no ambiente sufocante em que viviam aquelas comunidades.

---

[2] Nas regiões de língua alemã, enquanto durou a ocupação napoleônica, os judeus foram emancipados — isto é, a eles se concederam os mesmos direitos civis e políticos que aos demais cidadãos de cada reino, seguindo o que a Assembleia francesa decretara quanto aos judeus daquele país. Embora a permanência de Napoleão na Rússia não tenha sido suficientemente longa para permitir a introdução dessas medidas, por um breve momento pareceu que elas poderiam ser adotadas, o que sem dúvida tornou extremamente simpático a essas comunidades o ideário da revolução (ou, pelo menos, o que desse ideário lhes era possível compreender e aprovar).

Humor judaico: sublimação ou defesa?

Isso explica por que um dos alvos preferidos das piadas são os inimigos dos judeus, seja sob a figura do antissemita, seja sob a do burocrata prepotente ou do senhor feudal estúpido. A agressividade necessariamente contida de um grupo desarmado e indefeso, mas provido de formidáveis reservas de inteligência, encontrou aí um canal de expressão cuja função psicológica é evidente: restaurar o narcisismo ferido cotidianamente pela opressão, miséria e indignidade geral da vida. O fato de as piadas circularem em ídiche — linguagem incompreensível para os não judeus — também facilitava a crítica corrosiva, como acontece por exemplo nesta anedota:

> Um *goy* pergunta a um judeu: "Para que um judeu precisa de pés? Pois para o *bris* [circuncisão] ele é carregado, para a *hupá* [altar nupcial] ele é conduzido, e para o túmulo ele vai no caixão!". Resposta: "Para fugir depressa". E o judeu retruca: "Para que um *goy* precisa de cabeça? Ele não coloca *tefilin*, não usa *peies* [os cachos laterais] e inteligência não tem mesmo!".

A própria forma da piada é reveladora, pois, se joga com a aparente covardia dos judeus, ela atribui ao *goy* uma familiaridade implausível com os rituais religiosos hebraicos. É extremamente violenta, mas se pode compreender a ira que a perpassa: se é lícito acusar todos os judeus de covardia, então também se pode dizer que todos os *goyim* são burros. Essa virulência exacerbada, porém, é rara entre as anedotas judaicas. De modo geral, elas são mais sutis, como no exemplo clássico a seguir:

> Quando se conta uma piada para um camponês, ele ri três vezes: quando a ouve, quando ela lhe é explicada e quando ele a compreende. Quando se conta uma piada a um conde russo, ele ri duas vezes: quando a ouve e quando ela lhe é explicada: entendê-la, ele não vai nunca. E quando se conta uma piada a um oficial do exército [russo], ele só ri uma vez: quando a ouve, porque entendê-la está fora de questão e ele jamais vai deixar que a expliquem. Mas quando se conta uma piada a um judeu, primeiro ele diz "Essa eu já conheço!" e em seguida ele conta outra melhor.

A crítica às autoridades não judaicas e à hostilidade delas para com os judeus gerou piadas também no período pós-czarista, ou seja, na época da União Soviética. Um exemplo:

Três homens são condenados à morte e têm direito a um último desejo. "Quero que minhas cinzas sejam jogadas sobre o túmulo de Pilsudski", diz o polonês. "As minhas, sobre o túmulo de Masaryk", diz o tcheco. "E eu quero ser enterrado ao lado do grande camarada Brezhnev", diz o judeu. "Mas Brezhnev ainda não morreu!" "Perfeito. Eu posso esperar."

Ou esta, dos dias atuais:

Um judeu sempre vai ao mesmo café de Moscou, onde pede um chá e um exemplar do *Pravda*. O garçom invariavelmente lhe responde que pode trazer o chá, mas que o *Pravda* não está sendo mais publicado. Até que um dia o garçom perde a paciência: "O senhor por acaso não sabe que o comunismo acabou e que já não se publica mais o *Pravda*?". "Claro que sei", retruca o judeu. "Mas é tão bom ouvir isso de novo!"

Da mesma forma, nos anos 1930 circulavam muitas piadas em que o judeu levava a melhor sobre a brutalidade dos nazistas. Para não repetir a clássica história de quem provocou a guerra ("e por que os judeus?"), vejamos algumas menos conhecidas:

Um judeu encontra seu amigo sentado num café em Berlim, lendo placidamente *Der Stürmer* [o jornal do partido nazista]. "Como! Você lendo essa porcaria! Por acaso virou masoquista?" E o outro: "Veja, se eu leio a imprensa judaica, só fico sabendo de desgraças: lojas destruídas, pessoas presas e humilhadas, a estrela amarela... Mas neste jornal só dão notícias boas: os judeus dominam o mundo, são os maiores financistas, os intelectuais mais destacados... É lógico que prefiro ler isto".

Fritz Rabinovitch é levado à presença de Hitler, o qual está furioso. "É você, judeu imundo, que anda fazendo piadas a meu respeito? Como aquela [conta], aquela [conta] e aquela [conta]?!" "Sim, sou eu", responde Fritz. "Mas você não sabe que eu sou Adolf Hitler, o *Führer* do Reich que vai durar mil anos?" E Fritz: "Essa não fui eu que inventei, não!".

Viena, 1938. Jakob Plattfuss entra desesperado numa agência de viagens, em busca de informações sobre países de asilo para os judeus. O encarregado abre o mapa:

Humor judaico: sublimação ou defesa?

"Bem, aqui pedem um parente no país... Neste outro, é preciso ter diploma universitário para conseguir o visto... Aqui, a cota dos judeus já está esgotada... Nesta república, só entra quem traz consigo mais de 30 mil dólares...". E Plattfuss: "Escute, o senhor não tem outro mapa?".

A AUTOCRÍTICA

Voltemos um instante à anedota do camponês, do conde e do oficial, para destacar um aspecto interessante: a inversão da escala social — pois o camponês, embora lento, ainda é capaz de entender a piada, o que não ocorre com os outros dois personagens. Mas um ponto notável dessa historieta é a crítica aos outros judeus, e certamente esse é o traço mais saliente do humor judaico. É como se, a partir de um certo momento, o próprio judaísmo se convertesse em algo que pudesse ser atacado pela corrosão ácida do humor, numa típica formação de compromisso — pois a enorme maioria dos judeus que faziam essas piadas, assim como a dos que riam delas, continuava tão praticante quanto seus avós. Contudo, os mais variados aspectos da vida judaica se veem transformados em alvo do riso, dos rabinos aos *schnorrers* [mendigos], dos ricaços aos casamenteiros e a outros tipos característicos, passando pela própria lógica que servia de instrumento para o comentário religioso, pelos costumes — por outro lado aceitos e respeitados —, pelas relações familiares e até pelo próprio Deus.

O forte componente igualitário da cultura judaica, com seu desprezo pela pompa e arrogância, encontra aqui uma expressão ímpar. Esse componente tem raízes religiosas, por certo — qualquer judeu é em princípio igual em direitos e em dignidade a qualquer outro, podendo ser chamado a ler a Torá ou a fazer parte de um *minian* (grupo de dez homens, necessários para o culto coletivo). Aqui é importante notar que a observância de costumes como o respeito ao sábado e a oração coletiva proporcionavam verdadeiras e autênticas experiências de *restauração narcísica*, cujo papel na manutenção da identidade coletiva dos judeus tive oportunidade de estudar em outras ocasiões.[3]

---

[3] Ver R. Mezan, "Violinistas no telhado", em *A sombra de Don Juan e outros ensaios*, cit., e *Psicanálise, judaísmo: ressonâncias*, 2ª edição, Rio de Janeiro, Imago, 1995.

Essa forte corrente igualitária encontrou também expressão no hassidismo, movimento de religiosidade popular que surgiu no final do século xviii e que pregava a importância da fé simples, da alegria e da devoção não erudita. Esse movimento representou um forte desafio ao *establishment* rabínico, não porque contestasse as práticas religiosas — ao contrário, os *hassidim* eram e continuaram sendo praticantes ortodoxos —, mas porque reatava com o veio místico e com um tipo de experiência religiosa que não passava pelo intelecto, um pouco como certas seitas evangélicas atuais. Uma das consequências do hassidismo, que se alastrou como fogo de palha entre os judeus daquela época e daqueles lugares, foi a possibilidade de rir dos refinamentos intelectuais próprios à cultura rabínica, dando origem a todo um leque de piadas tanto sobre os eruditos quanto, mais radicalmente, sobre as complexidades da mente judaica. Nessas piadas, a lógica é levada aos extremos e se autossubverte, gerando verdadeiros sofismas, cuja função é mostrar como podem ser absurdas as consequências de um raciocínio rigoroso. Exemplo [recente]: "'É permitido viajar de avião no sábado?' 'Sim, desde que se use o cinto de segurança. Nesse caso, considera-se que você está vestindo o avião.'".

Uma vez abertas as comportas da autocrítica, tudo o que fazia parte da vida cotidiana caiu sob o seu fogo cerrado, em especial o que de algum modo lembrasse a autoridade. E como a autoridade se encarnava tanto em personagens específicos quanto nas complicadíssimas regras da religião, surgiram centenas de piadas sobre esses tópicos, bem como sobre todos os demais aspectos da existência — negócios, família, riqueza e pobreza, sobrevivência, alimentação, higiene, saúde... O humor judaico tradicional se exerce sobre todos esses temas, desnudando o estreito passo que separa o racional do absurdo, mostrando indiretamente o caráter convencional das regras e das normas, expondo os recursos infindáveis do homem comum em sua luta contra os mais variados poderes — inclusive os do seu próprio superego. Ele utiliza como referentes os símbolos e costumes familiares a todos, jogando sobre suas múltiplas significações e as restrições que a religião, o poder dos *goyim* e a própria vida impõem ao judeu — o qual só pode dar curso ao princípio do prazer *contra* essas figuras da autoridade ou do destino.

Naturalmente, é impossível dar aqui exemplos de cada um dos gêneros de piada, mas as coletâneas de humor judaico empregam centenas de páginas para isso, geralmente divididas por categorias:[4] os casamenteiros, os estudantes e rabinos, os mendigos, os sem profissão definida (*luftmenschen*), os ricos (sobretudo os Rothschild), etc.

UMA NOVA ERA

Mas, se assim se constitui um humor popular e anônimo, que circula em ídiche e raramente chega ao conhecimento dos não judeus, o fato é que atualmente já não prevalecem as condições sociais que o engendraram. A emigração para as Américas e posteriormente o Holocausto puseram fim a essas comunidades, e portanto à sua maneira de rir de si mesmas e dos que as cercavam. Ora, o próprio fato de estarmos aqui reunidos sugere que o humor judaico continua vivo e valorizado pelos judeus, os quais, nas novas condições, continuam a contar as velhas piadas e a se divertir com elas, além de inventarem a cada dia inúmeras novas. Como dar conta desa sobrevivência do humor, na ausência do contexto sociocultural que o produziu em outros tempos e em outras plagas?

Os organizadores de uma coletânea recente de piadas judaicas — William Novak e Moshe Waldoks, cujo livro *The big book of Jewish humor* traz uma amostra muito representativa do riso judaico contemporâneo — sugerem algumas respostas. Dizem eles que, nos Estados Unidos e a partir dos anos 1920 ou 1930 do século passado, o humor judaico conheceu uma *"second golden age"*, na qual as suas formas de produção e de circulação se modificaram bastante, mas conservando — surpreendentemente, poderia parecer — os mesmos *"concerns"* (temas ou preocupações). O humor judaico, para eles, se caracteriza por uma combinação de *"earthiness"* (que poderíamos traduzir por "sobriedade", "pé no chão") e sutileza, por uma intenção pedagógica que traz consigo a robusta sabedoria popular, aparentemente resignada com a adversidade, mas no fundo esperançosa:

---

[4] Por exemplo, ver Salcia Landmann, *Jüdische Witze*, Munique, Deutsche Taschenbuch Verlag, 1971 (14ª edição); Nathan Ausubel, *A treasury of Jewish humor*, Nova York, Paperback Library, 1967 (esse volume traz não só anedotas, mas muitos trechos de contos e romances em ídiche de teor irônico, sarcástico ou simplesmente engraçado); e o excelente *The big book of Jewish humor*, editado e anotado por William Novak e Moshe Waldoks, Nova York, Harper Perennial, 1990, com anedotas, trechos literários, ilustrações e até fragmentos de comédias do teatro, do cinema e da televisão.

"otimista no longo prazo, mas pessimista no curto", dizem eles — citando um exemplo: "'Como será a época do Messias?', pergunta um judeu a outro. 'Bem, não sei', responde o segundo. 'Mas se Deus nos protegeu do Faraó, de Haman e de tantos outros, ele também nos protegerá do Messias.'".

Nos Estados Unidos, o humor começa como uma continuação da tradição da Europa Oriental, já que nos *sweatshops* do East Side nova-iorquino prevaleciam condições muito semelhantes às da velha terra. Mas a ausência de um antissemitismo virulento possibilitou a rápida integração dos judeus ao seu novo ambiente, trazendo como subproduto uma floração de piadas sobre a assimilação desajeitada, a americanização dos nomes, etc. Aqui o alvo já não é a polícia do czar, mas os esforços por vezes ridículos de se livrar do sotaque ou da aparência trazidos da Europa. Da mesma forma, as piadas de *schnorrer* vão dando lugar — com o paulatino desaparecimento desse personagem — a outras, cujo alvo são os *fundraisers*, os judeus que pedem dinheiro para todo tipo de causas. Com o surgimento de uma classe média judaica, outro tema que vem para o centro do humor são as mães judaicas, preocupadas com o bem-estar de sua prole e com o que irá lhes suceder ao saírem do abrigo doméstico para se aventurarem no grande mundo.

Muitas dessas piadas nos chegam hoje pela internet. Entre as dezenas que recebi ultimamente, eis algumas que me fizeram rir bastante:

> Moisés está no Sinai, anotando a Torá que Deus lhe dita. Chega ao ponto em que Deus ordena: "Não cozerás o cabrito no leite da mãe dele, porque isso é cruel". Moisés: "O que Vós estais dizendo é que não devemos cozinhar nenhum animal no leite da própria mãe, certo?". Deus: "Não, Moisés! Não cozerás o cabrito...". Moisés: "Ah! Entendo. Jamais misturar carne com leite!". Deus: "Não! Não cozerás o cabrito...". Moisés: "Claro: devemos deixar passar seis horas, depois de ingerir carne, para comer qualquer laticínio...". Deus desiste: "Moisés, sabe de uma coisa? Façam como quiserem!".

> Yánkele Potz desmaia em frente a um clube que proíbe a entrada de judeus. Socorrido, pede para entrar e descansar um pouco, mas o porteiro gentilmente se recusa a atendê-lo. Humilhado, Yánkele decide converter-se num perfeito *wasp*:[5]

---

[5] O termo é uma abreviação para "White Anglo-Saxon Protestant".

Humor judaico: sublimação ou defesa?

aprende a falar com sotaque de Boston, a vestir-se com apuro, raspa a barba e os *peies*... Um ano depois, irreconhecível, apresenta-se novamente no clube, diz que quer se tornar sócio e recebe uma ficha para preencher. Coloca o nome (John Watson) e todos os dados requeridos, até que chega ao quesito "religião". Pensa um pouco e escreve: "I am of the goyische confession".

Sobre a ansiedade típica dos nossos:

O irlandês acorda um dia com muita sede e diz: "Devo beber um uísque". O italiano acorda um dia com muita sede e diz: "Devo beber um copo de Chianti". O russo acorda um dia com muita sede e diz: "Devo beber uma boa vodca". O sueco acorda um dia com muita sede e diz: "Devo beber um copo de *aquavit*". O judeu acorda um dia com muita sede e diz: "Devo estar com diabetes".

O judeu entra no consultório do analista e se queixa: "Doutor, estou com um problema. De uns tempos para cá, comecei a falar comigo mesmo em voz alta". O analista: "Bem, isso não é tão grave assim...". E o judeu: "Mas se o senhor soubesse como eu sou chato!".

Sara encomenda um retrato a óleo ao melhor pintor da cidade e pede que ele a represente com um colar de esmeraldas, brincos de rubis, um enorme solitário no dedo e um Rolex no pulso esquerdo. "Mas a senhora não está usando nada disso!" "Sim, mas se eu morrer e meu marido se casar de novo, quero que a nova mulher se roa de inveja e comece a procurar as joias..."

O ideal dos aposentados judeus: *spring forward, fall back, winter in Florida*.[6]

Poderíamos incluir mais inúmeras dessas piadas que se ancoram em hábitos e crenças dos judeus americanos, mas essas já dão uma amostra do que pretendo indicar. É evidente a mudança na temática, se as comparamos com as anedotas do século XIX: tal mudança corresponde à adaptação dos judeus à vida sob o capitalismo competitivo e à assimilação aos costumes americanos. A esses processos

---

[6] Essa piada envolve trocadilhos: *spring* é "primavera" e também "saltar"; *fall* é "cair" e também "outono".

sociais mais amplos é preciso acrescentar uma grande diferença nos *canais* de circulação das anedotas. Em primeiro lugar, o fenômeno da *entertainment industry* abriu espaço para uma participação extraordinária de judeus — no cinema, no teatro, na televisão, nos musicais, na indústria editorial, e assim por diante. (Conta-se que um diretor não judeu comentou certa vez, a propósito de Hollywood: "Neste lugar, depois de um certo tempo, o prepúcio da gente cai sozinho".) Esses *entertainers* se dirigem ao público em geral, não só ao judeu, e seu humor nem sempre é "judaico" no sentido de ter como alvo os próprios judeus: Chaplin, Groucho Marx, Jerry Lewis, Woody Allen, Phillip Roth e dezenas de outros fazem brincadeiras com todos os aspectos da vida americana. Mas a própria vida americana, comentam Waldoks e Novak, se "judaizou" num grau bastante grande, em virtude das condições de mobilidade social que a caracterizam. Daí, segundo eles, uma certa "diluição" da judaicidade do humor judaico, o que é fácil de compreender se pensarmos que os próprios judeus passaram por um processo muito bem-sucedido de americanização — em especial tornando-se mais um entre os componentes do *melting pot*.

O humor judaico, nessas condições, já não é anônimo: é produzido de modo sistemático, muitas vezes profissionalmente, por atores e autores individualizados, que exibem suficiente diversidade entre si para que se possa falar em estilos pessoais (para não nos estendermos, pense-se como são diferentes Groucho Marx e Woody Allen). Na Europa Oriental, com exceção de Scholem Aleichem, seria difícil apontar autores com tal grau de individualidade na criação de um humor "assinado". Por outro lado, a comunidade judaica americana pode ser reconhecida sem dificuldades entre as demais de origem europeia, asiática ou latina, mantendo em sua experiência histórica suficientes traços comuns para que se possam constituir tipos característicos, os quais por sua vez se tornam alvos das piadas. Se já não encontramos o *luftmensch* ou o *schnorrer*, temos os aposentados da Flórida, os rabinos liberais, os diversos personagens cujo perfil comporta uma boa dose de ansiedade (entre as quais a mãe judia, o pai preocupado com os filhos adolescentes, e outros).

UM APOIO PARA A IDENTIDADE

A americanização dos judeus teve outra consequência importante que facilita a compreensão da natureza e função do humor judaico atual: a perda do

Humor judaico: sublimação ou defesa?

forte sentimento de identidade e de pertinência a um mesmo grupo que, na Europa do século XIX, era gerado espontaneamente a partir das condições relativamente homogêneas (e muito duras) que determinavam o lugar dos judeus na sociedade. Essa sensação difusa de que algo "já não é como devia ser" faz com que aquele período seja visto, frequentemente, sob uma luz idealizada, convertendo-o na época em que era simples — embora de modo algum fácil — ser judeu. Daí, creio eu, o interesse afetuoso pelo humor ali engendrado: é um modo bastante eficaz de encontrar uma raiz, um apoio para identificações mais seguras e, portanto, mais eficazes do ponto de vista psicodinâmico.

Esse aspecto torna-se claro nas piadas, muito frequentes, que comparam o judeu a outros povos. A que mencionei anteriormente, do judeu que pensa poder estar diabético, é um bom exemplo; outro aparece numa camiseta que vi numa vitrine em Nova York, comparando a filosofia de vida de diversas religiões:

Taoísmo: *"Shit happens"* ["Merda acontece"].

Islamismo: *"If shit happens*, é a vontade de Alá".

Budismo: *"If shit happens*, não é o que parece".

Protestantismo: *"Shit happens* porque você não trabalha o suficiente".

Catolicismo: *"Shit happens* porque você pecou".

Hinduísmo: *"This shit* já aconteceu antes".

Estoicismo: *"This shit* não me incomoda".

Judaísmo: "Por que *shit* sempre acontece conosco?".

Ou esta:

Um judeu se queixa ao rabino de que seu filho se converteu ao cristianismo. O rabino, desconsolado, diz que o seu também, e que numa conversa com Deus ele perguntou por que tal desgraça acontecera justo a ele, tão piedoso. "E sabe o que Deus me respondeu?" "O quê?", pergunta o primeiro. "Pois é... justo para mim você vem pedir explicações?!"

A americanização é satirizada nesta outra:

No metrô de Nova York, mrs. Bloom aborda um homem de terno impecável, cabelo louro e feições tipicamente anglo-saxãs. "O senhor é judeu?", pergunta ela.

300

"Não." "Tem certeza?" "Tenho." "Mas não é mesmo judeu?" O homem, para se livrar dela, responde: "Está bem, madame! Sou judeu, sim". E ela: "Gozado... não parece!".

E isso nos traz à nossa conclusão. Talvez a função primordial do humor judaico já não seja, hoje, a de oferecer canais para a liberação das repressões, nem para a manifestação socialmente admitida da agressividade. Ele já não parece voltar-se contra a ditadura do superego, nem contra a autoridade do governo ou da religião. Seu papel é o de oferecer uma *plataforma identificatória* para os judeus seculares, que se reconhecem nas piadas a seu próprio respeito.

A difusão extraordinária desse tipo de humor atesta que ele cumpre bem sua função de referencial identificatório, tanto no plano do ego quanto no dos ideais do ego. Este segundo aspecto é facilmente perceptível: o judeu das piadas é um indivíduo geralmente bom, inteligente, rápido na *repartie*, que contempla o mundo em que vive com um olhar ligeiramente divertido, ciente das limitações que ele lhe impõe, mas decidido a manter sua integridade e sua relativa autonomia. Não é um Quixote, mas faz troça de si mesmo e dos seus eventuais fracassos na luta contra forças muito superiores — que já não são as do czar nem as da religião, mas as do capitalismo avançado e da ideologia que o sustenta. É o que notam também Waldoks e Novak, quando escrevem na introdução à sua coletânea:

> Talvez seja possível dizer que o humor judaico, que antes representava um lado secular de muitas vidas judaicas essencialmente religiosas, tenha dado um giro de 180 graus e agora venha preencher uma espécie de necessidade religiosa na vida dos judeus não praticantes. Como diz uma piada: "De todas as festas judaicas, eu só observo os concertos de Jascha Heifetz".[7]

Assim, do ponto de vista psicanalítico, parece justificado dizer que o humor judaico atual não está nem do lado das defesas, nem do lado das sublimações: ele provavelmente pode ser mais bem caracterizado se o localizarmos na região psíquica dos recursos identificatórios. Essa é a hipótese que submeto a vocês.

Muito obrigado, e vamos ao debate.

---

[7] Novak e Waldoks, op. cit., p. XIX.

Sonhos induzidos:
a eficácia psíquica da publicidade

Boa noite a todos. Gostaria de iniciar agradecendo à professora Fanny Hisgail pelo convite para participar desta mesa-redonda, cujo tema ao menos foge do convencional. Com efeito, neste ano do centenário da *Traumdeutung*, multiplicam-se os simpósios e eventos que buscam avaliar o impacto exercido por esse livro — e, de modo geral, pela obra freudiana — sobre o século que está se encerrando. É justo que assim seja, pois realmente se trata de um marco na história do pensamento; por outro lado, acaba havendo uma certa saturação do tema, causada pela própria abundância das homenagens e avaliações.

Por esse motivo, a ideia de reunir publicitários e psicanalistas em torno desse tema, por si já original, ganha especial relevo. Para o psicanalista, pouco afeito talvez a considerar questões assim, é uma oportunidade para refletir sobre um fenômeno social de extrema importância: a maneira pela qual a publicidade faz parte dos mecanismos que moldam nossos desejos e aspirações, vale dizer nossos ideais do ego. Pois é claro que aqui estamos tomando a palavra *sonho* como sinônimo de uma situação a ser alcançada, algo a que podemos chamar prazer, bem-estar ou satisfação. Esse estado, por sua vez, faz parte daquilo que o ser humano deseja mais ardentemente; e por aí vislumbramos de que modo a psicanálise pode contribuir para elucidar — ao menos em parte — o tema que nos ocupa.

Renato Mezan

O sonho, diz Freud referindo-se àquilo que experimentamos todas as noites, é a realização disfarçada de um desejo reprimido. *Desejo* aqui tem um sentido bastante amplo, referindo-se tanto aos desejos inconscientes, sexuais ou
agressivos, quanto aos conscientes — ser ou ter isto ou aquilo, atingir um determinado objetivo, vencer uma dificuldade, ser amado, e assim por diante. Ora, a
primeira questão com que deparamos é que, segundo a psicanálise, os desejos
são o fruto *espontâneo* da atividade psíquica; mas a publicidade não é em nada
espontânea. Sua função é dupla: suscitar impulsos ali onde não existiam e per-
suadir o indivíduo a satisfazê-los adquirindo o objeto ou o serviço anunciado.
Assim, ficar sabendo que existe determinado produto (tomando este termo no
sentido mais lato possível) provoca o desejo de possuí-lo ou desfrutá-lo, em princípio num sentido funcional: ele facilita sua vida, aumenta sua segurança, torna
você mais bonito ou atraente, faz de você um indivíduo melhor, mais capaz de
competir ou prover o necessário para seus entes queridos.

Essa rápida enumeração mostra que a publicidade opera em vários níveis.
Um deles é o da simples *divulgação*: nisso ela é a herdeira dos arautos que, batendo tambores, andavam pelas ruas da cidade medieval, avisando os moradores
das decisões do conselho, das feiras que se avizinhavam ou dos perigos que os
rondavam (invasões, pestes, etc.). Mas a publicidade comercial faz mais do que
divulgar: ela enaltece o produto, louvando suas características — "Omo lava
mais branco" é um exemplo típico. Contudo, sabemos que ninguém compra algo
apenas porque é bom, ou, em outras palavras, por uma decisão racional: se quero
lavar bem minhas roupas, *então* devo adquirir o sabão tal. Em seu conteúdo manifesto, o anúncio centra-se nesse aspecto, já que deve produzir a impressão de que
o comprador adquire o produto apenas ou principalmente por sua livre escolha,
cedendo à evidência de que ele de algum modo lhe será útil. Ora, essa é apenas a
ponta de um enorme *iceberg*. O conteúdo manifesto veicula — assim como as imagens do sonho propriamente dito — uma série de significados latentes, e são esses
os verdadeiramente eficazes para motivar a decisão de compra.

Que significados latentes são esses? O publicitário lida com elementos inerentes à psique humana: desejo de possuir o objeto sexual, desejo de vencer a
competição pelo amor do outro, desejo de aplacar as angústias que nos assolam,
desejo de segurança diante dos perigos internos e externos, desejo de esmagar
o oponente... Existe uma espécie de promessa implícita em todo anúncio: se
você comprar isto, ou aderir a tal opinião, alcançará felicidade, poder, amor,

Sonhos induzidos: a eficácia psíquica da publicidade

realização. A publicidade opera essencialmente com a sedução, impregnando o objeto que faz brilhar à frente do possível consumidor com o poder de um talismã. E é assim, essencialmente, que ela consegue seu objetivo. Quando alguém se convence de que se utilizar o barbeador tal ficará suficientemente belo e atraente para ter a seus pés todas as mulheres que desejar, operou-se o milagre da publicidade: o barbeador tornou-se um instrumento cuja posse permite realizar algo bem diverso do que a sua função explícita daria a entender, ou seja, fazer a barba de modo simples e confortável. Em outras palavras, a utilidade — que pareceria ser o *motivo final* para a aquisição — se converte num *meio acessório* para realizar aspirações profundamente ancoradas na alma de cada um de nós.

A MERCADORIA COMO FETICHE

Converter um produto da indústria, um serviço ou um bem qualquer num talismã é algo que se aproxima bastante do que Marx denominou o "fetichismo da mercadoria". Como se sabe, essa expressão designa a *autonomização* das mercadorias de sua origem e de sua função elementar, que é a de ser um momento no ciclo do capital — elas são produzidas com trabalho comprado com dinheiro e, uma vez vendidas, fazem com que o capital, ou parte dele, retorne à forma "dinheiro". São assim produto do trabalho humano e carregam em si o valor que este lhes imprimiu. Mas, quando as vemos expostas na vitrine de uma loja elegante, as mercadorias ocultam essa origem por assim dizer humilde: transformam-se em símbolos que parecem operar por si mesmos, por exemplo em símbolos de *status* — é o caso bem conhecido da grife ou marca. Todos se lembram de slogans como "Se a marca é Cica, bons produtos indica", "Etti — Etti — Etti — deliciosos produtos Pauletti", "Se é Bayer, é bom". A forma mesma desses *slogans* — pequenas frases rimadas ou com aliterações repetitivas — faz pensar nas cantigas e parlendas infantis, abrindo-nos mais uma via para compreender o efeito da propaganda.

Ela é obviamente dirigida ao consumidor, e vale a pena pensar um instante nessa palavra. *Consumir* significa devorar, destruir, fazer desaparecer — "o fogo consumiu a floresta", "ele consumiu suas economias". Brincando, poderíamos dizer que *consumir* é *sumir com*. Mas é também um dos momentos fundamentais do movimento do capital, como mostrou Marx em suas célebres análises.

Esses momentos são três: produção, circulação e consumo. Cada um deles contém em si os demais; para produzir, é necessário consumir matéria-prima e força de trabalho, por sua vez adquiridos no mercado, que é o *locus* da circulação ou da troca. O consumo é necessário para repor a força de trabalho — alimentação, vestuário, lazer, etc. —, que por sua vez será comprada e vendida no mercado, a fim de colocá-la em condições de produzir (por exemplo, assalariando um operário na fábrica e o aproximando de insumos, ferramentas e máquinas necessários à produção da mercadoria). Nesse circuito, a publicidade desempenha um papel essencial, pois é um poderoso auxiliar da circulação das mercadorias e contribui para que o consumidor se volte para um produto em detrimento de outro (supondo que ambos, do ponto de vista da estrita utilidade, sejam equivalentes). Está portanto no centro do processo de reposição do capital, ou seja, no centro da formação social que é a nossa.

Já vimos que um dos mecanismos pelos quais a publicidade cumpre essa função é a fetichização da mercadoria. O termo *fetiche* provém de "feitiço"; no caso da publicidade, a magia consiste em que o produto transmita suas características ou funções ao portador dele ou ao seu consumidor: todo aquele que tiver à sua disposição o desodorante tal terá um cheiro tão atraente que fisgará sem esforço as mais belas mulheres (ou, inversamente, se você é mulher e usa a fragrância tal, os homens cairão como moscas).

O caso do desodorante é particularmente apropriado para ilustrar um outro mecanismo presente na publicidade: a *negação*. Sabemos que entre os animais (e o *Homo sapiens* é um deles) certos odores do corpo são empregados para atrair o parceiro sexual. Ora, o desodorante substitui os odores naturais por outros, artificiais; nesse processo, está implícita a ideia de que os primeiros são indesejáveis (transpiração, secreções em geral), e que, se você os exalar, se tornará repelente e não atraente. A fragrância do desodorante, obviamente artificial, faz seu portador cheirar a frutos cítricos ou a lavanda — e é a *esse* odor que se atribui a eficácia erótica. Ocorre aqui uma *naturalização do artifício*, que é, justamente, um dos mecanismos mais comuns da eficiência publicitária: você, que não era "isso", *se tornará* "isso" se usar o produto tal. É exatamente o mesmo procedimento que vemos nas histórias maravilhosas que encantaram nossa infância — só aquele que tem o capacete da invisibilidade pode matar a Medusa, só quem usa o boné feito com o cabelo de Sansão é capaz de impedir o choque dos trens (lembram-se do desenho animado? "Pacífico! Pacífico! O boné!"), só

Sonhos induzidos: a eficácia psíquica da publicidade

quem é aspergido com pó de pirlimpimpim voa com Peter Pan para a Terra do Nunca...

Um dos anúncios em que o fetichismo da mercadoria fica mais evidente é o do frango que voa direto para a boca do freguês. Aqui temos o eco de uma invenção de Rabelais — é no Pays de Cocagne que os frangos se comportam assim — e de um famoso dito do bom rei Henrique iv da França, que pôs fim às guerras de religião no início do século xvii. Henrique iv dizia que o objetivo de seu governo era proporcionar a cada francês a oportunidade de comer um frango no domingo — frase de efeito que nada fica a dever às melhores campanhas contemporâneas. O frango na caçarola dominical evocava (e evoca ainda, em nossos dias de Plano Real) a tranquilidade, a fartura, um país sem fome e bem administrado, em que os honestos cidadãos colhem o fruto dos seus labores sem ser espoliados por impostos escorchantes, nem por calamidades como a guerra ou os delírios do príncipe.

ANSEIOS NARCÍSICOS: SEGURANÇA, IDENTIDADE, ONIPOTÊNCIA

Aqui tocamos outro dos desejos profundos com os quais trabalha a publicidade: o anseio por segurança, que para o psicanalista evoca as fantasias do colo materno. Naturalmente, dada a imensa variedade dos produtos existentes numa sociedade como a nossa, seria impossível que todos os anúncios manipulassem a mesma variável; mas também é verdade que, como disse há pouco, os desejos essenciais não são numerosos. Podemos classificá-los em duas grandes vertentes: os *sexuais* e os *narcísicos*. Os primeiros remetem ao complexo de Édipo e a todas as suas dimensões, inclusive a agressiva (contra o genitor que se opõe à posse do objeto desejado). Já os segundos são mais sutis: referem-se não tanto ao que queremos *ter*, mas ao que queremos *ser*: grandes, poderosos, belos, enaltecidos, invulneráveis — o limite aqui é a onipotência, fantasiada em seu máximo alcance. Refiro-me à faculdade de realizar instantaneamente tudo o que o indivíduo puder imaginar (é o tema arquiconhecido do gênio que oferece ao herói a satisfação de três desejos — "três" representando um número mágico que equivale a *todos*), mas também onipotência para anular sem riscos qualquer adversário.

O que podemos assim denominar *anseios* narcísicos — pois falar em *desejos* narcísicos soa um pouco esquisito — é certamente o alvo mais profundo visado pela publicidade. Para atingi-lo, ela se serve do que Célia mencionou há pouco: os "símbolos que podem mobilizar". Uma boa maneira de compreender como funciona essa operação é examinar um caso ilustrativo.

Tomemos a história de Moisés, que talvez tenha sido o antepassado de todos os publicitários, inclusive no emprego de efeitos especiais — as dez pragas foram bastante espetaculares, e a separação das águas do mar Vermelho ainda hoje impressiona a imaginação. Pois bem, Moisés não conseguiu, no início, transformar o bem que apregoava — liberdade para os escravos hebreus em troca da fidelidade a Jeová — num "símbolo capaz de mobilizar". Prova disso é que, nos quarenta dias que passou no alto do monte Sinai, os hebreus recém-libertados confeccionaram o Bezerro de Ouro e passaram a adorá-lo, provocando a fúria do profeta (que arremessou ao longe as Tábuas da Lei). A ideia que ele propunha não despertou adesão entre seus seguidores porque não tinha um suporte no qual se encarnar; ou, em termos mais contemporâneos, a ideia de que Jeová seria capaz de garantir a liberdade e a Terra Prometida não conseguiu se materializar num símbolo eficaz. Posteriormente, sim — a Arca da Aliança, os rituais, o Templo de Jerusalém, mais tarde a Torá (Bíblia) —, mas não naqueles primeiros tempos.

Estou lembrando essa história porque, entre os anseios narcísicos mais arraigados no ser humano, conta-se o de pertencer a um grupo e poder sentir orgulho disso, bem como experimentar sensações como ser protegido pela força do coletivo ou poder cobrir-se de honra e glória defendendo entidades abstratas como a pátria, a religião, os valores, etc. Pensem um instante nos símbolos nacionais como a bandeira ou o hino, em símbolos religiosos como a cruz, ou ainda nas cores que identificam um time esportivo de grande atração popular. Usá-los ou reverenciá-los proporciona a sensação de ser "eu e mais do que eu". O sentimento de identidade, constituído por elementos pessoais e transpessoais, é fortemente alicerçado em convicções desse gênero, cuja expressão palpável é justamente o símbolo do grupo. Uma versão secularizada desse fenômeno pode ser encontrada no culto à grife, que identifica seu portador, perante os outros, como parte de um grupo tido por privilegiado. Diferença em relação aos de fora, semelhança com os de dentro, juntamente com sentimentos, crenças e fantasias associados a ambos os fatores, são elementos indispensáveis para a forma-

Sonhos induzidos: a eficácia psíquica da publicidade

ção e a sustentação das pilastras psíquicas sobre as quais se assenta a identidade de cada um.

A PSICOLOGIA NAS ASAS DA RETÓRICA

Os mecanismos da persuasão são, a rigor, muito mais antigos do que seu uso sistemático na publicidade atual. Remontam à retórica grega, que por sua vez surgiu como instrumento indispensável para triunfar nos debates que agitavam a pólis. As primeiras técnicas de persuasão foram inventadas e codificadas pelos oradores antigos, e também pelos sofistas, antes de serem adaptadas para a argumentação filosófica por Sócrates e Platão — o qual, não por acaso, redigiu suas obras na forma de diálogos. Tais técnicas envolviam tanto a organização das ideias e das partes de um discurso — por exemplo, enumerando os argumentos em ordem crescente de impacto e evidência, ou criando contrastes entre eles — quanto um acurado estudo das emoções, pois cedo se percebeu que o bom orador é aquele que sabe mobilizar e dirigir as paixões da multidão para apoiar o seu argumento. É por isso que os primeiros estudos de psicologia se encontram nos tratados de retórica (é o caso de Aristóteles), pois, para poder convencer manipulando o medo, a cólera, a indignação ou a compaixão, é preciso saber no que consistem e como se originam esses sentimentos. Aquilo que Péricles ou Demóstenes sabiam intuitivamente, Aristóteles disseca, nomeia, classifica e analisa, fundando um ramo paralelo de conhecimento que desde sempre, se pode dizer, esteve associado às técnicas de convencer. Os pregadores cristãos e muçulmanos fizeram bom uso desses conhecimentos para divulgar suas doutrinas; desse modo, vindo desde então até as modernas campanhas institucionais, temos uma linha contínua enlaçando a divulgação, a persuasão e a emoção.

Os políticos também se serviram desse vínculo, prosseguindo aliás na trilha aberta por seus predecessores helênicos. Pensem no famoso discurso de Marco Antônio no *Júlio César* de Shakespeare: Brutus e seus comparsas acabam de assassinar o primeiro-cônsul no Senado, e a plebe romana os aclama. Vem Marco Antônio, que, com o bordão que se tornou célebre — "Brutus diz que César era ambicioso, e Brutus é um homem honrado" —, parece primeiro apoiar o crime e seus motivos. Mas com extraordinária habilidade e fazendo do bordão um uso irônico que se torna cada vez mais evidente, consegue voltar o povo contra os assassinos, provocando a inversão completa do panorama: a multidão encolerizada persegue os conspiradores, que num instante veem perdido tudo o que haviam pensado conseguir.

O bordão de Marco Antônio é um perfeito exemplo dessas pequenas frases, admiráveis em sua aparente simplicidade, que jogam em geral com o duplo sentido das palavras e que se tornaram tão comuns na publicidade. O refinamento máximo desse tipo de recurso se encontra na propaganda da Coca-Cola: "É isso aí". Frase das mais ambíguas, que pode evocar inúmeras coisas, institucionalizando uma expressão de gíria que na verdade é uma interjeição. "É isso aí" é antes de tudo um sinal em código: indica que o emissor e o receptor estão de acordo, mas também que possuem uma linguagem própria, secreta, que os distingue de todos os demais. Estamos de novo no universo das questões de identidade, e portanto na problemática narcísica, aqui sutilmente evocada em sua complexidade e imediatamente aplacada por meio de uma senha, com tudo o que implica o uso dela — em particular, o direito de ser admitido a algum lugar protegido ou prestigiado.

MECANISMOS DA SUTILEZA: CONDENSAÇÃO, DUPLO SENTIDO, ALUSÃO

Com a senha, aproximamo-nos de um território que talvez pareça surpreendente a vocês — o da piada. Mas pensem um pouco: a senha ou o *slogan* publicitário têm com ela um parentesco evidente, a começar pela concisão essencial a essas expressões. Todas elas condensam em poucas palavras uma grande massa de significações, permitindo que se mesclem sentidos públicos e conscientes a outros, privados, secretos e inconscientes. Sendo a publicidade uma criação pública, talvez seja mais adequado, como sugeriu Inês Loureiro numa aula recente aqui na puc, não a comparar tanto ao sonho — misterioso e singular até para quem a sonha —, mas ao *Witz*, a frase de espírito, estudada por Freud em um de seus livros mais importantes e menos citados — *O chiste e sua relação com o inconsciente* (1905).

O chiste seria utilíssima leitura para os redatores de publicidade, pois desmonta justamente os mecanismos pelos quais a piada produz seu efeito (no caso, o riso), bastante similares, em última análise, àqueles pelos quais o bom

Sonhos induzidos: a eficácia psíquica da publicidade

anúncio atinge o seu alvo: surpresa, compressão extrema dos sentidos, uso de metáforas e outras figuras de linguagem, alusão compreensível e ao mesmo tempo sutil a temas eróticos ou eventualmente agressivos, etc. A sutileza é especialmente requerida no caso das piadas, porque a maioria delas ressalta coisas ridículas em certas categorias de pessoas — negros, judeus, portugueses, mulheres, ricaços, etc. —, e essa intenção agressiva, hostil ou preconceituosa precisa ser revestida por uma maquiagem, a qual justamente é o veículo do duplo sentido — lobo com pata de cordeiro.

Ora, é por meios semelhantes que a frase-chave de uma campanha atinge seu objetivo, associando o produto a algum anseio ou desejo profundo, porém inconfessável sob sua forma nua e crua. Pensem no sentido obviamente fálico da maioria dos anúncios de automóveis, no sentido quase abertamente fetichista dos anúncios de *lingerie* ou de joias, e verão como é frágil essa camada cosmética. Por um simples gesto ou por uma expressão anódina, sugerem-se infinitos prazeres, num mundo das *Mil e uma noites*. É o que os franceses chamam *le mot juste*, a palavra certeira. Frequentemente, são "palavras-dominó", que por sua ambiguidade remetem por um lado a algo conhecido e tranquilizador, e, por outro, a todo esse universo inconsciente de que estamos falando.

Um excelente exemplo disso aparece num anúncio antigo do Fusca. Vocês se lembram de que ele era refrigerado a ar. O anúncio mostrava um regador colocado à frente do Fusca, e a legenda dizia: "Obrigado, não bebo". O sentido literal era óbvio: refrigerado sem água, o motor do carro jamais corria o risco de ferver. Isso era o "diferencial" (como se diz hoje, num português horroroso) do Fusca, aquilo que o anúncio desejava fixar na memória do leitor. Mas os sentidos latentes vão muito além disso. "Obrigado, não bebo" é o que o abstêmio diz a quem lhe oferece uma bebida alcoólica: indica portanto sobriedade, cabeça no lugar, todo o contrário dos significados pejorativos associados a quem "bebe". Aqui se ramificam duas vertentes, na verdade entrelaçadas. Primeiramente, você não confiaria sua vida a quem "bebe", mas sim a quem "não bebe", sobretudo ao dirigir (é um anúncio de carro). Portanto, confiabilidade profunda do Fusca, associada a ideias como solidez e durabilidade; nesse caso, "não bebo" conota imediatamente "não quebro", evocando uma figura paternal. Além disso, as associações de "não quebro" são reforçadas pela promessa de que o carro não vai deixar o motorista na estrada, naquela cena tão comum da família entediada diante de um capô aberto e fumegante. Desse modo o pai protetor dá

310

lugar ao companheiro leal, o bom irmão, o amigo que "não nos deixa na mão". Todas essas significações estão enfeixadas na frase-dominó "Obrigado, não bebo", cuja estrutura é exatamente a de um *Witz*, de uma daquelas sentenças ultracondensadas e densamente carregadas que encontramos, por exemplo, nas colunas de Millôr Fernandes.

O anúncio do Fusca ilustra ainda outra característica do complexo processo pelo qual a publicidade nos toca: o enovelamento da razão e das emoções. Racionalmente, ele diz que é preferível um carro refrigerado a ar, porque o proprietário não precisa se preocupar em colocar água nele: mais simples, mais seguro, etc. Emocionalmente, temos o apelo à ideia de "proteção confiável", refratada no plano do pai e no plano do amigo. A propaganda pode apelar de modo mais direto ou mais sutil a esse nível emocional, mas ele sempre estará presente, pois, como sabemos, graças à psicanálise, a razão sozinha não convence ninguém.

Por isso, um recurso comum na publicidade é o emprego de pessoas conhecidas para veicular anúncios (artistas de televisão são um bom exemplo). Aciona-se assim o mecanismo da *confiabilidade*, pois tais pessoas são tidas por incapazes de mentir e verdadeiramente interessadas no bem-estar do espectador. A associação óbvia é com os pais da primeira infância e, mais particularmente, com a mãe, razão pela qual mulheres como Helena Sangirardi e outras eram muito requisitadas nos anos 1950. Talvez vocês se lembrem da seção diretamente publicitária de *Seleções do Reader's Digest*: Helena Sangirardi se dirigia às leitoras com a frase que se tornou clássica: "Querida amiga...".

Eram tempos de modernização; estava no início a transformação nos papéis sociais do homem e da mulher que marcou as últimas décadas. Helena falava em Moddess para "aquele dias", em bobes para o cabelo, em utilidades domésticas como aspirador de pó, batedeira, panela de pressão... A implicação era clara: quem, nesses tempos modernos, quisesse ser boa esposa e boa mãe, precisava possuir tais apetrechos. Pouco importava que, no Brasil de então, cada casa de classe média tivesse pelo menos duas empregadas, geralmente negras ou mulatas: os anúncios mostravam louras reluzentes, de salto alto e avental sobre a saia impecável, passando aspirador no tapete — como se a própria dona da casa o usasse, a exemplo do que acontecia nos Estados Unidos. Isso mostra como a publicidade também possui seus códigos, e como foi difícil o caminho para criar um padrão especificamente brasileiro para ela — coisa que hoje existe, mas sobre a qual certamente não sou eu a pessoa mais habilitada para falar.

Sonhos induzidos: a eficácia psíquica da publicidade

Num outro anúncio bem conhecido, o da cerveja Kaiser, ouve-se um diálogo entre duas vozes masculinas: um homem ameaça o outro com alguma situação aterrorizadora, ao que o segundo retruca invariavelmente: "Dá para tomar uma Kaiser antes?". Exemplos: um marciano anuncia que o consumidor foi selecionado para transar com fêmeas extraterrestres, provavelmente de aspecto repugnante; numa outra versão, um boxeador diz que viu o consumidor tentando paquerar a sua mulher e que será punido por isso. As situações são cômicas e altamente improváveis (o aspecto racional está portanto num plano bem secundário), mas a ideia é que se o consumidor "tomar uma Kaiser antes", isso o tornará forte, capaz de enfrentar galhardamente o perigo entrevisto. A cerveja é assim assimilada a algo como o espinafre de Popeye ou à poção mágica de Asterix, que evocam inequivocamente a mamadeira que as crianças tomam antes de dormir e de penetrar no mundo tenebroso do "escuro".

O caráter mágico atribuído à cerveja Kaiser permite compreender uma característica extremamente comum da mensagem publicitária, a que podemos chamar "propriedade transitiva" do produto a que ela se refere. Entendo por propriedade transitiva a ideia de que o poder ou valor associado ao produto transita para a pessoa do consumidor, que deixa assim de *possuí-lo* para *tornar-se como ele*. É a mesma situação do canibal que come o braço, o coração ou a sola do pé do inimigo vencido, para desse modo assimilar a força, a coragem ou a velocidade dele. Aqui o objeto funciona diferentemente do caso do talismã: enquanto este pode ser perdido ou roubado, a qualidade que adere ao consumidor não lhe pode ser retirada, passando à condição de atributo pessoal. A única condição para o conservar é, naturalmente, tornar-se um fiel comprador daquele produto (o VitaSay garantido por Pelé).

A CRIANÇA SEMPRE VIVA NO ADULTO

Vocês podem perceber como, por diferentes meios, a mensagem publicitária opera com processos psíquicos bem esclarecidos pela psicanálise: a articulação razão/emoções, as imagos infantis, os desejos e anseios dos quais lhes falei. Não é casual que tenhamos mencionado tanto a criança, já que é comum ouvirmos dizer que a publicidade infantiliza o consumidor. Isso talvez seja verdade; parece-me mais interessante, porém, enfatizar que ela atinge com extraordinária habilidade *a criança que permanece viva no adulto*, aquela que, como diz Freud na *Traumdeutung*, cada um de nós reencontra à noite ao sonhar. A publicidade atinge a "criança" por três vias diferentes, que correspondem a três níveis fundamentais do funcionamento psíquico:

a) O nível dos desejos capazes de ser satisfeitos pela posse ou pelo desfrute de um objeto. *Objeto* neste contexto significa tanto uma coisa que pode ser comprada, um produto, quanto um objeto no sentido psicanalítico, uma figura carregada na nossa imaginação de emoções e fantasias (por exemplo, os pais no complexo de Édipo). A publicidade assimila os dois significados a partir da mensagem bem construída, em palavras e/ou imagens, e é assim que o leite Ninho passa a ser idêntico ao colo da mamãe.

b) O nível dos anseios narcísicos de segurança, perfeição e onipotência. Aqui a publicidade atinge seu alvo pela "propriedade transitiva" do produto, assim convertido em talismã ou em qualidade capaz de ser absorvida por quem o usa. Nesse plano operam os anúncios que enfatizam a beleza, a juventude, a virilidade, o *sex appeal* ou a saúde que advirá do consumo do produto ("o mundo de Marlboro", o anúncio dos perfumes Brut de Marchand). Em síntese, o que as propagandas fazem é afiançar que está ao alcance da mão *coincidir com o ego ideal infantil*, aquela representação de nós mesmos como perfeitos, completos e onipotentes a que Freud chamou pelo nome tão apropriado de "Sua Majestade, o bebê".

c) O nível da *transgressão tolerada*, que gostaria de abordar agora, para concluir estas observações. Esse gênero de anúncio nos atinge em nossa vontade de burlar as regras socialmente instituídas, as quais nos impedem de fazer o que queremos, como queremos e onde queremos. Como é frustrante o "não pode", e com que fúria, ódio e tristeza reagimos, quando crianças, à descoberta da autoridade dos pais, da sua força e capacidade para impor sua vontade! (Tal autoridade sempre parece à criança o cúmulo do arbitrário e da injustiça, por mais razoável que seja em termos "adultos".) Estamos aqui na zona psíquica ligada à *castração*, que tem a ver com os famosos "limites", tão necessários na educação da criança e na sua transformação em alguém capaz de conviver com outros seres humanos, sem impor a todos, o tempo inteiro, a sua vontade.

A publicidade trabalha frequentemente nessa área, e seu recado é o seguinte: "De fato, você não pode cometer um crime; mas há algumas 'pequenas transgressões' que, se você adquirir o produto tal, estarão ao seu alcance, e *sem punição*".

Sonhos induzidos: a eficácia psíquica da publicidade

Promete-se assim um prazer especialmente delicioso, porque obtido contra a proibição (algo como pegar o chocolate que a mamãe guarda no bufê sem que ela descubra quem foi).

Um ótimo exemplo desse tipo de anúncio é o da M. Officer, que passava nos cinemas. Uma deslumbrante adolescente, sumariamente vestida com calcinha, sutiã e meias soquetes, era mostrada de bruços no sofá, com os tornozelos cruzados para cima (a sola da meia aparecendo). A moça telefonava a uma amiga e combinava um programa. Em seguida, levantava-se e ia se vestindo; no instante em que colocava a calça M. Officer, um bando de rapazes que haviam se escondido afastavam a cortina atrás da qual estavam e diziam em coro: "Aaaaaah!". A moça sorria, acabava de se vestir, pegava a bolsa e ia encontrar sua amiga; alegres e sorridentes, entravam em uma porta giratória e desapareciam no que podia ser uma lanchonete, um shopping, etc. Esse filmete joga com o impulso sexual de *ver*, que justamente pode ser satisfeito sem nenhuma agressão ao objeto — olhar não machuca. Evoca imediatamente a criança que espia pelo buraco da fechadura, o garoto que sobe no banquinho para ver a empregada tomando banho e outras situações que, sem serem modelos primorosos de respeito às regras e à privacidade das pessoas, também não chegam a ser crimes hediondos: situam-se nessa faixa um pouco indefinida das "pequenas transgressões", da traquinagem associada nas nossas lendas populares à figura do Saci. Os rapazes não tinham o direito de estar espiando as formas graciosas da mocinha e muito menos de protestar quando ela se levanta e os priva de tão atraente visão; mas não a agridem, e, mesmo sob protestos ("Aaaaaaah!"), conformam-se quando ela sai e vai se encontrar com a amiga. Transgressão, sim, mas pequena, quase — diria alguém — "inocente".

Nada menos inocente, porém, se refletirmos na enorme carga de erotismo que esse anúncio veicula. O espectador masculino se identifica com os rapazes — afinal, ele também está vendo a garota seminua, sem que ela se dê conta disso —, e a parcela feminina da plateia, a quem é dirigido o conteúdo manifesto do anúncio, se identifica com a modelo, por meio da propriedade transitiva: use a roupa M. Officer e você será tão atraente quanto ela. Mas a qualidade do anúncio está na maneira sutil com que transmite essas mensagens; em vez de tirar a roupa, a mocinha a *veste*, e isso é que é o mais erótico. Dito de outro modo, a excitação do espectador aumenta à medida que ela se *cobre*, e não, como seria mais trivial, à medida que ela se *despe*: aí está a ideia brilhante.

Aliás, desde o início a mocinha está com alguma roupa: calcinha, sutiã e meias. Os pés trançados para cima são o "pulo-do-gato" do anúncio, mobilizando o olhar e a excitação para uma parte do corpo que habitualmente não associamos ao sexo (embora também exista o fetichismo dos pés e dos sapatos). Eles estão cobertos pelas meias soquetes, mas se entrevê a sua forma delicada; além disso, "tornozelos cruzados" se opõem a "pernas abertas", ressaltando ainda mais a ideia de "recato provocante". Esse aspecto é fundamental para todo erotismo que não seja pornografia: mostrar sem mostrar, ou seja, insinuar, sugerir, deixar aberto o campo da fantasia do espectador — fantasia que será sempre muito mais rica e prazerosa para ele do que a simples contemplação do corpo nu.

Uma das cenas mais eróticas no cinema está em *Gilda*: é o momento em que Rita Hayworth, ao som de "Put the blame on mame", tira a longa luva que cobre seu braço, representando por deslocamento o *striptease* que ela *não* realiza. A cena dura alguns minutos, e tudo o que a atriz faz é tirar uma luva preta, dedo por dedo, centímetro por centímetro — mas o efeito é devastador.

Outro exemplo desse tipo de recurso está em *The postman always rings twice*, com Lana Turner [*O destino bate à sua porta*, recentemente refilmado com Jack Nicholson e Jessica Lange]. Um rapaz consegue emprego num posto de gasolina e está limpando a pia na casa do proprietário. A mulher deste — Lana Turner — vem ver o que está acontecendo e fica parada por um momento na soleira da porta da cozinha, observando o moço. Este a entrevê e levanta os olhos: a câmara segue seu olhar, e tudo o que mostra é a atriz parada na porta, um braço para cima, se não me engano fumando um cigarro. O desejo incendeia instantaneamente o rapaz, pois a cena é erótica ao extremo — e justamente pela insinuação, pela luz difusa que ilumina os cabelos louros e os *shorts* brancos de Lana Turner —, enfim, por elementos análogos à luva de Gilda e às meias soquetes da moça da M. Officer. Na versão recente, há uma cena de sexo explícito entre Nicholson e Lange — eles transam na mesa da cozinha —, mas não chega a provocar um décimo da excitação produzida pela figura parada e enigmática de Lana Turner naquela porta.

Bem, creio que podemos concluir estas observações resumindo rapidamente os pontos principais. Procurei mostrar a vocês que a publicidade é antes de mais nada um momento essencial no ciclo produtivo do capitalismo contemporâneo, mas esse não é o nosso tema hoje à noite. Em seguida, insisti nos modos pelos quais ela atinge sua finalidade precípua, que é convencer o consumidor

Sonhos induzidos: a eficácia psíquica da publicidade

a adquirir o produto anunciado — por um lado, por meio da forma da frase publicitária, que tem a mesma estrutura que a frase humorística, utilizando com frequência o duplo sentido e os mecanismos bem conhecidos da condensação e do deslocamento; por outro, por intermédio da mobilização das emoções e fantasias do público. Nesse plano, ela seduz e excita a criança que existe em nós, e isso em todos os aspectos relevantes do funcionamento psíquico: o desejo sexual em suas várias formas, os anseios narcísicos e a vontade de superar os limites impostos pelas normas sociais sem por isso ser castigado.

O que a publicidade faz é, em suma, apresentar, ao alcance de todos, a realização dos desejos infantis, enlaçando-a com a imagem do produto que promove. Essa função é cumprida com imensa engenhosidade e sutileza, dando-nos a impressão de que estamos consciente do que fazemos ao decidir pela aquisição daquele produto e que o compramos essencialmente porque ele nos será proveitoso. Mais uma razão para que, em sua atividade, os publicitários sejam criteriosos e responsáveis: eles estão lidando, como disse Shakespeare em uma de suas peças, com *the stuff dreams are made of*, a matéria de que são feitos os sonhos.

Psicanálise e cultura, psicanálise *na* cultura

Recentemente, tem-se formulado uma série de críticas quanto ao interesse e à fecundidade da psicanálise como método de leitura, seja de fenômenos clínicos no sentido estrito, seja dos fenômenos sociais e culturais, sobre os quais ela se debruça desde o tempo de Freud. Circulam rumores sobre a crise, o declínio ou até sobre a morte da disciplina freudiana, dando a impressão de que estamos participando de um velório que não termina mais. Por uma série de motivos que, espero, ficarão claros no decorrer deste artigo, não é essa a minha opinião.[1] O que ocorre, a meu ver, é que a psicanálise vai se adaptando às circunstâncias sociais, econômicas e culturais tanto da sua clientela quanto daqueles que a praticam; e não poderia ser de outra forma, já que, estando no mundo, é afetada por aquilo que se passa neste mundo, e por sua vez o afeta segundo certas vias; e não é inútil tentar precisá-las.

Uma das maneiras pelas quais o "extrapsicanalítico" se impõe à psicanálise é o surgimento de novas patologias, inexistentes ou talvez pouco notadas na época em que a psicanálise se estabeleceu como prática e como teoria (o estresse, certas formas de depressão, etc.). Outra deriva da evolução dos costumes: será que ainda existe, nos dias de hoje, uma fase de latência? E, se existir, terá ou

---

[1] Uma argumentação mais detalhada a esse respeito encontra-se na apresentação da coletânea *Tempo de muda* (São Paulo, Companhia das Letras, 1998).

Psicanálise e cultura, psicanálise *na* cultura

não as mesmas características que tinha em 1905, quando Freud a descreveu pela primeira vez? Também há questões que dependem diretamente dos avanços tecnológicos, por exemplo a adição à internet, que já pode ser considerada uma síndrome *per se*.

A psicanálise lida com o funcionamento psíquico do ser humano em sociedade, pela boa e simples razão de que não há outro: até Robinson Crusoé, em sua ilha, trazia consigo as técnicas e crenças da sociedade inglesa de 1710. Não vejo a menor dificuldade em admitir esse afetar-se da disciplina pelo seu entorno e vice-versa. A questão é saber como e em que medida os instrumentos classicamente forjados por Freud e outros permanecem úteis, quais devem ser revisados, quais se tornaram inválidos e podem ser abandonados, quais são os novos, qual é a sua eficácia...

Se isso é verdade no plano clínico, com ainda mais razão vale para aquilo que se costuma chamar de *psicanálise aplicada* (*angewandte Psychoanalyse*). Essa expressão, que figurava no subtítulo da revista *Imago*, quer dizer: psicanálise aplicada àquilo que não é estritamente clínico. Precisamente, fazem parte da psicanálise aplicada estudos sobre fenômenos sociais e fenômenos culturais — por exemplo, *Totem e tabu* no primeiro gênero e a *Gradiva* na segunda categoria. No entanto, quem lê esses textos de Freud se dá conta de que a divisão é um pouco forçada: *Totem e tabu* contém muito do que Freud escreveu de mais interessante sobre a neurose obsessiva, e *Sonhos e delírios na Gradiva de Jensen* é um tratado do método psicanalítico: as falas de Zoé ao seu companheiro Norbert são um modelo do que deve ser a interpretação psicanalítica — formulada com tato, indicando múltiplos sentidos, *to the point*, ambígua o suficiente para permitir uma elaboração, etc. *Gradiva* pode ser lida como um estudo a respeito de certos elementos do funcionamento psíquico dos personagens; mas também como um tratado sobre a técnica da análise, um estudo sobre o recalque do infantil e seu destino na formação dos sintomas, ou sobre o delírio. O ângulo da psicanálise aplicada é um dos possíveis.

Essa expressão é usada para a parte da psicanálise que procura focalizar, em produtos humanos que não surgem no consultório, os mecanismos típicos que conhecemos. Uma analogia pode ser útil aqui. Logo no início da *República*, Platão propõe utilizar aquilo que acontece na cidade para compreender a natureza da justiça, que no início do diálogo estava sendo atribuída à alma — a questão é saber quem é mais feliz, o homem justo ou o injusto. A um certo momento,

Sócrates lembra que talvez seja interessante investigar isso não só na alma individual, mas também na vida social; como a justiça é uma só, se pudermos decifrá-la naquilo que a *polis* escreve com letras maiúsculas, ficará mais fácil compreender o que se passa na alma dos homens, na qual esse conceito está colocado em letras minúsculas. Este é o princípio que organiza as pesquisas da psicanálise aplicada: ela é capaz de ler, nas maiúsculas da cultura, coisas que podem ter validade também nas minúsculas da vida psíquica individual.

Muitas vezes, é mais fácil identificar algo de interesse clínico num romance, num filme, num fenômeno social, numa exposição de arte, e isso por uma razão muito simples: é que essas obras da vida cultural foram construídas de forma a ressaltar certas características. O analista dispõe portanto de um material análogo ao *in vivo*, porém menos complexo, construído por assim dizer como o grupo de controle de um experimento. Para o próprio analista aprender a manejar o seu instrumento, é um bom exercício se debruçar sobre um filme, uma peça, um fenômeno coletivo de importância. No entanto, essa é uma prática muito criticada; poucos são os que gostam da psicanálise aplicada. Os próprios analistas às vezes se sentem algo envergonhados, pois consideram que o material diretamente clínico é mais nobre; esse desprezo continua por parte dos praticantes de outras disciplinas, que não gostam muito da intromissão dos analistas na sua seara. Críticos literários, especialistas em cinema, sociólogos, antropólogos costumam fazer ataques contundentes à mania dos analistas de meter o bedelho em tudo o que lhes aparece. E é preciso reconhecer que eles têm uma certa dose de razão, porque muitos desses exercícios são realmente estereotipados. O leitor já sabe o que vai encontrar: o complexo de Édipo, os objetos parciais, as pulsões... Se partimos do princípio de que o ser humano é feito como a psicanálise diz que é, e vamos estudar exemplos de humanidade, nada mais natural do que encontrarmos aquilo que a psicanálise atribui ao humano. Estamos portanto em um círculo. Mas isso prova apenas que não há nada que não possa ser feito de maneira um pouco estúpida. Como evitar esse escolho?

Na minha maneira de ver, a psicanálise aplicada deve obedecer exatamente às mesmas regras de qualquer outra análise. Assim como um analista pode até adivinhar qual é o problema central do paciente, mas certamente não vai dizer isso na terceira sessão, de maneira inapropriada e sem tato, da mesma forma, quando se estuda um produto cultural ou social, é preciso ir com calma e partir dos indícios mais evidentes, aqueles que se apresentam ao observador com mais facilidade. É necessário formular hipóteses plausíveis, testá-las para verificar se são coerentes, utilizando outros elementos do material, exatamente como faz Freud nos modelos que citei. Também se precisa perguntar onde estão os equívocos eventuais da interpretação que estamos propondo e quanto de nós mesmos, projetivamente, não está intervindo nisso, ou seja, quanto daquilo que estamos pensando sobre o objeto em questão não se deve à nossa contratransferência, apressadamente hipostasiada em interpretação.

Se tomarmos esses cuidados elementares, frequentemente os resultados serão muito interessantes. A psicanálise se concentra sobre uma dimensão do objeto que não é abordada por outras disciplinas, que é exatamente a dimensão *inconsciente*. Mas essa é apenas uma das implicações da expressão *psicanálise e cultura*. Talvez valha a pena sermos mais metódicos e explorar a questão desde os seus fundamentos.

Na verdade, podemos discernir diversos níveis. O primeiro deles é o que a psicanálise tem a dizer sobre a cultura em geral, aquilo que se costuma chamar de "teoria psicanalítica da cultura", ou a contribuição psicanalítica para uma teoria da cultura. Nesse sentido, são conhecidas as observações de Freud — voltaremos a elas mais adiante — e a hipótese que o guia: "A cultura repousa integralmente sobre a coerção das pulsões". Ou seja, o ser humano é, por natureza, um animal social, mas ao mesmo tempo essa sociabilidade, indispensável para sua sobrevivência, implica um pesado sacrifício no plano pulsional. Essa talvez seja a ideia mais geral que Freud introduziu. Há muitas outras, mas essa já coloca uma série de problemas, na medida em que a forma mais simplória de entendê-la é a seguinte: as pulsões induzem necessariamente ao prazer, ao passo que a cultura induz necessariamente ao desprazer; nessa perspectiva, a cultura aparece como um grande e cruel superego que impede o ser humano de ser feliz. No entanto, se refletirmos na pulsão de morte, a ideia de que toda pulsão conduz imediatamente ao prazer começa a se tornar problemática, e, se pensarmos que os objetos que satisfazem as pulsões libidinais só existem *na* e *pela* cultura, a ideia de que toda cultura é necessariamente coercitiva e castradora também passa a ficar um pouco complicada.

Isso pode e deve ser sempre lembrado, a começar pelos objetos parciais inconscientes: mamas são entidades biológicas, mas o seio é um objeto psicológico cuja existência psíquica depende integralmente de fatores que vão além do indivíduo, portanto são sociais. O pênis é uma entidade biológica, mas o falo é um objeto psíquico, e as ideias de poder e prestígio a ele associadas só fazem sentido numa perspectiva intersubjetiva. A vulva tem realidade anatômica, mas a vagina dentada é uma figura psíquica, cuja associação com monstros, ogros, bruxas e afins também deriva de crenças socialmente instituídas. Ver é uma função biológica, enquanto o mau-olhado é uma construção psicossocial. Os próprios objetos que constituem a vida psíquica nos são portanto oferecidos pela cultura, de modo que a noção de uma oposição simples — pulsões de um lado, cultura e sociedade do outro — não pode ser mantida.

Ainda nesse aspecto, podem-se mencionar textos, como *Totem e tabu*, nos quais Freud tenta imaginar o que poderiam ter sido os primórdios da história humana. Aqui surge a ideia de que a sociedade se baseia sobre um pacto, mas esse pacto não é inocente, como o que foi descrito por Locke, Rousseau e pelos outros filósofos do "contrato social".[2] A aliança está fundada sobre um crime, o assassinato do pai da horda. Não conheço nenhum psicanalista que acredite nisso como um fato; trata-se de um modelo que tenta dar conta de alguns aspectos da cultura especialmente interessantes para a psicanálise, como a violência, a ineducabilidade do ser humano ou sua prodigiosa capacidade para o mal. Esse aspecto, que não é em geral contemplado por outras teorias globais da cultura, atrai o interesse dos psicanalistas e justamente coloca em questão a oposição simplória entre as pulsões boas de um lado e a cultura má do outro lado, ou o contrário, tanto faz — as pulsões más dos que buscam a satisfação imoral dos desejos e a cultura boa que coíbe e coage essa busca imoral.

A segunda possibilidade é tomarmos a cultura como um ambiente propício para o desenvolvimento e a difusão da psicanálise. A psicanálise é então tomada não como *instrumento de leitura* de fenômenos culturais, mas como *objeto* de uma análise que oscila entre sociologia, política, análise cultural e história das ideias. Ela é assim considerada um fenômeno em si mesmo cultural, que surge e se desenvolve segundo certas linhas privilegiadas, ou tem o seu desenvolvimento inibido segundo certos obstáculos: em suma, é parte de determinada formação cultural. Sabemos a que direções conduz essa pesquisa; a primeira delas é tentar desvendar as relações entre a cultura centro-europeia, ou a cidade de Viena, e as ideias de Freud. Por que a psicanálise surgiu lá, e não em outro

---

[2] Hobbes é uma exceção, porque para ele o pacto social se funda sobre o medo que os homens sentem uns dos outros: não é para vantagem recíproca, mas para conter a brutalidade do *Homo homini lupus*, que os homens, segundo Hobbes, se unem em sociedade.

Psicanálise e cultura, psicanálise *na* cultura

lugar? Essa é uma questão que a mim sempre pareceu de extrema importância, embora não de interesse clínico imediato.[3] Há estudos extremamente instigantes, feitos por vários autores, sobre esse aspecto da cultura como ambiente propício ao desenvolvimento da psicanálise. O tema "Viena e a psicanálise" admite uma variante, que por assim dizer o eleva ao quadrado: a representação que se faz de Viena em lugares que não são Viena, especialmente na França, onde por vezes a cidade de Freud parece se transformar numa encarnação do Paraíso Perdido. O melhor exemplo se encontra em algumas passagens do livro de Elizabeth Roudinesco, *História da psicanálise na França*,[4] que é excelente.

Uma outra variante dessa perspectiva é estudar a inserção e os efeitos da psicanálise nos diversos países em que ela se implantou, como consequência da expansão do movimento analítico. No que se refere ao Brasil, existem diversos trabalhos de Sérvulo Figueira, Otávio de Souza, Contardo Calligaris, Luís Claudio Figueiredo, entre outros; para a França, o próprio livro de Roudinesco; há o de Jorge Balán sobre a psicanálise na Argentina (*Cuéntame tu vida*) e o de Nathan Hale sobre psicanálise nos Estados Unidos (*The rise and crisis of psychoanalysis in the United States*).

O terceiro aspecto da relação entre psicanálise e cultura é a questão do *método* na psicanálise aplicada. Trata-se de um ponto que vale a pena ser comentado com cuidado, porque é a raiz das críticas que, como disse, são feitas contra a psicanálise. Uma das maneiras de abordagem apresenta uma ponte com o aspecto anterior, pois ressalta a semelhança entre a interpretação psicanalítica e a interpretação rabínica das Escrituras. Tentando entender a pergunta de Freud ao pastor Pfister — por que foi um judeu agnóstico que inventou a psicanálise —, alguns se voltaram para o peso que o judaísmo do fundador teria sobre a sua invenção (portanto, mais uma variante da perspectiva que vê a psicanálise como parte de determinada formação cultural, só que agora não mais da cultura centro-europeia, e sim da cultura judaica), enquanto outros se debruçaram sobre a questão mais formal das técnicas de interpretação do discurso, para

---

[3] Entre os vários estudos que dediquei a esse problema, vale mencionar o primeiro capítulo de *Freud, pensador da cultura*; o estudo "Explosivos na sala de visitas", em *A sombra de Don Juan*; e "Viena e as origens da psicanálise", em *Tempo de muda*. Em cada um desses textos — cujas referências completas são dadas em notas anteriores deste volume —, encontram-se numerosas indicações bibliográficas que seria ocioso repetir aqui.

[4] Esse é o tema de "Viena imaginária", em *A vingança da Esfinge*.

além da figura empírica de Freud.[5] A ideia é então que a interpretação psicanalítica teria como uma de suas fontes, talvez a principal, a interpretação feita pelos rabinos e que de alguma maneira teria passado para a disciplina, pelo fato de que quase todos os seus primeiros praticantes pertenciam à coletividade judaica.

Na esfera do método da psicanálise aplicada, uma das questões centrais é precisamente a pertinência da interpretação; por isso, conhecer um pouco a mecânica da interpretação psicanalítica pode nos ajudar a evitar escorregões no uso do método quando nosso objeto é um trabalho de cultura. Uma das contestações mais vigorosas quanto à legitimidade do próprio projeto de uma leitura psicanalítica veio do helenista Jean-Pierre Vernant, que, indignado com o que lhe parecia um amadorismo pretensioso, escreveu um artigo intitulado "Édipo sem complexo".[6] Ele afirma que os analistas, ao acharem que Édipo sofria de um complexo de Édipo e fazerem a leitura da tragédia nesse sentido, ignoram que ela é uma formação cultural do século V a.C., com suas próprias regras de construção. Não creio que esse fato impeça a leitura do personagem de Édipo à luz da psicanálise, mas sem dúvida a advertência de Vernant é pertinente. O que devemos fazer é tomá-la em conta e, ao submetermos uma obra cultural à lente da psicanálise, não desconsiderar o contexto histórico, artístico ou biográfico correspondente.

Se fizermos isso com cuidado, não apenas os personagens da ficção, mas ainda os próprios conceitos teóricos, podem ser iluminados por um ângulo interessante. Aqui se abre uma ponte com uma leitura epistemológica da teoria, da qual cabe dizer algumas palavras. Penso que mesmo nos textos de tipo teórico, em que se apresentam argumentos e conceitos, existe uma *camada subjacente de fantasias*; essas fantasias de alguma maneira animam a própria argumentação, e uma leitura atenta pode discerni-las mesmo no texto mais abstrato.[7] Parece-me que essa é uma ideia importante, porque à primeira vista não é muito difícil imaginar que um personagem ficcional apresente analogias com a vida psíquica de um ser humano de carne e osso. Ele é construído a partir dessa analogia, e

---

[5] Tanto uma como outra dessas abordagens são detalhadamente discutidas em *Psicanálise, judaísmo: ressonâncias*.

[6] Há uma tradução brasileira desse texto em Jean-Pierre Vernant e Pierre-Vidal Naquet, *Mito e tragédia na Grécia Antiga*, São Paulo, Duas Cidades, 1977.

[7] Ver a esse respeito, em *Figuras da teoria psicanalítica* (Escuta/Edusp), a conferência "Metapsicologia/fantasia".

Psicanálise e cultura, psicanálise *na* cultura

nada mais natural do que encontrarmos em sua vida emocional as leis que regem o psiquismo humano em geral. Já afirmar que uma construção *conceitual* possa apresentar essa camada imagética ou fantasmática equivale a introduzir a leitura analítica no próprio cerne da formação de uma teoria, o que pode ser extremamente interessante se evitarmos o escolho da psicologização — não se trata de reduzir a obra à biografia, muito menos aos "complexos" do autor, mas de tentar entender a inerência do processo primário no secundário.

No pensamento de Louis Althusser, para dar um exemplo, a preocupação em separar a má ideologia da boa ciência materialista, o jovem Marx filosófico e ainda ideológico do bom Marx autor de *O capital*, poderia representar uma sutil transposição para a filosofia de certas características da sua personalidade, tais como aparecem quando se lê sua autobiografia (*O futuro dura muito tempo*). Esse tipo de movimento separador — quase uma fobia de contato — que anima o pensamento althusseriano pode sem dúvida ser *reduzido*, a exemplo do que se pode fazer com uma fração, retrotraído até o seu solo fantasmático. Outro exemplo é o belíssimo livro *La parole et l'inceste* (Aubier Montaigne), de Monique Schneider, sobre o seminário ii de Lacan. Schneider comenta a separação taxativa que faz Lacan entre a função paterna e a função materna. Todos sabem que Lacan coloca o pai — a função paterna — como aquele que separa a mãe do seu filho, castrando-a da posse onipotente e louca dele. Essa ideia do que é a função paterna tem o seu correlato na figura da mãe como uma espécie de ogro devorador e envolvente, que, se não tiver um pai por perto, fatalmente transformará seu filho num esquizofrênico ou num autista. O correlato da potência vertical-separadora encarnada no pai só pode ser uma potência horizontal-engolidora que se opõe à separação, representada pela figura da mãe.

Função paterna e função materna, no pensamento de Lacan, são *conceitos*; têm a sua importância estratégica na fase do espelho, na constituição do sujeito e em outros momentos da construção teórica. Mas, afirma Monique Schneider, também dizem alguma coisa sobre o imaginário do próprio Lacan. Nosso interesse não é esmiuçar o que se passava no romance familiar do *petit Jacques*, do *kleiner Sigmund* ou da *little Melanie*, mas sim tentar compreender qual é a franja conotativa que se vincula às noções tais como esses autores as definem. Isso pode ser de grande interesse para compreender o "imaginário da teoria". Os lacanianos talvez não concordem com a ideia de que o simbólico possa ter um imaginário; mas, nos interstícios do que há de mais simbólico (isto é, o conceito abstrato), é possível demonstrar, com um pouco de paciência e leitura adequada, o que poderia ser uma camada de fantasias.

Um quarto tópico, dentro do assunto geral "psicanálise e cultura", é a maneira pela qual a sociedade introduz às suas instituições, práticas e crenças os membros de cada nova geração. Ou seja: como a criança absorve a cultura e de que maneira essa absorção, desde o aprendizado da linguagem até a aceitação das normas superegoicas e dos ideais identificatórios, colabora para a formação da sua subjetividade. Quanto a isso há dois aspectos: o primeiro é, em sentido geral, de que maneira a sociedade — *qualquer* sociedade — codetermina o que vai acontecer com os membros que nela se socializam. Aqui temos certamente mecanismos universais. E, em segundo lugar, conteúdos mais particulares, sócio-históricos, que correspondem a diferentes formações culturais e sociais. É um dado de experiência: quem viaja um pouco constata que povos e países não são iguais. O mesmo ocorre quando vemos filmes ou lemos livros originários de outras culturas: percebemos imediatamente que o ser humano ao mesmo tempo possui certas características constantes e universais, e outras que variam segundo os lugares e as épocas.

Contudo, quando tentamos entender mais precisamente por que e como um argentino é um argentino, um brasileiro é um brasileiro, um alemão é um alemão e um chinês é um chinês, e, dentro dessas amplas categorias, como um membro da classe média, da classe operária ou das oligarquias dominantes adquire as características próprias do seu grupo, as coisas se tornam bem mais complicadas. É difícil fazer essa análise sem cair nas generalidades ou nas causalidades circulares, tentando compreender o jogo de fatores que produz uma certa fórmula psíquica. No caso do Brasil, alguns estudos mostram como uma estrutura social profundamente injusta se ancora também em processos que podemos chamar de psicossociais, que funcionam maravilhosamente bem para aquilo para o que foram desenvolvidos, ou seja, o conforto e o privilégio de uma minoria, graças à exploração brutal — porém extremamente inteligente — da maioria.

Por fim, resta mais um tópico, que na verdade é constituído por diversos subaspectos da mesma problemática: a análise de *regiões da cultura* específicas. É o vasto campo dos estudos sobre psicanálise e literatura, psicanálise e cinema, psicanálise e mitologia, psicanálise e ética/moral, psicanálise e religião, psicanálise e direito.

Psicanálise e cultura, psicanálise *na* cultura

Talvez seja útil, neste ponto, fazer uma pequena síntese dos diversos sentidos da expressão "psicanálise e cultura":

a) Podemos tomar a cultura como objeto em geral da psicanálise e investigar em que medida o que a psicanálise diz sobre o ser humano pode elucidar a origem, a formação, os traços, a estrutura e as características da cultura, entendida tanto no sentido de criações do espírito quanto de instituições sociais.

b) Em segundo lugar, podemos apreender a cultura como um meio no qual a psicanálise se desenvolve. Nesse caso, ela é especificamente a cultura da Europa Central no tempo de Freud e as diferentes culturas nas quais a psicanálise se implantou com sucesso, ou seja, americana, inglesa, argentina, brasileira, etc.

c) Depois, temos o terceiro problema, o método da psicanálise aplicada. Trata-se de uma questão epistemológica, que também pode ser elucidada com instrumentos psicanalíticos (por exemplo, o papel da contratransferência na construção da interpretação), mas que não deve ser reduzida apenas a essa dimensão. Sendo um problema metodológico, cabe uma palavra à epistemologia: o que está em jogo é a natureza do objeto psíquico e a forma apropriada de o alcançar.

d) O quarto aspecto concerne à maneira pela qual se opera a gênese da subjetividade nas culturas. Neste ponto, o tema é tanto como o superego e as normas culturais sobre o incesto ou o homicídio são absorvidas e produzem efeitos sintomáticos nos indivíduos, quanto problemas mais específicos, como o de saber se ainda temos uma fase de latência. Vale a pena conservarmos esse conceito? Para decidir a questão, o jeito é estudar crianças que supostamente estejam na fase de latência e verificar se sua vida psíquica corresponde ou não ao que deveria acontecer nessa fase. A mesma coisa vale em relação à esfera das normas: ética, direito, religião, etc. O mundo das normas faz parte da cultura, mas não da mesma maneira que a ficção. Com a expressão "mundo das normas", refiro-me à maneira pela qual elas funcionam, como incidem sobre o sujeito, e também à constituição dos ideais identificatórios próprios a cada cultura, incluindo aqui a forma pela qual eles são transmitidos de geração em geração.

e) O quinto aspecto é o estudo de regiões ou formações culturais específicas, como, por exemplo, literatura e psicanálise. Essa modalidade de psicanálise aplicada é a mais conhecida e frequente: tomamos um texto literário e o analisamos, tanto para mostrar nos personagens do enredo elementos importantes para a compreensão do funcionamento psíquico das pessoas de carne e osso como, de maneira mais interessante, utilizando certos elementos da literatura como *interpretantes* e não como *objetos* da psicanálise, para, por exemplo, ajudar a compreender certos mecanismos psíquicos presentes na prática do analista. E aqui entenda-se "literatura" como as obras do imaginário, cobrindo tanto a literatura escrita quanto os contos orais, o cinema, a ópera, a ficção no sentido mais amplo.

f) Ainda nessa esfera do estudo das "regiões culturais", temos a questão da análise conceitual: podemos, ou não, pensar numa "psicanálise dos conceitos", como se pode falar numa psicanálise da ficção ou numa psicanálise da norma?

g) Além de tomar a cultura como obras do espírito, podemos pensar na análise de fenômenos propriamente sociais, como a educação, a publicidade, a televisão, etc. É possível utilizar o instrumental da psicanálise para esse tipo de reflexão, que visa a colocar em evidência elementos inconscientes na própria textura de certos fenômenos sociais ou políticos.

A partir dessas primeiras considerações, podemos ter uma ideia da riqueza do que nos é capaz de proporcionar o estudo psicanalítico da cultura. Vejamos agora de que modo Freud o abordou.

KULTUR, ZIVILISATION, BILDUNG

Sem retomar a análise aprofundada da questão, à qual foram dedicadas muitas páginas de *Freud, pensador da cultura*, podemos partir da primeira afirmativa de Freud em *O mal-estar na cultura*: a de que não fará diferença entre os termos "cultura" e "civilização". Neste percurso, nos será bastante útil um trabalho de Anna Carolina Lo Bianco, intitulado "A *Bildung* alemã e a cultura em Freud",[8] que focaliza precisamente o contexto no qual se inscreve a referida frase de Freud. Lembra Lo Bianco que Freud define cultura ou civilização de um modo muito vasto: "Tudo aquilo no qual a vida humana se elevou acima das suas condições animais e se distingue da vida animal". Ou seja, a noção envolve as relações sociais, econômicas, políticas, os vínculos entre os seres humanos, e também — como fica claro mais adiante no ensaio de Freud — aquilo a que ele chama "patrimônio espiritual da humanidade", as obras da cultura no

---

[8] Anna Carolina Lo Bianco et alii, *Cultura da ilusão*, Rio de Janeiro, Contracapa, pp. 63 ss.

Psicanálise e cultura, psicanálise *na* cultura

sentido mais restrito: música, pintura, poesia, religião, filosofia. De qualquer maneira, o que distingue a vida dos animais da dos homens é pelo menos a presença dessas duas grandes construções da mente e do trabalho humanos: as *instituições sociais*, tomadas o mais amplamente possível, e o *conteúdo do imaginário*, passado de geração em geração por meio da linguagem e, em algumas sociedades, da escrita também. Freud adverte que vai omitir a diferença entre cultura e civilização porque tal diferença não é relevante para o que quer dizer; mas, graças à erudição de Anna Carolina, podemos perceber que essa distinção é extremamente importante, e igualmente importante é o fato de Freud se recusar a utilizá-la. Qual é então o contexto mais amplo no qual essa distinção tem valor, e o que significa a sua recusa por Freud?

No pensamento alemão, a distinção cultura-civilização faz parte das discussões sobre o que é a nação alemã, sobre o que é o espírito alemão, no que ele se distingue dos outros povos europeus, e obviamente tem origem no processo de unificação da Alemanha, que, ao contrário de outros países da Europa, se deu tardiamente. Completou-se com Bismarck, em 1870, mas na verdade se arrastou por várias décadas a partir das invasões napoleônicas: por excesso de fragmentação política no norte, por mistura mais ou menos forçada com outras culturas e civilizações no Império Austro-Húngaro, o fato é que até meados do século XIX aquilo que poderíamos chamar de "nação alemã" se encontrava desprovido de um Estado nacional. Isso não foi grave enquanto não existia a ideia de um Estado nacional, ou seja, durante o período do Antigo Regime. Com a Revolução Francesa, surge a ideia de que o Estado deve ser a expressão política da nação, e não só designar a região dominada por um rei ou um imperador. O Estado passa então a ser a expressão política da nação — basta ler os documentos da Revolução Francesa para verificar como essa metamorfose se opera. Consequentemente, países como a França, a Inglaterra, a Espanha, Portugal, que tinham conseguido se dotar de uma organização estatal razoavelmente eficiente, encontram uma espécie de homogeneidade: cada nação num Estado, e cada Estado englobando uma nação. A grande bandeira do século XIX, em termos políticos — além do liberalismo e da democracia —, será o desejo das diferentes nações de constituírem cada uma o seu próprio Estado.

O que vai ocorrer nos países de língua alemã, a partir da invasão napoleônica, é que as ideias da Revolução Francesa são impostas junto com as baionetas francesas. Acontece então algo paradoxal. Do ponto de vista político, as ideias da

Revolução Francesa trazidas por Napoleão são o que há de mais progressista: liberdade, igualdade, fraternidade. Frequentemente, nos lugares a que chegam, as tropas napoleônicas abolem a servidão feudal, constroem escolas, asilos para os doentes mentais, etc. Enfim, algumas das conquistas políticas mais avançadas da época são introduzidas durante os poucos anos que dura o domínio francês sobre essas regiões.

Ocorre que, por mais liberais que sejam, essas medidas são as medidas do invasor, e evidentemente são vistas com repulsa por uma parte da população, que é levada a escolher entre a fidelidade a uma tradição não necessariamente progressista, mas que é a sua, e a fidelidade aos ideais da Humanidade, que a França pretende encarnar. Essa é a origem da distinção entre cultura e civilização. Por quê? Porque a "germanidade" é vista como algo que, na impossibilidade de se manifestar sob a forma de estruturas políticas comuns, se abriga naquilo que é o patrimônio de todo alemão, cultivado ou não cultivado: a cultura. O que é essa cultura? É a poesia, a literatura, e também o protestantismo, ligado à língua por esse grande intérprete da consciência alemã que foi Lutero. Ele traduziu a Bíblia, escreveu o hinário e, junto com as cantatas de Bach, está todo domingo no culto protestante.

O que une os alemães uns aos outros é portanto, em primeiro lugar, a língua e a tradição cultural. Nessa tradição, o homem culto, aquele que se cultivou, é alguém sábio, independente nos seus julgamentos, livre espiritualmente, amigo dos outros, polido, cortês; mas não fazem parte desse rol de valores aqueles que a Revolução Francesa introduziu, como liberdade, igualdade, fraternidade, republicanismo. O indivíduo que mais exemplarmente encarna esses ideais é Goethe; sobre isso temos vários estudos interessantes, dos quais Inês Loureiro deu notícia na revista *Percurso*.[9]

Ao lado desses valores germânicos, materializados na vida cultural, há um certo estilo de vida mais ou menos provinciano (que Marx vai satirizar, dizendo que a Alemanha, em 1844 — dez anos antes do nascimento de Freud —, ainda vive numa época pré-industrial e que ali coisas acontecem de maneira diferente do que na Inglaterra ou na França, onde a burguesia fez revoluções de verdade e implantou um novo regime político, ao passo que na Alemanha a revolução só se dá no pensamento). Mas se o aspecto exterior do *German way of life* é um

---

[9] Inês Loureiro, "Três olhares sobre a relação Freud/Goethe", *Percurso*, nº 19, 1997.

Psicanálise e cultura, psicanálise *na* cultura

tanto sonolento, a produção cultural da época não é de forma alguma provinciana, nem se vê desse modo. Vejamos rapidamente: entre 1770 e 1870, temos na literatura Goethe, Schiller, os grandes poetas da língua alemã, Novalis, Hölderlin; na música, não é preciso ir muito longe: Haydn, Mozart, o classicismo, Schubert, Schumann; na filosofia, Kant, Hegel, Schopenhauer, Marx — indivíduos cujas obras nada têm de provinciano. O quadro exterior é que dá essa ilusão; afora Viena ou Berlim, são sempre cidades pequenas, onde raramente as coisas estão mais longe do que a *walking distance*.

Nesse contexto exteriormente estreito, assim, a produção cultural possui um alcance universal. A ideia é que aquilo que é produzido pelo indivíduo genial é imediatamente universal; não passa pela nação, pela língua, pela classe social. Aquilo que é produzido por um determinado criador se dirige à humanidade: esta é o bem maior, e a comunicação é do indivíduo para a humanidade. *Humanidade* significa aqui tanto o conjunto de todos os seres humanos quanto aquilo que os torna humanos: é o que temos de universal, e a maneira de se atingir essa universalidade é a cultura.

Em nenhum momento esses autores estão preocupados com a esfera regional ou nacional: quando Hegel fala sobre o Estado na *Filosofia do direito*, é o Estado em geral; quando Kant escreve a *Crítica da razão pura*, não é a crítica da razão berlinense nem da cidade onde ele morava, mas é a humanidade que está sendo visada. Ora, isso muda de caráter quando se torna necessário construir uma base ideológica para o projeto nacional. Para se diferenciar daquilo que é ligado à figura do invasor, que busca atingir os mesmos ideais de humanidade, mas por vias diferentes, vai surgir no pensamento alemão do século XIX a diferença entre cultura e civilização. Ela significa, de maneira muito simples, o seguinte: cultura somos *nós*, civilização são *eles*, basicamente os franceses. Vai se criar uma série de oposições por meio das quais a palavra *cultura* conota uma realidade sublime: são os valores, o patrimônio espiritual da humanidade, como diz Freud, e esse patrimônio espiritual encontra sua expressão mais alta, naturalmente, nas produções que a humanidade criou em alemão.

O nacionalismo começa a se organizar nesse plano, reivindicando um lugar eminente para esse grupo étnico. O processo começa com a ideia de que "nós temos muito a oferecer aos outros"; mas não é difícil perceber a direção xenófoba em que ele vai caminhar, até chegar ao delírio da raça ariana que o nazismo tão bem explorou. Diante dessa sublimidade, os franceses são descritos como portadores não da cultura, mas da *civilização*. E o que é a civilização? São os bens materiais, o luxo, o *savoir-faire*, o refinamento, e também aquilo que vem junto com esses atributos: ganância, promiscuidade, apetite sexual desenfreado, astúcia, etc.

Assim, atrás da palavra *civilização* se esconde em geral a ideia de algo *material* — no sentido moral da palavra: materialismo — e de algo orientado, não no sentido da humanidade em geral, do bem, do belo, do sublime, do verdadeiro, mas no sentido do *domínio* e do *mal*. Essa oposição nos dá uma ideia de como Freud choca seus leitores quando, sabendo que no seu contexto linguístico *cultura* e *civilização* são o que acabei de expor, ele começa o livro dizendo: "Não dou qualquer valor à diferença entre cultura e civilização, quero estudar outra coisa. Do meu ponto de vista são absolutamente iguais".

A essa distinção deve-se acrescentar um outro aspecto muito importante, que é o equivalente — nessa problemática — de um dos tópicos mencionados na seção anterior: como um indivíduo se apropria disso? Essa é a problemática daquilo a que se chamava *Bildung*, quer dizer, a *formação*; e é o título do artigo de Anna Carolina. O que está envolvido aqui, e por que isso nos interessa? A cultura — agora num sentido amplo — é algo que se estrutura ao longo do tempo, no qual os recém-chegados têm de se introduzir. Cada alma que vem ao mundo, especialmente ao mundo de fala alemã, tem de absorver para si o máximo que puder dessa tradição cultural. Esse processo é *Bildung*, formação. O primeiro sentido desse termo é banal: significa a aprendizagem, o tomar conhecimento de algo, e com isso se transformar.

Mas, como a cultura inclui valores e exemplos, ela contém o que se chama na linguagem psicanalítica "referências identificatórias". Quando estudo as cantatas de Bach, aprendo melodias e muitas outras coisas que dizem respeito à música, mas aprendo também o que é a religiosidade luterana, e, se sou luterano, aí encontro encarnadas experiências com as quais me identifico. Da mesma forma, quando estudo os escritos de Goethe, percebo que a língua alemã e seus recursos entram em contato com as tradições medievais que ele elaborou, por exemplo no *Fausto*, mas também tenho um modelo do que é ser bom, do que é ser honesto, etc.

A cultura inclui assim modelos, e a *Bildung* é exatamente a aquisição desses modelos, na tarefa de se cultivar, de se formar. A palavra *Bildung* vem da raiz *bild*. Antes de mais nada, *Bild* é o quadro, a figura. A origem dessa palavra é a

Psicanálise e cultura, psicanálise *na* cultura

mesma do inglês *build*, embora queira dizer "construir", ao passo que em alemão "construir" se diz *bauen*. O *bild-* alemão não tem o sentido de construir, mas a ideia é a mesma, pois designa o que chamaríamos de uma "estrutura", uma armação estável, algo que se monta paulatinamente e que permanece do jeito que se fez. Se tentarmos explicitar o núcleo de significação dessa palavra, ela conota tanto a ideia de algo organizado internamente quanto o aspecto visual de algo que aparece, que pode ser visto. Portanto, é aquilo que o indivíduo faz, mas, como também é o que o organiza por dentro, determina igualmente o modo como ele aparece para os outros. A pessoa que passou por esse processo de *Bildung* é um indivíduo cultivado, *gebildet*: é alguém que tem uma espécie de solidez interior, dada justamente por essa estrutura estável, mas também pessoal, própria de quem a possui. Não pertence à ordem das defesas, mas das identificações bem organizadas, o que permite à pessoa usufruir delas. Isso é muito importante. O sujeito *gebildet* não apenas tem valores, conhece literatura, música, pintura, religião, mas ainda *faz uso disso*, usufrui mais da vida do que um camponês analfabeto. Há uma promessa de prazer envolvida, e essa estrutura interna é construída apoiando-se nos referenciais identificatórios que a cultura fornece.

Além disso, como *Bild* é também uma imagem, aquilo que se vê, a *Bildung* transparece nos modos, na educação, na maneira de se vestir, na forma de falar, em como o indivíduo se relaciona com os outros, na polidez; o ideal, nesse sentido, é o de tornar-se uma espécie de nobre do espírito. Aqui cabe um rápido paralelo com a psicanálise. Anna Carolina intitula seu artigo "A *Bildung* alemã e a cultura em Freud", porque a própria ideia de *Bildung* possui um sentido na psicanálise, e isso em duas acepções diferentes. Se a *Bildung* é isso que estou tentando descrever — um processo de construção de si, de absorção de modelos identificatórios, cujo resultado final é uma personalidade mais harmoniosa —, obviamente esse processo não deixa de evocar tanto o tratamento psicanalítico quanto a formação do psicanalista; esses dois campos, nos quais se fala sobre a *Bildung* e a cultura, podem ser transpostos com algum proveito para as nossas preocupações mais cotidianas. E isso não apenas por uma questão de analogia — a formação do analista, a formação no sentido alemão que estou dizendo —, mas por dois motivos importantes.

Primeiro: o ideal cultural de Freud certamente é esse. Quando escreve em *O futuro de uma ilusão* que os maiores guardiães da civilização são os intelectuais, ele não está pensando no intelectual politizado à maneira de Sartre e de Zola; está pensando no intelectual dos intelectuais, que é Goethe, a quem cita inúmeras vezes na sua obra.[10]

Só que Goethe não é apenas o ideal cultural de Freud: é ainda o ideal dos ideais para toda a cultura alemã. Nesse ponto, Freud é um alemão absolutamente convencional; toma como ideal o mesmo que todos, e de fato Goethe é um portentoso exemplar de ser humano — poeta, cientista, escreveu sobre as cores, interessou-se pela paleontologia nascente —, e, além disso, uma pessoa de trato afável. A enorme admiração de Freud pelo exemplo máximo do que é a cultura e do que é a *Bildung* já justificaria pesquisar os elos entre essa noção e a psicanálise.

O segundo e mais importante aspecto diz respeito ao cerne da questão, que é o seguinte: é impossível alguém se *selbstbilden*, se autoformar. Para a formação *Bildung*, exige-se imperiosamente a presença do outro. O outro pode ser o professor, o modelo, o colega, o amigo, aquele que escreveu algo que me inspira; pode ser Lutero, Bach, ou o contexto da cultura; mas, sozinho, o indivíduo jamais se tornará nem sequer humano, quanto mais um ser humano cultivado. Ora, esse elemento é pertinente para qualquer comparação, seja com o tratamento analítico, seja com a formação do psicanalista. O analista que se forma não pode fazer isso isoladamente. Nesse contexto a experiência analítica, seja como paciente, seja como analista em formação, está intrinsecamente vinculada ao que se poderia chamar de "cultura psicanalítica". A aquisição desses modelos depende de uma experiência vivida, que só pode ser proporcionada no contato com aquilo que se fez antes de mim; e o que se fez antes de mim está encarnado, exemplarmente, no Outro.

Existem também, é claro, diferenças entre o sentido clássico do termo *Bildung* e sua apropriação para designar aspectos da experiência psicanalítica. Fundamentalmente, na noção de *Bildung*, não há nenhum elemento inconsciente, embora esteja presente a ideia de um processo doloroso, especialmente no tratamento que lhe dá Hegel na *Fenomenologia do espírito*. Na evolução das figuras que constituem a *Fenomenologia do espírito*, a *Bildung* é um dos momentos cruciais. Isso nos interessa tanto por causa da relação intrínseca entre cultura e *Bildung*,

---

[10] Entre outros estudos sobre essa questão, cf. o de Daniel Delouya, "Sob o olhar de Goethe", *Percurso*, nº 16, 1996.

Psicanálise e cultura, psicanálise *na* cultura

necessária para entendermos o pensamento de Freud sobre a cultura, quanto porque Lacan, bom leitor de Hegel, introduziu a ideia de *Bildung* na psicanálise ao insistir no uso do termo *formação* para designar a maneira como alguém se torna psicanalista.

Na *Fenomenologia do espírito*, Hegel retraça a evolução do espírito e as suas sucessivas formas de aparição, ou seja, dos fenômenos — a palavra *fenômeno* quer dizer aparecer; *Fenomenologia do espírito* é a "ciência das manifestações ou aparições do espírito". Qual é a grande ideia hegeliana? É que, num primeiro momento da humanidade, tudo o que vai ser construído e criado ainda se encontra latente: o espírito é uma espécie de concentrado que existe em regime de latência. E o que é a cultura? É a maneira pela qual esse concentrado, esse núcleo de significação que é a humanidade do homem, vai se des-envolvendo, numa espiral contraditória. A cada momento dessa evolução, o espírito mostrará um outro aspecto, isto é, um outro fenômeno. Num primeiro momento ele sai de si — diz Hegel — e se materializa sob a forma das primeiras civilizações, que ainda são muito pobres; mas o espírito não sabe disso. Isso é muito importante: há uma espécie de inconsciente do espírito — não no sentido freudiano de "recalcado", só de inconsciente "que não sabe que". A cada momento dessa evolução, ele se materializa em novas formas, e ao mesmo tempo empreende o desvelamento desse processo, de tal maneira que a cada etapa está ao mesmo tempo mais longe e mais perto do ponto inicial. Quando finalmente o espírito é capaz de compreender toda a sua trajetória, de recuperar todo esse movimento e o descrever, ele atinge o estado de coincidência consigo mesmo: a esse estado Hegel chama "o saber absoluto".

A trajetória do espírito se dá, diz Hegel, na "ordem do tempo", e seus momentos iniciais são os mais pobres e por isso mesmo os mais "alienados". Na verdade, todo o movimento do espírito é no sentido da exteriorização, que Hegel chama de "alienação". *Alius* é o outro; "alienação" é o que traduz a palavra alemã *Entfremdung*, que é um termo bastante peculiar. Alienação dá a ideia de "se tornar outro": um movimento de exteriorização, de sair de mim e me expressar em algo que é contraditório com, e ao mesmo tempo pertence a, minha própria natureza. No termo alemão, a raiz é *fremd*, que quer dizer "outro", "estrangeiro", que não é da mesma natureza. E há o prefixo negativo *ent-*, "des", como em "desfazer".

Assim, em *Entfremdung*, temos a ideia de "afastar-se de si", "tornar-se estranho a si", e, simultaneamente, a de inverter esse processo. *Entfremdung* é alienação e desalienação, simultaneamente. A tradução exata seria algo como "se desestranhar". O elemento contraditório está presente na maneira como a palavra é construída, com uma raiz que indica o estranhamento e o prefixo que introduz a noção de um "retornar", um "desfazer" esse estranhamento. A trajetória é circular, de tal forma que, até um certo ponto, quanto mais o espírito se aliena mais longe fica do seu início, mas ao mesmo tempo está rumando para a coincidência consigo mesmo. Essa coincidência, obviamente, é a consciência do trajeto percorrido.

Se as tivesse conhecido em seu tempo, Hegel poderia ter dito que as primeiras pinturas de Lascaux já são uma manifestação do espírito, bem como as primeiras sepulturas e os primeiros instrumentos de pedra lascada. Mas o espírito sob a forma de pedra lascada não tem a menor ideia de que é espírito, e falta muito para que os homens possam perceber que o que estão fazendo é uma manifestação dele. Hegel vai descrever, no segundo volume da *Fenomenologia*, a sucessão das civilizações. É extremamente interessante, embora escrito numa linguagem atualmente difícil de compreender. Podemos tentar, numa espécie de paráfrase, dar uma ideia de como transcorre essa evolução, para bem situar nela o momento da *Bildung*.

Ela começa com os egípcios. As pirâmides tinham acabado de ser "descobertas" por Napoleão. E o que são as pirâmides? Pedras que se mantêm juntas pelo seu próprio peso: trata-se da materialidade mais "material" que se possa imaginar. A primeira manifestação artística do espírito é a arquitetura, porque depende estreitamente da matéria. Mas, ao mesmo tempo, as pirâmides são túmulos, destinados a preservar o corpo do faraó até que ele possa chegar ao reino do além. Portanto, sob a forma da pirâmide já podemos discernir uma figura contraditória, ao mesmo tempo material e imaterial: alude à vida após a morte, é túmulo, e simultaneamente é a negação da morte. A sua materialidade pedregosa, maciça, encarna perfeitamente isso: uma montanha de pedras com um oco no qual se conserva o corpo do faraó, que se encontra em repouso total, fechado, enquanto sua alma peregrina pelas esferas do Além em busca de seu destino último. E, graças a essa contradição, o espírito vai ganhar uma nova figura.

Para dar uma ideia de como Hegel pensa essa sequência, vou continuar no campo da arquitetura. Não é exatamente como está na *Fenomenologia do espírito*, mas para o que pretendo basta. A forma seguinte da arquitetura religiosa é o

Psicanálise e cultura, psicanálise *na* cultura

templo grego, com suas colunas. Qual é a diferença em relação às pirâmides? É o *espaço aberto*: agora o deus não mora mais no templo. Todos sabem que os deuses passam sua vida no Olimpo, mas também circulam bastante pela Terra. Eles estão nos templos, entrando e saindo através desse espaço entre as colunas. Em relação às pirâmides, o elemento vazio, encontrado apenas na câmara mortuária, agora está na própria aparência da construção, por assim dizer aérea, mantida em segurança pelo frontão decorado com estátuas. Nesse ponto aparece um elemento estrutural que não é mais a enorme estatuária egípcia, mas o *alto-relevo*. Trata-se de uma figura também contraditória, pois é escultura, mas não tridimensional. Ora, com isso, temos a introdução do movimento na própria estrutura da matéria, no espaço livre entre as colunas, pelo qual circulam os deuses e os homens. Em comparação com as pirâmides, já demos outro passo: o movimento, que antes estava presente de maneira muito latente e indireta, agora já se encontra mais evidente.

A etapa seguinte é a invenção do arco romano, que introduz a curva na arquitetura, até então só constituída por linhas retas. Uma das pedras desse arco sustenta o peso de toda a estrutura; e os romanos vão criar outras formas arquitetônicas utilizando a curva, como os aquedutos. Com isso, torna-se possível construir edifícios ao mesmo tempo sólidos (como posteriormente as igrejas românicas) e delicados, que, como o templo, têm abertura e movimento, mas, como a pirâmide, são edifícios fechados, com paredes maciças e grossas, ao contrário dos templos sustentados apenas por colunas.

Mas por razões mecânicas, como o peso que é capaz de suportar, esse tipo de arco permite apenas determinadas formas de construção. Qual é a próxima etapa? O arco gótico, ou seja, dois arcos romanos cruzados. Com o arco gótico, é possível levantar paredes altíssimas, ornamentar essas paredes com vitrais, e temos, então, um novo compromisso entre a matéria e o imaterial. A invenção técnica da ogiva permitiu construções maiores, mais etéreas, por causa dos vitrais, e que ao mesmo tempo inspiram um sentimento de respeito, porque são construções gigantescas: Deus está lá em cima mesmo... A arquitetura oferece assim um bom exemplo de como o espírito evolui da materialidade mais concreta às formas mais elevadas e menos materiais. O trajeto continua ao longo das diferentes manifestações artísticas, passando pela escultura, a pintura, a literatura, a poesia, a música. Nesse percurso, o espírito vai se espiritualizando, tornando-se mais imaterial, até coincidir consigo mesmo, o que acontecerá quando surgir a filosofia. É com essa manifestação que ele chega à transparência para si próprio, quando percebe e entende que toda a civilização é a sua própria trajetória. Quando a trajetória se completa? Quando o espírito se dá conta, se recorda e se recolhe em si, percebendo que todo esse movimento de exteriorização era ao mesmo tempo um voltar para si.

Isso tudo ocorre, porém, no plano coletivo. Mas cada indivíduo que participa desse plano coletivo, em cada um dos momentos do percurso do espírito, precisa apreender o que este já realizou, ou seja, "socializar-se" na sua própria cultura. Na *Fenomenologia*, o indivíduo chama-se consciência, e seu trajeto é o tema do primeiro volume da obra. O processo de interiorização da consciência começa com os sentidos mais simples: o tato, as sensações, como dizia a psicologia acadêmica. Ela passa por diversos momentos, ou "figuras" (*Gestalten*), até elevar-se ao plano em que é capaz de compreender seu lugar no movimento do espírito. Uma dessas figuras é precisamente a *Bildung*: ela intervém depois da "consciência infeliz", que por sua vez sucede ao "sábio estóico", o qual pode surgir como consequência da dialética do senhor e do escravo... Não é possível resumir aqui os meandros dessa trajetória; basta dizer que se trata de diferentes momentos na relação da consciência consigo mesma, com as outras consciências e com os seus ideais.

A luta "de puro prestígio" entre as consciências culmina no reconhecimento, por aquela que é derrotada (e que vai se tornar o escravo), da superioridade da consciência que a venceu (o senhor). Contudo, enquanto este permanece na indolência e no usufruto do trabalho do escravo, aquele se confronta com a dureza da sua condição, e por isso mesmo evolui mais do que a consciência senhorial. O escravo acaba por perceber que desfruta de uma certa liberdade, inatingível pelo controle do senhor: assim surge a figura do sábio estóico. O estóico descobre que pode usufruir da sua liberdade interior; mas ela é habitada por uma contradição que impele à formação da figura seguinte. Qual é a contradição? É que se trata de uma liberdade ilusória, porque apesar de tudo ele está subjugado à vontade de um outro. Um dia, o estóico acorda deprimido e descobre que a perfeição está *fora* dele. Ele, que se tinha por livre, percebe que nada pode fazer com sua liberdade: transforma-se então na figura que Hegel chama de "a consciência infeliz".

O que Hegel descreve sob o nome de *consciência infeliz* é o cristianismo, o que dá uma ideia da sua audácia. Por quê? Porque a consciência infeliz coloca a

Psicanálise e cultura, psicanálise *na* cultura

perfeição num Deus inalcançável e experimenta a si mesma como absolutamente distante desse ideal identificatório e do objeto do seu desejo. Ela vai procurar alcançar a posse do objeto do desejo, mas este é por definição inatingível; nessa busca, ela se dilacera em vão, até o seu erro: ela queria atingir o ideal *imediatamente*. A fonte da sua infelicidade era exatamente esse desejo de imediatez; ao renunciar a mais essa ilusão, a consciência deixa de ser "infeliz" e se transforma numa consciência operosa, envolvida na busca da perfeição e da virtude: é precisamente esse o momento da *Bildung*. No plano da história da civilização, ele corresponde à saída da Idade Média, à época do Renascimento e do Iluminismo, em que a consciência se dá conta de que pode aprender, se cultivar, se elevar até o máximo nível que lhe for possível.

Nesse momento, insiste Hegel, a consciência passa por um conflito, e essa é outra ideia que nos interessa profundamente. Por quê? Porque a *Bildung* é uma coisa muito antinatural. Nosso espírito não se dispõe facilmente a esse esforço; é preciso aceitar uma disciplina. A consciência passa a viver um desafio permanente, pois a absorção da cultura não é um jogo indolor. Por um lado, ela almeja o ideal; por outro, a aquisição do ideal envolve um esforço, disciplina, dor, que a consciência só suporta — diríamos em termos psicanalíticos — pela promessa do prazer a ser obtido mais adiante.

Acontece que, nesse mesmo processo, a consciência descobre que aprender é bom. Passados os primeiros momentos de dificuldade, a aquisição da cultura se torna um motor para mais aquisição de cultura. Parafraseando a célebre tirada de Cooper e Laing, *Bildung is good for you*, porque quanto mais uma pessoa vai se autoconstruindo, junto com outro ou com outros, mais os recursos e os instrumentos proporcionados por aquilo que ela adquiriu se tornam seus.

Um bom exemplo para isso — tirado da experiência cotidiana, não da filosofia de Hegel — é alguém que aprende a tocar um instrumento ou a falar uma língua estrangeira. O início desse processo costuma ser desanimador, porque o estudante tem de se expressar com os recursos de uma criança pequena falante daquela língua: conhece poucas palavras, poucos recursos gramaticais. A partir de um certo momento, quando já tem um domínio mínimo, começa a formar frases, a perceber que é capaz eventualmente de pensar na nova língua. O prazer de falar no idioma que se queria aprender é um estímulo para continuar aprendendo, para decorar as regras, o vocabulário, etc. A mesma coisa com um instrumento: no começo, uma criança que está aprendendo a tocar piano só faz barulho. A partir de um certo ponto, praticando exercícios, adquirindo destreza nos dedos e facilidade na leitura da música, ela começa a se encantar com os sons que pode tirar do instrumento; mas, para gozar do prazer de tocar bem, é necessário se submeter a uma disciplina. E a tentação de desistir é em geral grande: eis aqui o equivalente da resistência.

Ora, para poder tolerar os momentos de tédio ou de desprazer que existem em toda aprendizagem, assim como na experiência da análise, é preciso que nela haja uma quantidade de prazer suficiente para que o próprio processo seja investido. Esse "prazer suficiente" é o mesmo que o ego necessita para poder investir a realidade externa, os outros, as relações e a si mesmo. Se, na experiência que o ego tem de si e do resto do mundo, tudo fosse constantemente desprazeroso, traumático e dolorido, o resultado seria o fechamento do indivíduo a toda e qualquer vivência nova.[11]

Essa é portanto a tradição em que se incrusta o termo *Bildung*, em sua necessária conexão com a *Kultur* — pois é precisamente desta que o indivíduo vem a se apropriar na sua *Bildung* pessoal. No pensamento alemão, para voltar ao artigo de Anna Carolina Lo Bianco, a noção apresenta uma série de características que valem também para a cultura, já que podemos dizer que *Bildung* ou formação é o lado subjetivo daquilo que objetivamente se manifesta como cultura. Cultura é o conjunto das produções humanas; *Bildung* é a maneira pela qual me approprio disso e o torno meu. Há uma faceta subjetiva e uma faceta objetiva no mesmo processo. São quatro tais características: o apoliticismo, o cultivo de si, a totalidade e a interioridade.

O primeiro elemento, que a meu ver é decisivo na concepção psicanalítica da cultura de Freud — e um dos seus calcanhares de aquiles —, é a questão do *apoliticismo*. A ausência de uma visão histórica e social da cultura em Freud foi notada por inúmeros comentadores, e certamente se deve ao ambiente no qual foi inventada a psicanálise. Anna Carolina cita a esse respeito o estudioso francês Louis Dumont: "Num estudo comparativo com o pensamento francês, as questões políticas que envolviam os ideais da revolução ocupavam todos os quadrantes da vida cultural francesa. Na verdade, a expressão 'vida cultural' aqui nem sequer é a mais adequada, pois para os franceses tratava-se de um amálgama

---

[11] Piera Aulagnier cunhou o termo "prazer suficiente" para dar conta desse aspecto fundamental (cf. *Les destins du plaisir*, Paris, puf, 1982).

Psicanálise e cultura, psicanálise *na* cultura

entre cultura e política, apontando antes para a dimensão das articulações de poder entre os diferentes grupos sociais, dimensão esta sempre ausente das considerações espirituais, artísticas e religiosas induzidas pela cultura alemã".[12] E Anna Carolina dá o exemplo de Thomas Mann, autor de um panfleto chamado "Considerações de um apolítico".

Brevemente, trata-se da reação que um intelectual deve ter diante da barbárie da Primeira Guerra Mundial. A Primeira Guerra deixou a consciência europeia chocadíssima, e mais ainda pelo fato de que nos primeiros tempos da guerra os intelectuais, na sua maioria, não foram críticos. O próprio Freud, durante os meses iniciais da guerra, escreve a Abraham dizendo que toda a libido dele estava com a Alemanha. Mas rapidamente ele se dá conta de que é um investimento equivocado, e escreve a sua contribuição para o debate: as "Considerações sobre a guerra e a morte" e o artigo sobre "O transitório", que são textos já de 1915. Portanto, seu entusiasmo pela pátria evaporou-se em algumas semanas. Do lado oposto, Romain Roland escreve um texto que o tornou um pária entre os patriotas franceses: chamava-se "Au dessus de la melée" ["Acima da confusão"], no qual dizia que os intelectuais tinham de ter senso crítico e não participar do entusiasmo patrioteiro.

Nesse contexto, Thomas Mann redige suas "Considerações de um apolítico". Por que apolítico? Porque a maneira que alguns intelectuais lúcidos veem para sair dessa armadilha ideológica é dizer que *todo* envolvimento político é necessariamente não crítico, necessariamente parcial. Para não se deixar levar pela ideologia, o intelectual deve saltar para fora dela, e isso exige apoliticismo, deixar as feras se entredevorarem.

Esse aspecto apolítico da noção de *Bildung* é compartilhado por Freud, embora de maneira peculiar. Ele contrasta agudamente com o vínculo estabelecido na França e na Itália entre os intelectuais e a esfera pública. Esse vínculo essencial entre política e cultura não se deve a nenhuma peculiaridade genética dos latinos, mas ao fato de que na França, a partir do século xiv, se constituiu uma monarquia absoluta. Desde que a França é França, sempre houve um poder constituído, que organiza a vida política e contra o qual o Iluminismo irá se insurgir (o outro alvo é o obscurantismo da Igreja, o que deu azo à célebre tirada revolucionária: "Enforcar o último rei nas tripas do último padre").

---

[12] Lo Bianco, op. cit., p. 65.

A confiança na força do pensamento, em parte como forma de resistência e em parte como forma de avanço, é uma característica da cultura francesa desde que ela se organiza na Idade Média e no Renascimento. Concretamente, no período que antecede a revolução, os iluministas, os enciclopedistas, Diderot, D'Alembert, Rousseau, Voltaire, são intelectuais no sentido combativo. Ser intelectual é ser contra. A linhagem cujos primeiros representantes ilustres estão no século xviii passa por Zola no caso Dreyfus, por Sartre distribuindo folhetos na porta da fábrica, pelo Maio de 68: integra o pensamento o seu compromisso com os ideais. Diante disso, no lado alemão, o intelectual é aquele que consegue justamente se elevar acima dessas mesquinharias. E a razão para isso é que *religião* e *poder* não significam a mesma coisa de um lado e do outro do Reno.

Quando o francês pensa em religião, pensa na Igreja Católica; quando um alemão pensa em religião, pensa no protestantismo. Sua relação com a religião é muito menos combativa, em parte porque a religião reformada fornece mais margem para a liberdade individual e de pensamento. A ideia de que cada cristão deve ter a sua relação pessoal com Deus, que deve ler a Bíblia e entender dela o que puder para a sua própria salvação, evidentemente estimula um nível de individualidade, de consciência de si, de interioridade que não é o mesmo de quando isso está nas mãos de uma instituição como a Igreja e quando existem os sacramentos da confissão e da absolvição.

A *experiência de si* nas duas configurações culturais não pode, pois, ser a mesma. A individualidade é um valor promovido pela própria religião, no caso da cultura alemã; consequentemente, o inimigo dos inimigos, segundo o pensamento francês, está ausente. O mesmo vale quanto à questão do poder. Uma coisa é combater o Estado francês e o Rei Sol, outra coisa é enfrentar o bispo de Dusseldorf, cujos domínios são um pouco maiores do que um bairro de São Paulo. Ao contrário, e voltando à questão da *Kultur versus Zivilisation*, um poder central seria até útil para configurar o Estado nacional e permitir a expressão política dos valores e das aspirações embutidos na *Kultur*.

Ora, o apoliticismo é uma das características da concepção que Freud tem da cultura. Nisso, apesar de negligenciar a diferença entre cultura e civilização, ele é inteiramente germânico. Pode dizer que não vai se ocupar dessa diferença, e de fato não se ocupa nesses termos, mas o *ethos* da sua concepção é muito mais germânico do que francês; e só podia ser, sendo ele quem é, e tendo sido educado onde foi.

Psicanálise e cultura, psicanálise *na* cultura

Dois outros elementos da *Bildung* — o cultivo de si e a interioridade — são tão evidentes em relação à psicanálise que não vejo necessidade de me aprofundar muito nisso. Anna Carolina fala sobre a *Bildung* como ideia-valor; também evoca um romance de Goethe, *Os anos de aprendizagem de Wilhelm Meister*. Esse livro de certa maneira lança o modelo do romance, pois mostra o herói se autocultivando, passando por suas peripécias de vida, e finalmente chegando a um estado de relativa felicidade.

O personagem de Goethe chama-se Meister, "senhor". Senhor do quê? De si mesmo, porque, uma vez terminados seus anos de aprendizagem, ele adquiriu aquilo que é desde sempre a característica do homem cultivado: o autocontrole. Toda a problemática da paixão, a problemática da ética desde os gregos, passando por todos os séculos intermediários até os dias de hoje, é no fundo a questão "o que faço com meus impulsos". Essa é a questão ética, desde a Antiguidade, e certamente a noção de *Bildung* contém aspectos que vão nessa direção. Pois para que serve a cultura? Para que o indivíduo possa canalizar seus impulsos para algo construtivo, que vá além dele, e no qual esses impulsos encontrem uma satisfação no sentido do bem comum, e não apenas de seu bem individual.

A última característica da *Bildung* mencionada por Anna Carolina em seu artigo é a questão da *totalidade*, que, como parte da formação, significa pelo menos duas coisas. Primeiro: *a busca de uma totalidade de si*, isto é, de uma personalidade harmoniosa e isenta de conflitos, na medida em que isso for possível. Esse aspecto certamente não foi herdado pela psicanálise, que veria nesse ideal antes uma ilusão — o sujeito está irremediavelmente cindido pela barreira do recalque e condenado a um conflito para o qual certamente há soluções e soluções, mas que não pode ser eliminado *de jure*.

A outra acepção da palavra *totalidade* é um pouco menos inocente: significa a integridade da nação alemã, o serviço moral que o cidadão deve à nação, e portanto é um apelo — que corresponde à outra face do apoliticismo — à submissão ao Estado e aos poderes constituídos. Isso certamente tem algo a ver com um fenômeno que chamou a atenção dos estudiosos: a extraordinária capacidade de obediência que se verifica no indivíduo educado nos países de língua alemã. Sob sua forma mais extrema, essa característica cultural foi responsável pela complacência da população alemã para com o nazismo. Sob o manto de "O *Führer* mandou", "A Alemanha precisa", "A Alemanha espera que cada um cumpra o seu dever de massacrar os ciganos, os judeus, os homossexuais, os comunistas" — sob esses pretextos, a população aderiu à barbárie. Os que têm simpatias românticas pela Viena de Sissi, a Imperatriz, farão bem em ver fotografias e filmes da entrada das tropas nazistas em Viena em 15 de março de 1938: elas são aclamadas freneticamente nas ruas, com bandeiras desfraldadas e braços levantados.

Essa é uma questão sócio-psicopolítica extremamente interessante. O que há na cultura, e na forma como ela é transmitida, que possibilita essa adesão incondicional à autoridade? Pois esse traço um tanto masoquista contrasta com a ideia de um indivíduo livre e autônomo, que é também um ideal da *Bildung*. A noção de totalidade e a prussianização da cultura alemã vão levar a um paradoxo de consequências trágicas: a obediência cega à autoridade, como resultado de um processo que deveria levar à autonomia do espírito e do julgamento.

Concluamos esta parte do nosso percurso: a ideia de *Bildung* nos oferece um acesso particularmente fecundo ao contexto das considerações de Freud sobre a cultura. Vejamos agora como se deu a *Bildung* do próprio Freud, já que esta é em parte responsável pela feição que tomará sua teoria da cultura.

A *BILDUNG* DO JOVEM SIGMUND

Na seção anterior, destacamos algumas características da maneira pela qual a cultura é apropriada por um indivíduo que, justamente, *se cultiva* com essa aquisição. *Cultivar-se, cultura, culto,* são todas palavras da mesma raiz agrária: a *imagerie* desse tipo de pensamento é de certa forma rural. Os romanos opunham a *urbs* — a metrópole, Roma — ao campo, e dessa oposição derivam ideias como *urbanidade* e *civilidade,* termos que denotam o refinamento, a polidez, contrapostos à rudeza do homem do campo. A ideia de cultura implica que o espírito humano é como um campo a ser arado, no qual germinam coisas. A própria palavra já traz em si uma certa nostalgia da idade de ouro, da inocência do passado. *Cultura* aqui abrange tanto as criações do espírito, nos seus diferentes ramos — artes plásticas, poesia, filosofia, música, ciência, tudo aquilo que o ser humano foi capaz de inventar —, quanto as instituições sociais como a Igreja, o Exército, as relações políticas e econômicas.

Se nos reportarmos às quatro características da *Bildung* mencionadas por Anna Carolina Lo Bianco — o elemento apolítico, a interioridade, o cultivo de

Psicanálise e cultura, psicanálise *na* cultura

si e a relação com a totalidade —, veremos que algumas delas são compartilhadas por Freud, e outras não. Daí o interesse em compreender o processo pelo qual ele mesmo *gebildet wurde*, tornou-se um homem cultivado: ou seja, o aspecto individual que a cultura alemã toma nessa pessoa, que em seguida vai refletir sobre a cultura e recusar-se a endossar um ponto importante da concepção vigente. Assim, vamos lembrar alguns dados biográficos que elucidam a maneira específica *dele* de integrar os elementos culturais — em especial a dupla aculturação do menino Sigmund, na cultura judaica da sua família de origem e na cultura alemã da escola que frequentou.

O documento mais interessante a esse respeito é a correspondência de Freud com um colega de ginásio, de quem ele foi muito amigo em Viena: Eduard Silberstein. A família desse amigo se muda para a Romênia, de onde eram originários, e Eduard continua seus estudos lá. Com o amigo, Freud se corresponde desde seus dezesseis, dezessete anos, quando eles se separam, até bem adiantada a faculdade, quando já está terminando seu primeiro trabalho de pesquisa; as cartas cobrem portanto os anos entre 1871 e 1881.[13]

O que emerge desse contexto — a apropriação individual dos clássicos e da cultura germânica por Freud — é que ele se interessa por aquilo que interessava aos estudantes da sua época: as matérias lecionadas no Gymnasium, que era o colégio público existente naquele momento. Aliás, que Freud tenha podido frequentar essa escola, em vez de frequentar uma escola rabínica, como seu pai e seu avô tinham feito, se deve ao fato de que a partir de 1860 se permite aos judeus austríacos o acesso ao ensino público. Freud nasceu em 1856; se tivesse nascido em 1846, não teria estudado nessa escola. A educação que recebeu ali é coerente com os ideais da *Bildung* que acabamos de ressaltar. Em primeiro lugar, trata-se de um ensino voltado para os clássicos gregos e latinos, e isso é compreensível se pensarmos que os clássicos são clássicos justamente porque são modelares. Por que se estudam esses livros, por que nos debruçamos ainda hoje sobre Freud, que é o clássico dos clássicos na psicanálise? Em parte para conhecer, pois é um interesse legítimo sabermos das coisas; mas em parte também porque se pode estabelecer com eles um diálogo. E esse diálogo não

---

[13] Walter Boelich (org.), *As cartas de Sigmund Freud para Eduard Silberstein*, Rio de Janeiro, Imago, 1995. Um estudo detalhado dessa correspondência encontra-se em "Viena e as origens da psicanálise", em *Tempo de muda*. Elas também são mencionadas em "As cartas de Freud", neste volume.

é só para saber o que eles pensaram; mas é porque — como disse uma vez Marilena Chaui —, estudando o que eles pensaram, conseguimos pensar as coisas que nos interessam.

Em segundo lugar, figuram no currículo os autores clássicos da língua alemã — Lessing, Goethe, Schiller, os românticos — e os grandes poetas e romancistas da literatura ocidental, especialmente francesa e inglesa. Freud se apaixona por eles, e sabemos que em sua obra posterior figuram centenas de citações de todos esses escritores. E, mesmo nas cartas a seu amigo Silberstein, ele dá provas de sua memória extraordinária, citando muitas vezes fragmentos do que está lendo, inclusive num contexto humorístico.

A outra fonte da cultura do jovem Freud é, obviamente, a tradição judaica, com a qual ele mantém uma relação bastante ambígua. No período de juventude, quando faz *bar miztvá*, aprende a ler hebraico, ouve ídiche em casa; ele está muito próximo disso, e a prova é de novo a correspondência com Silberstein, na qual cita histórias da Bíblia de uma maneira que mostra uma grande familiaridade com esses escritos. Mais adiante, ele vai se identificar com Moisés, o fundador do judaísmo, e com José, o intérprete dos sonhos; na correspondência com Fliess, ele se identifica com Jacó, quando este luta com o anjo na escada (no Gênesis, Jacó sonha que está lutando com um anjo; o anjo o machuca, e ele sai manco dessa luta; Freud usa essa metáfora para falar da dificuldade em redigir o capítulo vii do livro, que não o satisfazia inteiramente, mas era o melhor que ele havia conseguido fazer).[14]

Essas são indicações bastante claras de que Freud recebera uma boa educação judaica, paralelamente à educação germânica do ginásio. Por um lado, valoriza esta última, e, a não ser quando o nazismo o ameaça nos seus últimos anos, ele não é nunca ambivalente em relação à cultura ocidental, nela estando inclusa a tradição greco-latina. Já no que se refere à cultura judaica, mais adiante Freud dirá que foi educado sem religião e que não entende o ídiche, o que simplesmente não é verdadeiro.[15] A meu ver, isso mostra uma ambivalência em relação a essa vertente da sua *Bildung*, mas que aparentemente só surge mais tarde, não na época da juventude.

---

[14] Outra identificação de Freud com uma figura bíblica — o rei Davi — é examinada em "As filhas dos filisteus", em *Figuras da teoria psicanalítica* (Edusp/Escuta, 1995). A meu ver, essa identificação passageira tem relação com o abandono da teoria da sedução na famosa carta a Fliess de 21 de setembro de 1897.

[15] Carta a Alexander Roback (20 fev. 1930), em *Epistolario*, II, Barcelona, Plaza y Janet, 1973.

Vale a pena nos determos um instante nessa questão da ambivalência, porque ela envolve as pulsões agressivas que terão tanta importância na teoria freudiana da cultura. A relação de Freud com a cultura ocidental é isenta de ambivalência, no sentido de que em nenhum momento ele tacha de indignas ou equivocadas as grandes obras em si. Mas é ambivalente porque, às vezes, ele demonstra dúvidas sobre se é digno de ser um portador dessa cultura, de usufruir dessa herança. Em relação à cultura judaica, ele é mais francamente ambivalente, tanto sobre o principal componente dessa tradição — a religião — quanto em relação à sua posição dentro dessa cultura — um judeu agnóstico. Isso transparece com todas as letras no artigo "O *Moisés* de Michelangelo", na fantasia de que a estátua vai se levantar e arremessar as Tábuas da Lei sobre esse judeu infiel. "Judeu infiel" significa ao mesmo tempo *ateu*, autor de uma teoria que não deixa pedra sobre pedra do edifício religioso, e também, num certo sentido, aquele que não soube (como Moisés) conter a sua ira, no caso de Jung. O artigo é escrito em Roma logo após a crise com Jung, e é óbvio que Freud se identifica com Moisés, enquanto Jung representa os adoradores do bezerro de ouro.

Ora, segundo a interpretação que ele faz da estátua, Michelangelo não teria representado Moisés no momento de atirar as Tábuas da Lei sobre os idólatras: contrariamente a outros comentadores, Freud deduz que Moisés está *segurando* as tábuas, que estavam escorregando dos seus braços. E por quê? Porque conseguiu conter sua cólera, realizando "o feito mais alto de que é capaz um homem: controlar os seus impulsos em nome da missão que se impôs".

A viga mestra de toda a teoria cultural de Freud, como vimos, é a ideia de que "a cultura repousa integralmente sobre a coerção das pulsões". Em "O *Moisés* de Michelangelo", ele vê encarnada na estátua *a pulsão* (no sentido de violência, ímpeto cego), e ao mesmo tempo a *coerção da pulsão*. Aqui a coerção é exercida pelo superego do próprio Moisés, se podemos dizer assim, que se controla e não deixa sua fúria estragar as Tábuas da Lei que tão duramente conseguiu obter da divindade. Mas, se pensarmos que a civilização ou a cultura resulta também da *sublimação* das pulsões, temos a seguinte e paradoxal situação: as pulsões são ao mesmo tempo a *base da civilização*, porque sublimadas elas resultam nas instituições sociais e nas obras da imaginação; e elas são a base da *hostilidade contra a civilização*, já que a sua coerção se encontra no fundamento de todas as instituições coletivas.[16]

---

[16] Sobre o tema da pulsão em Freud, cf. Luiz Alberto Hanns, *A teoria pulsional na clínica de Freud*, Rio de Janeiro, Imago, 1999.

Com essas rápidas observações, podemos ter uma ideia do que foi o contato do talentoso jovem com as duas culturas a que o expôs o fato de ter nascido quando e onde nasceu. Vejamos agora de que modo ele utiliza o que aprendeu para a construção da sua teoria propriamente psicanalítica, da qual fazem parte as asserções sobre a pulsão e sobre suas funções na construção da cultura. Sabemos que, desde o início da década de 1890, Freud considera a cultura um dos pilares da construção da sua teoria: junto com a clínica e com a autoanálise, a cada vez que inventa uma ideia ou propõe uma hipótese muito ousada, recorre ao seu amplo repertório de referências para dali "pescar" um elemento, uma obra de arte, uma peça de teatro, uma instituição social, algum produto cultural, em suma, que tem a função de *legitimar* a descoberta. Essa função da referência à cultura fica clara se estudarmos as cartas a Fliess e os primeiros trabalhos de Freud. Ela consiste em dizer: "Vejam, o que estou descrevendo não acontece somente comigo ou com meu paciente; é um fenômeno, se não universal, pelo menos já percebido e acessível por meio de obras culturais que todos valorizam".

Na carta 71, de 15 de novembro de 1897, ele diz a Fliess: "Também em mim comprovei o desejo pela mãe e a hostilidade pelo pai", e imediatamente se lança na análise de uma reminiscência de *Hamlet*, e, claro, de *Édipo-Rei*. A carta continua: "Aliás, isso me permite compreender por que Hamlet hesita tanto em cumprir a vingança que seu pai lhe solicita: na verdade, o que o tio fez — matar o pai e dormir com a mãe — é exatamente aquilo que ele tinha vontade de fazer, mas não podia assumir". Esse movimento é típico: primeiro a clínica — percebi esses desejos nos meus pacientes. Segundo: com base nisso, examinando meus próprios sonhos, também em mim *comprovei*: autoanálise. E terceiro, na mesma penada, sem molhar de novo a caneta no tinteiro, vem o comentário sobre uma reminiscência cujo conteúdo é análogo, a inibição do príncipe Hamlet em cumprir a vingança contra seu tio assassino e adúltero.

Esse papel legitimador da cultura está atestado em inúmeros exemplos: quando percebe que os sintomas das histéricas (paralisias, contrações, gritos inexplicáveis, etc.) são os mesmos que os inquisidores descobriam nas feiticeiras, encomenda um exemplar do manual do perfeito inquisidor, que se chamava *O martelo das bruxas*. Num outro momento, Fliess lhe manda uma série de contos de um autor que eles admiravam, um suíço chamado Conrad Mayer; Freud responde analisando um dos contos pela óptica da sua teoria das fantasias.

Psicanálise e cultura, psicanálise *na* cultura

Em suma: os textos estão salpicados de exemplos de que a referência à cultura funciona como legitimadora, e isso em dois sentidos: primeiro, legitimadora para o próprio Freud. Dado o valor elevado que ele concede à cultura que absorveu, poder se referir a Shakespeare, Sófocles, Goethe, Leonardo da Vinci, Michelangelo significa que está no caminho certo, porque esses grandes homens, cada um à sua maneira, também criaram obras que manifestam os mesmos processos dos quais ele está falando. O segundo sentido é que a referência serve para angariar a concordância do leitor: uma coisa é ver um certo Freud dizendo que *seus* sonhos são realizações de desejos; outra, bem diferente, é observar, numa obra que todos conhecem e respeitam, uma comprovação de que *o sonho* é uma realização de desejo. Essa segunda função do recurso à cultura pressupõe uma interlocução entre Freud e seu leitor; já que ambos fazem parte da cultura, do mesmo universo cultural, a demonstração pela cultura tem uma função *persuasiva* que a referência ao individual, sozinha, não poderia desempenhar.

Ora, chama a atenção que a função legitimadora seja atribuída, praticamente sem exceções, às obras da cultura ocidental. Raramente ela aparece vinculada ao outro ramo da sua *Bildung*, ou seja, a cultura judaica. Um motivo para isso poderia ser o antissemitismo prevalecente na Áustria na época, mas a meu ver há uma razão mais importante, de cunho propriamente pessoal. Creio que a cultura judaica é em Freud mais arraigada na infância, mais banhada em afeto, menos ligada aos aspectos racionais e secundários do seu psiquismo. É aquilo que ele bebeu junto com o leite materno, enquanto a cultura ocidental, ainda que também seja consubstancial à sua identidade, foi-lhe apresentada depois e entra num contexto mais mediatizado, em especial pela fase de latência e pelo início da puberdade (a entrada no Gymnasium se fazia aos onze anos). Na correspondência com Silberstein, Freud menciona diversas vezes passagens pouco conhecidas da Bíblia, como por exemplo a propósito de sua viagem a Freiberg, onde encontrou seu primeiro amor (Gisela Fluss). Ele tem por assim dizer a Bíblia na ponta dos dedos. Não que seja um erudito no assunto; mas a leu atentamente, e, como tudo aquilo que leu ficou gravado na sua memória, esse rapaz de dezessete anos pode colorir suas experiências com as citações adequadas, mesmo escrevendo para um amigo uma carta que não possui nenhuma significação literária ou científica, que apenas conta uma experiência particularmente intensa do ponto de vista afetivo.

A imersão na cultura judaica determina um aspecto importante da relação de Freud com a cultura alemã, tornando-a de certo modo *oblíqua*. Isso aparece em especial no interesse mínimo que ele manifesta quanto ao aspecto da totalidade, mencionado por Anna Carolina Lo Bianco como o elemento reacionário-conservador na problemática da *Bildung*: a última coisa que Freud quer é ser um patriota alemão. Aliás, ainda que tal fosse seu desejo, o antissemitismo se encarregaria de frustrá-lo, e sabemos como esse tema percorre *A interpretação dos sonhos*.

Talvez possamos resumir todo esse aspecto da formação de Freud dizendo que ele é um *insider/outsider*. *Insider* porque absorveu a cultura ocidental no lugar certo, na época certa e na idade certa; ou seja, no ginásio, como todos os outros. Não é alguém como o poeta Heinrich Heine, que entrou em contato com ela na fase adulta, ou como Espinosa, que aprendeu latim já maduro, o que se reflete na sua prosa filosófica. No caso de Freud isso não acontece, porque ele cursa o famoso Gymnasium. Ele é admitido ali e termina seu curso com notas bastante altas, fazendo um exame que lhe dá direito de entrar na universidade — a *Matura*, equivalente ao *baccalauréat* francês.

Estas rápidas pinceladas nos ajudam a perceber quem é esse homem e como ele se insere na problemática que deseja analisar. Quando diz "não quero distinguir entre cultura e civilização", ele sabe do que está falando, não apenas porque é um alemão cultivado, como afirma Peter Gay, mas também porque mantém com a cultura uma relação profunda de assimilação crítica — e o que lhe permite essa liberdade é o vínculo muito intenso com algo que a cultura alemã exclui com o seu *outro*: a tradição judaica da Europa Central.[17]

Por vezes, as identificações cuja base é esse processo ao mesmo tempo objetivo e subjetivo podem vacilar e dar lugar a sensações de angústia, como na sua fantasia de ser castigado pela ira do Moisés representado por Michelangelo. Freud se identifica com o profeta na medida em que este é o fundador, o legislador, um homem eminente que está para o judaísmo assim como ele próprio está para a psicanálise — aquele que criou tanto o movimento psicanalítico quanto a doutrina que fundamenta (e explica, cf. *Totem e tabu* e *Psicologia do ego*) a sua coesão.

Também comprova a força dessa identificação o fato de sua última obra ser um ensaio sobre a figura do profeta, obra sobre a qual ele escreve numa carta a

---

[17] Sobre a cultura alemã na época, cf. o livro de Eric Santner, *A Alemanha de Schreber* (Rio de Janeiro, Zahar, 1996).

Psicanálise e cultura, psicanálise *na* cultura

Arnold Zweig: "Não é uma maneira indigna de se despedir". Entre os muitos sentidos dessa obra enigmática, está certamente o de testemunhar a *desidentificação* dele, Freud, dessa cultura alemã que tinha valorizado tanto.[18] Numa entrevista concedida em 1926, podemos notar o início desse processo. Freud diz o seguinte: "Minha língua é o alemão. Minha cultura e minhas conquistas são alemãs. Considerava-me intelectualmente um alemão, até que percebi o crescimento do antissemitismo na Alemanha e na Áustria. Desde então, prefiro chamar-me judeu".[19] O mesmo é dito a Arnold Zweig numa carta de maio de 1932: "Um de nós ainda se considera alemão, e o outro não" (o que se considera alemão é obviamente o seu correspondente).

Essa frase ocorre em meio a um comentário que mostra mais uma vez a ambivalência de Freud em relação ao componente judaico da sua identidade:

> Pense que nenhum progresso se vincula à faixa de terra de nossa mãe-pátria, nenhum progresso ou invenção [...]. A Palestina só deu origem a religiões, a extravagâncias sagradas [...]. E nós saímos de lá, embora um de nós também se considere alemão, e o outro não. [...] É impossível dizer o que carregamos conosco, no sangue e nos nervos, da nossa permanência nesse país.[20]

Freud identifica aqui a Terra Prometida com a produção de delírios religiosos perigosíssimos para a humanidade — não apenas o judaísmo, mas ainda o cristianismo e o islamismo, que fazem parte da mesma constelação monoteísta. A história dessa região — materializada sobretudo na cidade de Jerusalém — é uma história de divisões, de ódios inconciliáveis, de conquistas, de opressões e reivindicações unicistas, fundamentalistas, de que *meu* Deus, *minha* religião, *meu* direito, *minha* nação não apenas são melhores do que os seus, mas ainda são os únicos que têm o direito de existir. Mas o fato é que a identificação judaica de Freud acaba prevalecendo. Não que houvesse uma luta entre ela e a identificação alemã; Freud não foi um judeu infeliz nem um alemão infeliz, como muitos

---

[18] Sabemos que, no início da Primeira Guerra, Freud teve um momento de exaltação patriótica, mas dele se curou rapidamente, como mencionei anteriormente. A respeito do *Moisés*, cf. entre outros Daniel Delouya, *Entre Moisés e Freud*, São Paulo, Escuta/Fapesp, 2000.

[19] Citado por Peter Gay, *Freud, a life for our time*, Nova York, W. W. Norton, 1988, p. 448.

[20] Carta de 8 de maio de 1932 a Arnold Zweig, em *Sigmund Freud — Arnold Zweig, correspondance 1927-1939*, Paris, Gallimard, 1973 (edição original em alemão, 1968).

Renato Mezan

outros que viveram essa condição — por exemplo, Kafka. Freud está muito bem instalado nas suas identificações, pois é um cientista. Dentro da cultura, ele escolheu aquilo que é a garantia de impessoalidade, de objetividade máxima, e certamente a sua insistência em que a psicanálise é uma ciência tem uma das suas raízes nesse fato. Outra está obviamente na fé que ele deposita no nosso Deus Logos, como lemos em *Futuro de uma ilusão*. O Logos é aquilo que permite ao particular se universalizar. Como todos os seres humanos verdadeiramente racionais adoram o Deus Logos, não há briga de irmãos; essa divindade não é o totem da horda primitiva. Ela é justamente aquilo que representa a razão, que, como afirma na resposta a Einstein, permite aos intelectuais se autocontrolarem. Qual seria a solução para a barbárie? Seria uma república de reis-filósofos, para dizer as coisas de maneira um pouco *imagée*. Os intelectuais deveriam dominar, e, se isso viesse a acontecer, o mundo não teria guerras nem fascismos.

A veneração de Freud pela razão, que o leva a cunhar uma tal metáfora, não é inocente: faz com que ele possa, dentro da cultura, se apropriar de um elemento, a ciência, no qual a particularidade e a singularidade se encontram contidas — tanto no sentido de estarem *dentro* quanto de serem *limitadas* e não se prestarem à função de veículo de projeções desenfreadas. Em sua própria economia identificatória, se podemos dizer assim, o que Freud faz é acomodar a posição de um estrangeiro judeu recentemente introduzido na cultura ocidental, portador de um olhar crítico sobre alguns aspectos dessa cultura (principalmente a religião), com uma grande admiração pelos outros grandes aspectos que constituem a tradição: ciência, filosofia, literatura. Quando se fala em cultura nesse contexto alemão, pensa-se em filosofia, pensa-se na ficção de maneira geral — que se chama aqui *Dichtung*, poesia — e pensa-se nas artes, especialmente a música.

Ora, Freud estabelece uma *hierarquia* entre esses aspectos da cultura. A ciência está no topo da hierarquia, pois é aquilo que permite ao sujeito se emancipar da maldição da particularidade e atingir a universalidade. Aqui há uma diferença essencial entre a ciência e os outros elementos da cultura, dentro da gênese da teoria freudiana sobre a cultura e a civilização. O uso que Freud faz da ficção, da filosofia, das artes e da poesia é um uso *a serviço da ciência*. Ele interpreta *Hamlet*, uma obra de arte, para mostrar que o complexo de Édipo é universal, que a inibição tem raízes no complexo de castração, e assim por diante. Já a ciência — ou o método científico, que pressupõe observação dos fenômenos,

Psicanálise e cultura, psicanálise *na* cultura

estabelecimento de hipóteses, discussão delas por meio de argumentos, etc. — é o instrumento e o fundamento dessas análises todas. A ciência, em outras palavras, não é objeto da análise: ela é o meio pelo qual os demais componentes da cultura são considerados.

Vejamos rapidamente o lugar dos outros componentes. Pelas artes plásticas e pela ficção, Freud possui uma grande admiração. Logo depois da ciência, viria a obra dos grandes poetas — e às vezes até um pouco acima: veja-se, por exemplo, a relação dele com Arthur Schnitzler e com a literatura de maneira geral. Há uma carta que Freud escreve a Schnitzler dizendo que ele, Schnitzler, é o duplo dele, Freud — e quem escreve o artigo sobre o *Unheimliche*, quando fala em duplo, sabe do que está falando. Nessa mesma carta, ele diz que inveja aos poetas a capacidade que têm de chegar às verdades psíquicas, fazendo por intuição ou por dom da natureza descobertas que aos cientistas custam tanto e são tão laboriosas.[21]

A ficção e as artes podem assim se aproximar da ciência, e às vezes, no caso da ficção, chegar por um meio privilegiado ali aonde, por outros caminhos, a ciência também chega. Mas, ao contrário da ciência, esse meio não é dado a todos. Só os artistas, aqueles que têm sensibilidade especial para seu próprio inconsciente, é que podem vir a afirmar aquilo que diz a ciência (especialmente a psicologia): os outros mortais só são capazes de chegar lá se se submetem à disciplina da ciência.

Depois, num longínquo terceiro lugar, vem a filosofia. Freud não tem por ela o menor interesse ou respeito (na sua fase adulta e oficial, porque na juventude a cortejou um pouco). De maneira geral, considera a disciplina socrática uma maneira embrulhada de dizer bobagens de interesse muito secundário; para ele, na verdade, a filosofia está muito próxima do delírio, do espírito de sistema. Em *Inibição, sintoma e angústia*, por exemplo, lemos que "os filósofos não podem andar pela vida sem um *Baedeker* [que era o *Guia Michelin* da Alemanha] que ensine sobre tudo e sobre todos", de maneira que, chegando a um certo lugar, eles abrem a página correspondente e ficam sabendo do que se trata, em vez de olhar para as próprias coisas. "Só nos consola, a nós, os pobres cientistas, diante dos senhores filósofos, saber que são justamente os pequenos

---

[21] A respeito da relação de Freud com Schnitzler e com a literatura em geral, ver Noemi Moritz Kon, *Freud e seu duplo*, São Paulo, Casa do Psicólogo, 1998.

avanços que fazemos na ciência que obrigam periodicamente a reedições e a revisões do grande guia do universo que é a filosofia". Mas Freud não é inimigo da filosofia. Simplesmente, não se interessa pelo assunto: se compararmos na sua obra as referências à literatura e às artes e as referências à filosofia, a proporção deve ser algo como cinquenta para um.

Já em relação à religião Freud apresenta uma atitude completamente diferente. A religião é perigosa e alienante em qualquer de suas versões, judaica, cristã, islâmica, ou qualquer outra, porque é uma *ilusão*. A filosofia também é uma ilusão, mas inócua, porque atinge só um pequeno número de especialistas. Já a religião é uma ilusão perigosa, e em primeiro lugar porque em nome dela se cometeram atrocidades inomináveis. Os estudos freudianos sobre a religião tentam entender a fonte disso: a ideia monoteísta de que meu Deus, seja ele qual for, é *único*, sendo falsos todos os demais. Portanto, aqueles que os adoram devem ser crucificados, escravizados e trucidados. E além do mais, do ponto de vista da *Bildung*, isto é, da aquisição da cultura pelo jovem, a religião é perigosa porque inibe a capacidade de pensar, por meio de um mecanismo muito simples, que é o *medo*.

Com relação à religião, Freud quer saber o que faz as pessoas *acreditarem*. Não é o ópio do povo no sentido marxista, mas é uma posição absolutamente ateia, agnóstica, contrária à religião. E a Igreja Católica percebeu isso muito bem, quando no começo do século designava a psicanálise como um dos seus inimigos principais. A hostilidade da Igreja com a psicanálise talvez tenha diminuído nas últimas décadas, mas no tempo de Freud era enorme, especialmente na Áustria e na Itália. Quando Freud escreve a seus correspondentes que precisa ter cuidado, porque se se exceder na crítica à religião o exercício da psicanálise poderá ser proibido na Áustria — e nesse caso não só ele, mas todos os outros analistas perderiam seu ganha-pão —, ele não está sendo paranoico. Talvez esteja exagerando um pouco no seu temor, mas certamente há uma hostilidade muito grande.

Por outro lado, Freud respeita a religião como adversário perigoso, mas sempre a coloca no campo oposto ao da psicanálise, em qualquer distribuição possível das instituições culturais: sendo uma parte da ciência, no espírito de Freud ela necessariamente é uma *adversária natural* da religião.

Resumamos nosso percurso: ele partiu do aspecto pessoal da cultura no indivíduo Freud para o que é propriamente a sua *teoria* da cultura. Ela é formulada

Psicanálise e cultura, psicanálise *na* cultura

por um pensador cuja *Bildung* se deu nessa cultura, em circunstâncias que esclareçam de onde vêm suas identificações e seus ideais. Ele ocupa uma posição relativamente excêntrica: não é inteiramente um alemão, nem inteiramente um judeu como seu pai, que era capaz de escrever a famosa dedicatória na Bíblia familiar utilizando conhecimentos da literatura religiosa que Freud já não possui. Mas, ao mesmo tempo, no seu espírito essa não é uma composição conflitiva.

Quando uma composição de identificações análoga à de Freud é excessivamente instável ou permeada de conflitos demasiado intensos, ela fracassa na sua função de cimentar a personalidade. É o caso de Kafka, como podemos perceber pela leitura dos seus diários e da *Carta ao pai*. Os diários de Kafka e certos textos mais íntimos, como as cartas, não falam de outra coisa; ele é um judeu profundamente atormentado, porque aquela composição não faz sentido para ele — era algo que ele atribuía à herança maldita que seu pai lhe tinha deixado. Ao mesmo tempo, Kafka sentia uma atração enorme por um tipo de judeu que não é o seu: o judeu mais tradicional, nada ocidentalizado, e que ele, Kafka, encontra materializado sob a forma de uma *troupe* de teatro ídiche. Kafka encontra um dia esse grupo, assiste a um espetáculo e fica fascinado: descobre que é possível um outro tipo de judaísmo, que não era aquele, tão dissimulado, que seu pai tinha tentado impor-lhe.

Mas certamente esse não é o caso de Freud: em nenhum momento ele se queixa de não ser compreendido porque é judeu, ou porque o judaísmo do pai atrapalha suas relações com os demais. Ele mantém sua identificação judaica como uma espécie de reserva florestal, se podemos dizer assim, na qual vai se abeberar quando às vezes se encontra deprimido, ou de onde tira, por exemplo, o elemento do humor (o livro sobre o *Witz* é ilustrado, como se sabe, em coleções de histórias judaicas que circulavam na época e que seu autor conhecia muito bem). Por outro lado, até a redação do *Moisés* Freud prefere não se aventurar muito na compreensão de como essa identificação opera nele e nos demais judeus, como diz na carta à Bnei Brit de 1926: "Grandes e poderosas forças, desconhecidas e ainda por explicar, me unem aos demais judeus; um dia, quem sabe, a ciência [leia-se a psicanálise] será capaz de as elucidar, mas até agora isso não foi possível".

Dentro dessa constelação, sua afirmativa de que não vai distinguir entre cultura e civilização se ilumina de outra maneira. Quem diz isso é alguém que se sente à vontade na cultura alemã. Por isso, quando lhe é conferido o prêmio

Goethe de literatura, ele fica imensamente feliz — e, muito caracteristicamente, reage escrevendo um estudo sobre a sexualidade infantil de Goethe. É o discurso de aceitação do prêmio: "Uma lembrança infantil de *Poesia e verdade*".

Nesse contexto, quando formula sua própria teoria da cultura, a ponte entre o aspecto subjetivo e o objetivo — isto é, entre as identificações pessoais dele, Freud, e a teoria que propõe sobre a cultura — é dada exatamente por aquela passagem de "O *Moisés* de Michelangelo" que mencionei há pouco, na qual ele afirma que a figura de Moisés, tal como retratada por Michelangelo em sua escultura, realizou a tarefa mais sublime de que um homem é capaz: o controle de suas paixões em nome dos ideais que escolheu para si. Nessa frase estão contidas as duas questões básicas da teoria da cultura em Freud: a *sublimação* das pulsões e a sua *coerção*.

ELEMENTOS DA TEORIA PSICANALÍTICA DA CULTURA: AS PULSÕES E O *SOCIUS*

Estamos agora em condições de abordar mais de perto o conteúdo dessa teoria, que se ancora na ideia de que a civilização "repousa integralmente sobre a renúncia às pulsões". *Renúncia às pulsões* significa um ato custoso, que não se cumpre de bom grado, na medida em que são forças cegas que tendem à realização de fantasias, à consecução de desejos, ao alcance e à fruição de objetos — isto é, são forças que impelem o indivíduo a determinados comportamentos na cena da realidade.

Todos sabem quanto Freud insiste em que não há uma única pulsão, embora em toda a primeira parte da sua obra o termo se aplique mais às forças ligadas à sexualidade. Ele coloca como antagonistas das pulsões sexuais algo um tanto confuso, a que chama de *pulsões do ego* — que na verdade são as tendências à autopreservação — e especula um pouco sobre a oposição entre essas duas pulsões. Mas não se trata de uma oposição muito sólida, na medida em que, primeiro, a própria noção de ego no início da obra de Freud é relativamente pouco importante; em segundo, quando ela começa a se constituir, por volta dos anos 1908-10, ainda está muito próxima da noção de caráter, um termo que é usado na época para designar a parte mais superficial da personalidade; e, em terceiro lugar, logo que ela começa a se formular de maneira um pouco mais sistemática, entra

Psicanálise e cultura, psicanálise *na* cultura

em cena a noção de narcisismo, e portanto o ego se torna ao mesmo tempo um *objeto* das pulsões sexuais e um *antagonista* dessas mesmas pulsões.

Ou seja, quem for estudar a questão das pulsões se dará conta de que a noção de pulsão é criada para caracterizar as forças da sexualidade, e ela dá conta disso muito bem; as pulsões do ego na verdade são bastante artificiais. O que há é uma tendência natural à autopreservação, mas atribuir essa tendência a uma categoria de *pulsões* próprias parece epistemologicamente discutível; e o próprio Freud nunca se entusiasmou muito por essa oposição. Apenas em um trabalho ela desempenha um papel relevante, do ponto de vista da metapsicologia. É um pequeno trabalho em que Freud estuda a *hemianopsia*, a cegueira parcial. A hipótese de Freud é que o ato de ver, na medida em que satisfaz a pulsão escópica, se encontrava simultaneamente bloqueado pelas pulsões opostas, de tal maneira que o órgão da visão se torna um campo de batalha entre as pulsões sexuais e suas antagonistas. O resultado é um impasse, e o indivíduo fica privado da capacidade de ver, isto é, de executar o ato que por intermédio do olho a pulsão sexual lhe prescrevia.

Depois, com a segunda tópica e a segunda teoria das pulsões, entra em cena a pulsão de morte, que também não representa uma oposição de mesmo nível com as pulsões de vida: para começar, a pulsão de morte não parece ter nenhum objeto. Ela tem uma finalidade: o retorno ao inorgânico, ao estado anterior à vida. Se o modo de funcionamento das pulsões de vida é o investimento, os modos de funcionamento da pulsão de morte são o desinvestimento e a repetição.

Portanto, quando Freud diz que a cultura repousa sobre a coerção das pulsões, deve-se acrescentar algo a essa ideia: "sobre a coerção das pulsões *sexuais*". O que acabei de dizer sobre as pulsões do ego mostra que a cultura não repousa sobre a coerção delas, e muito menos sobre a coerção da pulsão de morte. Essa coerção é imposta às pulsões do indivíduo pela sua pertinência a um conjunto, a uma coletividade. A descrição — em parte metapsicológica, em parte mítica — desse fenômeno se encontra em *Totem e tabu*. "A cultura repousa sobre a coerção das pulsões" significa que ao pai da horda primitiva, ou ao pequeno Narciso que nasce da barriga de uma mulher, não se deve permitir tudo.

Então, a cultura vai ser construída com a única energia disponível para os seres humanos: a energia pulsional canalizada para o trabalho, que é uma finalidade não pulsional. Aqui surge o outro grande mecanismo que envolve as pulsões, no seu contexto ligado à civilização: a sublimação. Do ponto de vista *coletivo*, a relação das pulsões com a civilização está na vertente coerção/imposição/limitação. Já para o indivíduo que entra na civilização, a maneira pela qual as pulsões vão participar do jogo cultural é por um lado a renúncia, como efeito da coerção imposta pelo coletivo, e por outro lado a sublimação. Mas não é a totalidade das forças pulsionais do indivíduo que se encontra coagida pela cultura, porque se fosse assim a cultura acabaria, e junto com ela a espécie humana e os indivíduos que a compõem.

Se examinarmos as pulsões a partir do efeito que a cultura exerce sobre o indivíduo, predomina o aspecto limitador, em última análise castrador, e o que a civilização faz com elas é domá-las; os veículos para isso são o superego e as identificações ideais. Do ponto de vista do indivíduo, porém, a coisa é mais complicada. Das suas (ou das nossas) pulsões, uma parte tem de ser empregada para a satisfação direta. É impossível a alguém sobreviver psíquica e biologicamente sem gratificar, pelo menos em parte, as suas pulsões orais, anais, fálicas, narcísicas, isto é, sem uma dose mínima de satisfação sexual. Como a sexualidade para Freud não está limitada às relações físicas, uma pessoa casta do ponto de vista genital também encontra de uma forma ou de outra satisfações sexuais. Em suma, uma parte das pulsões tem de ser satisfeita diretamente. Outra parte vai ser reprimida, e com isso investir as representações inconscientes: dessa parte, caso o recalque dela seja bem-sucedido, nunca mais vai se ouvir falar. Naqueles casos em que o recalque não é bem-sucedido, haverá um retorno do recalcado, e vamos ouvir falar dessas pulsões por meio do ruído que elas provocam nos sintomas: aqui estamos no campo das diferentes formas psicopatológicas.

Uma terceira parte é ou pode ser sublimada. A noção de sublimação ganha mais e mais importância no decorrer da história da psicanálise, a ponto de Melanie Klein, ao discutir as atividades da criança, considerar como sublimações da pulsão sexual o caminhar, o falar, o cantar, as atividades motoras, o desenhar, etc. No pensamento de Freud, a ideia de sublimação serve visivelmente para designar um destino pulsional, que separa a pulsão do seu objeto, mas ao mesmo tempo não a separa do seu alvo ou da sua finalidade, que é a satisfação.

É interessante recordar aqui, brevemente, os elementos que Freud atribui à pulsão. Primeiro: o ímpeto, a tendência imperiosa: o *Drang*. Segundo: a finalidade da pulsão, que é sempre a mesma: satisfazer-se — ou seja, descarregar-se, anular-se como pulsão. Terceiro: o objeto, que é aquilo que permite ao *Drang*,

Psicanálise e cultura, psicanálise *na* cultura

ao ímpeto, chegar até a sua extinção. Quarto elemento: a *fonte* da pulsão, ou seja, a região corporal da qual ela se origina. O ímpeto e a finalidade fazem a ponte entre a fonte corporal e a representação psíquica e sugerem à pulsão um tipo de objeto inicialmente apto para satisfazê-la. Assim, a pulsão que nasce na região oral busca um objeto oral, isto é, capaz de ser chupado, lambido, mordido ou ingerido.

Paulatinamente, esse vínculo direto da finalidade pulsional com a zona erógena correspondente vai se afrouxando; a ideia de objeto passa a tomar um sentido cada vez mais metafórico, dando origem a uma expressão que aparece muito raramente na obra de Freud: *relação de objeto*. O objeto oral já não é aqui o que é bom para ser mordido ou para qualquer coisa que se faça com a boca, mas sim o que é próprio para ser *incorporado*, o que é muito diferente. Morder quer dizer "pôr dentes em cima de", "destroçar com o auxílio dos dentes"; incorporar significa "pôr para dentro", não necessariamente através do orifício da boca.

Um bom exemplo de incorporação que não se dá pela boca é a fecundação da Virgem pelo Espírito Santo, tal como aparece nos quadros medievais em que a pomba ou o anjo visitam Maria, e da boca do emissário de Deus sai uma faixa. A faixa entra pelo ouvido dela, e nessa faixa está escrito em latim alguma coisa como "Tu conceberás um filho sem pecado". O que esses quadros representam? Uma incorporação oral pelo ouvido. Pode-se falar numa incorporação anal: durante muito tempo, em relação à sexualidade feminina, alguns autores insistiam na fantasia de incorporação anal do pênis paterno. O leitor voraz, rato de biblioteca, incorpora pelos olhos o conhecimento. Em suma: a incorporação é pôr para dentro, segundo o modelo da mamada, porém já se emancipando do aspecto propriamente físico envolvido nas primeiras concepções da oralidade. Ora, se entendemos a pulsão com esse grau de plasticidade, é fácil compreender que ela possa se sublimar, pelo menos na porção que não foi empregada na satisfação direta nem no recalque necessário para que o indivíduo possa viver em sociedade.

É evidente que precisa existir uma certa proporção entre esses três fatores: repressão, satisfação direta, sublimação. Vemos isso num dos trabalhos que Freud escreve a respeito: "A moral sexual civilizada e o nervosismo moderno", de 1908. Freud diz que na cultura da *belle époque* há excesso de recalque e falta de gratificação direta suficiente, e que isso faz mal às pessoas, acarretando muito sofrimento neurótico desnecessário.

A coerção das pulsões, assim, parece ter ido além da conta. Freud é especialmente sensível a esse aspecto da repartição das energias psíquicas, pela boa razão de que seus efeitos deletérios se manifestam com estridência nas queixas dos pacientes que deve atender. É menos sensível a uma outra dimensão da relação entre cultura e pulsão: cabe à primeira propiciar à segunda *objetos que excitem e satisfaçam o desejo*.

Com efeito, tudo o que se apresenta como capaz de satisfazer o desejo humano é fruto de um trabalho social. Portanto, a relação entre a cultura e a pulsão não pode ter apenas um cunho coercitivo — coagir as pulsões para que elas se dirijam para o trabalho ou para as relações sociais permitidas e estimuladas, que se baseiam em última análise no erotismo inibido quanto ao fim —, mas deve obrigatoriamente incluir um aspecto sedutor, propiciador, que sem dúvida é em parte satisfatório (no sentido de oferecer coisas que de fato satisfazem, de algum modo, os desejos agressivos e sexuais do ser humano, bem como os seus anelos narcísicos).

Por que Freud deixou de lado esse aspecto da vida social, tão essencial para a determinação da subjetividade quanto o outro, que estudou com mais afinco? Uma parte da resposta deve certamente provir do efeito que as regras morais produziam sobre os sujeitos que ele pôde analisar, bem como sobre o imaginário coletivo, refletido nas produções da ficção literária e teatral — e que o termo "moral vitoriana" resume adequadamente. Quase cem anos depois do artigo que estamos comentando, as condições sociais mudaram muito, e a área em que mais ocorreram transformações é certamente a dos costumes sexuais: a vida erótica no início do século XXI é incomparavelmente menos secreta do que o seu equivalente no século XIX. A exposição do corpo, a possibilidade de satisfação de tendências voyeuristas e sádicas por meio de filmes, da televisão, de fotografias impactantes nos jornais — ou seja, o espetáculo do sexo de formas muito pouco indiretas, para dizer o mínimo — é onipresente na publicidade e na mídia.

Cabe então perguntar se essa maior possibilidade de satisfação pulsional trouxe ou não os resultados esperados por Freud. Ora, o "nervosismo" não desapareceu da vida moderna (basta ver o que se escreve sobre o fenômeno do estresse), embora na forma de viver a subjetividade, assim como na maneira de viver a sexualidade e as experiências relacionais, tenha havido transformações de grande alcance (para as quais, aliás, a difusão dos conhecimentos psicanalíticos contribuiu em escala nada desprezível). A questão é saber se a proporção

Psicanálise e cultura, psicanálise *na* cultura

estabelecida por Freud — quanto mais realização pulsional e/ou sublimatória, menos infelicidade — ainda pode ser considerada pertinente.

Para compreender bem essa questão, é necessário aqui um pequeno excurso acerca das formas de constituição da subjetividade e da dependência em que elas se encontram quanto à vida econômica e social. De modo muito geral, podemos argumentar que o modo de coerção das pulsões com o qual Freud deparou em seu tempo era funcional sob condições de *escassez*, enquanto atualmente, em virtude das transformações profundas pelas quais passou o capitalismo, vivemos num regime de "sublimação administrada". Vejamos mais de perto se tal argumento se sustenta.

A grande descoberta feita por Marx foi que, para a acumulação do capital, era necessária a extração de mais-valia, matéria-prima para o acúmulo de capital em uma escala até então sem precedentes. Portanto, o sistema de controle social visava a *disciplinar* uma massa enorme de trabalhadores, concentrando-os em longas horas de trabalho nas fábricas, explorando impiedosamente a mão de obra feminina e infantil. Como o trabalho era muito pouco produtivo, para acumular a quantidade de capital necessária às várias reproduções do ciclo era preciso extrair mais-valia numa intensidade muito grande, daí a exploração brutal do trabalhador, a mortalidade e as condições de trabalho horrorosas do século XIX. Isso permitiu a transformação, *lenta*, desse sobretrabalho em capital.

Consequência: o consumo era para uma minúscula elite. Havia uma enorme população desvalida, cuja função era trabalhar, suar, se reproduzir e morrer; e havia também uma divisão nítida entre os produtos fabricados para a elite, absolutamente inacessíveis aos trabalhadores, e a tralha da ralé, em matéria de roupas, alimentação, e assim por diante. Corre a lenda de que Maria Antonieta, na França ainda pré-industrial, teria resumido essa situação na célebre tirada sobre o pão e os brioches.

Sob essas condições gerais de escassez, a repressão era fundamental na formação da subjetividade: é evidente a sua necessidade para submeter enormes massas de indivíduos a um regime com pouco prazer e muita dor. A socialização dos trabalhadores visava em última análise à obediência. Daí as campanhas na Inglaterra: a *working class* é por definição imoral, beberrona, sexualmente promíscua, e precisa da religião e das sociedades pró-temperança para se manter minimamente em condições de trabalho. Nos países onde a classe trabalhadora era constituída por escravos, havia crenças semelhantes em relação às populações tidas por "inferiores", como os chineses ou os africanos. Essa visão justificava ideologicamente a necessidade econômica da disciplina, que podia ser mais ou menos brutal, mas era sempre imposta com grande severidade.

Com isso, constitui-se um tipo de subjetividade calcado essencialmente sobre a repressão — daí a frase de Freud, que viveu essa época, de que a cultura repousa sobre a coerção das pulsões. Qual é a lógica disso? É a ideia de que a pulsão, não podendo se satisfazer no sentido natural, vai de alguma maneira ser canalizada para um destino desprovido de prazer: seria absurdo imaginar que alguém sinta prazer em cortar cana-de-açúcar com o feitor atrás, segurando um chicote, ou em extrair carvão das minas do País de Gales. A energia vai ser canalizada dessa forma; a quantidade de repressão física e de *identificações repressivas* necessárias para manter essa população submissa e disciplinada só pode ser muito grande. É preciso convencer as classes subordinadas de que elas são mesmo inferiores, que seu destino é trabalhar, suar, beber e morrer logo, e, quando aparece alguma revolta — em geral sob a forma de quebradeira, desde os operários ingleses destruindo os teares no começo do século XIX até as revoltas de escravos pela América afora —, isso tem de ser resolvido a bala (Washington Luiz: "A questão social é uma questão de polícia").

O panorama social suscita assim métodos primitivos de repressão, com as suas diversas consequências psicológicas. No plano da elite, o recalque produz os sintomas histéricos, que se caracterizam pelo aspecto espetacular, segundo as primeiras descobertas da psicanálise, proporcional à força da repressão.

Ocorre que, depois da revolução fordista e do *New Deal*, esse modelo de capitalismo se modificou. Como os marxistas tinham previsto, ele acabou na Grande Depressão, e o modo de produção capitalista só pôde ser mantido com um reforço até então inimaginável do papel regulador do Estado: Keynes na Inglaterra e Roosevelt nos Estados Unidos. A isso se soma o resultado das lutas operárias e sindicais, que introduziram na legislação alguns direitos e regalias para os trabalhadores (não sem grande oposição do capital, como se viu na França na época do *Front Populaire*: as férias pagas de uma semana iriam inviabilizar a vida das empresas...).

Com isso, cria-se uma mudança qualitativa no sistema produtivo. Em vez de este estar voltado para a produção de um pequeno número de artigos caros, surge a sociedade de consumo, cujos primeiros albores são descritos pela Escola de Frankfurt e por outros sociólogos nos anos 1940 e 1950; e, com ela, novos mecanismos de controle social, não mais baseados na violência explícita.

Psicanálise e cultura, psicanálise *na* cultura

O surgimento de uma grande classe consumidora não transformou o caráter capitalista do sistema produtivo: ele ainda funciona com a extração de mais-valia. O que ocorreu foi um processo de redistribuição dos resultados da exploração do trabalho, sobretudo por meio do incremento dos salários, e com isso a *demanda* passa a ser o motor do processo: quem trabalha deve poder consumir, e para que isso aconteça são necessárias constantes inovações, tanto no plano dos produtos disponíveis quanto no da produtividade do trabalho (máquinas e processos novos, automação da produção, etc.).

O que vai acontecer? Primeiro, a demanda tem de ser *excitada*: inúmeras das coisas que consumimos são perfeitamente supérfluas do ponto de vista da formiga, e apelam à porção cigarra de nossas almas, ou seja, ao princípio do prazer. Em vista disso, temos o avanço extraordinário da propaganda, com todos os seus métodos de controle e indução dos desejos. Outro aspecto importante dessa mudança é uma erotização crescente da vida cotidiana, fenômeno que vai no sentido aparentemente oposto ao da repressão e da vergonha ligados à esfera sexual — aparentemente, porque esse apelo incessante para gozar induz, na verdade, ao que Herbert Marcuse chamou de "sublimação repressiva", processo simultaneamente psíquico e coletivo pelo qual a repressão passa a operar por meios mais sutis.[22] E é assim que a diminuição do peso da repressão sexual explícita vai de par com a diminuição da violência explícita necessária para que a sociedade funcione, para manter corações e mentes disciplinados.

O que existe na sociedade contemporânea não é de forma alguma um excesso de repressão. Como previram Adorno, Horkheimer e Marcuse, o chicote foi substituído pela cenoura, e nos países onde o capitalismo chegou à maturidade, cada vez mais a coerção social se faz por meios extremamente sofisticados, diluídos, de aparência libertária. Se nos dias de hoje a psicanálise tem alguma coisa a criticar na cultura, não é denunciando a brutalidade da repressão, cujo ápice certamente se encontra no campo de concentração nazista e no *gulag* stalinista. Ali, ou o prisioneiro faz o que tem de fazer, ou morre; a dose de calorias é inferior à necessária para a sobrevivência de um ser humano, e todo o regime é calculado para produzir terror e humilhação. Esse é o extremo da coerção das pulsões. O indivíduo internado no campo de concentração

---

[22] Herbert Marcuse, *Eros e civilização*, Rio de Janeiro, Zahar, 1975, especialmente o capítulo 10. Marcuse, é certo, fala igualmente da possibilidade de uma sociedade menos repressiva, mas não é esse o ponto que aqui nos interessa.

tem zero de gratificação real das suas pulsões, 99% de coerção e muito pouco para sublimar.

Na outra ponta, quando em alguns países europeus se implanta a semana de 35 horas e as férias pagas de cinco semanas, torna-se muito difícil falar em *coerção* das pulsões. O principal mecanismo de controle deixou de ser a *coerção direta da pulsão* e passou a ser a sua *sublimação administrada e regulada*. O que mantém as pessoas contentes, trabalhando e levando as suas existências sem grandes abalos para a estrutura social, não é mais o medo do superego, mas a possibilidade bastante concreta de obterem uma dose razoável de satisfação para seus desejos e anseios, desejos em última análise sexuais (diretos ou sublimados) e anseios em última análise narcísicos. É fácil entender que a pulsão sexual encontre alvos sublimados e se satisfaça de maneira indireta por meio dos produtos que a sociedade e a tecnologia oferecem, e que por sua vez são criados a partir de fantasias e projetos que certamente contêm uma parcela de desejos inconscientes e que, portanto, se originam também da pulsão sexual.

Aqui um parêntese. O tema da sublimação abre uma perspectiva para nos interrogarmos quanto à maneira pela qual os prazeres propriamente humanos — diferentemente dos prazeres animais da ingestão e da evacuação — proporcionam prazer. Por que olhar um quadro bonito ou uma paisagem, ouvir uma música ou ler um poema, assistir a um filme ou participar de uma discussão inteligente, comer uma comida bem-feita — por que isso proporciona prazer? *Como* proporciona prazer? A psicanálise responde: há algo nessas atividades que as aproxima e ao mesmo tempo as afasta da sexualidade *stricto sensu*.

A temática do prazer não nasceu, contudo, com a psicanálise. Na conferência que abre a coletânea *Os sentidos da paixão*, Gérard Lebrun comenta a discussão a esse respeito entre Platão e Aristóteles.[23] A teoria platônica do prazer lembra a teoria psicanalítica, só que no sentido inverso. Para Platão, o prazer é o *preenchimento de um vazio*, de uma carência: se estou de estômago vazio, como; a tensão da fome desaparece, e tenho a impressão de saciedade, o que produz prazer. É a mesma coisa que na teoria psicanalítica, só que esta considera que a fome não é *falta* de comida, mas excesso de tensão; a ingestão de alimento aplaca esse excesso de tensão e produz um *esvaziamento*. Tanto faz: a ideia é *quantitativa*.

---

[23] Gérard Lebrun, "O conceito de paixão", em Adauto Novaes (org.), *Os sentidos da paixão*, São Paulo, Companhia das Letras, 1987, pp. 17 ss.

Psicanálise e cultura, psicanálise *na* cultura

Algo está num certo nível inadequado, e a partir de um ato apropriado esse nível se modifica, sobe ou desce; o fato é que a sensação de prazer surge quando o nível adequado é atingido.

Aristóteles diz, na *Ética a Nicômaco*, que essa teoria do prazer é adequada para as vacas que pastam e ingerem grama. Para ele, a teoria quantitativa do prazer sofre de um defeito insanável: é incapaz de explicar os prazeres próprios do ser humano, como o prazer de aprender, que são irredutíveis a esse modelo quantitativo. Só muito metaforicamente a ausência de saber pode ser comparada a uma carência, e certamente não é uma tensão. Platão ainda poderia dizer que a falta de conhecimento é uma carência dolorosa; Aristóteles não concorda — para ele, o indivíduo que não sabe o que são conhecimento e prazer de aprender não sente falta disso. Como se explica que o aluno que está aprendendo sinta prazer e invista o procedimento de aprender, inclusive nas suas dificuldades? O mesmo vale para o esportista que treina, embora isso lhe custe esforço. Esse fato não é explicado pela teoria da carência, nem por qualquer teoria que não leve em conta a qualidade, mas apenas a quantidade de energia que se escoa nessas atividades.

Aristóteles propõe outra definição do prazer: "O prazer é a sensação que acompanha a realização desimpedida de uma potencialidade do ser humano". Tal potencialidade pode ser aprender, tocar flauta, caminhar, dançar: quando o exercício dessa atividade é desimpedido, não encontra obstáculos internos ou externos, e a sensação concomitante é o prazer.

Essa teoria do prazer pode ser utilizada pela psicanálise se tomarmos como paradigma do prazer não o orgasmo masculino na sua descarga ejaculatória, mas aquilo a que Freud chama "satisfações preliminares do ato sexual", e das quais o modelo é a *carícia*. A carícia é uma contradição na teoria psicanalítica do prazer, porque produz *excitação* e *prazer* simultaneamente. Na teoria mais simplificada, quanto mais excitação, mais desprazer, já que o prazer consiste na eliminação da excitação. O modelo disso é o arco reflexo, e especificamente o arco reflexo do orgasmo masculino. A excitação sobe, e, por meio de uma contração súbita e única, a tensão se esvai.

A carícia, por outro lado, consiste na produção de uma excitação leve e propiciadora de prazer. Ela consiste na introdução de uma sensação sobre uma parte da pele que está preparada para recebê-la: alguém que passa a mão no seu cabelo, um beijo, uma coisa desse tipo. *Alisar* não é a mesma coisa que *esfregar*;

é qualitativamente diferente. A sensação prazerosa não provém apenas do movimento mecânico sobre a pele: quem acaricia está dizendo que gosta do parceiro — é um gesto simbólico. É impossível compreender o mecanismo do prazer só em termos pulsionais, sem levar em conta pelo menos o representante psíquico da pulsão, ou seja, a dimensão significante que os gestos possuem.

Se Aristóteles tem razão no que afirma — e tudo leva a crer que sim —, torna-se simples compreender o prazer envolvido na invenção de algo novo, seja em que esfera da atividade humana se der essa invenção. É o mesmo que dizer que da sublimação das pulsões individuais vai depender a inovação cultural, artística, poética ou institucional. O que é o progresso, nesse sentido? É a possibilidade de ofertar à pulsão novas possibilidades de sublimação, já que a sua gratificação direta é sempre a mesma desde Adão e Eva. O que muda não são as posições do ato sexual: desde o *Kama Sutra*, a variedade e a mecânica das posições e carícias não receberam grandes acréscimos. Não é por aí que se dá a invenção. A invenção se dá pelas possibilidades de sublimação, tanto do lado de quem cria quanto do lado de quem usufrui — por meio da sublimação das *suas* pulsões — desses novos objetos tecnológicos, artísticos, etc. Um bom exemplo é o esporte, que no século XX se tornou uma colossal indústria e passou a atingir milhões de pessoas no mundo inteiro. Seja praticando algum esporte, seja assistindo às competições, identificando-se com os heróis das diversas modalidades ou com os feitos do time preferido, qualquer pessoa dispõe atualmente de possibilidades de sublimações pulsionais que obviamente dependem do processo aqui descrito.

Isso quanto às pulsões sexuais e ao seu regime de satisfação. Mas há outro componente importante na visão freudiana da cultura: a agressividade. Esta resulta — diz Freud — da coerção das pulsões sexuais e forma a base de outro aspecto na relação do indivíduo com a cultura, a que ele chama "a hostilidade perante a cultura". Nessa versão das coisas, a agressividade não tem origem independente: ela não é um fenômeno pulsional, mas uma reação derivada, produzida no indivíduo como reação pela impossibilidade de a pulsão satisfazer. A agressividade aparece como dirigida contra o outro — heteroagressividade —, visando a eliminar, ou pelo menos minorar, a coerção imposta à pulsão sexual.

Dito de outra forma, a sexualidade se encontra partilhada em três regimes diferentes. Uma parte está sob coação, sujeita a frustrações e a proibições, como os tabus do incesto e outros. Outra parte alcança gratificação, e ainda uma

Psicanálise e cultura, psicanálise *na* cultura

terceira chega à sublimação. A coação das pulsões produz recalque, e a parte recalcada pode voltar à tona pelo menos de duas maneiras: primeiro, pelo mecanismo do retorno do recalcado, sob a forma de sintoma. Uma outra parte volta à tona sob a forma de agressividade, visando à eliminação da força recalcante. Nessa perspectiva, a agressividade não é nada mais do que libido transformada. Em última análise, ela funciona com energia libidinal, ou, o que dá na mesma, a ambivalência é tomada como intrínseca à pulsão sexual.[24]

Ora, o que está faltando nessa teoria da agressividade vai aparecer com a segunda teoria pulsional. Em primeiro lugar, não existe aqui espaço para a *autoagressão*, que é o fenômeno psicanalítico por excelência. Não foi preciso esperar Freud para os homens descobrirem que se odeiam. Hobbes disse no século xvii que o homem é o lobo do homem, e certamente Homero e quem quer que tenha escrito a história do Gênesis sabiam que os homens se detestam, se matam, se escravizam, são uma praga uns para os outros — a análise da agressividade como reação a uma proibição nada tem de particularmente novo. O inédito na teoria psicanalítica é a ideia de que a agressão é basicamente *autoagressão*; e, para que a agressão se torne autoagressão, o esquema inicial das pulsões tem de ser inteiramente modificado.[25]

Como pode ser explicada a autoagressão? Que ela existe é evidente, se pensarmos no sofrimento neurótico. A autoagressão pode vir sob a forma de culpa, de úlcera, de todo tipo de sintoma, de neuroses de destino, daqueles que fracassam com o êxito, como diz Freud no seu artigo de 1915. Dado que isso existe, qual é a possibilidade de compreender o fenômeno do ponto de vista metapsicológico? Para que a autoagressão seja primária, a heteroagressividade, isso é, a agressão para com os outros, tem de ser secundária. Aqui temos o mecanismo a que Freud chama *deflexão*, pelo qual a agressividade originalmente voltada para dentro passará a ser voltada para fora. Melanie Klein vai fazer desse mecanismo um uso abundante; mas o termo já aparece em *Além do princípio do prazer*, e depois no texto sobre o masoquismo.

A exteriorização de uma tendência destrutiva voltada originalmente para o próprio indivíduo necessita de uma concepção do que é a pulsão; tal concepção

---

[24] É dessa forma que ela aparece, por exemplo, na *História da libido* de Abraham. Ver, a esse respeito, "O inconsciente segundo Karl Abraham", neste volume.
[25] O texto mais instrutivo sobre todo esse tópico ainda me parece ser o de Jean Laplanche, *Vie et mort en psychanalyse* (Paris, Flammarion, 1970).

não pode mais se restringir à pulsão sexual, e assim surge a ideia da pulsão de morte. Quando tentamos pensá-la sob o esquema das pulsões sexuais, porém, nos damos conta de que isso é impossível: a fonte da pulsão oral é facilmente localizável na mucosa da boca, mas qual zona corporal dá origem à pulsão de morte? O objetivo dessa pulsão é claro: o retorno ao estado anterior; mas o objeto que a satisfaz, qual é?

Diante disso, a noção de pulsão deixa de ser definida pelos quatro elementos característicos da pulsão sexual e passa a ser uma tendência muito mais indefinida, que se caracteriza basicamente pela sua relação com o objeto. Se as pulsões de vida são aquelas que visam a investir o objeto, as pulsões de morte são as que buscam o *afastamento* do objeto, o seu desinvestimento. O processo pelo qual isso ocorre foi bem descrito por André Green, sob o nome de *desobjetalização*. O que dá corpo à pulsão de morte é o fenômeno da desobjetalização, e, se há uma síndrome na qual isso se apresenta com alguma clareza, certamente é a depressão.

O movimento mortífero de reclusão deve ser bem distinguido do reinvestimento narcísico de si, que ainda é uma manifestação erótica. Na retirada narcísica da libido de algum objeto, ela, a libido, reflui para o ego, e o resultado é logicamente uma sensação de euforia, não de depressão. Nesse sentido, Freud parece ter cometido um equívoco, em *Introdução ao narcisismo*, quando diz que no enamoramento "quanto mais a libido vai para o objeto, mais se empobrece o ego, e quanto mais a libido reflui para o ego, mais se empobrece a relação com o objeto". Embora essa correlação se verifique em outras condições, como a hipocondria, ela não parece corresponder à experiência que temos do enamoramento; parece antes haver um fenômeno de multiplicação dos pães, pelo qual quanto mais libido é colocada no objeto, mais o ego se sente eufórico. E isso porque o enamoramento não é solipsista: se amo o objeto e o objeto me ama, de alguma maneira eu também recebo um fluxo libidinal vindo dele, objeto, e a sensação de quem está amando não é de maneira nenhuma a de empobrecimento do seu ego.

Resumindo: a tendência à desobjetalização não é a mesma coisa que o investimento narcísico de si, mas exatamente o contrário. As pulsões de vida buscam um objeto; é por esse elemento que elas se caracterizam, não mais pela fonte ou pelos elementos atribuídos à pulsão sexual na primeira teoria pulsional. Já as pulsões de morte visam ao afastamento de qualquer objeto, inclusive do objeto representado pelo próprio ego.

Psicanálise e cultura, psicanálise *na* cultura

Em relação à questão da cultura, que consequências decorrem da nova teoria das pulsões? Não se pode mais dizer que a cultura repousa integralmente sobre a coerção delas, tanto porque já não temos a bem dizer pulsões sexuais para serem coibidas, quanto porque o fenômeno da agressividade precisa encontrar um lugar na descrição metapsicológica. O que incumbe agora à cultura é simultaneamente *estimular* e *controlar* a agressividade. Por que estimular? Porque, se a autoagressão é primária e a heteroagressão, secundária, caso não houvesse nenhum mecanismo cultural/social de deflexão da agressividade, capaz de lhe oferecer meios lícitos de descarga — por exemplo no preconceito, no ódio ao inimigo, no temor aos deuses, em suma, em criações culturais que permitem sua canalização para objetos *outros* —, o resultado seria a morte de todos os seus componentes.

Assim, a primeira função da sociedade passa a ser permitir ao recém-ingressado nela — à criança pequena — defletir a sua agressividade para aqueles objetos que, nessa sociedade, são adequados para conter esse aspecto. Além disso, uma vez permitida a deflexão para certos objetos, outra parte da cultura deve impedir que o indivíduo exerça sua agressão sobre objetos não permitidos, cometendo, por exemplo, heresias, blasfêmias, homicídios, pecados, etc. E, para que a sociedade não tenha o tempo todo de dizer a cada um, explicitamente, o que pode e o que não pode fazer, é necessária uma agência interna de controle: a autoridade deve ser interiorizada. A meu ver, é por essa razão que, no momento em que aparece essa nova concepção da pulsão (em *Além do princípio do prazer*), uma série de observações feitas anteriormente, porém esparsas, se reúne na ideia de superego. Isso ocasiona uma remodelagem integral do aparelho psíquico, porque o superego ocupa muito mais espaço na versão B do que aquele que na versão A — a da *Interpretação dos sonhos* — era ocupado pela censura do sonho. É evidente que o superego possui outras funções e uma história muito mais complexa.

Com a invenção do superego, Freud tem de dar uma solução para o monstrengo no qual se transformou o aparelho psíquico ao longo dos anos em que ele lhe foi acrescentando funções e partes que o tornam epistemologicamente inconsistente. Na *Interpretação dos sonhos*, o aparelho psíquico é maravilhosamente simples: consciência, pré-consciente, inconsciente, com censuras entre as diferentes instâncias. O inconsciente consiste em representações unidas entre si pelo processo primário, no qual a energia circula livremente. Não cabe nesse aparelho psíquico, ou cabe muito mal, a função de defesa; muito menos a ideia de um conflito pulsional ou a noção de instâncias ideais.

Com a introdução do narcisismo, o aparelho entra em pane: como se junta o investimento sexual do ego com as instâncias da primeira tópica? É completamente impossível. O mesmo vale para o objeto, que no sentido psicanalítico é uma representação capaz de gerar efeitos psíquicos, como, por exemplo, a angústia. Onde vai entrar isso no aparelho óptico construído no capítulo vii? Freud percebe a dificuldade, e nos artigos da *Metapsicologia* se pergunta: finalmente, o que é o inconsciente, o que é repressão, o que é pulsão?

Freud é assim levado a reformular a sua tópica, e nessa reformulação o elemento novo e importante é a ideia do superego. O id recupera mais ou menos a noção de inconsciente; possui um outro conteúdo, talvez mais pulsional, mais demoníaco, mas enfim é o inconsciente. O pré-consciente quase desaparece na segunda tópica, não tem mais muita importância. O ego ganha um lugar de relevo, ligado às identificações. E surgem as instâncias internas de controle: de um lado o superego, de outro o ideal do ego, e na base disso tudo o ego ideal como resquício das vivências narcísicas da primeira infância. O superego se encarrega do controle social — a polícia interna, obviamente —, mas é também o resultado de identificações; consequentemente, ele é também um resquício de escolhas de objeto, é o herdeiro do complexo de Édipo.

A ideia de que a escolha de objeto se converte numa identificação, e que essa identificação, por sua vez, passa a ter o papel antes atribuído ao objeto — que é de uma simplicidade franciscana, porém de uma inteligência newtoniana —, faz com que a polarização ego/objeto se resolva de uma maneira harmoniosa, ou seja: primeiro eu amo, depois me identifico com o objeto abandonado e finalmente me moldo à sua imagem e semelhança.

Nesse contexto, a ideia do superego e das instâncias ideais não só ajuda a entender o jogo agressividade/pulsão de vida, mas ainda dá conta de um problema insolúvel na primeira tópica, que é a contradição instituída por um ego que ao mesmo tempo é *agente* das defesas e *objeto* das pulsões contra as quais ele deve se defender. Na segunda tópica, é da sua própria natureza ser um precipitado de identificações.

O que nos importa nisso é que agora há uma tópica na qual se relativiza a diferença entre *individual* e *social*, porque dentro do próprio indivíduo existe a instância do superego, para a qual não se coloca a pergunta se é social ou individual.

Psicanálise e cultura, psicanálise *na* cultura

Ela é as duas coisas ao mesmo tempo. Social porque veicula as proibições, as regras e as normas da sociedade, e individual porque é o *meu* superego. O meu chapéu tem três pontas; se não tiver três pontas, não é o *meu* chapéu... e o *meu* superego diz para o meu ego uma série de coisas que o *seu* superego não diz para o seu. Nesse sentido, a distinção entre o social/individual se esfuma de uma maneira muito original, e Freud pode dizer, no início de *Psicologia coletiva e Análise do ego*, que a psicologia individual é imediatamente psicologia social ou vice-versa.

Isso traz consequências para a teoria da cultura. A taxa de crueldade com a qual o superego vai tratar o ego pode ser contraproducente, e Freud retoma aqui o que havia exposto no artigo sobre a moral civilizada, acrescentando porém que o excesso de superego produz culpa. A temática da culpa, que não fazia parte da primeira teoria da cultura, vai entrar agora como um operador fundamental. É a partir dela que Freud vai compreender o mecanismo das religiões, ou seja, não só o desejo de ser protegido pela divindade bondosa, mas ainda a necessidade de expiar, remetendo-se às noções de pecado, transgressão e assim por diante. Freud mostra como a culpa é um mecanismo de controle social da mais extraordinária eficácia. Por isso, uma parte da leitura da religião no *Futuro de uma ilusão* passa pela questão da culpabilidade.

O interessante na culpa é que ela se torna muitas vezes insuportável: Freud estuda os criminosos movidos pelo sentimento de culpa, que são pessoas que acabam agindo no real para dar um conteúdo à sua culpabilidade inconsciente. Melanie Klein vai dizer a mesma coisa. A reparação maníaca, que ela estuda em *A psicanálise da criança*, tem a ver com a ideia de um mal terrível feito ao objeto, e que só pode ser reparado de maneira mágica. Nisso consiste a reparação maníaca: ela anula, como se nunca tivesse acontecido, o mal infligido ao objeto.

Com isso, podemos ter uma ideia dos elementos que a teoria psicanalítica da cultura vai ressaltar. Convém resumi-los brevemente:

1) Ela está ligada inevitavelmente aos destinos e aos controles da pulsão; e, à medida que a teoria da pulsão varia na obra de Freud, a teoria da cultura também vai sofrendo as consequências dessas transformações conceituais.

2) Em segundo lugar, está próxima das questões da metapsicologia e da tópica, portanto não é de maneira alguma um enfeite secundário na teoria psicanalítica; a prova disso é a ideia de superego, que faz parte da tópica e da metapsicologia, e também da própria teoria da cultura, como veículo da proibição.

Renato Mezan

3) Terceiro ponto: a teoria psicanalítica da cultura está preocupada com os destinos das pulsões, especificamente com a sublimação delas na criação cultural e com o destino da agressividade no plano das relações humanas de maneira geral. Este é o tema da carta que Freud escreve a Einstein, "o que fazer com a agressividade". A resposta de Freud é: "coagi-la na medida do possível, e encontrar alguns canais de exteriorização controláveis para essa agressividade". Nesse sentido, rituais coletivos como o esporte, o Carnaval, a malhação do Judas são expressões da agressividade, em geral codificadas, contidas num certo espaço. Nos esportes cruéis, como as touradas ou o boxe, a agressividade está limitada por um aparato simbólico que permite o seu escoamento, e mesmo o seu aplacamento, sem fazer vítimas humanas. O boxeador sabe que pode levar uma pancada; o gladiador romano, o corredor de biga ou de Fórmula 1 também se expõem a fatalidades, à morte inclusive. Por que aceitam correr riscos? Em nome de outros prazeres, em geral narcísicos; sujeitam-se a uma dose de agressividade do outro, codificada pelas regras do esporte e que pode eventualmente resultar num acidente. Para quem está assistindo, é a identificação com os contendores que serve de veículo da agressividade, e aqui voltamos à leitura que Aristóteles faz da tragédia. É exatamente a mesma coisa: medo e piedade, identificação com os personagens.

4) Quarto elemento: o destino da culpabilidade e a atenuação da culpa como parte de um projeto emancipatório no qual a psicanálise teria algo a dizer. Concretamente, isso se traduz nos anos 1930 pela ideia de que a finalidade da interpretação psicanalítica é aliviar a severidade do superego, oferecendo o analista como modelo de um superego benigno. É o que diz James Strachey no seu artigo "A interpretação mutativa", de 1934. A leitura de que, em última instância, a análise é uma análise do superego, visando ao desmonte de suas estruturas e engrenagens, surge na década de 1930, e isso mostra o efeito, na prática da análise, de toda esta análise da cultura que estou descrevendo. São consequências técnicas da ideia de que o superego mergulha suas raízes no id, e portanto se alimenta das pulsões agressivas que encontram guarida no próprio id.

A temática da cultura vai ser abordada pelos analistas levando em conta estes operadores: Onde estão as pulsões? Que destinos elas têm? A que defesas estão submetidas? Qual é o destino das fantasias sexuais e agressivas? E é isso que vai permitir à psicanálise aplicada se debruçar sobre determinadas obras, vindo agora na direção do indivíduo para a cultura. Quando o analista se interessa por

Psicanálise e cultura, psicanálise *na* cultura

uma exposição de fotografia, uma peça de teatro, um filme ou um romance, vai atrás desses elementos tais como se encontram materializados especificamente *naquela* obra, produzida por *aquele* autor, *naquelas* condições. Coloca-se assim a questão do método na psicanálise aplicada, que mencionei no início deste artigo, como um dos pontos a serem discutidos.

O MÉTODO NA PSICANÁLISE APLICADA

Ao adentrarmos a espinhosa questão do método, cabe dizer que ela pertence de fato ao terreno da epistemologia da psicanálise; contudo, para bem fundamentar a análise do exemplo que estudaremos na próxima seção, convém dissipar alguns mal-entendidos tenazes a respeito desse problema.

Em primeiro lugar, a teoria que acabamos de comentar não dá conta — nem esse é o seu objetivo — da *especificidade* dos produtos culturais. Mecanismos tão gerais quanto a sublimação e a coerção das pulsões não podem explicar por que o rádio foi inventado por Marconi em 1895, ou a forma sonata no início do século xviii. O problema das obras individuais é complexo, pois as ferramentas das quais a teoria psicanalítica da cultura dispõe são, por assim dizer, de grosso calibre; sua aplicação a questões específicas frequentemente fracassa porque o crítico as utiliza para um parafuso extremamente delicado e fino. O resultado desse método um pouco tosco é que a crítica acaba chegando a conclusões que não têm muito a ver com *aquela* obra cultural: em qualquer peça de teatro, em qualquer filme, desde que haja pais e filhos como personagens, pode--se demonstrar a existência de um conflito edipiano e concluir com a brilhante asseveração de que esse caso particular confirma a validade da teoria...

Há, porém, uma razão não trivial para esse equívoco: se o que a psicanálise diz sobre a cultura e a sociedade — que resultam da coerção e da sublimação das pulsões — for verdadeiro, então qualquer produto cultural trará essas marcas. O risco da tautologia ronda a operação: se o conjunto é assim, cada parte do conjunto também será assim, porque compartilha as propriedades do conjunto a que pertence. Esse é o problema da validade do conhecimento quando o investigador está incluído no objeto a ser conhecido, e decorre da necessária inclusão dele dentro do observado. Questão importante, pois costuma ser um dos argumentos brandidos pela filosofia da ciência de corte positivista —

especialmente inglesa e americana — contra a possibilidade de qualquer conhecimento que não siga o modelo da observação exterior.

Essa maneira de produzir conhecimentos se aplica quando o objeto a ser conhecido é de tipo natural, e as conquistas das ciências naturais comprovam a sua eficácia; mas, se fosse a única forma válida de conhecer, as ciências humanas não teriam produzido qualquer conhecimento verdadeiro. O absurdo patente de semelhante afirmação deve nos estimular a pesquisar *de que modo* pode ser possível a uma parte do conjunto (o investigador) obter conhecimento sobre o conjunto a que pertence, pois é precisamente dessa forma que se dá o conhecimento nesse gênero de disciplinas. O exemplo mais claro é o do linguista que escreve a gramática do seu idioma: o fato de ser um falante daquela língua não é um impedimento — antes, é condição necessária — para que ele possa extrair e ilustrar as estruturas gramaticais que a caracterizam. O mesmo vale para a economia ou a sociologia: ser membro de uma classe social não impede o investigador de expor as estruturas da sociedade a que pertence, nem o fato de nele se inserir torna impossível ao estudioso descrever o ciclo produtivo ou as peripécias de um sistema monetário.

Como, então, veio a se consolidar o preconceito de que a única forma válida de conhecimento é a que exclui a subjetividade do observador? Aqui convém notar que a imagem típica do conhecimento mostra alguém que *está de frente* para o seu objeto, e pode abarcar esse objeto num golpe de vista, em princípio único, por meio de uma síntese. Porém, no caso da teoria psicanalítica — e no caso de todas as outras disciplinas que envolvem o investigador no fenômeno que se está observando —, a situação epistemológica não é essa, mas é a de um indivíduo mergulhado *dentro* daquilo que ele deve conhecer, seja uma formação social, uma instituição, ou fenômenos psicológicos.

A forma correta de se resolver esse impasse é se dar conta de que o conjunto, isto é, a sociedade, o modo de produção, o inconsciente, a instituição — tudo aquilo que é coletivo —, é portador de uma realidade própria, infundida nos seus membros e partes. O inconsciente, por exemplo, pode apresentar certos aspectos universais e simultaneamente possuir aspectos individuais: não há contradição nenhuma nisso. A discussão sobre se a subjetividade é estritamente individual ou se compartilha de alguns traços universais está mal colocada: os defensores da singularidade absoluta esquecem que existem certas experiências pelas quais todos passam. Seja em que cultura e em que época for, os bebês vão ter de se

Psicanálise e cultura, psicanálise *na* cultura

separar de suas mães, os desejos não vão poder ser realizados imediatamente, é preciso aprender a linguagem, algum tipo de castração tem de ocorrer...

Ou seja, o indivíduo deve se socializar, aceitar obedecer a certos tabus, embora nem sempre os mesmos. Certos elementos da experiência individual são simultaneamente transindividuais. *Que haja* tabus é um fato universal; que o tabu seja ingerir carne de porco ou ter comido antes de receber a comunhão depende de circunstâncias particulares. Que a prima seja permitida como esposa em algumas sociedades e proibida em outras é inteiramente contingente, depende das regras e instituições familiares de cada grupo humano. Mas que exista sempre algum tipo de mulher proibida, além da mãe, isso é um fato universal.

A experiência prova que é possível ao indivíduo dar conta do conjunto no qual se situa. No entanto, para isso é necessário método; temos de usar *les petites cellules grises*, como dizia Hercule Poirot. Por que é preciso o método? Porque a possibilidade de seguirmos pistas falsas é enorme. O principal problema é o que apontei: tomar "ferramentas de grosso calibre" — afirmações muito gerais a respeito da psique — para dar conta da singularidade de uma manifestação especial. Todo o problema da análise de obras literárias, cinematográficas, de imaginação, consiste em encontrar qual é o elemento que torna essa obra particular em relação aos grandes princípios do funcionamento psíquico.

No caso específico da psicanálise, o processo começa com a percepção, pelo investigador, de uma *nota dissonante*. É a impressão de que alguma coisa "não bate bem". Esse é sempre o ponto de partida de qualquer processo interpretativo: é assim que escutamos. O modelo clínico é transposto para a análise do objeto inerte, que não é um ser humano, por meio da identificação de certos elementos comuns a ambas as situações. Sabemos que a primeira regra da clínica é a atenção flutuante; a imagem da flutuação é boa para chamar a atenção sobre um corolário raramente lembrado dessa regra, que é a injunção de não se deixar enganar pela *aparência de coerência ou de solidez* daquilo que se está analisando.

O paradigma do sonho, para falar como Fédida, é o que orienta qualquer trabalho nesse sentido. Há uma série de hipóteses, a saber: o aparente, isto é, aquilo que está visível, a superfície da obra, resulta de um processo de transformações; é o equivalente ao conteúdo manifesto de um conteúdo latente ainda desconhecido, como num sonho. Há o processo de elaboração secundária, que no sonho dá conta da transformação daquela sequência de imagens em uma história mais ou menos coerente — mas jamais *completamente* coerente, caso contrário seria impossível encontrar qualquer brecha para a interpretação. Se fosse totalmente coerente, o sonho não pareceria absurdo, não teria despertado nenhum interesse no seu entendimento e não disporíamos de acesso aos mecanismos presentes na sua constituição. Em uma obra feita para ser pública — um filme, uma peça, uma escultura, uma instituição, qualquer coisa que exista na cena da realidade —, o grau de coerência e consistência, evidentemente, é muito maior do que no caso do sonho, que é uma produção individual muito mais próxima de realização de desejos.

Em função desse sistema de transformações, deve-se postular um certo grau de distância em relação ao que seriam os elementos básicos — pulsionais, fantasmáticos, de desejo, etc. —, grau muito maior que no caso do sonho, e uma ação mais complexa dos mecanismos de defesa, censura e transposição. Também há a utilização de um repertório já codificado no meio em que se produz essa obra. Se é um filme, o cineasta não precisa inventar o primeiro plano nem as técnicas de iluminação; pode recorrer a um repertório de meios de representação que já existe na arte a que se dedica. Se ele faz desse recurso um uso estritamente convencional, cria uma obra de arte acadêmica, sem grande interesse; se faz o contrário, produz uma obra de maior interesse relativo, em função da sua novidade.

A rigor, para a análise de uma obra cultural talvez o melhor modelo não seja o sonho, mas, como sugeriu Ernest Gombrich, o chiste, feito para ser comunicado e no qual, portanto, a *forma* é mais determinante na constituição do conteúdo do que no ambiente do sonho.[26] Em qualquer dos casos, porém, a análise sempre parte da percepção de uma nota dissonante, que chama a atenção do analista.

Em segundo lugar, para evitar que a análise seja simplesmente projeção das fantasias do analista sobre o assunto analisado, é preciso utilizar um método comparativo. É por meio dele que se dão, por um lado, a percepção dos elementos dissonantes, e, por outro, a formulação de paralelos com outros pontos, a fim de verificar se a nossa hipótese se justifica ou não. Trata-se da tradução, para a psicanálise aplicada, da implicação do investigador naquilo que ele está investigando: o efeito produzido sobre o investigador é um elemento da própria

---

[26] Sou grato a Inês Loureiro por ter me chamado a atenção para esse aspecto.

investigação. É uma condição para realizar esse trabalho, e seria estúpido tentar eliminá-la como "resquícios de não objetividade". O importante não é eliminar aquilo que não satisfaz meus preconceitos, mas sim utilizar os fatos e os elementos que surgem em favor do propósito de investigar. Foi assim com a transferência: nos *Estudos sobre a histeria*, ela ainda é considerada um obstáculo que perturba a rememoração do trauma patogênico; mas Freud acabou se dando conta de que ali residia o melhor acesso ao inconsciente. Foi assim com a resistência, que era temida e devia ser eliminada, até que ele percebeu que a maneira pela qual o paciente resiste diz muito sobre as suas defesas, e, portanto, sobre algo que faz parte da sua neurose.

Esses dois procedimentos — partir das impressões e utilizar sempre um método comparativo, testando em outra parte do material a hipótese que construímos com base em um elemento que nos chamou a atenção — são suficientes, se bem aplicados, para evitar o risco da projeção.[27] O que é detalhe dissonante, em cada obra, depende da obra estudada. A capacidade de perceber a dissonância do detalhe requer alguma erudição, pelo menos naquilo que se está estudando. Se estamos fazendo análise de filmes, é preciso ter familiaridade com o cinema, para identificar os elementos que interessa analisar; se se trata da leitura de uma obra de teatro, de uma instituição social, precisamos conhecer aquela esfera da cultura: primeiro, para perceber a presença do detalhe dissonante, e, segundo, para poder avaliar se essa percepção é válida ou não — se me enganei imaginando que tal detalhe fosse dissonante, quando na verdade não era, ou se, ao contrário, acabei encontrando uma pista fecunda que pode levar à compreensão de um aspecto da obra até então despercebido.

Um terceiro aspecto do método psicanalítico consiste na busca sistemática do que é inconsciente, já que esse é o objeto próprio da nossa disciplina. O que significa dizer que existe inconsciente numa obra de cultura? Antes de mais nada, que ela contém sentidos ou relações latentes, não legíveis na superfície que expõe ao receptor. Essa segunda camada de significações só é alcançável por meio da análise, porém esta não precisa ser necessariamente psicanalítica. O "inconsciente da obra" está em duas outras dimensões: na ressonância que ela produz sobre o leitor-psicanalista e nos traços que o inconsciente do autor pode

---

[27] Mais observações sobre esse tópico podem ser encontradas em "Sobre a epistemologia da psicanálise", neste volume.

ter deixado na sua constituição. No primeiro caso, ocorre algo semelhante ao que se passa na análise clínica: aspectos do discurso do outro (paciente ou obra) excitam algo no psicanalista; ele reage a essa excitação com seu próprio mundo interior — uma ideia, uma imagem, uma lembrança —, que, de alguma forma, se concatena com o que escutou e contribui para outorgar, ao que foi escutado, uma significação capaz de ser apropriada pelo paciente. O inconsciente se constrói assim *entre* os dois parceiros, e o equivalente disso na análise da obra é o surgimento de uma hipótese interpretativa, apta a desvendar nela um aspecto até então insuspeitado *e* capaz de ser elucidado com o instrumental psicanalítico, pois se refere às emoções ou ao comportamento dos personagens, ao efeito que a obra produz sobre quem a está fruindo, etc.

Numa outra dimensão, o criador possui uma vida psíquica que lhe é própria e que sem dúvida está presente na sua criação. Tal presença não é jamais direta — seria ridículo supor que um ficcionista descreve bem os ciúmes somente porque os sofre na carne —, mas é indiscutível que os interesses, as fantasias ou a sensibilidade do autor o conduzem a certos temas e a um certo modo de os apresentar. Tanto no conteúdo quanto nos meios de expressão, o inconsciente se manifesta pela seleção das figuras, pela eventual inibição para tocar neste ou naquele ponto, pela sequência das ações ou do desenvolvimento temático — enfim, por mil elementos entranhados na própria textura do trabalho e que de algum modo fazem cintilar o que move a criação sem que o criador disso tenha consciência. Esse "algo" está enraizado na experiência do autor e, por vezes, na sua experiência infantil: Freud mostra o partido que se pode tirar de informações sobre esse ponto no *Leonardo*, em *Uma neurose demoníaca no século XVII*, e na *Recordação infantil de Goethe em "Poesia e verdade"*. Aqui estamos no plano da singularidade absoluta: tal trauma, vivido por tal criança, pode ter influído na criação — pelo autor adulto em que ela se transformou — de tal obra artística ou científica. Mas, além disso, o inconsciente implica fatores transindividuais, cuja presença é explicada de modo simples e eficaz pelo fato de todos estarmos inscritos na cultura e na sociedade.

Estou insistindo nisso porque a análise de uma formação cultural vai necessariamente encontrar certos elementos desse gênero. O equívoco comum é ir diretamente para o conteúdo transindividual, esquecendo justamente o que dá à obra ou à instituição a sua especificidade, e que é a *forma*. A forma portanto é aquilo que dá conta da especificidade, que faz a obra ser *tal obra*, e não *outra*. De novo, na forma temos elementos que são singulares e outros que são

Psicanálise e cultura, psicanálise *na* cultura

transindividuais ou coletivos. Um exemplo musical é aqui instrutivo: toda valsa tem o ritmo de três por quatro. Muitos compositores escreveram danças desse tipo, que necessariamente se conformam ao padrão, caso contrário não seriam valsas. Mas o que diferencia uma valsa de Strauss de uma de Chopin é algo próprio do compositor, sua inspiração melódica específica, o tipo de harmonia que costuma empregar e outros fatores que a análise musicológica pode pôr em evidência. O resultado é que, ao ouvirmos uma das valsas de Chopin não pensamos em Strauss, mas nas *Mazurkas*, nos *Noturnos* e nos *Estudos*, peças nas quais a mesma inspiração melódica, o mesmo uso de certas figurações rítmicas e o mesmo tipo de construção harmônica estão presentes.

No caso da música, fazer psicanálise aplicada é mais difícil do que em obras plásticas ou literatura, pois o aspecto pulsional-fantasmático que interessa ao psicanalista discernir está muito mais mediatizado. Não é preciso insistir sobre o óbvio: o psicanalista que quer demonstrar a existência de alguma estrutura inconsciente numa obra de arte precisa ser competente naquele domínio, para discernir na obra os elementos que eventualmente expressam o desejo, a pulsão, a fantasia.

Isso vale tanto para o estudo de obras de arte quanto para o de instituições sociais. Voltemos ao caso da inibição da agressividade: de algum modo, ela precisa poder se manifestar, caso contrário seria inviável o funcionamento da sociedade. Toda a questão está no fato de que as formas lícitas de manifestação da agressividade precisam preservar o que, para cada sociedade, são os seus valores essenciais. A solução encontrada por muitas formações sociais foi a *estilização da agressividade*, desde as competições olímpicas na Grécia até os torneios medievais, passando pela batalha simbólica que é o jogo de xadrez. Há um paralelo curioso — não sei se significa algo em termos sociológicos ou antropológicos — entre estes povos insulares: japoneses e ingleses. São culturas guerreiras, capazes de uma extraordinária violência, mas que enfatizam muito a polidez e a hierarquia, justamente meios de conter e "conferir um estilo" às tendências agressivas. Para sustentar essa hipótese, porém, é preciso conhecer algo sobre essas duas culturas, utilizando, por exemplo, dados fornecidos pelos historiadores e antropólogos.

Gostaria de ilustrar tais considerações retomando um trabalho publicado em *Tempo de muda* a respeito da peça *Il dio Kurt*, de Alberto Moravia.[28] O que se

---

[28] Cf. "O mal absoluto", em *Tempo de muda*.

descreve nessa peça é um ritual, uma peça dentro de uma peça, montada por Kurt — comandante de um campo de concentração — para "demonstrar" que o complexo de Édipo é um artefato cultural, fadado a desaparecer sob a ordem do Reich de Mil Anos. Sem retomar todo o estudo ali proposto, quero destacar o elemento dissonante que primeiro me chamou a atenção: Kurt não executa pessoalmente seus crimes, mas o faz por meio de um prisioneiro, Saul. Este usa roupas e uma peruca exatamente iguais às que enverga o comandante do campo. Qual seria o significado desse detalhe? Primeira impressão: um é o espelho do outro, e esse espelhamento talvez diga algo sobre as identificações do personagem Kurt. Com isso, vamos à peça, para esquadrinhar o texto em busca de outras eventuais situações em que Saul também seja o espelho de Kurt. Ora, isso ocorre com o episódio do suicídio de sua irmã Ulla e em outros momentos. Conclusão: as roupas idênticas são, de fato, indício do espelhamento desejado por Kurt, e, corolário, existe um problema nas identificações desse personagem.

Próximo passo: o que deduzir disso? Por que esse homem tem identificações tão atrapalhadas, que precisa que um outro execute no seu lugar atos tão hediondos? Hipótese tirada da psicanálise: ele passou por um trauma. Alguma coisa abalou o seu sistema de identificações e fez com que ele tivesse de recorrer a um certo procedimento, utilizando elementos socialmente instituídos para dar vazão a suas angústias. Aí volta-se à peça: existe alguma coisa que dê substância a essa hipótese? Sim, o suicídio da irmã, que foi provocado pelo comportamento de Kurt. O que deveria ter acontecido, se ele fosse relativamente normal? Teria se deprimido, por causa da culpa. Essa não é uma afirmativa tirada da moral (quem mata deve se sentir culpado e por isso ficar triste), mas deriva do que a psicanálise nos ensina sobre o jogo entre agressividade e introjeção da agressividade, sobre os tipos de angústia envolvidos — depressiva ou persecutória —, sobre a ideia de uma reparação possível, etc. Ora, em vez de sentir culpa, vemos o personagem se tornar presa de uma exaltação maníaca.

Estas rápidas observações bastam para mostrar como, no estudo de psicanálise aplicada, dá-se um constante vaivém entre certos elementos oferecidos pela metapsicologia e certas situações dramáticas: por exemplo, o suicídio da irmã, a perda do objeto, a sensação de culpa, a depressão. Relacionar esses elementos uns com os outros é justamente o jogo de armar da metapsicologia: se temos isso, então podemos ter aquilo, enquanto tal outra coisa está excluída. Se há exaltação maníaca, provavelmente não vai haver um elemento depressivo

Psicanálise e cultura, psicanálise *na* cultura

visível, pois a reação maníaca serve justamente para esconder a dimensão depressiva. O que não ocorrerá é a presença simultânea da mania e da depressão. Aqui funciona o princípio do terceiro excluído. Se a angústia predominante for de tipo mais evoluído, como a angústia de castração, provavelmente as angústias mais arcaicas estarão razoavelmente bem elaboradas, e sem isso o sujeito não chegaria à etapa na qual sente a angústia de castração. Mas, se as angústias arcaicas estiverem mal elaboradas, o indivíduo não poderá sentir angústia de castração, porque as condições psicológicas emocionais para isso não estarão dadas. Isso é metapsicologia: o discurso universal sobre o ser humano, estabelecido com base na análise de casos individuais e na construção da teoria. A questão da análise individual (clínica ou aplicada) é saber *quais* elementos da metapsicologia devem ser mobilizados em cada caso. Esse é um problema que a psicanálise compartilha com outras disciplinas que funcionam da mesma forma: saber *se* é o caso, e *qual* é o caso.

Nesse ponto, os elementos que mais chamam a atenção em Kurt são sua crueldade extrema, o jogo de identificação cruzada com a vítima, uma preocupação enorme com o incesto, a ponto de Moravia sugerir que ele o teria cometido com a irmã. Ou seja: observamos uma série de fantasias predominantes, e assim se vai montando um certo conjunto de elementos. O objetivo da análise é tentar apreender a inter-relação desses elementos, a fim de, eventualmente, extrair alguma coisa que sirva para a análise clínica, meta final da psicanálise aplicada.

Qual é a contribuição *dessa* análise para o psicanalista que não se interessa por literatura italiana nem pelo nazismo? É a ideia de que há um gradiente para o sadismo. O psicopata estaria num extremo, o indivíduo sádico se situaria no meio desse segmento, e todos nós, que praticamos de vez em quando um pequeno ato sádico na relação sexual, ocuparíamos o extremo oposto ao do psicopata. Existe um elemento agressivo na sexualidade normal, comprovado desde os *Três ensaios*. Esse componente pode se manifestar, por exemplo, se o indivíduo morde as costas da mulher durante a relação sexual, ou se a mulher tem a fantasia de castrar o homem por meio de uma felação. Esses atos ou fantasias podem fazer parte de uma relação sexual adulta, e se esgotam nisso. Paralelamente, temos a figura construída nas obras do marquês de Sade, que é o sádico sexual, e, mais além, o psicopata que exerce sua crueldade no real, sem estar envolvido numa situação especificamente erótica — mas que erotiza a própria crueldade.

Disse há pouco que a leitura psicanalítica exige, como etapa preliminar, uma análise que poderíamos chamar de "formal", a qual revela em suma de que maneira está construída a obra — sua arquitetura interna, por assim dizer. Ocorre que a disposição formal já é em si mesma portadora de significações: os estudos de Roberto Schwarz sobre Machado de Assis mostram de que modo os recursos literários empregados revelam as contradições da sociedade imperial, e isso na *organização* ou no *ritmo narrativo* dos seus romances, mais até do que na caracterização dos personagens.

Um pequeno exemplo de como a atenção aos detalhes de forma pode sugerir vias para a interpretação psicanalítica pode ser tirado da série *Guerra nas estrelas*. Ao ver esses filmes, o que me chamou a atenção foi o contraste entre a tecnologia avançadíssima dos equipamentos e os figurinos medievais envergados por todos os personagens: túnicas, mantos, tiaras, espadas, etc. Esse contraste é redobrado por um outro, análogo, entre a razão e os impulsos: razão materializada nos artefatos tecnológicos e nas espaçonaves que voam à velocidade da luz, impulsos que se traduzem na "Força" e no comportamento passional daqueles cuja história é contada.

A que poderia aludir essa coexistência do passado e do futuro, do arcaico e do ultramoderno? Penso que ela significa que o *futuro vai ser igual ao passado*: o tempo passa, mas não há progresso nem decadência; as coisas serão no século XXIII como sempre foram. Os homens serão movidos pelos mesmos impulsos que no tempo das cavernas (proposição que talvez obtivesse o assentimento do psicanalista), mas sem qualquer acréscimo nas suas capacidades para a elaboração (com o que o psicanalista não necessariamente concordaria). Nenhum benefício advirá da tecnologia de ponta para aprimorar a humanidade do homem; simplesmente, em vez dos tacapes ou dos carroções do faroeste, teremos espaçonaves fantásticas e robôs falando com sotaque inglês.

Essa hipótese interpretativa não tem nada de psicanalítica, mas pode abrir caminho para interrogações pertinentes para a psicanálise. Segundo as exigências do método comparativo, cabe primeiro verificar se o *mesmo* conteúdo está presente em *outros* aspectos da série; se estiver, teremos encontrado uma boa clave para a percepção das significações inaparentes. Ora, esse é justamente o caso: se o passado, o presente e o futuro são na verdade contemporâneos, então todas as obras que neles se criaram podem ser tidas por correspondentes entre si, todas podem ser postas no mesmo plano de importância e de significação,

Psicanálise e cultura, psicanálise *na* cultura

porque estão ancoradas num presente que se perpetua desde sempre. Esse motivo "de conteúdo" aparece no plano formal a partir de um traço que chama imediatamente a atenção do espectador: a proliferação indiscriminada de citações. Há citações para todos os gostos: de elementos iconográficos (a máscara de metal que cobre o rosto de Darth Vader, a espada arturiana), de falas célebres ("Pai, não me abandones!", diz Luke Skywalker em certo momento), de episódios mitológicos (a luta contra os Titãs) e históricos (a batalha pela liberdade contra um império tirânico, mito fundador da nação americana), e a lista poderia continuar. A série é um mosaico de temas de símbolos extraídos de milênios de ficção, entretecidos na trama universal do combate entre o Mal e o Bem.

Feito esse trabalho preliminar, formal, o interesse do psicanalista seria atraído por algumas situações para cuja elucidação o seu arsenal pode ter utilidade; além da evidente conotação edipiana do combate entre o herói e seu pai, poderia ser examinada a relação entre Vader e o Imperador, apresentada como de vassalagem feudal, mas com possíveis implicações homoeróticas e narcísicas. Vader foi atraído pelo "lado escuro da Força", cuja expressão máxima é a figura do Imperador. Ora, por que isso ocorreu? No aspecto maléfico da Força, está involucrada a promessa de poder ilimitado para quem a ele se submeter. A tendência para o mal do menino Anákin (que se tornará depois o Lord Vader) é por assim dizer capturada pelas redes de uma relação de objeto específica, que a materializa sob a forma de um vínculo homossexual inibido quanto ao fim. Qual a relação entre esse vínculo e o anelo narcísico de onipotência, para cuja realização ele parece constituir uma condição necessária? Eis uma questão propriamente psicanalítica, que poderia ser explorada a partir do estudo desses personagens. Outro ponto instigante: por que filmes tão pobres do ponto de vista do conteúdo tiveram tanto sucesso? Será apenas pelo "aspecto videogame", como foi descrita a miríade de efeitos especiais que mascaram a fragilidade da fábula? Ou, apesar de tudo, o fascínio do tema edipiano — especialmente quando apresentado como faroeste interestelar — tem algo a ver com o favor do público? São questões que vão além da análise estética ou sociológica e que poderiam contribuir para colocar em evidência os significados inconscientes que *essa* obra veicula, bem como os mecanismos pelos quais produz seus efeitos sobre o espectador.

Passemos agora à análise mais detalhada de um ritual religioso, com o que teremos encerrado este percurso pelos domínios da psicanálise aplicada.

Renato Mezan

ABRAHAM E REIK SOBRE O YOM KIPUR

Nas obras de Karl Abraham, encontramos um pequeno texto intitulado "O Dia do Perdão: observações sobre a obra de Reik *Problemas de psicologia religiosa*". Trata-se de uma resenha que Abraham escreveu no número 6 da revista *Imago*, em 1920. O livro resenhado é de Theodor Reik, *Problemas de psicologia religiosa*, que por sua vez é uma coletânea de artigos, entre os quais um sobre o Dia do Perdão. Como se sabe, este é para os judeus um dia de penitência e de rigoroso jejum. O psicanalista se concentra na oração que se chama "Kol Nidrei", "todos os votos", cuja aparência estranha lhe despertou a atenção. O texto diz o seguinte:

> Todos os votos, as proibições, os juramentos, os anátemas, as interdições, os empenhos e os compromissos que a nós mesmos impusermos, seja por voto solene, juramento, anátema ou autoproibição, a partir deste Yom Kipur até o próximo Yom Kipur, que venha a nós em paz, todos eles são declarados sem valor e considerados completamente nulos, não ocorridos, inexistentes. Nossos votos não são votos, nossos compromissos não são compromissos, e nossos juramentos não são juramentos.

Essa oração, repetida três vezes, é escrita em aramaico, a língua falada pelos judeus no tempo de Jesus; portanto, não é um texto bíblico. Reik ressalta o aspecto exótico da declaração, uma vez que no direito rabínico certamente as promessas devem ser tão respeitadas como em qualquer outro sistema jurídico. A quebra do compromisso comercial, civil ou de qualquer natureza é considerada uma falta grave: como se diz em latim, *pacta sunt servanda* — "os pactos devem ser cumpridos". O que significa, então, a solene declaração em contrário?

Vejamos algumas informações sobre as origens desse texto, que estão no livro de orações de Yom Kipur. O tradutor, Jairo Fridlin, explica: "O serviço inicial, e talvez o mais importante do dia, é o 'Kol Nidrei'. Com sua melodia tradicional, lamentosa e comovedora, a oração infunde em cada devoto um sentimento misto de alegria e temor. Dificilmente existe um judeu que não acompanhe e recite na noite de Yom Kipur essa prece, tão conhecida por sua bela, comovedora e suplicante melodia. Sua recitação na verdade carrega toda a atmosfera de uma sensação de alegria unida a temor reverente, que deixa sua impressão sobre

Psicanálise e cultura, psicanálise *na* cultura

todo o serviço".[29] Existe uma obra para violino, composta por Max Bruch a partir dessa melodia, de feitio bem oriental, que é repetida três vezes por toda a congregação, de pé, com a Arca da Aliança aberta, marcando a solenidade especial do momento.

Fridlin esclarece que a oração provavelmente foi composta pelos judeus espanhóis no tempo dos visigodos, em torno do ano 600 da era comum:

> o rei ordenara que se convertessem ao catolicismo, e eles deviam acatar essa disposição, mesmo contra suas consciências e vontades. Com a chegada do Kipur, ao se reunirem clandestinamente para oferecer suas preces, o mais velho de todos levantava-se para declarar que todos os juramentos e promessas que haviam feito eram nulos e vãos, visto haverem sido formulados sob coação. Assim foi que a fórmula usada naquele dia passou a integrar o serviço religioso. É provável também que, nas mesmas circunstâncias, tenham sido compostos os emocionantes acordes do "Kol Nidrei". Mais tarde, esse costume se estendeu a muitas das terras vizinhas, provavelmente através da migração dos marranos, sendo mantido mesmo em época de liberdade religiosa.

Diz ainda que, nos lugares onde havia liberdade de religião e de culto, essa oração não era recitada, e que depois, quando houve novas perseguições, ela entrou definitivamente no serviço religioso.

Assim, a declaração ao mesmo tempo solene e curiosa que chamou a atenção dos psicanalistas próximos de Freud não se refere aos compromissos que as pessoas assumem na sua vida cotidiana, como vender um automóvel ou pagar uma prestação, mas sim aos compromissos, juramentos e votos na relação do homem com Deus. "Os juramentos, anátemas e compromissos que nos impusermos deste Yom Kipur até o próximo serão sem valor, completamente nulos": é uma fórmula preventiva, cujo sentido mais aparente seria: daqui até o próximo Yom Kipur, se houver uma perseguição e eu precisar cometer apostasia, ela não deve ser considerada.

Ora, Reik parte justamente da oposição entre o sentido literal da fórmula e a solenidade com que é recitada. Sigamos o resumo feito por Abraham do seu argumento:

---

[29] Jairo Fridlin (organização e tradução), *Machzor para o Yom Kipur*, São Paulo, Sefer, 1996.

Para elucidar essa oposição entre o alcance severo atribuído pelo judaísmo aos compromissos e juramentos e a fórmula em questão, Reik examina o desenvolvimento histórico do juramento e encontra o seu protótipo na aliança que Jeová concluiu com os patriarcas. Do lado de Deus, esse pacto implica o engajamento de proteger seus filhos; da parte destes, é a renúncia diante de toda violência em relação ao Deus-pai. Esse laço se compreende se tivermos em conta a posição afetiva das comunidades primitivas quanto ao seu totem, para elas um equivalente do pai.[30]

Abraham se refere ao assassinato primitivo e ao mito de *Totem e tabu*, e explica como a rebelião contra o Deus-pai sucumbiu paulatinamente à repressão, mas ainda fez algumas irrupções na evolução da cultura.

Assim, a história do Antigo Testamento está cheia das recaídas do povo de Deus na idolatria. A alternância interminável de apostasias e retornos a Jeová mostra como era patente a ambivalência dos sentimentos do povo contra o Deus-pai. Em seguida, não houve mais grandes movimentos de deserção; o povo manteve-se com perseverança próximo do seu Deus. A religião judaica requeria dos seus adeptos uma parte considerável de abnegação e fidelidade à aliança, e quanto mais foram crescendo suas exigências, sob a pressão de estatutos cada vez mais rigorosos — de uma maneira que não deixa de lembrar a gênese dos sintomas na neurose obsessiva —, de geração em geração protegiam-se as prescrições religiosas de qualquer infração possível por medidas renovadas, que impunham regras escrupulosas. Podemos admitir que o peso desse compromisso e as penas impostas à sua transgressão acabaram por exigir uma reação. Nós a encontramos precisamente, se seguirmos a exposição de Reik, na fórmula do "Kol Nidrei", que busca anular para o ano seguinte os juramentos pronunciados. Reik tenta mostrar que, nos seus próprios termos, o "Kol Nidrei" é dirigido contra todas as formas de compromisso contra si mesmo, mas que na realidade, conforme o seu conteúdo inconsciente, faz frente à aliança com Deus, visando reduzi-la e aniquilá-la. Tem portanto o mesmo objetivo que o assassinato primitivo do pai pela horda tribal.[31]

---

[30] Karl Abraham, "Le jour du Grand Pardon", em *Œuvres complètes*, Paris, Payot, 1966, tomo II, p. 179.
[31] Idem, pp. 181-2.

Psicanálise e cultura, psicanálise *na* cultura

Vale a pena nos determos nesse exemplo, porque, além de curioso em si mesmo, ele mostra claramente como funciona uma interpretação psicanalítica, como ela se apoia em níveis sucessivos de pressupostos, provas e contraprovas. Nesse caso, ainda há um desafio suplementar, pois tudo se baseia na hipótese do parricídio original, que na época era considerado factual, ocorrido, enquanto atualmente nenhum psicanalista aceita essa ideia. Ora, no que escorar a interpretação, se o fundamento dela (a teoria do totem) já não é cabível?

Vamos então ler com cuidado o que dizem nossos autores. Eles partem, como afirmei na seção anterior, de algo que parece dissonante: aqui, o contraste entre a prescrição severa quanto à palavra dada e a fórmula preventivamente anuladora, que constitui ao mesmo tempo uma oração excepcionalmente solene no dia mais solene do calendário religioso. Qual é a explicação de Reik? Ele vai em busca do sentido inconsciente da oração. Embora o seu sentido manifesto seja a anulação dos compromissos que eu assumir *comigo mesmo*, na verdade o que se está anulando com antecedência é a possibilidade de apostasia. Portanto, *é a aliança concluída com a divindade* que se encontra anulada, ou atacada, e justamente sob a aparência da mais extrema fidelidade a ela.

Aqui temos um jogo de raciocínio. O texto diz: "Tudo o que eu jurar daqui até o próximo Yom Kipur será nulo". Primeira interpretação: não é *tudo* o que eu jurar. Se eu jurar que vou me casar com Sara, esse compromisso deve ser mantido; ele não é afetado pela declaração preventiva. Os compromissos preventivamente anulados não são todos, mas alguns, especificamente os compromissos com Deus; e, mais ainda, só os ligados à possibilidade da idolatria, já que a conversão a outra religião era assim considerada.

Parece que está sendo dito aqui: "Mesmo que eu seja forçado, por razões de sobrevivência, a abjurar da fé, ainda assim no meu íntimo me conservarei fiel". Isso parece, num primeiro momento, *reforçar* a aliança, não anulá-la. Pergunta Reik: mas por que um reforço da aliança tem de ser expresso em termos tão indiretos? Por que não se diz alguma coisa do tipo: "Mesmo que eu for forçado a abjurar, ainda sim, no meu íntimo, conservarei..."? Por que é preciso dizer que os engajamentos são nulos?

Reik mobiliza então os conceitos de ambivalência e condensação. A fórmula proclama a fidelidade à divindade em condições adversas, mas no mesmo movimento, e bem à moda da neurose obsessiva, como comentou Abraham, aparece uma possibilidade de manifestar o ódio, a agressividade, a revolta e o ressentimento contra todas as obrigações impostas pela religião. A análise de Reik sugere que tal manifestação de amor e fidelidade é ao mesmo tempo uma manifestação de ódio. O momento é extremamente solene: a fórmula é repetida por todos três vezes, acompanhada pela melodia comovente a que se refere Jairo Fridlin em seu comentário. A atenção se volta portanto para a *condensação* presente, e a segunda pergunta é qual seria o motivo desse ódio, já que o amor é evidente. Não há necessidade de explicar o lado positivo da transferência dos judeus com Jeová. O que interessa aqui são as raízes do ódio. O pano de fundo é o tema da aliança, que na religião judaica aparece muitas outras vezes, além desse caso do Yom Kipur e do "Kol Nidrei". A circuncisão é outro ritual baseado na mesma ideia, e a afirmação de que foi concluída uma aliança entre Jeová e o seu povo percorre o Antigo Testamento da primeira à última página.

Qual a importância disso? É que no texto da oração se encontra o exemplo de um conteúdo religioso especialmente importante, *e que aparece também em outros aspectos do judaísmo*. Eis um exemplo do que chamei, há pouco, de método comparativo: quando fazemos uma análise metapsicológica, o sentido encontrado a partir da interpretação de um ponto só tem validade se puder ser, de alguma maneira, confirmado pela interpretação de *outro* ponto, aparentemente sem nenhuma relação com o primeiro.

Nesse caso, o conteúdo latente destacado pela interpretação é o da aliança feita entre o povo judeu e seu Deus. Ela impõe uma série de obrigações, cumpridas de bom grado pelos judeus religiosos. Mas elas exigem um preço, que é a renúncia a certas satisfações pulsionais. Tal renúncia é — e tem de ser — motivo de revolta, mas esta é recalcada e só se manifesta (de modo muito indireto) em ocasiões como a do "Kol Nidrei". Eis em suma a leitura de Theodor Reik.

A oração em questão aparece assim como um modelo de *ambivalência* e de *condensação*. Quanto à força heurística dos conceitos, estamos num plano intermediário entre a singularidade da oração e o plano mais abrangente das causas fundamentais: conceitos como os de ambivalência e condensação se situam nesse plano e servem para explicar a presença do ódio que transparece na fórmula manifesta. Mas qual é a origem desse ódio? Reik recorre então a uma hipótese epistemologicamente mais próxima dos princípios gerais do funcionamento psíquico, ou seja, a que vincula os complexos de Édipo e de castração. Essa hipótese é mais fundamental, no arcabouço da psicanálise, do que as da condensação e da ambivalência.

Psicanálise e cultura, psicanálise *na* cultura

O objeto do ódio expresso indiretamente na fórmula do "Kol Nidrei" é a aliança com a divindade, e convém aqui lembrar que, tão logo concluída, ela é submetida a uma rude prova de fidelidade: o sacrifício de Isaac. Deus ordena que Abraão mate o seu filho querido, que aliás não é o seu primogênito (este é Ismael, filho dele com a escrava Agar). O que acontece de mais interessante é que o sacrifício do primogênito era — e deve ter continuado a ser durante um bom tempo — um ritual pré-mosaico, tanto que nos costumes judaicos se manteve isso na festa das primícias, que equivale *grosso modo* a Pentecostes. Sete semanas depois da Páscoa começa a colheita, e a primeira espiga, a primeira folha, a primeira fruta eram oferecidas à divindade, da mesma forma que o primeiro filhote da vaca e da cabra. Esses costumes, assim como a praga da morte dos primogênitos no livro de Êxodo, apontam claramente para um ritual ligado à castração: oferecer o primeiro fruto da fertilidade a uma divindade ciumenta, em troca da proteção aos demais filhos.

Ora, se Abraão consente em sacrificar seu filho e até o último momento está disposto a preservar a aliança mesmo por essa prática cruel, o mesmo não acontece com os seus descendentes, a crer na explicação oferecida por Theodor Reik. A conclusão a que ele chega é que a oração do "Kol Nidrei" expressa a *revolta* e a *quebra* da aliança, por meio de uma fórmula que exprime de maneira muito ambígua e ambivalente tanto a rebeldia como a submissão. Por um lado, há um juramento — todos os nossos juramentos, etc. —; por outro, o conteúdo do juramento é que todos os juramentos não terão valor. Para explicar esse aparente paradoxo, utilizam-se ideias com abrangência menor e maior, umas apoiadas sobre as outras: hipóteses centrais quanto à constituição psíquica, como as de complexo de Édipo, que inclui a revolta contra o pai e o amor por ele, e a de que toda renúncia pulsional acarreta consequências. No caso da religião judaica, essa renúncia se expressa por meio de um sistema de regras extremamente minucioso observadas pelo praticante e que foi se complicando ao longo dos séculos, chegando a cobrir todas as esferas da vida cotidiana.[32]

Um bom exemplo de como funciona esse sistema de interpretação é precisamente a instituição do jejum de Yom Kipur. Em Levítico, 16:29, encontramos a seguinte prescrição: "No décimo dia do sétimo mês, afligireis vossas almas".

---

[32] Sobre o papel dessas regras para a formação e preservação da identidade dos judeus como povo e religião, cf. "Violinistas no telhado", loc. cit.

Mas o que significa *afligireis vossas almas* ? Os rabinos vão em busca de outras ocorrências dessa expressão e as encontram em dois momentos: Deuteronômio, 8:3 ("e te afligiu, e te fez passar fome") e Salmos, 35:13 ("e afligi minha alma com jejum"). Por analogia, decidem que "afligir a alma" significa, *também* no Levítico, não comer nem beber por um dia inteiro. Essa interpretação obedece ao princípio da metonímia: se nos textos paralelos "afligir" vem ao lado de "jejum", então "afligireis vossas almas" significa "jejuareis"; institui-se então um jejum.

Mas surge uma pergunta que muita gente se faz, e Reik também: por que os judeus aceitaram esse código de práticas, que se chama *Halachá*, e que constitui no fundo o conteúdo da religião?[33] O problema, em termos psicanalíticos, pode ser formulado assim: por que essas práticas foram libidinalmente investidas? A resposta que me parece adequada é que isso se tornou extremamente funcional na manutenção da *identidade coletiva e individual*, portanto na dimensão do narcisismo A ideia de ser o povo escolhido possui um valor narcísico evidente; só que, para se manter nessa exaltada categoria, é necessário cumprir todas as regras religiosas.

Um outro aspecto certamente tem sua importância aqui: tudo indica que o caráter extremamente minucioso dessas práticas canaliza de maneira muito eficaz a *agressividade*.[34] Durante os 1900 anos em que vigorou esse código, os judeus não tiveram muita oportunidade de exercer sua agressividade, pois eram uma minoria perseguida e desarmada; a possibilidade de canalizar a hostilidade numa formação reativa codificada e com um valor narcísico elevado tornava *funcional* a adesão a um código rigoroso, que exige de quem a ele se submete uma extensa renúncia pulsional. Onde, então, vai se depositar a agressividade, que, apesar da formação reativa bem-sucedida, continua sendo sempre gerada no plano das pulsões individuais? A resposta de Reik é: a aliança é afirmada 364 dias por ano, mas num certo momento ela é solenemente rompida; depois disso o ritual, ao longo de todo o dia de orações, vai se encaminhando para a reconciliação. Se o "Kol Nidrei" abre a cerimônia, no final do dia, quando está tudo terminando, há um momento em que se abre mais uma vez a Arca da Aliança, e é repetida sete vezes uma mesma fórmula: *"Adonai hu haElohim"*, "o Senhor é nosso Deus". Depois, ouve-se o *shofar*, que é o chifre do carneiro, e termina o culto.

---

[33] Sobre esse aspecto do judaísmo, cf. Daniel Delouya, *Entre Moisés e Freud*, São Paulo, Escuta, 2000.

[34] A esse respeito, ver "Destinos da agressividade entre os judeus", neste volume.

Psicanálise e cultura, psicanálise *na* cultura

A interpretação é, em síntese, que existe uma agressividade constitutiva. Essa agressividade precisa ser recalcada, pois toda cultura repousa sobre a coerção das pulsões. A melhor forma de recalcá-la é por meio de uma formação reativa, na qual a mesma energia que seria utilizada nos atos hostis é aplicada na defesa contra eles, permitindo simultaneamente uma expressão disfarçada dos impulsos recalcados. Em resumo: apesar da restrição pulsional, deve existir uma quota de prazer associada à obediência às regras. Este é outro princípio psicanalítico: o prazer envolvido tem de ser superior ao desprazer e ao custo psíquico envolvidos naquelas práticas. Onde está esse prazer? Primeiro e fundamentalmente, no *benefício narcísico* colossal que advém da obediência a elas. Esse benefício reside na ideia eufórica do "povo escolhido" e também no alívio da pressão pulsional trazido exatamente por alguma coisa que se encontra entre o recalque e a sublimação, como a formação reativa. A funcionalidade antropológica, sociológica e psicológica desse código foi responsável pela sua manutenção: a adesão à "aliança" repousa assim sobre processos psíquicos essenciais, como o alívio da pressão pulsional e o reforço dos mecanismos de identificação. A minúcia e a abrangência do código têm portanto uma função estruturante, o que explica por que o indivíduo o investe com tanto zelo, embora vistas do exterior tais regras possam parecem excessivamente restritivas.

A análise da referida prece revela, em suma, duas coisas: primeiramente, a forma pela qual se conjugam os elementos da ambivalência numa determinada cultura; em segundo lugar, o modo pelo qual raciocina um analista. Este é o ponto mais importante para nós: a interpretação vai recorrendo a hipóteses mais e mais centrais, a fim de que possam ser "escoradas" pelos fundamentos da disciplina psicanalítica.

Nesse caso, o caminho conduz até a ideia da refeição totêmica e ao que nela se expressa, ou seja, o Édipo. Mas como fazer, se atualmente não se usa mais, como elemento heurístico, a ideia da refeição totêmica? Aqui temos um bom exemplo de como a psicanálise evolui e do tipo de relação que os analistas mantêm com o passado da disciplina. Essa relação é um pouco como a que os fariseus prescreveram a respeito dos costumes e das leis contidos na Torá: pode-se alterar o que for, desde que a alteração seja condizente com a essência do conjunto. No caso da psicanálise, a "alteração" pode ser introduzir um novo conceito, ou deixar de lado algo proposto por Freud ou por outro autor do início do século — mas sempre se deve mostrar de que modo essa alteração se coaduna com a natureza da psicanálise e com os conhecimentos já adquiridos.

390

O caso da refeição totêmica ilustra isso. Ela serve de fundamento à análise de Reik; seu argumento é que o "Kol Nidrei" é uma versão sublimada e ritualizada daquela refeição. Ora, o que fazer se esse conceito já não se mantém? A resposta é: descer ainda mais na pirâmide, de modo a encontrar os conceitos e as hipóteses dos quais a ideia de refeição totêmica é uma ilustração ou um derivado. Essas hipóteses são, como é fácil perceber, as do complexo de Édipo e de castração. Mas, para trabalhar com as ideias de Édipo e castração, não precisamos da hipótese de refeição totêmica, e foi isso que a psicanálise posterior acabou mostrando.

Creio que está clara a forma pela qual opera a interpretação: ela parte do elemento simbólico superficial, no caso a oração do "Kol Nidrei", e vai desvendando suas conexões com os universais do funcionamento psíquico, mas sempre respeitando a especificidade da formação cultural sob exame. O que fizemos foi tentar expor as teses que fundamentam o raciocínio a fim de mostrar que uma está ancorada em outra, que por sua vez está ancorada numa terceira, que por sua vez está ancorada numa quarta, em níveis crescentes de abrangência e abstração, até chegar a algum princípio fundamental da teoria. Há uma série de princípios próprios da psicanálise: o balanço do prazer e desprazer, a questão do investimento psíquico das práticas sociais, a teoria da estruturação do sujeito por meio das identificações, e outros mais, que servem de fundamento para todo o raciocínio. Além disso, utilizamos teorias mais "regionais", como as da condensação, da ambivalência e da formação reativa, que se encontram num plano epistemológico intermediário. E tudo isso tem de dar conta das características do elemento que está sendo analisado — no caso a ambivalência detectada na fórmula religiosa.

A ideia a que chegamos é que a aliança com Deus é algo profundamente desejado, mas que ao mesmo tempo *pesa*; e ela pode ser rompida, desde que coletiva e simbolicamente. O resto do dia de jejum é uma expiação desse rompimento, e termina com a reafirmação do pacto. É Abraham quem lembra isso, utilizando um princípio que já não é mais psicanalítico, mas que vale para qualquer disciplina humanística. Ele diz que Reik errou, em certa medida, ao não utilizar outros elementos do ritual que poderiam escorar a sua interpretação da oração: ficou apenas no *teor do texto*. O que deveria ter feito era ter examinado o conjunto do ritual do Yom Kipur, do qual o "Kol Nidrei" é uma parte; tal estudo lhe teria permitido descobrir diversos elementos análogos ao que ressaltou, e com isso seu argumento se veria bastante reforçado.

Psicanálise e cultura, psicanálise *na* cultura

Um exemplo de como o estudo poderia ser feito: as leituras dos Profetas nos ofícios da manhã e da tarde são retiradas respectivamente de Isaías, 57 e 58, e do livro de Jonas. O primeiro texto traz uma crítica contundente à pouca importância que então se dava às prescrições religiosas; o segundo narra a história de um homem que se recusa a aceitar a missão a ele confiada por Deus, ou seja, pregar em Nínive. Deus suscita uma tempestade sobre o barco no qual Jonas tenta fugir de sua Presença; ele salta do navio, é engolido pelo "grande peixe" e depositado na praia da cidade a que deveria ter se dirigido *sponte sua*. Ambos os textos são eloquentes referências à rebeldia e à posterior reconciliação com a divindade: o que confirma indiretamente, pelo método comparativo, a pertinência da hipótese reikiana.

É tempo de encerrarmos nossas considerações. O exemplo que acabamos de estudar mostra de que modo é possível, num caso particular, compreender o jogo pulsional que estrutura uma determinada formação cultural (a oração). Essa criação particular faz parte de um conjunto mais amplo (o judaísmo), que por sua vez tem origens sociais e históricas cujo conhecimento é indispensável para escorar a interpretação propriamente psicanalítica. O método que a produz faz, assim, apelo à teoria psicanalítica em sentido amplo, e em especial à parte dela que trata da cultura — utilizando noções como a de coerção das pulsões, de sublimação, de investimento libidinal dos modelos identificatórios, etc. E, como vimos nas seções iniciais deste trabalho, a própria teoria freudiana da cultura se inscreve num contexto cultural determinado, ou seja, o do pensamento alemão, em que as ideias de *Bildung*, de cultura e de civilização têm um significado específico, do qual Freud se apropria criticamente, transformando-os em ferramentas para a construção do seu pensamento. Pensamento que, ainda hoje, nos instiga e nos faz pensar: o que não é pouco, é precioso, e merece ser respeitado.

TERCEIRA PARTE

A psicanálise na Universidade

Psicanálise e pós-graduação:
notas, exemplos, reflexões

Num artigo publicado na revista *Percurso* em 1998, tive a oportunidade de comentar um fenômeno alvissareiro: a acolhida da psicanálise nos cursos de pós-graduação de diversas universidades brasileiras.[1] Ela já estava presente nos cursos de psicologia desde quando estes foram inaugurados, na década de 1960; a partir dos anos 1980, porém, ela se expandiu para a pós-graduação, primeiro no Rio de Janeiro e em São Paulo, depois em outras escolas.

Ao contrário do que poderia parecer à primeira vista, esse fato não é isento de consequências, nem para a psicanálise nem para a universidade.[2] Entre suas causas, conta-se o desejo de muitos analistas de se revigorarem no ambiente acadêmico, frequentemente mais arejado do que o que se respira nas instituições psicanalíticas. É certo que a universidade — por não visar à formação analítica *stricto sensu* — representa um espaço mais neutro, menos carregado transferencial e politicamente, mais apto a aceitar e mesmo a estimular a pluralidade de

---

[1] Renato Mezan, "Figura e fundo: notas sobre o campo psicanalítico no Brasil", neste volume.

[2] Como minha prática universitária está inserida no programa de estudos pós-graduados em psicologia clínica da puc de São Paulo, os problemas aqui discutidos são objeto de meu interesse há muito tempo. Algumas ideias preliminares foram apresentadas nos seguintes trabalhos: "Contra o minimalismo no mestrado", revista *Psicanálise e Universidade*, nº 4, 1996, pp. 65-70; "Sobre a pesquisa em psicanálise", *Psychê*, nº 2, 1998, pp. 87-98; " A psicanálise em livros", *Jornal da Casa do Psicólogo*, nº 13, 1 / 1999, pp. 1-3.

Psicanálise e pós-graduação: notas, exemplos, reflexões

pontos de vista do que a instituição psicanalítica típica, por natureza voltada para a transmissão e perspectiva de um determinado estilo de praticar e de pensar a psicanálise. Não me parece mau que assim seja; há lugar para todos sob o céu de Alá, e, assim como a universidade se beneficia por receber como alunos profissionais experientes e interessados no que fazem, as instituições analíticas também podem ganhar algo com a repercussão, entre seus membros, daquilo que alguns deles puderam produzir no meio acadêmico.

Para os psicanalistas, costuma ser uma surpresa o primeiro contato com esse ambiente, não tão clínico quanto aquele ao qual estão habituados, e aparentemente mais próximo das questões teóricas e da pesquisa sobre temas de psicanálise aplicada. Contudo, nada impede — como veremos mais adiante — que sejam propostas e realizadas teses acerca de temas propriamente clínicos, do tradicional estudo de caso até pesquisas sobre os mais diversos aspectos da prática analítica.

Há uma dimensão do trabalho universitário, contudo, que é efetivamente diferente do que estamos habituados a encontrar em trabalhos apresentados no âmbito das associações profissionais: a preocupação com o rigor intelectual. A própria palavra "rigor" é um pouco assustadora, com suas conotações superegoicas e um tanto castradoras; mas ela recobre um fator efetivamente característico da produção universitária, seja em psicanálise ou em outra disciplina qualquer. Trata-se da preocupação em *fundamentar*, *justificar* e *contextualizar* as afirmações que constituem o núcleo de cada tese, o que implica recorrer à teoria de um modo diferente daquele que utilizamos no consultório. Com efeito, na prática cotidiana da análise, a teoria está presente de modo difuso, como um horizonte referencial que permite categorizar os fenômenos visando ao seu manejo imediato: o psicanalista funciona num regime denominado por Piera Aulagnier com a expressão muito feliz de "teorização flutuante". Num trabalho universitário, porém, os conceitos devem ser explicitados e discutidos; seu emprego requer o estabelecimento de distinções por vezes sutis e, de modo geral, um cuidado com a precisão que vai na direção oposta à da liberdade associativa apropriada para escutar um paciente.[3] Essa situação frequentemente

---

[3] Esse uso racional da teoria não é muito diferente do que se poderia exigir de um bom trabalho escrito no âmbito das associações de psicanalistas; na verdade, ele é característico de todo trabalho de reflexão, e a tradição da psicanálise, começando por Freud, é também de grande rigor na escrita da clínica.

desnorteia os psicanalistas, ao menos no início da pós-graduação, já que nada na sua formação anterior os preparou para a redação de uma tese acadêmica. Para compreender bem esse ponto, convém explicitar o que se pode esperar de um trabalho desse gênero e mencionar algumas questões que não concernem especificamente às teses de psicanálise, mas vêm sendo levantadas, em escala nacional, no âmbito de toda a pós-graduação.

CONTRA O "MINIMALISMO" NO MESTRADO

Com efeito, vêm circulando nos últimos tempos propostas para se reduzirem as exigências para obter o grau de mestre. Essas exigências seriam excessivas, ao que se diz, no tocante à extensão e à complexidade da dissertação; especialmente na área de ciências humanas, ela necessitaria demasiado tempo para ser concluída, onerando o candidato e tornando vagarosa a sua passagem pelo circuito da pós-graduação. Com uma dissertação mais "simples", o tempo de realização dos cursos diminuiria; os orientadores poderiam ter mais vagas, os alunos ficariam menos sobrecarregados, e os escassos recursos públicos destinados às bolsas poderiam ser mais bem repartidos. Assim, diversas vantagens aconselhariam a modificação dos padrões atualmente em vigor, no sentido de um texto mais curto, mais enxuto e mais "fácil". Essa seria, aliás, a tendência internacional; na Europa e nos Estados Unidos, os mestrados estariam sendo feitos rapidamente, e em algumas instituições até mesmo eliminados, ou pelo menos desprovidos do valor que até há poucos anos lhe era atribuído.

Discordo dessa posição "minimalista", pelos motivos que exporei a seguir. Antes de enumerá-los, porém, cabe uma reflexão geral. Nos últimos vinte ou 25 anos, montou-se no Brasil uma estrutura de pós-graduação que, lentamente, veio a se constituir numa das poucas áreas da vida nacional em que se pode vislumbrar alguma continuidade e algum resultado em termos de qualidade. Órgãos como a Capes e o CNPq adquiriram legitimidade e tornaram-se funcionais, estabelecendo critérios de avaliação razoavelmente justos e inteligentes. Isso custou um enorme esforço de todas as partes envolvidas — universidades, agências de fomento, estudantes, professores — e acabou por criar uma rede, em escala nacional, relativamente operativa. Sem ilusões quanto aos seus possíveis equívocos, o fato é que se investiram milhões de dólares num projeto

Psicanálise e pós-graduação: notas, exemplos, reflexões

consequente e de longo alcance, cujos efeitos benéficos sobrepujam largamente os problemas e enganos que possam ter ocorrido. Ora, num movimento que também se pode notar em outras esferas da vida do país, aparece agora a tendência a *mudar* o que existe. Mudar, diga-se logo, não no sentido de aprimorar o existente e corrigir suas falhas, mas — característica da ciclotimia nacional — *inverter* a direção que se tomou, o que me parece destrutivo.

Pouco importa qual seja a tendência nos Estados Unidos e na Europa, que contam com sistemas educacionais muitíssimo melhores do que o nosso. Talvez lá seja útil apressar o mestrado, ou quem sabe eliminá-lo. Não tenho informações exatas sobre isso, e não vejo o que se ganharia em copiar uma decisão baseada numa realidade muito diferente daquela com a qual convivemos aqui. Esta, como se sabe, é calamitosa. A destruição do ensino primário e secundário no Brasil assume proporções alarmantes e se reflete na degradação do ensino universitário, em boa parte oferecido por instituições cujo desempenho precário é por demais conhecido para que seja necessário estender-me sobre o assunto. Essa triste situação, aliás, foi um dos fatores que conduziram à institucionalização da pós-graduação.

Mas, ainda que todos os cursos de graduação fossem bons, e ainda que todos os inscritos na pós-graduação fossem estudantes excelentes, o mestrado continuaria a ter características próprias, e a meu ver são essas características que devem determinar o grau de exigência adequado para a avaliação das dissertações. No caso das ciências humanas, e em especial da psicologia, é a natureza da pesquisa e os problemas específicos que ela apresenta que devem ser considerados, sob pena de legislarmos para condições quiméricas e não para a realidade existente.

Quais são as condições relevantes? A primeira delas diz respeito ao fato de o texto da dissertação não ser, como nas ciências de laboratório, a apresentação dos *resultados* de uma pesquisa realizada exteriormente à sua redação. Uma fórmula de duas linhas, num texto de química, pode expressar de modo condensado correlações minuciosa e criteriosamente estabelecidas por experimentos de laboratório; ora, isso é impossível na área em que nós trabalhamos. O texto da dissertação pode possuir referentes externos, por exemplo a clínica, ou fenômenos sociais, ou outros textos: mas ele deve construir seu universo de significações em ato, partindo da descrição por escrito e por extenso daquilo que será discutido. A *construção do problema* ocupa portanto um espaço considerável nas

Renato Mezan

dissertações, e esse espaço não pode ser excessivamente subdimensionado, sob pena de superficialidade ou de ininteligibilidade do texto.

Essa é uma questão central. Os alunos de nossos cursos — psicanalistas ou não — não estão habituados a esse tipo de trabalho nem à redação de um texto de maior fôlego, que nada possui em comum com os trabalhos escolares ou com artigos e comunicações que possam ter apresentado anteriormente. Em sua maioria, enfrentam problemas consideráveis já no nível da escrita, arte para a qual não foram preparados e cujas regras elementares lhes são o mais das vezes desconhecidas. O doloroso aprendizado da escrita é um dos percalços mais significativos que o estudante encontra na pós-graduação, e uma das funções essenciais do mestrado é proporcionar-lhe a oportunidade de aprender a escrever em português. Essa tarefa deveria talvez ser realizada pelo curso primário, mas não o é — nem pelo secundário, e na maioria das vezes tampouco pelo curso superior. Diante desse fato bruto, nu e cru, o mestrado assume um valor fundamental: ele é ao mesmo tempo o *locus* de dois aprendizados, o da escrita e o da pesquisa.

Aprendizado da pesquisa, sim, porque essa é outra grande ausente da formação dos nossos alunos. *Pesquisa* significa aqui identificar um problema, armá-lo com os instrumentos conceituais adequados, trabalhar com a literatura pertinente e procurar resolvê-lo, ou ao menos avançar na sua formulação. O jovem pesquisador — jovem independentemente da sua idade cronológica e da sua experiência profissional, porque o mestrado é quase sempre a sua primeira pesquisa — encontra-se diante de uma tarefa hercúlea. Ele necessita mais do que ler e refletir: necessita adquirir o que Kant chamava de *Urteilskraft*, a capacidade de julgar. A todo momento, da elaboração do projeto à seleção da bibliografia, da arquitetura da dissertação à análise do material, o que o pesquisador faz não é somente buscar informações empíricas ou teóricas: ele é chamado a decidir se e por que elas são relevantes para seu tema. Evidentemente, conta com o auxílio do orientador, mas este não pode realizar o trabalho que compete ao mestrando. A aquisição dessa capacidade é um processo lento, difícil, de certa forma antinatural, que exige esforço, concentração e tenacidade por parte do estudante: muitas são as situações de frustração e mesmo de desespero, quando a meta parece inalcançável com os recursos de que dispõe.[4]

---

[4] A esse respeito, cf. Renato Mezan, *Escrever a clínica*, São Paulo, Casa do Psicólogo, 1998.

Psicanálise e pós-graduação: notas, exemplos, reflexões

A redação da dissertação é, assim, uma experiência transformadora cujo valor dificilmente pode ser exagerado. Ela induz a um amadurecimento acelerado do estudante, confrontado com a tripla tarefa de montar seu problema, de formular uma tese — que equivale à sua solução ou à sua elaboração — e de expor todo esse movimento na forma de uma prosa científica de padrão aceitável. Nesse processo, a capacidade de discriminação intelectual melhora consideravelmente; aprende-se a criticar de modo consistente as posições contrárias à proposta a ser defendida, a montar um argumento e a seguir suas implicações, a selecionar exemplos congruentes com os argumentos, e, *last but not least*, a expressar ideias de modo razoavelmente claro e organizado. Tais resultados positivos dependem, como é óbvio, de um padrão de exigência que, sem ser inatingível, não seja por outro lado trivial. E é justamente contra a trivialização do mestrado que estou argumentando: seria absurdo privar o estudante da oportunidade de adquirir ou de aprimorar sua condição de pesquisador, rebaixando e banalizando o nível esperado de sua dissertação.

Por que essa função deve permanecer vinculada ao nível do mestrado? Porque, se ela for atribuída ao doutorado — o que viria a ocorrer, caso a dissertação de mestrado fosse relegada ao nível de um "artigo mais extenso" —, os prejuízos seriam enormes. Em primeiro lugar, do doutorado deve-se esperar alguma originalidade, uma contribuição relevante ao campo de trabalho. O mestrado também deve ser uma contribuição, mas não vejo por que exigir dele *originalidade* no sentido próprio da palavra. As dificuldades que descrevi, e que são o pão cotidiano dos mestrandos, não precisam ser acrescidas desta outra, ao menos na primeira pesquisa. Em segundo lugar, o doutorado traz consigo a habilitação para formar outros pesquisadores — doutores orientam, mestres não —, e isso já é sério demais para que se pense em conceder tal habilitação a quem realizou apenas *uma* pesquisa de algum fôlego. O doutorado deve permanecer como um grau segundo, não necessariamente ao alcance de todos os que escrevem um mestrado; ele implica avalizar uma vocação de pesquisa e de ensino que não é justo nem possível exigir de todos os que se inscrevem numa pós-graduação.

Por esses motivos, penso que o mestrado deve continuar como uma etapa marcante na vida acadêmica e que sua especificidade precisa ser respeitada. Suas páginas não estarão preenchidas com resumos ou digressões desnecessárias, mas com a construção, com a exposição e o desenvolvimento, ao máximo possível, de uma *questão*, seguida em suas raízes e em suas ramificações, ilustrada com material clínico, empírico ou retirado de obras da cultura em quantidade e diversidade adequadas ao escopo do trabalho, referenciada ao estado da bibliografia — e sobretudo *pensada* até onde o autor tiver condições de fazê-lo, com a ajuda do seu orientador. Esse é o padrão que, em meu entender, deve-se exigir de uma dissertação de mestrado. Ele não é impossível de ser atingido; muito pelo contrário, há numerosos exemplos de trabalhos excelentes que o materializam das mais variadas formas.

Escrever um trabalho desse gênero demanda tempo, esforço e investimento, eventualmente investimento público sob a forma de bolsas aos alunos e de financiamentos aos programas que os acolhem. Esse dinheiro não é desperdiçado, mas certamente o será se for aplicado em atividades que não resultem nos primeiros passos da formação de um verdadeiro pesquisador. Por isso, a dissertação de mestrado deve continuar a ser um texto de fôlego — sem que dele se espere a cada vez um ovo de Colombo —, amplo o suficiente para permitir que, ao redigi-lo, o estudante possa adquirir ou aprimorar (se já dispuser delas) as capacidades de raciocínio, de discriminação e de expressão sem as quais não seria legítimo considerá-lo um pesquisador — iniciante, mas capaz, se assim o desejar, de ir além.

A FUNÇÃO DO ORIENTADOR

Para realizar sua pesquisa e transformá-la numa tese, o estudante de pós-graduação conta obrigatoriamente com um orientador. Essa figura inexiste no âmbito da formação do analista tomada em sentido estrito e só longinquamente se aparenta à do supervisor clínico. Com efeito, o orientador intervém no trabalho intelectual do orientando de forma mais direta e específica do que o supervisor no trabalho clínico de seu supervisionando. Há várias maneiras e estilos de orientar; aqui posso falar apenas em nome próprio, buscando extrair de uma prática já bastante extensa algumas características e, se possível, alguns ensinamentos.

Trata-se de um trabalho gratificante, porém extremamente espinhoso. O orientador tem um poder real de crítica e de veto, que lhe é conferido pela instituição universitária e aceito pelo orientando como parte do "contrato". Essa posição de autoridade, administrativamente legítima, costuma ser ainda mais

Psicanálise e pós-graduação: notas, exemplos, reflexões

enfatizada pela autoridade intelectual, dado que o orientador é de fato mais experiente na área da pesquisa do que o orientando (defendeu pelo menos um mestrado e um doutorado, e muitas vezes possui um currículo respeitável em termos de publicações). Temos aqui, portanto, uma combinação potencialmente explosiva de poder real e de idealização, de respeito bem fundado pelas realizações do orientador — que, ao menos na superfície, justificam a escolha dele pelo orientando — e de um novelo de fantasias extraordinariamente complexo. Nele podemos discernir condensações entre a figura empírica do professor escolhido e as imagos infantis do aluno que o escolheu; sentimentos de rivalidade e inferioridade encontram-se mesclados a outros, de gratidão ou de admiração; há a expectativa de ser estimulado, aprovado e amado, junto com ansiedades de tipo persecutório — enfim, um coquetel em larga medida inconsciente e cujos ingredientes vão muito além do simples pedido de ajuda para executar uma tarefa difícil.[5]

O fato é que se trata de uma relação *sui generis*, de grande intimidade por um lado e de necessária distância por outro; às vezes o orientador é o ombro amigo, às vezes o confidente das divagações do orientando; em outros momentos, precisa ser firme e restaurar a disciplina da pesquisa — mas é sempre o interlocutor privilegiado, o primeiro leitor de escritos que significam bastante para seus autores e sobre cujo valor estes têm dúvidas muitas vezes justificadas. O tato e a capacidade de julgamento são as qualidades requeridas do orientador, bem mais do que o conhecimento do assunto específico sobre o qual versa a pesquisa do orientando (embora tal conhecimento tampouco possa ser excessivamente pequeno). *Tato* quer dizer aqui possibilidade de avaliar quais críticas podem ser *ouvidas* pelo aluno e quais outras teriam o efeito de desestimulá-lo ou humilhá-lo.

Por todos esses motivos, o trabalho do orientador se desenvolve sempre sobre uma estreita faixa de manobra. Um bom guia para realizá-lo é manter em

---

[5] Alfredo Naffah Neto me chama a atenção, a esse respeito, para o fato de os temas escolhidos para as teses de psicanálise terem frequentemente ligação com os conflitos inconscientes dos seus autores, o que torna ainda mais complexa a relação com o orientador. Isso vale para qualquer pesquisa: o investimento necessário para levá-la a cabo só se sustenta se estiver ancorado no desejo de quem a realiza. Por outro lado, o trabalho intelectual fica inibido e seus resultados costumam ser pobres quando esse aspecto do sintoma prevalece sobre os demais. Remeto aqui o leitor ao capítulo "Dimensões pulsionais da escrita", em *Escrever a clínica* (pp. 371 ss.).

Renato Mezan

mente que o orientando deve ser auxiliado a desenvolver as *suas próprias* ideias, a realizar a *sua própria* pesquisa, e não aquela que o orientador produziria se estivesse estudando o mesmo tema. Uma primeira etapa, ao menos em minha experiência, costuma ser a de pensar com o orientando qual o caminho geral que a tese deve tomar, que leituras são adequadas, em qual campo da teoria convém se apoiar para fundamentar e contextualizar o problema a ser investigado, se e de que modo a experiência clínica deve estar presente — casos completos ou fragmentos? casos próprios ou da literatura? —, ou seja, desenhar algo equivalente à planta geral da construção, antes mesmo de qualquer texto escrito, ou, por vezes, com base num projeto que nessa fase é geralmente ainda vago e indeterminado.

Em seguida, vem a redação propriamente dita, capítulo por capítulo, e não necessariamente na ordem em que constarão na versão definitiva. Aqui o trabalho consiste em ler e corrigir, apontando os trechos bem-feitos e os que apresentam problemas, quer de conceituação, quer de argumentação ou de estilo. É o momento do tato, sobre o qual falei, pois cada caso é um caso: há alunos que entregam textos muito bons, e outros que precisam de uma crítica mais precisa e detalhada.

Nesse vaivém, chega-se à etapa da qualificação, para a qual costumo propor que o aluno apresente um texto com o plano geral da tese — mais ou menos um terço dela em versão razoavelmente avançada — e indicações claras sobre como pretende desenvolver as partes apenas esboçadas. A finalidade desse critério é simples de compreender: os membros da banca de qualificação precisam poder formar uma ideia clara do que o aluno planeja e de sua capacidade para realizá-lo (daí a exigência de um trecho grande já semelhante ao que deverá ser quando pronto); mas ao mesmo tempo, para que as críticas e sugestões possam ser aproveitadas, o trabalho não pode estar tão adiantado que mexer nele implique desfigurá-lo ou fazê-lo de novo. Mantendo a metáfora da construção, o exame de qualificação é como a visita a uma obra na qual já se ergueram as paredes e se colocou o telhado, sabe-se em que parte está a cozinha e onde ficam os quartos de dormir, mas ainda falta colocar o piso, os azulejos e a pintura. O exame de qualificação costuma ser, no programa de psicologia clínica da puc de São Paulo, uma ocasião para que leitores atentos avaliem o trabalho em curso, apontem eventuais méritos e inconsistências, façam reparos, indiquem bibliografia útil, etc. — e isso num clima informal, tanto quanto possível respeitoso e não persecutório.

Psicanálise e pós-graduação: notas, exemplos, reflexões

A DIMENSÃO PÚBLICA

Realizada a qualificação, o aluno está na reta final do seu trabalho. Mais alguns meses e chegará à defesa pública, último vestígio do caráter medieval da instituição universitária. A solenidade da cerimônia evoca aquelas em que se armavam os cavaleiros andantes ou se admitia na corporação de ofício um novo membro: certamente há algo disso no ritual da defesa de tese, já que, após sua conclusão, o candidato se torna membro de uma confraria, a dos mestres ou doutores, com os direitos e as prerrogativas a ela atinentes. O caráter público da defesa incorpora ainda uma outra tradição, esta iluminista: a do "uso público da razão", como dizia Kant, para argumentar e fundamentar um ponto de vista — uso que, a rigor, remonta à praça em que primeiro os gregos e depois os habitantes das cidades da Itália renascentista debatiam seus problemas e questões.

A apresentação e a discussão dos resultados da pesquisa, no momento da defesa, são muitas vezes a primeira etapa da sua divulgação, que pode tomar depois a forma de um livro ou de artigos em revistas especializadas. A sólida implantação da psicanálise no sistema nacional de pós-graduação trouxe consigo uma importante mudança na paisagem editorial dessa disciplina: se há dez ou doze anos a grande maioria dos livros psicanalíticos disponíveis em português era formada por traduções, atualmente uma boa parte deles é de autores brasileiros. Existem duas categorias de livros em disciplinas como as nossas: os de um único autor e as coletâneas, que por sua vez podem ser reuniões de trabalhos de um mesmo pesquisador ou enfeixar contribuições de diversos autores, como, por exemplo, participantes de um colóquio sobre determinado tema. Em ambas as categorias, o material originado na e pela universidade comparece em proporção importante, certamente com mais da metade do que se publica atualmente.

Cabe aqui uma observação: ao classificar a produção de um autor ou de um programa de pós-graduação, as agências de fomento à pesquisa costumam avaliar como mais importante a publicação de um artigo em revista (de preferência estrangeira) do que a publicação de um livro. No que se refere a disciplinas como a psicanálise, trata-se de um equívoco grave, que falseia por completo a avaliação. Nas ciências exatas ou biológicas, a produção e a circulação do conhecimento são por natureza dinâmicas: nelas, o saber avança em geral a partir de resultados muito específicos e parciais, obtidos por experimentos dos

404

quais interessa a todos tomar conhecimento o quanto antes, pois servem de base para outros trabalhos. A agilidade do formato revista, passível de ser publicada até semanalmente (por exemplo o *New England Journal of Medicine* e outras revistas médicas), ou, quando muito, *quarterly* (trimestralmente), é condizente com as necessidades e características do campo. Como as novidades são muitas e rapidamente se incorporam ao acervo dos pesquisadores da área, só raramente se justifica a publicação de um livro que não seja um *textbook* ou anais de congressos.

Já as disciplinas humanísticas frequentemente obtêm seus conhecimentos por meio do estudo aprofundado de situações ou de obras específicas; essa especificidade possui um valor próprio, porque é *por causa* dela (e não *apesar* dela) que se podem vislumbrar aspectos mais gerais. Dito de outra forma, as disciplinas exatas ou biológicas estudam o que há de universal em seus objetos de pesquisa: tanto faz utilizar esta ou aquela parcela de sangue deste ou daquele macaco para estabelecer a diferença entre os fatores Rh positivo e negativo. Nada de semelhante ocorre na teoria literária, na qual a categoria "romance realista" só pode ser construída a partir do estudo de obras singulares; para tanto, *L'assommoir* de Zola não é nem mais nem menos importante do que *O cortiço* de Aluísio Azevedo, e certamente não é possível substituir um pelo outro, porque cada um deles apresenta interesse intrínseco. Por esse motivo, os estudos desse gênero perdem pouco de sua atualidade, e lhes convém o formato livro, mais perene e mais acessível do que o formato revista, apesar do tempo e do custo maiores para ser escrito e publicado. Ainda que muitas obras dessas disciplinas consistam em reuniões de artigos e conferências, o padrão universal é o texto monotemático e uniautoral, e a prova disso é que, décadas após sua primeira edição, continuam a ser consultadas e citadas, o que é bem mais raro nas áreas exatas e biológicas. *A dupla hélice* de Watson e Crick é aproximadamente contemporânea de *Tristes trópicos* de Lévi-Strauss: este é ainda uma referência indispensável para os antropólogos, enquanto o interesse do primeiro é apenas histórico.

É isso que explica o fato de que trabalhos psicanalíticos de origem universitária venham sendo cada vez mais objeto de interesse por parte das editoras, que neles veem uma fonte preciosa de bons originais. Não disponho de números exatos, mas uma visita a qualquer livraria comprovará facilmente que uma fração significativa — provavelmente 60% ou mais — dos livros de psicanálise atualmente editados no Brasil são fruto de pesquisas realizadas nos diferentes

Psicanálise e pós-graduação: notas, exemplos, reflexões

cursos de pós-graduação. A título meramente informativo, um terço das teses que eu mesmo orientei na puc de São Paulo já saiu em forma de livro (sinal de que seu conteúdo não interessa apenas aos autores e a seus amigos, pois, se assim fosse, ninguém investiria seu capital para as editar, e elas permaneceriam gloriosamente entregues ao que Marx chamou certa vez de "crítica roedora das ratazanas").

OS TEMAS

Sobre o que escrevem os psicanalistas na pós-graduação? Para ilustrar, procedi a um levantamento das teses defendidas por meus alunos desde 1986.[6] Elas se distribuem em algumas grandes categorias, que pode ser útil descrever com algum pormenor:

i. Teses predominantemente teóricas, focalizando em especial questões metapsicológicas:

Miriam Debieux Vargas, *Parece uma mancha de tinta: o Rorschach e a psicanálise* (1986);

Arthur Gonçalves, *O conceito de Eros como pulsão de amor no pensamento de Freud* (1986);

Maria Claudia Tedeschi Vieira, *O narcisismo: estruturas e manifestações clínicas* (1990);

Bernardo Tanis, *Memória e temporalidade: um estudo sobre o infantil em psicanálise* (1993);

Nelson Coelho Jr., *A força da realidade na clínica freudiana* (1994);

Daniel Delouya, *Alguns aspectos dos modos de conhecer e descobrir em psicanálise* (pesquisa de pós-doutorado, 1996);

Felipe Lessa da Fonseca, *O pesadelo nas tranças da censura* (1998);

Luiz Alberto Hanns, *As pulsões na obra de Freud e na técnica psicanalítica* (1998);

Wilson Klain, *A herança do desamparo na gênese da identidade* (1999);

Mara Selaibe, *Transpassagens: sentido e significação na clínica psicanalítica* (2001).

---

[6] Incluí nessa relação, além de duas pesquisas de pós-doutorado, quarenta dissertações de mestrado e dez teses de doutorado concluídas até o mês de dezembro de 2001.

Renato Mezan

ii. Teses sobre questões de psicopatologia e sobre fenômenos específicos a certos grupos:

Marisa Cintra Bortoletto, *A condição feminina na maternidade* (1991);

Carmen Foot Guimarães, *Estudo preliminar das fantasias que conduzem o homem à vasectomia* (1991);

Maria Lúcia Violante, *A potencialidade melancólica* (1992);

Ana Cleide Guedes Moreira, *A depressão em Freud e em Conrad Stein* (1992);

Suzanne Robell, *Anorexia nervosa e os limites do seu tratamento* (1996);

Delia Catullo de Goldfarb, *Corpo, tempo e envelhecimento* (1997);

Valéria Yida, *O gozo do sintoma* (1998);

Cassandra Pereira França, *Ejaculação precoce e disfunção erétil: uma abordagem psicanalítica* (2000);

Elisa Maria de Ulhoa Cintra, *Narcisismo aboluto e depressão* (2000).

iii. Teses sobre fatores operantes no processo terapêutico:

Maria Luíza d'Ávila Pereira, *Da angústia, ou de quando indicar análise a uma criança* (1987);

Sarah Plotnik Yaroslavsky, *Como chegar a ser o que se é* (1990);

Lilian Darzé Goes, *O amor na transferência* (1992);

Myriam Uchitel, *Além da interpretação* (1995);

Helena Kon Rosenfeld, *Palavra pescando não palavra: a metáfora na interpretação psicanalítica* (1996);

Paulina Cymrot, *Elaboração psíquica* (1996);

Mauro Pergaminik Meiches, *A travessia do trágico em análise* (1998);

Joyce Kacelnik, *Psicanálise em língua estrangeira* (1998);

Eliana Borges Pereira Leite, *A figura na teoria psicanalítica* (1998);

Purificacion Barcia Gomes, *O método terapêutico de Scheherazade: Mil e uma histórias de loucura, desejo e cura* (pesquisa de pós-doutorado, 1999);

André Gaiarsa, *O entre: a objetividade da subjetividade* (2000);

Camila Pedral Sampaio, *Ficção literária: terceira margem na clínica* (2000).

Claudio Mello Wagner, *A transferência na vegetoterapia cáractero-analítica* (2000);

Denise Scaff, *A função paterna* (2001).

Psicanálise e pós-graduação: notas, exemplos, reflexões

iv. Teses sobre a atividade terapêutica em âmbito institucional:

Teresinha Maria Gonçalves, *Estereotipia na relação paciente-terapeuta em uma instituição psiquiátrica* (1989);

Katia Albuquerque, *Impasses na comunicação com o psicótico* (1995);

Rubens Hazov Coura, *A psicanálise no hospital geral* (1995);

Yanina Otsuka Stasevskas, *Contar histórias no hospital-dia do Butantã: a circulação do sentido e o efeito da palavra* (1998);

Juliana dos Santos Ruiz, *A Aids e suas representações* (2000);

Rosilene Caramalac, *A supervisão psicanalítica na universidade* (2000);

Lúcia Helena Alves da Silva, *O medo da morte em doentes terminais* (2001).

v. Teses sobre a interface psique/sociedade:

César Augusto de Oliveira, *Adolescentes reagentes: identificação e amor fanático* (1989);

Maria Cecília Pereira da Silva, *A paixão de formar* (1991);

Maria Auxiliadora da Cunha Arantes, *Pacto re-velado: abordagem psicanalítica de fragmentos da vida militante clandestina* (1993);

Adriana Rangel, *Diamba, prazer e poder* (1994);

Sandra Maria da Silva Costa, *Pulsão de morte: possibilidades de rastreamento no crime e na clínica* (1996);

Márcia Neder Bacha, *Psicanálise e educação: laços refeitos* (1996).

vi. Teses sobre obras ou práticas artísticas e suas raízes pulsionais:

Mauro P. Meiches, *Psicanálise e teatro: uma pulsionalidade espetacular* (1992);

Ana Maria Lino Rocha, *Escolha da paixão: o caso de Camille Claudel* (1997);

Eliane Kogut, *A perversão em cena* (2000).

vii. Teses sobre autores ou momentos importantes da história da psicanálise:

Elisa Maria de Ulhoa Cintra, *Os primeiros trabalhos de Melanie Klein: 1919-1926* (1992);

Claudio Mello Wagner, *Freud e Reich: continuidade ou ruptura?* (1994);

Teresa Elizete Gonçalves, *A psicanálise na Inglaterra e o* Middle Group (2001).

Essa simples relação dá o que pensar. Antes de mais nada, impressiona a variedade dos temas, que vão do estudo aprofundado de uma história de vida

Renato Mezan

(Camille Claudel) à análise de fenômenos que afetam em especial um determinado grupo, selecionado por faixa etária (adolescentes, pessoas idosas) ou por alguma condição comum (militantes políticos clandestinos, mães, homens vasectomizados, consumidores de drogas, pacientes terminais, mulheres com câncer de mama). Algumas teses se detêm em conceitos centrais da teoria psicanalítica (narcisismo, angústia, pulsões, o infantil, a realidade psíquica); outras focalizam aspectos da prática clínica, do lado do analista (critérios para indicação de análise, impasses na condução de um tratamento, gênese da interpretação), ou do lado do paciente (transferência, adesão ao sintoma, elaboração psíquica, dificuldades da análise numa língua que não a materna, a dimensão trágica). Há trabalhos sobre relações socialmente determinadas (professor/aluno, médico/paciente), sobre diversas estruturas e manifestações psicopatológicas (depressão, anorexia, disfunções eréteis), sobre psicanálise com crianças e psicóticos, sobre a atividade terapêutica em instituições (hospital geral, hospital psiquiátrico, hospital-dia, prisão). Encontramos textos de psicanálise aplicada à cultura (teatro, cinema, literatura), outros sobre autores importantes (Klein, Reich), outros ainda sobre momentos significativos da história da psicanálise (a ruptura entre Reich e Freud, o debate entre Freud e Rank, a implantação do movimento lacaniano em São Paulo). Naturalmente, não é possível falar em detalhe de cada um desses trabalhos; limito-me a ressaltar certos aspectos que me parecem se destacar nesse conjunto e a ilustrá-los com referências a alguns textos, sobretudo os já publicados.

TESES DE PSICANÁLISE *STRICTO SENSU*

Uma opinião que se ouve com frequência é que teses acadêmicas em psicanálise podem ser úteis para esclarecer questões teóricas, supostamente mais apropriadas à vocação da universidade, porém pouco acrescentariam do ponto de vista clínico. Nada mais distante da realidade! Boa parte dos trabalhos que tive ocasião de orientar trata de questões "psicanalíticas" no sentido mais convencional, isto é, de problemas vividos pelo analista na sua atividade cotidiana: diagnóstico, interpretação, transferência, resistência, elaboração — em suma, o processo analítico em suas várias dimensões.

Tais textos são psicanalíticos no sentido mais estrito: poderiam perfeitamente ser apresentados nas associações psicanalíticas como trabalhos para a

Psicanálise e pós-graduação: notas, exemplos, reflexões

obtenção de algum título, ou como relatórios de base para congressos. Que tenham sido elaborados na universidade, obedecendo às regras próprias da instituição, não lhes retira o caráter psicanalítico, antes o acentua, pois as exigências de rigor e de qualidade a que me referi anteriormente obrigam o pesquisador a ir fundo no seu tema, a propor questões relevantes e explorá-las tanto na dimensão conceitual quanto naquela propriamente clínica. Aliás, se do ponto de vista das exigências da pós-graduação o analista típico é um amador, frequentemente inseguro e hesitante (ao menos nas fases iniciais do curso), quando se trata da sua prática ele é um profissional. Sabe do que está falando; sua dificuldade não se encontra no plano da prática — do contrário, procurará um supervisor, não um orientador —, e sim na *transposição* do acontecer clínico para o plano da escrita narrativa e reflexiva. Superada essa dificuldade, a redação da tese se revela como excelente oportunidade para *pensar a clínica* a partir de um recorte específico. Alguns exemplos, creio, farão com que o leitor tenha uma ideia mais clara das razões que me levam a pensar assim.

Em *Além da interpretação*,[7] Myriam Uchitel se situa na intersecção da prática e da teoria, a partir de uma constatação que certamente terá sido feita por mais de um psicanalista: nem sempre a interpretação que tudo indica ser correta produz o efeito que dela se espera, a saber, uma mudança na economia psíquica capaz de se traduzir por um alívio do sofrimento, por um *insight* ou pela resolução de um conflito. Situação constrangedora, que obriga a refletir sobre a própria natureza do psíquico, em sua dependência das pulsões e da simbolização, e a penetrar na essência do ato analítico, que em geral se materializa na interpretação, mas que pode ficar aquém ou além dela, na tentativa de atingir o que se mantém em regime de repetição cega, infenso a intervenções mais tradicionais.

Um primeiro momento da pesquisa apresenta uma retrospectiva da evolução da técnica psicanalítica, acompanhando as rupturas conceituais que irão possibilitar a emergência e a consolidação do método interpretativo. No momento seguinte, examina-se a ideia de interpretação — recurso por excelência da prática analítica — a fim de delimitar seu alcance e apontar assim para o que poderiam ser os seus limites. Por último, partindo de fragmentos clínicos, são ilustrados alguns momentos de impasse no trabalho analítico. Solidamente

---

[7] Myriam Uchitel, *Além da interpretação: indagações sobre a técnica psicanalítica*, São Paulo, Casa do Psicólogo, 1997.

apoiada em sua experiência clínica e num amplo conhecimento da literatura psicanalítica, a autora busca construir um esquema de referência capaz de fundamentar uma intervenção não necessariamente interpretativa e demonstrar seu argumento central: "O limite da interpretação não é o limite da análise".

Se a tese de Myriam Uchitel se concentra no problema da *eficácia* da interpretação — eventualmente nula, dependendo das condições transferenciais ou da estrutura defensiva do paciente —, outros trabalhos focalizam o processo que, no analista, conduzem à *formulação* da interpretação. Nesse processo, misto de primário e secundário, têm especial relevo a metáfora, a figuração e as reminiscências literárias, trabalhadas respectivamente por Helena Kon Rosenfeld, Eliana Borges Pereira Leite e Camila Pedral Sampaio. Helena constrói seu texto[8] a partir de uma convicção que só é formulada por completo no final dele: "A experiência psicanalítica tem uma afinidade com a experiência estética e poética: é um tornar-se outro, perder-se no outro e reencontrar-se consigo mesmo". Essa ideia, na verdade, orienta desde o início o desenvolvimento do texto. E não sem razão: se muitos foram os que assinalaram o parentesco entre a psicanálise e certos processos artísticos (a começar por Freud, na *Gradiva*), a originalidade desse livro consiste em tomar o problema pelo avesso, tentando investigar, pela ótica da estética, certas facetas da experiência psicanalítica — diálogo que implica ponderar, a cada passo, os riscos de fundir um no outro os dois campos em presença; que exige portanto fineza na análise e uma clara consciência de "até onde se pode ir longe demais", para usar uma expressão consagrada entre os franceses. Helena sai-se muito bem nesse desafio. Seu texto, límpido e fluente, revela uma psicanalista sensível às ressonâncias tanto das palavras quanto dos afetos e uma prosadora talentosa, que sabe dosar os argumentos e as imagens, os ritmos e as ideias.

Essa última característica também é encontrada nas teses de Eliana e de Camila: a impregnação pela literatura parece produzir textos que se leem com facilidade e prazer, ricos em achados verbais, construídos com cuidado e elegância. A tese de Eliana — *A figura na teoria psicanalítica*[9] — apoia-se nas pesquisas de Pierre Fédida sobre a função da figura na linguagem e no sonho, e num

---

[8] Helena Kon Rosenfeld, *Palavra pescando não palavra: a metáfora na interpretação psicanalítica*, São Paulo, Casa do Psicólogo, 1998.

[9] São Paulo, Casa do Psicólogo, 2001.

Psicanálise e pós-graduação: notas, exemplos, reflexões

estudo pouco conhecido de Erich Auerbach sobre o próprio termo latino *figura* e suas vicissitudes. Já a de Camila[10] propõe a ideia de uma "terceira margem da escuta" (imagem tirada da frequentação de Guimarães Rosa) como horizonte no qual se inscreve a atividade associativa do psicanalista. E se alguém julgasse que as referências literárias nesses três trabalhos são apenas ornamentais, mascarando com miçangas eruditas a eventual pobreza da escuta "propriamente clínica", estaria redondamente enganado: os argumentos são entremeados por relatos clínicos extensos e detalhados, que servem simultaneamente como ponto de partida para formular as questões e como ilustração das teses sustentadas.

A pesquisa de pós-doutorado de Purificacion Barcia Gomes[11] apresenta de modo especialmente feliz um outro tipo de combinação entre as referências literárias e o processo analítico. Ela parte de uma constatação: no início de *As mil e uma noites*, o sultão Scharyiar está gravemente doente, e seu comportamento é o de um louco enfurecido. A narração das histórias tem sobre ele um efeito que se pode chamar "terapêutico", visto que no final do livro ele se reconcilia consigo mesmo, com as mulheres e com a vida. A autora parte dessa hipótese ousada — Scheerazade terapeuta, se não em seu objetivo explícito, ao menos no uso e na sequência das histórias, para por meio delas minorar o sofrimento emocional do seu marido/paciente — e procura desentranhar, do próprio texto de *As mil e uma noites*, as características do que chama o "método" da jovem narradora. É claro que, consciente dos riscos de tomar demasiado a sério uma metáfora, explica logo de início até onde cabe a comparação; mas os meandros do seu argumento vão mostrando como esse "até onde" nos conduz bem longe, para dentro das coordenadas que balizam um processo analítico.

Para enquadrar suas reflexões sobre a psicanálise e a função terapêutica em geral, a autora traz informações acerca de costumes e crenças da sociedade islâmica na época em que se compilaram *As mil e uma noites*, sobre a história do próprio texto e sobre muitos outros assuntos pouco familiares ao leitor não arabista. Além disso, alicerçada num sólido conhecimento da literatura de ficção, das teorias literárias contemporâneas e dos escritos psicanalíticos, focaliza os vários tipos de narrativa — pois os dados clínicos também surgem para nós

---

[10] Camila Pedral Sampaio, *A literatura na interpretação psicanalítica* (doutorado em psicologia; São Paulo, puc, 2000).

[11] Purificacion Barcia Gomes, *O método terapêutico de Scheherazade: Mil e uma histórias de loucura, desejo e cura*, São Paulo, Casa do Psicólogo, 2000.

a partir de uma narrativa, a que o paciente faz de si e de sua vida. E, ao final, depois de estudar as estratégias de sobrevivência da narradora-terapeuta — que corria risco de vida caso não conseguisse, jogando com as forças da transferência, acalmar seu irritado "paciente" —, aborda a intrigante questão da escrita propriamente feminina.

Outro texto no qual a referência literária desempenha um papel essencial é o de Mauro Meiches, *A travessia do trágico em análise*.[12] Aqui a pergunta inicial é simples: pode-se falar em "o" trágico, independentemente de sua existência literária e teatral, sob a forma da tragédia? A linguagem comum sugere que sim: dizemos que tal coisa é uma tragédia, no sentido de catástrofe, ou que determinada história é trágica, porque se passa em meio ao sofrimento e acaba mal. Essa é a prova de que, embora tenham sido os gregos os primeiros a materializá-lo em obras para o palco (Ésquilo, Sófocles, Eurípides) e a pensá-lo como categoria estética (Platão, Aristóteles), *o trágico* rapidamente transcendeu o seu berço de origem e passou a designar uma dimensão fundamental da experiência humana.

Mauro Meiches argumenta que também na psicanálise se pode falar de fases ou momentos trágicos, e que a travessia deles representa uma etapa especialmente mutativa no transcurso de uma análise. Partindo do estudo do trágico em sua modalidade grega, narra alguns casos que o apresentam *in vivo* em determinados processos analíticos; em seguida, comenta a visão nietzschiana dessa categoria, mostrando em que e por que ela difere da dos gregos (em síntese, Nietzsche valoriza o *excesso* como elemento fundamental da catarse, enquanto para a ética grega o excesso, sob a forma da *hybris*, traz calamidade e perdição). Por fim, juntando todos os fios, Meiches sugere que os momentos de travessia do trágico durante uma análise estão ligados a períodos de oscilação nas *identificações*, os quais acarretam o luto de uma visão de si ou de um objeto narcísico até então essenciais para a manutenção da identidade (e do sintoma). *Metáfora do analítico*, conclui o autor: eis o papel do trágico na psicanálise.

Ainda sobre o processo analítico, podemos tomar o livro de Bernardo Tanis, que trata da presença do infantil na transferência.[13] Nele, outra referência literária captura em poucas palavras o essencial do argumento: "Sem as pedras,

---

[12] Mauro Meiches, *A travessia do trágico em análise*, São Paulo, Casa do Psicólogo, 2000.

[13] Bernardo Tanis, *Memória e temporalidade: sobre o infantil em psicanálise*, São Paulo, Casa do Psicólogo, 1995.

Psicanálise e pós-graduação: notas, exemplos, reflexões

o arco da ponte não existe". A resposta de Marco Polo ao Grande Khan, em *As cidades invisíveis* de Italo Calvino, vale como metáfora para muitos aspectos da psicanálise — a delicada arquitetura do aparelho psíquico, o mosaico dos padrões transferenciais e aquilo que ambos comportam não só de estrutura fixa, mas também de possibilidades para o movimento e a travessia. Ao escolher como epígrafe a frase do viajante veneziano, Bernardo Tanis nos dá a entender que os traços deixados pelo processo de construção sustentam a configuração atual da obra, ainda que, no caso das pontes psíquicas, a obra continue a ser edificada durante toda a existência do arquiteto, que é igualmente a sua própria construção.

Nesse contexto, a noção de "infantil" ocupa uma posição privilegiada. Sem se confundir com o que nos aconteceu quando éramos pequenos, nem com os comportamentos pueris do adulto, ela é uma invenção original de Freud, que cunhou na língua alemã o termo *das Infantile*. O infantil resulta da inscrição, no psiquismo, dos sedimentos daquilo que nos é dado viver na aurora da existência; por isso, circunscrever sua esfera implica considerar a realidade e a fantasia, os traumas e as defesas, a temporalidade, a memória... Para além da metapsicologia, é o infantil que se atualiza na transferência; está portanto no centro do processo analítico, que pode ser compreendido como um trabalho para presentificar e eventualmente modificar o infantil.

A partir dos textos de Freud e de autores como Melanie Klein, Ferenczi, Laplanche e Maurice Dayan, Tanis percorre alguns dos meandros mais sinuosos da teoria psicanalítica, norteado pela sua questão central, e não recua quando se torna necessário abrir o leque das interrogações para problemas laterais, mas a ela relacionados. Ao longo da trajetória, encontramos Sílvia, Rodrigo, Carla e outros personagens marcantes, que vêm enriquecer a galeria cujos primeiros retratos são os de Dora, Hans e Fritz. Combinando a perícia no manejo dos conceitos com um bem-vindo talento para a narrativa clínica, o autor nos faz adentrar o espaço no qual um analista trabalha e pensa: o resultado é um texto claro sem prejuízo da densidade, bem armado e bem escrito.

Da psicanálise com crianças provém um outro trabalho, de Maria Lúcia Vieira Violante, que atendeu pacientes da clínica do instituto Sedes Sapientiae.[14] Sua atenção foi despertada por um fato intrigante, a cuja elucidação é dedicada a

---

[14] Maria Lúcia Vieira Violante, *A criança mal-amada: estudo sobre a potencialidade melancólica*, Petrópolis, Vozes, 1995.

tese. Não é raro que, diante de uma situação de abandono precoce ou de insuficiência grave na qualidade do amor materno, a criança reaja de modo peculiar: sem desenvolver uma melancolia completa, estrutura-se na forma a que a autora denomina "potencialidade melancólica". A construção desse conceito — contribuição original à psicopatologia psicanalítica — é realizada passo a passo no decorrer do texto. Apoiando-se no pensamento de Piera Aulagnier e no confronto com as ideias de Freud sobre o narcisismo, Maria Lúcia associa o rigor teórico à sensibilidade clínica e à preocupação com a realidade social e familiar que cerca seus pequenos pacientes. Pois é na cena da realidade que ocorrem aquelas condições, excessivamente onerosas para o equilíbrio narcísico, cuja consequência é a "desqualificação do narcisismo infantil". Entre essas condições, a miséria e a violência ocupam lugar de destaque, sem que no entanto possam ser tidas por responsáveis diretas pela potencialidade melancólica, que não é um "sintoma social".

Para fundamentar suas ideias, Maria Lúcia recorre às teorias de Piera Aulagnier, objeto de uma ampla exposição em seu livro. Não é raro, aliás, que em sua pesquisa o orientando depare com um autor contemporâneo cujas concepções se adaptam bem ao problema abordado: é o caso de Maurice Dayan para Bernardo Tanis, de Melanie Klein e Claude Le Guen para Rúbia Nascimento, de Piera Aulagnier para Maria Lúcia Violante, de Fédida para Eliana Pereira, de Sophie de Mijolla-Mellor para Marcia Neder Bacha. Tenho estimulado meus orientandos a incluir na tese uma apresentação do pensamento do autor que se converteu em seu interlocutor privilegiado; com isso ganham eles — na compreensão dos conceitos com que vão trabalhar — e o leitor — ao tomar ou retomar contato com ideias instigantes e de pronto poder perceber o valor de que se revestem para a clínica de alguém naturalmente mais próximo de si, como é o caso de um brasileiro redigindo sua tese neste momento e neste lugar.

Na sua maioria, devido à minha própria formação, esses autores-chave são franceses; mas nem sempre. Em seu estudo sobre a elaboração psíquica,[15] Paulina Cymrot aborda esse conceito central para a teoria da técnica — e processo central para o êxito de uma terapia — a partir de uma ótica mais inglesa. Rastreia-o nas obras de Freud, Melanie Klein e Bion, mostrando toda a sua fecundidade. A elaboração é aquilo que compete ao paciente realizar para que o

---

[15] Paulina Cymrot, *Elaboração psíquica: teoria e técnica psicanalítica*, São Paulo, Escuta, 1997.

Psicanálise e pós-graduação: notas, exemplos, reflexões

objetivo de uma análise possa ser atingido: uma mudança nos padrões da vida emocional, que possa se refletir na qualidade das relações com os outros e com nossos próprios demônios internos. Ilustrado com vinhetas que esboçam tanto momentos de resistência quanto de mutação, esse livro — fruto de muitos anos de prática clínica e de uma paciente análise conceitual — é um dos que melhor demonstram que a pós-graduação, longe de ser antagônica à reflexão clínica, pode ser ao contrário um poderoso auxiliar quando o analista, sem ter medo de pensar por sua própria conta, decide falar do que faz.

Uma outra tese, a de Cassandra Pereira França, parte de uma extensa casuística com pacientes portadores de ejaculação precoce ou impotência.[16] O problema consistia em, não ignorando a especificidade médica dessas condições, relacioná-las com a psicopatologia analítica e verificar por que motivo cada uma dessas categorias de pacientes apresenta um comportamento tão diverso quanto ao interesse pela psicoterapia. Com efeito, é uma constatação comum que os ejaculadores precoces rapidamente abandonam as sessões, enquanto os acometidos de impotência geralmente permanecem por bastante tempo e têm um prognóstico melhor. Cassandra estabelece diversas subcategorias em cada um desses gêneros, mostrando o papel do narcisismo na constituição das subjetividades respectivas e realizando uma importante contribuição para a psicopatologia, além de abrir uma frente de diálogo com a profissão médica, à qual geralmente permanece restrito o tratamento desses problemas.

Como disse anteriormente, não seria possível comentar um a um os trabalhos que já tive o privilégio de orientar. Vejamos outros tipos de pesquisa, menos preocupados com o acontecer imediato da clínica, porém não menos interessantes para o analista que deseja enriquecer sua escuta ou sua compreensão da teoria. Na primeira categoria — os trabalhos com foco especial na metapsicologia — podemos mencionar a pesquisa de Daniel Delouya, que estuda a maneira pela qual se estabelecem os conhecimentos psicanalíticos. Daniel toma como seu universo de pesquisa alguns relatos clássicos, como o do "Homem dos Ratos", e também casos estudados por analistas contemporâneos. Foram preciosas sua longa experiência como pesquisador em ciências biológicas e a familiaridade com os debates da epistemologia atual, a fim de determinar algumas características da "lógica da descoberta" em psicanálise. Por enquanto inédita,

---

[16] Cassandra Pereira França, *Ejaculação precoce e disfunção erétil: uma abordagem psicanalítica* (doutorado em psicologia; São Paulo, puc, 2000).

Renato Mezan

essa investigação exemplar contém importantes contribuições para o psicanalista e para todo estudioso da psicanálise, dissipando alguns tenazes mal-entendidos que ainda hoje obscurecem as questões ligadas à "pesquisa clínica".

Outro exemplo desse tipo de trabalho é o de Nelson Coelho Jr. sobre o conceito de realidade.[17] Essa noção possui, na psicanálise, um estatuto curioso. Está presente em expressões que se tornaram conhecidas para além de suas fronteiras, como "princípio de realidade", "dado de realidade", "prova de realidade", e outras: significa então a cena na qual o sujeito age e sofre a ação dos outros, e na qual encontra tanto um limite para a onipotência dos seus desejos quanto os meios para, justamente, "realizá-los", ou seja, torná-los reais. Freud se referia a essa cena como realidade "exterior" — isto é, realidade "material" —, ou às vezes realidade "histórica". A ela se opõe a realidade psíquica — o universo do inconsciente, dos desejos e das fantasias que o povoam — para o sujeito tão ou mais "reais" quanto o que os sentidos percebem do mundo à sua volta. A realidade psíquica é aquilo sobre o que se trabalha na situação analítica, que aliás é um dispositivo calculado para evidenciá-la exatamente por meio da exclusão sistemática da realidade "exterior".

Essa multiplicidade de acepções é de certo modo desconcertante, até porque a realidade exterior não está tão excluída assim da sessão de análise. Dela fala o paciente em muitas de suas comunicações; condições de tempo e de dinheiro — elementos muito "reais" — circunscrevem o processo terapêutico; a realidade exterior pode irromper no trabalho analítico das mais variadas maneiras, da falta do paciente ou do analista porque o trânsito o impede de chegar ao consultório até as consequências dramáticas da guerra, da revolução ou do terrorismo de Estado sobre a evolução de um tratamento.

O livro de Nelson Coelho Jr. defronta-se com essa e com outras questões espinhosas. O levantamento e a classificação dos diversos conceitos freudianos que apresentam conexão com a ideia de realidade — e são numerosos! — ocupam o primeiro capítulo, fornecendo um inestimável instrumento de pesquisa para todos os estudiosos da obra de Freud. A seguir, o autor se detém no "Caso Dora" e no "Homem dos Ratos", para estudar as diversas maneiras como a realidade "exterior" intervém na prática freudiana. Por fim, duas situações tiradas de seu próprio trabalho clínico comprovam que o assunto nada tem de "acadêmico"...

---

[17] Nelson Coelho Jr., *A força da realidade na clínica freudiana*, São Paulo, Escuta, 1995.

Psicanálise e pós-graduação: notas, exemplos, reflexões

TESES DE PSICANÁLISE *EXTRAMUROS*

Sem forçar a nota, podemos utilizar o "gancho" da realidade para passar às outras categorias que sugeri; com efeito, em todas elas o assunto extrapola as quatro paredes do consultório e se inscreve, de um modo ou de outro, na cena social e cultural. Em primeiro lugar, em instituições nas quais o analista ocupa um espaço ainda pouco definido, mas que vem se ampliando no nosso país: o de integrante de uma equipe multidisciplinar, encarregada dos cuidados a grupos por vezes numerosos de pacientes. Seja no formato mais tradicional do hospital psiquiátrico, seja sob formas mais flexíveis como a residência abrigada ou o hospital-dia, seja ainda no quadro das interconsultas em um grande hospital geral, o analista se defronta com situações críticas, às vezes gravíssimas, sem dispor da rede de segurança proporcionada pelo *setting* tradicional.

A tese de Rubens Hazov Coura[18] focaliza a questão pelo ângulo das demandas da equipe de médicos e de enfermeiras, que apelavam ao serviço de interconsulta por ele dirigido na Santa Casa de Misericórdia de São Paulo quando algum paciente apresentava "problemas emocionais". Com frequência, como mostra Rubens em seu trabalho notável, os "problemas" eram mais relacionados com o emaranhado de transferências da equipe sobre o paciente do que com a eventual "histeria" do próprio paciente. Era preciso portanto trabalhar com a equipe e, em suma, desarmar as atuações em que ela estava prestes a incorrer, naturalmente "justificadas" pela ética médica e pelo grave estado emocional do paciente...

Outro exemplo das consequências acarretadas pelo dramático desconhecimento dos médicos quanto ao funcionamento emocional dos seres humanos — aí se incluindo o seu próprio — é proporcionado pela tese de Rúbia Mara dos Santos Nascimento,[19] elaborada a partir de sua experiência no meio hospitalar. Tanto na relação das pacientes com a sua doença quanto na relação dos médicos com elas, predomina a cisão como mecanismo de defesa, privilegiado justamente porque permite separar a pessoa da doença, o órgão do corpo, e assim por diante. Já a tese de Yanina Otsuka Stasevskas[20] parte da atividade denominada

---

[18] Rubens Hazov Coura, *A psicanálise no hospital geral*, São Paulo, Servier, 1996.

[19] Rúbia Mara dos Santos Nascimento, *Luto de um amor: a perda do seio* (mestrado em psicologia clínica; São Paulo, puc, defendido em maio de 2002).

[20] Yanina Otsuka Stasevskas, *Contar histórias no hospital-dia do Butantã: a circulação do sentido e o efeito da palavra* (mestrado em psicologia clínica; São Paulo, puc, 1998).

"roda de histórias", ou seja, da narração de contos provenientes de várias culturas a pacientes psicóticos do hospital-dia do Butantã. Sem ser diretamente uma prática psicoterapêutica, essa atividade produziu uma série de *efeitos terapêuticos*, favorecendo a circulação da palavra e das fantasias entre os pacientes, possibilitando rearranjos identificatórios e uma melhor percepção das condições gerais da vida humana.

A função do psicanalista numa equipe multidisciplinar que opera em âmbito institucional pode não ser idêntica à sua atividade no consultório, mas guarda com esta relações bastante estreitas: é no fundo a mesma escuta, o mesmo contato direto com o sofrimento psíquico, materializado em pessoas de carne e osso com seus sintomas, defesas, fantasias e transferências.

Se não cabe aqui o emprego do *setting* clássico, nem por isso deixa de ser indispensável o uso criterioso da sensibilidade clínica, que se concretiza numa intervenção calculada para modificar as relações dinâmicas que organizam uma dada situação. Essa intervenção é o horizonte último de todos os trabalhos que investigam questões metapsicológicas, psicopatológicas e ligadas ao processo terapêutico, em consultório ou em instituições, ou seja, as quatro primeiras categorias que mencionei no item "Os temas". As categorias v e vi — teses sobre a interface psique / sociedade, ou sobre obras e práticas artísticas — não comportam a mesma dimensão, o que justifica considerá-las trabalhos de psicanálise aplicada.

A diferença entre a psicanálise aplicada e a atividade psicanalítica *stricto sensu* não reside no caráter supostamente puro do trabalho clínico, nem na impureza ou bastardia da reflexão psicanalítica a partir de fatos sociais ou de obras da cultura, como se o analista somente pudesse realizar contribuições relevantes escutando pacientes em regime de atenção flutuante. Sem falar na obra de Lacan, boa parte dos escritos de Freud faz avançar a psicanálise tomando por tema fenômenos a que Laplanche chamou pelo termo muito feliz de *extramuros*: pense-se na construção do aparelho psíquico na *Interpretação dos sonhos*, no estudo da identificação em *Psicologia das massas e análise do ego*, no exame da consciência moral e dos objetos edipianos em *Totem e tabu*, e em outros exemplos que seria contraproducente enumerar. Não: a única diferença entre o que faz o analista sentado em sua poltrona e o que faz o mesmo analista sentado à sua mesa de trabalho é que no primeiro caso sua atividade visa tanto à *elucidação* quanto à *transformação* do que ocorre entre ele e seu paciente, ao passo que na segunda

Psicanálise e pós-graduação: notas, exemplos, reflexões

situação a dimensão prática está ausente — *et pour cause*, já que não envolve uma dupla e os fenômenos transferenciais mobilizados nela e por ela, mas um pesquisador e um objeto a ser construído a partir de dados empíricos.

Essa afirmação pode soar estranha, porque aproxima a psicanálise aplicada de outras disciplinas que fazem exatamente a mesma coisa, como a antropologia ou os estudos literários. Para dissipar a estranheza, convém — como no caso das teses cujo horizonte é mais diretamente clínico — deixar de lado as generalidades e examinar um trabalho efetivamente realizado. Para um orientador que, como eu, se dedicou muito à prática desse gênero de estudos, é curioso que não sejam numerosas as teses que tomem como assunto principal obras ou práticas culturais. Em diversos casos, porém, a *ilustração* do argumento é feita por meio da análise de um filme ou de um conto: por exemplo, na tese de Lilian Darzé Góes, o amor de transferência é estudado em dois contos de Machado de Assis,[21] enquanto Ana Cleide Moreira confronta a teoria da depressão com a situação psíquica dos personagens de Ingmar Bergmann em *Sonata de outono*,[22] e Eliane Kogut se propõe a enriquecer o ensino de conceitos psicanalíticos, como o de perversão, por meio da discussão de filmes em que seja evidenciada essa organização psicossexual.[23]

A rigor, o trabalho de Mauro Meiches sobre o grupo teatral Uzyna-Uzona é o único, até agora, a se debruçar essencialmente sobre um fato cultural em sentido estrito.[24] Seu objetivo é "pensar, à luz da teoria das pulsões, uma trajetória que tenta se situar nos limites do código do teatro". Partindo de uma crítica à visão clássica, que pensa a arte no âmbito da sublimação e vê na obra o resultado esteticamente elaborado de um jogo de forças em última análise redutível ao conflito entre as pulsões e o ego, o autor retraça a história do grupo dirigido por José Celso Martinez Corrêa desde a encenação de *Roda viva* até o projeto de realizar *As bacantes* de Eurípides. Esse projeto é então tomado com exemplo de uma situação em que as pulsões estariam em guerra com a linguagem que

---

[21] Lilian Darzé Góes, *O amor na transferência e em dois contos de Machado de Assis* (mestrado em psicologia clínica; São Paulo, puc, 1992).

[22] Ana Cleide Moreira, *A depressão em Freud e em Conrad Stein, com uma ilustração pelo filme* Sonata de outono (mestrado em psicologia clínica; São Paulo, puc, 1992).

[23] Eliane Kogut, *O cinema no ensino da psicanálise* (mestrado em psicologia clínica; São Paulo, puc, 2000).

[24] Mauro Pergaminik Meiches, *Uma pulsão espetacular*, São Paulo, Escuta/Fapesp, 1997.

as enuncia, num regime de transgressão permanente cujo circuito seria a própria obra. Esta, portanto, se situa nos antípodas da estabilidade e da permanência; nas palavras do autor, uma obra desse tipo "tematiza os meios pelos quais opera esse destino pulsional [a sublimação], reivindicando uma maior proximidade à fonte energética que origina seu substrato".

Ou seja: o modo de presença das pulsões na obra estética não seria, nesse caso, a sublimação no sentido de realização parcial e indireta — porque dessexualizada —, mas o ímpeto, a mobilidade que lhes é consubstancial. Tese audaciosa, que Mauro vai tecendo em estreito contraponto com a trajetória do grupo de José Celso. Nesse movimento, trabalha com documentos, entrevistas, roteiros, relatos de *performances* (como o "Carnaval do povo"), e desse material retira os elementos para sustentar sua posição. Com isso, as categorias psicanalíticas — especialmente as de pulsão e de *après-coup* — são utilizadas para colocar à mostra os lineamentos de um projeto estético de vanguarda, e, ao mesmo tempo, de certo modo conduzidas a um grau máximo de tensão. Revelam-se assim possibilidades implícitas nos próprios conceitos, como estes se enriquecem e se aprofundam.

Já na quinta categoria — teses sobre a interface psique/sociedade, por exemplo na educação, na clandestinidade, no processo psicossocial do envelhecimento —, a ideia de um sujeito perante um objeto a ser construído pode parecer esdrúxula. Pois não existem pessoas a serem entrevistadas, e, com elas, não se estará diante de fenômenos bem próximos ao acontecer clínico? A resposta é sim, mas eles não são o objeto da tese. Encarnam o que denominei certa vez o *suporte* desse objeto, isto é, aquilo por meio do qual ele se presentifica ao olhar do analista: mas não são o objeto. Essa ideia ficará mais clara se observarmos de perto alguns exemplos.

Primeiramente, o livro de Maria Cecília Pereira da Silva sobre os professores apaixonados.[25] Todos nós tivemos, em nossos tempos de escola, professores que nos marcaram. Deles nos lembramos com carinho, porque souberam estimular em nós a capacidade de aprender e o interesse por sua disciplina. A que se deve tal efeito mobilizador? Certamente, não apenas ao conhecimento que possuíam da sua matéria. Não é pelo intelecto, mas pelo afeto, que transita a

---

[25] Maria Cecília Pereira da Silva, *A paixão de formar: da psicanálise à educação*, Porto Alegre, Artes Médicas, 1994.

Psicanálise e pós-graduação: notas, exemplos, reflexões

centelha que faz de um professor um grande professor. Como designá-la? Com o nome de paixão, diz Maria Cecília. Qual é a origem dessa paixão? Como ela se materializa, a partir daquilo que faz de cada um de nós um ser humano — suas pulsões, suas fantasias, seus desejos, suas ansiedades? Para responder a essa questão, a autora entrevistou alguns professores conhecidos como particularmente "apaixonados". Recolheu suas palavras, seus relatos, suas questões; dissecou esses depoimentos e fez os professores dizerem aquilo que neles se encontrava em estado latente; a partir disso construiu um texto instigante, que circula pelos meandros de experiências diversas, porém unidas pelo mesmo impulso e pelo mesmo sopro generoso e acolhedor. O resultado é um trabalho que vai fundo na análise das motivações subjacentes à atividade de ensinar, revelando alguns dos abismos em que se abebera a paixão do professor. Esse foi o objeto do trabalho, extraído das entrevistas como o metal precioso que é retirado da ganga mineral que o envolve. Várias teses colhem desse modo o seu material, partindo de depoimentos que em seguida são comparados, dobrados uns sobre os outros, disso resultando o recorte do problema.

Uma de minhas orientandas, Marisa Cintra Bortoletto,[26] realizou um trabalho em que seis gestantes foram acompanhadas até o parto e durante alguns meses depois. A partir desse material empírico, a autora verificou que existiam diversas fantasias sobre o futuro bebê e procurou correlacioná-las com o que as mulheres relatavam de suas relações com o marido, com sua própria mãe, etc. Para tanto, serviu-se de noções como complexo de Édipo, ansiedades persecutórias e depressivas, bem como as que se revelaram úteis para mostrar que determinadas fantasias sobre o bebê encontravam eco em outras, ligadas a objetos inconscientes.

Esse gênero de pesquisa não pretende nenhuma validação estatística, até porque isso seria impossível com uma amostra tão pequena e sem qualquer correlação com a distribuição dos sujeitos na população definida. Trata-se de outra coisa: as fantasias descritas e analisadas por Marisa apresentam um valor *exemplar*, e o interesse em estudá-las consiste em apontar padrões, estruturas e correspondências que, uma vez estabelecidas, podem servir de guia para a percepção de algo equivalente no trabalho clínico. Tornam-se ferramentas para a intelecção

---

[26] Marisa Cintra Bortoletto, *A condição feminina na maternidade* (mestrado em psicologia clínica; São Paulo, 1991).

de relações relevantes entre conteúdos psíquicos, ou entre estes e os mecanismos responsáveis por sua produção.

Outro exemplo do mesmo tipo de procedimento encontra-se no estudo de Delia Catullo de Goldfarb sobre o envelhecimento;[27] nele, entrevistas gravadas e recortadas conduzem à descrição de certas constantes, por outro lado também confirmadas pela literatura, sobre atendimento a pacientes idosos. A partir desse material se desenha o objeto, o "tornar-se velho", algo que ultrapassa em larga medida a perda progressiva das capacidades do corpo, porque é igualmente um processo psicológico — que afeta de muitas maneiras a percepção de si — e um processo social, pois *velhice* significa coisas diferentes em cada época e cultura. A representação usual dos idosos está associada — inclusive por muitos deles — à decrepitude e à inutilidade. Ora, as entrevistas mostram de maneira convincente que esses atributos negativos não estão escritos nas estrelas como decreto dos deuses. Eles podem ser contestados, e muitas vezes o são, tanto pelos próprios velhos quanto por aqueles que trabalham com essa faixa etária — psicólogos, gerontologistas, assistentes sociais, enfermeiros, membros das próprias famílias...

A autora investiga questões como a imagem do corpo, o narcisismo, as tendências depressivas e autodestrutivas, a representação do tempo, a plasticidade psíquica; e do seu texto emerge uma visão segundo a qual a consciência da finitude, do "pouco tempo que resta", não precisa necessariamente trazer consigo tristeza, paralisia e fechamento. Com exemplos e ideias, mostra como a vivência da velhice depende também — e principalmente — da maneira pela qual a pessoa lida com as perdas, conserva ou amplia seus investimentos afetivos, participa ativamente no meio em que vive.

Se o livro de Delia se baseia em sua experiência como terapeuta de idosos, o de Maria Auxiliadora da Cunha Arantes elabora no plano do conceito uma vivência pessoal extremamente penosa: a da clandestinidade política.[28] A autora participou de movimentos de resistência à ditadura e quis falar disso, de um modo diferente do que seria o caso num simples depoimento. Colheu relatos de companheiros que viveram a mesma situação. Mas o tipo de material coletado

---

[27] Delia Catullo de Goldfarb, *Corpo, tempo e envelhecimento*, São Paulo, Casa do Psicólogo, 1998.

[28] Maria Auxiliadora da Cunha Arantes, *Pacto re-velado: psicanálise e clandestinidade política*, São Paulo, Escuta, 1994 (2ª edição, 1999).

Psicanálise e pós-graduação: notas, exemplos, reflexões

colocava uma dificuldade precisa: como tudo o que envolve muito sofrimento e suscita identificações fortes no leitor, a tese corria o risco de ganhar um tom patético, enfatizando a dimensão emocional em prejuízo do aspecto propriamente analítico. Durante um certo tempo, orientanda e orientador patinamos nesta dificuldade — não havia meio de fazer, dessas histórias comoventes, uma pesquisa em psicanálise.

Como Maria Auxiliadora saiu do impasse? Dos relatos de sofrimento emergia uma *impressão*: era muito difícil para essas pessoas manterem-se fiéis a elas mesmas, porque, se um militante estava atuando clandestinamente como operário numa fábrica, não podia de modo algum demonstrar que na verdade era um intelectual de classe média — e ele poderia se autodenunciar pelo vocabulário, pela maneira de sentar ou de segurar o copo de cerveja. Essas pessoas tinham então de aprender a ser *outras*. O custo psíquico dessa tarefa, nada fácil, ressaltava claramente nos depoimentos.

A transformação da impressão ainda vaga num objeto viável de estudo passou pela sua reformulação *narcisística*: o que estava sendo afetado por aquela experiência era o narcisismo daquelas pessoas. Disso surge um problema: como, em condições tão difíceis, elas mantiveram uma relativa integridade narcísica? Aqui a literatura sobre o que Maurice Blanchot denominou "situações-limite" poderia ser útil, pois em condições excessivamente traumáticas ou estressantes o ser humano desenvolve recursos de autodefesa surpreendentes. Uma vez identificado o problema, Maria Auxiliadora voltou ao material coletado, a fim de detectar as estratégias postas em jogo para se proteger da usura narcísica imposta pela clandestinidade. Havia um ponto interessante: o disfarce da própria identidade pelo militante clandestino parecia ser compensado por um forte investimento em outro aspecto ligado ao narcisismo, que são os ideais coletivos. Assim, os clandestinos se sustentavam emocionalmente também por se considerarem membros de um grupo de vanguarda, por pensarem que a revolução estava próxima, que faziam sacrifícios em nome de uma causa fundamentalmente boa e justa.

Se alguém duvidasse de que uma tese elaborada com material estranho à clínica propriamente dita pudesse contribuir para o aperfeiçoamento desta última ou para o refinamento de um ponto da teoria, o trabalho de Maria Auxiliadora Arantes seria indicado para comprovar que isso é perfeitamente possível. Com efeito, a noção de narcisismo acaba por ser enriquecida pela correlação

Renato Mezan

compensatória entre investimentos no ego e nos ideais do ego — conclusão inesperada, mas que pode aguçar nossos ouvidos (por exemplo, na escuta da depressão).

Contudo, não é sempre que a proposta inicial se revela fecunda ou capaz de conferir ao projeto o estofo necessário para que dele se origine uma tese. Nesses casos, se a decisão não for abandonar o tema, é preciso encontrar nele algum aspecto — diferente daquele que inicialmente se havia destacado — que possibilite um trabalho correspondente aos padrões estipulados no início deste artigo.

Foi o que ocorreu com a tese de Joyce Kacelnik a respeito de pessoas que, como pacientes ou terapeutas, fazem análise numa língua que não a sua.[29] Isso não é raro, dado que a psicanálise tem desde sempre um caráter eminentemente internacional. Inúmeros analistas escolheram viver em outros países ou foram expatriados por ditaduras de todos os matizes; inúmeros pacientes escolheram fazer sua análise em centros mais avançados no exterior ou foram acolhidos nas terras de asilo por analistas que decidiram ajudá-los a superar a condição de refugiados. Como a linguagem é importante na psicanálise, surgiu a ideia de investigar se ter de falar e tecer associações numa língua que não a materna representaria um fator importante para o desenvolvimento da análise. Isso é uma pergunta; não é ainda um problema. A autora se pôs em campo atrás de informações, conversando com várias pessoas que tinham passado por essa situação como analistas ou pacientes. De modo geral, o comentário era que o tema se mostrava muito interessante e original. Mas chegado o momento de dizer *como*, exatamente, a fala em outro idioma havia provocado algum fenômeno curioso, ou *precisamente* o que havia interferido — se é que havia interferido — no curso da análise, quase nada surgia de aproveitável. Porque, como a autora acabou verificando, ou alguém domina a língua estrangeira o suficiente para se expressar razoavelmente nela, e nesse caso pode fazer uma análise, ou não domina essa língua, e então a análise é impraticável.

Ou seja: o fato de associar ou interpretar em língua estrangeira não era, finalmente, relevante para provocar fenômenos especiais, diversos daqueles que se podem observar em qualquer análise. Confirmada essa verificação, a pesquisa acabou tomando outro rumo: Joyce começou a trabalhar com a ideia de que

---

[29] Joyce Kacelnik, *A psicanálise em língua estrangeira* (mestrado em psicologia clínica; São Paulo, puc, 1998).

Psicanálise e pós-graduação: notas, exemplos, reflexões

o "estrangeiro" não era necessariamente uma língua, mas a própria condição do inconsciente, a própria situação da análise. Voltando às entrevistas e lendo-as sob essa nova óptica, encontrou muitas pistas que apontavam nessa direção, e com isso concluiu sua tese de mestrado.

Todos esses exemplos ilustram o gênero de tese que consiste em trabalhar a partir de depoimentos, colhidos por sua vez em função de uma questão que o pesquisador pressente ser interessante, ou na qual, por razões pessoais, investiu sua *libido sciendi*. Ainda no gênero *extramuros*, outra espécie de tese é a que se monta a partir de textos, fazendo a história de um problema, da obra de um autor, de um fato ou de um período marcante na história da psicanálise. *Fazer a história* não significa apenas narrar os acontecimentos ou descrever os dados, mas pensá-los, tentando compreender por que as coisas se passaram de um modo e não de outro. Os dois trabalhos assim concebidos que já tive oportunidade de orientar lançam uma ponte entre áreas que a história separou: entre Freud e Wilhelm Reich e entre a psicanálise e a educação.

O objetivo de Claudio Mello Wagner[30] é reconstituir os fatos ligados à carreira psicanalítica de Wilhelm Reich, inclusive as circunstâncias de sua expulsão da Associação Internacional de Psicanálise (IPA), em 1934. Nos anos 1920, Reich foi um importante analista, encarregado entre outras tarefas de supervisionar o famoso "seminário de técnica" pelo qual passaram quase todos os alunos do Instituto de Viena. Escritor prolífico e clínico astuto, desenvolveu suas ideias técnicas e metapsicológicas *dentro* do movimento analítico, e as teve debatidas por diversos colegas — como Otto Fenichel e Franz Alexander — que as respeitavam, embora nem sempre concordassem com elas. Posteriormente, ao ser afastado da IPA, Reich tornou-se mais um dos tabus cultivados pela ortodoxia freudiana, e para isso certamente contribuiu, além da pressão institucional, uma série de características do seu próprio pensamento, provocativo e por vezes expresso num tom bombástico. Mas o fato é que propôs caminhos para resolver dificuldades técnicas que, na época, ele certamente não era o único a enfrentar; ao fazer isso, trouxe importantes contribuições para o desenvolvimento da psicanálise, mesmo que tenham sido obscurecidas pelo clima de hostilidade que veio a cercar seu autor. Entre outras, podemos citar sua preocupação com a análise das resistências, que é uma das origens da psicologia do ego americana,

---

[30] Claudio Mello Wagner, *Freud e Reich: continuidade ou ruptura?*, São Paulo, Summus, 1997.

e com interface psique-sociedade, que é uma das origens de todo o freudo-marxismo, hoje um pouco fora de moda, mas que teve grande repercussão, desde a *Psicologia de massas do fascismo* até os trabalhos de Herbert Marcuse.

O trabalho de Claudio retoma o percurso reichiano, expondo os pontos de convergência e de divergência entre Reich e Freud até o momento em que o primeiro deixa de se considerar um membro da "horda selvagem". Levanta a questão da continuidade e da ruptura, mostrando que há um pouco desta e um pouco daquela nas concepções que o singularizavam já desde os anos 1920. Recusando deixar-se ofuscar pelo ruído da polêmica entre reichianos e freudianos, com certeza desagrada aos dogmáticos de ambos os lados — porém traz os elementos necessários para que o leitor forme sua própria opinião, e, quando apresenta o seu ponto de vista, o faz de modo equilibrado e convincente.

Já a tese de Marcia Neder Bacha[31] dedica-se ao estudo de um grande mal-entendido. Freud disse certa vez que existem três atividades "impossíveis": psicanalisar, governar e educar. Como toda frase de efeito, essa também se destinava a provocar surpresa e a fazer refletir. No caso, a "impossibilidade" diz respeito ao fato de os seres humanos serem dotados de liberdade e iniciativa, razão pela qual jamais se submeterão por completo à autoridade e sempre se sairão com alguma atitude que o detentor da autoridade não havia previsto. Assim, a frase advertia contra as pretensões abusivas do educador, do governante e do psicanalista, que, tomando suas respectivas nuvens por Juno, viessem a se acreditar onipotentes e capazes de moldar o outro à sua imagem e semelhança. O que é impossível é psicanalisar alguém *completamente* (o inconsciente continuará a existir, com análise ou sem ela), educar alguém *completamente* (caso por isso se entenda formar o discípulo para ser um ventríloquo do seu mestre) e governar de modo *absoluto* (sem oposição, mesmo que esta seja depreciada como "burra" ou silenciada na ponta do fuzil).

Freud foi sábio ao não acrescentar à sua lista de impossibilidades a de que um epigrama fosse interpretado ao pé da letra e considerado verdade indiscutível, porque formulado por um semideus. Pois o seu teve exatamente esse destino, especialmente no que se refere ao educar. A psicanálise nada teria a dizer aos educadores, dado que a atividade destes se estenderia entre o inútil e o nocivo

---

[31] Marcia Neder Bacha, *Psicanálise e educação: laços refeitos*, Campo Grande, Editora da Universidade Federal de Mato Grosso do Sul, 1998.

Psicanálise e pós-graduação: notas, exemplos, reflexões

— inútil porque "é impossível educar" (Freud *dixit*), e nocivo porque a educação seria, intrinsecamente, violência sobre as mentes infantis.

Mas o livro enate por outra direção. Criticando tanto os psicanalistas que abandonam demasiado rápido o problema pedagógico quanto as doutrinas psicológicas que desejam orientar o educador, mas esquecem que as crianças (e ele mesmo) são dotados de um inconsciente, a autora procura "refazer os laços" entre a psicanálise e a educação tomando como fio condutor o seguinte problema: o que, na relação entre o educador e o educando, veicula *de fato* a influência educativa? Em outros termos, o que faz o primeiro, tal que o segundo efetivamente se modifique no sentido desejado (caso contrário, não há educação alguma), e, ao mesmo tempo, não se torne uma cópia borrada do mestre, preservando tanto sua individualidade quanto o desejo de aprender e de continuar sua educação? É numa exemplar análise da *sedução* que serão encontrados os elementos para a resposta.

Em resumo: na categoria *extramuros* cabem diversos tipos de trabalho, todos eles tendo em comum a característica que apontei anteriormente: a elucidação do problema escolhido não visa diretamente a uma intervenção terapêutica. Variam os métodos de colher os dados — entrevistas, pesquisa em textos, descrição de um fato social ou cultural —, mas a partir de um certo ponto a tarefa do autor é idêntica em todos os casos: construir, com base em uma análise do material que ainda não é psicanalítica, mas formal, uma questão psicanalítica. Desse ponto em diante, trata-se (como nas teses voltadas para questões mais clínicas) de buscar os conceitos para definir essa questão, de explorá-la em várias direções, de montar uma hipótese e sustentá-la, de ilustrá-la com exemplos apropriados — em suma, de redigir uma tese como qualquer outra.

A NATUREZA DA PESQUISA EM PSICANÁLISE

Concluído este passeio por algumas das pesquisas que eu próprio orientei, o que se pode aprender sobre a pesquisa acadêmica em psicanálise? Esse tema vem sendo debatido com frequência, à medida que, em diferentes programas de pós-graduação, se implantam cursos voltados para essa disciplina.

Um dos traços mais irritantes dessa discussão, porém, é o caráter vago e genérico das formulações de uns e de outros. Há os puristas, geralmente encastelados nas associações psicanalíticas, que temem ver conspurcada a sacrossanta psicanálise pela sua inserção na universidade — seja porque temem a "intelectualização" (versão IPA), seja porque, estando na universidade, a psicanálise seria inelutavelmente contaminada pelo "discurso universitário" (versão lacaniana). Há os defensores do "método científico", geralmente entrincheirados nos departamentos de psicologia, que julgam impossível realizar com seriedade uma investigação de tipo qualitativo porque esta se apoia em poucos "casos" e deles extrai conclusões por vezes de grande alcance. Os dois grupos costumam omitir um passo a meu ver indispensável: examinar o que *de fato* vem sendo realizado nos mestrados e doutorados que tomam como perspectiva a psicanálise. Com isso, acabam falando de algo que só existe em sua imaginação, ditando *ex cathedra* princípios e regras sem qualquer relação com a vida real.

Foi para colocar essa discussão num plano um pouco menos abstrato que, nas páginas precedentes, quis comentar — ainda que sumariamente — algumas das teses cuja realização acompanhei de perto e cuja qualidade me parece indiscutível, pois satisfazem plenamente os critérios apresentados no início deste artigo. Sem repetir o que já ficou dito, gostaria de concluí-lo com algumas observações mais gerais sobre a natureza da pesquisa em psicanálise.

Quando se fala em "pesquisa", costuma-se ter em mente — e isso vale em especial para as agências federais de fomento, como a Capes e o CNPq — o modelo das ciências exatas e biológicas; esquece-se que existem áreas do conhecimento nas quais não se trabalha com experimentos, mas que são tão legítimas quanto as chamadas "ciências duras". Nessas áreas pode caber a pesquisa com documentos que se encontram em bibliotecas, a realização de entrevistas para medir a intensidade de um fenômeno social, o estudo de uma tribo indígena, a elaboração de um modelo matemático para acompanhar as oscilações do mercado financeiro, etc. Não há como negar que se trata de *pesquisas*; mas, como não têm o formato habitual, frequentemente não são consideradas "científicas". A psicanálise faz parte, com a história, a antropologia, a sociologia, a economia, desse campo fluido das "ciências humanas", que na distribuição de verbas pelas agências de fomento costuma ficar em grande desvantagem.

Uma das características que tornam difícil perceber que aqui também se está fazendo progresso no conhecimento é que as investigações em psicanálise se encaixam mal no modelo "piramidal", isto é, não se estruturam sob a forma de um grupo de trabalho liderado por um orientador e no qual a parte de cada

Psicanálise e pós-graduação: notas, exemplos, reflexões

aluno corresponde a um fragmento do conjunto. Mesmo o exame mais superficial das teses aqui comentadas mostra que esse critério não tem qualquer relevância na nossa área: cada texto é um texto, e, se formam um mosaico com alguns pontos em comum, é sempre *a posteriori*.

Quais seriam, então, os critérios para avaliar a qualidade de uma pesquisa em psicanálise? Eles precisam ser definidos a partir da especificidade do campo. Toda investigação psicanalítica é *qualitativa*, ou seja, trabalha em profundidade com casos específicos. É o mergulho na sua singularidade que permite extrair deles tanto o que lhe pertence com exclusividade quanto o que compartilham com outros do mesmo tipo: por isso, o caso ganha um valor que se pode chamar *exemplar*. Uma boa pesquisa em psicanálise, portanto, deve evidenciar esses dois planos, o da especificidade e o da generalidade. Esse é o primeiro critério a ser considerado, independentemente do material que serve de base à investigação (clínico, histórico, psicossocial, etc.). Os exemplos que escolhi apresentar neste artigo ilustram — espero que de forma convincente — que é perfeitamente possível satisfazê-lo.[32]

Outro problema é o da arbitrariedade da interpretação. Diz-se com frequência que a interpretação psicanalítica não tem como ser verificada, já que é impossível a duplicação das condições em que foi formulada. Essa crítica apresenta duas faces: uma se refere à interpretação no contexto terapêutico; a outra, à interpretação no sentido mais usual de compreender e elucidar o problema tratado na tese. Comecemos por esse segundo ponto: a meu ver, existe um descaso pelo fato de que as pesquisas de tipo acadêmico passam por um longo e exigente processo de avaliação, das críticas do orientador ao exame de qualificação e à defesa pública. Esse processo continua; muitos textos são submetidos ao crivo dos leitores que decidem, nas editoras, se um original deve ou não ser publicado, e, nas revistas especializadas, pela apreciação dos assessores que recomendam ou não a aceitação de um trabalho. Uma vez disponível para a comunidade, o livro ou artigo recebe resenhas que mais uma vez o avaliam e discutem; e, por fim, se depois de todas essas etapas o texto não se revelar bom, ele simplesmente não será comprado, nem recomendado como leitura a quem se

---

[32] De passagem, podemos notar que também na prática clínica o critério da exemplaridade é relevante, pois permite estabelecer não *inferências*, mas *referências* de um caso para outro. Trata-se, contudo, de um problema que ultrapassa os limites do presente artigo.

interessar pelas questões de que ele trata. Ora, sem pretender que tais exames sejam infalíveis, é difícil admitir que tanta gente seja ingênua a ponto de acreditar em qualquer tolice, ou que esteja envolvida numa conspiração para fazer crer que o autor tenha dito algo sensato quando na verdade está delirando. Disso se conclui, pelo menos, que as interpretações apresentadas nas teses de psicanálise não devem ser tão absurdas assim, e que, ao contrário, são no mínimo tão razoáveis quanto as propostas nos programas vizinhos.[33]

O fato é que, nas disciplinas humanísticas, o sentido de um fenômeno ou de um processo jamais é unívoco, comportando por natureza diferentes apreciações. O que decide quais delas são válidas e quais não o são — e pode haver mais de uma que satisfaça os critérios de aceitabilidade — é a coerência dos argumentos entre si e com os fatos considerados, a fecundidade das hipóteses apresentadas no caso em questão para explicar outros do mesmo gênero, a capacidade do autor para perceber aspectos do seu tema até então pouco ou nada notados, mas que uma vez postos em evidência se encaixam com naturalidade no conjunto dos conhecimentos admitidos como válidos naquele campo — ou, em casos excepcionais, desencadeiam uma revisão deles que pode culminar na modificação dos paradigmas até então vigentes ("revoluções científicas" no sentido de Thomas Kuhn).

Por trás da crítica à "inverificabilidade" da interpretação formulada pelo autor da tese, porém, está uma crítica mais geral à psicanálise como procedimento de investigação clínica e de intervenção terapêutica. E isso é simples de compreender: uma tese de psicanálise se apoia por definição na teoria psicanalítica, e esta, por sua vez, tem como origem a prática clínica, pois é nesse âmbito que se evidenciam com mais clareza os processos inconscientes de que

---

[33] Luiz Cláudio Figueiredo me fez observar, a propósito dessa questão, que mesmo um amplo consenso não garante a propriedade de uma interpretação e que uma tese fraca pode obter nota alta por motivos que nada têm a ver com seu conteúdo — por exemplo, por interferência de pressões institucionais e conchavos do tipo "Você aprova meu orientando que eu aprovo o seu". Isso de fato pode ocorrer. De qualquer modo, essa possibilidade lamentável não seria restrita à nossa área; e é justamente a psicanálise que pode oferecer desses fatores "extracientíficos" — como eufemisticamente os designa Figueiredo — uma compreensão bastante clara, vinculando-os por exemplo ao narcisismo, às identificações alienantes, ao jogo de transferências que cimenta qualquer comunidade, etc. Com esse entendimento, a psicanálise pode contribuir para que tais fatores não se tornem predominantes na avaliação dos trabalhos, em detrimento dos critérios positivos que enumero a seguir.

Psicanálise e pós-graduação: notas, exemplos, reflexões

trata a disciplina. É, em suma, o caráter científico ou mitológico da psicanálise que aqui está em discussão.

Esse debate acompanha a psicanálise desde que ela se apresentou com pretensões científicas. O que significa *pretensões científicas*? Significa que Freud e os outros que se dispuseram a seguir seus passos julgaram estar dizendo alguma coisa *sobre o que é*, sobre um objeto chamado *realidade psíquica*, objeto que possui suas peculiaridades, mas sobre o qual é possível obter conhecimentos. Não é o caso aqui de me estender sobre esse ponto, que não pode ser elucidado em três linhas.[34] Quero apenas dizer algumas palavras sobre o que, na prática efetiva da psicanálise, permite ter alguma garantia de que as interpretações do psicanalista são bem fundamentadas e também corrigi-las ou abandoná-las quando se revelam errôneas.

Retomemos um instante a questão da duplicação, imaginando que um paciente especialmente cético resolvesse fazer sua análise com dois analistas simultaneamente. Esse paciente sai do consultório do primeiro, entra no do segundo, deita-se no divã e conta o mesmo sonho que narrou há pouco. É bastante provável que as interpretações dos dois analistas sejam parecidas, mas também que haja elementos diferentes, até porque ele pode se lembrar na segunda sessão de alguma coisa que não mencionou na primeira, ou o contrário; o analista pode ressaltar um aspecto que o primeiro não tenha privilegiado, etc. Isso se deve ao fato bastante óbvio de que, como tudo que possui algum grau de complexidade, um sonho pode ser desmembrado de diversas maneiras, todas válidas desde que se respeitem as suas linhas essenciais de articulação. É isso que explica que, embora seja impossível a reprodução precisa da matéria-prima a partir da qual se obtêm os conhecimentos, isso não significa que eles sejam obtidos de maneira arbitrária. Por quê? Por duas razões.

A primeira é que os processos psíquicos são essencialmente os mesmos em todos os seres humanos, pois somos membros da mesma espécie. Isso deixa claro por que alguém, tendo lido *A interpretação dos sonhos* de Freud, pode ouvir um sonho e se perguntar onde está o desejo inconsciente, onde estão os deslocamentos e as condensações, e assim por diante. O mesmo vale para as manifestações da transferência: na análise, os conflitos infantis reaparecem e são novamente

---

[34] A esse respeito, ver R. Mezan, "Psicanálise e neurociências: uma questão mal colocada" e "Metapsicologia: por quê e para quê", em *Tempo de muda*; e "Sobre a epistemologia da psicanálise", neste volume.

Renato Mezan

revividos em relação à figura do analista, sejam quais forem os protagonistas de cada tratamento tomado isoladamente. Assim, o fato de o processo terapêutico ser absolutamente individual não impede, de forma alguma, que dele se tirem conclusões ou generalizações em graus variados. Nesse aspecto, o analista trabalha de modo similar ao dos pesquisadores que estudam o câncer de mama nas ratas: o que aprenderam com *certas* ratas pode ser generalizado para outras, ou para outros mamíferos, inclusive da espécie humana.[35]

A outra razão diz respeito à *regularidade* da vida psíquica de cada indivíduo. Todos temos certas características que nos individualizam: determinadas preferências sexuais, mecanismos de defesa em número limitado, modos de reação típicos em situações análogas, e isso inclusive no plano do *habitus* corporal — é um fato facilmente observável pelo analista que se serve do divã que, quando as pessoas se deitam, o fazem sempre ou quase sempre da mesma maneira. É essa regularidade que permite inferir as constantes da vida psíquica. Suponhamos um paciente que entra em pânico se seu analista demora dez minutos para atendê-lo; essa reação mostra certas características daquela personalidade que podem ser formuladas como hipóteses. Ela pode estar ansiosa, insegura, tolerar mal a frustração, ter inveja do paciente anterior... Há um leque de possibilidades, amplo porém não infinito, que vão sendo sucessivamente eliminadas até que se encontre um motivo plausível para aquela determinada reação.

Inversamente, o mesmo acontecimento pode ser interpretado de diversos modos por diferentes pessoas. Um analista compra flores e as coloca na sua mesa: as reações de cada paciente a esse fato corriqueiro raramente serão idênticas. Por quê? As flores são as mesmas, mas, quando cada um as vê, elas se integram automaticamente em determinados circuitos associativos, que não são os mesmos de pessoa para pessoa.

Os motivos pelos quais tal paciente reage de maneira pueril ao atraso do analista podem ser idênticos aos que o levam a não notar que há flores sobre a mesa: por exemplo, uma excessiva concentração em sua própria pessoa, ou uma incapacidade para observar o outro e se identificar com ele. Assim é possível, a partir de indícios muito díspares na aparência, organizar um quadro relativamente fiel da dinâmica daquele indivíduo, ou seja, das forças que nele atuam e

---

[35] Esse e outros problemas ligados à estrutura da teoria psicanalítica, bem como à sua relação com o trabalho cotidiano do analista, estão discutidos nas aulas que reuni em *Escrever a clínica*.

Psicanálise e pós-graduação: notas, exemplos, reflexões

que produzem os efeitos visíveis no seu comportamento. A isso se pode chamar "generalização para a própria pessoa". A partir daí, pode-se pensar numa generalização para *tipos de pessoas* que apresentam conflitos semelhantes. Há coisas que são absolutamente individuais, singulares; outras que cada um compartilha com certo número de outros seres humanos — por exemplo, defesas ou sintomas: existe mais de uma pessoa deprimida, e nem todo mundo sofre de depressão. Podemos observar uma, duas, três pessoas com esse quadro e propor hipóteses sobre o que organiza uma depressão. Em seguida, o próximo paciente que apresentar as mesmas características servirá de contraste ou de teste para que essa primeira hipótese seja verificada. E convém não esquecer que a psicanálise é um empreendimento coletivo: existem outros analistas que, ao lerem o que um de nós escreve, se perguntarão pela pertinência do que afirmamos em relação à sua própria prática e de maneira informal submeterão nossas hipóteses a algum tipo de verificação. É evidente que só sobrevivem ao teste as ideias que mantêm com a realidade uma conexão suficientemente forte para merecerem a qualificação de adequadas, pelo menos até que outras melhores surjam para dar conta daquela questão específica.

Em suma, existe um processo de construção do conhecimento por generalização crescente, que se organiza em três níveis ou planos: para o próprio indivíduo, para um grupo de indivíduos e, mais adiante, para toda a humanidade. Todo ser humano tem de passar por certas crises na sua vida — nascimento, separação dos pais, escolha de um parceiro sexual. Esses processos são universais; o que vai variar entre as Ilhas Samoa e São Paulo, ou entre culturas e épocas diferentes, são as modalidades pelas quais uma criança se torna adulto — mas a necessidade de tornar-se um adulto funcional em qualquer sociedade é inescapável.

Voltando ao problema das teses de psicanálise: a maioria delas se ocupa de questões que podemos situar no plano intermediário entre a singularidade absoluta do indivíduo e os aspectos que, por serem essenciais à natureza humana, encontram-se em todos os membros da espécie. Aliás é preciso que assim seja, já que o candidato tem de escolher um tema e nele se concentrar. Isso significa, como é evidente, deixar de lado outros tantos, e mesmo, dentro do tema escolhido, muitos aspectos não relevantes para o que deseja demonstrar. A singularidade está presente, no plano empírico, por meio do material selecionado para a investigação; os elementos comuns vão sendo destacados desse material, a fim de constituir a *questão* a ser estudada. Sob esse aspecto, a pesquisa acadêmica em psicanálise está sujeita às mesmas regras que qualquer outra, em qualquer disciplina do mesmo gênero.

É chegado o momento de concluir. Se o leitor consentiu em me acompanhar até aqui, espero que concorde comigo no essencial do meu argumento: nada na psicanálise é antagônico à possibilidade de que com ela se realizem pesquisas bem estruturadas e capazes de contribuir para o avanço dos conhecimentos sobre o ser humano. Tais pesquisas já existem, e o que se pode aprender com seus resultados em nada é inferior ao que se pode aprender com seus métodos — basta respeitar a especificidade do campo para discernir, em seus vários segmentos, inúmeras possibilidades de investigação. Aos que nelas quiserem se aventurar, meus votos de que sejam bem-sucedidos, e que acrescentem um tijolo de boa qualidade ao edifício que vem sendo laboriosamente construído por seus predecessores na esfera da pós-graduação.

Sobre a epistemologia da psicanálise

Embora os termos em que é colocada hoje já não sejam os mesmos que na época de Freud, a questão da "cientificidade" da psicanálise continua a agitar os espíritos. Atualmente, o debate gira em torno da eficácia da terapia analítica, quando comparada com os procedimentos da psiquiatria ou com outras práticas clínicas, como a terapia breve ou a terapia cognitiva. Nessa discussão, porém, estão embutidos inúmeros pressupostos, sobre os quais a meu ver reina uma considerável confusão. Quando tentamos formulá-los mais precisamente, percebemos que o mais das vezes os interlocutores não se entendem porque não falam a mesma língua — termos como "ciência", "realidade", "verdade" e outros significam coisas diversas para cada um deles, e o resultado é a babel que conhecemos.

O objetivo deste artigo é retomar a questão desde seus fundamentos, explorando algumas das perspectivas abertas por uma concepção da epistemologia que não se deixe envolver nas armadilhas da simplificação excessiva. Pois, se o assunto é complexo, mais vale tentar compreendê-lo nos seus meandros, e ao menos ter claro quais são os pontos obscuros, do que buscar uma simplicidade que só se conquista a golpes de machado. Afinal, Procusto não se deu lá muito bem...

Renato Mezan

A POSIÇÃO MEDIANA DA EPISTEMOLOGIA

Quando procuramos compreender o que é a psicanálise — ou qualquer outra disciplina que se pretenda científica — podemos tomar vários caminhos. Um deles passa pela história: podemos investigar de que modo aquela disciplina se constituiu, quem foram os seus iniciadores, de que forma ela chegou a recortar um campo próprio de fenômenos para descrever e analisar, quais eram as condições sociais e culturais que prevaleciam na época da sua fundação. Quase sempre verificaremos que o gesto da fundação implica uma *ruptura* com o que se pensava até então sobre aquelas questões, as quais passam a se configurar de outra maneira (justamente, a maneira própria à disciplina nascente), a ser focalizadas por outros ângulos e abordadas por métodos até então inéditos.

Há vários exemplos de como isso ocorre: a passagem da alquimia à química é um deles. As reações entre os vários corpos e substâncias eram estudadas pelos alquimistas segundo princípios e métodos específicos; em meados do século xviii, as mesmas reações passam a ser vistas sob um outro ângulo (por exemplo, a partir de medições precisas efetuadas com a balança de Lavoisier, ou da teoria atômica de Dalton), o que dá origem a um novo corpo de conhecimentos e problemas de cuja existência os alquimistas jamais suspeitaram. O mesmo vale para a física a partir de Galileu, para a linguística a partir de Saussure, para a biologia com a teoria da evolução, para a geologia com o estudo dos fósseis... A lista seria imensa; o importante é nos darmos conta de que uma disciplina qualquer se emancipa e se torna autônoma quando define seu campo, seus métodos, sua problemática própria.

Esse tipo de estudo não é ainda a epistemologia, mas prepara o terreno para as perguntas que esta vai formular. A investigação epistemológica se preocupa com o modo de produção dos conceitos, com o funcionamento dos dispositivos teóricos estabelecidos pela disciplina, com a forma pela qual ela constrói, valida ou refuta suas hipóteses. Seu objeto é portanto a teoria concebida como armação racional, enquanto o objeto da teoria é o campo de fenômenos do qual ela deve dar conta. Se a biologia se ocupa dos fenômenos e processos ligados à vida, a epistemologia da biologia interroga os *conceitos* de vida, célula, seleção natural, adaptação ou função: distinção de suprema importância, já que a epistemologia é um discurso sobre outro discurso, e não discurso sobre as próprias coisas, sejam elas naturais ou sociais.

Sobre a epistemologia da psicanálise

Em seu artigo "L'idée d'épistémologie",[1] o filósofo Gérard Lebrun sugere no que consiste a especificidade da abordagem epistemológica. Diz ele que *cada ciência constrói a sua própria racionalidade*, e que isso se diferencia profundamente da ideia de uma razão universal que se expressaria em todas as construções intelectuais realizadas pelo homem. Para os filósofos do século xvii, "a sabedoria humana é sempre idêntica a si mesma, quaisquer que sejam os objetos aos quais se aplica": é isso que permite a Descartes escrever um *Discurso do método*, no qual estabelece regras "para bem conduzir a própria razão e procurar a verdade nas ciências", ou seja, em qualquer estudo e sob quaisquer condições. A esse tipo de abordagem, Lebrun denomina "reflexão racionalista sobre as ciências" e afirma que a epistemologia não trabalha da mesma forma. Ela postula que a originalidade de um saber implica uma racionalidade própria *àquele* saber, e deseja precisamente pôr a nu as estruturas *daquela* racionalidade. Nas palavras de Lebrun: "A racionalidade de uma ciência se enraíza num sistema autóctone de decisões e de escolhas, que para os contemporâneos frequentemente pareceu o cúmulo da arbitrariedade. [...] A 'metafísica' de uma ciência só pode estar contida na sua *tecnicidade*, no equipamento singular que ela se outorga".[2] É o caráter autóctone dessa montagem que permite determinar objetos até então inéditos, tornando-os passíveis de serem conceituados por noções igualmente inéditas, as quais se disporão em enunciados cujo conjunto forma as teorias próprias àquela disciplina.

O exemplo da química é aqui bastante útil. Quando Dalton considera que são reações químicas *somente* aquelas em que os ingredientes se combinam em proporções fixas, não está apenas promovendo a descoberta de novas leis naturais; está propondo uma nova maneira de observar a natureza e de manipulá-la. A partir dos experimentos assim concebidos e realizados, vai-se constituindo um trabalho coletivo, cujo resultado é o conhecimento de um certo campo de fenômenos. As regras desse trabalho são tacitamente admitidas pelos que praticam dada ciência; *tacitamente*, porque nem sempre estão claramente formuladas no espírito dos cientistas. O que faz então a epistemologia da química? Trata-a como um *texto*, como um aparelho retórico que pode ser descrito e analisado.

---

[1] Gérard Lebrun, "L'idée d'épistémologie", *Manuscrito*, nº 1, Unicamp, 1977.

[2] Lebrun, op. cit., p. 12.

Renato Mezan

Há uma diferença entre a *descrição* epistemológica e a *análise* epistemológica. A descrição evidencia como estão organizados os enunciados da ciência em exame, como se classificam segundo seus objetos ou segundo o nível de abrangência em que operam. A análise epistemológica vai mais fundo: ela quer descobrir quais enunciados aquela configuração conceitual *comporta* ou *proscreve*, quais decisões comandam outras, "qual é o sistema de operações que funciona efetivamente no discurso científico, quais conexões vinculam um enunciado regional aos conceitos que ele permite construir em outro lugar, qual a rede de restrições e de incompatibilidades teóricas que singularizam uma formação científica".[3] Ou seja, se a descrição epistemológica mostra como *funciona* o sistema de enunciados de uma dada ciência, a análise epistemológica mostra como se *constrói* esse sistema e que "lances" ele necessariamente *exclui* do seu horizonte.

Para visualizarmos bem esse modo de compreender o funcionamento de uma ciência, retomemos um exemplo que nos é familiar. Quando em meados do século XIX se constitui a psiquiatria, um de seus objetos é a questão da perversão. Ora, o paradigma vigente na medicina da época é o da anatomia patológica: uma doença se origina num órgão definido, o qual passa a apresentar lesões que podem ser detectadas no exame *post mortem*. Se a perversão é uma doença da sexualidade, a primeira ideia dos médicos oitocentistas foi investigar se ela não estaria ligada a malformações dos órgãos genitais. Como não se comprovou essa hipótese, a sede das perversões passou a ser o cérebro: buscam-se então quais partes dele estariam lesionadas nos casos de homossexualidade, de ninfomania, de sadismo, etc. Num interessante trabalho de pesquisa epistemológica, o filósofo americano Arnold Davidson mostra como essa ideia — que hoje se nos afigura pueril — foi adotada por todos os estudiosos das perversões, muito embora a autópsia de perversos fosse totalmente incapaz de detectar lesões específicas em seus cérebros.[4] Esse fato não perturbou os médicos, que o atribuíram à inadequação dos instrumentos de pesquisa então disponíveis; era essencial manter o *princípio* de uma localização específica do comportamento perverso, para que este pudesse ser objeto de uma investigação médica como a que se fazia para outras doenças mentais (epilepsia, idiotia, etc.).

É quando surge uma outra hipótese: a perversão seria a perturbação não de um *órgão*, mas de uma *função* — a função sexual, ou seja, a realização própria

---

[3] Jean-Toussaint Desanti, *La philosophie silencieuse*, citado por Lebrun, loc. cit., p. 20.

[4] Arnold I. Davidson, "Closing up the corpses", em Tim Dean e Christopher Lane (ed.), *Homosexuality and psychoanalysis*, Chicago, Chicago University Press, 2001, pp. 59-90.

Sobre a epistemologia da psicanálise

do instinto sexual. Esse instinto teria um funcionamento saudável — ligado à preservação da espécie — e um funcionamento doentio — tudo aquilo que não visasse às suas finalidades precípuas. É assim que se agrupam sob o rótulo comum de *perversão* o sadismo, o fetichismo, a homossexualidade, a coprofagia, a necrofilia e todo o cortejo de práticas descritas (pudicamente, em latim) por Kafft-Ebing na sua obra *Psychopathia sexualis*. Davidson se pergunta o que teria levado a incluir, na mesma categoria geral, comportamentos tão heterogêneos — essa é a "decisão autóctone" da qual fala Lebrun — e a buscar para eles uma causa comum: a resposta está precisamente no caráter "improdutivo", do ponto de vista da reprodução, de todos eles.

Sabemos como, nos *Três ensaios*, Freud parte desse ponto para redefinir a sexualidade e nela incluir, além da função reprodutiva, a busca do prazer. Se por um lado ele introduz ideias absolutamente novas, estranhas ao campo da psiquiatria — por exemplo, a unidade do grupo das perversões é definida pelo amadurecimento insuficiente das pulsões parciais, que permanecem nos níveis infantis pré-genitais —, por outro lado o catálogo de perversões com o qual trabalha é o que havia sido constituído pelos médicos que o antecederam. Aqui temos outro exemplo de "decisão autóctone", que certamente "pareceu aos contemporâneos o cúmulo da arbitrariedade" — a ideia da sexualidade não como instinto natural, mas como feixe instável de pulsões parciais que às vezes se consolidam sob a égide da genitalidade, e outras vezes não.

É esse o tipo de estudo a que convém denominar *epistemologia*: ele se interessa pelo funcionamento da cadeia de enunciados da disciplina, mas também mostra por que ela exclui a formulação de determinadas hipóteses. Por exemplo, embora Freud proponha que a fonte da pulsão é localizada em partes específicas do corpo (a boca, o ânus), está excluído que procure determinar biologicamente o vínculo entre o órgão-fonte e a finalidade da pulsão parcial que nele se origina. Também está excluída a hipótese de localizações cerebrais específicas para a histeria ou a hipocondria, mas pode ser formulada a questão da "escolha da neurose" em função da biografia do indivíduo, dos traumas pelos quais passou, das fixações e regressões que ocorreram em sua história libidinal. Da mesma forma, toda hipótese que ligasse a neurose à ideia de *degeneração* (tão em voga na época) não pode ter cabimento no discurso psicanalítico, e certamente não por motivos humanitários — seria a mesma coisa que tentar jogar gamão num tabuleiro de xadrez.

440

Por outro lado, a análise epistemológica — ao se concentrar no funcionamento da teoria — tem de fazer abstração de uma série de aspectos da disciplina sobre a qual se debruça. A bem dizer, ela ocupa uma posição *mediana* entre as várias formas de abordagem de um corpo de conhecimento. A abordagem histórica se situa "a montante" da epistemologia: ela visa elucidar, como disse anteriormente, as condições em que se originou seja a disciplina, seja uma parte específica dela — por exemplo, de que modo Lacan ou Melanie Klein, partindo das ideias de Freud, foram levados a formular suas próprias teorias. Nesse caso, é preciso estabelecer quais eram as ideias de Freud — por exemplo, sobre o superego (Melanie Klein) ou sobre o ego (Lacan) — e, por meio dos textos desses autores, compreender por que e como eles foram levados a modificar o que era então estabelecido sobre tais instâncias psíquicas. Isso porque a própria teoria possui uma história — a psicanálise de hoje não é a que serviu de horizonte para atender o Homem dos Lobos —, e, se a história frequentemente é indispensável para compreendê-la, do ponto de vista epistemológico ela é um preâmbulo — eventualmente necessário, mas preâmbulo.

Podemos também recuar mais ainda e procurar a origem distante das noções psicanalíticas em outras áreas do conhecimento, a fim de estabelecer que torção lhes foi impressa para que se convertessem em conceitos psicanalíticos — é o caso do conceito de perversão, que não foi inventado por Freud, mas transformado por ele para se integrar num contexto especificamente psicanalítico. E, ainda sob o prisma histórico, é possível estudar o contexto social propriamente dito em que se originam as ideias básicas da psicanálise — por exemplo, os motivos da disseminação da histeria no final do século XIX, ou o surgimento da ideia de *privacidade*, essencial para que o sofrimento neurótico pudesse ser objeto de um diálogo protegido pelo segredo profissional.[5]

Tanto a análise epistemológica quanto as diversas maneiras de estudar a história da teoria têm como objeto o aparelho conceitual da psicanálise. Contudo, a psicanálise não é somente um aparelho conceitual: é também uma prática, na qual ocorrem os fenômenos dos quais tenta dar conta a teoria. Esses fenômenos se situam no plano singular da terapia — a evolução de um paciente, a interpretação de seus sonhos, de seus sintomas ou das modalidades da sua

---

[5] Estudos desse gênero podem ser encontrados em meus textos, já citados anteriormente, "Explosivos na sala de visitas", "Viena e as origens da psicanálise", e no primeiro capítulo de *Freud, pensador da cultura*.

Sobre a epistemologia da psicanálise

transferência —, mas também são exemplos de processos psíquicos transindividuais, como veremos mais adiante. Em todo caso, do ponto de vista da prática, a psicanálise também pode ser abordada de diferentes formas, que não devem ser confundidas com a análise epistemológica. Vejamos algumas delas:

a) Pode-se estudar o processo terapêutico *stricto sensu*, ou seja, as condições de eficácia ou fracasso da terapia, a formulação das interpretações e os modos de validá-las ou de descartá-las, o *modus operandi* do psicanalista — sua técnica, seus processos psíquicos — ou do paciente — a resistência, o *insight*, a reação terapêutica negativa, o que é a cura em psicanálise, etc. Essa discussão pressupõe a aceitação da teoria como essencialmente válida e útil, e portanto se encontra "a jusante" da abordagem epistemológica, cuja finalidade é precisamente estabelecer se e por que a teoria é consistente.

b) Sendo uma prática transmitida e codificada, a psicanálise é também um conjunto de instituições que congrega os profissionais no que se costuma chamar de "movimento analítico". O movimento analítico é por sua vez passível de um estudo histórico — como se organizou, quais são as diversas escolas da psicanálise e como se constituíram, de que modo circulam as informações e como elas contribuem para determinar o trabalho de cada psicanalista, quais são as condições da formação (institucionais e transferenciais, pois esse aspecto não pode ser descartado quando se fala de psicanálise), etc. O movimento analítico é assim um dos horizontes da prática clínica, e cada psicanalista nele se inscreve segundo uma série de circunstâncias que dizem respeito ao estágio do movimento em sua época e seu lugar.

c) Por fim, a prática clínica é um elemento da vida econômica, social e cultural da sociedade em sentido amplo, e essa condição influi sutilmente sobre a própria prática: no tipo de problemas psíquicos que levam os pacientes a buscar análise, na presença ou não de psicanalistas em instituições de saúde mental, na ideologia difusa do que é o "bem-estar emocional", nas crenças e nos costumes que formam o pano de fundo para a atuação clínica do analista e para sua inserção na sociedade civil, bem como para a matéria-prima com a qual irá trabalhar — a vida psíquica de seus pacientes.

Se colocarmos essas diferentes abordagens num diagrama, teremos algo assim:

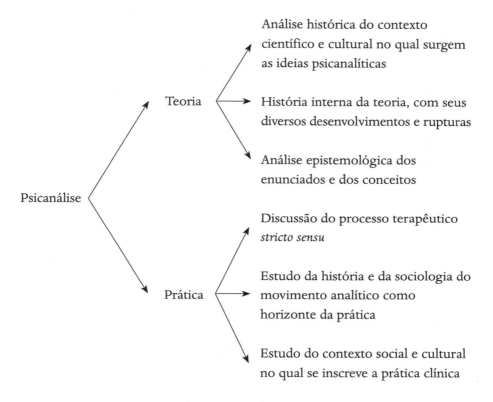

Esse diagrama, espero, torna claro o que entendo por "posição mediana" da análise epistemológica: ela pressupõe o conhecimento da história externa e interna da teoria, e pode fundamentar a discussão clínica *stricto sensu*, que por sua vez ganha densidade quando situada nos contextos mais amplos do movimento analítico e da cultura em geral (aí compreendidos os valores, a ideologia e o tecido social que tornam possível a prática e a impregnam, possibilitando também, em última análise, a construção da teoria da qual se ocupará a discussão epistemológica).

Se pensarmos desse modo, a análise epistemológica passará a ter seu território próprio, mas sem que se perca de vista — a não ser momentaneamente — que seu objeto não cai pronto do céu. Ele apresenta vínculos com todos os outros aspectos que acabo de mencionar e que estão *presentes* — ainda que de modo difuso, sutil ou latente — nos conceitos e nas hipóteses que toca à epistemologia analisar. Para bem esclarecer esse ponto — de vital importância, a meu ver — convém abrir um pouco o leque das nossas considerações.

Sobre a epistemologia da psicanálise

SOCIUS E PSICANÁLISE

Os conceitos da psicanálise, ao contrário do que imaginam os simples de espírito, não se originam apenas da prática, mas também de uma apropriação *inventiva* e *metaforizada* daquilo a que podemos chamar *contexto*. "Contexto" é um termo bastante elástico, mas a vantagem de ser flexível permite que sejam admitidas várias dimensões por assim dizer concêntricas: pode-se falar de contexto teórico no qual se formulam as noções, do contexto cultural e social que emoldura e atravessa a prática clínica, de contexto no sentido mais restrito de uma escola dentro do pensamento psicanalítico, etc. Os elos entre um conceito ou uma hipótese e os vários planos contextuais não são jamais lineares ou diretos: ao contrário, são sempre complexos e multifacetados, ancorados em diversos níveis e refratados em ângulos às vezes inesperados.

De maneira genérica, o tipo de vínculo entre uma formação cultural e as condições sociais, econômicas e políticas que presidem à sua origem foi chamado por Hegel e por Marx de "mediação". A relação entre o entorno cultural da psicanálise e sua problematização — a qual resulta na constituição de um objeto para a teoria — é dessa natureza. Antes de entrarmos nos meandros da construção teórica, que forma o objeto próprio da epistemologia, convém ilustrar brevemente as implicações do que estamos afirmando.

Tomaremos um exemplo bem conhecido: o material clínico com o qual Freud depara no final do século XIX contém uma forte proporção de sintomas e manifestações histéricas. Essa *difusão* de um determinado tipo de perturbação emocional tem que ver com condições que não são emocionais, porém sociais, econômicas, culturais em sentido largo, ligadas à repressão sexual. Isso determina um certo tipo de problema, que vai ser focalizado de maneira privilegiada pela psicanálise nascente. Se, na mesma época, Freud estivesse trabalhando em Pernambuco, provavelmente não encontraria uma dose tão grande de repressão sexual; a crer em Gilberto Freyre e em outros antropólogos que nos contam sobre os costumes sexuais das casas-grandes, talvez encontrasse uma boa carga de sadismo ou de fetichismo, e a psicanálise poderia ter começado a se estruturar a partir do estudo dos sintomas da perversão. Se vivesse no final do século XX, provavelmente encontraria uma série de manifestações de tipo depressivo, que são mais frequentes hoje do que aqueles espetaculares casos histéricos com os quais ele se defrontou.

444

O fato é que o *socius* lhe oferece um certo tipo de fenômeno, e esse fenômeno é abordado com certos instrumentos, que correspondem ao estado dos conhecimentos científicos na época em que Freud está escrevendo. *Grosso modo*, trata-se da ciência positiva, experimental, tal como ela se organiza ao longo do século XIX. Freud é portanto levado a pesquisar a origem, o sentido e as implicações dos fenômenos histéricos com os quais lida por meio dos instrumentos de pesquisa que lhe são oferecidos pela ciência do seu tempo; daí toda uma série de decisões *metodológicas* e *teóricas* que marcam o início da psicanálise — por exemplo, a ideia de que os sintomas histéricos possuem uma causa (no sentido forte), e que essa causa pode ser encontrada, caso as variáveis pertinentes sejam passíveis de ser isoladas. Isso significa decidir que a histeria não é uma simulação moralmente condenável de mulheres ociosas, muito menos possessão demoníaca. A decisão de considerar a histeria uma *doença* só é possível da segunda metade do século XIX em diante, e não num ambiente religioso de exorcismo, como o que prevaleceu na Europa até meados do século xviii. Sabemos que Freud se interessou pelas feiticeiras; ele escreve a Fliess que estava lendo *O martelo das bruxas*, pois descobrira que os sintomas com os quais deparava no consultório não eram muito diferentes daqueles que os padres viam nas mulheres enlouquecidas alguns séculos antes.

Ora, a respeito das bruxas dispomos de bons estudos sobre a perseguição de que foram alvo durante a Inquisição, especialmente na França do século xvii, num ambiente bastante semelhante ao da Alemanha na época do autor do *Malleus*.[6] Acusavam as feiticeiras de terem feito um *pacto* com o demônio. Quem são as feiticeiras? São quase sempre mulheres do campo, na verdade um tipo de curandeiras. Essas mulheres, analfabetas ou pouco letradas, conhecem as plantas, preparam remédios, frequentemente realizam abortos, cuidam dos bichos, etc. Por isso, elas são portadoras de um conhecimento tradicional que se opõe ao conhecimento oficial da época; na medida em que são eficazes na cura de determinados males, desfrutam de prestígio entre as populações com as quais operam, em geral pequenas vilas no interior da França, e constituem um foco de resistência à autoridade do Estado centralizador, assim como à da cultura dominante.

---

[6] Cf. Monique Schneider, *De l'exorcisme à la psychanalyse: le féminin expurgé*, Paris, Éditions Divergences, 1978; também Renato Mezan, *Psicanálise, judaísmo: ressonâncias*, 2ª edição, pp. 117 ss.

Sobre a epistemologia da psicanálise

A mulher aparece aí, apesar de tudo, como um ser temível: é um poderoso adversário, a ser vigiado e controlado, porque dispõe de um conhecimento secreto que deve ser denegrido, desacreditado e mesmo punido severamente.

A ideia de possessão demoníaca muda completamente os dados do problema, porque então não haveria mais *pacto*. A figura feminina possuída raramente é a de uma camponesa: em geral é uma freira de origem burguesa ou aristocrática, que tem seu corpo invadido pelo diabo *contra* a vontade dela. Por isso se trata de uma *possessão* demoníaca, e a mulher apresenta-se então como uma pobre criatura, invadida contra a sua vontade por um ente masculino e maléfico, que a força a dizer barbaridades, a cuspir na cruz, a proferir blasfêmias variadas. E quem a salva disso é um outro ser masculino, o padre exorcista, de tal maneira que a mulher deixa de ser um elemento ativo no combate, como era no caso da feitiçaria, e se torna na verdade um campo de batalha entre duas potências masculinas, o padre de um lado e o Diabo do outro.

A trajetória vai portanto no sentido da dominação e do silenciamento do feminino. No início, temos a feitiçaria e a sua contrapartida mística — mulheres que têm visões, a partir da ideia de que a freira é a noiva de Cristo. Ora, o noivo pode aparecer e resolver fazer algo mais do que simplesmente lhe dar o anel, e a partir desse tipo de visão — que sempre resvala ligeiramente para a heresia — as mulheres têm de se confessar. Monta-se todo um sistema de controle, mas que não impede a manifestação do imaginário feminino, num sentido frequentemente muito erótico, tomando como referência as figuras consagradas pela religião (estilo sublimatório aceitável para a censura da época). Mas uma coisa é alguém dizer que teve uma relação mística com Cristo, e outra, muito diferente, é descrever exatamente a mesma experiência dizendo que gozou no pênis do Diabo. A experiência e a sensação podem ser as mesmas, mas o referencial imaginário num caso é sancionado, no outro reprimido e punido.

Com a constituição do campo das doenças mentais, porém, e com a anexação a ele dos delírios e das visões, ao longo do século XIX tornou-se impossível acreditar que a histeria se devesse à possessão demoníaca. A implantação da ciência positiva impede que se siga essa via. Não é possível fazer análise anatomopatológica do cérebro das histéricas e ao mesmo tempo pretender que Belzebu tenha se alojado no córtex ou no hipotálamo: são paradigmas incompatíveis.

Como o cientista não tem o que fazer com as crenças até então dominantes sobre a origem desses fenômenos, passa-se a acreditar que tudo isso não existe, ou, se existe, é fingimento, é coisa de mulher que não tem o que fazer e quer chamar a atenção com essas manifestações, que o bom senso manda então simplesmente ignorar. O pêndulo vai para o extremo oposto: de algo extremamente sério, que compromete a ordem social a ponto de exigir punições severas como queimar as feiticeiras, a sexualidade da mulher passa pela desvalorização do discurso feminino contido na ideia de *ser possuída* e atinge uma desvalorização ainda maior — nem sequer é mais alguma coisa pela qual os homens tenham de se interessar, como no tempo do exorcismo. A mulher que simula sintomas histéricos merece, na melhor das hipóteses, umas palmadas; seu problema não é objeto de interesse solidário, como apesar de tudo ainda é o caso na época do exorcismo. Daí o enorme interesse de considerar a histeria uma *doença* e procurar métodos científicos para o seu tratamento — o que fazem Charcot e depois, de modo diferente, o próprio Freud.

Resumindo: temos a conjunção de elementos sociais mais amplos — a evolução dos costumes, das relações sexuais, da educação, da vivência do próprio corpo, da intimidade — com certos métodos de abordagem desses fenômenos e temos a decisão epistemológica de os considerar parte da medicina e não da moral ou da religião. Essa conjunção permite a emergência de uma série de questões, que vão ser trabalhadas e dar origem à psicanálise tal como a conhecemos. Esse é um dos motivos pelos quais, a meu ver, é importante estudar a relação da psicanálise com a cultura que forma o pano de fundo tanto para a construção das subjetividades que serão estudadas pela psicanálise quanto para a elaboração da teoria com a qual ela abordará essas subjetividades, pois é evidente que a teoria é *também* uma forma de refração, no plano dos conceitos, dessas condições. Vejamos mais de perto esse ponto.

O par "psicanálise e cultura" pode ser entendido basicamente a partir de duas perspectivas. De um lado, pode-se tentar averiguar *de que maneira a psicanálise é uma parte da cultura*, com todo o detalhamento possível a esse respeito, organizando a questão em vários subtemas. O caso típico é a influência de Viena ou do judaísmo sobre o pensamento de Freud, mas se pode estudar também a maneira como a psicanálise foi absorvida em países como a França, a Argentina, o Brasil, a Inglaterra, os Estados Unidos, ou seja, em diferentes ambientes que não são idênticos à Europa Central, onde ela nasceu. De que maneira as condições globais de cada uma dessas culturas determinam uma certa forma de recepção e de implantação da psicanálise? Por exemplo, nos Estados Unidos, a psicanálise se transforma rapidamente numa parte da medicina, coisa que não

Sobre a epistemologia da psicanálise

acontece na Inglaterra, embora a tradição empirista seja a mesma nos dois países. Na Inglaterra, a psicanálise é uma especialidade psicológica, não uma especialidade médica. Nos Estados Unidos, rapidamente ela é absorvida pelo estamento médico e se transforma na psiquiatria dinâmica, com a ascensão extraordinária que teve até os anos 1950 e a queda igualmente extraordinária dos anos 1960 em diante. Esse destino da psicanálise não tem muito que ver com a disciplina em si mesma, mas sim com as condições locais. Não é o tipo de interpretação feito em Nova York que determina que a psicanálise seja uma parte da medicina, enquanto o modo de se interpretar em Buenos Aires ou em Londres determina que ela *não* seja uma parte da medicina. Não é um elemento interno, mas as condições da absorção e recepção que fazem com que a psicanálise seja veiculada, difundida, pensada, imaginada, idealizada de uma certa maneira num certo lugar.

Nesse caso, a cultura é concebida como estando "a montante" da psicanálise, porque é uma das suas condições de possibilidade: a psicanálise é então uma parte da cultura, no sentido amplo do termo (que engloba tanto crenças, valores e práticas de uma sociedade quanto suas variadas instituições). Num segundo sentido, a cultura pode ser entendida como estando "a jusante" e — sob a forma de um de seus elementos, como uma obra, uma formação social, um elemento do imaginário pessoal ou coletivo — torna-se *objeto* do exame psicanalítico. Nesse caso, temos outra configuração: a psicanálise, ela mesma uma formação cultural, aparece como um conjunto de instrumentos destinados a compreender a função ou a estrutura de outra formação cultural. Nessa função de lente, ela se chama "psicanálise aplicada", e sabemos que alguns Catões implicam com essa prática, como se ela fosse o cúmulo da bastardia; no entanto, a expressão *"angewandte Psychoanalyse"* foi escolhida pelo próprio Freud para figurar no subtítulo da revista *Imago*, da qual ele e Otto Rank eram os editores.

Por que Freud fazia tanta questão desse tipo de estudo? Porque era importante mostrar que o inconsciente não é só uma característica de gente doente ou perturbada, mas uma estrutura antropológica fundamental, como dizia Conrad Stein a propósito de *Totem e tabu*. A psicanálise revela um certo número de *aspectos universais* do funcionamento psíquico — como, por exemplo, a sexuação, a relação com a linguagem, a relação com o imaginário, a existência de ideias inconscientes, o recalque — que independem do conteúdo específico que podem assumir na organização psíquica de cada pessoa.

Se o estudo da neurose mostra claramente as variantes da anormalidade, o estudo da normalidade começa com o sonho, e por isso Freud lhe dava tanta importância. Construir a teoria do aparelho psíquico a partir da análise do sonho — e não a partir da análise da neurose — é uma decisão estratégica, cuja função é demonstrar que todos são dotados de um aparelho psíquico, e não apenas os neuróticos. O problema do sétimo capítulo de *A interpretação dos sonhos* é: como deve ser o aparelho psíquico, tal que o *sonho* seja possível, e não como deve ser o aparelho psíquico, tal que a *neurose* seja possível. Freud faz inúmeras referências à neurose, mas na verdade, na época em que escreve *A interpretação dos sonhos*, não possui ainda uma teoria suficientemente elaborada quanto à origem e à organização das neuroses. Como objeto de estudo, o sonho apresenta a imensa vantagem de ser ao mesmo tempo uma formação aparentada às neuroses — a "inocente psicose onírica" — e um fenômeno presente na vida psíquica de qualquer um.

Contudo, sejam elas normais ou anormais, essas são ainda manifestações *individuais*. O interesse pelas formações como a arte, a literatura e a mitologia servia para mostrar que, além de ter esclarecido elementos do funcionamento psíquico individual, a psicanálise era também capaz de elucidar o plano do imaginário coletivo. O terreno privilegiado para isso foi encontrado na mitologia, bem como na vida dos povos então chamados de "primitivos".

O estudo dos mitos promovia, nos países de cultura alemã, um meio de acesso ao que se chamava na época de *Völkerpsychologie* ou psicologia dos povos, o ancestral da psicologia social. A ideia predominante é de que a alma coletiva manifesta de alguma maneira a natureza ou a essência de cada povo: os elementos próprios de cada configuração social se encontrariam refletidos em suas lendas e seus mitos. "Povo" é uma noção muito pouco precisa, mas enfim percebemos intuitivamente que o povo alemão é uma coisa, o povo russo outra, o povo dogon uma terceira, e assim por diante. Acontece que, frequentemente, a análise da mitologia era colocada a serviço de interesses políticos conservadores, ou mesmo xenófobos. Isso acontece por exemplo com a mitologia germânica, cujo estudo sistemático a partir do Romantismo visava, no fundo, mostrar a pretensa superioridade dos alemães sobre os demais povos europeus. O estudo da mitologia, assim, acabava por reforçar particularismos nocivos. Diante disso, o extremo interesse da abordagem psicanalítica — estamos falando dos primeiros anos do século XX — é ir em busca do *universal*.

Se há um momento em que a psicanálise é politicamente progressista, é quando Rank e Freud decidem mostrar que as lendas do nascimento de Moisés,

Sobre a epistemologia da psicanálise

de Sardanapalo, de Rômulo e Remo, e assim por diante, na verdade correspondem a estruturas psicológicas universais. O que é posteriormente tão criticado na psicanálise aplicada — que seria generalizadora, não se interessaria pela particularidade do objeto e sim pela universalidade das condições que presidem à sua formação —, isso que se tornou acusatório, é, na verdade, um motivo para elogiá-la. A função da psicanálise aplicada à mitologia era ressaltar elementos de *comunidade* entre todos os seres humanos, na boa tradição iluminista, enquanto frequentemente esse mesmo objeto servia para reforçar a posição contrária, acirrando a xenofobia e o ódio entre as nações, culminando na carnificina da Primeira Guerra Mundial.[7]

Tudo isso nos mostra como os fenômenos psíquicos estudados pela psicanálise se originam em condições sociais e ambientais específicas. A teoria que trata deles também evoluiu bastante desde os tempos de Freud; e, encerradas essas considerações sobre o pano de fundo contra o qual ambos — fenômenos e conceitos — se recortam, podemos retornar à questão epistemológica em sentido mais estrito.

A teoria vai coordenar um conjunto de características que se encontram presentes nos fenômenos empíricos, conjunto que tem de ser, mais exatamente, *construído* a partir desses fenômenos. Por essa perspectiva, para a epistemologia interessam os procedimentos de formação da teoria, as suas áreas de clareza ou de interrogações, os objetos sobre os quais ela se exerce. A observação examina fenômenos, a teoria formula conceitos no plano simbólico, a epistemologia descreve e avalia os procedimentos de formação da teoria. E esse sistema, longe de ser raro, se encontra em outras áreas do saber.

Gostaria de concluir esta seção fazendo um paralelo com a música, a partir do livro *Bach, the learned musician*, de Christoph Wolff.[8] É uma excelente biografia,

---

[7] Outro aspecto dessa função de lente para o estudo da cultura e da sociedade pode ser ilustrado pelo célebre aforismo de Freud segundo o qual "a cultura repousa integralmente sobre a coerção das pulsões". Como essa frase foi amplamente comentada no artigo "Psicanálise e cultura, psicanálise *na* cultura", que integra este volume, permito-me remeter o leitor para esse texto, a fim de não sobrecarregar o nosso percurso de agora — que já é por si só suficientemente complexo.

[8] Christoph Wolff, *Bach, the learned musician*, Nova York/Londres, W. W. Norton, 2000.

na qual, entre outras coisas, vincula-se a produção do compositor às circunstâncias práticas em que foram criadas as suas obras. Bach trabalhou para vários príncipes, em cujas cortes havia orquestras mais ou menos competentes. Durante alguns anos, ele viveu em Weimar, uma cidade luterana. No culto luterano existem muitos hinos, o que produzia demanda por música vocal — isso explica por que boa parte das cantatas de Bach foi composta em Weimar. Quando ele vai para Cöthen, um pequeno principado calvinista, o tipo de culto menos voltado para o canto favorece composições de tipo instrumental; surgem então os *Concertos de Brandemburgo* e *O cravo bem temperado*.

O estudo histórico do contexto, muito semelhante ao que estou sugerindo ser necessário para a psicanálise, mostra quais são os recursos que esse contexto oferece. Quais eram as formas musicais existentes? Quais os modelos de que Bach dispunha? Sem isso, é impossível entender como Bach se tornou Bach. Pergunta muito parecida com a que nos é mais familiar: como Freud se tornou Freud? Para entender o que Bach realizou, é preciso partir do que encontra e de como transforma o que encontra de maneira a criar os fundamentos de tudo o que se fez depois dele. Wolff ressalta uma crítica que Bach faz à obra de outros compositores: dizia que eram "desordenadas" e que o objetivo dele era introduzir ordem no mundo da música. Não é muito diferente de Freud tentando estabelecer uma nosologia, uma teoria do inconsciente, e assim por diante. Bach é um fundador, e por isso é pertinente a comparação com Freud. É possível também fazer essa análise com base em documentos de arquivo: por exemplo, quanto ganhava Bach, muito ou pouco? O que era possível fazer com esse dinheiro? A partir do salário dele, o que se pode inferir sobre o seu prestígio na corte? Quem estava acima dele, ou abaixo? Os instrumentistas eram de boa qualidade? O que se sabe sobre esses instrumentistas? Tais informações ajudam — como na biografia de Freud — a situar o homem e as suas criações.

Também é possível proceder a uma análise semelhante à epistemológica, que é a análise *musicológica*, a qual requer conhecimentos de teoria musical. Qual é o objetivo da análise musicológica? É mostrar como está construída uma peça, destacar os temas, as variações, as sutilezas da harmonia, o uso dos ritmos — questões, no seu terreno próprio, bastante semelhantes às propostas pela epistemologia da psicanálise.

Podemos fazer a análise musicológica de uma peça da mesma maneira como podemos fazer a análise epistemológica de um texto. Cada disciplina possui seus

Sobre a epistemologia da psicanálise

procedimentos próprios, mas o método é essencialmente o mesmo. E mais: no caso da música, assim como no do teatro, existem questões de *performance*, que não são muito diferentes das questões técnicas em psicanálise. A música não é escrita para ser analisada, nem a psicanálise é realizada para ser escrita. Ambas são funções derivadas. A música é feita para ser ouvida e tocada, para gerar emoção e prazer. Portanto, há uma questão de execução que transcende o texto. A música só se realiza quando tocada; a psicanálise só se realiza quando praticada. O texto da psicanálise está para a psicanálise assim como a partitura está para a música: é a transposição para um meio escrito de algo que, originalmente, não se dá nesse meio. Uma análise musicológica competente pode ajudar na execução da peça, pois vai mostrar a sua articulação interna. Mas aqui as coisas se separam: uma peça musical pode ser executada n vezes por n instrumentistas; um texto de psicanálise não pode ser "executado", materializado, porque ele não tem futuro, só tem passado. A pauta musical é uma potencialidade de som: são notas escritas pelo compositor, e quem souber ler pode tocá-la. No caso de Bach, diversas obras não têm nem sequer indicação de a qual instrumento se destinam: *A arte da fuga*, por exemplo, pode ser executada ao cravo, ao piano ou ao órgão.

Para resumir: assim como é possível analisar uma obra musical partindo de diferentes ângulos, também um texto psicanalítico pode ser examinado de diversas perspectivas. Uma delas é a epistemológica, que pressupõe — como espero que tenha ficado claro — toda uma série de informações que só pode ser proporcionada pelo estudo histórico dos diversos contextos no interior dos quais se configura a teoria. A abordagem epistemológica se concentra sobre a consistência da teoria, e, se tem razão Lebrun ao insistir sobre a racionalidade própria de cada disciplina, é esse o objeto próprio da análise epistemológica. Mas o que significa, exatamente, a ideia de uma racionalidade específica para cada disciplina científica?

RACIONALIDADES REGIONAIS

Voltemos um instante ao artigo do professor Lebrun. A sua tese principal é a de que convém distinguir entre *a* ciência e *as* ciências, pois, se mantivermos a ideia de que *a* ciência é sempre idêntica a si mesma, seremos levados a postular que ela é fruto de uma razão concebida igualmente como sempre idêntica a si mesma. Nesse caso, não há como falar em "racionalidades regionais", e a epistemologia em nada se diferenciaria do que ele denomina "reflexão racionalista sobre a ciência".

Esse ponto é importante, porque, se admitirmos *a priori* a unidade da ciência, disso se seguirá que o método científico será sempre o mesmo, seja qual for o objeto a que se aplique. Do mesmo modo, o objeto científico será sempre construído da mesma maneira, qualquer que seja a região da realidade na qual se localizem os fenômenos que a disciplina irá estudar. A consequência dessa decisão é óbvia: todo objeto que não apresente as características postuladas não será "legítimo", e qualquer método que não seguir os cânones da experimentação será tido por intrinsecamente falho. Isso porque "a" ciência não é uma construção inocente: sub-repticiamente, sob o termo "ciência" se insinuam as ciências naturais, que se consolidaram nos séculos xviii e xix a partir do "desencantamento do mundo", para usar a famosa expressão de Max Weber.

A ideia de uma racionalidade específica a cada disciplina não pode ser formulada na época do Grande Racionalismo (Descartes, Espinosa, Leibniz), porque o contexto em que intervêm esses filósofos é marcado pela presença da religião. Para os filósofos medievais, não há uma, mas *duas* fontes de conhecimento: a razão e a revelação. A razão nos permite alcançar uma série de verdades sobre o mundo natural, mas tudo o que é sobrenatural só pode ser conhecido porque Deus o revelou, num ato de magnanimidade, aos patriarcas, profetas e apóstolos. A própria existência de Deus, a natureza dos anjos, o milagre da encarnação, por que o mundo foi criado, por que existe o pecado, como é o mundo futuro — essas questões não podem ser objeto de consideração racional, pois estão além da "simples razão".

Ora, se os filósofos racionalistas afirmam a soberania da razão é porque querem aniquilar a revelação como fonte de conhecimento. Disso se segue que sua concepção da razão precisa enfatizar o caráter universal dessa faculdade — "o bom senso é a coisa mais bem distribuída entre os homens", afirma Descartes no início do *Discurso do método* — e deve igualmente sublinhar a possibilidade de a própria razão retificar os erros que vier a cometer (daí a insistência sobre a necessidade do método e sobre a necessidade de precisão ao construir objetos científicos — as famosas ideias "claras e distintas"). Não é de espantar, assim, que afirmem a unidade da razão, e portanto a homogeneidade essencial dos

Sobre a epistemologia da psicanálise

conhecimentos que ela permite atingir. Um corolário dessa tese é que a rigor a ciência não tem história: o que há são os erros do passado e a constituição de um corpo de conhecimentos que vai se expandindo por assim dizer sempre na horizontal, ampliando-se graças às novas descobertas efetuadas com o auxílio do método e por uma razão cada vez mais segura de si.

Contudo, o transcorrer dos séculos e a multiplicação dos campos de conhecimento acabaram por impor a ideia de que a ciência possui, sim, uma história, e que essa história é *descontínua*. Ou seja, em determinados momentos ocorrem rupturas que reconfiguram o conjunto do campo, introduzindo novos *paradigmas* e alterando radicalmente o modo de pensar próprio àquela disciplina. O filósofo americano Thomas Kuhn batizou esses momentos de "revoluções científicas", e em seu livro *A estrutura das revoluções científicas* defende convincentemente essa tese. Não faltam exemplos de "revolução científica": a criação da física moderna por Galileu e Newton e depois a ruptura do início do século XX, com a introdução da teoria dos quanta (Max Planck) e da teoria da relatividade (Einstein), talvez sejam o caso mais conhecido. Mas transformações equivalentes ocorreram na passagem da história natural para a biologia, na criação da moderna linguística por Ferdinand de Saussure, em campos tão diversos quanto a etnologia, a economia política e a própria psicologia.

Nos anos 1970, essa ideia de "revolução científica" tornou-se familiar a nós brasileiros com os escritos de Michel Foucault, que por sua vez se inspirou nos estudos de Georges Canguilhem, Alexandre Koyré e Gaston Bachelard. Para esses autores, a ciência não possui uma história progressiva, ascendente e linear, indo das trevas da ignorância para a luz do conhecimento. Ao contrário, a primeira ruptura é a que ocorre entre o objeto do senso comum e a *construção* de um objeto científico (Bachelard); essa ruptura é seguida por outras, que modificam o próprio objeto construído pelos antecessores. Há assim duas descontinuidades: entre o objeto do cotidiano e o objeto científico, e entre as várias etapas da construção do próprio objeto científico, intercaladas por aquilo a que Bachelard denominou "cortes epistemológicos". Um exemplo cômodo é a ideia de *elemento*, introduzida pelos gregos e que deu origem ao paradigma dos quatro elementos. Entre essa ideia e o termo químico contemporâneo "elemento", só há de comum a homonímia: o que define um elemento químico na tabela de Mendeleyev é o peso atômico, a valência e outras características que nada mais têm a ver com o fogo, a água, o ar e a terra. O mesmo vale para o termo "átomo", que

454

para Demócrito e Epicuro indicava o constituinte último da realidade material, e que para a física atual significa algo completamente diferente.

Em *As palavras e as coisas*, Michel Foucault estuda a construção de alguns objetos científicos e mostra como, entre as disciplinas que os estudam, existem, em determinados momentos, aspectos comuns. Esses aspectos formam o que ele denomina uma *episteme*, um solo ou uma matriz comum que se espelha nas diferentes disciplinas. A ideia é ilustrada pela análise da episteme do Renascimento, baseada nas noções de semelhança e de *signatura*; depois, pela análise da episteme da época clássica (séculos xvii e xviii), fundada sobre a noção de representação; e por fim pela análise da episteme do século xix, que se alicerça na ideia de uma temporalidade constituinte. Não é o caso agora de entrarmos nos detalhes da construção foucaultiana; basta assinalar que ela representa um passo intermediário entre a ideia da Razão Universal e a tese de Lebrun sobre a racionalidade de *cada* ciência. Isso porque a episteme, sendo uma rede subterrânea que percorre as diversas disciplinas, ainda é uma espécie de solo sobre o qual, num dado intervalo de tempo, elas compartilham das *mesmas* estruturas de racionalidade. Existe ruptura, mas ela ocorre entre as diversas *epistemai*, e somente de forma derivada entre as etapas da história de cada disciplina, visto que essas diferenças se devem à transformação de conjunto sofrida pela episteme que lhes é comum.

Lebrun é mais radical: ele não acredita na coerência da episteme e postula que *cada* disciplina deve possuir sua própria racionalidade, razão pela qual se pode falar numa epistemologia da matemática, numa epistemologia da antropologia, e assim por diante. Para Lebrun, a tarefa da epistemologia não é encontrar, sob a aparente diversidade dos enunciados das várias disciplinas, o seu solo comum, nem os entrelaçamentos que tornam análogos os métodos e as questões das diversas espécies científicas que nele brotam. A epistemologia lebruniana é mais dirigida, mais humilde, talvez; ela se concentra numa única disciplina e, como já disse, procura compreender como ela constrói seus objetos, como estabelece seus modelos de inteligibilidade, como determina os modos de validação ou de refutação de um enunciado. É essa a racionalidade específica de disciplina, e ela se enraíza "num sistema autóctone de decisões e de escolhas [...] que frequentemente pareceu aos seus contemporâneos o cúmulo da arbitrariedade".

A ideia de um "sistema autóctone" — isto é, específico — "de decisões e de escolhas" é bem ilustrada pelo início do trabalho de Freud, que pode ser

Sobre a epistemologia da psicanálise

acompanhado na correspondência com Fliess. Freud observa que os sintomas dos seus pacientes estão ligados a experiências traumáticas esquecidas, e se pergunta como e por que fatos tão importantes podem desaparecer da memória. Assim, forja a noção de recalque ou repressão: a respeito dos motivos pelos quais adoeceram, as pessoas "sabem sem saber". Essa é uma "decisão" no sentido estabelecido por Lebrun: Freud *decide* apostar na ideia de que existe um mecanismo psíquico desse tipo e o designa com o termo *Verdrängung*, que significa "repressão". Também postula que tal mecanismo é o responsável pela dificuldade atual de se recordar, durante a sessão de análise, do fato traumático, fenômeno que batiza como *resistência*. E assim surge um enunciado teórico: a mesma força psíquica que, no traço mnêmico correspondente ao trauma, separou o afeto da representação, é a que agora se opõe à rememoração do trauma, ou seja, a repressão é a causa da resistência. Em 1895, Freud não pode ainda dizer muito sobre a repressão, situá-la no conjunto do aparelho psíquico, etc. Mas criar o conceito é uma escolha, uma decisão, no sentido sugerido por Lebrun.

Lebrun diz ainda que na época tais decisões pareceram aos contemporâneos o cúmulo do arbitrário, totalmente despropositadas. Isso é ilustrado pelo fato de que, quando Freud diz que os homens sofrem de histeria ou que existe o inconsciente, os médicos de Viena retrucam que isso é conto da carochinha. Jones relata, na biografia que escreveu sobre o pai da psicanálise, que Kafft-Ebing, o autor da *Psicopatia sexual*, foi assistir a uma conferência de Freud. Ao final, disse o seguinte: "Caro doutor Freud, sua conferência tem coisas novas e interessantes. O problema é que as coisas novas não são interessantes, e as coisas interessantes não são novas. Muito obrigado!". Levantou, pegou o chapéu e foi embora.

Toda a história dos primeiros quinze ou vinte anos da psicanálise é assim. Se folhearmos a correspondência de Freud com seus discípulos, Ferenczi, Abraham, o próprio Jung, veremos que eles vão aos congressos de neurologia e de psiquiatria, ali onde a nova disciplina podia ser apresentada, e se veem como paladinos dessas descobertas; vão rebater as críticas que os cientistas da época fazem, especialmente à ideia do inconsciente. Essa foi a ideia que pareceu aos seus contemporâneos — segundo o termo de Lebrun — o máximo do arbitrário, completamente despropositada.

Qual é aqui a decisão fundadora? É dizer que os fenômenos que ocorrem na situação clínica ocorrem porque existe uma região da psique, chamada *inconsciente*, que causa (no sentido forte da palavra) aqueles sintomas e fenômenos.

Quando a paciente pula no pescoço de Freud e exige que ele a beije, isso não quer dizer que Freud seja especialmente sedutor, mas que ela está transferindo para o presente um amor do passado, que existe sob a forma do recalque. Significa também que a interpretação disso pode fazer não apenas com que ela resolva sua paixão pelo pai, mas ainda fazer sua gagueira, ou qualquer outro sintoma histérico, desaparecer.

É uma série de *decisões* que continua com a atribuição da crise histérica à sexualidade recalcada. Em seu texto "O ataque histérico", de 1908, Freud descreve as diferentes etapas do que se chamava "o grande ataque histérico", os momentos que ele comporta e que são bastante espetaculares. Freud decide atribuir isso à presença da sexualidade reprimida, e não à presença de Belzebu ou de outro demônio qualquer no corpo daquela mulher.

Trata-se de uma decisão que não está livre de consequências. Por quê? Para que ela não seja arbitrária, postula-se a existência de um inconsciente efetivo, e portanto de um certo tipo de causalidade, que Lacan vai chamar de "causalidade psíquica", o que não é nada evidente: como não ter resolvido o complexo de Édipo produz úlcera do estômago? Não parece uma coisa muito clara e, formulada desse jeito, não é mesmo, porque faltam muitos elos intermediários. A ideia, no entanto, é que há uma casualidade e que, portanto, encontrar a causa de um determinado sintoma implica a possibilidade de mudar ou remover esse sintoma. É o princípio científico: quando a causa cessa, o efeito cessa também. *Cessante causa, cessat effectus.*

Aqui uma observação sobre a querela a respeito da cientificidade da psicanálise. Freud acreditava que a psicanálise era uma ciência e queria que ela fosse tida como equivalente à física e à química. A alternativa seria, como vimos anteriormente, dizer que a histeria tinha a ver com possessão demoníaca ou que era fingimento, coisa de mulher desocupada, que não tinha o que fazer. Em outras palavras: ou os sintomas seriam desprovidos de sentido, ou seriam objeto de uma acusação moral ou deveriam ser compreendidos numa abordagem religiosa. A aposta que ele faz é que aquilo que as pacientes dizem *tem* um sentido, mas esse sentido não está aparente, é oculto. Daí as ideias de inconsciente, de repressão, etc.

Isso tudo são decisões e escolhas que apontam para uma certa região, de início nebulosa e pouco clara, que vai sendo explorada à medida que esses fenômenos aparecem e que algum conhecimento sobre eles é decantado. É isso que Freud diz no início do seu texto sobre "Pulsões e destinos de pulsão".

Sobre a epistemologia da psicanálise

Mas chega um momento, depois que já se possui algum conhecimento, em que se torna útil sistematizar, dizer quais conceitos e hipóteses estão mais próximos do solo clínico e quais outros são mais abstratos. E em relação a isso existem duas maneiras de proceder. Uma é hipotético-dedutiva: começa-se pelos grandes conceitos, por aquilo que é mais abstrato, por aquilo que são, justamente, os *princípios*. No caso da geometria, define-se o que é reta, o que é ponto, o que é plano, daí se segue para os primeiros teoremas, muito simples, e as teorias mais complexas vão se edificando umas sobre as outras a partir dos grandes princípios.

Nessa perspectiva, para entender o que é a repressão, é preciso que se entenda primeiro o que é defesa, já que a repressão é uma modalidade da defesa. Para entender o que é defesa, é preciso entender o que é conflito, porque num conflito a defesa protege contra o impulso. Para explicar o que é impulso, é preciso definir o que é pulsão. Então temos uma ordem decrescente, uma espécie de cone conceitual. Expor no sentido hipotético-dedutivo quer dizer, portanto, começar com as hipóteses mais gerais e ir deduzindo delas as mais secundárias. Se alguém organizasse um curso de psicanálise dessa maneira, o primeiro tópico seria a pulsão; o segundo, o conflito; o terceiro, a defesa; o quarto, a repressão, e depois o sintoma, em cuja constituição está envolvido o recalque. Com essa maneira de transmitir o conhecimento, as grandes decisões das quais fala Lebrun ficam muito claras.

A outra forma de realizar a exposição é a indutiva, na qual se começa daquilo que é o final do outro método: parte-se do que é mais imediato. Imediato aqui quer dizer sem mediações; é simplesmente um fenômeno que, de uma maneira ou de outra, chama a atenção. Ora, por que o fenômeno é como é? Ao tentar responder a tal pergunta, o observador será levado a formular uma série de hipóteses, e hipóteses implicam conceitos. O que é um conceito? É uma palavra que designa uma certa classe de coisas, delimitada em relação a outras.

Esse modo de construir o conhecimento parte da observação do imediato e tem de descobrir quais são os conceitos aplicáveis, quais são as hipóteses que podem dar conta de por que as coisas são como são. Enquanto no primeiro modo vamos do genérico para o específico, aqui já temos o específico; o problema é descobrir qual a classe ou categoria na qual se deve incluir esse fenômeno. O exemplo clássico dessa forma de trabalhar é o diagnóstico.

458

Renato Mezan

O raciocínio diagnóstico é indutivo, como todos aqueles nos quais se parte de um imediato enigmático, que primeiro precisa ser descrito, e se busca qual é o gênero ao qual pertence aquele fenômeno. Uma vez descoberta a categoria — o problema é no carburador, o paciente está com excesso de colesterol —, o que se sabe sobre ela passa a valer também para aquele caso particular, permitindo eventualmente uma intervenção eficaz.

De certa forma, no começo do seu trabalho é essa a concepção que Freud tem do valor da interpretação. A prática clínica é obviamente indutiva, e a construção do conhecimento inicial de uma determinada disciplina só pode ser indutiva. Ele passa então a formular seus primeiros conceitos; algumas hipóteses são forjadas e abandonadas, como, por exemplo, a de que o trauma que determina o sintoma atual está ligado à sedução. Essa hipótese é abandonada porque, a partir de um certo momento, Freud se dá conta de que os sintomas podem ser mais bem explicados pela ideia de fantasia, mais congruente com o sistema de conceitos que ele está inaugurando.

Ora, a produção desses conceitos é um pouco rapsódica, isto é, se dá em todas as direções. Freud forja simultaneamente conceitos que poderíamos chamar de *psicopatológicos*: isto é uma histeria, aquilo é uma obsessão, aquilo outro é uma paranoia, tal coisa é uma neurastenia. Há um artigo chamado "Sobre a razão para distinguir da neurastenia uma certa síndrome sob o título de *neurose de angústia*". Aqui, nós o vemos tateando, tentando classificar os diferentes tipos de perturbação. Há também conceitos *metapsicológicos*: inconsciente, recalque, conflito, etc. Em terceiro lugar, Freud começa a se perguntar por que aquilo que ele faz funciona, e forja conceitos que pertencem à *teoria da técnica*: intervenção, transferência, interpretação, resistência e outros. Freud segue como pode — como se diz em francês, *avec les moyens du bord*, com o que tem à mão. E o que tem à mão são, basicamente, metáforas. Ele explica no final de um dos seus primeiros trabalhos, *As neuropsicoses de defesa*: "Para entender isso tudo, utilizo a representação auxiliar de uma energia psíquica, que se espalha pelas representações e pelas ideias um pouco como a carga elétrica se espalha pela superfície de um corpo".[9] Há assim razões para supor que exista algo a que poderíamos chamar "energia psíquica", que se espalha pelas representações; e, assim como

---

[9] Sigmund Freud, "Las neuropsicosis de defensa" (1894), Madri, Biblioteca Nueva, 1975, vol. I, p. 177.

Sobre a epistemologia da psicanálise

a energia ocupa e desocupa os corpos, a energia psíquica ocupa as representações, *besetzt*, investe-as e desinveste-as. E, dependendo de as representações estarem investidas ou não, acontecem com elas certas coisas ou deixam de acontecer outras.

De início, essa energia é muito pouco diferenciada; mas rapidamente Freud se dá conta de que na verdade se trata de algo ligado à sexualidade. Propõe então a ideia de que existe uma energia sexual, à qual devemos chamar *libido*. Ela vai investir diferentes representações, e, dependendo da maneira como investe ou desinveste, produzirá diferentes quadros psicopatológicos. O conjunto *representação + energia* é a célula básica da psique. Se a energia for retirada de uma representação e colocada em outra, essa segunda representação vai se tornar hiperintensa. Daí à ideia de uma representação obsessiva, o passo é muito curto. Qual é a representação obsessiva? É aquela que contém a energia de diversas outras — por isso é tão carregada e se torna compulsiva —, enquanto as outras, vendo-se privadas da sua energia, passam ao regime virtual: reprimidas, elas se tornam inconscientes. Consequentemente, desfazer a repressão significa analisar essa representação hiperintensa, devolver as energias que não lhe pertencem de direito para as representações originais — as quais, ao receberem de volta a sua energia, deixam de ser inconscientes. O resultado disso tudo é tornar novamente conscientes as ideias reprimidas, e com isso — em princípio — desaparece o sintoma que as substituía.

Essa é uma série de operações conceituais, que já não têm nada a ver diretamente com o que as pacientes falavam em suas sessões. As pacientes contavam a Freud o mesmo que os nossos pacientes dizem para seus analistas contemporâneos: seu cotidiano, suas lembranças, seus pensamentos. Daí a se dizer que o acréscimo de energia numa representação produz compulsividade, ou que a retirada dessa energia torna a representação inconsciente, o salto é bastante grande.

Outro exemplo clássico da formulação de um novo conceito é dado pela questão do superego. No início dos anos 1920, Freud apresenta a ideia de que o superego é o herdeiro do complexo de Édipo e que incorpora as proibições paternas e maternas; de alguma maneira, é a voz da consciência, uma agência interna de controle dos impulsos, cuja origem é a identificação com os objetos de amor abandonados, isto é, com os pais da primeira infância. A constituição do superego depende portanto da existência do complexo de Édipo, de um mecanismo de introjeção e de uma série de operações psíquicas relativamente complexas.

460

Quando Melanie Klein começa a fazer os seus estudos, é levada a pensar que não é correto dizer que *primeiro* há o complexo de Édipo, e *depois*, como parte da dissolução do Édipo, se instala o superego. A partir de observações com crianças muito pequenas, de três ou quatro anos, portadoras de fortíssimos sintomas obsessivos, ela se dá conta da agressividade dessas crianças e consequentemente de como elas se sentem culpadas e perseguidas, abrigando temores de que serão castigadas por seus impulsos e fantasias agressivos. De onde vêm essas fantasias de perseguição? Suas pequenas pacientes, Rita e Erna, descrevem uma mãe aterrorizadora, madrasta da Branca de Neve, quando na verdade essas mulheres eram como quaisquer outras, não especialmente cruéis. Eram suficientemente boas, para usar o termo de Winnicott. Conclusão de Melanie Klein: suas pacientes estão lidando com um objeto fantasmático, objeto que tem com a mãe real uma relação bastante distante — equivale a uma *deformação* da mãe concreta.

De novo, nos encontramos longe das fantasias narradas por Erna ou por Rita. Estamos trabalhando com conceitos: objeto, mãe, deformação. E então Melanie Klein diz qual pode ser a origem dessa deformação: é a projeção, sobre o objeto, da agressividade da própria criança. Daí a ideia de que esse objeto vai se vingar, exigir retaliações, e, portanto, daí também as fantasias persecutórias que aparecem em brincadeiras e desenhos daquelas crianças. Klein então enuncia uma regra de interpretação: aquilo que a criança teme por parte do objeto persecutório é o mesmo que ela projetou no objeto. Se o pequeno Hans tem medo de ser mordido pelo cavalo, o que foi projetado no objeto foi a voracidade, a agressividade oral.

Nesse contexto de grande violência, os objetos internos vão aparecendo desde muito cedo na vida da criança, e de uma maneira bem diferente daquela pela qual Freud os descreve. E portanto, quando a criança começa a perceber o mal que teria causado a esses objetos com seus ataques, ela se sente culpada e deprimida. Ora, culpa, depressão e autoacusação são funções do superego. Conclusão de Melanie Klein: a criança pequena possui um superego, aliás muito mais severo e violento que o do adulto. A evolução psíquica não consiste em adquirir um superego ali onde ele não existia (hipótese de Freud), mas em reduzir a ferocidade desse superego e reduzi-lo a proporções relativamente benignas.

A discussão então passa a ser se o superego é formado ou não concomitantemente ao complexo de Édipo. Resposta de Melanie Klein: "Sim". Resposta de Freud: "Não, um vem antes do outro". Convenhamos que é uma discussão

Sobre a epistemologia da psicanálise

localizada, dentro de um quadro de grande acordo. Nesse momento, Melanie Klein está modificando um ponto da teoria que segundo ela se encontra mal resolvido, o que não tem nada de mais. É exatamente aquilo que os cientistas fazem nas respectivas disciplinas todo o tempo — aquilo a que Thomas Kuhn chama "fazer ciência normal", ou seja, dentro do mesmo paradigma básico, modificar algum detalhe. Apesar do que se possa pensar em contrário, saber se o superego e o complexo de Édipo são contemporâneos ou não é uma discussão entre gente do mesmo partido.

O que torna as correntes psicológicas próximas ou distantes umas das outras não é que os pacientes que procuram um psicanalista junguiano são habitados pela sombra e pelo arquétipo, e aqueles que consultam um analista freudiano no outro andar do prédio são habitados por inconsciente, superego e pulsão. Isso equivaleria a postular que, se o sujeito sai de um consultório e entra em outro, magicamente o aparelho psíquico dele se transforma e no lugar do superego passa então a existir outra coisa. O que acontece é que aquilo que aparece na situação clínica vai ser tematizado de acordo com um certo sistema de escolhas fundamentais, que parece aos adeptos das outras teorias o máximo da arbitrariedade, exatamente como diz Lebrun. A diferença entre uma corrente psicológica e outra, a meu ver, está no aparelho conceitual e na habilidade de que essa corrente dispõe para descrever, aprofundar e compreender os fenômenos sobre os quais vai se pronunciar.

Dito isso, voltemos às reflexões de Lebrun, que, espero, agora nos parecerão mais claras. Ele mostra, na página 14 e seguintes do seu artigo, que é com Kant que se inicia a ideia de uma especificidade de cada ciência, e isso muito embora Kant tenha sido o autor de uma *Crítica da razão pura* que explora até as últimas consequências a ideia de uma razão universal. Lebrun comenta de modo extremamente astucioso o elogio que faz Kant da matemática, tomando-a como o meio que revelou ao homem do que a razão é capaz em seu uso especulativo: "Sem o primeiro que demonstrou o triângulo isósceles, quer se chamasse Tales ou outro nome qualquer, como a razão poderia ter tomado consciência da sua soberania? Como saberia que lhe corresponde questionar a Natureza, se um sábio florentino não a tivesse guiado, fazendo rolar esferas num plano, com um grau de aceleração devido ao seu peso determinado segundo a vontade do físico?". Comenta a esse respeito o filósofo francês: "É notável que, nessa página famosa, a independência, a autoridade, a iniciativa estejam primeiro do lado do especialista, que deixa ao mesmo tempo de ser o *delegado* da razão para tornar-se o seu *iniciador*".[10]

Ou seja: o fato de a matemática existir como disciplina autônoma mostra que a razão é capaz de atingir, por sua operação controlada, verdades muito complexas. Assim, embora Kant não esteja interessado em nada parecido com a epistemologia da matemática, acaba fazendo um elogio à *especificidade* daquela disciplina (ainda que considere que a racionalidade matemática deva servir de padrão para qualquer outra construção especulativa). Bachelard ecoará esse elogio ao escrever muitos anos depois: "A aritmética não está fundada sobre a razão; foi a doutrina da razão que se fundou sobre a aritmética elementar. Antes de saber contar, eu não tinha a menor ideia do que fosse a razão".[11]

O outro momento importante, na história da constituição da perspectiva epistemológica, está no *Curso de filosofia positiva* de Auguste Comte (1830). Para Comte, o modelo de todas as ciências continua sendo a matemática; mas a transposição do método matemático para as outras ciências se choca com certas dificuldades, inerentes às regiões da realidade que elas estudam. Comte acaba por reconhecer que o ideal de um método homogêneo para todas as ciências é irrealizável, que esse ideal é apenas uma "ideia reguladora", como dizia Kant, visando a uma futura (e cada vez mais distante) sistematização de todos os conhecimentos obtidos pelas ciências. Conclui Lebrun: "As ciências acabam por ser restituídas à sua heterogeneidade de princípio, desligadas da razão. Já não se falará mais de ciências puramente racionais; ciências e razão pura já não se sobrepõem. É a partir deste momento [...] que vai poder se desenvolver a curiosidade epistemológica. Já que as ciências não são as facetas de um mesmo cristal, cada uma se torna interessante e instrutiva por si mesma. Bachelard resumirá sinteticamente sua condição suprema de possibilidade da atitude epistemológica"[12] — que é, precisamente, a ideia de que cada disciplina constrói sua própria racionalidade.

Tendo-se dito isso, convém temperar essa afirmação com a lembrança de que, no nível básico, existem, sim, princípios racionais compartilhados por todas as ciências, como o do terceiro excluído e o da não contradição. Apenas o

---

[10] Cf. Lebrun, op. cit., p. 15 (grifos meus).

[11] Gaston Bachelard, *La philosophie du non*, apud Lebrun, op. cit., p. 14.

[12] Lebrun, op. cit., pp. 13-4.

Sobre a epistemologia da psicanálise

terreno em que se situam esses princípios não é o da epistemologia, mas o da lógica, que examina as condições de validade de qualquer raciocínio, científico ou não. No campo epistemológico, vale a especificidade de cada montagem racional (e é precisamente nisso que se distinguem as abordagens *lógica* e *epistemológica* de um texto científico). A consequência de suprema importância que se segue desse princípio é que nenhuma ciência deve servir de modelo para as demais, ou seja, não se deve transferir para nenhuma delas os privilégios anteriormente outorgados à razão. Isso é de total interesse para o debate da cientificidade da psicanálise, já que ela costuma ser questionada precisamente a partir do modelo das ciências experimentais, criticando-se por exemplo a impossibilidade de repetir as experiências que servem de base para a formulação de suas hipóteses. Sobre esse ponto, voltaremos mais adiante neste artigo.

Lebrun resume seu argumento com um exemplo que mostra — *malgré lui* — o perigo de tomarmos suas afirmações como se significassem a exclusão de qualquer laço comum entre as várias disciplinas. Elogiando (com ressalvas) o trabalho de Thomas Kuhn, ele escreve:

> Da mesma forma que uma boa história das religiões deve ao menos nos ensinar que não há nada em comum entre as Panateneias, a macumba e a missa em Notre-Dame, a não ser que se trata de uma reunião de indivíduos, um bom livro de epistemologia deve fazer surgir as descontinuidades sob as reasseguradoras evoluções desenhadas superficialmente, bem como as homonímias ocultas sob conceitos frouxos como *teoria, observação, método*.[13]

A bem dizer, o exemplo de Lebrun não é dos melhores, porque as três manifestações citadas têm em comum algo mais do que serem simples "reuniões de indivíduos". Tanto que ele escolheu esses exemplos, e não uma fila de teatro, a torcida no estádio de futebol e a cerimônia da posse de um ministro, que afinal também são reuniões de indivíduos. As Panateneias, a macumba e a missa estão mais próximas entre si do que com as situações que propus. Há algo comum, que justamente as torna manifestações *religiosas*; são obviamente cerimônias relacionadas a entidades sobrenaturais, buscando entrar em contato com elas por meio de rituais coletivos.

---

[13] Ibidem, p. 17.

Renato Mezan

O que interessa ao epistemólogo, porém, não é tanto o que essas manifestações apresentam em comum. Sua pergunta é: por que o desejo grego de entrar em contato com o sobrenatural se manifesta nas Panateneias, *dessa* maneira, com *esses* símbolos, cultuando *esses* deuses, *nessa* época do ano, com *tal* sacrifício? Da mesma maneira, o antropólogo interessado na macumba quer entender como funciona *aquele* sistema de signos e de crenças, para além de superficiais semelhanças que possa ter com outros.

Diz-se por exemplo que Iemanjá é a Virgem Maria, e atribui-se essa identidade ao processo do sincretismo religioso. A deusa africana chamada Iemanjá tem de fato algumas analogias com a representação cristã da Virgem Maria. Mas, no panteão do candomblé, cada divindade possui uma função específica, e o simples fato de se tratar de uma religião politeísta sugere que as funções de Iemanjá *não são* exatamente as mesmas que as da Virgem Maria na crença cristã, porque Iemanjá tem de dividir a esfera da feminilidade com outras deusas. Além disso, há características próprias a uma que não se encontram na outra: para citar apenas uma, Iemanjá é extremamente vaidosa, enquanto a última coisa que um cristão vai atribuir à Virgem Maria é a vaidade — o suporte dessa característica é Maria Madalena, que não figura nos altares. Inversamente, Iemanjá é a deusa das águas, sem qualquer conotação com a maternidade, enquanto a representação da Madona insiste exatamente nesse aspecto.

Mesmo entre o panteão grego e o romano, tão próximos, existem diferenças importantes. Os gregos e os romanos criaram suas religiões em contextos diferentes; os gregos eram um povo mercantil e voltado para o mar; os romanos, um povo agrícola. Ambos cultuavam uma deusa da fertilidade, só que Ceres não é Deméter. Deméter é a mãe de Perséfone, um mito que envolve o Hades, a morada dos mortos; Ceres é apenas a deusa das searas.

Ou seja: que existam deuses com funções análogas (da guerra, da fertilidade, etc.) não significa que cada deus individualmente seja a réplica do outro. O que faz o interesse do estudo de *cada* manifestação religiosa não é o que ela tem em comum com todas as demais manifestações religiosas, porque isso é muito pouco e bastante fácil de ser especificado; porém o interesse em estudar a teologia da Santa Madre Igreja, a macumba ou qualquer outra manifestação religiosa está na *especificidade* de que essa ideia geral se reveste e que torna cada uma delas *aquela* religião.

Sobre a epistemologia da psicanálise

Com essa pequena ressalva, ilustrada pela situação das diversas religiões, podemos concluir: é interessante adotar a ideia de Lebrun sobre a especificidade da montagem racional que caracteriza cada disciplina, bem como sua advertência de que não se deve elevar ciência alguma à categoria de modelo absoluto. Vejamos agora qual ontologia essa ideia requer.

TIPOS DE SER E CONSTRUÇÃO DO OBJETO

Ontologia, sim, porque a implicação mais importante da tese de Lebrun é que cada ciência constrói uma racionalidade própria para dar conta dos objetos que lhe compete investigar, e portanto esses objetos não podem apresentar todos a mesma estrutura, nem lhes pode convir o mesmo método. Se a racionalidade da matemática é diferente da racionalidade da química, e ambas diferem daquela que caracteriza a economia ou a psicanálise, não é porque se trate de meros jogos conceituais com regras arbitrariamente escolhidas, mas é porque o modo de ser do objeto matemático não é o mesmo que o do objeto natural, do objeto social ou do objeto psíquico. A ciência é uma construção, mas não aleatória; ela deve respeitar o modo de ser próprio à região da realidade em que se situa o seu objeto, e abordá-la com um método que ponha em evidência suas propriedades específicas.

Grosso modo, podemos dizer que existem quatro grandes "tipos de ser", parafraseando à nossa moda o célebre dito de Aristóteles: "O ser se diz de muitas maneiras". Em primeiro lugar, existem os objetos ideais, ou seja, aqueles cuja existência coincide com a sua definição ou seu conceito. O exemplo mais óbvio desse gênero são os objetos matemáticos; para criar um deles, basta conceituá-lo de modo coerente com o que já se sabe das figuras, dos números e dos demais entes matemáticos. Dito de outro modo, basta que o novo objeto não seja contraditório em si mesmo, nem contradiga os teoremas já demonstrados, para que seja legítimo matematicamente. Um bom exemplo é o do número imaginário I, equivalente à raiz quadrada de -1. Essa criação matemática é necessária para que uma equação de tipo $x^2 + 1 = 0$ tenha raízes, mesmo que não no campo dos números reais. Uma vez definido, esse ente passa a fazer parte das ferramentas matemáticas, pois não é contraditório com as ideias de potência, de soma, de zero, e assim por diante.

O método que convém a esse tipo de ser é o hipotético-dedutivo, como sabemos desde Euclides. Esse método começa por definir noções básicas, como os axiomas e os princípios elementares, e progride pela criação e demonstração de teoremas cuja verdade é garantida pela coerência formal com o já demonstrado anteriormente; os novos teoremas servem por sua vez de base para os que deles derivam. Sabemos que para os filósofos, a partir de Descartes, o ideal de verdade é calcado sobre a matemática, porque nela a garantia é absoluta — mesmo que não se possa representar visualmente um objeto matemático, se ele tiver sido construído de acordo com as regras da disciplina será tido por válido, e os teoremas a seu respeito valerão igualmente em virtude da maneira pela qual foram construídos.

Já os seres materiais não existem apenas porque alguém os definiu: sua existência concreta depende de algo mais do que a simples formulação do seu conceito. Um ente desse gênero precisa ser *materialmente viável*, o que significa que seus componentes devem se articular entre si de modo a preservar o ser e a torná-lo apto a cumprir suas funções, quaisquer que sejam elas. O ser material (que pode ser uma coisa da natureza — um ser vivo, por exemplo —, ou algo construído pela indústria do homem) deve ter um tamanho, uma forma, um peso, uma organização interna e um aspecto externo compatíveis com a sua finalidade e com aquilo de que é feito.

O que é próprio a essa classe de seres é que, neles, o essencial da espécie prevalece sobre as variações individuais. Uma rocha basáltica se caracteriza por tais e quais propriedades, que fazem dela um exemplo da sua classe, sem que o fato de ser *esta* ou *aquela* tenha qualquer importância. A prova mais evidente disso é que a observação ou manipulação de um exemplar da classe permite inferir enunciados válidos para todos os demais (exemplo: um exame de sangue coleta as gotas que estão passando pela veia *naquele* instante, e tanto faz quais sejam — o que se encontrar nelas será válido para todo o sangue daquele indivíduo). A consequência metodológica desse fato é que se pode trabalhar experimentalmente sobre *amostras* selecionadas daquela classe de seres; desde que realizados corretamente, os experimentos revelarão propriedades válidas para toda a categoria em questão. A existência dessa categoria é ao mesmo tempo *real* e *conceitual*: conceitual, porque ela pode ser definida em termos gerais (o felino é o animal que apresenta tais características; a bactéria ou a bomba atômica é o ente que apresenta tais outras), e real, porque equivale à totalidade dos exemplares daquela classe existente num dado momento.

Sobre a epistemologia da psicanálise

Um terceiro tipo de ser é o que se pode chamar de *social* ou *cultural*. Aqui não se trata de coisas, mas de instituições, ritos, costumes, práticas, ou mesmo de acontecimentos. São exemplos de seres sociais ou culturais a exogamia, o contrato, a bênção, o modo de produção capitalista, uma obra de arte, o texto que o leitor tem em mãos, a Revolução Francesa, etc. As próprias ciências — e as epistemologias que se ocupam delas — são ótimos exemplos da imensa variedade de atos e práticas humanas que se caracterizam por *terem um significado*, ou seja, por remeterem sempre e inexoravelmente para algo além delas próprias — os seus autores ou portadores, o sistema que formam com outras do mesmo gênero, etc. É evidente que os objetos que fazem parte dessas práticas têm uma existência material — uma cruz é algo feito de madeira, metal ou pedra — e correspondem a algo cujas propriedades formais podem ser descritas geometricamente — a cruz possui duas hastes em ângulo reto, e não cinco lados regulares —, mas *não é esse* o aspecto que interessa ao estudioso da sua significação. Para ele, a cruz é um símbolo que faz parte de um sistema de crenças e ritos (o cristianismo) e que suscita, por parte dos que adotam esse sistema, uma série de comportamentos (por exemplo, a reverência ou a condenação indignada de qualquer blasfêmia). Diante desse tipo de ser, o método de investigação não pode ser nem o hipotético-dedutivo, nem o experimental: trata-se de compreender o seu sentido, de correlacioná-lo com outros objetos, com demais costumes e práticas vigentes naquela população ou em outras. A *individualidade* do objeto é aqui importante, ainda que secundariamente ele possa ser incluído numa classe com outros semelhantes — no caso da cruz, na classe dos símbolos religiosos, na qual fará companhia à estrela de Davi, ao crescente islâmico, à figa do candomblé, ao olho mágico japonês e assim sucessivamente.

Um quarto tipo de ser, irredutível aos três anteriores, é o *psíquico*, seja na dimensão individual, seja na dimensão coletiva. O sonho, o ato falho, a transferência, o comportamento obsessivo, o raciocínio lógico, a linguagem, o fetiche não são passíveis de serem tratados como o triângulo isósceles, como os compostos do carbono nem como a recessão econômica. É um postulado da psicanálise (e de qualquer psicologia) que eles apresentam um modo de existência próprio, ao mesmo tempo consistente e intangível, ao mesmo tempo individual e supraindividual. Seria tão absurdo querer medi-los com o método experimental quanto interpretar o vírus hiv, ou deduzir do que foi a Revolução Francesa as características da Revolução Cubana.

Renato Mezan

Se concordarmos que a especificidade de cada tipo de ser envolve uma racionalidade *em ato* própria e irredutível, a ideia das racionalidades regionais exposta por Lebrun ganhará outra dimensão, bem como a sua advertência de que não devemos erigir em cânon absoluto nenhuma disciplina individual. Ao dizer que existe uma racionalidade em ato não estou com isso implicando que a disciplina científica seja apenas a transcrição em conceitos da articulação interna do objeto: há uma atividade de *construção* inerente a toda prática científica, que seria ridículo ignorar. Mas é preciso levar em conta que essa construção não é jamais aleatória, contrariamente ao que pregam os construtivistas radicais — não se trata apenas de "jogos de linguagem" entre os quais a escolha seria questão de gosto ou de preconceito. A construção científica possui um terreno de manobra próprio, e a epistemologia de uma disciplina visa precisamente elucidar de que modo ela realiza sua atividade de pensamento; mas essa atividade tem um *referente*, que não é caótico, nem pode ser determinado de qualquer maneira. Por outro lado, o mesmo ente pode ser visado por diferentes disciplinas ou por diferentes práticas, que alcançarão diferentes *estratos* da sua construção.

É útil aqui distinguir o *objeto* — aquilo de que fala a teoria, aquilo que é definido pelo conceito — do seu *referente*, que é a coisa ou o processo concretos a que se refere o objeto. O referente é um fragmento de realidade, seja ela física, biológica, social ou ideal: um cromossoma existe na realidade material, mas o conceito de cromossoma não. Espinosa dizia isso de modo pitoresco: o conceito de açúcar não é doce, o conceito de cão não late. O objeto é recortado e construído a partir do fragmento de realidade que é o seu referente, mas também a partir das consequências lógicas das teorias já existentes — o que permite a situação aparentemente paradoxal de que um objeto possa existir na teoria sem que seu referente, aquilo a que ele pode vir a se aplicar, possua existência material. O exemplo mais extraordinário disso é a tabela dos elementos compilada por Mendeleyev, na qual figuravam pouco menos de sessenta deles quando foi publicada. Os "brancos" da tabela definiam elementos que deveriam ter tal e qual número de átomos, tais e quais propriedades, e, nas décadas seguintes, foram sendo descobertos em ritmo acelerado *precisamente* aqueles elementos cuja existência a tabela pressupunha — ou seja, nesse caso o objeto *precede* o referente e permite a sua identificação.

Sobre a epistemologia da psicanálise

Estudando a obra de Cézanne, Merleau-Ponty fala da montanha Sainte-Victoire de um modo que ilustra bem o que quero dizer.[14] A montanha existe de fato na natureza, em virtude de movimentos tectônicos que ocorreram em eras geológicas remotas. Mas, do ponto de vista do pintor, ela é algo completamente diverso: é uma massa de formas e cores que o inspira nas suas criações. Para o alpinista que a quer escalar, para o engenheiro que nela quer perfurar um túnel, para o empreendedor que ali quer construir um hotel, a montanha não *é* a mesma. Ela se deixa apreender de diferentes maneiras — mas, ao mesmo tempo, *é* a mesma, e cada um dos que com ela se relacionam deve respeitar a sua essência de montanha.

A ideia de que o objeto científico é *construído*, e não apenas *transposto* a partir do referente em virtude de uma observação exata, é o cerne de qualquer leitura epistemológica. Ela se opõe às teorias empiristas da *tabula rasa*, por sua vez inspiradas no dito de Aristóteles de que "nada existe no intelecto que antes não tenha passado pelos sentidos". E como Aristóteles, ao afirmar isso, está se opondo à teoria do conhecimento de Platão, talvez seja mais simples começarmos por expor brevemente esta última, conhecida como a teoria das Formas ou das Ideias.[15] Qual é o problema? É explicar como temos ideias gerais e conceitos que não correspondem necessariamente às coisas que vemos. Platão foi o primeiro a notar que uma coisa é a ideia de leito, outra coisa bem diferente são os leitos que se podem encomendar ao marceneiro. A ideia de cama não corresponde a nenhuma cama em especial, e todas as camas correspondem à ideia de cama — ou não pertenceriam à classe das camas, diríamos em linguagem moderna. A pergunta é: de onde vem o conceito de cama? A resposta de Platão está na teoria das Ideias: existe em algum lugar a Ideia de cama, a Ideia de bem, a Ideia de mal, a Ideia de coragem. Há nos *Diálogos* uma discussão para saber se existe a Ideia de cabelo, a Ideia de percevejo, e assim por diante. Não é apenas dos valores elevados, das coisas belas e nobres, que existem Ideias: também as há de coisas ínfimas, como o cabelo ou o percevejo. A hipótese é que essas Ideias existam num lugar ideal e que

---

[14] Maurice Merleau-Ponty, *El ojo y el espíritu*, Buenos Aires, Paidós, 1977, pp. 23 ss.

[15] Sendo esta uma exposição sumaríssima da teoria do conhecimento de Platão e em seguida de Aristóteles, não julguei necessário indicar precisamente as passagens a que me refiro. Elas se encontram essencialmente na *República* (mito da caverna) e no *Mênon*, de Platão, e no *De anima*, de Aristóteles.

470

entrem na mente de cada um por um processo de *contemplação*. Segundo o mito platônico, ali onde estão as almas estão também as Ideias — no Paraíso, no Empíreo. Quando as almas entram nos corpos, porém, elas têm de passar pelo Léthes, o rio do esquecimento, e ali olvidam tudo o que haviam contemplado anteriormente.

Em consequência, *aprender* não é nada mais do que lembrar aquilo que já está, por assim dizer, latente na minha alma, mas de que me esqueci. *Léthes* significa esquecimento. Isso dá origem à palavra *alétheia*, que quer dizer "verdade" — *a-létheia* é o des-esquecimento, a recordação. E há uma demonstração muito impressionante disso no *Mênon*, quando Sócrates está discutindo com os seus convivas. Mênon é o hospedeiro, e Sócrates diz: "Na verdade só lembramos as coisas, ninguém aprende nada com a experiência. Querem ver?". Um jovem escravo está servindo vinho, e Sócrates o chama: "Faça um risco aí na areia". E, com perguntas muito hábeis, Sócrates faz o rapaz, evidentemente analfabeto, demonstrar vários teoremas de geometria. Todo mundo fica boquiaberto, e Sócrates conclui: "Estão vendo? Este menino, que nunca pisou numa sala de aula, é capaz de demonstrar os teoremas que acabei de o fazer demonstrar. Onde estavam essas ideias? Na cabeça dele: eu me limitei a extraí-las", por meio de um processo que não deixa de lembrar o da parteira, que em grego se chamava *maieutiké*. Sócrates se considerava um parteiro de ideias e chamava seus métodos de maiêutica. Em resumo: absorvemos as Ideias lá onde elas existem, na região das almas e não na região dos corpos. Ao entrar no corpo, nossa alma esquece o que viu e tem de ser lembrada a partir do contato com um parteiro de Ideias, como Sócrates.

Essa tese, como é possível perceber, pode ser interpretada também sem o mito, no sentido das ideias inatas. Muitíssimo tempo depois, a psicologia irá se indagar se certos esquemas de comportamento são inatos. O mito das Ideias e do rio Léthes é uma maneira poética de explicar essa questão, mas ainda hoje existe toda uma discussão para saber se certas atitudes de comportamento são inatas ou adquiridas: *nature versus nurture*, natureza *versus* educação ou ambiente. O problema é exatamente o mesmo. O que está em nós já veio conosco, e, nesse caso, de onde? Genes, hereditariedade, das vidas passadas ou da educação que se teve?

Aristóteles argumenta que essa história é muito bonita, muito encantadora, mas que não é possível aceitar que as almas, bebendo a água do rio Léthes, tenham esquecido tudo o que sabiam. Diz Aristóteles: nada existe no intelecto que antes não tenha estado nos sentidos; a única e exclusiva fonte da aprendizagem

Sobre a epistemologia da psicanálise

é a experiência. Se tenho a Ideia da cama, não é porque em algum lugar ela existe e me lembrei dela; essa noção se forma a partir da experiência, do contato com o objeto, e mais precisamente da repetição desse contato: primeiro vejo uma cama, depois outra, depois outra, outra, outra... Comparando todas entre si, acabo formando por abstração o conceito de cama. Quando vir de novo um objeto da mesma natureza, saberei reconhecê-lo como uma cama, e não uma cadeira ou uma mesa.

A hipótese de Aristóteles envolve outros problemas, entre os quais determinar como se dá, precisamente, o processo de abstração, tanto no sentido lógico de extrair o conceito da coisa, quanto no sentido de formar uma representação visual dela. Primeiramente, imaginava-se que vinham emanações das coisas, que de alguma forma impressionavam a retina do indivíduo. O visto sairia do visível como se fosse um eflúvio, depositando-se no olho e permitindo a visão. A tentativa de definir esse processo vai ocupar os filósofos durante 2 mil anos e conduzirá por fim, no século xvii, a importantes descobertas sobre a natureza da luz, sobre a anatomia do olho — e também sobre o processo do conhecimento, por meio da noção de associação das ideias. Estas se organizariam a partir de impressões, e a superfície na qual se inscrevem as impressões seria, precisamente, a *tabula rasa* da mente.

A ideia de tábua rasa não é assim nenhuma estupidez: ela surgiu na história da filosofia para dar conta da receptividade do nosso espírito e do privilégio que tem a *experiência* sobre a *recordação*. Mas, se o espírito é capaz de abstrair, segue-se que ele possui em si algo que não são ideias, mas um certo tipo de *capacidade*: a abstração, por si mesma, não vem das coisas. Aquilo que é abstraído a partir da abstração vem das coisas, especialmente das coisas visíveis, mas a própria capacidade de abstração não está nas coisas. Evidentemente, ela está de alguma forma na mente humana. Os filósofos discutiram muito esse problema: quais são as capacidades do espírito que lhe permitem realizar um certo número de operações? A psicologia — ou o que futuramente será a psicologia — surgirá dessas discussões.

A solução empirista para a questão do conhecimento reduz o papel da mente à formação de ideias complexas a partir de outras mais simples, por meio do mecanismo da associação. Este, por sua vez, repousa sobre o hábito, ou seja, sobre a repetição regular de determinadas associações, como, por exemplo, entre o calor do fogo e a fervura da água. Na sua versão mais extrema, o empirismo radical de David Hume, a própria noção de causa é recusada como ilusória: a causa nada mais é do que a extrapolação equivocada que tiramos do fato de que a A segue-se regularmente B. A mente humana se iludiria ao considerar uma propriedade sua — a lembrança dessa regularidade — como uma propriedade das coisas — a causalidade.

A leitura de Hume despertou Kant do que ele mesmo chamou o seu "sono dogmático": a necessidade de refutar o argumento humeano o conduziu a empreender um exame completo do problema do conhecimento, a partir de bases inteiramente novas. O resultado desse estudo foi publicado em 1781 sob o título *Crítica da razão pura*, e desde então nenhuma discussão sobre o tema pode prescindir da contribuição kantiana.

Kant percebe que o verdadeiro problema proposto por Hume é o da relação entre a "representação" e a "coisa", e tem certeza — pelos sucessos da física no seu tempo — de que a relação de causa a efeito não é idêntica à relação de princípio a consequência: em outros termos, que os seres materiais não são redutíveis, como afirmei há pouco, aos seres matemáticos ou ideais. O conhecimento, diz Kant, não é mero registro do dado — a mente não é uma tábua rasa —, mas sim *síntese*: a causalidade é uma conexão ao mesmo tempo *lógica* (necessária: de tal causa segue-se necessariamente tal efeito) e *real* (a causa é eficiente, sem ela não se dá o efeito). Mas síntese do quê? Entre os dados sensoriais e algo que não está nos dados, mas no sujeito — precisamente, as categorias e os princípios que fazem do "diverso sensível" um objeto. A própria ideia de *objeto* não provém da experiência, mas do poder unificador e sistematizador da razão. (Kant não se refere, evidentemente, a essa ideia no sentido de objeto de uma ciência, mas à ideia em geral de objeto, ou à "forma do objeto em geral".) A isso, a tradição filosófica chamou de "inversão copernicana": assim como Copérnico decidiu ver aonde o conduziria a hipótese de que a Terra gira ao redor do Sol, e não o contrário, Kant decide explorar o que poderia ser o poder de síntese do entendimento na constituição da experiência, ou seja, aquilo com o que o sujeito contribui para que o "diverso sensível" se organize num objeto capaz de ser *pensado*.

A solução kantiana reconhece que existe na mente um equipamento formal inato: são as categorias e as formas da sensibilidade, ou seja, aquilo que nos permite apreender os dados sensíveis, situando-os por exemplo em termos de presente e passado, anterior e posterior, simultâneo ou sucessivo. Esse equipamento

Sobre a epistemologia da psicanálise

formal não provém da experiência — na linguagem kantiana, é *a priori*, expressão que significa tanto *anterior à experiência* quanto *condição de possibilidade* para ela. Aqui, portanto, venceu Platão: nem tudo no conhecimento se origina no contato com o objeto real. Mas, ao contrário do que pensava Platão, esse equipamento é apenas *formal*, pois precisa ser preenchido pelos dados da percepção, e o resultado dessas diversas operações é a constituição da experiência e do conhecimento dessa experiência. O conhecimento é portanto uma síntese.

Para nós, interessa ressaltar que tal hipótese implica que, na construção do *fato*, já intervém o sujeito. O fato é algo que se constrói; o sujeito o monta a partir de estímulos sensíveis, a que Kant chama "o diverso indeterminado", cuja origem é a percepção (no vocabulário kantiano, a *Anschauung* ou intuição, que nada tem a ver com a acepção de "adivinhação" que o termo pode receber). Ele descreve na *Crítica da razão pura* todo o processo de conhecimento, não no sentido psicológico, mas no sentido transcendental — ou seja, como se dá a constituição do objeto em geral por um sujeito em geral, a partir do equipamento de que é dotado por ser um sujeito racional. Contudo, não é preciso seguir todos os meandros da *Crítica* para compreender o alcance da revolução kantiana; podemos utilizar algo mais familiar, como a situação de um bebê que está descobrindo o mundo.

O que o bebê enxerga? Não sabemos, mas certamente não é o mesmo que um adulto. Sabe-se que uma criança de poucos dias vê certas imagens, ouve certos sons, identifica certos odores e liga isso com a presença ou a ausência da mãe — uma experiência ainda bastante nebulosa, que certamente não é a visão focada nem a audição discriminada de uma criança maior ou de um adulto. Tal conjunto de sensações é análogo ao que Kant chama de *o diverso indeterminado*. Esse diverso é em primeiro lugar submetido ao espaço e ao tempo, que são, diz ele, as *formas da intuição* (da percepção): elas o situam em termos de antes e de depois, de presente e de passado, de simultâneo e de sucessivo.

Tendo sido localizado no espaço e no tempo por essa primeira síntese, o diverso é remetido ao andar seguinte, por uma espécie de elevador mental, e lá é submetido às categorias do entendimento: permanência, duração, reciprocidade, substância, causalidade, etc. O diverso é submetido às categorias como uma massa de *wafer* à prensa — essa é uma excelente imagem para o processo — e dela sai com uma forma específica: a do *fenômeno*, ou seja, um fato construído.

Qual a importância disso? É que, se eliminarmos as categorias do entendimento e as formas da percepção, o espaço e tempo, não teremos absolutamente nada de pensável. O fato não está lá, aguardando para ser observado com o método científico ou com a razão pura e ingênua. Para que eu possa observar e descrever o fato, é necessário já tê-lo recortado de um diverso contínuo: vou observar *isto*. A partir daí, submeto-o a uma série de operações mentais, que o isolam e lhe dão uma forma. Só podemos ter acesso, diz Kant, aos fenômenos; a realidade última, para além das categorias e das formas da sensibilidade, é absolutamente incognoscível. A coisa em si — *das Ding an sich*, ou *nôumenon*, igual a x — é pressuposta em todas essas construções: para além das categorias e das formas da percepção, existe alguma coisa à qual a razão, com o seu equipamento, vai se aplicar (a massa pastosa do *wafer*). Mas como é ela? Sobre isso não posso dizer nada, porque, a cada vez que me aproximo da massa, ela já tem o aspecto com o qual a apreendo.

Com isso, a ideia de um conhecimento construído vem se opor à ideia de um conhecimento como mero registro daquilo que se apresenta na realidade. E, embora Kant tenha formulado sua análise em termos transcendentais (ou seja, descrevendo o equipamento formal do sujeito sem ter em vista qualquer conhecimento específico, mas apenas como condições de possibilidade para o conhecimento em geral), ela pode ser transposta para o plano psicológico — como a criança adquire as noções com as quais irá pensar — e igualmente para o plano epistemológico, ou seja, para a construção do conhecimento científico. Piaget e o construtivismo por um lado, a epistemologia por outro, são em última instância prolongamentos da *Crítica*.

A ideia de que o objeto científico não é dado, mas construído, vai ser desenvolvida por toda a epistemologia francesa, da qual o representante mais conhecido é Gaston Bachelard. Para ele, o conhecimento científico não é *prolongamento* nem *refinamento* do conhecimento comum, mas, ao contrário, é inaugurado por *uma ruptura* com a forma habitual de conhecer. Por que o modo científico de abordar um problema não pode ser a continuação do modo "comum" de pensar? Porque ele pressupõe o recorte do objeto, a sua delimitação — como diz Lebrun — a partir de decisões que "frequentemente pareceram aos contemporâneos o cúmulo do arbitrário". O pensamento que se quer científico decide que certa parte do real é digna de ser estudada, e daí procede a operações com ela cujo resultado é sua transformação num objeto, no sentido que estamos dando a esse termo. Dos objetos concretos, por exemplo, *as coisas*, tira-se um

Sobre a epistemologia da psicanálise

objeto físico chamado *corpo*, que se define por certas características. Do fato de as coisas crescerem, mudarem, se transformarem, saírem de um lugar e irem para outro, cria-se o conceito físico de *movimento*. Cada objeto científico é construído, inicialmente, por uma ruptura em relação ao senso comum.

De tal maneira, diz Bachelard, que a realidade — esse nôumeno kantiano, aquilo a que visa nosso esforço para conhecer — só pode ser atingida por retificações sucessivas: ela é o horizonte para o qual tende o conhecimento, porém inatingível em si mesma, porque o próprio movimento de aproximação envolve o tecer de uma teia cada vez mais espessa entre o observador e o "observado/construído".

Bachelard critica simultaneamente o racionalismo e o empirismo. Ambos pressupõem, no fundo, a *transparência* — seja da consciência e da razão, no caso do racionalismo, seja da realidade e da matéria, no empirismo. O que ambos esquecem é todo o sistema de mediações entre o dado e a razão, sistema que não é nada mais que as categorias kantianas com outro nome. Kant falava em contingência e necessidade, causalidade, substância, reciprocidade; Bachelard falará nas mediações como sendo basicamente os aparelhos e as teorias. Para ele, um aparelho é uma *teoria materializada*: quando entramos num laboratório, estamos mergulhados até as orelhas na teoria, porque cada aparelho que ali se encontra é a materialização de uma teoria. Não é difícil entender isso: os óculos que estou usando são a materialização do que nos ensina a teoria da refração da luz. A cada vez que ligo a ignição do carro, a teoria cinética dos gases está sendo aplicada — a gasolina explode nos cilindros e faz funcionar o motor.

A versão psicanalítica desses princípios bachelardianos se encontra naquilo que nos é mais familiar: o *setting*. Os fenômenos dos quais a psicanálise se ocupa, os fenômenos inconscientes, estão presentes em toda parte, mas não são alcançáveis pelo senso comum. É preciso uma ruptura com as condições do senso comum, representada de saída pela disposição física dos protagonistas. O convite a se deitar no divã costuma despertar reações de espanto nos pacientes: todos sabemos como são frequentes seus protestos de que não sabem falar sem ver o interlocutor, de que nada têm para dizer, etc.

O analista, que já teve a sua própria experiência de análise, vê isso como uma resistência, isto é, algo que já está sendo atiçado pelo próprio *setting*. Aquilo que parece o protesto do senso comum — "não posso falar nessas condições absurdas" — na verdade já é uma reação à proposta de desorganização egoica implícita no *setting* analítico. Não é que Freud tenha lido Bachelard: é que Bachelard, quando escreve, tem presente algo muito parecido com aquilo que levou Freud a organizar as coordenadas do *setting* analítico como as conhecemos ainda hoje. É nesse plano que podemos entender a insistência freudiana no caráter científico da psicanálise: no seu campo próprio, o enquadramento corresponde à manutenção de variáveis como a temperatura e a pressão em nível constante, para que se possam observar as mudanças que vierem a ocorrer nas demais variáveis.

Aquilo que acontece dentro desse sistema de coordenadas pode ser descrito, avaliado, retificado. Um exemplo da tese bachelardiana das retificações sucessivas: Freud abandona a teoria da sedução pela teoria da fantasia. Outro exemplo, talvez menos banal: a ideia de Freud de que os psicóticos não transferem foi modificada e retificada pelos analistas que vieram depois dele, usando o próprio sistema freudiano de coordenadas. Eles viram, nas manifestações que para Freud eram de *ausência* de transferência, a presença de uma transferência tão maciça que nem parece transferência. Ou seja, todos esses elementos mencionados por Bachelard como típicos das ciências ditas duras se encontram materializados nesse aparelho — é o caso de dizer — que é o *setting* analítico.

Portanto, separar observação e teoria — como pretendiam os empiristas — é um absurdo. Este é um ponto muito importante: a observação já é mediada pelos instrumentos, que por sua vez são construções a partir de teorias. O sujeito que realiza essa construção não pode ser tido por puro e ingênuo, observador inocente de um dado que se oferece generosamente à sua inspeção. É sempre, por natureza, um *sujeito instrumentado*. Em seguida, Bachelard diz algo essencial para toda epistemologia: não se deve confundir nunca, mesmo na coleta científica, o objeto científico com o dado. O dado pertence ao registro da *percepção*, e dele deve ser recortado ou abstraído o objeto científico, que é um *resultado* das operações realizadas sobre o dado. O dado me diz que tantos por cento das crianças de São Paulo têm anemia na idade tal; isso não é um objeto científico, mas apenas uma medição. O objeto envolvido é a relação que se estabelece no organismo entre certos ingredientes, por exemplo o ferro, e a sua presença no sangue. Os dados coletados vão servir portanto para *construir* o objeto.

Ora, este deve ser construído de maneira tal que a interrogação sobre ele possa resultar em algo aplicável a todos os objetos análogos. Por isso insisto tanto em que a primeira parte de uma tese de psicanálise deva ser exatamente a

Sobre a epistemologia da psicanálise

construção do objeto, a montagem do problema, ou o nome que se queira dar a isso. A partir dos dados de que cada mestrando dispõe em suas pesquisas, vai se construir um problema, um personagem, um objeto, cujas peripécias e aventuras serão aquilo sobre o que a tese vai discorrer. O objeto tem de apresentar algum aspecto enigmático, que permita perguntas como "por que é assim", "como é assim", "quando é assim", "em que condições é assim". A partir disso, é muito importante perceber que tal objeto que está sendo construído na pesquisa em questão pode perfeitamente ser análogo a outros, que serão construídos em outras pesquisas.[16]

Duas consequências importantíssimas decorrem dessas ideias de Bachelard: primeiro, que a ciência, sendo uma construção coletiva, é passível de avanços não triviais. Existe um *progresso* no conhecimento científico; aumenta o volume de informações, modificam-se teorias antigas, descobrem-se novas consequências dos princípios admitidos, e vez por outra também se alteram esses princípios. Isso acontece também na psicanálise. Há um artigo muito interessante de Luís Carlos Menezes em que ele se pergunta o que significa *progresso* em psicanálise, se hoje trabalhamos melhor ou pior do que no tempo de Freud.[17] Sua resposta é que certamente existem progressos, que se manifestam por uma apreensão mais fina dos processos psíquicos. Cem anos depois, aprendemos a ouvir coisas que eram inaudíveis para Ferenczi ou Freud, e isso não porque sejamos melhores analistas; cem anos de trabalho coletivo se acumularam, e a cada vez que um de nós fecha a porta e senta na sua cadeira, eles estão implícitos na nossa escuta. (Parafraseando Napoleão: "Do alto desta poltrona, cem anos te contemplam...")

A segunda e muito importante consequência, talvez a ideia mais importante de Bachelard do ponto de vista que estou defendendo, é que *nem tudo é real do mesmo modo*. Em termos aristotélicos, o ser se diz de muitas maneiras; existem tipos de ser, maneiras diferentes de a realidade se estruturar e se organizar. Bachelard diz isso de maneira pitoresca: "A existência não é uma função monótona". Existem diversos níveis e planos de realidade, pelo menos os que mencionei

---

[16] Ver a esse respeito o artigo "Psicanálise e pós-graduação: notas, exemplos, reflexões", neste volume.

[17] Luís Carlos Menezes, "A ideia de progresso em psicanálise", em Abrão Slavutzky (org.), *História, clínica e perspectivas nos cem anos da psicanálise*, Porto Alegre, Artes Médicas, 1996; republicado em seu livro *Fundamentos de uma clínica freudiana*, São Paulo, Casa do Psicólogo, 2001.

anteriormente: os objetos ideais, os naturais ou materiais, os seres vivos com suas peculiaridades, a região da realidade que se chama *psique*, a região da realidade que se chama *cultura, história, sociedade*. Desse fato se segue que cada nível ou tipo de ser exige, para o seu conhecimento, o desenvolvimento de métodos e técnicas apropriadas e sem transposições apressadas: eis a origem de uma das ideias centrais de Lebrun.

Convém resumir em alguns tópicos o essencial da contribuição de Bachelard:

1. a ideia de que o conhecimento científico é qualitativamente diferente do senso comum e se encontra numa ruptura com ele;

2. de tal maneira que o senso comum não é a base do conhecimento científico, mas aquilo que o conhecimento tem de superar, neutralizar, pôr entre parênteses para poder se organizar;

3. a ideia de que essa ruptura vai resultar na construção, necessariamente artificial, de um objeto próprio a cada disciplina;

4. o objeto que vai ser pensado e descrito com o auxílio de teorias e instrumentos, os quais por sua vez não são nada mais do que teorias materializadas;

5. cada região do ser assim delimitada possui um tipo próprio de estrutura — "a existência não é uma função monótona" — que é preciso respeitar para se atingir o conhecimento sobre ele;

6. se essas condições forem respeitadas, será adquirido um conhecimento que é sempre provisório, mas que é ainda assim um conhecimento. Enquanto não for modificado por uma aproximação mais fina desse horizonte a que se chama realidade, ele permanece válido;

7. à retificação sucessiva desse conhecimento, podemos chamar "progresso da ciência".

É claro que, nessa perspectiva, a história da ciência não será escrita de maneira a enfatizar a continuidade entre as suas diferentes etapas; se o conhecimento é ruptura com o senso comum, o avanço na ciência é a ruptura com o conhecimento anterior. A ideia de ruptura entre momentos do conhecimento é essencial para o pensamento de Foucault, assim como para a teoria das "revoluções científicas" desenvolvida por Thomas Kuhn. Em ambos os autores, podemos perceber o estreito vínculo que une a análise conceitual ou epistemológica com a perspectiva histórica, à qual incumbe mostrar de que maneira uma determinada disciplina foi construindo empiricamente, concretamente, o seu equipamento teórico. A razão pela qual faz sentido estudar simultaneamente a história

Sobre a epistemologia da psicanálise

da psicanálise e o seu funcionamento conceitual é que se torna evidente por meio de quais operações — que têm data, foram publicadas no ano tal, na revista tal — se construiu esse equipamento. Ou, se quisermos dizer as coisas de uma outra maneira, a epistemologia possui um olhar sincrônico; ela apreende as coisa num certo momento e realiza a descrição fina dos procedimentos e teorias utilizados em uma determinada disciplina. A história faz a mesma coisa, porém numa versão diacrônica.

Para compreender a necessidade crucial dessa dupla leitura, podemos tomar como exemplo a noção de ego. Ela é utilizada por Freud do princípio ao fim da sua obra; está presente no *Projeto* e no seu último trabalho, justamente sobre a cisão do ego. Mas, no tempo do *Projeto*, o ego é uma massa de neurônios amarrados entre si por facilitações, um conjunto de barreiras; na teoria do narcisismo, é um objeto sexual investido pelas pulsões eróticas; na segunda tópica, é o escravo dos três senhores — a realidade, o id e o superego.

O que é, então, o ego? É isso tudo, mas só podemos compreender suas diferentes facetas se o incluirmos na trama contextual que a cada vez dá sentido à noção. Na época do *Projeto*, ele é o adversário da descarga, aquilo que garante a existência de um processo secundário. Na *Interpretação dos sonhos*, não há ego. Por quê? Porque o aparelho psíquico é montado de tal maneira que aquilo que inibe a descarga imediata é fundamentalmente a censura, e a sede dessa função é o pré-consciente, não o ego. Quando o narcisismo entra em cena, o ego deixa de ser somente adversário das pulsões e passa a ser objeto delas: convenhamos que se trata de algo completamente diferente de um fator de bloqueio para o desenvolvimento do circuito pulsional. Na segunda tópica, o ego se torna a agência de contato com a realidade, que deve driblar de uma maneira ou de outra as exigências pulsionais vindas do id e as críticas que recebe do superego, além de se compor com as possibilidades de satisfação oferecidas pela realidade. Ou seja: é preciso a cada momento especificar em que contexto metapsicológico a noção se inscreve.

Conjugar a perspectiva diacrônica/histórica com a perspectiva sincrônica é portanto a única maneira de compreender o desenvolvimento de uma teoria complexa, pois permite seguir ora o trajeto de uma ideia do começo ao fim da obra, ora compreender os vínculos que ela estabelece com outras num dado momento. A obra de Freud tem 3 mil páginas publicadas e outro tanto de cartas, razão pela qual é impossível apreendê-la num único olhar. Para retomar a frase de Lebrun, esse equipamento "que pareceu aos contemporâneos o cúmulo do arbitrário" não surgiu pronto, como Palas Atena da coxa de Zeus: ele *se constituiu*. As novas teorias e os novos conhecimentos resultam em ferramentas mais aperfeiçoadas: nos anos 1940 e 1950, o estudo aprofundado da contratransferência, especialmente no meio kleiniano, resultou na elaboração de instrumentos de escuta mais refinados do que existiam até então, na medida em que o analista começa a dispor de parâmetros para compreender a sua própria interferência, eventualmente negativa, sobre o processo. O fato de os instrumentos de trabalho — e os conhecimentos que eles permitem atingir — irem se tornando cada vez mais complexos traz consequências nada triviais sobre a própria teoria, que é o objeto da investigação epistemológica. Em particular, fica cada vez mais difícil alterar os paradigmas vigentes: a inventividade teórica parece se concentrar durante um longo tempo em pontos de detalhe, até que apareça um Lacan ou uma Melanie Klein para revolucionar toda a teoria e apresentar um novo ponto de vista.

EPISTEMOLOGIA FREUDIANA OU EPISTEMOLOGIA DA PSICANÁLISE?

A existência de diferentes "sistemas psicanalíticos" coloca para a epistemologia da psicanálise um problema ao mesmo tempo dificílimo e fascinante: o de compreender de que modo o saber constituído por Freud pôde ser apropriado e ampliado por seus sucessores. Isso porque, para alguns, o objeto da análise epistemológica deveria se restringir ao aporte de Freud. O exemplo mais nítido dessa posição é o livro de Paul-Laurent Assoun, *Introduction à l'épistémologie freudienne*, que comentaremos logo mais. Outros, entre os quais me incluo, reconhecem a existência desses diversos sistemas pós-freudianos, e com isso o objeto da epistemologia da psicanálise se amplia para o conjunto do campo teórico, tal como ele se apresenta hoje. A questão é espinhosa, e, para bem situá-la, convém começar pelo exame da posição do próprio Freud.

Ele certamente recusaria a ideia de uma "epistemologia freudiana": em seu modo de ver, a psicanálise é uma ciência, perfeitamente enquadrada pelas regras que presidem a qualquer investigação científica. Inúmeras vezes ele insistiu nesse ponto, por exemplo na última das *Novas conferências de introdução à psicanálise*, intitulada "A questão da *Weltanschauung*". Ali lemos com todas as letras que não

Sobre a epistemologia da psicanálise

existe uma "concepção de mundo" própria à psicanálise. Ela compartilha com as demais ciências uma mesma visão sobre a realidade — que os fenômenos possuem causas definidas e que estas podem ser alcançadas pelo pensamento racional, desde que se obedeça aos princípios elementares da observação cuidadosa, da descrição apropriada e da teorização consequente. A Ferenczi, que lhe perguntara como fazia para ter ideias tão geniais, ele responde: "O senhor também deve ter observado em si mesmo o mecanismo da produção: a sucessão da fantasia audazmente desvairada e da crítica impiedosamente realista".[18] Fantasia para inventar conceitos e hipóteses, crítica para discernir quais delas encontram correspondência nos fenômenos e quais devem ser descartadas porque, em última instância, contradizem a realidade.

Mas essa visão das coisas é, convenhamos, um pouco simplista, pois postula uma homogeneidade no Ser que não leva em conta a complexidade e a variedade dos *tipos* de ser. Em especial, ela implica situar a psicanálise como uma ciência natural, posição constante em Freud e que não deixa de surpreender o leitor contemporâneo, para o qual ela se apresenta antes como uma ciência "humana".

Por que Freud pensa assim? Aqui é preciso evocar brevemente a famosa "querela dos métodos" (*Methodenstreit*) que se desenrola na Alemanha no século XIX. Ela começa com a afirmação da especificidade da esfera da história diante da esfera da natureza, o que exige um método próprio para investigar as produções propriamente humanas. O historiador Theodor Droysen propôs, em 1854, distinguir entre a *explicação* (*Erklärung*) e a *compreensão* (*Verstehen*): a primeira se dá por satisfeita quando encontra uma causa para o fato e o subsume sob leis universais; a segunda consiste na interpretação de uma formação cultural, captando sua idiossincrasia como singularidade imersa na história e no devir.[19] Wilhelm Dilthey, na sua *Introdução às ciências do espírito*, radicaliza essa oposição entre *Geisteswissenschaften* e *Naturwissenschaften*; seguem-no historiadores como Windelband e Rickert, e, bem mais tarde, Karl Jaspers, que a aplica à psicopatologia (1913). Assim, a lei da gravitação *explica* por que as marés são influenciadas pela Lua, mas o Renascimento é um fato cultural que não pode ser "explicado" — só pode ser *compreendido*, porque que em cada obra de arte ou em cada

---

[18] Freud a Ferenczi, 8 de abril de 1915, in *Correspondance Freud-Ferenczi*, Paris, Calmann-Lévy, tomo II, 1992, p. 66.

[19] Essas palavras de Paul-Laurent Assoun descrevem com elegância e precisão a diferença entre os dois métodos, razão pela qual as faço minhas. Cf. *Introduction à l'épistémologie freudienne*, Paris, 1981, p. 41.

instituição social daquela época se manifesta uma faceta do que faz do Renascimento o que ele é. O mesmo se aplica ao "milagre grego" (o nascimento da racionalidade na pólis), à interpretação do Romantismo ou da Revolução Francesa: fenômenos que, ao mesmo tempo que são únicos, expressam seu sentido por meio de cada aspecto isoladamente e de todos eles em conjunto. Em sua apresentação dessa problemática, que sigo aqui de perto, Paul-Laurent Assoun acrescenta que as ciências do espírito implicam uma *valorização* dos fatos a que se reportam, ao passo que as ciências da natureza se mantêm no domínio dos juízos de realidade.

Essa indicação permite compreender o motivo pelo qual Freud se recusa a incluir sua disciplina entre as ciências do espírito: seu objetivo é descrever uma região da realidade (o inconsciente, tal como se apresenta nas condições do *setting* analítico), e nessa descrição está implícita a neutralidade em relação à natureza desses processos. Além disso, a interpretação — ferramenta psicanalítica por excelência — consiste numa explicação (no sentido de Droysen), e de forma alguma num exercício de compreensão (no mesmo sentido). Ela deve explicitar o sentido, por certo, mas a explicitação é também a *determinação da causa* daquela produção psíquica: interpretar um sonho é encontrar que desejo o produziu, interpretar um sintoma é determinar a que conflito ele se refere, etc.

Freud poderia ter razões pessoais significativas para insistir no caráter científico da psicanálise — a ciência permite um acesso à universalidade o qual torna irrelevante a individualidade do cientista, na qual se inclui sua pertinência a este ou àquele grupo étnico, e também expulsa o fantasma da ilusão, cuja expressão máxima se encontra na religião.[20] Mas essas razões não contradizem, antes reforçam, sua firme posição quanto ao lugar que a psicanálise ocupa no tabuleiro dos conhecimentos. Sirva de exemplo, entre inúmeras outras, esta passagem da *Autobiografia*: "Conceitos fundamentais claros e definições com contornos precisos só são possíveis nas ciências do espírito, na medida em que elas desejam inserir uma ordem de fatos no quadro de um sistema intelectual inventado por completo. Nas ciências naturais, das quais faz parte a psicanálise, tal clareza nos conceitos básicos é supérflua, e mesmo impossível".[21]

---

[20] Cf. a seção "A *Bildung* do jovem Sigmund" no artigo "Psicanálise e cultura, psicanálise *na* cultura", neste volume; também o capítulo 6 de *Freud: a conquista do proibido* (2ª edição, São Paulo, Ateliê Cultural, 2000), e *Freud, pensador da cultura*, especialmente pp. 54 ss.

[21] *Autobiografia*, tradução López-Ballesteros, vol. III, p. 2790 (citado por Assoun, p. 50).

Sobre a epistemologia da psicanálise

Quando se trata de precisar a qual domínio pertence sua disciplina, Assoun aponta a principal referência filosófica de Freud: são claramente os trabalhos de Ernst Mach. O caráter empírico da psicanálise — sobre o qual ele insiste tantas vezes, por exemplo, em "Psicanálise e teoria da libido" ou em "Inibição, sintoma e angústia" — é o eixo sobre o qual se ordenam suas considerações; a ele se deve a disposição do psicanalista para modificar suas teorias quando os fenômenos não se adaptam a elas, contrariamente ao que ocorre com o filósofo, sempre reconfortado por seus "axiomas inabaláveis". Da mesma forma, é a sombra de Mach que se projeta sobre o parágrafo inicial de "Pulsões e destinos de pulsão", no qual Freud afirma que a ciência começa por observar fenômenos e descrevê--los, para em seguida tentar explicá-los por meio de "ideias tiradas daqui e dali", que aos poucos vão formando um sistema, por definição provisório e aberto às modificações impostas pela experiência, pois, se a imaginação especulativa sugere nexos e relações "que não se reduzem apenas à experiência atual", o primado pertence ao teste de realidade, que na carta a Ferenczi tinha o nome de "crítica impiedosa".

Ou seja: segundo Freud, a psicanálise é uma ciência da natureza porque seu objeto é um fragmento da realidade (o inconsciente) e porque seu método respeita as articulações do objeto. Com isso, se produzem conceitos que o definem, hipóteses que o reduzem às suas causas e o incluem em classes, e leis universais que regulam suas manifestações. Em oposição a isso, as ciências do espírito praticam um método *compreensivo* que sublinha o caráter único de cada formação estudada, desvelando o sentido daquela formação e avaliando o seu valor segundo uma escala axiológica preestabelecida. No interior dessa oposição, a postura de Freud se esclarece sem dificuldade: o objeto da teoria psicanalítica é o funcionamento psíquico do ser humano, que pode ser descrito independentemente de suas manifestações singulares nas pessoas — "independentemente", é claro, por uma decisão metodológica que abstrai o significado individual *deste* sonho ou *deste* sintoma, sem prejuízo da singularidade que vigora na dimensão prática da terapia. Dito de outra forma, à teoria interessam os processos psíquicos na sua dimensão supraindividual, ao passo que à terapia interessa a maneira singular pela qual eles se organizam e se manifestam em cada paciente.

Contudo, cabe questionar essa rígida divisão entre singular e universal. Procurei mostrar, na seção anterior deste estudo, que a característica essencial dos objetos "humanos" é precisamente um modo específico de inerência do universal no singular, que exige a consideração da forma singular dessa inerência. E, *n'en déplaise à Freud*, é precisamente isso que o psicanalista faz quando pensa a partir da sua experiência clínica, a começar por ele mesmo. Os casos que redigiu são, a esse respeito, exemplares: no "Homem dos Ratos", o estudo das peculiaridades da neurose obsessiva ou do pensamento supersticioso não se opõe de modo algum à construção de um modelo explicativo para a obsessão dos ratos que atormentava Ernst Lanzer. Da mesma forma, no "Homem dos Lobos", a invenção do conceito de cena primitiva está estreitamente ligada ao esforço para compreender a organização psíquica *daquele* indivíduo e o modo pelo qual ele pôde ser afetado tão intensamente pelo *seu* sonho. É uma questão de foco: a leitura se inclina ora para a especificidade daquela história, daquele paciente ou daquele sonho, ora para os aspectos mais abstratos que eles ilustram. Ou seja: a oposição que fundamentava a postura de Freud quanto à localização da psicanálise no quadro das ciências se revela insuficiente para dar conta da teorização na disciplina que ele criou — como, aliás, na teorização de qualquer outra ciência humana. A antropologia, a economia, a história ou a sociologia também inferem universais da sua encarnação em formações singulares, como pode ser comprovado por qualquer um que se disponha a estudar os seus procedimentos.

A divisão entre ciências naturais e ciências humanas já não passa atualmente, portanto, pela oposição entre universal e singular, nem pela oposição entre explicação e compreensão. Ela reside na diferença entre o método experimental e os métodos não experimentais, o que é completamente diferente. O método experimental convém a objetos nos quais a singularidade é irrelevante — o fato de se tratar deste ou daquele nada significa perante o fato de ser um exemplar da categoria. Já as ciências humanas têm de levar em conta a singularidade do seu objeto, que coexiste de modo inextricável com a dimensão suprassingular que o método também quer alcançar. Nesse sentido, o emprego do método clínico — que não é um método experimental — obriga-nos a situar a psicanálise do lado das ciências humanas, e isso sem que os motivos que levaram Freud a colocá-la entre as ciências da natureza tenham perdido sua validade. Simplesmente, não é mais possível utilizar o termo *empírico* como equivalente a "da natureza", como parecia evidente a Freud no contexto em que elaborava suas reflexões.

Dito de outro modo: Freud tinha razão em insistir no caráter empírico da psicanálise e com isso diferenciá-la de qualquer sistema especulativo invulnerável

Sobre a epistemologia da psicanálise

à prova da experiência (ainda que essa sua caracterização da filosofia seja mais uma caricatura do que uma descrição). O que se alterou não foi a maneira de pensar dos psicanalistas, mas o conjunto das referências no interior das quais sua posição podia se sustentar. Aqui é preciso lembrar que tal alteração se verificou mais no domínio francês do que no campo anglo-saxão, onde por certo se fala em *social sciences*, mas sem que nelas se inclua necessariamente a psicanálise. Já na França as *sciences humaines* acabaram por anexar a psicanálise, o que certamente possui relação com a maneira pela qual a disciplina freudiana se implantou naquele país, tanto pela via da medicina psiquiátrica quanto pela via da literatura, da filosofia e da psicologia universitária.

Um dos fatores mais salientes desse processo é que a visão da obra de Freud comporta uma cisão interna da qual ela deveria ser "purificada" — precisamente, a cisão entre o aspecto interpretativo e o aspecto mecanicista. A metapsicologia foi sempre intragável para os autores franceses, formados numa tradição humanista e fenomenológica. Na França, o primeiro trabalho universitário sobre Freud é uma tese de psicologia redigida por Roland Dalbiez em 1936: *O método psicanalítico e a doutrina freudiana*. O método — a hermenêutica — é aqui valorizado como um instrumento aguçadíssimo para compreender a alma humana; a doutrina — isto é, a metapsicologia, especialmente a ideia de forças psíquicas — é criticada como supérflua e mesmo nociva para os fins a que se destina.

Georges Politzer havia feito a mesma distinção na *Crítica dos fundamentos da psicologia* (1928). Ela será retomada, entre inúmeros outros, por Jean Hyppolite, que escreve, por exemplo: "Quem notará que o que falta a Freud, mesmo do ponto de vista de um filósofo da natureza, é uma dialética?"; "para apreciar a significação filosófica da obra freudiana, é preciso não se atemorizar, ir além de certas formulações do mestre e explicitar um sentido que ele não formulou nitidamente"; ou ainda: "há um contraste evidente entre a linguagem positivista de Freud e o caráter de busca e de descoberta".[22] O melhor exemplo desse tipo de leitura está no livro *De l'interprétation* (1965). Para seu autor, Paul Ricœur — a quem tomo como exemplo pela radicalidade da sua posição —, a obra de

---

[22] As citações provêm da coletânea *Figures de la pensée philosophique*, Paris, puf, 1971, respectivamente dos ensaios "Philosophie et psychanalyse" (p. 429) e "Freud" (pp. 374-5). Existe uma tradução brasileira dessa coletânea de Hypollite: *Ensaios de psicanálise e filosofia*, Rio de Janeiro, Taurus, 1989.

Freud é uma síntese instável entre a dimensão do sentido e a dimensão da força; sua validade reside em ser uma prática da interpretação, e sua fraqueza no vocabulário mecanicista com o qual o fundador a revestiu. Ricœur percebe, como não pode deixar de perceber qualquer leitor de Freud, que para este o sentido precisa ser interpretado *porque* é latente, e é latente *porque* está recalcado, ou seja, porque *forças* agem sobre os conteúdos representativos, sem serem elas mesmas representáveis. Mas se para o Ricœur *explicateur de texte* essa combinação define o freudismo, para o Ricœur filósofo ela é um lamentável equívoco, do qual a psicanálise precisa ser expurgada para ganhar a consistência filosófica que merece.[23]

A posição de princípio de separar em Freud o que é bom e o que é ruim — parafraseando Marx, isolar o "núcleo racional" da "ganga" — conduzirá à anexação das suas descobertas pelas tendências dominantes na filosofia francesa a partir dos anos 1930 — em especial pela fenomenologia e pelo marxismo —, mas induzirá a contra-sensos cada vez mais flagrantes na compreensão do que é próprio ao seu pensamento. É esse contexto que dá o pleno sentido à palavra de ordem de Lacan, "o retorno a Freud", que significa simplesmente voltar a lê-lo como deve ser lido, sem tentar enquadrá-lo no leito de Procusto desta ou daquela concepção. O texto de Freud deveria ser estudado atentamente, na sua integridade, e se possível no original. Com isso, Lacan visava também adversários no interior do movimento analítico — em especial a psicologia do ego e o kleinismo — que em sua opinião haviam deturpado o essencial da inovação freudiana; mas abordar essa questão nos desviaria muito de nosso propósito atual. Seja suficiente lembrar que o "retorno a Freud" conduziu à formação de uma nova escola de psicanálise, pois Lacan o empreendeu a partir de *seus* pressupostos e de *sua* problemática e leu Freud como instrumento para construir sua própria doutrina. Seria ridículo condená-lo por isso, mas o fato é que o "retorno" acabou produzindo um Freud absolutamente singular, com os resultados que se conhecem. A tentativa de Lacan de saltar por cima de algumas décadas da história da psicanálise deu origem a mais um capítulo dessa história, o que não deixa de ter o seu lado irônico.

---

[23] Sobre a recepção francesa da psicanálise, cf. Bento Prado Jr. (org.), *A filosofia da psicanálise*, São Paulo, Brasiliense, 1990, bem como o texto assim intitulado, neste volume.

Sobre a epistemologia da psicanálise

Em todo caso, a partir da "restauração" lacaniana, tornou-se impossível na França separar o "bom" Freud do "mau" Freud, ao menos sob a forma relativamente tosca que até então havia sido a regra. Ao contrário, passou a ser de rigueur vincular qualquer inovação teórica ou clínica à herança freudiana, se necessário por meio de uma leitura sutil e engenhosa — e ponha-se engenho nisso... Não se tome essa afirmação em sentido pejorativo: autores como Conrad Stein, Jean Laplanche, Claude Le Guen, Piera Aulagnier ou André Green construíram, a partir desse procedimento, teorias originais, de grande consistência conceitual e de inegável utilidade clínica.[24] O elemento comum a tais teorizações — que em termos de detalhe podem ser até bastante divergentes — não é mais o desejo de "corrigir" Freud mediante aportes extrafreudianos, mas, utilizando os próprios conceitos que ele elaborou, resolver melhor certas questões que permaneceram obscuras no seu pensamento — "fazer trabalhar os conceitos", como bem disse Laplanche.

Ocorre que na área da psicanálise, como em outras, é possível ser mais realista do que o rei: no caso, o pêndulo oscila de tal modo na direção oposta que Freud se torna um ídolo intocável. Essa tendência, talvez mais evidente no meio lacaniano, produziu aberrações na leitura da obra de Freud e também na compreensão da história da psicanálise na França. Tudo se passa como se fosse preciso expiar a culpa dos ancestrais, que haviam desfigurado o pensamento do fundador ao recortá-lo segundo os figurinos de sua preferência. Batendo três vezes no peito e cobrindo de cinza a cabeça, tais autores fazem ato de contrição e proclamam a excelência da mensagem freudiana em termos que beiram perigosamente o fanatismo.[25] No plano da epistemologia, essa posição ultramontana é ilustrada pela tese de que o objeto a estudar não é toda a psicanálise, mas apenas e tão somente a obra de Freud. O livro de Paul-Laurent Assoun ao qual me referi anteriormente talvez seja o exemplo mais instrutivo dos equívocos a que pode conduzir tal posição.

Diz Assoun:

---

[24] Cf. a esse respeito "Três concepções do originário", em Figuras da teoria psicanalítica, e "Sobre a história da psicanálise: questões de método", em Jornal de Psicanálise, nº 60/61, São Paulo, 2000, pp. 147-78.

[25] É o caso de Jean Pierre Mordier, cujo livro Les débuts de la psychanalyse en France (Paris, Maspéro, 1981) comento em "Nostra culpa, nostra maxima culpa", em A vingança da esfinge, junto com outros que seguem a mesma orientação.

Renato Mezan

Não entendamos em absoluto por epistemologia freudiana uma epistemologia geral que tomaria Freud por argumento, tema ou material [...]. O que nos interessa é a epistemologia rigorosamente indígena e imanente ao movimento de conhecimento que pertence a Freud [...]. Nosso objetivo é [...] extrair a identidade freudiana, tomada em sua idiossincrasia, teórica e pragmática, investigando suas origens, seus fundamentos e suas finalidades [...], desenhando essa identidade epistêmica freudiana que condiciona a posição de qualquer discurso relativo a Freud.[26]

Ou seja: a epistemologia não deve tomar Freud como objeto, mas como *fonte* de um modo específico de pensar: como Monsieur Jourdain da prosa, Freud se serve *à son insu* de uma série de regras para construir o seu saber, regras ditas "indígenas", "autóctones", "imanentes" — o que não significa simplesmente que estejam embutidas no arcabouço teórico que ele gradualmente edifica, mas sim que são *próprias* a esse arcabouço, e, no limite, *únicas, específicas* a ele. Tendo lido bem seu Bachelard, Assoun não encontra dificuldade em definir a epistemologia como um trabalho que "desvenda as regras de funcionamento e os referentes do trabalho de Freud", como uma "reflexão sobre as condições de possibilidade do saber que adere a Freud como a seu nome próprio". Reencontramos aqui a distinção entre descrição epistemológica e análise epistemológica — a que me referi no início deste estudo — e uma radicalização da ideia de Lebrun quanto às racionalidades regionais. Minha discordância com Assoun não está nesse aspecto, nem na sua afirmação de que o objeto dessa epistemologia deva ser a metapsicologia na medida em que ela é a teorização por Freud do seu próprio trabalho. Ela incide sobre a seguinte tese: "Freud foi o primeiro psicanalista, mas *o único metapsicólogo*. A metapsicologia pertence de modo íntimo à identidade freudiana".[27]

Ora, o que é a metapsicologia? No "Complemento metapsicológico à interpretação dos sonhos", de 1915, Freud a define com clareza: "Chamo metapsicologia aos princípios teóricos que se podem colocar na base de um sistema de psicanálise". Ela é, então, o conjunto de princípios — e portanto dos teoremas derivados desses princípios, assim como dos conceitos que figuram tanto em uns como em outros — que serve para descrever e explicar o funcionamento psíquico,

---

[26] Assoun, op. cit., pp. 7-8.
[27] Ibidem, p. 123 (grifos meus).

Sobre a epistemologia da psicanálise

entendendo por essa expressão a anatomia e a fisiologia do "aparelho psíquico", a história da sua gênese e do seu desenvolvimento, o estudo das disfunções a que eles está sujeito e também dos meios pelos quais se pode eventualmente intervir nessas disfunções. Ou seja: toda a questão está em saber o que significa "sistema de psicanálise". Para Assoun, só existe um, o de Freud; mas essa posição equivale a desconsiderar tudo o que se passou na disciplina desde pelo menos 1930, em particular o vasto problema representado pela existência das diversas escolas de pensamento e de prática nas quais se agrupam (e se dividem) os herdeiros de Freud.

O argumento de Assoun sofre, a meu ver, de uma miopia insanável, que se deve à função *polêmica* a que ele se curva: querer demonstrar que o único "sistema de psicanálise" é o de Freud (ideia cuja origem, como disse, deve ser procurada no ambiente psicanalítico francês pós-Lacan). Para tanto, Assoun é levado a desconsiderar o que ele próprio apresenta na parte histórica do seu livro, ou seja, a completa imersão de Freud nas águas científicas e epistemológicas da Alemanha do seu tempo. O problema não é saber se a "identidade epistêmica" de Freud é "própria ou emprestada", "autônoma ou heterônoma" (como é dito à página 104): esses termos não significam coisa alguma, porque nenhum pensador é "autônomo" ou "heterônomo" no sentido absoluto pretendido por Assoun. O que ocorre em toda criação científica é um processo de apropriação e de diferenciação em relação às ideias dominantes num certo meio e numa certa época sobre um certo objeto, processo mediado por diversas condições que a cada caso é necessário elucidar: é desse modo que entendo a afirmação bachelardiana de que o conhecimento científico é ruptura com o senso comum *e* com as teorias vigentes até então. Freud aprendeu neurologia e psicopatologia com seus professores, e a história da invenção da psicanálise é a história de como ele *rompe* com o que aprendeu e ao mesmo tempo o *transforma*, usando por assim dizer a ciência do seu tempo contra ela própria. Nesse contexto, não faz sentido classificar as "identidades epistêmicas" (o que quer que signifique essa abstrusa expressão) em "autônomas" *ou* "heterônomas", pela boa e simples razão de que a "autonomia" só pode se engendrar a partir da inserção do investigador num campo dado de antemão e no qual ele começa a operar como mero aprendiz — portanto, em estado de "heteronomia".

Como Assoun necessita, porém, sublinhar a "autonomia" da "identidade epistêmica" de Freud, ele vai ser levado a obliterar cada vez mais os nexos que unem a investigação freudiana ao contexto da época e que ao mesmo tempo definem a sua originalidade, ou seja, será levado a obliterar o processo *real* de constituição da disciplina psicanalítica. Como consequência, vê-se obrigado a buscar a origem do "saber que adere a Freud como a seu nome próprio" não no seu trabalho com os pacientes (clínica) e nas hipóteses que vai laboriosamente construindo para dar conta do que ocorre nesse trabalho (teorização metapsicológica), mas na *pessoa* de Freud, única fonte possível de uma "identidade epistêmica autóctone". Por incrível que pareça, a implicação é que Freud secreta psicanálise como as abelhas secretam mel, o que pode surpreender o leitor: mas como, se não assim, entender a afirmação de que "a paixão de Freud por Fliess [...] tem uma raiz epistêmica" (página 121)? Como entender a tentativa para discernir as origens dessa mesma "identidade epistêmica" nas atividades do estudante Freud no laboratório de Brücke, com o que este se converte no palco de uma "transferência epistêmica" (página 102) cujo objeto é o severo professor e cuja consequência é a primeira manifestação dessa "identidade" na prática da anatomia e no estudo microscópio dos tecidos (páginas 105 e seguintes)?

O equívoco aqui me parece extremamente grave. A geração espontânea da "identidade epistêmica" (um absurdo integral) resulta da gradativa transposição do lugar em que ela deve ser buscada — o *texto* de Freud, no qual se depositam suas ideias e no qual se pode seguir a sua penosa constituição — para a *pessoa* de Freud. Trata-se de uma variante refinada, porém igualmente insustentável, da velha armadilha psicológica.[28] Tendo decidido demonstrar a "imanência" da epistemologia freudiana, o seu caráter "autóctone" e "indígena", Assoun se vê inexoravelmente conduzido a isolar Freud do contexto que tão bem descreve na parte histórica do seu livro, criando no leitor uma curiosa impressão de esquizofrenia retórica: o arcabouço cuidadosamente construído acaba por não ter função alguma na constituição da dita "identidade epistêmica".

O pensamento de Freud não resulta de nada disso, mas de uma complexa conjunção na qual entram fatores pessoais (é o pensamento *de Freud*, ancorado também na sua vida psíquica e emocional, como o de qualquer outro criador) e fatores "objetivos", como o estado dos conhecimentos científicos da época, a

---

[28] Outra consequência do mesmo princípio pode ser encontrada na tese de Oscar Cesarotto segundo a qual, nos experimentos de Freud com a cocaína, já se podem entrever os albores da racionalidade psicanalítica (*Um affair freudiano*, São Paulo, Iluminuras, 1989). Esse argumento é comentado em "Explosivos na sala de visitas" (*A sombra de Don Juan*, pp. 130 ss.).

Sobre a epistemologia da psicanálise

existência da histeria como organização psicopatológica *sui generis*, as suas decisões metodológicas e teóricas, que engendram consequências como a regressão e a transferência que observará nos seus pacientes. É desse entrelaçamento extremamente sutil que surgem seus conceitos e suas hipóteses, e por isso falei, no início deste estudo, da posição "mediana" da epistemologia. A abordagem que estou propondo procura abrir espaço para se compreender de que modo ocorre a incorporação do "externo não psicanalítico" e a sua transformação em "substância psicanalítica"; tal abordagem possui ao menos a vantagem de evitar uma concepção *adesiva* desse processo, que prescinde da articulação entre os vários planos em favor de uma simplificação insustentável — seja de cunho psicologista, seja sociologista ou historicista (Freud inventou a psicanálise porque vivia em Viena, ou porque era um judeu agnóstico, etc.). O fascinante nessa questão é precisamente o desafio de mostrar quais são os nexos entre o pensamento original e aquilo com o que ele se institui — o pano de fundo contra o qual, na verdade, se destaca sua originalidade.[29]

Podemos concluir: o objeto da epistemologia da psicanálise não é a "identidade epistêmica" de Freud, mas o conjunto da teoria em toda a sua complexidade e com todo o peso da sua história. A teoria tem atrás de si um contexto, que pode e deve ser descrito na medida em que oferece a ela suas condições de possibilidade e os materiais para a sua construção. Esse contexto, no caso de uma disciplina como a psicanálise, é essencialmente multifacetado, pela boa e simples razão de que não se trata da obra de um homem só. Desconsiderar as contribuições de todos os demais autores, transformando a importância fundamental de Freud em monopólio sobre a invenção da teoria, significa simplesmente privar-se de entender o campo psicanalítico como ele é.

A TEORIA COMO HORIZONTE DA PRÁTICA E VICE-VERSA

E, no campo psicanalítico como ele é, encontramos antes de mais nada psicanalistas trabalhando com pacientes, ou seja, vivendo com eles processos

---

[29] O mesmo equívoco permeia a surpreendente afirmação de Charles Melman: "Como se explica que a psicanálise nos tenha sido transmitida? Por meio desse acaso que se chama Jacques Lacan" (*Scilicet*, nº 16, 1978). Acaso?!

terapêuticos cujo objetivo é permitir uma modificação na sua economia psíquica — e aqui a ambiguidade semântica desse *sua* é preciosa, porque, se o objetivo explícito do tratamento é induzir a mudança na economia psíquica do paciente, é inegável que a prática da análise também afeta a economia psíquica do terapeuta, no mínimo porque seu inconsciente, suas defesas, suas fantasias e seu narcisismo são constantemente mobilizados pelo íntimo contato com outro ser humano.

Sabemos que esse contato não se dá sem mediações. O *setting* analítico é a mais evidente delas, porém não é menos importante a mediação representada pela teoria. O termo *teoria* condensa aqui o conjunto de hipóteses sobre a vida psíquica de que dispõe o psicanalista para se orientar em meio ao fluxo discursivo e vivencial em que consiste um processo analítico. O analista não escuta apenas com a teoria, mas com todo o seu repertório de lembranças, fantasias e experiências, do qual emergem, sob a incitação do que ouve e presencia, as metáforas que servem de guia para as suas intervenções; seu pensamento transita permanentemente entre essas várias dimensões e, dentro da dimensão teórica, entre os vários níveis em que se situam as hipóteses consideradas pertinentes para a compreensão da dinâmica específica daquele momento e daquele conteúdo.

Para entender como isso ocorre e, ao mesmo tempo, procurar responder a algumas das objeções mais frequentemente levantadas contra a consistência da psicanálise (como prática e como teoria), talvez o mais conveniente seja agora observarmos o pensamento analítico em ação, às voltas com um problema clínico e suas implicações teóricas. Entre os inúmeros exemplos disponíveis, trabalharemos com um texto de Joyce McDougall, porque na escrita dessa analista se revelam de modo exemplar os vínculos que unem o processo primário e o processo secundário, as imagens e os conceitos, as metáforas e as hipóteses.

No prefácio de *Teatros do eu*, encontramos uma excelente apresentação do que para ela é a psicanálise, inclusive com a alusão ao teatro tão frequente em seus escritos. Como epígrafe, a famosa fala de *As you like it: "All the world is a stage"*. Acompanhemos:

A tragédia de Hamlet, de Lear, de Ricardo III, é a história do homem confrontado às forças violentas da sua natureza pulsional; forças que, como correntes subterrâneas profundas, fazem derivar o seu querer e modificam o curso da sua vida. Atravessado por tempestades de amor e de ódio, buscando ora seduzir e agradar, ora agredir e destruir, cada homem teve, desde a infância, de resignar-se a navegar

Sobre a epistemologia da psicanálise

entre os *proibidos* e os *impossíveis* da sua vida. Obrigado a inventar uma solução para cada um dos inevitáveis conflitos suscitados pelos seus desejos primitivos, foi-lhe necessário encontrar compromissos que satisfizessem a ele próprio e aos outros. Com todas essas lutas, como uma paleta de cores, ele desenhou o retrato dessa pessoa que crê ser quando diz *eu*.[30]

Essas linhas sintetizam com admirável clareza algumas teses fundamentais da psicanálise. A primeira coisa que chama a atenção é o destaque conferido à violência da vida pulsional: o ser humano aparece como alguém golpeado por forças de natureza avassaladora, que o controlam e o descontrolam, de tal maneira que o domínio dessas forças é uma proeza relativamente precária, sempre correndo o risco de ser posta em xeque. Esse é um ponto central da concepção psicanalítica do funcionamento psíquico, que aproxima a psicanálise de todas as teorias anteriores que, de um modo ou outro, viram no ser humano uma entidade basicamente passional, sobre a qual a história e a cultura aplicaram uma fina camada de racionalidade (para Joyce McDougall, uma fina camada de ego), permanentemente ameaçada pela virulência daqueles movimentos subterrâneos.

Outra imagem nos remete à disposição *vertical* da vida psíquica. As forças pulsionais não estão na superfície: são descritas como correntes subterrâneas, "psicologia das profundezas", como dizia Freud. Nessa estrutura, as paixões — aqui chamadas de "forças violentas da natureza instintiva" — encontram-se no fundo da psique, enquanto o menos passional se acha de alguma forma na superfície dela, em contato com o que não é psique: os outros e o mundo.

Essas correntes violentas, profundas e subterrâneas são definidas em relação com as emoções fundamentais: "atravessado por tempestades de *amor* e de *ódio*". A elas se atribui portanto uma *finalidade*, outro pressuposto fundamental do pensamento psicanalítico — nada existe na psique que não vise a alguma finalidade ("buscando ora seduzir e agradar, ora punir e destruir...").

O indivíduo buscará, assim, obter o controle de suas pulsões e das forças externas, ou seja, as pulsões dos outros seres humanos: "ora seduzir e agradar", na dimensão do amor, "ora punir e destruir", na dimensão do ódio. Na busca de alívio para a pressão pulsional incessante, o ser humano se encontrará às voltas com outros seres humanos (inicialmente, o ambiente familiar) e empregará

---

[30] Joyce McDougall, *Théâtres du je*, Paris, Gallimard, 1982, pp. 9-10.

basicamente duas grandes estratégias: ora tenta canalizar as suas próprias pulsões amorosas, e por assim dizer enganchá-las nas pulsões amorosas dos outros — é a vertente sedutora, do agrado —, ora se vê tomado pelas pulsões destrutivas, que se manifestam fenomenologicamente pelos sentimentos ligados ao ódio. Essas tendências de natureza destrutiva vão também se enganchar nos seus equivalentes, de natureza igualmente destrutiva, das outras pessoas.

Além disso, cada pessoa precisou, desde a *infância* — outro tema psicanalítico cuja importância não é preciso sublinhar —, navegar entre as proibições e os impossíveis da sua vida. Essa é uma distinção central no pensamento de Joyce McDougall e que dá colorido a um elemento fundamental da compreensão psicanalítica da vida psíquica: a distinção entre neurose e psicose, ou entre conflitos que vinculam a libido a objetos e a fantasias no plano do proibido e aquilo que se encontra, de uma forma ou de outra, *aquém* desse setor da vida psíquica, e que diz respeito ao narcisismo e à psicose. Isso, na linguagem de Joyce McDougall, chama-se o teatro do proibido e o teatro do impossível. No restante do prólogo, a autora detalha essas imagens.

Em um parágrafo de cinco linhas são construídas duas imagens, a do teatro e a da navegação (o barco à deriva, as correntes). A metáfora do teatro pressupõe uma certa organização: há um espaço discriminado entre palco, bastidores e plateia, uma entrada e uma saída. Diz Shakespeare, na sequência da frase citada, que homens e mulheres são *merely players*, meros atores, que têm as suas entradas e as suas saídas, as quais muito frequentemente se dão por lados opostos do palco. O diálogo dramático pressupõe pelo menos dois interlocutores, que no início eram o ator e o coro, ou seja, papéis separados. A imagem do teatro convoca, portanto, um espaço relativamente estruturado, mesmo que os atores não saibam muito bem qual é a peça e o desfecho seja ignorado por todos, inclusive pela plateia, aqui constituída pela figura solitária do psicanalista.

A outra metáfora é a do barquinho arrastado pela correnteza, navegando entre as proibições e os impossíveis da sua vida psíquica, precisando inventar uma solução para cada um dos inevitáveis conflitos que vai encontrar. Essas soluções são *compromissos*, concretizados apesar de obstáculos de todo tipo; em parte, são determinadas pela força da correnteza, em parte pela natureza do barco, e em parte, ainda, pela habilidade do piloto em o conduzir, desviando das rochas, das cascatas e assim por diante. "Com todas essas lutas, como com uma paleta de cores, cada sujeito desenhou o retrato dessa pessoa que acredita ser quando diz *eu*": e agora entra em cena o piloto do barco.

Sobre a epistemologia da psicanálise

O ego se imagina desempenhando essa função, e de certa forma é isso que ocorre, pois o barco está sendo levado para algum destino, que é o projeto de vida de cada um de nós. O fato de insistir sobre a dimensão passional e pulsional não significa abdicar de qualquer tipo de controle, domínio ou influência sobre a vida, já que temos de tomar decisões às vezes movidos por razões que não conhecemos e que terão consequências que também não conhecemos. Mas alguma consciência existe, e é representada aqui pela figura do piloto do barco, a construção que a pessoa acredita ser quando diz "eu". A expressão *acredita ser* envolve uma dimensão de engano, ou melhor, de autoengano, constitutiva dessa instância. Para cada sujeito, a sua própria pessoa aparece refletida sob a forma desse eu, que é uma construção — resultado dos compromissos entre as várias pulsões e as exigências impostas por um lado pelos desejos primitivos e, por outro, pelas exigências alheias, isto é, a realidade externa e os objetos de amor. Continua Joyce McDougall:

> De fato esse *eu* é um personagem, um ator sobre o palco do mundo, que na sua realidade interna assiste a um teatro mais íntimo, cujo repertório é secreto. À sua revelia, organizam-se roteiros, cenas cômicas e cenas trágicas, em busca de um lugar de representação e de ação. O *metteur en scène*, o diretor, é sem dúvida o próprio eu; mas o rosto dos personagens, a intriga e o desfecho lhe são desconhecidos. Ele não sabe, com efeito, quem são aqueles que o empurram para o drama; nenhum aviso lhe é dado de que a ação vai começar, e que de alguma forma, em algum ponto da sua psique, um personagem se agita e quer entrar em cena. E no entanto é lá, nesse universo interior, que se decidirá a parte mais importante daquilo que ele vai ser na vida.[31]

O que o trecho descreve é o caráter necessariamente ambíguo desse ator. Por um lado, na qualidade de sujeito da frase, ele *assiste* a um teatro mais íntimo, *assiste* a representações, *é* um personagem desse teatro. Por outro lado, aparece como *objeto* de uma série de ações: não *lhe é dado* nenhum aviso de que vai começar a peça, ele *não sabe* qual é o personagem que vai entrar, o que esse personagem quer, qual é a fantasia ou desejo que irromperá subitamente no palco. Desconhece os demais personagens, o enredo e o desfecho. Na sua atividade de buscar

---

[31] McDougall, op. cit., p. 10.

conhecer, ele é em parte bem-sucedido e em grande medida malsucedido; é surpreendido por esse teatro no qual se organizam os roteiros, e aqui o impessoal é fundamental: organizam-se roteiros. O verbo está no plural, por razões gramaticais, mas também porque há mais de uma forma pulsional: como se viu, pelo menos duas formas — a que desemboca no amor e a que desemboca no ódio.

Então, "organizam-se roteiros desconhecidos para o ego, cenas cômicas e cenas trágicas em busca de um lugar de representação e ação". Aqui a referência é ao ponto de vista econômico, à ideia de uma pressão que exige descarga, com tudo o que se sabe sobre o princípio do prazer e desprazer que a regula. Por meio das metáforas que escolheu — a da correnteza e do teatro —, Joyce McDougall nos apresenta assim aos três pontos de vista da metapsicologia freudiana: o dinâmico (forças), o tópico (posição relativa do que é profundo e do que é superficial, inconsciente e ego) e econômico (a construção das vias de descarga e dos bloqueios no interior do aparelho psíquico). Se a imagem da correnteza sugere a dimensão mais impessoal da nossa vida interior — pois a correnteza não sabe para onde está indo, ela simplesmente *vai* —, a imagem do teatro sugere uma variedade, alguma caracterização mais plural, cuja importância é exatamente permitir a combinatória da qual resulta a vida psíquica mais aparente, aquela que nos é dado perceber, como psicanalistas e simplesmente como sujeitos.

Ora, essa dupla face do sujeito, ativa e passiva — que nas diversas escolas de psicanálise recebe diferentes conceituações —, origina-se na problemática do sujeito tal como a elaborou a filosofia. E como às vezes ouvimos, entre o rol de asneiras que pretensiosamente circulam pelo meio psicanalítico, que o sujeito da filosofia teria sido "superado" pelo "sujeito do inconsciente", vale a pena abrir um parêntese na leitura desse primoroso prefácio para enfrentar a questão que ele propõe — um tanto obliquamente, é certo — acerca da natureza do sujeito.

O termo "sujeito" contém um paradoxo: por um lado, é o foco da ação e o agente do conhecimento — portanto possui um papel ativo —, mas, por outro, significa "subordinado a", "dependente de", "objeto de" — logo, é alvo de alguma coisa ou processo que o determina, à qual, justamente, está ou é sujeito (como se diz que alguém é sujeito a dores de cabeça ou a ataques de pânico). O interessante é que a evolução do termo (e da realidade que ela denota) se fez historicamente ampliando a esfera ativa às expensas da esfera passiva; isso ocorreu pela constituição do espaço privado, que permite uma experiência de si mais autônoma, mais resguardada do "exterior" (seja esse exterior a

Sobre a epistemologia da psicanálise

religião, o poder do Estado ou simplesmente a curiosidade dos vizinhos). Esse eixo se combina com outro, análogo porém não idêntico: o de ser um *indivíduo*, não apenas o membro de um grupo. A pertinência a um grupo é essencial para constituir a identidade do indivíduo, mas não esgota seu sentido, e a "vida interior" pressupõe uma entidade cujos contornos possam distingui-la do seu entorno com nitidez suficiente.

A terceira acepção do termo é a do sujeito como reflexão. É com Descartes que esse eixo vai se constituir, por meio da ideia de uma consciência que encontra em si mesma o critério da verdade e da evidência. Ela começa por se autoexaminar, e só pode fazer isso dividindo-se numa parte que observa e em outra que é observada: "Esse é o traço dominante da filosofia moderna, de Descartes até Husserl e mais além: a assimilação integral do ser ao ser representado por e para um sujeito, por e para uma consciência que se garante a si mesma", colocando-se a si própria e diante de si própria sob o modo da *Vorstellung* ou representação.[32]

Costuma-se argumentar que a diferença entre o sujeito tematizado pela filosofia e o sujeito tal como a psicanálise o define consiste em que este último é cindido ou fragmentado, enquanto o primeiro seria inteiriço, feito de um bloco só. Ora, a frase que acabo de citar comprova que essa visão simplista não se sustenta: o sujeito filosófico, na medida em que sua operação essencial é a reflexão, *também* se apresenta dividido, sendo uma de suas partes encarregada de observar e descrever a outra, ao mesmo tempo que descreve as coisas que lhe são exteriores — tanto os objetos do mundo quanto as outras consciências. Portanto, se queremos manter a distinção entre o sujeito psicanalítico e o sujeito filosófico, é necessário encontrar outro elemento. A mera divisão não basta.

O argumento de Jacobsen procura ressaltar as semelhanças entre os dois tipos de sujeito, porque seu alvo é a ideia de representações inconscientes. Sustenta ele que, em suma, essa ideia duplica o mundo da consciência em outro perfeitamente análogo, que não mereceria o nome de *andere Schauplatz*, de "outro palco", com o qual Freud o batiza numa célebre passagem da *Traumdeutung*. Para o filósofo sueco, o termo *inconsciente* deveria ser reservado ao que me acontece de modo tal que *escapa à representação*: "No sonho, no sintoma, na

---

[32] Mikkel B. Jacobsen, "Les alibis du sujet", em *Lacan avec les philosophes*, Paris, Aubier Montaigne, 1991.

repetição da transferência, algo acontece, algo se realiza, portanto se manifesta, mas sem que eu possa me representar isso. E não porque eu não seja capaz de me captar nessas representações, mas porque aquilo que me acontece não me acontece como uma representação".[33] Ora, Freud concebeu o inconsciente como sendo *também* um conjunto de representações. Será que, ao falar do "outro palco", no qual se movimentam as fantasias inconscientes, ele não estaria simplesmente transpondo para esse outro palco a *mesma* peça? É o que parece propor Lacan ao situar Freud na posteridade de Descartes: "O movimento de Freud é cartesiano no sentido de que parte do fundamento do sujeito da certeza".[34] Comenta Jacobsen, com razão, que essa ideia nos afasta da oposição entre filosofia e psicanálise tal como Freud a caracterizava — entre outros momentos, na célebre passagem de *O ego e o id* na qual afirma que os filósofos, que não conseguem imaginar um fato psíquico que não seja consciente, são completamente incapazes de compreender a psicanálise.

Mas convém não sermos tão apressados. Se é verdade que a diferença entre os dois sujeitos não pode se sustentar no *factum* da divisão — qualidade comum a ambos —, o *tipo* de divisão não é o mesmo, e isso é de importância fundamental. O sujeito reflexionante da filosofia se divide entre o ver e o ser visto, o julgar e o ser julgado; o que ele vê no espelho é o seu próprio duplo invertido. Seria mais preciso dizer que ela se *duplica* numa consciência pensante e no seu reflexo: este é ela mesma ao contrário, objeto da sua própria contemplação e de seu próprio exame.[35] Essa divisão entre sujeito e objeto no interior da consciência é essencial ao seu funcionamento cognitivo, na medida em que ela se debruça

---

[33] Jacobsen, op. cit., p. 296.

[34] Jacques Lacan, *Le séminaire, vol. XI — Les quatre concepts fondamentaux de la psychanalyse*, Paris, Seuil, 1973, p. 36; citado por Jacobsen, p. 297.

[35] É evidente que esse argumento vale para as filosofias em que o sujeito é idêntico à consciência. Contudo, em pensamentos como os de Espinosa, Hegel e Marx, o sujeito *não* é a consciência; esta é um momento do espírito, um modo da substância, um agente no modo de produção, etc. Essa perspectiva possui a vantagem de evitar o risco do solipsismo, que sempre ronda a filosofia quando seu ponto de partida é o *ego cogitans*: como saltar das minhas representações para os objetos reais de que elas são representações? Essa dificuldade não se coloca para Espinosa nem para o pensamento dialético, porque os demais modos da substância (para ficar nesse exemplo) são tão modos quanto eu, têm o mesmo grau de realidade, que lhes é infundido pela imanência da causa no seu efeito. Não é difícil perceber a utilidade desse tipo de pensamento para rebater as críticas sobre a pretensa falta de objetividade nas ciências humanas, nas quais justamente, por definição, o observador faz parte do observado.

Sobre a epistemologia da psicanálise

sobre suas próprias operações: está na natureza do conhecimento reflexivo que sujeito e objeto *simultaneamente sejam o mesmo* e *não sejam o mesmo*, ao menos enquanto dura o processo de conhecimento. Por isso falei em duplicidade, mais do que em divisão, da consciência. A divisão é aqui tópica e resulta em dois lugares ocupados pela consciência, um como sujeito, outro como objeto.

Mas a divisão do sujeito na psicanálise não é apenas tópica: ela é sobretudo *dinâmica*. As representações inconscientes o são porque foram submetidas ao recalque, e, se voltarem a ser conscientes, é porque o recalque foi afastado pela operação interpretativa. Em outras palavras, o sujeito psicanalítico não está subordinado a condições de ignorância ou de sabedoria, mas a *forças* que não são da mesma natureza que a consciência e que o tornam opaco a si próprio. Na *Interpretação dos sonhos*, Freud não nomeia essas forças, que são apenas as "duas potências psíquicas" — a que impele a sonhar e a que se opõe a esta última. A psique é a arena onde se enfrentam forças; o indivíduo é movido por elas, pelo seu conflito e pelas composições que elas estabelecem entre si. (Mais tarde, Freud as denominará *pulsões* e falará do conflito entre elas e o ego. Reconhecemos aqui um dos horizontes do texto de Joyce McDougall.)

O argumento de Jacobsen, de que o "outro palco" é tão outro assim porque em ambos encontramos representações, na verdade contém uma falha insanável. De fato, no inconsciente observamos *também* representações, mas se a "outra cena" está povoada por atores semelhantes ao "desta" cena, a diferença está na peça que elas representam. O que separa as representações inconscientes das conscientes não é o conteúdo ou a forma, mas o *seu modo de funcionamento*: numa região psíquica elas obedecem ao processo primário; na outra, ao processo secundário. Não é o léxico, mas a gramática dessa outra língua que a torna outra — como se as palavras do português estivessem submetidas à regras do húngaro.

Em resumo: o sujeito psicanalítico está dividido por uma barreira *defensiva*; as representações dos dois lados dela podem ou não ser as mesmas — o que as diferencia são os seus regimes de funcionamento, irredutíveis um ao outro. Além disso, o sujeito psicanalítico é *conflituado*, como que incompatível consigo próprio — as forças que animam as representações o impulsionam em direções divergentes, daí a necessidade das "formações de compromisso", ou, como diz Joyce McDougall, dos "compromissos que satisfaçam a si e aos outros".

O parágrafo do prefácio a *Teatros do eu* que tomamos como mote desta seção permite perceber de que modo a psicanálise dá conta da complexidade da vida psíquica; a ideia central consiste na *pluralidade* de elementos, tendências e níveis de organização. Pluralidade, porém, que chama a atenção pela parcimônia: diante da variedade de realizações da mente humana e da estonteante complexidade do seu funcionamento, é notável a economia de meios com que a psicanálise trabalha. Os defensores do bucolismo terapêutico — que sonham com a transparência da intimidade do outro e com uma compreensão intuitiva que dispensasse a mediação da teoria — costumam afirmar que a metapsicologia é um maquinário pesado e pouco funcional, que apenas reduplica num vocabulário mecanicista o que deveria ser descrito em linguagem mais fenomenológica, mais rente ao frescor da "acontecência". Nada mais distante dos fatos: é com um pequeno número de elementos que trabalha a metapsicologia, e o segredo da sua extraordinária operatividade está no uso da *combinação*.

O que temos no nosso parágrafo? As pulsões, as emoções fundamentais (amor e ódio), uma instância de controle (o ego), a composição e inibição recíproca desses fatores. Os resultados de tal composição se escalonam em níveis crescentes de complexidade; se no nível fundamental prevalecem as forças cegas da "violência pulsional", sua combinação resulta em "conflitos suscitados pelos desejos primitivos" (o que já envolve uma organização mais complexa), conflitos que darão origem aos "compromissos necessários para satisfazer a si e aos outros" (portanto num nível ainda mais articulado).

Outro recurso posto em jogo é a tese implícita de que, quanto mais próximo estiver da superfície psíquica, mais organizado será o componente em questão. *Organização* significa aqui tanto articulação e estabilidade internas, fruto da combinação de elementos mais simples, quanto especificação progressiva das funções, numa espécie de pirâmide que justifica a metáfora vertical do "profundo" e do "superficial". Os elementos do nível anterior se apresentam, naquele que os sucede, *transpostos* e *modificados*; modos típicos dessa reorganização são os sintomas, as formações reativas, os sonhos — ou seja, os "compromissos" que cada um estabelece à medida que se desenvolve e amadurece a vida psíquica. A operação reiterada desse princípio (de uma simplicidade franciscana) produz desenhos cada vez mais complexos, que formam finalmente o aspecto visível do funcionamento mental — razão pela qual a sua compreensão deve ser necessariamente uma *análise*, ou seja, uma decomposição nos seus elementos constituintes, uma espécie de fatoração que põe em evidência os componentes do visível.

Sobre a epistemologia da psicanálise

Vejamos como o psicanalista utiliza esses princípios em seu trabalho cotidiano. No primeiro capítulo de *Teatros do eu*, encontramos a seguinte vinheta clínica:

> Esse mundo interno é povoado de modo bizarro e contraditório. Por exemplo, a paciente que, na sessão, fala de sua amiga que perdeu um filho. No meio do choro, ela de repente pensa no irmão mais novo, de quem gostava tanto: neste momento, está muito preocupada com a saúde desse irmão. "As suas preocupações com a digestão... contanto que ele não tenha um câncer, como aconteceu com o papai." Isso prova que ela continua amando esse irmão. Ora, a menininha de antigamente, aquela que no desespero mais absoluto desejou a morte desse intruso, porque roubava dela não apenas as suas referências identificatórias, mas também a sua certeza de ser amada, ela nunca apareceu no palco psicanalítico. A única pessoa presente na sessão de hoje é a mulher adulta, que ama verdadeiramente o seu irmão. O único reflexo do drama que está começando a aparecer, insuspeitado porque inconfessável, é a impressão que minha paciente experimenta de ser subitamente invadida por um sentimento de angústia. Ela se pergunta por que razão faz tempo que não escreve ao irmão. O momento em que a mulher amável e afetuosa vai concordar em dialogar com a menininha assassina, compreendê-la e finalmente perdoá-la, em vez de a odiar — esse momento ainda está longe.[36]

A paciente fala na sessão sobre uma amiga que perdeu seu filho, esse é o tema manifesto. No meio do seu choro, pensa *de repente* no irmão mais novo que ela amava tanto, e então se inquieta muito a respeito da saúde desse irmão. Aqui temos a descrição de um processo associativo aparentemente errático, mas na verdade regido pela lógica do processo primário. Do ponto de vista da enunciação, o movimento vem de fora para dentro. Há uma amiga cujo filho morreu, ela está com pena dessa amiga — portanto é uma preocupação *objetal*. Em seguida, isso se transforma em uma referência a ela mesma e ao seu *"petit frère"*, que agora já é um adulto. Esse *"petit frère"* se encontra numa certa linha oblíqua em relação à amiga cujo filho morreu. Então, temos: amiga/filho, eu/irmão; conclusão evidente: é como se meu irmão fosse meu filho. Como o filho da

---

[36] Joyce McDougall, "Entre la stase et l'extase: réflexion sur l'élaboration psychique", in *Théâtres*, p. 19.

mulher morreu, ela se inquieta pela saúde do irmão e pensa em alguém que também morreu (no caso, o pai); o triângulo está formado — eu, meu irmão e meu pai.

Em consequência dessa série de deslocamentos e condensações, a paciente se pergunta por que há tanto tempo não escreve ao irmão — que evidentemente mora longe —, cuja saúde a preocupa e de quem ela verdadeiramente gosta. É quando a invade um súbito sentimento de angústia. O plano em que operam as representações — irmão, filho, câncer, papai que morreu, filho que morreu, irmão que pode morrer porque tem problemas digestivos semelhantes ao do pai, tomara que não seja um câncer, etc. —, esse nível das representações é subitamente paralisado por uma irrupção de afeto. Isso é fundamental: o caráter súbito da vivência lhe confere um aspecto aparentemente absurdo, que chamou a atenção da analista. Já vimos muitas vezes, no decorrer destes estudos, que o psicanalista costuma raciocinar a partir de um detalhe dissonante, de alguma coisa que visivelmente está fora de lugar, não onde deveria estar. É o caso aqui: da mera "preocupação" pelo estado de saúde do irmão, passamos a uma intensidade afetiva diversa, conotada pelo termo *angústia*, e que parece provir das "correntes profundas" de que falava a autora.

Até aqui, a paciente era o agente das suas representações e das suas enunciações — *eu* me inquieto por sua saúde, *eu* me identifico com minha amiga, *eu* preciso falar com meu irmão, etc. Subitamente, o eu se encontra tomado por um vagalhão que vem de outro lugar. Um novo personagem do roteiro psíquico entra em cena, e o efeito é que a paciente se sente paralisada: de repente, suas referências se esfumam.

Passemos às interpolações interpretativas da psicanalista. "[...] a paciente [...], na sessão, fala de sua amiga que perdeu um filho. No meio do choro, ela de repente pensa no irmão mais novo, de quem gostava tanto: neste momento, está muito preocupada com a saúde desse irmão." Primeira interpolação: "prova que ela o amou e que continua a amá-lo, contanto que ele não tenha um câncer como o pai...". Joyce interpreta esse temor como sinal de que a mulher adulta de fato está preocupada com a saúde do irmão e realmente continua a gostar dele, não está mentindo. De outro lado, o *contanto que ele não tenha um câncer* introduz a possibilidade de o irmão *ter* um câncer e morrer em decorrência disso, assim como o pai. A ambivalência contida na fórmula exorcizante — "tomara que ele não tenha" — introduz uma representação contrastante com a primeira, mais consciente, mais pública, a da mulher que se preocupa com a saúde do irmão.

Sobre a epistemologia da psicanálise

O texto continua: "Ora, a menininha de antigamente, aquela que no desamparo mais absoluto desejou a morte desse intruso [o irmão mais novo], porque ele lhe roubava não apenas as suas referências identificatórias, mas ainda sua certeza de ser amada, ela nunca apareceu no palco analítico". A psicanalista está confrontando a comunicação da paciente com um elemento teórico, que é o ciúme edipiano. Não será essa uma interferência abusiva da teoria na escuta? Tudo indica que não: a analista está apenas sendo sensível à ambiguidade do que disse a paciente. Por que ambiguidade? Porque, até então, as representações "irmão" e "câncer" estavam bem distantes uma da outra; a paciente, porém, as aproximou, decerto usando uma condição ("contanto que"), e agora elas coexistem. Ou seja: não é somente o ego que fala na pessoa deitada no divã. Podemos imaginar o que passou pela mente da analista: "A única pessoa presente na nossa sessão de hoje é a mulher adulta, que ama verdadeiramente o seu irmão; mas, na mulher adulta, há uma criança que também quer se expressar". Eis outro postulado da compreensão psicanalítica: no adulto, está presente — e de alguma maneira, embora silenciada, também falando — a criança que ele foi e que de certa forma continua a ser.

Ao desdobrarmos assim uma frase tão simples — "preciso escrever para o meu irmão, contanto que ele não tenha um câncer como meu pai" —, obtemos uma espécie de presentificação, por enquanto ainda muito indireta e sutil, de um outro locutor, que vamos chamar provisoriamente de "locutor do ódio". Quem é esse outro locutor? A teoria diz: é a garotinha que desejou a morte do irmão. E por que ela desejou a morte dele? "Porque ele lhe roubou as suas referências identificatórias e a sua certeza de ser amada." Aqui temos algo que em parte é um teorema psicanalítico, isto é, o resultado de incontáveis análises que produziram a teoria do ciúme edipiano, e em parte (creio eu) algo proveniente do que a paciente disse a Joyce em algum momento anterior da análise e que aqui está — mais uma vez — subentendido. Em todo caso, a chegada do *petit frère* introduziu, *in illo tempore*, a perda da sensação de ser amada e das referências identificatórias. Ou seja, trouxe consequências no plano libidinal/objetal e no plano identificatório/narcísico; aparentemente, a chegada desse irmão produziu uma revolução na vida dessa menininha, cujos efeitos só vão aparecer mais adiante.

Conclusão: "O único reflexo do drama que está começando a aparecer, insuspeitado porque inconfessável [inconfessável porque o superego não permite

504

tomar conhecimento desse ódio], é a impressão que minha paciente experimenta de ser subitamente invadida por um sentimento de angústia. Ela se pergunta por que razão faz tempo que não escreve ao irmão. O momento em que a mulher amável e afetuosa vai concordar em dialogar com a menininha assassina, compreendê-la e finalmente perdoá-la, em vez de a odiar — esse momento ainda está longe". Trata-se de uma referência ao desenvolvimento esperado e desejado dessa análise. Do abismo do recalcado, a menininha assassina começou a fazer sinal com esse sentimento de angústia, essa preocupação, dizendo algo sem que a paciente adulta o perceba. Qual vai ser o trabalho da análise? Permitir que essa menina assassina paulatinamente entre em cena sem apavorar excessivamente o ego, ou seja, sem desencadear um ataque de angústia a cada vez que ela bate na porta. Em algum momento, será estabelecido um *diálogo* entre o eu adulto que fala na sessão e essa personagem, que poderá então participar da peça de uma maneira diferente daquela como participava até então.

Continua Joyce: "Essa lenta reconstrução das cenas psíquicas fechadas no arquivo do teatro interno, esse reconhecimento tardio dos personagens que neles desempenham os seus papéis essenciais, tem um nome na teoria psicanalítica: trata-se da elaboração psíquica". Na palavra *Verarbeitung*, como em *elaboração*, temos a ideia de trabalho — transformação, acoplamento, combinação de elementos cada vez mais complexos e discriminados, a partir da massa bruta das pulsões da qual se falava no parágrafo sobre as correntes profundas e poderosas.

A atividade psíquica apresenta uma direção: ela parte do bloco indiscriminado e maciço das pulsões cegas, para o qual a imagem das correntezas subterrâneas é bem adequada. A elaboração canaliza essas forças de maneira cada vez mais específica, precisa e sutil, até chegar às verdadeiras obras de arte, como ela diz, que são o sintoma, o delírio, a formação reativa, a defesa, a sublimação, e assim por diante. Vamos do indiferenciado para o diferenciado, e a manutenção do diferenciado como tal exige também um trabalho, já que existe uma atração do indiferenciado, do fusional, do simbiótico, no sentido de desfazer essas construções psíquicas. *Manter a coesão* é algo que se faz contra forças que trabalham no sentido oposto, portanto forças de desagregação, homogeneização e nivelamento das diferenças.

Além disso, "o analisando, sob a pressão do dizer tudo e não fazer nada, produz um trabalho assíduo imposto pela demanda causada pela vida pulsional ao seu aparelho psíquico, o que vai ser *perlaborado* na nova situação". O termo

Sobre a epistemologia da psicanálise

"perlaboração", *Durcharbeitung*, é reservado nesse vocabulário ao tipo específico de elaboração que ocorre no contexto analítico. Trata-se de uma forma de distinguir dois processos análogos: é útil chamar de *elaboração psíquica* o processo mais global que acontece desde o momento em que nascemos e que produz sintomas e outras coisas também, e de *perlaboração* o tipo específico de elaboração que ocorre na situação analítica.

"A elaboração psíquica que conduz à formação de um sintoma neurótico, de uma perversão ou de uma psicose é um trabalho psíquico precoce, uma solução apressada, que traz a marca do pensamento infantil e da infiltração dos processos primários nos secundários, na tentativa de escapar à dor psíquica." Daí a ideia de que o sintoma é "o provisório que durou para sempre"; é uma solução apressada, infantil, inadequada de certo ponto de vista, porém funcional sob outro. Conclusão: "Essa construção sintomática fecha para sempre a porta a qualquer outra elaboração futura".[37]

O sintoma possui a característica de ser uma elaboração psíquica, já que é diferenciado, tem uma estrutura interna, e nesse sentido se opõe ao maciço indiferenciado das pulsões. Mas, justamente porque se deu num momento eficiente, essa elaboração se converte em definitiva; sua funcionalidade consiste em conter as angústias, determinando certos comportamentos que asseguram a sobrevivência psíquica. Nesse sentido, é uma "solução para os conflitos suscitados pelos desejos primitivos", como se lê no parágrafo do prefácio que discutimos há pouco.

Porém esse fechamento impede o sujeito de encontrar, para os seus conflitos, respostas mais apropriadas à sua vida de adulto; daí a esperança de que o trabalho analítico permita retomar a elaboração mental, simultaneamente concluída e interrompida pela formação dos sintomas. A *perlaboração* incidirá sobre essas formações cristalizadas, congeladas, que resultam da elaboração apressada. Para isso, é necessário — num primeiro momento — que tais formações sejam dissolvidas; isso vai ser feito, na dinâmica da análise, por meio da *regressão*. O primeiro momento da perlaboração é, assim, o de desfazer um nó; o segundo momento é de refazer, não mais um nó, mas um laço, mais satisfatório do ponto de vista das demandas pulsionais e sublimatórias e que não acarrete inibição excessiva das potencialidades criativas do sujeito. É por esse duplo movimento

---

[37] Ibidem, p. 37.

que a perlaboração se distingue da elaboração, que caminha sempre no sentido da diferenciação e da complexidade.

A visão que aqui se esboça é a psique, que, pela própria natureza dos seus componentes básicos (as pulsões relativamente indiferenciadas, em busca de descarga e de saída), tende naturalmente à construção de estruturas mais diferenciadas e, por isso, mais complexas. A elaboração é, pois, uma tendência da psique, o que ajuda a entender por que a teoria insiste tanto sobre a questão dos níveis. *Elaboração* é organização de patamares, transposição para os níveis seguintes daquilo que foi elaborado e organizado nos anteriores, até chegar a construções extremamente complexas, internamente diferenciadas, constituídas por muitos elementos, num equilíbrio de relojoaria bastante delicado. Ora, é fácil perceber que, quanto mais complexo o sistema, maiores chances ele tem de sofrer algum tipo de desarranjo.

Em suma: o raciocínio do analista é montado sobre pressupostos relativamente pouco numerosos e simples de entender; toda a arte e o engenho estão em utilizar tais conceitos e hipóteses, relativamente poucos, para montar quadros finos e detalhados do funcionamento psíquico individual. O analista, ao ouvir e interpretar, dispõe de um conjunto de ideias que permite construir um *modelo*, no qual esse discurso encontra uma razão de ser; idealmente, cada situação exigiria o seu próprio modelo, que realiza simultaneamente, de uma determinada forma, as potencialidades psíquicas do indivíduo e as potencialidades da teoria.

Joyce McDougall pode então concluir com uma ideia de grande alcance teórico e clínico: "Colocarei do mesmo lado a atividade psíquica responsável pela constituição de sintomas ou sublimações e aquela que abre caminho à retomada da elaboração associativa; e, do outro lado, o entrave mais radical encontrado pelo trabalho psíquico quando a transmissão da experiência afetiva e das representações mentais correspondentes está bloqueada por causa de uma clivagem precoce entre psique e soma, entre a vida pulsional, com seus conflitos inevitáveis, e sua tradução em qualidade psíquica". Ou seja, de um lado a elaboração, e do outro lado essa clivagem entre psique e soma, entre a vida pulsional, com seus conflitos inevitáveis, e a sua tradução em *qualidade psíquica*. "Diante da falta quase total de elaboração implicada por esse corte, como tornar *dizível* aquilo que desde o início não pôde ser dito? Em face dos setores silenciosos de certos

Sobre a epistemologia da psicanálise

pacientes, a elaboração psíquica do analista se choca com um dilema que o levará a se interrogar longamente sobre a eventualidade de uma saída sob a forma de eclosão psicossomática."

O raciocínio da autora pode ser assim sintetizado: a elaboração é o processamento psíquico de excitações pulsionais. Se, por alguma razão, o abismo entre a psique e o soma for excessivamente amplo, as excitações provenientes do corpo não poderão ser transpostas em qualidades psíquicas. Essa situação se manifesta pela pobreza do funcionamento mental, que é o ponto de partida para o diagnóstico. *Pobreza* não quer dizer falta de lucidez, mas monotonia, repetição dos mesmos cenários, do mesmo tipo de queixa, um funcionamento em falso *self*, mascarando uma espécie de deserto psíquico que se traduz principalmente pelo que ela chama de *desafetação*. Nesses casos, a excitação, impossível de ser contida em representações, buscará uma saída — por exemplo, na eclosão psicossomática ou em atuações enlouquecidas, que não parecem obedecer a nenhum roteiro fantasmático.

Como todo esse percurso teórico pode organizar a escuta de um material clínico? Nada melhor, para compreender a sutileza com que isso ocorre, do que seguir o relato de uma etapa da análise de Karen, que encontramos no mesmo capítulo de *Théâtres du je*:

Há cerca de vinte anos, uma mulher de vinte e poucos anos me pediu uma análise por causa de uma inibição no seu trabalho, inibição que tinha chegado a provocar a cessação quase total da sua atividade profissional. Era magra, malcuidada, pouco feminina de aspecto. Tinha o olhar vivo e intenso; quando falava, todo o seu rosto se iluminava. Atriz, ela precisava representar em público. Essa moça descrevia a experiência enlouquecedora que, para ela, representava o fato de se encontrar no palco paralisada de medo; se virava para mascarar sua angústia, mas a qualidade do seu trabalho sofria com isso. [Fala um pouco dos pais: o pai era cirurgião, a mãe devotada à família], "tinha uma irmã gêmea chamada Kati e duas irmãs mais novas". Fora do seu trabalho, não cultivava nenhuma amizade masculina. [...] Disse que às vezes tinha medo de sair à rua e acrescentou que sofria de alergias cutâneas, uma espécie de eczema. Pareceu-me que ali havia uma demanda autêntica de análise, um sintoma fóbico grave, consequência do esfarelamento de uma sublimação, devido sem dúvidas a fantasmas eróticos exibicionistas que corriam o risco de escapar do recalque. Eu tinha horas livres, e assim, duas semanas depois, começamos a análise.[38]

No caso de Karen, as entrevistas preliminares dão origem a uma primeira interpretação global, uma espécie de construção: um primeiro nível de elaboração, por parte do psicanalista, daquilo que chega a seus ouvidos — a história de uma pessoa gravemente inibida no plano profissional e portadora de um sintoma muito grave. A primeira elaboração é a tradução teórica daquilo que está sendo dito; para isso, é necessário usar o que Kant chamava de juízo reflexionante, isto é, descobrir qual é o caso. Do que se trata, a que categoria pertence, em qual casulo da colmeia teórica é possível — numa primeira tentativa — alojar essas informações?

A moça conta que sofria de uma inibição quase total em seu trabalho profissional; era magra, malcuidada, pouco feminina no aspecto e ficava paralisada de medo ao se apresentar no palco. Tradução de Joyce: isso é um *sintoma fóbico grave*. De onde vem tamanha inibição? *Deve ter algo relacionado a uma sublimação que está se desfazendo*. Por que sublimação? Porque ela conseguiu se formar, conseguiu trabalhar no palco, portanto realizou uma sublimação, bem-sucedida até certo ponto; essa sublimação se encontra agora ameaçada, e o resultado é a inibição.

Por quê? Hipótese, bastante audaciosa no momento: isso se deve a fantasias eróticas que correm o risco de escapar do recalque e serem atuadas em público. Representar, para Karen, significa pôr em ação fantasias eróticas que até o momento se encontram recalcadas. Lembremos os personagens que se agitam e querem entrar no palco: é como se essas fantasias estivessem quase arrombando a porta, e só se pode controlá-las colocando uma tranca de ferro, daí a inibição de seu trabalho de atriz.

É interessante notar que a primeira elaboração teórica sobre essa paciente depende daquilo que se *pôde elaborar como sintoma*: a fobia dela de se apresentar em público. A psicanalista ainda não tem nada a dizer sobre a origem das alergias, nem das atividades sublimatórias, nem das manifestações psicossomáticas; nessa primeira interpretação/construção/hipótese, não se pode incluí-las no conjunto, justamente por serem tão silenciosas, aparentemente sem ligação com os demais relatos de Karen.

---

[38] Ibidem, p. 26.

Sobre a epistemologia da psicanálise

Voltemos ao texto: "Na primeira sessão, Karen literalmente se atirou no divã — um ano depois, aliás, ela o quebrou. Nenhuma interpretação teve efeito sobre essa atuação. Na ocasião, Karen soluçou todo o tempo da sessão, e eu fiquei em silêncio; não sabia o que dizer".[39] Eis uma abertura de análise em que a dimensão fantasmática está silenciada. O que faz a paciente? O choro compulsivo é um agir, embora não se possa dizer que seja um agir psicótico; mas é impressionante como, depois de ter falado tanto nas entrevistas preliminares, essa moça não tenha nada para dizer na sua primeira sessão. Ela se limita a chorar compulsivamente, e a analista permanece silenciosa, porque também não sabe onde se apoiar. Apenas mantém sua presença; está ali, ouvindo, atenta.

Na segunda sessão, Karen começa a falar: "Teria sido melhor se eu tivesse procurado um analista homem, não teria sentido essa angústia, essa impressão de estranheza. Nunca amei um homem, só tenho desejo por mulheres". Ou seja, ela dá retroativamente um conteúdo ao silêncio da primeira sessão. É como se dissesse: "Sentia tanto desejo por você, que não consegui fazer nada, só chorar, porque eu mesma fiquei apavorada com esse sentimento". Comenta a psicanalista: "Reorganizei minhas primeiras hipóteses a respeito dela: pai quase ausente, mãe onipotente, devendo ser dividida com uma gêmea; e Karen agora me revelava não apenas uma sublimação ameaçada, um sintoma neurótico somado a perturbações psicossomáticas, mas ainda uma perturbação da sua identidade sexual. A gemelidade podia ser em si, me parecia, um traumatismo perturbador na aquisição da identidade subjetiva".

A analista supõe assim que a moça sofra de uma perturbação da sua identidade sexual, porque Karen diz que nunca *amou* um homem, sempre teve *desejo* pelas mulheres. Aqui é a herança kleiniana que aparece: o que está pressuposto, embora não dito explicitamente, é que uma relação feita só de desejo não é suficientemente boa para ser tranquilizante do ponto de vista identificatório. É preciso haver uma dimensão de amor, alguma consideração pelo outro. A perturbação da identificação sexual, no caso em questão, está ligada a uma posição narcísico-objetal que faz com que Karen até então não tenha amado um homem, só *desejando* mulheres. E tudo isso vem acompanhado por uma impressão de estranheza, por uma angústia que ela diz ter vivido na primeira sessão em relação à sua analista mulher.

---

[39] Ibidem, p. 27, assim como os pequenos trechos seguintes.

510

Temos então uma avaliação da qualidade das relações objetais, mas não só isso: "Ela falava das suas amantes e do fato de que todas as relações terminavam mal, deixando-a no abandono e no desespero. Falava também, abundantemente, das suas angústias diante do público, sofrimento tão profundo quanto aquele que lhe infligia a sua vida amorosa malsucedida. Eu procurava em vão um vínculo entre essas duas fontes de dor".

Aqui vemos o analista pensando: tem de haver um vínculo entre as falas, entre as manifestações dolorosas, entre a inibição profissional e o plano da vida amorosa. Navalha de Ockham: esses fenômenos devem ter, tanto quanto possível, uma causa comum, porque ambos são manifestações dos mesmos "conflitos fundamentais entre os desejos primitivos". Mas nos primeiros meses da análise essa causa, embora postulada por uma exigência de coerência teórica, não se manifesta com clareza no discurso da paciente: "Eu procurava em vão esse laço", diz a analista.

Ou seja: Joyce não compreende o que se passa, não consegue perceber os elos entre as várias queixas — por exemplo, entre a inibição no trabalho e os repetitivos fracassos amorosos. Vive portanto uma situação de estase, de intensificação de uma pressão muito próxima à pressão libidinal. Trata-se portanto do *mesmo* processo que conduz à elaboração, tal como vimos nas páginas anteriores; só que, aqui, a elaboração produzirá uma hipótese interpretativa, algo capaz de lançar luz sobre os enigmas que atordoam a psicanalista: "São os mesmos processos que conduzem a interpretações na relação analítica ou à perlaboração no interior do tratamento; esse mesmo funcionamento psíquico está na origem da formação sintomática. Do ponto de vista da economia psíquica e dos fatores de prazer e desprazer, poderíamos levar adiante a ideia de que perversão e sublimação, sintoma e criação, possuem um fundo comum".[40]

A "criação psicanalítica" se dá em dois planos diferentes, que convém não confundir. Um deles é o da interpretação/construção que ocorre na terapia e cujo desenho final pode ser considerado um modelo abstrato do funcionamento psíquico *daquele* paciente. O outro é a criação propriamente teórica, seja inventando novos conceitos, seja descobrindo relações insuspeitadas entre os que já se conhecem, seja ainda propondo a aplicação desses novos conceitos a fenômenos nos quais até então tal não ocorrera. Esse processo de criação apresenta

---

[40] Ibidem, p. 25.

Sobre a epistemologia da psicanálise

uma face objetiva (o seu resultado, suscetível de se tornar público e de ser apropriado pela comunidade analítica) e uma face subjetiva — é desta que está falando Joyce ao mostrar de que forma a vivência de perplexidade se transforma em *pensamento*.

O que nos leva a criar conceitos e hipóteses é sempre a sensação (ou a evidência) de que algo "não faz sentido", e o objetivo da elaboração teórica é precisamente passar a dispor de uma lente através da qual aquilo "possa fazer sentido". Por outro lado, submeter essa elaboração ao exame público da comunidade — por meio de um artigo, de uma comunicação em colóquio, etc. — possui *também* um efeito reassegurador, que poderíamos dizer quase terapêutico: o público (real ou imaginário, sob a forma de um interlocutor com quem dialogamos ao escrever) tem a mesma função continente que o analista em sessão, pela boa e simples razão de que colabora com a transformação (nesse caso, sublimação) de uma tensão pulsional.

Poderíamos continuar aprendendo, com Joyce McDougall, ainda mais sobre o entrelaçamento da teoria e da prática, mas creio que a amostra é suficiente para os propósitos deste trabalho, pois nos permite entrever a sutileza dos mecanismos psíquicos em ação no pensamento analítico e de que modo ele tenta dar conta da singularidade de uma organização mental (no caso, a da paciente) empregando tanto os dados que surgem na clínica quanto elementos de diversos níveis da teoria.

ALGUMAS CRÍTICAS FREQUENTES À PSICANÁLISE: ATÉ QUE PONTO SE JUSTIFICAM?

Mas essa opinião está longe de ser unânime: desde os tempos de Freud, os críticos da psicanálise levantam objeções à validade da sua teoria e à eficácia de sua prática. Vamos concluir tentando avaliar a pertinência de algumas delas.

A primeira diz respeito à confiabilidade do material em que se apoiam as hipóteses construídas pelo analista. Como este não toma notas nem pode gravar o que se passa no consultório, o registro das sessões é sempre feito *ex post facto*; isso acarretaria danos irreparáveis à qualidade do material, sujeito como está às distorções da memória e à impossibilidade de verificação por uma instância independente. Na verdade, a psicanálise poderia até contribuir para o agravamento

512

dessa acusação, já que a memória não é para ela uma função independente, mas sim submetida tanto ao desejo (o *wishful thinking*) quanto aos mecanismos de defesa. Assim, não apenas podemos esquecer algo do que nos disse o paciente, mas ainda podemos fazer isso por razões inconscientes, desconhecidas por nós mesmos, com a consequência óbvia: um texto de sessão que combina mais com nossos desejos do que com a realidade dos fatos.

A bem dizer, temos aqui dois problemas, o da fidelidade do registro e o da relação entre o material empírico e as hipóteses ou conclusões que dele se extraem. O primeiro concerne à relação entre o que foi ouvido e o escrito, e entre o que se ouviu e o que de fato se passou; o segundo concerne à adequação entre a construção teórica e o que lhe serve de base. A questão da fidelidade do registro é mais simples; comecemos então por ela.

A ideia de que seria possível uma reprodução integral do que ocorre numa sessão de análise e que, por não ser literal, o registro está insanavelmente comprometido, sofre de várias dificuldades que a meu ver provêm da falta de contato de quem a formula com a realidade da prática analítica. Antes de mais nada, há casos em que se permite gravar uma sessão ou mesmo transmiti-la em circuito fechado. É o caso das *présentations de malade* que fazem parte da formação na França: em hospitais públicos, certos diálogos com pacientes psicóticos são acompanhados em tempo real por uma plateia de estudantes, com a finalidade de mostrar como podem ser conduzidos por um analista experiente. Nada há de antiético nessa prática, pois o sigilo é exigido do público e o paciente sabe que o diálogo está sendo filmado. Da mesma forma, alguns pesquisadores na Alemanha solicitam autorização do paciente para gravar as sessões, que em seguida são transcritas e submetidas a outros analistas, os quais comentam a propriedade das interpretações, a compreensão da transferência e outros aspectos do material.

No caso típico, porém, esses recursos não podem ser utilizados, e o analista redige a sessão após a saída do paciente. Ora, a experiência mostra que com um pouco de treino o registro é notavelmente fiel ao que se passou, e a prova disso está na supervisão, que seria completamente impossível se isso não fosse verdadeiro. A mente humana pode ser treinada para reproduzir literalmente longas sequências discursivas — os atores, para citar um exemplo, são perfeitamente capazes disso. Embora tal desempenho não seja exigido do psicanalista, há um dado que precisamos considerar para que se afaste de vez essa objeção: as palavras exatas trocadas entre paciente e analista não importam tanto assim,

Sobre a epistemologia da psicanálise

desde que o teor geral seja preservado, pela boa e simples razão de que o registro do material visa menos à *literalidade do discurso* e mais à *apreensão dos processos psíquicos* nele contidos. E esses processos têm a característica de se repetirem: cada pessoa dispõe de um leque restrito de fantasias, de mecanismos de defesa, de modalidades para organizar a transferência. O que serve de base para o raciocínio analítico raramente é uma sessão isolada, mas um conjunto de sessões da mesma pessoa ou de sessões que apresentem alguma característica comum.

Os exemplos que vimos anteriormente ilustram isso: Joyce McDougall, ao apresentar um resumo das entrevistas iniciais com Karen, dá uma ideia perfeitamente clara dos sintomas da moça, mesmo não reproduzindo suas palavras de modo literal. Quando se trata de uma sequência curta, como a da paciente que se emocionou ao falar do irmão, é possível uma reprodução suficientemente exata; o mesmo vale para a narrativa de um sonho, que raramente ocupa mais do que algumas linhas, ou para um trecho do diálogo ocorrido entre os protagonistas da cena analítica. O discurso indireto ("ela falou de seu pai") substitui sem o menor problema a literalidade da fala, desde que seja conservada a substância desta. E, quando é importante preservar a literalidade, o mais comum é que ela seja recordada sem dificuldade, até porque algo naquela sequência chamou a atenção do analista — um termo estranho, a entonação, o seu lugar na cadeia discursiva, etc.

Outro aspecto dessa questão é a distorção por motivos contratransferenciais. Essa distorção raramente é grosseira a ponto de falsear por completo o relato; em geral, incide sobre um ou outro trecho — por exemplo, omitindo-o da transcrição. Nesse caso, convém lembrar que os psicanalistas são extremamente atentos à contratransferência, tendo inclusive criado o termo e a teoria que o explica; isso não garante que sejamos imunes a ela, mas nos oferece meios para detectar onde atuou um fator dessa ordem (por exemplo, na sensação de que "aqui está faltando algo"), e também, por meio da autoanálise ou da supervisão, para procurar compreender o motivo e o sentido daquela distorção. Assim, os tipos de desvio a que cada um é mais sujeito acabam tornando-se familiares, e todo analista consciencioso leva em conta esse fator quando procura entender sua conduta.

Por outro lado, a abundância do material, a reiteração dos encontros e a relativa coerência da vida psíquica de cada pessoa quanto a forma e conteúdo — *forma* significando mecanismos constantes, e *conteúdo*, fantasias ou sintomas que perduram no tempo —, todos esses fatores constituem antídotos relativamente eficazes contra a deformação inevitavelmente imposta ao dado pela existência de filtros na escuta do analista. E, não custa repetir, o objeto da reflexão analítica não é o dado bruto, mas os processos que nele estão embutidos, cuja natureza e cuja estrutura ressaltam do dado bruto de modo suficientemente claro para tornar irrelevante a reprodução *ipis litteris* da totalidade do diálogo.

O segundo aspecto da questão do registro é a validade das hipóteses que o analista constrói a partir dele. A crítica costumeira é de que elas são *arbitrárias*, de que tanto poderiam ser uma quanto outra — "cada cabeça uma sentença" —, com o corolário de que é impossível corrigir a leitura equivocada, até porque, nessa perspectiva, não existe leitura equivocada: todas são igualmente fruto da mera imaginação do psicanalista.

A resposta a essa crítica — cuja estupidez nunca deixa de me impressionar — envolve duas dimensões diferentes. A primeira é que o material do qual falamos apresenta *sempre* uma certa coerência, uma certa coesão interna, que lhe pertence por razões de estrutura. Simplesmente não é verdade que se possa ler, no que nos diz um paciente, *n'importe quoi*: existem interpretações erradas e outras acertadas, e é perfeitamente possível — segunda dimensão — perceber e retificar um erro de apreensão. Isso não exclui leituras eventualmente diferentes do material, mas elas se situam num arco limitado de alternativas: não é possível diagnosticar uma pessoa como psicótica se no que ela diz se encontram *ausentes* os elementos que especificam a psicose, mas é possível a um analista privilegiar um nível do discurso, enquanto outro atenta mais para um plano diverso. Isso porque o discurso, assim como a transferência ou a resistência, organiza-se em estratos ou camadas, e diferentes analistas podem valorizar mais um ou outro desses estratos. O notável é que, com o acúmulo de sessões e, portanto, de material, os diferentes estratos voltam a se apresentar, possibilitando a retificação de uma leitura menos pertinente.

No caso de Karen, vemos uma ilustração interessante desta realidade clínica. Refletindo sobre a perturbação da identidade sexual a que me referi anteriormente, Joyce Mc Dougall escreve:

A gemelidade podia ser por si própria, me parecia, um traumatismo perturbador na aquisição da identidade subjetiva. Ao ver sua imagem especular, Karen certamente havia exclamado: "É Kati". Tive a ideia (ingênua, nas circunstâncias) de que

Sobre a epistemologia da psicanálise

sem dúvida Kati também era homossexual, mas Karen jamais o mencionou durante os primeiros meses da sua análise. Em vez disso, ela falava bastante de suas amantes e do fato de que todas as suas relações acabavam mal, deixando-a no abandono e no desespero.[41]

Ou seja: sob o impulso da ideia de que as duas gêmeas deveriam ter vivido experiências semelhantes, a analista formula a hipótese de que ambas seriam homossexuais. Ora, mais tarde Karen contará que a irmã era casada, tinha dois filhos e uma vida familiar muito satisfatória. A hipótese era, como reconhece a própria autora, ingênua; mas, continua ela, o erro lhe permitiu compreender algo sobre a significação inconsciente da relação homossexual:

Karen nunca falava da irmã, mas bastante da sua amarga decepção diante da impossibilidade de encontrar a parceira homossexual com que sonhava. Eu me dizia: ela procura a alma gêmea. Ora, se é verdade que ela buscava sem cessar uma "outra-ela-mesma", esta não era a função atribuída a Kati em seu mundo interior [...]. Ela a apresentava como uma mulher feliz, e a contemplação dessa vida feminina bem-sucedida era como um oásis no deserto do seu sofrimento e da sua solidão. Eu esperei em vão que se expressassem a ambivalência, o ódio, a inveja destrutiva. A idealização excessiva e ambivalente de que eram alvo todas as outras mulheres não se aplicava a Kati. Um dia [...] anotei num papel: *só existe um sexo para as duas*. Com efeito, tudo se passava como se Karen tivesse colocado num local abrigado — sua irmã — sua própria sexualidade e se dedicasse a protegê-la cuidadosamente de qualquer ataque.[42]

A hipótese havia sido sugerida, claramente, por uma aplicação ingênua da teoria ao caso (se as vivências são análogas, o resultado também o será), que se revelou errônea. O que faz Joyce? Em primeiro lugar, admite sem qualquer hesitação que havia cometido um erro. Onde está, então, a impossibilidade de corrigir uma inferência, que segundo os críticos viciaria incuravelmente qualquer proposição analítica? Certamente, apenas na cabeça dos críticos apressados. Em segundo lugar, ela preserva a ideia de que Karen busca uma alma gêmea, "uma

---

[41] Ibidem, p. 27.
[42] Ibidem, pp. 29-30.

516

outra-ela-mesma" — pois isso é repetido à exaustão pela paciente —, mas percebe que não é essa a função da irmã no mundo interior da moça. Ao contrário, Kati encarnava para ela o ideal de uma mulher feliz, e isso num grau superlativo.

Joyce McDougall passa agora ao plano da teoria: se a idealização chega a tal ponto, deve haver uma enorme dose de ódio subjacente. Essa correlação não lhe foi sugerida pela história de Karen, mas resulta dos conhecimentos acumulados pela psicanálise: em função do esquema de forças e de contrapesos que ela postula na vida psíquica, e em virtude de essa correlação específica ter sido observada em outros casos, quando deparamos com uma idealização devemos buscar a contrapartida destrutiva. Joyce observa essa contrapartida no modo como Karen se refere às outras mulheres — e também, como relata no seu artigo, na transferência —, e se pergunta então por que Kati foi poupada de ataques. Surge então uma nova hipótese: Karen está protegendo, por meio da irmã e na irmã, *a sua* própria sexualidade ("um sexo para ambas"). Aqui estão sendo empregadas as teorias da projeção e do objeto narcísico; e Joyce acrescenta que essa hipótese a ajudou a compreender algo da "significação inconsciente da relação homossexual", portanto não só dessa moça, mas da classe na qual se incluía. Logo a seguir, observa que a mesma hipótese ajudou a deslindar o caso de um homossexual masculino (página 30).

Esse exemplo permite ilustrar o que disse há pouco sobre a coerência interna do material e a impossibilidade de nele ler o que bem se entender. As sessões de Karen vão compondo um desenho no qual ressaltam os processos psíquicos que lhe são peculiares, como, por exemplo, a idealização. Esta é objeto de uma consideração a um tempo terapêutica e metapsicológica — pouco importam as palavras exatas com as quais Karen se referiu às suas parceiras, ou melhor, elas são como a escada de Wittgenstein, que pode ser dispensada depois de termos subido por ela. Da presença da idealização, a analista infere certos outros componentes invariavelmente associados ao mecanismo de defesa (o ódio) e localiza em quais objetos eles se alojam, objetos que não incluem a irmã. Com essas múltiplas operações de raciocínio, ela constrói uma hipótese que se aplica ao caso específico ("ela protege na irmã o seu próprio sexo") *e* a outros ("na homossexualidade, ou pelo menos em certos tipos dela, há um só sexo para os dois parceiros"). Estamos longe, portanto, da arbitrariedade sem peias que a crítica atribui ao pensamento analítico; essa acusação peca por simplificar em demasia o processo pelo qual se constrói uma hipótese relativamente próxima do material, como esta que estamos comentando.

Sobre a epistemologia da psicanálise

Conclusão: quando nos debruçamos sobre o que *de fato* é o raciocínio analítico, percebemos a sua sutileza e o entrelaçamento que ele opera entre níveis diferentes. Do ponto de vista epistemológico, isso resulta numa peculiaridade que a psicanálise compartilha com outras disciplinas humanísticas e num traço que lhe é exclusivo, no sentido da "racionalidade regional" de que falava Gérard Lebrun. É com algumas considerações a esse respeito que concluiremos nosso já longo trajeto.

O objetivo da teoria psicanalítica é duplo: apreender o *individual do indivíduo* e construir uma *visão geral da psique humana*, das suas estruturas, do seu funcionamento e dos desarranjos a que está sujeita. A esta altura, não é preciso nos estendermos sobre o interesse pelo singular, que deve levar idealmente à construção de um modelo *daquele* singular. Ocorre que, como em toda escala, o que é singular num nível é genérico num outro, de modo que devemos tomar esse termo não como um sonho singular ou um sintoma singular, mas como a singularidade de um indivíduo, com toda a complexidade que isso envolve. É por essa razão que interpretar um sonho significa encontrar as relações que o unem à vida real e fantasmática do sonhador — esse é o horizonte da reflexão metapsicológica, no primeiro nível da sua operação. O pressuposto é que todos os acontecimentos e todas as manifestações psíquicas se correspondem e se articulam, formando a trama que particulariza cada um de nós.

Se a metapsicologia é o objeto da epistemologia da psicanálise, é lícito que esta se ocupe *também* do plano "individual", que possa se pronunciar sobre a consistência dos modelos a cada vez propostos para o que Merleau-Ponty chamou certa vez de "os rumores de uma vida", e que elucide de que modo eles são montados (o que exemplificamos com os textos de McDougall). Por outro lado, a epistemologia da psicanálise pode e deve examinar os procedimentos pelos quais se edificam conceitos e hipóteses mais amplos ou mais abstratos, procedimentos que envolvem uma hierarquia de extensão e de compreensão até chegar aos princípios da disciplina.[43] Esse é o sentido mais comum da expres-

---

[43] É o que Robert Waelder propôs com a sua escala de abstração crescente das asserções psicanalíticas, que as hierarquiza em seis níveis, do mais específico até os pressupostos filosóficos mais gerais. Cf. *Escrever a clínica*, cit., pp. 174-6.

518

são "análise epistemológica", e nisso a da psicanálise faz exatamente o mesmo que suas congêneres de outras disciplinas: ela estuda, como vimos no início deste artigo, como se constrói a teoria.

Por outro lado, se o que a psicanálise afirma sobre a psique é verdadeiro, então o próprio psicanalista possui um inconsciente, e este codetermina o que se passa em sua vida consciente, incluindo nela o seu trabalho de psicanalista e eventualmente de metapsicólogo. Cabe à epistemologia elucidar, assim, o modo de ação do inconsciente sobre a construção conceitual, evitando — como é óbvio — os riscos do psicologismo e da circularidade. Para isso, o que sabemos sobre a contratransferência e suas sutis modalidades de ação é insubstituível, mas é igualmente útil pensar na impregnação dos conceitos pelas imagens do processo primário. Isso nada diz sobre a validade objetiva desses conceitos — não é um mérito, nem um demérito —, mas pode ajudar a discernir uma das fontes nas quais eles se originam. Talvez seja essa a tarefa mais difícil para o epistemólogo da psicanálise, mas a meu ver não há como desviar-se dela. O que é certo é que não é possível admitir críticas de desconcertante ingenuidade, que, ao excluir nossa disciplina do elenco das ciências, o fazem a partir de argumentos cuja falácia consiste em se construir um espantalho que pouco tem que ver com o que de fato faz um psicanalista.

No início deste estudo, havia me proposto a retomar, desde os fundamentos, a questão da epistemologia da psicanálise, porque o debate costuma começar bem mais adiante — em geral, em pontos já distantes desses fundamentos, com o que os interlocutores acabam se desentendendo em virtude de partirem de pressupostos no mínimo diversos e frequentemente inconciliáveis. Por isso fiz questão de me aprofundar nas duas pontas do problema: desde a ontologia implícita na ideia das racionalidades regionais até o exame de algumas sequências clínicas nas quais a teoria já está operando a pleno vapor, procurei examinar do maior número possível de ângulos o modo de constituição dos conceitos e das hipóteses na nossa disciplina. Certamente, nem todas as teses que aqui expus obterão o assentimento do leitor; isso não é grave, e pode ajudar na continuação do debate. Mas ao menos teremos mais clareza quanto a quais são os pontos obscuros. Como diz o poeta que Freud cita ao concluir *Além do princípio do prazer*, "Aonde não se pode chegar caminhando, há que chegar coxeando: o Alcorão diz que coxear não é pecado".

Notas de leitura

Entrevistando certa vez uma senhora cuja aparência indicava claramente que tinha netos no mínimo adolescentes, Groucho Marx ouviu dela que estava "chegando aos quarenta". Com sua verve habitual, Groucho não pestanejou: "Não diga! Vindo de qual direção?".

Essa anedota me fez pensar numa das expressões com que Freud costumava referir-se à disciplina que criou: *"unsere junge Wissenschaft"*, "a nossa jovem ciência". Transcorrido mais de um século desde que ela viu a luz, já não se pode dizer que seja tão jovem; e, quanto a ser ou não ciência, o debate continua acalorado. Quererá isso dizer, como afirmam seus detratores, que a psicanálise se tornou uma velha caquética, e além do mais ridícula, pois se toma por uma viçosa balzaquiana no esplendor dos seus trinta anos?

A verdade é que o valor de uma prática, ou a consistência de uma teoria, nada têm a ver com o número de décadas que se passaram desde a sua instituição. E a psicanálise — jovem, adulta ou anciã — vem resistindo muito bem à usura do tempo; prova disso, entre outras, é a vitalidade das publicações que ela alimenta, no Brasil e no resto do mundo. Entre livros e revistas, só na nossa língua, são várias dezenas a cada ano; e, como já afirmei em outras oportunidades, parece-me extremamente importante dar notícia de alguns desses textos, pois é impossível — mesmo ao mais atento dos leitores — acompanhar o ritmo vigoroso

Renato Mezan

com que eles vão surgindo. São obras que, a meu ver, continuam a apresentar interesse mesmo depois de seu lançamento, ou porque trazem um ponto de vista polêmico, ou porque contêm dados que não encontramos em outro lugar, ou simplesmente porque nos fazem pensar.

1. Elizabeth Roudinesco, *Por que a psicanálise?*, Rio de Janeiro, Jorge Zahar, 2000

Já conhecida no Brasil por sua *História da psicanálise na França*, pela biografia de Lacan e, mais recentemente, pelo *Dicionário de psicanálise* que redigiu com Michel Plon, a historiadora e psicanalista Elizabeth Roudinesco enfrenta em seu novo livro uma questão crucial: a psicanálise ainda tem razão de ser? Pode parecer bombástico dizer que tal questão é crucial, pois nestes tempos sombrios tantas outras parecem mais relevantes; mas ela o é, porque, em sua aparente limitação, convoca todo um debate acerca da sociedade em que vivemos.

O livro de Roudinesco está longe de ser a defesa panfletária de uma prática por muitos considerada "elitista" ou "ultrapassada". Sua originalidade, perante outros que se ocupam do mesmo tema, reside em inscrever a psicanálise e seus críticos num contexto *político*, mostrando que, como terapia e como teoria, ela faz parte do social e das representações, inclusive científicas, que esse social forja sobre si mesmo e sobre a natureza. Pois a ciência nada tem de desencarnado ou etéreo; ela é uma instituição, e como tal mergulha suas raízes na sociedade e na história.

Extremamente informativa, a obra situa em primeiro lugar o debate sobre a validade da psicanálise no contexto propriamente científico. A disciplina freudiana é atualmente atacada pelos partidários dos tratamentos químicos, que assentam sua posição na tese de que o sofrimento psíquico possui causas unicamente orgânicas. Sem cair no obscurantismo de pretender que os medicamentos sejam inúteis ou nocivos, a autora mostra que eles não podem abolir a subjetividade, as paixões e os conflitos que tornam *psíquico* o padecimento psíquico. E essa subjetividade, duramente conquistada ao longo da história, é um fato tão importante para o ser humano quanto seu corpo ou sua pertinência a uma determinada cultura. Por isso, são equivocadas as pretensões de a reduzir ao funcionamento químico do cérebro, como mostra Georges Canguilhem — a quem

Notas de leitura

não se pode acusar de simpatias pela psicologia — numa conferência citada e comentada por Roudinesco numa passagem central do seu livro.

Alicerçada num sólido conhecimento da história social e política, bem como da história das ciências e da própria psicanálise, a autora afirma que a invenção freudiana é um "avanço da civilização sobre a barbárie", porque concebe o homem como dotado de razão e de liberdade — no que é herdeira do Iluminismo e de seu ideal emancipatório — e simultaneamente como sujeito às paixões, à sexualidade e à loucura. Essas não são algo *inumano*, como pressuporia o puritanismo travestido de ciência, mas pertencem à própria essência do humano, pois, na bela fórmula de Roudinesco, "a razão vacila no interior de si mesma". É isso que a teoria freudiana tenta explicar, fundamentando sua prática clínica — que antes de mais nada dá a palavra ao sujeito: a aposta consiste em que, expondo-se ao contato com o outro nas condições codificadas da situação analítica, desvelem-se os determinantes que fazem de uma pessoa *esta* e não outra, com *estas* e não outras soluções para os conflitos em que a lançam suas emoções, suas fantasias e seus ideais. Roudinesco examina então as críticas mais frequentes à solidez da teoria psicanalítica e à eficácia da terapia que nela se baseia, mostrando como justamente aqueles cientistas que aderem aos cânones da ciência "pura e dura" são os que possuem do psíquico as opiniões mais extravagantes e equivocadas. Descreve o impacto que tiveram sobre a teoria e a prática da psicanálise movimentos sociais como o declínio da autoridade patriarcal e a emancipação da mulher, e, num gesto de audácia, sugere que o mito freudiano de *Totem e tabu* contém uma teoria democrática do poder, baseada no respeito à lei e no pacto exogâmico firmado pelos irmãos.

Na análise das condições sociais e ideológicas que favorecem o surgimento dos argumentos pseudocientíficos contra a psicanálise, a autora privilegia os fatores que, em sua opinião, tornam a sociedade atual produtora de depressão em escala macroscópica. Esse ponto é importante, e vale a pena nos determos nele por um momento.

Nas primeiras décadas do século XX, Freud atribuiu os sofrimentos psíquicos dos seus contemporâneos essencialmente à insatisfação dos impulsos primordiais, insatisfação imposta, pela sociedade, em grau muito superior ao que seria necessário. A autoridade, na sociedade dita "patriarcal", se manifestava pela repressão; a moral sexual exigia pesadas renúncias aos indivíduos, fazendo com que se sentissem culpados por seus desejos e fantasias, recalcando-os e engendrando os fenômenos neuróticos. Repressão social e recalque sexual combinavam-se assim, dizia Freud, para produzir uma grande dose de infelicidade, o que o levava a advogar uma vida sexual mais livre e de modo geral uma maior aceitação da individualidade, com o que a sociedade só poderia se beneficiar. Freud não defendia a supressão de qualquer controle social, o que seria absurdo, e também levava em conta fatores individuais como parte das condições que favoreciam a eclosão de neuroses; mas sem dúvida seu diagnóstico era que a sociedade estava frustrando demasiadamente os seus membros e que as consequências disso não seriam nada positivas.

Setenta anos depois de publicado seu artigo "O mal-estar na cultura", será que essa análise ainda se sustenta? Em parte sim e em parte não. Houve importantes transformações nos costumes e nas formas de controle social, ao menos nos países ocidentais; mesmo em sociedades periféricas, como a brasileira, a modernização acarretou muitas mudanças nos comportamentos e nas mentalidades. Basta comparar o Brasil de Getúlio Vargas (contemporâneo do texto de Freud) e o da atualidade: do grau médio de instrução à mobilidade social e à expectativa de vida, passando pela urbanização e por tudo o que a economia industrial introduziu no nosso modo de viver, avançamos bastante no rumo da despatriarcalização. Ainda falta muito para atingirmos um grau aceitável de qualidade de vida, mas é inegável que as mudanças foram profundas e, ao que tudo indica, duradouras.

No entanto, o mal-estar não desapareceu; apenas assumiu novas formas. Em primeiro lugar, a repressão não foi eliminada (ainda que possa se revestir de roupagens mais sutis); e, em segundo, surgiram novas fontes de inquietação. Se a sociedade antiga era em muitos aspectos mais rígida, a atual é por vezes desnorteante na sua fragmentação e na aceleração do ritmo das mudanças; se aquela opunha ao avanço do indivíduo obstáculos sedimentados na tradição, a de hoje já não oferece valores nem rumos claramente identificáveis. Existe uma maior tolerância quanto aos aspectos sexuais em sentido estrito — o corpo é cultivado no esporte e exibido sem tantos pruridos, a homossexualidade já não é perseguida como delito, as oportunidades para relacionamentos sexuais antes ou fora do casamento se multiplicaram; mas a violência urbana, o consumo de drogas e outras pragas sociais se alastram num grau que Freud jamais poderia ter previsto.

O afrouxamento da autoridade patriarcal e de seus derivados nas diversas esferas da vida não deu lugar à fraterna união dos iguais, porém a um universo

Notas de leitura

de desorientação e de insegurança cujos sinais estão por toda parte. A globalização da economia traz sua contribuição para esse panorama — desemprego estrutural e enorme aceleração no fluxo de mercadorias e de ideias características desta fase do capitalismo. Mas não se pode dizer que ela seja a única nem a principal causa do mal-estar contemporâneo. Segundo a posição social e a situação geográfica de cada pessoa — pois a esse respeito não é indiferente se ela vive numa sociedade avançada ou numa sociedade periférica, e, mesmo nesta, se pertence às classes dominantes ou ao contingente dos explorados —, o mal-estar se manifesta por meio de fenômenos como estresse, depressão, episódios psicossomáticos, consumo de drogas, ou mesmo delinquência. Talvez se possa dizer que a *angústia* seja o ponto para o qual convergem essas diversas condições, angústia sem dúvida conatural ao ser humano, mas certamente fomentada e potencializada pelas condições socioeconômicas da atualidade.

A angústia se expressa de muitas maneiras, e uma delas é a sensação de desamparo e de desorientação perante as exigências da vida. É muito comum vivenciarmos uma dolorosa sensação de impotência, advinda da perda de parâmetros e da fragmentação da experiência cotidiana em segmentos que não se comunicam nem formam um todo coerente.

As manifestações mais comuns do mal-estar contemporâneo são de índole depressiva. Das depressões graves de fundo neurológico às formas mais brandas do tédio, da desesperança ou da desilusão, elas se ligam estreitamente à maneira pela qual se organiza socialmente a subjetividade. Se na época da repressão mais explícita sobre a sexualidade o *mal-du-siècle* era por excelência a histeria, hoje o panorama social favorece a eclosão de padecimentos mais difusos, menos centrados em sintomas claramente identificáveis, mais ligados à sensação de que "a vida não dá certo". As depressões, caracteristicamente, estão ligadas à perda real ou imaginada dos objetos de amor, bem como à sensação subjetiva de baixa autoestima, de descrença nas próprias possibilidades, de incapacidade para usufruir dos recursos psíquicos de que cada um dispõe. A natureza da experiência contemporânea ajuda a entender por que os quadros depressivos têm sido tão frequentes: o indivíduo tende a sentir-se confuso diante da velocidade com a qual o seu mundo se modifica, o que torna nebulosa a sua própria inserção nele e faz evaporarem-se todas as certezas. A vivência da perda associa-se assim à proliferação de apelos ao consumo e ao sucesso, às imagens inatingíveis de corpos belos, jovens e magros, de indivíduos felizes porque usufruem em abundância e sem demora daquilo que almejam — do carro do ano ao brinquedo da moda, do molho de tomate à roupa de grife. Pressionado pelas exigências de desempenho em todas as áreas da vida, o sujeito se vê às voltas com suas limitações e com a impossibilidade de corresponder aos modelos identificatórios com que lhe acena a mídia, daí a difusa sensação de impotência e o recurso a tentativas muitas vezes desesperadas para "ser como se deve".

Em face dessa situação, o que fazer? O recurso a meios ilusórios para negá-la mostra-se cada vez menos eficaz — embora o leque desses meios não cesse de ampliar-se, dos manuais de autoajuda às crenças semidelirantes, do uso de drogas à busca de terapias mágicas e indolores. Mas se a psicanálise nos ensinou alguma coisa, é que somente no esforço crítico para compreender as circunstâncias do nosso presente e no cultivo de relações afetivas intensas e satisfatórias podemos encontrar forças para o trabalho de invenção de nós mesmos — pois é este que se faz necessário para superar, embora precariamente, a alienação e o vazio.

Um dos pontos mais interessantes do livro que estamos comentando é a parte em que Elizabeth Roudinesco mostra como alguns dos adversários da psicanálise são perfeitamente cegos a essas realidades. Certas propostas para tratar do mal-estar contemporâneo implicam a crença de que é possível "abolir o humano" (Francis Fukuyama, por exemplo, expressa essa expectativa num livro recente) e conduzem à ideia aberrante de que a liberdade, a autonomia e a responsabilidade são valores superados pela globalização da economia e pelos progressos inegáveis da medicina. Roudinesco cita diversos autores que, sob o manto da preocupação com a cientificidade, na verdade ignoram as características próprias do psíquico e do social, irredutíveis ao modo de ser dos objetos naturais em virtude dos traços inelimináveis sem os quais deixam de ser o que são: a subjetividade, o simbólico e a dimensão da significação. Daí críticas às vezes de desconcertante ingenuidade, de escandalosa má-fé ou de ignorante arrogância, que não resistem nem à prova dos textos nem ao simples bom senso.

O próprio Freud, aliás, já as havia encontrado, e não se lhe pode negar uma dose de razão quando constata:

> A psicanálise só extrai desvantagens de sua posição intermediária entre a medicina e a filosofia. O médico considera-a um sistema especulativo e se recusa a crer que

Notas de leitura

se baseie numa paciente e trabalhosa elaboração de fatos procedentes do mundo da percepção, como qualquer outra ciência natural; o filósofo, que a mede com o metro dos seus próprios sistemas artificiosamente construídos, considera que ela parte de premissas inaceitáveis e critica-lhe o fato de que seus conceitos principais — ainda em pleno desenvolvimento — careçam de clareza e de precisão.[1]

Ainda hoje essas palavras soam verdadeiras: por um lado, temos críticos (por exemplo, Adolf Grünbaum) que consideram inaceitável o sistema conceptual da psicanálise, supostamente frágil, verberando Freud por ter sido incapaz de rever suas ideias e curvar-se à prova da experiência (o que está longe de ser verdadeiro, como sabe qualquer leitor minimamente familiarizado com a história do pensamento freudiano). Por outro, os modernos representantes das ciências naturais descartam a psicanálise por ser pouco "empírica", assentando suas teorias em bases impossíveis de serem quer comprovadas, quer refutadas (o que é uma bárbara simplificação do raciocínio analítico e da maneira pela qual ele pode estabelecer proposições de índole mais geral). É um mérito de Elizabeth Roudinesco ter apresentado e discutido com cuidado diversas dessas críticas, dos dois lados do Atlântico — pois atualmente os Estados Unidos, depois de terem sido fanaticamente favoráveis ao que julgaram ser a doutrina freudiana, hoje são o principal reduto de onde partem os ataques a ela. Ou, mais exatamente, de onde partem ataques a um boneco de palha que faz as vezes de doutrina freudiana — mas essa é uma outra e longa história.

O livro é, por outro lado, crítico em relação às instituições psicanalíticas, que na atualidade se defrontam com desafios aos quais — segundo a autora — nem sempre sabem responder. Um deles é o de preservar as conquistas realizadas pela psicanálise ao longo do século XX, e ao mesmo tempo renovar-se sem ceder ao canto de sereia de uma pós-modernidade frequentemente reacionária, irracional e no fundo pré-moderna. Pois esta é a grande virtude do argumento que a autora tece: não se deixar embair pelo existente e, por meio da crítica às vezes contundente das aberrações que nele proliferam, justificar uma posição progressista, consciente das dificuldades e dos impasses, mas serenamente con-

---

[1] Sigmund Freud, "Resistências contra a psicanálise" (1925), Madri, Biblioteca Nueva, vol. III, pp. 2803-4.

fiante nas possibilidades da razão. Como, aliás, o próprio Freud, que escrevia em *O futuro de uma ilusão* (1930): "A voz do intelecto é suave, mas termina por se fazer ouvir".

2. Phyllis Grosskurth, *O mundo e a obra de Melanie Klein*, Rio de Janeiro, Imago, 1992

Os temas da angústia e da depressão se encontram combinados de modo original na obra de uma das figuras que mais marcaram a história da psicanálise: Melanie Klein, a inventora da análise de crianças por meio da técnica do brinquedo. Ao seu redor, desde que começou a publicar os resultados de seu trabalho e as teorias que desenvolveu a partir deles, a polêmica jamais cessou: foi aclamada como a mais importante psicanalista desde Freud e vilipendiada como se beirasse perigosamente a loucura, saudada como desbravadora dos mais recônditos recessos da alma humana e criticada como escritora confusa e obscura. As paixões a envolveram desde sempre — a começar pela sua própria, intransigente na defesa daquilo a que chamava, com seu inglês carregado de sotaque da Europa Central, *"mai vârk"* — "minha obra".

Após a morte de Melanie Klein — em 1960, aos 78 anos —, uma cortina de silêncio caiu sobre suas ideias, exceto pela fidelidade de seus seguidores no grupo kleiniano da Sociedade Britânica de Psicanálise. Ali, discípulos brilhantes e capazes continuaram a desenvolver as ideias deixadas por ela e a avançar nos caminhos que havia deixado indicados: Bion, Betty Joseph, Esther Pick, Hanna Segal e outros mantiveram viva a herança kleiniana. Mas, fora desse núcleo restrito, aos poucos a psicanálise kleiniana foi sendo deslocada — especialmente na América Latina, seu outro reduto principal — pelas novas tendências surgidas na França (Lacan) e nos Estados Unidos (a psicologia do *self*). Aliás, na América do Norte o pensamento kleiniano não encontrou maior eco, pois grande parte dos analistas americanos jamais aceitaria as ideias de uma estrangeira, que ainda por cima não era médica e não se preocupava em absoluto com a "cientificidade" das suas hipóteses. É isso que torna importante a publicação dessa biografia escrita por Phyllis Grosskurth, professora de literatura inglesa na Universidade de Toronto: desde sua primeira edição, em 1985, a vida e as ideias de Klein ganharam uma ressonância que jamais haviam conhecido nos países norte-americanos.

Notas de leitura

Grosskurth teve acesso a inúmeros documentos de arquivo e a cartas inéditas de vários dos envolvidos na história que vai contar; trabalhou em estreita
colaboração com os arquivistas da Sociedade Britânica, agradece ao filho de
Melanie Klein a "cooperação inestimável" e lamenta apenas não ter tido a mesma colaboração por parte dos Sigmund Freud Archives, então ciosamente tran-
cados a sete chaves por seu curador, Kurt Eissler, na Biblioteca do Congresso de
Washington. Isso torna seu livro, ao menos por enquanto, a biografia oficial da
psicanalista austríaca. Diante de tal responsabilidade, a autora não se sai mal:
embora comece o primeiro capítulo dizendo que "Melanie Klein era feita da
substância de que se criam os mitos", trata seu personagem de forma simpática,
mas não acrítica. E intercalando, entre os fatos e os comentários que faz, úteis
resumos dos principais trabalhos de Klein, seu livro ganha um relevo especial
para todos os que procuram apreender, ainda hoje, o pensamento kleiniano.

Melanie Klein nasceu em Viena, em 1882, numa família que bem poderia
vir a ilustrar as teorias que desenvolveu. O pai, médico de pouco sucesso, acabou por se tornar dentista — então uma profissão menos valorizada — e de
modo geral não era uma figura prestigiada no núcleo familiar. Já a mãe, Libussa
Reizes, era uma matriarca judia das mais temíveis, a julgar pelo retrato devastador que dela traça Grosskurth em seu livro: dominadora, manipuladora, chan-
tageava constantemente os filhos e colocava-os uns contra os outros; tomando
conta de tudo — até da casa de Melanie, quando esta se ausentava para frequentes tratamentos em sanatórios, a fim de cuidar de uma depressão crônica —, a
figura de Libussa impregna os primeiros capítulos do livro com uma sombra
espessa e sufocante. Melanie Klein queria estudar medicina, mas as condições econômicas da família não o permitiram; a solução foi um casamento aos 21 anos,
com Arthur Klein, um engenheiro de papel e celulose que passou viajando pela
Europa Central a maior parte do período que durou o matrimônio. Três filhos
e vinte anos depois, quando já morava em Berlim, Melanie divorciou-se de Arthur,
que foi viver na Suécia uma existência sem maior relevo.

Até 1914, quando descobre Freud e literalmente se converte à psicanálise,
ela vivencia uma série de tragédias pessoais que impressionam pela precocidade
e violência. Um irmão morre em circunstâncias misteriosas; falecem uma irmã
querida e o pai; a culpa e a vergonha circulam desimpedidamente dentro da
família Reizes, agravadas por um casamento infeliz. Melanie vagueia de sanatório em sanatório, com breves períodos de remissão, enquanto Libussa cuida de

seus filhos e de sua casa em Budapeste, para onde a família havia se mudado. É nessas circunstâncias que ela descobre Freud e seu discípulo húngaro, Ferenczi, com o qual inicia uma análise. Ferenczi, um clínico dos mais hábeis, percebe o imenso potencial de sua paciente e a encoraja a trabalhar com crianças, então um campo praticamente inexplorado na psicanálise, a não ser pelo trabalho pioneiro realizado por Freud como supervisor da análise do pequeno Hans (isso em 1907).

Terminada a guerra e destroçado o Império Austro-Húngaro, Melanie Klein muda-se para Berlim e se filia à Sociedade Alemã de Psicanálise. É ali que desenvolve a técnica do jogo, utilizando a brincadeira das crianças dentro do quadro analítico como o equivalente da livre associação, e formula interpretações do que lhe pareciam ser as fantasias subjacentes a tais brincadeiras. Klein trabalhava com crianças muito pequenas, algumas de dois e três anos, mas boa parte do material que utilizou para formular suas primeiras teorias foi extraída da análise de seus próprios filhos — uma prática comum na época, embora hoje pareça assustadora.

E o que descobriu no trabalho com crianças tão pequenas? Escrevendo em 1987 a respeito do livro de Grosskurth, o crítico do *New York Times Literary Supplement* observou: "Enquanto Freud escandalizou o mundo ao descobrir a sexualidade nos anos supostamente inocentes da infância, Klein escandalizou até mesmo Freud ao descobrir neles a loucura". De fato, a base para o trabalho clínico de Klein era e permaneceu até o fim sua extraordinária sensibilidade para a angústia do paciente, que ela supunha — ortodoxamente, aliás — ser causada pelo repúdio excessivamente violento às fantasias inconscientes. Interpretar estas últimas deveria, portanto, contribuir para aliviar a angústia — e era o que regularmente acontecia, para surpresa da própria psicanalista. O conteúdo dessas fantasias mostrava-se invariavelmente destrutivo e agressivo, além de sexual — os pacientes de Klein eram, como se pode ver lendo seus textos, crianças gravemente perturbadas. Klein decidiu seguir de perto as regras do tratamento analítico — objetividade, neutralidade, interpretação do material, ausência de sugestão, análise da transferência para com o terapeuta —, e seus resultados começaram a impeli-la na direção de reformulações importantes de certas ideias então admitidas como evidentes pelos analistas.

Para Melanie Klein, o que suas descobertas indicavam era apenas um desenvolvimento retilíneo das descobertas de Freud; jamais pensou estar iniciando uma revolução de imensas proporções dentro da psicanálise. Mas não era

Notas de leitura

essa a opinião da maioria dos seus colegas, começando pela filha de Freud, Anna, que também se ocupava com a análise de crianças. As disputas (que durariam décadas) entre ambas chegaram a um primeiro confronto no ano de 1926. Com a morte de seu segundo analista, Karl Abraham, que era a figura mais importante do grupo alemão, o clima em Berlim ficou hostil para Klein. Ela havia se ligado à esposa de James Strachey, o futuro tradutor inglês de Freud — Alix Strachey passara o ano de 1924 em Berlim, também analisando-se com Abraham. Os Stracheys, impressionados com a originalidade das ideias de Klein, conseguiram que Ernest Jones, o líder do grupo inglês, a convidasse a ir para Londres ministrar uma série de palestras sobre análise infantil. Ela aceitou; as palestras foram um sucesso estrondoso e resultaram no convite para que Klein se fixasse naquela cidade. Isso ocorreu em 1926, no mesmo ano em que, pelas colunas do *International Journal of Psychoanalysis*, seu debate com Anna Freud atingia o auge.

Começa assim uma divisão entre a psicanálise "continental" e a britânica, pois esta, mesmo para aqueles que não se declararam kleinianos, ficou fortemente marcada pela obra mais importante que ali se desenvolvia. O problema foi que, com a ascensão do nazismo, a psicanálise "continental" acabou nos anos 1930: a maior parte dos analistas austríacos, húngaros e alemães acaba indo para os Estados Unidos — onde continuaram sua oposição às inovações kleinianas —, enquanto alguns conseguem emigrar para a própria Inglaterra. Entre esses últimos estava a família Freud, o que significava levar para Londres o centro da psicanálise mundial, ou pelo menos europeia. Mas, para Klein, a chegada dos Freud significou um desastre, pois trazia para o seu território os inimigos que imaginara ter deixado para trás ao cruzar o Canal.

O que se passou em seguida é digno de um romance de espionagem ou de capa e espada. Morto Freud, a Sociedade Britânica vai se dividir em dois grupos inconciliáveis — os pró-kleinianos e os antikleinianos. Grosskurth oferece uma excelente visão desses debates, os quais, mesmo com o característico *understatement* britânico, vieram a ser conhecidos como as *"controversial discussions"* dos anos 1942-4. Enquanto as bombas alemãs arrasavam metade de Londres, os analistas discutiam acerbamente sobre a natureza e a origem da agressividade, sobre a fantasia inconsciente, sobre os mecanismos de defesa e outros tópicos em que as ideias de Klein divergiam do estabelecido. Uma das suas mais encarniçadas oponentes era sua própria filha, Melitta Schmideberg, casada novamente com seu ex-analista, Edward Glover. As discussões se arrastaram por dois ou três anos e resultaram num arranjo enfim civilizado: a formação analítica em Londres passou a ser dividia entre os kleinianos, os anna-freudianos e um terceiro grupo, os "independentes", entre os quais se contavam analistas do porte de Donald Winnicott e Michael Bálint.

Somente depois da guerra Klein produzirá seus trabalhos decisivos, alterando substancialmente certos paradigmas da psicanálise clássica tanto no plano teórico quanto na conduta do tratamento. Investida da missão de manter vivo seu pensamento entre discípulos fiéis, ela irá se preocupar cada vez mais com a constituição de uma "escola" kleiniana, vigiando de perto seus aliados e combatendo sem tréguas seus adversários. Daí o caráter um tanto "missionário" de alguns de seus últimos escritos, o que é em parte explicável pelo clima passional que sempre a cercou. Contudo, a partir de 1950 o arranjo de convivência entre os membros da Sociedade Britânica se mostrou eficaz: Klein conseguiu um pouco de paz, sendo venerada por seus alunos — que lhe deram a melhor prova possível da fecundidade do seu pensamento, levando-o mais além do que ela própria havia ido — e pelo menos respeitada por seus críticos, os quais, embora céticos sobre o real valor do seu *vârk*, admiravam a coragem e a determinação com que os kleinianos se atiravam à análise de casos dificílimos.

Para alguns, Melanie Klein poderia ser comparada a uma valquíria da psicanálise. Como a Brunhilde do *Anel dos Nibelungos*, desobedeceu a seu "pai" Wotan/Freud e pagou caro por isso, mas obteve um prêmio naquilo que parecia ser sua desgraça: enquanto os deuses perdiam seu poder e rumavam para um crepúsculo melancólico, Brunhilde tornada mortal encontra seu Siegfried — os paralelos são fáceis de traçar, e o leitor os fará por si mesmo. Já outros prefeririam ver nela, para continuar na metáfora operística, um personagem mais próximo da Rainha da Noite mozartiana — a encarnação das potências sombrias dos mundos inferiores. O fato é que, quarenta anos depois de sua morte, a leitura da biografia de Grosskurth lança alguma luz sobre uma vida humana — demasiado humana — e sugere uma reavaliação da obra de Klein, que aliás está em curso com a publicação de toda uma série de livros sobre os quais seria oportuno falar em outra ocasião. Por enquanto, o que é seguro é que a Grande Dama da psicanálise voltou a estar onde sempre desejou: sob a luz dos refletores e no centro das discussões, ela que — segundo sua biógrafa — dava tanta ou mais importância ao chapéu que usaria no próximo congresso de psicanálise quanto ao *paper* que iria ler.

Notas de leitura

3. Marialzira Perestrello, *Encontros: psicanálise &*, Rio de Janeiro, Imago, 1992

Sabemos que a influência de Melanie Klein foi decisiva para a primeira geração de analistas brasileiros, formada nos anos 1940 e 1950. Entre eles, conta-se a doutora Marialzira Perestrello, uma das pioneiras da psicanálise no Rio de Janeiro e hoje a decana dos profissionais daquela cidade. Filha do jurista Pontes de Miranda, ela foi esposa do doutor Danilo Perestrello, psiquiatra e psicanalista que deixou uma obra significativa em seus dois campos de atividade. Analisou--se em Buenos Aires com Eduardo Pichon Rivière, numa época — fins dos anos 1940 — em que os cariocas que preferiam não fazer sua análise com Werner Kemper dispunham de poucas opções: São Paulo (onde trabalhava a doutora Adelheid Koch), Buenos Aires ou Londres. Retornando ao Rio de Janeiro no início da década de 1950, Marialzira Perestrello ali vive desde então. Embora tenha tido ativa participação na vida científica da sua sociedade de psicanálise, até o presente momento havia publicado pouco — principalmente alguns volumes de poesia.

Encontros: psicanálise & reúne alguns trabalhos de cunho propriamente analítico, além de valiosas contribuições para a história da psicanálise em nosso país. A primeira parte intitula-se "Artes, literatura e a figura de Freud" e inclui quatro capítulos: "Psicanálise e arte", "Aspectos literários em Freud — sua palavra falada e escrita", "Estudo psicanalítico de um personagem de Pär Lagerkvist: o Anão" e "Freud muito além de médico". O que chama a atenção nesses textos é a vastidão das referências, a leitura cuidadosa das fontes, a preocupação didática (vários deles serviram de base a cursos de aperfeiçoamento ministrados aos membros da Sociedade Brasileira de Psicanálise do Rio de Janeiro). O mais interessante é o estudo sobre o personagem do autor sueco, prêmio Nobel de 1951, supostamente o autor de um diário — *O diário de um anão*. Temos aqui um bom exemplo da forma como um psicanalista escuta o discurso de seus pacientes; a autora toma o texto como se fosse a fala de uma pessoa real, talvez trechos anotados do que poderia ter sido dito em análise, e os estuda do ponto de vista psicodinâmico, procurando discernir as fantasias, defesas e angústias que organizam sua vida emocional.

A perspectiva é kleiniana, acentuando as ansiedades primitivas do anão e a forma pela qual defesas pré-genitais muito violentas — cisão, negação, projeção — vêm moldar uma personalidade dominada pelo ódio, pela inveja e pelos ciúmes. A matriz kleiniana é temperada com as contribuições de analistas que se interessam pela influência das "condições ambientais" sobre o desenvolvimento da psique: assim, o ódio, a "fúria narcísica", a relação impossível com a deformação física são referidos a atitudes funestas da mãe, que "evitava olhar-me, tomada de horror em ver que espécie de criatura brotara de suas entranhas" (página 87). Marialzira interpreta: "Faltou ao Anão a atitude cuidadosa e carinhosa da mãe, a preocupação materna primitiva [...]. A meu ver, houve, além do olhar de pavor, a má comunicação da mãe; ao desviar o rosto, um não colo, um não contato-físico-aconchegante... Sua mãe não foi um continente adequado (Bion) para um dia ele ter seu lugar no mundo" (página 87).

O leitor atento não pode deixar de notar um ponto curioso: a formação kleiniana da autora não lhe permite acreditar inteiramente no esquema herdado da escola das relações de objeto que permeia a maior parte do artigo. Saber quanto da personalidade de um indivíduo depende dos cuidados e do afeto que recebeu em seus primeiros anos e quanto depende de sua própria organização pulsional é uma das cruzes de qualquer analista que busca construir uma "equação etiológica", na expressão de Freud. Sabe-se que, para Melanie Klein, a quantidade de inveja e de ódio "constitucionais" era mais importante do que a realidade do afeto materno, na medida em que poderia transformar a recepção de amor e de carinho em manifestações de desprezo e indiferença — é o que transparece numa passagem do artigo, na qual, depois de ter argumentado em favor do peso das circunstâncias adversas para a formação do caráter mesquinho e malvado do Anão, a autora se pergunta: "E se o olhar de pavor da mãe não fosse um fato e sim uma fantasia? Outros interpretarão como projeção de algo do Anão. Teria ele percebido e introjetado aquela rejeição materna antes de qualquer projeção? Ou o olhar de rejeição já era uma re-introjeção de suas próprias projeções sádicas?" (página 90). A resposta é construída a partir da ideia freudiana das "séries complementares": a constituição psíquica é fruto da ação combinada das "disposições" inatas e das "circunstâncias" reais.

É interessante assinalar aqui como a postura mais dialética de Freud é dissociada na obra de seus discípulos: Melanie Klein favorecerá as "disposições" — o Anão sente sua mãe como rejeitadora porque projetou nela seu próprio ódio congênito, colorindo a imagem dela com as negras tintas da sua própria agressividade —, enquanto Winnicott e Kohut favorecerão as "circunstâncias" — a frustração da mãe pela deformidade física do seu rebento a impediu de amá-lo e de fornecer a ele um espelho narcisicamente satisfatório, capaz de ajudá-lo a

Notas de leitura

amar-se a si mesmo. Mesmo que tenha ocorrido essa rejeição, cabe a pergunta: o que as fantasias e angústias da mãe do Anão a fizeram ver naquele bebê? Pois não é automático que a mãe de um bebê fisicamente deformado seja incapaz de amá-lo e de inocular nele uma visão amorosa de si próprio, continuação da imagem positiva presente no espírito da mãe. Foi o caso, aliás, de uma certa coruja, na fábula famosa...

A segunda parte do livro de Marialzira Perestrello consiste numa documentação das mais importantes sobre os inícios da psicanálise no Brasil. O interesse pela história da psicanálise vem aumentando nos últimos anos, e isso em escala mundial. Em congressos da Associação Psicanalítica Internacional, dedicam-se mesas-redondas ao tema; há alguns anos foi fundada na França uma Associação de História da Psicanálise; em nosso meio, especialmente no Rio de Janeiro e em São Paulo, começam a surgir trabalhos que buscam reconstruir os primeiros passos da psicanálise no Brasil, mediante uma cuidadosa pesquisa em arquivos e documentos. Os dois textos enfeixados no livro que estamos comentando representam uma contribuição a essa área, pela riqueza e precisão dos dados que trazem, mesmo que não seja o objetivo da autora realizar uma análise mais aprofundada. Contudo, é evidente que tal análise só pode ser posta em prática uma vez levantados os fatos, e nisso a paciência e a tenacidade de Marialzira Perestrello merecem todos os aplausos.

De suas pesquisas, resulta que a primeira menção aos trabalhos de Freud em nosso país foi feita pelo psiquiatra baiano Juliano Moreira, em suas aulas na Faculdade de Medicina de Salvador, já em 1899 — isso mesmo, antes de *A interpretação dos sonhos*. Um psiquiatra cearense, Genserico de Souza Pinto, defende em 1914 uma tese de medicina no Rio de Janeiro, "Psicanálise — a sexualidade nas neuroses"; esse foi o primeiro trabalho sobre o pensamento de Freud em língua portuguesa.

Depois da guerra, entre 1919 e 1925, multiplicam-se as ocasiões em que se fala de Freud. Medeiros e Albuquerque, o publicista da Primeira República, faz em 1919 uma conferência sobre Freud em que demonstra grande conhecimento do assunto. No mesmo ano, em São Paulo, Franco da Rocha dá várias aulas a seus alunos da Faculdade de Medicina sobre os temas essenciais da psicanálise. Uma delas, publicada no jornal *O Estado de S. Paulo*, chamou a atenção do jovem Durval Marcondes, que no ano seguinte se tornou assinante do *International Journal of Psychoanalysis*, escreveu a Freud em Viena e viria a ser o fundador da Sociedade de Psicanálise de São Paulo.

Renato Mezan

Um fato fundamental estabelecido por Marialzira Perestrello foi determinar o primeiro praticante dos método analítico em seu trabalho clínico, pois uma coisa é ler Freud e falar dele, outra bem diferente é tentar aplicar suas ideias no trabalho terapêutico. Os documentos levantados pela autora comprovam que este papel coube ao psiquiatra carioca Porto-Carrero, que desde 1924 trabalhava com métodos freudianos em seu consultório. Foi seguido de perto por Durval Marcondes, que se formou em 1925 e no mesmo ano inicia sua clínica psicanalítica em São Paulo (página 123). Ambos, Porto-Carrero e Marcondes, foram divulgadores incansáveis do pensamento de Freud e de suas aplicações às mais variadas esferas; mas é do segundo a iniciativa de procurar trazer para o Brasil um analista — então chamado de didata — a fim de submeter-se pessoalmente à análise. Depois de muitas idas e vindas, acabou por aportar a Santos a doutora Adelheid Koch, que em 1937 inicia a análise dos "cinco mosqueteiros": Marcondes, Virgínia Bicudo, Mendonça Uchoa, Flávio Dias e Frank Philips. Assim, embora a primazia de ter ousado aplicar as ideias do mestre de Viena a pacientes brasileiros tenha sido de Porto-Carrero, coube a Marcondes a percepção de que "uma andorinha só não faz verão": ao trazer para São Paulo uma analista reconhecida pelas instituições analíticas internacionais, plantou as sementes de uma instituição capaz de, no futuro, sustentar, de modo autônomo, seu próprio desenvolvimento. Adelheid Koch não foi apenas a primeira analista de verdade a trabalhar no Brasil, mas foi também a primeira supervisora, guiando os passos de seus estudantes na escuta de um inconsciente que eles descobriam, conforme as regras da arte, primeiramente em si mesmos.

Depois desse livro, a doutora Perestrello publicou outros, dos quais quem sabe poderei falar em outra ocasião. Aos 85 anos, em plena atividade intelectual, ela é — no momento em que reviso estas linhas — um exemplo de vitalidade e de coerência entre a vida e as ideias que só podemos admirar.

4. Frank Philips, *Psicanálise do desconhecido*, São Paulo, Editora 34, 1997

Outra figura que marcou época na psicanálise brasileira foi Frank Julian Philips, cujos textos se encontram reunidos num belo livro organizado por Célia Fix Korbivcher, Eliana Longman e Vera Bresser Pereira. Originário da Austrália, onde nasceu em 1908, Philips iniciou sua formação nos Estados Unidos.

Notas de leitura

Nos anos 1930, passou algum tempo em São Paulo, fazendo parte do grupo que acabamos de mencionar. Em 1948, porém, mudou-se para Londres e lá ficou por duas décadas, analisando-se primeiro com Melanie Klein e depois com Wilfred Bion. A convite de Virgínia Bicudo, retorna em 1969 a São Paulo e aqui permanece por quase trinta anos, até 1997, quando volta definitivamente para a Inglaterra.

Philips talvez tenha sido, em nosso meio, o analista que individualmente mais influência exerceu. Quando se instala em São Paulo, a tendência predominante na Sociedade de Psicanálise — por diversas razões que agora não vêm ao caso — era a kleiniana. O fato de ter sido paciente de Melanie Klein dava-lhe assim uma espécie de credibilidade *a priori*; mas essa análise fora completada por uma outra, realizada com Bion, e que para ele foi incomparavelmente mais importante. Philips tornou-se assim o introdutor entre nós do pensamento de seu analista, bem como da prática nele inspirada, chegando a organizar — nos anos 1970 — três visitas do analista inglês a São Paulo.[2] Essas visitas, bem como a prática do próprio Philips, criaram uma atmosfera favorável à recepção do pensamento de Bion, com o resultado de que rapidamente se formou, na Sociedade, uma "ala bioniana" — fato único no mundo e que não deixa de surpreender mesmo os analistas de Londres que ocasionalmente aqui aportam. Prova disso é que, ainda hoje, existe na revista *Ide* (publicada pela Sociedade) a seção permanente "Supervisão com doutor Bion" (sic); nela são transcritas as gravações desses seminários, preservadas com carinho pelos que deles participavam.

Psicanálise do desconhecido é o testemunho da atividade de seu autor como psicanalista, e seu interesse consiste em oferecer um acesso cômodo às suas ideias, até então dispersas em periódicos hoje difíceis de encontrar, ou confiadas à tradição oral. O livro traz alguns artigos e conferências, mas seus aspectos mais interessantes se encontram, a meu ver, nas quinze sessões de um seminário clínico que se iniciou em 1994. Ali vemos Philips em ação, e é preciso reconhecer que, aos 86 anos, as características do seu trabalho e de sua forma de conceber a psicanálise haviam atingido um notável grau de densidade e concentração. Isso permite ao leitor entrar diretamente no âmago das questões, o que é mais do que se pode dizer de muitos livros psicanalíticos.

---

[2] A esse respeito, cf. meu artigo "Figura e fundo: notas sobre o campo psicanalítico no Brasil", neste volume, e Daniel Delouya, "Bion: um pensamento às voltas com a guerra", revista *Percurso*, 20, primeiro semestre de 1998.

Numa longa e substanciosa entrevista, ele mesmo define o que diferencia a "sua" psicanálise da "psicanálise clássica": "Essencialmente, consiste em respeitar a diferença entre a realidade psíquica não sensorial e a realidade psíquica sensorial" (página 117). O analista deve estar atento às manifestações da primeira, e isso exige uma estrita disciplina, de "suspender o quanto for possível toda necessidade de compreender, todo desejo, toda memória" (página 117). Philips se refere ao que denomina "atmosfera de escuridão", certamente próxima da vida onírica; para ele, essa é a condição *sine qua non* para que se torne visível aquilo que está potencialmente presente. E o conceito de "presente" possui aqui um sentido forte, já que se exclui qualquer passado e qualquer futuro: num dos seminários, o ouvimos dizer a propósito de algo que o paciente havia contado sobre um momento anterior de sua vida: "Pensei: por que *antes*? *Antes* não existe mais. Esta foi minha maneira de ouvir, e cortei fora, como corto fora nas sessões qualquer dado histórico e qualquer futuro" (página 168).

Por que tamanha radicalidade? Porque o autor está convencido de que "memória" é apenas outro nome para "mentiras psíquicas" que — apesar do elogio da escuridão — *obscureceriam* o "aqui e agora", matéria-prima para a "intuição analítica" (página 168). Essa é a faculdade que o analista precisa ter desenvolvido, graças à sua própria análise, e que lhe permitirá "alucinar" (no sentido de *fantasiar*) o que está se passando na sessão, isto é, na relação entre os dois protagonistas da análise. E é à alucinação que se atribuem as transformações operadas pela análise (página 149), a qual transcorre, por assim dizer, num *present continuous*.

Naturalmente, não é possível entrar aqui em detalhes sobre as consequências técnicas dessas fórmulas, bem como sobre suas implicações teóricas. Se as destaquei do conjunto do livro, é porque concordo com o que diz o autor à página 117, referindo-se à sua forma de trabalhar e, por extensão, à de Bion: "Para o analista treinado em qualquer parte do mundo, isso parece algo estranho, uma coisa meio curiosa". Sim, dirá esse analista: que fim levaram as ideias de Freud sobre a repetição, a transferência, a interpretação...? Será isso ainda *psicanálise*?

A esse analista, porém, caberia ponderar o seguinte: certamente, e apesar das eventuais alegações em contrário, Bion não é Freud, nem seu pensamento apenas uma extensão da concepção freudiana. Há muitas diferenças, resultantes em parte da absorção por Bion das ideias de Melanie Klein, em parte de seu extenso trabalho com esquizofrênicos — pacientes que Freud tratou muito raramente —, e em parte ainda da sua própria sensibilidade pessoal.

Notas de leitura

Mas, para além das provocações — e penso que há, na assertividade dogmática de Philips, um quê de provocação —, a leitura do livro mostra muitos pontos de contato entre a prática do autor e a tradição clássica. O vocabulário é diferente, a conceitualização do processo também; mas a visada é ainda "tornar consciente o inconsciente", e o instrumento essencial ainda é a interpretação da transferência. E, quanto à desconfiança do passado e do futuro, talvez ela seja mais programática do que pragmática. Veja-se este exemplo (página 124): "Quando todos [os pacientes] chegam atrasados por causa do tráfego, pode-se mostrar que isso se refere a algo da infância, quando a gente estava tentando falar, andar, e ainda não podia". Em matéria de reconstrução pela interpretação da transferência — o que define a prática psicanalítica, segundo Freud — não se poderia ser mais convencional... O mesmo vale para o que Philips chama de "disciplina", ou seja, aquilo que permite ao analista desempenhar sua função; outros usam nomes diferentes, mas para designar a mesma coisa.

Em suma: o livro possui o mérito de apresentar um analista que reflete com franqueza e honestidade sobre o que realiza, e, ao fazer isso, revela talvez mais nas entrelinhas do que nas linhas. Estas são certamente importantes, mas, para os já convertidos, talvez não tragam grandes novidades. Para os demais leitores, caso considerem Bion um autor instigante e desejem se aproximar dele por meio da prática de um de seus mais talentosos discípulos, *Psicanálise do desconhecido* é uma boa porta de entrada. Entrada num mundo que tem algo de familiar e algo de insólito, ou, como diria Freud, de *unheimlich*. Como, aliás, a própria psicanálise, essa ciência que não é ciência, que se especializa em predizer o passado e que — *n'en déplaise* aos que vivem anunciando seu falecimento iminente — entra com invejável vigor no seu segundo século de existência.

5. Luiz Alberto Hanns, *Dicionário comentado do alemão de Freud*, Rio de Janeiro, Imago, 1997

Os livros de Marialzira Perestrello e de Frank Philips, cada um a seu modo, nos trazem de volta aos primórdios da psicanálise brasileira, cuja história é bastante interessante — até porque nós, analistas de hoje, somos os herdeiros do que então se pôde fazer. Contudo, é preciso reconhecer que, se a *prática analítica* se implantou no Brasil mais ou menos na mesma época que em outros países não europeus, os *estudos freudianos* não se desenvolveram no mesmo ritmo. Excetuando um ou outro trabalho de maior interesse, foi somente a partir dos anos 1980 que tomou impulso a escrita psicanalítica em nosso país, com a tradução de muitas obras estrangeiras e a publicação de textos originais de analistas brasileiros. Esse atraso não impediu, porém, que a partir de então se constituísse um circuito analítico-literário, que rapidamente veio a atingir um volume razoável de publicações e um nível de qualidade semelhante ao de outras regiões do mundo psicanalítico. Prova disso é o livro de Luiz Alberto Hanns, que se inscreve numa série de textos brasileiros dedicados à compreensão e à exegese da obra de Freud.

O autor, germanista e psicanalista, realizou um trabalho notável. Escolheu quarenta termos de importância teórica e clínica, e comentou detalhadamente cada um deles (*Angst, Abwehr, Bearbeitung, Einfall, Darstellen*, etc., até *Übertragung*). Cada verbete traz cinco seções: 1) o termo em alemão; 2) sua etimologia e termos correlatos; 3) comparação com o termo em português; 4) exemplos do uso do termo por Freud; 5) comentários adicionais. Essa forma de proceder se baseia num princípio evidente em linguística, mas raramente levado em conta pela tradução brasileira das *Obras completas* de Freud: o de que uma determinada palavra alemã corresponde somente de modo aproximado ao seu equivalente em outras línguas. Assim, há um núcleo semântico comum, mas o termo alemão pode ter conotações não presentes em português, enquanto a palavra portuguesa pode possuir significados adicionais ausentes do seu equivalente alemão.

Um exemplo esclarecerá o interesse desse método: o de *Besetzung* ("investimento"). Hanns começa por mostrar que as conotações dessa palavra "ligam-se à ideia de mobilidade e fluidez, algo pertinente ao modelo freudiano de circulação energética, onde há vias, *locus*, fixações e liberações, entradas e saídas, bloqueios, etc." (página 89). Em seguida, enumera os sentidos dicionarizados da palavra, dando exemplos:

a) ocupar um lugar ("o toalete está ocupado");

b) invadir, tomar militarmente ("o país foi ocupado");

c) preencher um cargo ("o novo governo preencheu todos os cargos com gente sua");

d) no teatro, atribuir um papel ("falta distribuir dois papéis na peça") (*to cast*);

e) dotar de, prover de ("aplicar bordados dourados no vestido").

Notas de leitura

O comentário ressalta que a ideia de colocar é representada, no alemão, por vários termos que especificam a posição em que o objeto foi disposto: *legen* (*to lay*, "colocar deitado"), *setzen* ("colocar sentado", "assentar"), *stellen* ("colocar de pé", "erigir", "montar") e *hängen* ("pendurar"). Nesse contexto, *besetzen* evoca a ideia de assentar, espalhar-se, controlar um espaço ou uma função, mas isso pode ser revertido: "Aquilo que é *besetzt* não se incorpora em definitivo ao local ou ao objeto sobre o qual tinha sido assentado" (página 90).

Como se sabe, Freud emprega o termo como um dos conceitos-chave na sua teoria das pulsões e em geral nos aspectos da metapsicologia conhecidos como "ponto de vista econômico e dinâmico" — energia ocupando representações, mecanismos de defesa que retiram a energia de uma representação (recalque), etc. James Strachey e Ernest Jones escolheram o neologismo grego *cathexis* para traduzir esse conceito, e a edição *Standard* brasileira, calcada sobre a *Standard* britânica, manteve essa opção. Mas, assim como em português, o termo *catexia* apresenta os mesmos inconvenientes que no inglês (em especial, o de não ser uma palavra comum, capaz de evocar de imediato ressonâncias associativas), e acabou por generalizar-se o uso de *investimento*, a partir do francês *investissement*. A escolha é melhor do que *catexia*, mas a palavra portuguesa tem sentidos que não se encontram no alemão, como aplicar dinheiro ou atacar com fúria ("o animal investiu contra o seu perseguidor"). Essa segunda acepção envolve a ideia de *penetrar*, *enfiar*, um pouco diferente das de assentar ou instalar, mais próximas de *besetzen*.

Seguem-se vários exemplos do modo pelo qual Freud emprega esse conceito, desde o "Projeto de 1895" até "O inconsciente" (1915). Por fim, num comentário ilustrativo, Hanns ressalta que os primeiros empregos do termo são mais concretos, na esfera da neurologia; à medida que desenvolve sua teoria, Freud passa a usá-lo de maneira mais figurada, "referindo-se a aspectos funcionais e sistêmicos" (página 96). Contudo, a ideia central de *mobilidade/plasticidade* é conservada, pois a mesma energia que investe é deslocável (*verschiebar*), retirável (*entziehbar*) ou recolocável (*wiederbesetzbar*).

Esse mesmo procedimento é repetido nos demais verbetes, sempre de forma clara e concisa. O leitor a quem se dirige Luiz Hanns é um estudioso de Freud que conheça o suficiente da língua alemã para compreender o sentido do texto original, mas que, por si só, não seria imediatamente sensível às associações que os termos centrais de cada frase evocam para o *native speaker*.

Mas, perguntará o leitor, qual a utilidade disso para quem estuda psicanálise? A resposta depende do que se entende por estudar psicanálise. Se essa expressão designar apenas o conhecimento das principais ideias de Freud, então é preciso convir que o *Dicionário* é inútil: basta uma boa tradução, que veicule corretamente o texto original. Contudo, trata-se de uma ideia pobre. Se pensarmos no enorme valor atribuído por nossa disciplina à aura conotativa das palavras — de Freud, nossas ou de nossos pacientes —, perceberemos que o texto analítico não é feito apenas para descrever objetivamente processos psíquicos mais ou menos complicados. Ele visa também — e certamente não como um objetivo menor — a provocar associações no leitor, estimulá-lo a figurar de modo plástico certos mecanismos; e isso não é conseguido somente pela abundância de metáforas, comparações e figuras de linguagem familiar a qualquer leitor de Freud. Os *próprios conceitos*, graças às palavras escolhidas por Freud para os nomear, possuem uma camada associativa e induzem à proliferação de imagens: a vida psíquica ganha assim colorido, intensidade, ritmo por meio da rede de evocações em que se ancora cada termo da língua psicanalítica.

Em outras palavras: o que sustenta o projeto de Luiz Alberto Hanns não é só o desejo de facilitar ao leitor de Freud o acesso a um domínio pouco visitado por quem não tem no alemão sua língua materna. Ele repousa sobre uma concepção do que é a psicanálise e de que tipo de leitura convém fazer dos escritos do seu fundador. Essa concepção orienta a seleção dos termos que compõem o dicionário: não são comentados termos de origem greco-latina, como *Hysterie* ou *Neurose*, porque seus significados são praticamente os mesmos em todas as línguas. Tampouco foram selecionadas palavras cujo sentido é o mesmo em alemão e em português, como *Traum* (sonho), *Selbsterhaltung* (autoconservação), etc.

O autor se concentrou naquelas palavras "cujas características linguísticas germânicas são usadas por Freud, deliberadamente ou não, de forma a produzir efeitos estilísticos e semânticos importantes para a melhor compreensão teórica de determinados aspectos. Trata-se, portanto, de termos cuja leitura permite fazer aflorar uma estampa ou melodia que os interliga a verbos, adjetivos, substantivos e outros termos psicanalíticos, conferindo ao texto e à teoria uma tonalidade que é evidente ao leitor alemão, mas que se perde em algumas traduções" (página 35). E, podemos acrescentar, essa melodia tem acentos marcadamente econômico-dinâmicos: a língua de Freud espelha o seu pensamento, e neste, segundo o autor, predomina uma visão da psique como uma sucessão interligada de níveis tópicos nos quais circulam estímulos de vários tipos. Da origem

Notas de leitura

deles, das barreiras que encontram, das forças que os somam ou os anulam, depende o teor do nosso funcionamento mental, inclusive sua relativa saúde e suas perturbações eventuais.

O conteúdo, portanto, é imanente à forma — esta é a base filosófica sobre a qual se apoia o empreendimento de Hanns. Corolário dessa afirmação: aspectos da forma não imediatamente evidentes se refletem sobre o conteúdo, iluminando-o sob certos ângulos que não é inútil destacar. Tal proposição não poderia descrever adequadamente o princípio que guia nossa escuta e nossas interpretações? Assim, embora não declaradamente, é a uma leitura de Freud coerente com os princípios que, segundo sua teoria, estruturam a linguagem e a psique, que nos convida o *Dicionário*. Portanto minha conclusão: trata-se de um livro extremamente útil, que já está sendo traduzido para o espanhol (na Argentina) e que, com as devidas adaptações, pode ser vertido para outros idiomas. Ele enriquece não apenas a literatura psicanalítica em português, mas a psicanálise *tout court*.

6. Ricardo Sobral de Andrade, *A face noturna do pensamento freudiano*, Rio de Janeiro, Campus, 2001

Se o livro de Luiz Hanns nos coloca em contato com a língua de Freud, o de Sobral de Andrade conduz o leitor a uma das fontes do seu pensamento: a tradição romântica alemã, aliás também objeto de um belo estudo de Inês Loureiro, por enquanto ainda inédito.[3]

Encontrei-me com Ricardo Sobral de Andrade apenas uma vez; ele retornara da França e vinha me pedir que lesse sua tese, a mesma que, com pequenas modificações, agora chega às mãos do leitor. Na época, pude percorrê-la apenas em diagonal, o suficiente para perceber que o trabalho era bom e realizar uma anotação mental no sentido de voltar a ele com mais calma, quando precisasse retomar questões ligadas à biografia de Freud ou ao seu *background* cultural.

Não tornei a ver Ricardo. Há alguns anos, soube de sua morte e do desejo expresso por ele de que eu escrevesse o prefácio à edição brasileira do seu livro.

---

[3] Inês Loureiro, *O carvalho e o pinheiro: Freud e o Romantismo alemão*, doutorado em psicologia, São Paulo, puc, 2000. Um trecho da tese foi publicado, sob o mesmo título, em *Percurso*, 27, São Paulo, Instituto Sedes Sapientiae, 2000.

Renato Mezan

Foi assim que o pude estudar, agora com mais atenção, e confirmar as primeiras impressões — um tanto vagas, porém positivas — sobre a qualidade do pensamento e da escrita. A elas vieram se somar outras, nascidas do encontro entre o que diz o autor e as preocupações e interesses do leitor. É essa fertilização de um pelo outro que torna produtiva uma leitura, que pode se dar sob a forma do diálogo, do debate ou até mesmo da discordância; não importa. O que importa é a capacidade do texto para *pro-vocar*, isto é, para "chamar para a frente", para induzir no leitor um movimento de reflexão que, partindo do que leu, envolve o lido em tramas que se originam em outras paragens, engendrando com isso algo que não é muito diferente da "arte do tecelão" — já o disse Goethe, na passagem do *Fausto* que Ricardo coloca como epígrafe da sua tese e que eu mesmo já havia utilizado em outra oportunidade.

Quais eram os "interesses e preocupações" *desse* leitor? Não necessariamente o Romantismo alemão, ou pelo menos não os autores abordados por Ricardo — embora o estudo da música tenha me levado, por estes tempos, a explorar um pouco da herança de Schubert e de Schumann. Ocorre que, nos últimos anos, venho deparando com uma série de questões nascidas da atividade de orientar teses, questões que dizem respeito essencialmente à maneira pela qual um argumento é construído, exposto e demonstrado, no campo específico de conhecimento que é a psicanálise e no ambiente específico de produção de conhecimento que é a universidade.

Sob esse ângulo, o trabalho de Ricardo Sobral de Andrade é exemplar. Claro, bem escrito, bem argumentado, baseado numa minuciosa pesquisa de fontes que levou seu autor a diversas bibliotecas europeias e norte-americanas, ele se apresenta em duas partes: na primeira, escrita pelo "historiador", são estabelecidos os fatos pertinentes; na segunda, o "intérprete" procura compreender o significado dos referidos fatos, propõe uma hipótese e vai em busca de elementos que a possam tornar plausível.

Numa carta a Ferenczi, Freud afirma que a criatividade intelectual repousa sobre dois pilares: uma imaginação audaciosa e uma autocrítica implacável. A função da audácia é propor vínculos entre coisas até então consideradas sem relação uma com a outra, para o que é necessário, no mínimo, não ter medo de pensar o aparentemente absurdo. Mas a diferença entre uma fantasia sem conseqüências e a criatividade *intelectual* reside no segundo fator, a crítica severa das

543

Notas de leitura

formulações obtidas pelo exercício da imaginação. É essa crítica que pode garantir a veracidade — ou pelo menos o caráter plausível — daquilo que o pesquisador vem a afirmar como sua tese, a qual ascende assim ao domínio público, à esfera da argumentação racional, por cujo crivo precisam passar as ideias para receber uma estampa de legitimidade — ao menos em nossa cultura e segundo nossos padrões.

Ora, o fascínio pelas origens da psicanálise tem levado muitos autores a exercitar sem pejo algum a "imaginação audaciosa", vinculando as descobertas de Freud a praticamente tudo o que já se pensou sobre a face da Terra. Falta-lhes em geral a "crítica impiedosa", que, com um pouco de paciência e de juízo, teria mostrado a inanidade de certas associações, especialmente as baseadas em analogias entre tal ou qual afirmação da psicanálise e tal ou qual elemento de outros sistemas científicos, filosóficos, artísticos ou religiosos.[4]

Ricardo Sobral de Andrade não cai nessa armadilha, e esse é o primeiro mérito de seu livro. Toda a parte inicial é uma minuciosa investigação de como Freud tomou conhecimento de *quais* aspectos do Romantismo alemão, investigação que leva em conta até mesmo as anotações de seu próprio punho nas margens dos livros que possuía (o que obviamente comprova que os leu). Tal cuidado evita as generalidades vazias que costumam se ocultar sob a insígnia da "influência" — termo dos mais nefastos quando se trata de determinar a gênese de um pensamento ou de qualquer outra obra de cultura. Assim, ficamos sabendo do interesse de Freud por certos livros e por certas teses de H. G. Schubert, de Carus e de outros autores pertencentes à escola romântica alemã. A avaliação da importância dessas leituras para a formação das doutrinas psicanalíticas, contudo, requer outro movimento, impossível sem o estabelecimento rigoroso dos dados, mas que não se limita a ele: aqui é necessário dispor de inteligência, de senso crítico e de tato. Ricardo possuía em alto grau essas qualidades e as demonstra ao longo de toda a primeira parte de sua obra.

Na segunda, relendo três textos fundamentais — *A interpretação dos sonhos*, o *Leonardo* e o artigo sobre o insólito —, entra em ação o "intérprete", que utiliza a noção romântica de "sujeito poético" para articular suas hipóteses. Uma

---

[4] Cf. Renato Mezan, *Psicanálise, judaísmo: ressonâncias*, Rio de Janeiro, Imago, 1993, capítulo IV, em que discuto mais detalhadamente essa questão a partir do tema "o que há de judaico na psicanálise". O mesmo problema é retomado em "A Viena de Freud" (em *Tempo de muda*), dessa vez a propósito das relações entre o clima cultural de Viena e a descoberta do inconsciente.

delas me chamou especialmente a atenção: a de que o jovem Freud teria sido muito atraído pela mística romântica, mas que, ao entrar para o laboratório de Brücke, haveria passado por uma espécie de conversão ao positivismo, recalcando vigorosamente suas opiniões anteriores. O vestígio dessa mudança seria o abandono da partícula /is/ do seu nome, o qual, de *Sigismund*, se tornou então *Sigmund*. Ricardo estuda longa e detalhadamente os dados disponíveis em torno desse tema, e não recua diante de algumas afirmações que talvez despertem arrepios nas espinhas bem-pensantes. O leitor julgará se o resultado é convincente; em todo caso, mais do que a veracidade histórica, a construção proposta — pois se trata certamente de uma construção — permite revisitar a relação entre o indivíduo Freud e seu pensamento: "Esta outra cena por ele criada e que recobre a superfície corporal desta mãe fantasmática se constituirá no *topos* da sua *Metapsicologia*. A marca narcísica transforma-se assim no cerne da própria teorização", escreve Ricardo.

A ideia de um substrato de imagens presente em todo pensamento teórico me parece muito verdadeira, e, num trabalho intitulado "Metapsicologia/fantasia",[5] procurei explorá-la a partir de um problema próximo do que atraiu o interesse de Ricardo (a imagem da feiticeira em "Análise terminável e interminável"). Por isso, foi com prazer que o vi, nesses capítulos, aprofundar essa investigação e ir além do que eu mesmo havia comprovado, pois sugere um vínculo mais íntimo entre certos conceitos, algumas imagens (hauridas no vasto conjunto do Romantismo) e a própria personalidade de Freud. É toda a questão da sublimação e da transformação do processo primário em processo secundário que aparece assim sob uma luz inesperada.

Para finalizar: tem sido frequente o uso das ferramentas psicanalíticas para compreender artefatos culturais, e nem sempre com resultados animadores. Mais raro — e mais útil para a psicanálise — é o caminho inverso, no qual algo exterior à nossa disciplina, uma vez "analisado", reverbera sobre os próprios conceitos utilizados para o estudo, ampliando-os, precisando-os ou os aguçando. O trabalho de Ricardo Sobral de Andrade se conta entre os dessa segunda espécie; noções como as de narcisismo ou de complexo de castração saem enriquecidas do confronto com a "*mímesis* romântica" e com o "sujeito poiético". É quanto basta para que o psicanalista, ou mesmo o profissional de outra área que

---

[5] *Figuras da teoria psicanalítica*, São Paulo, Edusp/Escuta, 1995.

Notas de leitura

se interessa pela psicanálise, o estudem com cuidado e se deixem impregnar pelas ideias do autor, para com elas avançar em seu próprio caminho.

7. Associação Mundial de Psicanálise, *Os poderes da palavra*, Rio de Janeiro, Jorge Zahar, 1996. Coordenação da edição brasileira: Angelina Harari.

8. Jacques-Alain Miller, *Lacan elucidado: palestras no Brasil*, Rio de Janeiro, Jorge Zahar, 1996. Textos estabelecidos por Neidee Peluso.

O que é de Freud e o que é de Lacan? Questão que continua a intrigar os estudiosos da psicanálise e cujos dados foram propositadamente embaralhados por aquele que sem dúvida foi o psicanalista mais polêmico do século xx. Aquilo que para Freud foi o Romantismo alemão — um horizonte de inspiração, um interlocutor virtual, uma fonte de ideias e esquemas de apreensão da realidade humana — foi para Lacan a filosofia do seu tempo, da renovação kojeviana do pensamento de Hegel à obra dos estruturalistas e aos escritos de Heidegger. Uma linha entrecruza essas visões, por outro lado tão díspares, possibilitando sua reelaboração pelo prisma da prática analítica e da reflexão sobre ela que Lacan exercitou por quase cinquenta anos: a questão da linguagem e, nela, o tópico específico do sentido. Ora, não é preciso refletir muito para perceber que o acesso ao sentido — oculto, latente, virtual, ou como se queira chamá-lo — é o que busca a interpretação na situação analítica. É desse problema que trata *Os poderes da palavra*.

O livro está organizado de modo original: cinco associações de países diferentes (Argentina, Brasil, França, Venezuela e a internacional *École Européenne de Psychanalyse*) prepararam, cada uma, um texto a diversas mãos sobre o tema da interpretação, e esses cinco relatórios formam o volume. Os argentinos estudaram "A interpretação em Freud"; os venezuelanos, a leitura feita por Lacan de três casos de Freud; os "europeus", a interpretação depois de Freud (Melanie Klein, a psicologia americana do ego, Reich, Kohut, a escola inglesa das relações de objeto, etc.); os franceses, "A problemática atual da interpretação"; e os brasileiros, "O escrito e sua interpretação em psicanálise".

O resultado é bastante bom. Além de enorme quantidade de informações sobre a história das ideias e das práticas psicanalíticas, o leitor encontrará expostos com clareza e às vezes com verve os princípios da interpretação lacaniana,

Renato Mezan

aqui formulados por extenso (numa das seções assinadas pela *École de la Cause Freudienne*). Eles são aplicados às histórias de caso publicadas por Freud e igualmente a textos que se originam nas demais correntes da psicanálise, tanto francesas — pois nem todo analista francês é lacaniano — quanto anglo-saxãs. O capítulo assinado pelos brasileiros resgata a tão denegrida "psicanálise aplicada" (embora Lacan não gostasse do termo, é disso mesmo que se trata), mostrando que também se pode aprender psicanálise estudando personagens de ficção e textos biográficos; os instrumentos da análise são os mesmos que nos casos ditos "clínicos", o que permite ver como funcionam os conceitos metapsicológicos de corte lacaniano.

Naturalmente, o tom em que comentam os textos psicanalíticos não lacanianos varia segundo o objeto escolhido: ácido em relação aos adversários de língua inglesa (uma das seções do capítulo da *École Européenne de Psychanalyse* se intitula "A interpretação pervertida"), ligeiramente irônico em relação a Melanie Klein (por exemplo, em "Uma intérprete que sabe"), e razoavelmente atormentado quando focaliza Freud. Os princípios lacanianos, produto de uma *releitura* de Freud, conduzem a uma prática muito diferente da clássica; mas, sendo produto de uma releitura *de Freud*, têm como origem última o pensamento do fundador, ao qual pretendem ser mais fiéis do que o próprio. Razão para embaraço, quando se retorna aos casos em que ele o aplicou e desenvolveu!

Essas verdadeiras supervisões *post mortem* são, porém, uma bem-vinda ocasião para que o leitor perceba como raciocina o analista lacaniano, o que lhe chama a atenção, como formula sua interpretação e o que espera dela. Um exemplo ilustra a importância de reconhecer o momento apropriado para intervir (o *timing* dos analistas tradicionais): "Se no caso Dora a interpretação chegou tarde demais, no caso da Jovem Homossexual ela chegou muito cedo" (página 115). E por que Freud cometeu tais erros? "A interpretação precoce no caso da Jovem Homossexual é associada sucessivamente por Lacan à confusão entre os registros imaginário e simbólico da transferência, à confusão da intenção do desejo da contratransferência (*sic*) e ao desconhecimento do objeto *a*."[6] Mas

---

[6] A releitura interpretativa dos casos de Freud não é exclusividade dos lacanianos: a respeito especificamente da Jovem Homossexual, ver Rosa Abras (org.), *Ficção psicanalítica: o caso da Jovem Homossexual*, Belo Horizonte, Passos, 1996, em que diversos analistas narram a história a partir do ponto de vista de cada um dos personagens envolvidos — o pai, a mãe, o irmão, a própria jovem, etc. O capítulo que redigi para essa obra coletiva está incluído no presente volume.

Notas de leitura

Lacan (e depois dele os discípulos que assinam o texto) não deixa de "retomar as descobertas de Freud, a fim de elaborar a posição *freudiana* da interpretação". Eis o paradoxo desse tipo de leitura: esperaríamos encontrar, no lugar do termo que grifei, "elaborar a posição *lacaniana* da interpretação", isto é, reconhecer que a partir de Freud — mas introduzindo outros elementos que não estão em Freud — é possível avançar na conceituação e na prática da interpretação, etc. etc. Que se há de fazer? Espinosa já o notara: "O que Pedro diz sobre Paulo nos diz mais sobre Pedro do que sobre Paulo".

É justamente o reconhecimento da distância entre Freud e Lacan — ressaltando a ancoragem do segundo no primeiro, mas também a derivação, o afastamento ou mesmo a oposição ocasional que formam a substância da relação entre eles — que torna interessante o livro de Jacques-Alain Miller, *Lacan elucidado: palestras no Brasil*. Esse volume de mais de seiscentas páginas reúne conferências e seminários realizados nas oito visitas do professor francês ao nosso país, mais espaçadas nos anos 1980, praticamente anuais a partir de 1991 — sinal da importância que adquiriu, para a Internacional lacaniana, a sua seção brasileira (ou, segundo línguas mais trífidas, a importância que adquiriu para o império lacaniano a sua província brasileira...).

Em todo caso, o *normalien* Miller é um excelente expositor do pensamento de seu mestre e sogro: se seus comentários pressupõem alguma familiaridade com o original (o que é bom: não têm a pretensão de o substituir), são realmente elucidativos, justificando o título um tanto pomposo do volume (que faz pensar em coisas como *A cabala desvendada* ou *O latim ao alcance de todos*).

Além da indiscutível vantagem que consiste em poder acompanhar a construção de um pensamento riquíssimo, com seus meandros, impasses e reviravoltas, o leitor encontrará aqui, como disse, algo raro entre os lacanianos: uma reflexão sobre o que é de Lacan e sobre o que é de Freud. Destaco alguns trechos das conferências de Salvador (1991), na seção "O desejo de Lacan": "O retorno a Freud, realizado por Lacan, não se limita apenas à formalização dos conceitos freudianos, mas também a uma interrogação do desejo de Freud, um ensaio de correção desse desejo, orientado para focalizar o desejo do analista" (página 399); "Não podemos desconhecer que Lacan, desde sua entrada na psicanálise, elegeu outros autores para ler Freud. É algo constante em sua obra trabalhar sobre a obra freudiana através de leituras exteriores" (página 403). Miller, espantando-se de que o então jovem lobo não tenha ido visitar Freud —

a exemplo de todos os outros analistas franceses, quando este passou uma tarde em Paris a caminho de seu exílio londrino —, chega a falar num "desejo de não se deixar capturar por Freud" (página 403). O próprio Lacan teria assim definido sua posição complexa perante o fundador da psicanálise: "uma relação de transferência negativa" (página 411).

O interesse desse ponto é mais do que puramente anedótico ou biográfico, porque oferece uma pista para ler Lacan a partir de seus próprios problemas, que nem sempre são os de Freud — embora sempre encontrem estes últimos em algum ponto do seu encaminhamento. Razão a mais para recomendar a leitura do livro de Miller, que, como o anterior, representa uma verdadeira contribuição aos estudos psicanalíticos, especialmente aos que visam à história e à epistemologia da nossa disciplina.

9. Tadeu Chiarelli, *Um Jeca nos vernissages*, São Paulo, Edusp, 1995

Freud e Lacan nos dão o exemplo de psicanalistas que jamais renegaram o vínculo entre nossa disciplina e a cultura em geral. Mais frequentemente, ele é visível sob a forma da influência da cultura sobre a psicanálise, quer porque constitui o contexto em que a disciplina freudiana se implanta e evolui, quer porque, como vimos ao comentar os livros anteriores, movimentos literários ou filosóficos oferecem ao teórico da psicanálise ferramentas úteis para construir seu pensamento. No caso brasileiro, a psicanálise esteve presente na contraluz do movimento cultural mais importante do século XX, o Modernismo — fato de extrema importância, do qual só agora começamos a tomar conhecimento. Graças a pesquisas de analistas da Sociedade de Psicanálise de São Paulo e à magnífica seção brasileira da exposição "Freud: conflito e cultura" (realizada no masp nos últimos meses de 2000), pudemos tomar contato com o diálogo intenso que travaram com as ideias de Freud, nos anos 1920, Mário de Andrade, Antônio de Albuquerque, Oswald de Andrade e outros, inclusive no campo das artes visuais. Os canais que possibilitaram aos nossos críticos e escritores saber de Freud foram dois: as publicações de psiquiatras como Franco da Rocha e Juliano Moreira (dos quais fala Marialzira Perestrello no livro que comentei anteriormente) e os surrealistas franceses, devorados pela antropologia oswaldiana e também objeto do atento interesse de Mário de Andrade.

Notas de leitura

Ora, sabe-se que cinco anos antes da Semana de 22, a arte dita "moderna" foi objeto de um violento ataque de Monteiro Lobato, publicado no *Estado de S. Paulo* a propósito da exposição em que Anita Malfatti mostrara seus trabalhos de inspiração expressionista. O que poucos sabiam era que Monteiro Lobato havia sido, por muitos anos, crítico de arte e que seus textos apresentam enorme interesse para os que desejam ter uma ideia mais clara do debate de ideias que forma o solo da cultura brasileira atual. É ao resgate e à análise dessa produção constante, porém pouco conhecida, que Tadeu Chiarelli dedicou sua tese de mestrado, defendida em 1994 na Escola de Comunicações e Artes da Universidade de São Paulo e publicada pela Edusp no ano seguinte. Um livro bonito, bem-cuidado e bem impresso, e um belo livro, importante contribuição para os estudos sobre o Modernismo e, indiretamente, também sobre a pré-história da psicanálise no Brasil.

O artigo de Lobato "Paranoia ou mistificação", republicado em 1919, na coletânea *Ideias de Jeca Tatu*, foi considerado pelos modernistas de 1922 um ataque pessoal à pintora, ataque ressentido e venenoso, cujo efeito principal teria sido o de assassinar a vocação revolucionária de Anita e fazê-la retroceder a um estilo mais convencional. Essa opinião foi aceita por diversos historiadores da arte brasileira, e não dos menores, dela resultando a imagem de um Lobato estúpido, retrógrado, incapaz de apreciar o novo na arte; em suma, amador ignorante, que teria deixado por um momento seus afazeres de autor para crianças e de fazendeiro de café para externar sua bile sobre uma jovem promissora e mais ou menos inocente: um verdadeiro estupro moral e um desserviço prestado às artes plásticas nacionais.

Só que os fatos são um tanto diferentes. A pesquisa de Chiarelli comprova que Monteiro Lobato era um dos principais críticos — se não o principal — de arte na São Paulo dos anos 1910, escrevendo regularmente sobre o tema no *Estado de S. Paulo* e na *Revista do Brasil* (um periódico de grande influência na época). Mais do que isso, Lobato tinha uma postura nacionalista militante e um projeto de "regeneração nacional" voltado para a descoberta do Brasil pelos brasileiros, projeto no qual ocupava lugar central a ideia de uma arte brasileira que tomasse por tema a paisagem e os costumes do país. Tal proposta baseava-se numa estética naturalista, cujo adversário predileto — até o artigo sobre Malfatti — era o academicismo de inspiração francesa, que Lobato reputava estrangeirado e incapaz de produzir obras artísticas realmente originais. Em diversos textos redigidos entre 1915 e 1919, o crítico defende essa postura e a utiliza para avaliar as exposições (numerosas, aliás) que ocorriam na cidade; São Paulo era, mostra Chiarelli, um importante mercado para as artes plásticas, ao contrário do que posteriormente afirmaram os modernistas, interessados em se apresentar como o início absoluto da alta cultura no país.

A cuidadosa investigação histórica a que procede Tadeu Chiarelli resgata esse ambiente, bem como a trajetória de Lobato desde a época do *Minarete* (início do século) até a publicação de *Ideias de Jeca Tatu*, livro cuja estratégia e estrutura analisa de modo exemplar. O principal mérito dessa investigação, como ressalta Teixeira Coelho na apresentação do livro, é ousar contrapor-se à tradição historiográfica predominante a respeito de Lobato e de alguns outros temas, o que requer, convenhamos, um bocado de audácia por parte do autor. Nesse contexto, o célebre artigo sobre Anita deixa de ser uma explosão de ignorância enraivecida para surgir como consequência lógica de uma atitude coerente e de uma descoberta perturbadora. A atitude coerente é a que conduzia Lobato a valorizar artistas e obras que materializassem seu ideário estético (que era também um ideário político) e a opor-se, com todo o vigor estilístico e verbal de que era capaz, às obras e aos artistas que contrariassem esse mesmo ideário — caso, obviamente, dos quadros de cunho expressionista selecionados pela pintora para a sua mostra. A descoberta constrangedora é que tal ideário não tinha como oponente apenas o academicismo haurido na Academia Julien pelos jovens pintores enviados a Paris pelo Pensionato Artístico do Estado, mas ainda uma outra tendência, igualmente detestável por abandonar os cânones do naturalismo, além de ser uma variante do não nacional: a "pintura em *ismo*", como a qualificava Lobato, nela incluindo sem muita cerimônia o cubismo, o futurismo, o expressionismo e outras escolas da contemporaneidade europeia. O alvo da demolidora crítica que ele publicou no *Estado* acerca da exposição Malfatti era essa pintura, e não a pessoa da artista, a qual, como comprovam estudos citados por Chiarelli, já havia começado a recuar — por si mesma — das posições estéticas a que aderira em seu período europeu e que se concretizavam nos quadros ali exibidos.[7]

---

[7] Aliás, o público paulistano pôde rever obras do tipo execrado por Lobato numa exposição de desenhos de Anita Malfatti patrocinada em 1995 pela galeria SindusCon, sob curadoria de Yvoty de Macedo Pereira Macambira, e comentada no *Estado de S. Paulo*, poucas semanas antes da presente resenha, por Angélica de Moraes.

Notas de leitura

Lobato era leitor de Nietzsche, sobre cujo pensamento escreveu muitas vezes a seu amigo Godofredo Rangel (as cartas estão publicadas em *A barca de Gleyre*). Numa delas, expressa-se assim: "Nietzsche é um pólen. O que ele diz cai sobre nossos estames e põe em movimento todas as ideias-gérmens que nos vão vindo e nunca adquirem forma. [...] O aperfeiçoamento intelectual, que em aparência é um movimento de agregação consciente, é no fundo o contrário disso: é desagregação inconsciente. Um homem aperfeiçoa-se *descascando-se* das milenárias gafeiras que a tradição lhe foi acumulando n'alma. O homem aperfeiçoado é um homem descascado..." (*A barca de Gleyre*). Gafeira, diz o *Aurélio*, é um sinônimo para sarna ou lepra. A alma é vista assim como uma pele à qual sobrevêm doenças que a desfiguram, camadas de podridão que lhe ocultam a verdadeira natureza. Imagem conforme à metafísica naturalista de Lobato — a natureza é boa e verdadeira; a tradição a recobre e a estraga, se for tradição-sarna, isto é, bicho que vem de fora e corrói a epiderme. Ela também seria aprovada por Freud, para quem a psicanálise opera *"per via di levare"*, isto é, descascando a subjetividade daquilo que não lhe convém, e que resulta da sedimentação sobre ela de velhas e neuróticas soluções para os conflitos infantis.

Os especialistas em história da arte se pronunciarão sobre a tese que Tadeu Chiarelli defende, com vigor lobatiano, nesse seu livro de estreia. Este resenhista, leitor não especializado, acredita que ela realiza o que Lobato admirava em Nietzsche: descascando as "gafeiras" da tradição historiográfica, contribui para o "aperfeiçoamento intelectual" e para o debate sobre a cultura brasileira, mostrando uma faceta dela pelo direito e pelo avesso — pelo direito, "contando o causo como o causo foi", e pelo avesso, expondo como e por que o caso ganhou uma versão distorcida. Não é pouco, e merece parabéns.

10. Roberto Mangabeira Unger, *Paixão*, São Paulo, Boitempo, 1998

Do livro sobre Lobato ao do professor Mangabeira, o salto pode parecer de "pato para ganso", como se diz saborosamente no nosso dia a dia. E, no entanto, vários fios subterrâneos unem os dois pensadores: o mais óbvio é a preocupação com os destinos do Brasil, numa vertente nacionalista e apaixonada — hoje sumariamente descartada como retrógrada, e que por isso mesmo deve suscitar o interesse dos que não se deixam ofuscar pelas lantejoulas de um presente arrogante, porém raso como um pires de café. Outro ponto de contato entre ambos é o substrato ético que guia suas reflexões, assentando a visão política sobre princípios que não se esgotam nela mesma; um terceiro é o sólido enraizamento na modernidade e nos seus ideais de emancipação.

Além disso, o livro de Mangabeira Unger atrai a atenção do psicanalista porque trata da identidade, dos afetos e das paixões, ou seja, do nosso pão quotidiano. *Paixão* não é uma obra fácil: pede atenção na leitura e disposição para acompanhar um argumento que se desenvolve em vários planos e segundo diversas direções. Mas isso não é um defeito, por mais que contrarie os ideais contemporâneos de imediatez e transparência — que na verdade são disfarces bem tênues da preguiça de pensar.

O livro compõe-se de três partes. A introdução resgata a ideia de que uma *teoria da identidade* pode e deve ser capaz de proporcionar um critério de avaliação das possibilidades psicológicas, éticas e políticas que se abrem para o ser humano. Os quatro capítulos centrais desenvolvem uma doutrina das paixões, baseada no postulado de que cada um de nós nutre pelos seus semelhantes um infinito anseio de ser aceito e um medo igualmente infinito das consequências que o inelutável contato com os outros pode acarretar. Por fim, o apêndice — além de apresentar de modo resumido o argumento do livro — aplica as considerações precedentes a algumas questões fundamentais da psiquiatria contemporânea.

Mesmo por esta brevíssima apresentação, pode-se perceber o ambicioso escopo de Roberto Mangabeira Unger. Inscrevendo-se explicitamente na tradição dos moralistas clássicos, ele quer reabrir questões que atravessam todo o pensamento ocidental e cuja relevância não precisa ser sublinhada: como descrever a experiência humana? Que tipo de sociedade é compatível com a realização dos possíveis que comporta essa experiência? E que obstáculos, ainda nessa experiência (e nas crenças que a orientam e de certo modo a fundamentam), podem se antepor à visada emancipatória?

Talvez a noção mais essencial no pensamento do autor seja a de *possibilidade*. O ser humano está constantemente inventando a si mesmo e ao mundo que o cerca; embora isso aconteça sempre dentro de dados contextos que cada qual já encontra prontos, tais contextos — por serem produto da sociedade e da história — podem ser rompidos e substituídos por outros, novos. Mas essa ideia se encontra circunscrita por outra, igualmente essencial: a de que somente no contato face a face com o outro é que esses possíveis podem ganhar realidade e concretude.

Notas de leitura

Ora, se o anseio pelo outro é fundante do humano, também o é o medo de que o vínculo com ele produza servidão e despersonalização (página 94). Transparece então o caráter profundamente político da psicologia proposta pelo autor, caráter que não deixa de evocar a *Ética* de Espinosa. Essa associação, que poderia parecer incongruente, é ao contrário reforçada quando se observam outros aspectos do pensamento ungeriano: a ênfase na liberdade como abertura para a multiplicidade simultânea dos possíveis; a colocação, no centro do universo das paixões, do medo e da esperança (que para Espinosa são paixões tristes, isto é, que diminuem nossa potência para agir, sentir e pensar — mas essa é uma outra discussão); a preocupação em descrever um *sistema* das paixões e seu impacto sobre a vida social e política... Mas Espinosa não é a única referência discernível nesse tratado: temos o pensamento cristão, manifesto na presença do amor, da fé e da esperança como contraponto ao ódio e às paixões por ele engendradas — a vaidade, o orgulho, o ciúme e a inveja — e também na fina análise da lascívia e do desespero apresentada no segundo capítulo. Isso para não falar no Romantismo, nos pensadores clássicos da política e na filosofia contemporânea, em especial a de corte pragmático predominante nas universidades americanas: como esta, *Paixão* é de ponta a ponta uma polêmica lúcida e... apaixonada.

Mas o que é uma paixão? "Cada paixão é um modo específico de lidar com a relação entre o medo que uma pessoa tem de outra e o anseio que sente por ela", diz Unger à página 110. Dessa oposição surgem, como primeira metamorfose, o amor e o ódio — as primeiras paixões por assim dizer derivadas. Da intensidade e das oscilações do amor e do ódio nascem, por sua vez, todos os outros sentimentos. A essa gênese ideal ou conceitual, Unger opõe uma outra, mais próxima do empírico, examinando no capítulo ii de que modo a criança vai, em sua evolução, tornando-se "capaz de paixão" (página 141). Aqui deparamos com uma versão existencial das etapas da individuação estudadas pela psicanálise, outra referência constante com a qual dialoga o autor. Por "versão existencial" entendo o que permite, da situação clássica do choro da criança ao perceber a ausência da mãe (que Freud estuda em *Inibição, sintoma e angústia*), uma leitura como esta: "A criança que chora pela mãe ou pelo pai chora por algo além do cumprimento do desejo [...]. Chora também contra o tempo. Chora porque teme a separação como lembrete de uma perda ainda mais terrível, à qual não consegue dar nome. Chora porque, deixada sozinha e consciente da sua dependência, ela tem um pressentimento de que tudo é vulnerável e equívoco, que tudo pode desaparecer, mudar ou revelar-se diferente do que parece ser" (página 147).

A criança faz assim a experiência de vulnerabilidade, a qual está na base tanto da confiança (disposição para aceitar a vulnerabilidade) quanto da desconfiança (medo simétrico àquela disposição). O próprio da condição humana é que a vulnerabilidade abre espaço tanto para o crescimento e enriquecimento do eu quanto para a sua frustração e para o seu desespero. É daqui que partem as análises extremamente sutis que Unger propõe da reciprocidade e da solidariedade — encaminhando-se para a vertente mais política do seu livro —, assim como da divisão do eu e da recusa dele em permitir que suas crenças e convicções sejam abaladas — encaminhando-se para a vertente propriamente psicopatológica.

E como ambas estão inextrincavelmente vinculadas, não é de espantar que o livro termine com uma conferência pronunciada num congresso da Associação Psiquiátrica Americana. Nesse texto o autor traça para a psiquiatria todo um programa, que vai da concepção do que é um transtorno mental (programa "biológico") à crítica da incapacidade da psiquiatria para lidar com a indeterminação constitutiva do seu objeto (programa "psicológico") e à formulação por extenso do que "um psiquiatra deveria ser", passando, como disse, pela apresentação sintética do seu argumento sobre as paixões.

Em suma: *Paixão* é um livro que põe em prática seus próprios princípios, abrindo-se com confiança ao diálogo com o leitor e oferecendo a este um leque impressionante de questões e possibilidades de refletir. Seria apenas de desejar que a tradução fosse um pouco mais elegante, evitando anglicismos desnecessários no vocabulário e na sintaxe. Mas isso não impede que o pensamento de Roberto Mangabeira Unger nos chegue como é: rigoroso, respeitoso e generoso.

Nota sobre a origem dos textos

A interpretação dos sonhos: *origem e contexto*

Sob o título "A descoberta revolucionária de Freud", a primeira parte deste texto saiu no caderno "Mais!" da *Folha de S.Paulo* (28 nov. 1999, pp. 4-5). Foram acrescentados trechos do artigo "1895: um ano emblemático para a estética do eu" (*O Estado de S. Paulo*, Caderno 2, 24 set. 1995, p. 5) e da apresentação para o número 4 da revista *Psychê* (São Paulo, Centro de Psicanálise da Universidade São Marcos, 2º semestre de 1999, pp. 5-8).

A Medusa e o telescópio: Freud e o olhar

Revisão da conferência com o mesmo título, em Adauto Novaes (org.), *O olhar*, São Paulo, Companhia das Letras, 1988, pp. 443-77.

As cartas de Freud

Publicado originalmente em Walnice Nogueira Galvão (org.), *Prezado senhor, prezada senhora*, São Paulo, Companhia das Letras, 2000, pp. 159-73.

O irmão: ficção psicanalítica

Publicado originalmente como um capítulo de Rosa Abras (org.), *A Jovem Homossexual: ficção psicanalítica*, Belo Horizonte, Passos, 1996, pp. 51-68.

O inconsciente segundo Karl Abraham

Trabalho apresentado no I Colóquio Internacional de História da Psicanálise (São Paulo, outubro de 1998) e publicado originalmente na *Revista de Psicologia da USP*, vol. 10, nº 1, 1999, pp. 55-95.

Nota sobre a origem dos textos

Do autoerotismo ao objeto: a simbolização segundo Ferenczi
Baseado num curso no programa de estudos pós-graduados em psicologia clínica da puc de São Paulo em 1992, foi originalmente publicado na revista *Percurso*, nº 1 (São Paulo, Instituto Sedes Sapientiae, 1993, pp. 19-30).

Cem anos de interpretação
Publicado originalmente em Abrão Slavutzky (org.), *História, clínica e perspectivas nos cem anos da psicanálise*, Porto Alegre, Artes Médicas, 1996, pp. 26-42.

A recepção da psicanálise na França
Baseado em algumas aulas do curso de epistemologia proferido na puc de São Paulo no segundo semestre de 1999, este texto é inédito.

Figura e fundo: notas sobre o campo psicanalítico no Brasil
Publicado originalmente na revista *Percurso*, nº 20 (São Paulo, Instituto Sedes Sapientiae, 1998, pp. 7-18). O apêndice ("Cronologia 1968-1997") foi organizado especialmente para este volume.

Subjetividades contemporâneas
Conferência proferida em maio de 1997 no Instituto Sedes Sapientiae; publicado originalmente em *Subjetividades contemporâneas*, nº 1 (São Paulo, Instituto Sedes Sapientiae, pp. 12-7), acrescida de um curto artigo publicado na *Folha de S.Paulo*, caderno "Mais!", em 1999, sob o título "Adolescência ou adultescência?".

Destinos da agressividade entre os judeus
Publicado originalmente em Abrão Slavutzky (org.), *A paixão de ser: ensaios e depoimentos sobre identidade judaica*, Porto Alegre, Artes e Ofícios, 1998, pp. 262-79.

Humor judaico: defesa ou sublimação?
Conferência na exposição "Freud e o judaísmo" (São Paulo, Associação Brasileira "A Hebraica", outubro de 2000); publicado também em Maria Olympia França (org.), *De Schlomo a Sigmund*, Senac, 2002.

Sonhos induzidos: a eficácia psíquica da publicidade
Conferência no ciclo "Cem anos de *A interpretação dos sonhos*" (São Paulo, puc, maio de 1999). Publicado originalmente em Fanny Hisgail (org.), *A ciência dos sonhos*, São Paulo, Unimarco, 2000, pp. 91-110.

Psicanálise e cultura, psicanálise na cultura
Este texto resume e reelabora o curso "Psicanálise e cultura" oferecido no programa de estudos pós-graduados em psicologia clínica da puc de São Paulo, no primeiro semestre de 1999. Nesta forma, é inédito.

Renato Mezan

Psicanálise e pós-graduação: notas, exemplos, reflexões

Difundido inicialmente pela internet em outubro de 1999, este trabalho teve sua primeira versão publicada como "Suplemento especial" no *Jornal do Conselho Regional de Psicologia de Minas Gerais*, nº 66 (Belo Horizonte, março de 2000, pp. 1-12). A base para o texto é constituída por diversas "orelhas" e introduções a livros de orientandos meus, acrescidas de uma reelaboração do "Ponto de Vista" publicado na *Folha de S.Paulo*, 16 jul. 1995, p. 3, sob o título "A universidade minimalista", e de diversos trechos inéditos.

Sobre a epistemologia da psicanálise

Baseado em três cursos do programa de estudos pós-graduados em psicologia clínica da puc de São Paulo, ministrados entre 1999 e 2000, este texto é inédito. Uma primeira versão de parte do material saiu em Lúcio Marzagão (org.), *Psicanálise e universidade: temas conexos*, Belo Horizonte, Passos, 1999, pp. 89-106.

Notas de leitura

Inédito em sua forma atual, este artigo incorpora e refunde dez resenhas e comentários publicados na *Folha de S.Paulo*, no *Estado de S. Paulo*, na revista *Veja* e no *International Journal of Psycho-analysis*: "A voz da razão", *Folha de S.Paulo*, Jornal de Resenhas, 10 jun. 2000, p. 5; "O mal-estar da nossa época", *Veja*, nº 1681, 27 dez. 2000, pp. 202-4; "A passionária Melanie Klein", *Folha de S.Paulo*, caderno "Livros", 21 fev. 1993, p. 9; "Psicanálise ganha novos lançamentos", *Folha de S. Paulo*, caderno "Mais!", 31 jan. 1993, p. 6; "Um capítulo da psicanálise no Brasil", *Folha de S.Paulo*, Jornal de Resenhas, 10 out. 1998, p. 7; "A useful book", *International Journal of Psycho-analysis*, (1999), pp. 406-7; prefácio para Ricardo Sobral Andrade, *Freud e o Romantismo alemão*; "O que é de Freud e o que é de Lacan", *Folha de S.Paulo*, Jornal de Resenhas, 13 set. 1997, p. 4; "Monteiro Lobato declarou guerra à tradição", *O Estado de S. Paulo*, suplemento "Cultura", nº 776, 15 jul. 1995, p. R-1; "Paixão bem temperada", *Folha de S.Paulo*, caderno "Mais!", 15 nov. 1998, p. 7.

Índice remissivo

Abraão, 283, 388

Abraham, Karl atualidade de, 149-50; correspondência com Freud, 94, 117; dados biográficos, 115-7; e a relação de objeto, 145;
e a sequência das patologias, 124, 125ss.; e
o modelo infantil da depressão, 145; estilo
literário de, 122; fidelidade a Freud, 116

Abras, Rosa, 100

abstração (intelectual), 472

adolescência, 261-5, 408-9

Adorno, Theodor, 362

Agamênon, 62

agressividade, 22, 49-51, 231: auto e heteroagressividade, 134, 366; controlada pela
cultura, 366, 378; deflexão da, 366; dessublimação da, 283, 365; do guerreiro homé-
rico, 62; e angústia, 503, 505; e contexto
social, 271, 273; e formação reativa, 279,
282; e sadismo, 50; e sexualidade, 50, 365;
e superego, segundo Melanie Klein, 461;
neutralização da, 231, 279, 365, 378; nos
judeus, 273, 278, 389; projetada em Deus,
no judaísmo, 275, 278; sublimada nos rituais religiosos, 279; superada na fase genital, 128; suporte pulsional da, 136

Aleichem, Scholem, 299

Alemanha: cultura e civilização no pensamento
da, 329-34, 339-41; história da, 327-9, 342;
nazismo na, 342, 362, 379-80; Romantismo na, 544

Alexander, Franz, 153, 210, 426

aliança: de Deus com os judeus, 385-6; entre
os irmãos da horda, 321; terapêutica, 190

alienação, 334

Alighieri, Dante, 265

Allen, Woody, 299

Althusser, Louis, 202, 225, 249, 324

Amaral, Anna Maria do, 237

ambivalência: de Freud em relação à cultura
judaica, 345; na fase oral, 127-8; na fórmula do Kol Nidrei, 385; na melancolia, 145;
na neurose obsessiva, 57; na pulsão sexual, 131, 385; no luto, 42

"Amenhotep", 118

amor, 262, 367, 493-4, 554

Andrade, Mário de, 549

Andrade, Oswald de, 549

Andrade, Ricardo Sobral de, 542-5

Andréas-Salomé, Lou, 89, 230

angústia: como *afeto de base*, 127; como alvo da

Índice remissivo

interpretação, 186, 379-80; da fragmentação, 44, 269; de castração, 380; de dissolução, 44, 70; de ser devorado pela mãe, 70; diante do escuro, 71; do menino Freud, 43; e pulsões parciais, 47; e técnica analítica, 185; entre os judeus, 297; na sociedade contemporânea, 524; nos sonhos, 23

anorexia, 123

apoio, 218

après coup, 218

arcaico, 121, 232

Aristófanes, 288

Aristóteles, 113, 176, 198, 308, 363-5, 371, 413

arte, 335-6, 352, 381, 408, 420-1, 468, 470-1

Artemidoro de Cálcis, 177

Ártemis, 66

Assoun, Paul-Laurent, 481, 483-4, 488-91

Aulagnier, Piera, 144, 149, 173, 210, 212, 228-9, 233, 245-7, 396, 415, 488

Áustria, após a Primeira Guerra Mundial, situação da, 104

autoacusação: na melancolia, 145; no luto, 38, 42

autoerotismo, 164: e simbolização, 168; na situação analítica, 170

Azevedo, Roberto, 224

Bach, Johann Sebastian, 329, 331, 333, 451-2

Bachelard, Gaston, 454, 463, 475-9, 489

Bálint, Michael, 150, 153-4, 156, 229, 233, 531

Ballesteros, Luiz Lopez, 114, 235

Baremblitt, Gregorio, 225

Barros, Elias da Rocha, 238

Bártok, Bela, 152

Bataille, Georges, 202

Bauleo, Armando, 222

Beethoven, Ludwig, 18

Bergson, Henri, 27, 133, 287

Berlim: após a Primeira Guerra, 100-1; como centro psicanalítico, 116

Berlinck, Manoel, 238

Bernays, Martha, 88, 91

Bettelheim, Bruno, 235

Bicudo, Virgínia, 535

Bienal de Veneza, 18, 26, 29

Bildung, 331-3; de Freud, 344ss.; e religião, segundo Freud, 353; na *Fenomenologia do espírito*, 333-5, 337

Bion, Wilfred, 221, 228, 233, 536

Birman, Joel, 232, 237-8

Bleuler, Eugen, 116, 197

Bonaparte, Marie, 86

Bowlby, John, 233

Branca de Neve, 191-2

Bremen, 115

Bresser Pereira, Vera, 535

Breton, André, 202

Breuer, Josef, 36, 42, 93

Brücke, Ernst, 39

Brutus, 308

Budapeste, 152

Calligaris, Contardo, 322

Camões, Luís de, 82

Canguilhem, Georges, 454, 521

capitalismo: no século XIX, 360; no século XX, 361

caráter: segundo Abraham, 120; segundo Reich, 183

casos clínicos: botões de madrepérola (Abraham), 144; comer excrementos (Abraham), 144; de Abraham, 117, 122; de Bernardo Tanis, 413; de Ferenczi, 170-2; de Freud, 483-4; de Joyce McDougall, 493, 495-7, 500ss.; de Mauro Meiches, 413; discutidos por analistas lacanianos, 546; fobia à luz (Abraham), 59

castração, complexo de: acessível pela interpretação, 180; contrastado com noções do Romantismo, 545; e a imago do pai, 69; e o dr. Pur, 43; e o mito de Medusa, 64; e ódio, 386; e sua relação com o olhar, 58, 64, 68; em *Hamlet*, 351; na paciente de Abraham, 60; no sonho, 44; segundo Abraham, 119; segundo Lacan, 324; segundo Le Guen, 217; universalidade do, 270

catarse, 76

Cervantes, Miguel de, 92

Cesarotto, Oscar, 100
Chaplin, Charles, 299
Charcot, Jean, 18, 26, 34-6, 74, 93, 447
Chaui, Marilena, 258
Chiarelli, Tadeu, 549
Chopin, Frédéric, 197, 378
Cifali, Mireille, 197
cinema: alemão nos anos 1920, 103ss.; perversão no, 408
clandestinidade política, 423
códigos expressivos, sua dissolução na cultura moderna, 27
comitê secreto, 98, 117
Comte, Auguste, 27, 463
conflito psíquico, 131, 142, 146, 262, 264, 268
conhecimento, teoria do: em Aristóteles, 472; em Bachelard, 476-9; em Kant, 473-4; em Platão, 470; para os empiristas, 472
consciência: e experiência, 258, 476; e símbolos, 167; em Bergson, 27, 201; em Hegel, 337; na fenomenologia, 201; no estruturalismo, 204; seu surgimento na criança, 160, 496; tomada de, após a interpretação, 76
contemporaneidade, 265, 362, 522-4
contratransferência: como fonte de erros clínicos, 184, 514; em Ferenczi, 155; induzida pela situação analítica, 182
corpo: e simbolização, 162; na situação analítica, 172
Corrêa, José Celso Martinez, 420
culpabilidade, 370, 379, 461: e reação terapêutica negativa, 183; interpretação da, 186; pelos desejos edipianos, 42
cultura: como ambiente no qual evolui a psicanálise, 321, 326, 440-1, 443-5, 447; como determinante de um certo tipo humano, 267ss., 288; como elemento de prova das teorias psicanalíticas, 21, 346-7, 445, 447; como meio de socialização da criança, 267, 278, 325, 374; controlando a agressividade, 368; definição de, 327, 351; e pulsões, 319, 320, 359, 367; e subjetividade, 259, 521; no Romantismo alemão, 329-30;

sua aquisição por Freud, 343ss.; suscitando desejos, 359; teoria psicanalítica da, 320ss., 326, 370-1, 447
curiosidade sexual infantil, 57, 65

D'Alembert, 341
Dalbiez, Roland, 486
Dalton, John, 437-8
Dayan, Maurice, 414
defesa, mecanismos de, 18: contra as pulsões eróticas e agressivas, 277, 375, 513ss., 532; denegação, 60, 305; e memória, 537; e resistência à análise, 188; idealização, 517; ilustrados por uma obra literária, 532-3; modificação dos, pela interpretação, 180, 514, 517; na adolescência, 262; na criança traumatizada, 156; na melancolia, 147; na paranoia, 145; sua função na economia psíquica, 517
Deleuze, Gilles, 196, 205
Demóstenes, 308
depressão: e culpabilidade, 379; e desobjetalização, 367; e drogas, 234; e envelhecimento, 421; na sociedade contemporânea, 522, 524
Derrida, Jacques, 205
Descartes, René, 200, 438, 453
desconstrução (estruturalismo), 205
desejo: de morte do pai, 39-41; de sucção, 145; e realidade, 414; infantil, 42; no sonho, 110, 302-3; nos mitos, 118; para os lacanianos, 192-3, 207; sexual, 310, 315; suscitado pela publicidade, 302; suscitado pelos objetos da civilização, 358
desobjetalização, 367
Deus: no judaísmo, 274; origem da noção, 275, 353
Deutsch, Helene, 111, 116, 210, 230
diagnóstico: bases do, 150, 458; da introjeção melancólica, 143; e raciocínio indutivo, 458; em Charcot, 35
dialética: em Hegel, 201; no Estruturalismo, 204
Dias, Flávio, 535

Índice remissivo

Diderot, Jacques, 291, 341
Dilthey, Wilhelm, 482
Dioniso, 66
Diotima, 105
disfunções eréteis, 409
Dreyfus, Alfred, 341
Droysen, Theodor, 482
Dumézil, Georges, 206

Édipo, complexo de: acessível pela interpretação, 180; de Freud, 40; e melancolia, 148; e o tema dos olhos, 41; e ódio, 387; em *Guerra nas escrelas*, 381; em *Il dio Kurt*, 378; na adolescência, 262-3; na psicanálise aplicada, 318, 323; num paciente de Abraham, 59; segundo Le Guen, 215-7; sua descoberta por Freud, 21; sua pré-história, 30; universalidade do, 271
ego: como oponente da sexualidade, 132, 355, 494; e conflito com o objeto, 143, 496; e enamoramento, 367; e humor judaico, 301; e identificação, 369; e introjeção, 158, 267; e narcisismo, 133, 356, 367, 480; e objeto, 367, 496; e resistência, 188; e sociedade, 267, 270; em Freud, 208, 480; em Lacan, 208; investimento libidinal no, 340; no *Projeto*, 132, 480; para os moralistas franceses, 209; segundo a psicologia do, 190; segundo Joyce McDougall, 497; sua formação, segundo Abraham, 120; sua modificação no processo analítico, 501ss.
Einstein, Albert, 454
Eisenstein, Sergei, 197
Eissler, Kurt, 86, 528
elaboração: e perlaboração, 506; no processo analítico, 75, 505-6
elementos: químicos, 454; teoria dos quatro, 198
Emma (paciente de Fliess), 42
empirismo: criticado por Bachelard, 476; teoria do conhecimento no, 472-3, 476
epistemologia: análise e descrição na, 437; analogia com o estudo das religiões, 464; definição de, 436, 468-9; e filosofia das

ciências, 438; e história das ciências, 455, 477ss.; e lógica, 463; e racionalidade, 466; impossível no século xviii, 453; segundo Bachelard, 475, 477, 480; sua origem na *Crítica da razão pura*, 474
epistemologia da psicanálise: abordando a relação entre conceitos e prática clínica, 266, 416, 517-8; analogias com outras disciplinas, 435, 451; atenta à complexidade da teoria, 501; e a obra de Freud, 480, 486, 488-9; e inconsciente, 497; e o inconsciente do analista, 519; economia de meios conceituais na, 501; procedimento de generalização na, 433; seu objeto, 488-9, 491-2, 517; sua posição mediana, 437, 441, 492; universalidade, singularidade e particularidade no sujeito psíquico, 270, 482, 484-5, 518
Eros, 134, 232
Escola de Frankfurt, 361
escravidão, 260-1, 337
escrita: dificuldades na, na pós-graduação, 399; dimensões pulsionais da, 402; feminina, 413
Esfinge, 63
espaço psíquico, 36, 75
Espinosa, Baruch de, 349, 453, 548, 554
esportes, função dos na cultura moderna, 371
Ésquilo, 413
estoicismo, 337
estruturalismo, 204
estupro, 137
Etchegoyen, Horacio, 226
Etcheverría, Jorge, 235
ética, 28: em Aristóteles, 198; para os adolescentes, 263
Eurípides, 413
Existencialismo, 201

fanatismo, 279-80, 282, 284
fantasia: arcaica, 65, 121; aspectos reflexivos da, 55; como origem da histeria, 36; de castração, 58; de intrusão, 139; de retorno ao indiferenciado, 70; e representação dos olhos, 46, 64; e símbolos, 170; interpretação

da, 192-3, 371; na obra cultural, 377; originária, 57, 214-6; para os lacanianos, 193-5; presente nos conceitos teóricos, 323, 543

Federação Internacional de Associações Psicanalíticas, 227

Fédida, Pierre, 222, 229, 374, 411, 415

Fenichel, Otto, 188-9, 203, 210, 426

fenomenologia: e a descrição das vivências, 205, 258-9; Husserl e a, 201; na França, 201-2, 486-7

Ferenczi, Sándor: cartas de Freud para, 89-90, 96; como estudioso do arcaico, 121; como líder da escola húngara, 152; como precursor da escola inglesa, 150; composição dos erotismos em, 169; concepção da psique infantil em, 162; concepção do símbolo em, 167; contato com a intelectualidade húngara, 152; correspondência com Groddeck, 96; periodização da obra de, 154; sua influência sobre a psicanálise moderna, 172-3, 233; técnica ativa de, 154, 183; trabalho durante a guerra, 106

fetichismo: da mercadoria, 304; dos pés, 60, 121, 315; na publicidade, 310, 315

Figueira, Sérvulo, 223-5, 237, 240-1, 322

Figueiredo, Luís Cláudio, 322

filosofia: das ciências, 438, 470ss.; e paixão, 554; e pólis, 308, 483; e psicanálise, na França, 196-201; na França, 199; para Hegel, 337; querela dos métodos na (Methodenstreit), 482

fixação, 127, 148

Flaubert, Gustave, 261

Fliess, Wilhelm, 19, 21-2, 24, 37, 41-4, 86

Fluss, Emil, 83

fobia: da luz, 59, 119; na paciente de Joyce McDougall, 509; no paciente de Abraham, 59

Foucault, Michel, 196, 454-5, 479

França: filosofia na, 199; intelectuais na, 340-1; recepção da psicanálise na, 199, 486-7

França, Cassandra Pereira, 29

França, Maria Olympia, 286

Freud, Anna, 86, 189, 209, 230, 530

Freud, Ernst, 86

Freud, Jakob, 17, 20, 37-40, 56, 58, 344, 347, 354

Freud, Sigmund: adolescência de, 91, 344-7; angústia infantil de, 43; apoliticismo de, 339; atividade de correspondente, 83, 93, 234; autoanálise, 20, 24, 43; biografias de, 229-30, 235; câncer de, 44, 231; colaboração com Ferenczi, 155; como escritor, 23, 539; concepção da interpretação em, 176, 180, 320, 459; concepções do ego em, 208, 480; construção da sua psicologia, 19-20, 23, 415, 448-9, 455-6, 459, 478, 480; denegrimento de, 234; distinção entre sua pessoa e sua obra, 488-90; e a noção de realidade, 417; e Goethe, 332, 345, 355; e Moisés, 345-6, 349, 354; e o antissemitismo, 345, 348, 350; e o romantismo alemão, 544; e Reich, 426-7; estatuto de interlocutor na França, 210, 229, 487; exame da Matura, 83, 349; formação cultural de, 344, 348-9, 542-3; humor de, 97, 286-7; identificações de, 349; judaísmo de, 344-6, 348-51, 354; ligado ao contexto cultural do seu tempo, 491; luto pelo pai, 20, 38; mudança do seu pronome, 545; o infantil para, 414; parecer sobre o caso Wagner-Jauregg, 105; publicação de sua correspondência, 88, 230; recepção de sua obra na França, 200, 486; relações com seus alunos, 94-8, 426, 455; relido por Lacan, 229, 286, 487, 546; retificando suas teorias anteriores, 476; seu conhecimento da Bíblia, 345, 348; seu lugar na história da psicanálise, 195, 229, 484-8; seu vocabulário técnico, 538; sobre a agressividade, 365-6; sobre a amizade, 98; sobre a educação, 426; sonho, 20, 37, 39-42, 44, 58; sonho do exame, 72; sua concepção da ciência, 349, 351, 480-2; sua ojeriza a ser fitado, 37; sua relação com a arte, 351; sua relação com a filosofia, 351, 483; sua relação com a religião, 351; teoria da cultura em, 320, 327, 339, 343-5, 349ss.;

Índice remissivo

trabalho com a jovem homossexual, 109; traduções de, 235, 539; uso das cartas para o diálogo científico por, 97; uso de metáforas por, 74

Fundamentalismo, 283, 285, 349-50

galicanismo, 200

Galland, Antoine, 201

Garcia-Roza, Luís Alfredo, 232, 237

Gay, Peter, 235, 349

Glover, Edward, 116, 185-6, 531

Glover, James, 116

Goethe, Johann W., 329-33, 342, 345, 348, 355

Goldstein, Baruch, 285

Gombrich, Ernest, 375

Green, André, 31, 150, 156, 173, 228-9, 231, 232, 367, 488

Groddeck, Georg, 89, 96

Grünbaum, Adolf, 526

Guattari, Félix, 196

Hamlet, 23, 112, 193, 347, 351, 493

Hanns, Luiz Alberto, 538ss.

Hartmann, Heinz, 189-90, 209-10, 231

hassidismo, 294-5

Hauser, Arnold, 152

Haydn, Josef, 330

Hayworth, Rita, 315

Hegel, Georg W. F., 146, 200-1, 330, 333-5, 337-8, 444, 546

Heine, Heinrich, 349

Henrique iv da França, 306

Hermann, Fabio, 237-8

hermenêutica, 179, 486

Herrmann, Imre, 153

hipnose, 34-6

Hirschfeld, Magnus, 109

Hisgail, Fanny, 302

histeria: como objeto de estudo de Freud, 18, 28, 36, 445ss., 522; e cena traumática, 74; e demência precoce, 118; e feitiçaria, 445; e feminilidade, 446-7; e hipnose, 34; e perturbação da visão, 57, 132; e possessão demo-níaca, 445-6, 457; e seu contexto social, 447; e transferência, 457; na Salpêtrière, 26, 34; sintomas transitórios na, 171

Hobbes, Thomas, 366

Hoffmannsthal, Hugo von, 107

Hölderlin, Friedrich, 330

Homero, 17, 62, 366

homossexualidade: como crime, 109; feminina, 100ss., 516ss.; masculina, 109, 382

horda primitiva, 321, 351, 356

Horkheimer, Max, 362

Horney, Karen, 230

Hume, David, 473

humor: agressividade no, 287, 292; alvos do, 301; como fenômeno social, 288; como forma de restauração narcísica, 292, 294; e autocrítica, 294; entre os judeus, 289ss., 295-6, 299; forma e conteúdo no, 286, 289, 310

Hungria: refugiados húngaros em Viena, 107; vida cultural no tempo de Ferenczi, 152-3

Hyppolite, Jean, 196

ibrapsi, 225

ideais: adquiridos pela Bildung, 332; do amor cortês, 263; e modelos identificatórios, 268, 271; investimento dos, sob a clandestinidade, 424; modelados pela publicidade, 302-3, 311; na adolescência, 263; promovidos pela sociedade, 263, 268; refletidos no humor judaico, 302

identificação: como mecanismo de constituição social do sujeito, 268, 270, 357, 359; de Freud com suas duas culturas, 346-50; do agressor com a vítima, 380; do espectador com o espetáculo, 371; do espectador com o personagem de um filme, 314; do orientando com o orientador, 401; e escolha do objeto, 369; e incorporação, 130; e travessia do trágico, 413; em Lacan, 130; entre os judeus, 282, 301, 354, 385; estabilidade da, 269; na adolescência, 262; repressiva, 361

Iluminismo, 28, 281, 338, 340, 450

imagens: arcaicas, nos sonhos de Freud, 44; de Narciso, 28; nas artes, 26; no espelho, segundo Rank, 67; organizadas em cenas, 74; sob os conceitos, 75, 323, 545; transformação de ideias em, 23, 519, 541

inconsciente: aspectos universais do, 270, 373; como objeto próprio da psicanálise, 265, 320, 373, 376, 484; conteúdo do, 39-44, 149, 270, 368; destino das pulsões no, 50; e histeria, 18; e relação de objeto, 131; e resistência, 188, 456; na obra de cultura, 376; na oração do, 385, 387; oposição da ciência oficial à ideia de, 456; organização do, 76, 368; presente em fenômenos sociais, 327; realidade do, 373; representações no, 59, 135, 373; segundo Lacan, 207; segundo M. Klein, 187; símbolos no, 167-9

incorporação: do pênis paterno, 130; e analidade, 130; e oralidade, 124, 130; oposta à introjeção, 164; pelo ouvido, 130, 358

indivíduo: aspectos universais no, 260, 267, 433-4; cultivado na Bildung, 331ss.; e cultura, 21, 267, 356, 369; e sua sexualidade, 47, 356; e suas paixões, 28, 269, 342, 494, 552-5; no catolicismo, 341; no protestantismo, 341; regularidade na vida psíquica do, 433, 514; símbolos individuais, 167; singularidade e universalidade no, 259, 518; sua evolução psicossexual, 128, 554-5

infantil: como determinante da vida psíquica do adulto, 261, 312, 413; manipulação do, pela publicidade, 312; megalomania, 41, 54; no processo analítico, 413, 504; segundo Abraham, 120; sua presença no pensamento do analista, 81

Instituto Sedes Sapientiae, 221, 224, 226-7, 257: departamento de psicanálise do, 224, 237

interpretação: como avatar do olhar que desvenda, 58; critérios para aceitar a validade da, 517; da resistência, 188, 376; de conteúdo, 188; de sonhos, 19, 29, 37, 43, 176, 180, 432; de transferência, 185, 374-5; de um ritual judaico, 386ss.; e construção,

180; e explicação, 482; e imagens, 79, 177; e recalque, 178-9; e remoção dos sintomas, 170, 178, 409; em Freud, 176-7, 317, 482; em Lacan, 193, 547; entre os antigos, 174-6; especificidade da, na psicanálise, 174, 179, 318, 374-5, 386-8, 430, 459, 482, 517; inoperância da, 410; Melanie Klein, 461; mutativa, 186; na psicanálise aplicada, 320, 322, 371-2, 374, 386-90, 430; na psicologia do ego, 189; passível de ser corrigida pelo analista, 516; segundo Bion, 228; segundo Laplanche, 79, 180; segundo Leclaire, 195; segundo Wilhelm Reich, 188; sua construção pelo analista, 79, 174, 177, 374, 409-11, 430-2, 503-4, 511, 515; talmúdica, 388

introjeção: e sentido de realidade, 159; e simbolização, 165, 170; na mania, 147; na melancolia, 143, 158; no luto, 142; normal, 142; segundo Ferenczi, 157

investimento: da religião pelos judeus, 284; libidinal no ego, 208; sentidos do termo em alemão, 539

Isaac, 274

Israel, Estado de, 280-3

Jacobsen, Mikkel, 498-500

Jakobson, Roman, 206

Jannings, Emil, 104

Jaspers, Karl, 482

Jefté, 274

Jonas, 392

Jones, Ernst, 86, 88-9, 114, 117-24, 127, 166, 230, 456, 530, 540

judaísmo: benefícios psicológicos do, 278, 388; conteúdo do, 276; criticado por meio do humor, 293; favorecendo o exercício do intelecto, 289; sua origem, segundo Freud, 349

judeus: autocrítica pelo humor entre os, 293-5; autoimagem dos, 285, 301-2; e modernidade, 281, 284, 290; educação universal entre os, 289; emancipação dos, 284, 291, 345; fanatismo dos, 279, 284; história dos, 273,

Índice remissivo

281, 289ss.; igualitarismo entre os, 294; investimento pulsional dos, na religião, 276, 387-8; liberação das energias criativas dos, 284; modelagem da identidade dos, 278, 301; na Rússia, 281, 288-94; nos Estados Unidos, 296ss.; violência por parte dos, 280

Jung, Carl, 89-91, 93-6, 98, 116-8, 133, 166, 192, 197, 230, 346

Kafka, Franz, 351, 354
Kant, Immanuel, 136, 330, 399, 404, 462-3, 473-6, 509
Katz, Chaim Samuel, 225, 232, 237-8
Kehl, Maria Rita, 100
Kernberg, Otto, 229
Kesselman, Hermán, 222
Keynes, John Maynard, 361
Khan, Massud, 229
kitsch, 197
Klein, Melanie: a agressividade para, 366, 530; como paciente de Abraham, 121; como paciente de Ferenczi, 156; criticada por Lacan, 207; divulgação de sua obra no Brasil, 238; e a reparação maníaca, 370; influência sobre os primeiros analistas latino--americanos, 227, 532; na história da interpretação, 183, 186-7, 461, 529; objeto e ego para, 213; objeto persecutório para, 144, 461; posição depressiva para, 147, 409; posição esquizoparanoide para, 44; publicação de sua biografia, 230, 527; relida por seus discípulos na Inglaterra, 228, 527; sua concepção do superego, 460; sublimação segundo, 357; teses na puc de São Paulo sobre o pensamento de, 409
Klimt, Gustav, 27
Kohut, Heinz, 228, 231, 533, 546
Kojève, Alexander, 146, 201
Kol Nidrei, 383ss.
Koller, Carl, 56
Königstein, Leopold, 56
Koyré, Alexandre, 454

Kraepelin, Emil von, 106
Krafft-Ebing, Richard von, 153
Kris, Ernst, 87, 210
Kronos, 64
Kuhn, Thomas, 431, 454, 462, 464, 479
Kun, Béla, 101

La Bruyère, 209
La Rochefoucauld, 209
Lacan, Jacques: a interpretação segundo, 192, 547; crítico da psicologia do ego, 189; e a escola freudiana de Paris, 222; e a linguagem, 546; e a relação de objeto, 146; e Abraham, 128, 146; e Ferenczi, 173; e Hegel, 146, 546; exposição de suas ideias por J. A. Miller, 548; publicação de sua biografia, 230; resgatando o livro de Freud sobre o chiste, 286; seu retorno a Freud criticado por outros analistas franceses, 229; sobre as funções materna e paterna, 324; sua evolução nos anos 1970, 233; sua influência na América Latina, 224-7; sua influência na psicanálise francesa, 488; sua relação com a filosofia, 546; sua relação com Freud, 548
Lange, Jessica, 315
Langer, Marie, 222
Laplanche, Jean: como aluno de Lacan, 228, 488; como referência para o pensamento analítico, 414; e a psicanálise extramuros, 419; e Ferenczi, 173; e sua tradução de Freud, 235; em Paris VII, 222; sobre a angústia, 127; sobre as pulsões, 50-1, 214-5, 231; sobre o método freudiano de interpretar, 180; sua análise do sadismo, 50-1; sua teoria da sedução originária, 214, 233
Le Guen, Claude, 173, 229: como referência para o pensamento analítico, 415; sobre a castração, 215-6; sobre a sedução, 216; sua obra influenciada pelo, 488
Lebrun, Gérard, 363, 438, 440, 452, 455-6, 458, 462-4, 466, 469, 475, 479, 481, 489, 518
Leclaire, Serge, 194-5, 228, 230
Lemaire, Anika, 225

Lessing, Johann G., 345
Léthes, rio, 471
Lévi-Strauss, Claude, 204, 206, 405
libido: desenvolvimento da, 140; e simbolização, 172; em Abraham, 137, 140ss., estágios da, 126
Liebknecht, Karl, 101
Lobo, Amílcar, 226
Locke, John, 321
Longman, Eliana, 535
Loureiro, Inês, 309, 329, 542
Louvain, universidade de, 225
Lubitsch, Ernst, 104
Lukács, György, 152
Lumière, irmãos, 18
Lutero, Martinho, 329
Luxemburgo, Rosa, 101

Mach, Ernst, 27, 484
Machado de Assis, 381
mais-valia, 360
Malfatti, Anita, 550-1
mania, 122, 139, 147, 149, 380
Mannheim, Karl, 152
Marco Antônio, 308
Marcondes, Durval, 236, 534-5
Marconi, Guglielmo, 18, 26, 372
Marcuse, Herbert, 362, 427
Marx, Groucho, 299, 520
Marx, Karl, 304-5, 324, 329-30, 360, 406
Mascarenhas, Eduardo, 226
masoquismo, 48-53, 58, 136, 343
Masotta, Oscar, 224
masturbação, 155, 262
McDougall, Joyce, 229, 493ss.
Medeiros e Albuquerque, 534
Medusa, 61ss., 305
melancolia: caso clínico (de Abraham), 143-4; e esquizofrenia, 146-7; introjeção na, 143; perda do objeto na, 140; potencialidade para a, 415; psicogênese da, 147; suicídio e, 127
Melsohn, Isaías, 236-7

Menezes, Luís Carlos, 237, 478
Merleau-Ponty, Maurice, 28, 77, 196, 201-2, 469, 518
mestrado e doutorado, teses de: característica das, 399-400, 434; nível necessário para as, 398; temas das, 405-8; validade do conhecimento obtido nas, 431-5
metapsicologia: da agressividade, 366; da psicose maníaco-depressiva, 129; definição de, 489; do aparelho psíquico, 368, 489, 497; dos sentimentos, 139; e conflito psíquico, 133, 142, 495-6, 500; e história da psicanálise, 491; na obra cultural, 374-5; no capítulo vii da Traumdeutung, 22, 498; recusada por vários autores, 486; reformulada constantemente por Freud, 369; seu papel na psicanálise aplicada, 379; seu uso na prática analítica, 501, 519; sua influência sobre a técnica, 186, 517ss.; teses universitárias sobre, 406, 486
método: e construção do objeto científico, 468, 469; experimental, 468, 485; hipotético-dedutivo, 466; "querela dos métodos" (Methodenstreit), 482
método analítico: e As mil e uma noites, 412; e livre associação, 36; e simbolização, 166, 410; no caso do paciente de Abraham, 59; para Frank Philips, 536; segundo Ferenczi, 166; valorizado pelos fenomenólogos, 486
Meyer, Luiz, 237
Mijolla-Mellor, Sophie de, 415
Miller, Jacques-Alain, 225, 227, 238, 546ss.
Modernismo, no Brasil, 549-50
Moisés, 97, 297, 307
monoteísmo, 281
Monteiro Lobato, 550ss.
moral, coerção dos desejos e, 21
Moreira, Juliano, 534, 549
Mormô, 71
movimento psicanalítico, 25, 94, 116-7, 133, 153, 221-2, 225-6, 230-1, 349; os lacanianos no, 224
Mozart, Wolfgang A., 18, 330

Índice remissivo

música: analogias com a psicanálise, 450; aprendizagem da, 339; forma na, 378

narcisismo: antecipado por Abraham, 118; definição do, 133; dos judeus, ligado à religião, 278; e adolescência, 262; e anseio por segurança, 313; e aparelho psíquico, 368; e disfunções eréteis, 416; e envelhecimento, 423; e humor, 292; e o duplo, 67; e ódio, 137; e onipotência, 165; e pertinência a um grupo, 268, 278; e pulsão de morte, 138, 367-8; e pulsão de ver, 54; infantil, 415; manipulado pela publicidade, 313; na comunidade acadêmica, 431; nas condições da clandestinidade, 423; no século xx, 28

Nefertiti, 118

Negri, Pola, 102

Netanyahu, Benjamin, 273

Neurose: como perturbação da sexualidade, 46; de guerra, 105; de transferência, 29; obsessiva, 58, 125, 140; origem da, 18

New Deal, 361

Nicholson, Jack, 315

Nietzsche, Friedrich, 413, 552

Nogueira, Luís Carlos, 237

Novalis, Friedrich, 330

objeto: atração e repulsa pelo, 138; conceito psicanalítico do, 369; conflito com o, 143; constituição do, segundo Ferenczi, 162, 168; construção do, na prática científica, 469, 474ss.; construção do, segundo Melanie Klein, 461; controle do, 141; cultural, 469, 482; da pulsão, 357, 367; do sadismo, 50; e fantasia, 54, 158-9; e introjeção, 158; e ódio, 137; e pulsões, 130, 172, 367; e suporte, 469; e zonas erógenas, 130; escola das relações de, 232, 533; ideal, 466; material, 466; métodos de abordagem do, 467, 482; na filosofia da ciência, 452, 466, 469, 475, 482; oral, 52, 212; parcial, 228, 319; perda do, 140, 165; psíquico, 467; relação de, 124, 127-8, 367; tipos de, 466-8, 478-9; total, 139

ódio: às normas religiosas, 386; e narcisismo, 137, 139; seu vínculo com o objeto, 137-9, 493; sua origem, 135, 493

olhar: aversão de Freud ao, 37; da Medusa, 61ss.; excluído do processo analítico, 34; funções do, 45; na *Interpretação dos sonhos*, 37-45; perturbações neuróticas do, 56

olhos: cegueira dos, 40; como representação da vagina, 44, 61, 64, 168; de Brücke, 39, 42; e pênis, 60, 168; fechar um dos, 38; sobredeterminação da representação dos, 65; valor narcísico dos, 168

onipotência, dos desejos, 306

oralidade, 119-20, 122, 358; na melancolia, 144, 148

orientação: dificuldades da, 400, 424; na pós-graduação, 399-400

Ornston, David, 235

Oswalda, Ossi, 104

Partido Social-Democrata, na Áustria, 101ss.

patologias narcísicas, 120

Pavlovsky, Eduardo, 222

Pelbart, Peter, 269

Pellegrino, Hélio, 226

pênis, inveja do, 130

pensamento, processos de: ambiguidade nos, 58; e realidade, 162-3; erotização dos, 57; na mania, 149; necessidade do limite, 73; segundo Bion, 228

percepção: e observação científica, 477; no bebê, 474; para Kant, 474

Perestrello, Marialzira, 532-5, 538, 549

Péricles, 308

Perrier, François, 230

Perséfone, 465

Perseu, 62-3, 74

perversão: concepções da, 439; no cinema, 420

pesquisa: construção do problema na, 398, 405, 424, 478; critérios para a validade da, 430; e método clínico, 416; em ciências humanas, 398, 404, 420, 428-30, 478; natureza da, em psicanálise, 428ss.; uso de entrevistas em, 420-1

Pfister, Oskar, 86, 88, 91, 98, 230, 322
Philips, Frank, 236, 535ss.
Pichon Rivière, Enrique, 203
Pinto, Genserico de Souza, 534
Planck, Max, 454
Plataforma, 203, 222
Platão, 308, 318, 363-4, 413, 470, 474
Poirot, Hercule, 374
Politzer, Georges, 196, 200, 202, 486
Porto-Carrero, Júlio, 535
posição esquizoparanoide, 44, 191
positivismo, revolta contra o, 27
prazer: e sublimação, 365; investimento libidinal, 340, 363; mecanismos do, no riso, 287; no processo analítico, 338; preliminar, 364; segundo Aristóteles, 363; segundo Freud, 364; segundo Platão, 363; suficiente, 339
prazer, princípio do: e libido, 140; e onipotência, 159; na criança, 160; no Projeto, 159; no riso, 287
processo analítico: analogia com a Bildung, 332; com pacientes mais velhos, 122, 409; como objeto da teoria, 441, 492; e Annahme, 78; e construção do inconsciente, 377; e experiência estética, 412-3; e o trágico, 413; e realidade exterior, 417; exclusão do olhar no, 34; exemplo de um momento do, 502ss.; impasses no, 410; insight no, 76; o setting como condição do, 32; objetivos do, 80, 268, 492, 504; papel da memória no, 78, 180, 184, 414; prazer no, 338; proliferação de imagens no, 74, 377, 504; reação terapêutica negativa no, 183, 409; resistência ao, 170-2, 339; simbolização no, 170, 504; teses universitárias sobre o, 407ss.; uso do divã no, 32
profetas bíblicos, 275, 392
psicanálise: como crítica da cultura, 362, 521-2; concepção do homem segundo a, 260, 277, 493, 500-1, 521-2; confiabilidade dos dados na, 512-4; construção do conhecimento na, 434, 458, 476; contato com

disciplinas vizinhas, 233, 519; críticas à, 234, 270-1, 317, 322, 373, 430-1, 486, 512ss., 525; das neuroses de guerra, 105; de situações não individuais, 233, 258ss.; e as várias esferas da cultura, 351-3, 409, 418-20; e câncer, 433; e educação, 421, 427; e experiência estética, 411; e judaísmo, 322; e literatura, 411-3, 532; e o movimento modernista brasileiro, 549; e psicoses, 118, 229; e psiquiatria, 234, 436, 555; e religião, 353; e seu entorno social, 317, 418ss., 441-3, 447; e vida contemporânea, 257, 521; em instituições, 408, 419; escola húngara de, 152; hostilidade da Igreja em relação à, 353; instituições da, 442, 527; material para a história da, 229-31, 425, 426, 441; modos de abordar a, 437-40; modos de exposição da, 459; na Argentina, 203, 221-3, 225, 233, 447; na França, 222, 228-9, 322; na Inglaterra, 228, 447; na universidade, 222, 238, 395ss., 534-7, 540; no Brasil, 221-3, 226-7, 235-6, 238-40, 322, 404, 534-5, 538-9, 549; no hospital geral, 418; nos Estados Unidos, 228, 447; numa língua estrangeira, 425; objeto próprio da, 265, 317, 376, 432, 457; para Lacan, 547; procurada pela classe média, 223; progresso na, 478; publicações na área da, 404, 513; seu lugar na área das ciências, 482-5; sua origem nos anos 1890, 18, 36, 87-8, 446, 456; sua virada emancipatória, 28, 223, 268-9, 371, 492; sua vitalidade, 520; teses universitárias sobre a história da, 408
psicanálise aplicada: à publicidade, 318ss.; à religião judaica, 275, 383ss.; ao cinema, 420; ao humor, 288; ao teatro, 420; como ilustração de um argumento teórico, 420, 532; como responsabilidade ética do psicanalista, 267, 450; contribuição dos analistas húngaros à, 152; contribuições de Abraham à, 117-9, 122; definição de, 318, 371-2, 419, 448; método da, 322-3, 326, 372-3, 387ss., 419; na óptica lacaniana, 547; objetos

Índice remissivo

da, 318-9, 326; sua importância para Freud, 419, 448-50; sua relação com a psicanálise clínica, 319, 374, 376, 379, 419; trabalhos de Freud sobre, 22, 318ss., 419

psicanalista: atenção flutuante do, 79-80, 512; constituição da interpretação no, 80, 409-11, 503-4, 507, 515-6, 547; construção de hipóteses clínicas pelo, 515-6; descrição do seu trabalho por Freud, 74; em equipes multidisciplinares, 418-9; formação do, 223, 332, 395; lacaniano, 546-7; redação de teses universitárias pelo, 409; registro das sessões pelo, 512-5; seus processos psíquicos, 80, 399, 411, 493, 508, 514; sua caricatura típica, 32; sua responsabilidade ética, 267; tendências defensivas no, 58; uso da teoria pelo, 395, 493, 508, 514

psicologia do ego, 189-90, 206, 231

psicologismo, 199

psicopatologia psicanalítica, 145, 232, 269, 407, 415

psicose maníaco-depressiva, 122

psicossomática, 241

publicidade: e desejo infantil, 315; e retórica, 303; e sedução, 315; manejo do sentido latente na, 303-4; no circuito do capital, 304, 362; uso da linguagem alusiva na, 309

pulsão: caráter reflexivo da, 53; coerção da, na cultura, 319-20, 346, 355, 361-2; de conhecer, 57; de domínio, 50-1; de ver, 35, 46-52, 168, 356; de vida, 367; destinos da, 48, 361, 370-1; do ego, 132, 355; e agressividade, 366, 386; e autoerotismo, 53, 164; e instâncias psíquicas, 142; e instinto, 212, 218; e representação, 135, 420, 507; evolução segundo Abraham, 126-7; finalidade da, 48, 357, 493-4; fusão e defusão entre as pulsões, 133; interpretação das pulsões na psicologia do ego, 190; modos de satisfação da, 140, 363, 365; na obra estética, 420; origem da, 46-7, 212, 494; para Laplanche, 214; pulsões parciais, 120; renúncia às pulsões, 346, 360, 368, 387;

segundo Ferenczi, 164, 214; seu papel no processo analítico, 507; sexual, 47, 355ss., 363; visual e fantasias originárias, 56

pulsão de morte, 134-7, 356; e agressividade, 367; e narcisismo, 138, 367; e ódio, 137; e representação, 135; estudada por analistas do Rio de Janeiro, 232; interesse menor pela, na atualidade, 231

Pur, Josef, 37

qualificação, exame de, 403

Rabelais, François, 288, 306

Rabin, Itzhak, 273, 283

Radó, Sándor, 116, 153, 210

Raimann, Johann, 105

Rank, Otto, 67, 117, 123, 163, 166, 184, 409, 448, 450

razão: e emoções, na publicidade, 311; e o conceito de morte, 135; modelo matemático da, 453-4, 463; nas ciências, 438, 453, 463; no século xvii, 455; para Freud, 351, 459; para Kant, 462; universalidade da, 453

reação terapêutica negativa, 183, 187-8

realidade: acesso por meio da simbolização, 162; contato com a, 159; do conjunto e de seus componentes, 373; na clínica psicanalítica, 417

regressão: induzida pela situação analítica, 182; na melancolia, 141; na sequência das patologias, 127; na situação analítica, 79, 173

Reich, Wilhelm, 183, 188-90, 203, 230, 409, 426-7

Reik, Theodor, 116

Reinhardt, Max, 107

Renner, Karl, 104, 111

repetição, compulsão de: interpretação da, 179; na psicose maníaco-depressiva, 129; na transferência, 184

representação: e inconsciente, 135, 459-60, 498; e pulsão de morte, 135; e simbolização, 167; mobilização da, pelo interpretação, 180, 457; o aquém da, 232; obsessiva, 460

572

repressão: como destino da pulsão, 48, 361; levantamento da, na análise, 78, 460; no século XIX, 359, 522; no sintoma, 18; no sonho, 20; retorno do reprimido no duplo, 68; sua conceituação por Freud, 456

retórica: e persuasão, 303; e psicologia, 308

revistas: *Brasileira de Psicanálise*, 236; *de psicanálise no Brasil*, 238; *Percurso*, 224, 329; *Psychanalyse*, 245; *Psychê*, 29; *Teoria da prática psicanalítica*, 238

Ricœur, Paul, 196

Rios, Waldo de los, 197

Rodrigué, Emílio, 222

Roentgen, Wilhelm, 18, 26

Róheim, Géza, 154

Romantismo, 542-6, 554

Roosevelt, Franklin Delano, 361

Rosenfeld, Anatol, 237

Rosenfeld, Herbert, 210, 229, 231

Rosolato, Guy, 117

Roth, Phillip, 299

Rousseau, Jean-Jacques, 321, 341

sadismo, 48-52, 380: interpretação do, 186, 380; na evolução da libido, 128; no personagem Kurt, de Moravia, 379

sagrado, 276

Sangirard, Helena, 311

Sartre, Jean-Paul, 341

saúde mental, movimento da, 221, 226

Saussure, Ferdinand, 204, 206, 437, 454

Schafer, Roy, 228

Schiller, Friedrich, 330, 345

Schnaiderman, Regina, 221, 224, 237, 240

Schopenhauer, Arthur, 330

Schubert, Franz, 330, 543

Schumann, Robert, 330, 543

Schwarz, Roberto, 381

sedução: e educação, 428; em Laplanche, 211, 213; pela publicidade, 315; teoria da, 20

Segal, Hanna, 234

Seitz, Karl, 101

Seleções do Reader's Digest, 311

sexualidade: como força psíquica, 132, 460; e agressividade, 50-1, 380; e pulsões, 50-3, 126, 128, 232; emergência da, 51; fatores destrutivos na, 134; masculina, 64; na adolescência, 261; neuroses como perturbação da, 46; pouco interesse dos analistas na, 232; sadismo na, 380; sublimação na cultura, 357

sexualidade feminina: como motivo de angústia, 44-5, 70; e castração, 60, 119

Shakespeare, William, 23, 108, 201, 308, 316, 348, 495

Shaw, Bernard, 152

Siegfried, 110, 531

significante(s), 206-7; enigmáticos, 213

Silberstein, Eduard, 89, 344-5, 348

símbolo(s): da vagina, aranha como, 123, cabeça de Mesusa como, 61, do pai, o sol como, 59; dos genitais, olhos como, 59-60, 168; e corpo próprio, 161-2; e representação do corpo, 169; em Abraham, 122; na cultura, 469; natureza dos, 166-7; religiosos, 468; segundo Ferenczi, 167

sintomas: como compromisso entre impulsos e defesas, 18, 505ss.; de Freud, 24-5; na psicopatologia psicanalítica, 145; oculares, 57

situação analítica: como indutora da regressão, 182; e introjeção, 164; e repressão, 78, 460; exclusão do olhar na, 33, 78; sintomas transitórios na, 170; uso do divã na, 32, 46, 476

Skywalker, Luke, 382

sociologismo, 199

Sócrates, 308, 319, 471

Sófocles, 348, 413

sonho(s): (suposto) da Jovem Homossexual, 109; como acesso ao inconsciente, 19, 29; como realização de desejos, 20, 22, 55, 302; de Freud, *ver* Freud; e cinema, 30; modos de representação nos, 37; na *Traumdeutung*, 22; o infantil como fonte dos, 45; suas funções no psiquismo, 449

Índice remissivo

Souza Leite, Márcio Peter, 100
SPID (Sociedade de Psicanálise Iracy Doyle), 227
Spitz, René, 153
Stärcke, Johann, 122
Stein, Conrad, 38-42, 44, 58, 210, 228-9, 448, 488
Stekel, Wilhelm, 95
Strachey, Alix, 116, 530
Strachey, James, 114, 116, 186, 190, 235, 371, 530, 540
Strauss Filho, Johann, 102, 378
Strauss, Richard, 103, 107
Strindberg, Carl, 152
sublimação, 28, 48: administrada na sociedade atual, 363; da pulsão de ver, 57; dos impulsos, pela socialização, 277, 346, 355, 357; entre os judeus, 278, 302; fracasso da, 509; na arte, 420; por meio do humor, 290; prazer obtido na, 365; segundo Herbert Marcuse, 362; segundo Melanie Klein, 357
sujeito: como foco da experiência, 258, 474, 496ss.; constituição do, no contato com o outro, 233, 259, 268, 326, 553-4; dimensões inconscientes do, 259, 373, 498; dimensões sociais do, 261, 265-7, 270, 318, 326, 359, 373, 522; do conhecimento, 373, 473-4; e consciência de si, 498; e divisão, 498; e reflexão, 498-500; e representação, 498; e repressão, no século XIX, 359; em Kant, 473-4; na história da filosofia, 497-8; no Brasil atual, 270; no estruturalismo, 204; no Romantismo alemão, 544; origem do termo, 259, 497-8; para a psicanálise, 499; para Lacan, 206; poético, 544; sua determinação pela classe social, 270, 360; sua matriz narcísica, 54
superego: e complexo de Édipo, 460; e culpabilidade, 370; e cultura, 320, 357, 368; e identificações, 268, 271, 369; e pulsão de morte, 136; e resistência, 190; e transgres-

são, 313; entre os judeus, 277; interpretação dos efeitos do, 183; origem social do, 271, 277; segundo Melanie Klein, 460
Swales, Peter, 235

tabula rasa, 470, 472
Talmude: interpretação no, 175, 276, 280, 290-1; o sagrado no, 276
Tausk, Victor, 230
técnica analítica: segundo Ferenczi, 156-7, 183-5; segundo Frank Philips, 537
técnica ativa, 154-5, 170, 172, 183
Teixeira Coelho, 551
Tel-el-Amarna, 118
teoria sexual infantil, 71
terapia catártica, 36
tópicas, primeira e segunda, 369-70
transferência: ativada pela psicanálise, 170, 432, 477; e corpo, 171-2; e desejo infantil, 81, 413, 432; e falsa ligação, 73; e introjeção, 158; e o infantil, 413; e resistência, 73; e situação analítica, 157, 163, 170, 375, 413; interpretação da, 179, 182, 190; na psicologia do ego, 190; nas psicoses, 477; no caso da Jovem Homossexual, 110; segundo Ferenczi, 163
trauma: como origem da neurose, 77, 379; e abandono materno, 129; e repressão, 456; e sua elaboração na obra de cultura, 377; e técnica ativa, 155; na sexualidade infantil, 120
Turner, Lana, 315

Unger, Roberto Mangabeira, 552-5
Urano, 64
Uzá, 275

Vader, Darth, 382
Viderman, Serge, 228-9
Viena, 27, 97: após a Primeira Guerra Mundial, 100; medicina em, 103ss.; surgimento da psicanálise em, 322

violência, 273-4, 282, 285, 321, 361

Voltaire, 201, 291, 341

Waelder, Robert, 209

Washington Luiz, 361

Weber, Max, 453

Winnicott, Donald, 30, 150, 161, 228-30, 233, 263, 461, 531, 533

Wittgenstein, Ludwig, 517

Yom Kipur, 383-4, 386-8, 391

Zola, Émile, 23, 333, 341, 405

Zweig, Arnold, 89, 97-8, 35

Índice de obras mencionadas (*)

Abraham, Karl: "Caso de fetichismo do pé e do corsete, Um", 121; "Contribuição à psicanálise das neuroses de guerra", 116; "Perdão: observações sobre a obra de Rik *Problemas de psicologia religiosa*", 383-6; "Diferenças psicossexuais entre a histeria e a demência precoce", 118; *História da libido*, 119-20, 123, 125ss., 140, 142, 146; "Modificações e perturbações da pulsão visual nos neuróticos", 56; "Relações psicológicas entre sexualidade e alcoolismo", 118; *Sonho e mito*, 118; "Transformações do voyeurismo nos neuróticos, As", 119

Abras, Rosa (org.), *Jovem homossexual: ficção psicanalítica, A*, 252, 557

Albuquerque, Katia, *Impasses na comunicação com o psicótico*, 408

Alighieri, Dante, *Divina comédia, A*, 18

Allouch, Jean, *Marguerite, ou l'aimée de Lacan*, 249

Alonso, Sílvia, *Leituras de Freud*, 252

Alves da Silva, Lúcia Helena, *Medo da morte em doentes terminais, O*, 408

Andrade, Ricardo Sobral de, *Face noturna do pensamento freudiano, A*, 542-6

Andrian, Peter, *Jardim do conhecimento, O*, 28

Anzieu, Didier, *L'Auto-analyse de Freud*, 24

Arantes, Maria Auxiliadora, *Pacto re-velado: psicanálise e clandestinidade política*, 250, 408, 423

Aristóteles: *De anima*, 470; *Ética a Nicômaco*, 364

Arlow, Frank e Brenner, Charles, *Psychoanalytical technique and psychic conflict*, 231, 245

Aron, Raymond, *Marxismos imaginários*, 202

Asheri, Michael, *Judaísmo vivo, O*, 276

Associação Mundial de Psicanálise (vários autores), *Poderes da palavra, Os*, 546-9

Assoun, Paul-Laurent, *Introduction à l'épistemologie freudienne*, 481, 488-91

(*) Nas páginas correspondentes encontram-se as referências bibliográficas completas dos textos citados no índice apenas pelo nome. Os títulos em itálico referem-se a livros ou teses; os demais, a artigos. Também se encontram aqui os filmes, as obras de ficção e peças musicais mencionadas no livro.

Índice de obras mencionadas

Aulagnier, Piera: *L'apprenti historien et le maître-sorcier*, 247; *Destins du plaisir*, 246, 339; *Violence de l'interprétation*, 228, 245

Ausubel, Nathan, *Treasury of jewish humor, A*, 295

Azevedo, Aluísio, *Cortiço, O*, 405

Bach, Johann Sebastian, *Cravo bem temperado*, 18

Bacha, Marcia Neder, *Psicanálise e educação: laços refeitos*, 408, 427

Balán, Jorge, *Cuéntame tu vida, uma historia del psicoanálisis argentino*, 249, 322

Bálint, Michael, "Experiências técnicas de Sándor Ferenczi", 154

Barande, Ilse, *Sándor Ferenczi*, 170

Baremblitt, Gregório (org.), Publicação dos documentos da cisão de 1970-1, 248

Barros, Elias da Rocha (org.), *Melanie Klein — Evoluções*, 249

Bergmann, Ingmar, *Sonata de outono*, 420

Bergmann, Martin e Hartman, Frank, *Evolution of psychoanalytical technique, The*, 185, 190, 245

Bergson, Henri, *Riso, O*, 287

Berlinck, Manoel, *Psicanálise da clínica cotidiana*, 248

Bertin, Celia, *Dernière Bonaparte, La*, 247

Bessermann Viana, Helena, *Não conte a ninguém*, 251

Bíblia, 274, 345

Bion, Wilfred: *Attention and interpretation*, 228, 243; *Brazilian lectures*, 228, 244, 249; *Long weekend — 1897-1919, The*, 247; *Memoir of the future, A*, 228, 245-6

Birman, Joel: *Freud, cinquenta anos depois* (org.), 238, 249; *Freud e a experiência psicanalítica*, 249; *Percursos na história da psicanálise* (org.), 238; *Por uma estética da existência*, 251; *Psicanálise, ciência e cultura*, 250

Birraux, Annie, "De la crise au processus", 262

Blanton, Smiley, *Diary of my analysis with Freud*, 244

Bléandonù, Gerard, *W. Bion*, 249

Borch-Jakobsen, Mikkel, "Alibis du sujet, Les", 498; *Lacan, le maître absolu*, 249

Bouvet, Maurice, *Œuvres*, 243

Bowlby, John, *Attachment and loss*, 233, 243-4

Brome, Vincent, *Ernest Jones*, 247

Brun, Damièle, *Maternité et le féminin, La*, 249

Cabas, Antonio Godino, *Curso e discurso da obra de Lacan*, 238, 247

Calvino, Italo, *Cidades invisíveis, As*, 414

Caramalac, Rosilene, *Supervisão psicanalítica na universidade, A*, 408

Carone, Marilene, *Memórias de Schreber*, tradução das, 247

Castel, Roland, *Psychanalisme, Le*, 244

Cerqueira, Gisálio (org.), *Crise na psicanálise*, 226, 247

Cesarotto, Oscar e Leite, Márcio Peter de Souza: *J. Lacan — Através do espelho*, 248; *O que é psicanálise*, 247

Chaucer, Geoffrey, *Contos de Canterbury*, 18

Chiarelli, Tadeu, *Jeca nos vernissages, Um*, 549-52

Chnaiderman, Miriam: *Hiato convexo, O*, 237, 249; "Homenagem a Hélio Pellegrino", 226

Cintra Bortoletto, Marisa, *Condição feminina na maternidade, A*, 407, 422

Clair, Jean, *Anatomia impossibile, L'*, 26, 29

Clancier, Anne, *Paradoxe de Winnicott, Le*, 247

Cocks, Geoffrey, *Göring Institute, The*, 247

Coelho Jr., Nelson, *Força da realidade na clínica freudiana, A*, 251, 406, 417

Coimbra, Cecília, *Guardiães da ordem: uma viagem pelas práticas 'psi' no Brasil do 'milagre'*, 224

Comte, Auguste, *Curso de filosofia positiva*, 463

Costa, Jurandir Freire, *Ética no espelho da cultura, A*, 250; *Inocência e o vício, A*, 250; *Psicanálise e contexto cultural*, 249; *Violência e psicanálise*, 238, 247

Costa, Sandra Maria da Silva, *Pulsão de morte: possibilidade de rastreamento no crime e na clínica*, 408

Coura, Rubens Hazov, *Psicanálise no hospital geral Isaías Mehlson, A*, 408, 418

Cymrot, Paulina, *Elaboração psíquica: teoria e técnica psicanalítica*, 252, 407, 415

D'Ávila Pereira, Maria Luíza, *Da angústia, ou de quando indicar análise a uma criança*, 407

Dalbiez, Roland, *Método psicanalítico e a doutrina freudiana, O*, 486

David, Miriam, *Psicoanalisi e la cultura italiana, La*, 249

David, Arnold, "Closing up the corpses", 439

Dayan, Maurice: *Arbre des styles L'*, 246; "Mme K. interpréta", 187

Desanti, Jean-Toussaint, *Philosophie silencieuse, La*, 439

Deleuze, Gilles e Guatari, Félix, *Anti-Œdipe L'*, 244.

Delouya, Daniel: *Alguns aspectos dos modos de conhecer e descobrir em psicanálise*, 406, 416; "Bion: uma obra às voltas com a guerra", 228, 536; *Entre Moisés e Freud*, 350, 389; "Sob o olhar de Goethe", 333

Descartes, René, *Discurso do método*, 453

Descombes, Vincent, *Même et l'autre: quarante-cinq ans de philosophie française — 1933-1978, Le*, 201, 204

Dilthey, Wilhelm, *Introdução às ciências do espírito*, 482

Dolto, Françoise, *Au jeu du désir*, 246

Dupont, Judith, "Relation Freud-Ferenczi à la lumière de leur correspondance, La", 96

Ellenberger, Henri, *Discovery of the unconcious, The*, 243

Eurípides, *Bacantes, As*, 420

Fédida: *Absence, L'*, 246; *Corps du vide et espace de séance*, 246

Fenichel, Otto,"Comments on the literature of psychoanalytic technique", 188

Ferenczi, Sándor: "Desenvolvimento do sentido de realidade", 159; *Diário clínico*, 233; "Dificuldades técnicas na análise de uma histeria", 154, 171; "Ontogênese dos símbolos", 166; "Simbolismo dos olhos, O",

168; "Sintomas transitórios durante a análise", 170; "Transferência e introjeção", 147, 157

Ferenczi, Sándor e Rank, Otto, *Perspectivas da psicanálise*, 184

Ferraz, Flávio e Volich, Rubens (orgs.), *Psicossoma — Psicossomática psicanalítica*, 252

Fichtner, Gerhard, "Lettres de Freud en tant que source historique, Les", 84

Figueira, Sérvulo, *Cultura da psicanálise* (org.), 248; *Efeito psi — Influência da psicanálise, O*, 249; "Notas sobre a cultura psicanalítica brasileira", 223, 241

Figueiredo, Luís Cláudio, *Invenção do psicológico, A*, 251

Fine, Reuben, *História da psicanálise*, 230, 247

Flaubert, Gustave, *Educação sentimental*, 261

Fonseca, Felipe Lessa da, *Pesadelo nas tranças da censura, O*, 406

Foucault, Michel, *Palavras e as coisas, As*, 455, 482

Freud, Anna, *Ego e os mecanismos de defesa, O*, 189, 209

Freud, Ernst, *Vida de Freud em imagens e textos, A*, 245

Freud, Sigmund: *Além do princípio do prazer*, 134, 136-7, 183, 368, 519; *Autobiografia*, 483; "Cabeça da Medusa, A", 64; carta à Bnei Brit, 354; carta à Einstein, 371; carta a Roback, 345; carta de 8 de abril de 1915 a Ferenczi, 484; *Caso Dora*, 24, 417, 547; *Chiste e sua relação com o inconsciente, O*, 22, 24; "Complemento metapsicológico à interpretação dos sonhos", 489; "Contribuição psicanalítica à teoria das perturbações psicogênicas da visão", 56, 132; *Correspondência com A. Zweig*, 350; *Correspondência com E. Silberstein*, 344ss., *Correspondência com W. Fliess*, 19, 86-8, 345; *Ego e o id, O*, 135-6, 142, 185, 188, 499; *Estudos sobre a histeria*, 77, 132, 177, 376; *Futuro de uma ilusão, O*, 332, 351, 370, 527; *História do movimento psicanalítico*, 133; "Homem dos lobos, O", 180, 485; "Homem dos ratos, O", 57, 180,

Índice de obras mencionadas

416-7, 485; *Inibição, sintoma e angústia*, 185-6, 188, 215, 217, 352, 484, 554; *Início do tratamento, O*, 33, 73; *Interpretação dos sonhos, A*: capítulo I, seção 8, 28, 37; capítulo II, 35; capítulo III, 176; capítulo V, seção B, 40, seção D, 72; capítulo VI, seção A, 41; capítulo VI, seção C, 37; capítulo VIII, 368; como obra exemplar, 31, 419; prefácio à segunda edição, 17, 37; *Introdução ao narcisismo*, 367; "Lembrança infantil de Goethe, Uma", 355, 377; "Lembrança infantil de Leonardo da Vinci, Uma", 180, 377; *Lições de introdução à psicanálise*, 106; *Mal-estar da civilização, O*, 134; "Mal-estar na cultura, O", 523; "Manejo da interpretação dos sonhos, O", 181; "Método psicanalítico de Freud, O", 36, 178; *Moisés de Michelangelo, O*, 354; *Moisés e o monoteísmo*, 119; "Moral sexual civilizada e o nervosismo moderno, A", 358; *Neuropsicoses de defesa, As*, 459; *Neurose demoníaca no século XVII, Uma*, 377; "Problema econômico do masoquismo, O", 136; *Projeto de uma psicologia para neurólogos*, 132, 480, 540; *Psicogênese de um caso de homossexualidade feminina*, 100ss., 547; *Psicologia das massas e análise do ego*, 99, 419: "Inconsciente, O", 540, "Psicanálise e teoria da libido", 484, "Resistência contra a psicanálise", 526; "Psicologia do colegial", 261; *Psicopatologia da vida cotidiana*, 22-3, 216; "Psicoterapia da histeria, A", 75; *Pulsões e destinos de pulsão*, 48, 139, 212, 484; "Recordação, repetição e elaboração", 156, 180; "Sinistro, O", 65, 67; "Sobre a razão para distinguir da neurastenia uma certa síndrome sob o título de *neurose de angústia*", 459; *Sonhos e delírios na Gradiva de Jensen*, 318; "Tipo especial de escolha de objeto no homem, Um", 180; *Totem e tabu*, 318, 321, 349, 356, 385, 419, 448, 522; *Três ensaios para uma teoria sexual*, 47, 50-1, 53, 119, 132, 212, 218, 261, 380, 440

Fridlin, Jairo (org.), Machzor (*Livro de orações*) para o Yom Kipur, 384

Frochtengarten, Janete, "Necessária inquietação de quem transmite", 224

Fuks, Mário, "Para uma história do curso de psicanálise", 224

Gabbi, Osmyr, *Freud — racionalidade, sentido e referência*, 251

Gaiarsa, André, *Entre: objetividade da subjetividade, O*, 407

García, German, *Entrada del psicoanálisis en la Argentina, La*, 246

Garcia-Roza, Luís Alfredo: *Acaso e repetição*, 248; *Freud e o inconsciente*, 237, 247; *Introdução à metapsicologia freudiana*, 249-50; *Mal radical em Freud, O*, 249

Gardiner, Muriel, *Wolf man by the wolf man, The*, 244

Gay, Peter, *Freud, a life for our times*, 230, 248, 350

Gilda, 315

Glover, Edward, "Active therapy and psychoanalysis", 185

Góes, Lilian Darzé, *Amor na transferência e em dois contos de Machado de Assis, O*, 407, 420

Goldfarb, Delia Catullo de, *Corpo, tempo e envelhecimento*, 407, 423

Gomes, Puricacion Barcia, *Método terapêutico de Sheerazade: mil e uma histórias de loucura, desejo e cura, O*, 407, 412

Gonçalves, Arthur, *Conceito de Eros como pulsão de amor no pensamento de Freud, O*, 406

Gonçalves, Camila Salles, *Desilusão e história na psicanálise de Jean-Paul Sartre*, 200

Gonçalves, Teresa Elizete, *Psicanálise na Inglaterra e o Middle Group, A*, 408

Gonçalves, Teresinha Maria, *Estereotipia na relação paciente-terapeuta em uma instituição psiquiátrica*, 408

Granoff, Wladimir, *Filiations*, 245; *Pensée et le féminin, La*, 245

Green, André: *Conferências brasileiras*, 249; *Discours vivant, Le*, 228, 244; *Folie privée, La*,

249; *Has sexuality anything to do with psycho-analysis?*, 232; *Narcissisme de vie, narcissisme de mort*, 247; *Pulsão de morte, A* (com outros autores), 231; *Travail du négatif, Le*, 250; *Un œil en trop*, 243

Greenson, Ralph, *Technique and practice of psycho-analysis*, 190, 228

Grinstein, Alexander, *Index of psychoanalytic writings, The*, 244

Grosskurth, Phyllis, *Mundo e a obra de Melanie Klein, O*, 527, 528-31

Grünbaum, Adolf, *Validation in the clinical theory of psychoanalysis*, 250

Guimarães, Carmen Foot, *Estudo preliminar das fantasias que conduzem o homem à vasectomia*, 407

Gurfinkel, Decio, *Pulsão e seu objeto-droga, A*, 251

Hanns, Luiz Alberto, *Dicionário comentado do Alemão de Freud*, 251, 538-42; *Teoria pulsional na clínica de Freud, A*, 346, 406

Haynal, André, *Technique en question, La*, 249

Hegel, Georg W. F.: *Fenomenologia do Espírito*, 201, 333-5, 337-8; *Filosofia do direito*, 330

Hermann, Fábio, *Andaimes do real*, 246-7; *Clínica psicanalítica — a arte da interpretação*, 249; *O que é psicanálise*, 247

Hinshelwood, Robert, *Dictionary of Kleinian thought, A*, 187

Hoffmann, E. T. A., "Homem da areia, O", 65

Horowitz, David (org.), *Itzhak Rabin, o soldado da paz*, 280

Hughes, Judith, *Reshaping the psychoanalytic domain*, 230, 249

Hughes, Stuart, *Consciousness and society*, 27; *Iconographie de la Salpêtrière*, 18, 26

Hyppolite, Jean, *Figures de la pensée philosophique*, 486

Jaccard, Roland (org.), *Histoire de la psychanalyse*, 247

Jacobsen, Mikkel, *Alibis du sujet, Les*, 498-9

Jerusalinsky, Alfredo, *Psicanálise do autismo*, 238, 247

Jones, Ernest, "Karl Abraham", 117, 124; Jones, Ernest, *Vida e a obra de Sigmund Freud, A*, 97, 114

Joseph, Betty, *Psychic equilibrium and psychic change*, 249

Junqueira, Luís Carlos (org.), *Corpo-mente: fronteira móvel*, 234, 251

Juranville, Allain de, *Lacan et la philosophie*, 247

Kacelnik, Joyce, *Clínica psicanalítica em língua estrangeira, A*, 407, 425

Kafft-Ebing, Richard von, *Psychopathia sexualis*, 440

Kafka, Franz, *Carta ao pai*, 354

Kant, Immanuel, *Crítica da razão pura*, 136, 330, 462, 473-4

Kardiner, Abraham, *My analysis with Freud*, 246

Katz, Chaim Samuel: *Coração distante, O*, 251; *Freud e as psicoses*, 250; *Histeria, A — o caso Dora* (org.), 250; *Temporalidade e psicanálise* (org.), 251

Keill, Norman, *Freud without hindsight*, 248

Kernberg, Otto, *Borderline conditions and pathological narcissism*, 229, 245; *Object relations in theory and clinical psychoanalysis*, 245

Khan, Massud, *Privacy of the self, The*, 229, 245

Klain, Wilson, *Herança do desamparo na gênese da identidade, A*, 406

Klein, Melanie: "Origens da transferência, As", 187; *Psicanálise da criança, A*, 370

Kogut, Eliane, *Cinema no ensino da psicanálise, O*, 408, 420

Kohut, Heinz: *Analysis of the self, The*, 228, 244; *Restoration of the self, The*, 228, 246

Kouki, Elizabeth, "Artémidore, ou du bom plaisir de l'interprète", 177

Kuhn, Thomas, *Estrutura das revoluções científicas, A*, 431, 454, 479

Kupermann, Daniel, *Transferências cruzadas*, 252

Kurzweil, Elizabeth, *Freudians, The*, 249

Índice de obras mencionadas

Lacan, Jacques: "Direção do tratamento e os princípios do seu poder, A", 192; *Encore*, 245; Seminário I, *Escritos técnicos de Freud*, 245; Seminário III, *Psicoses, As*, 246; Seminário VI, *Desejo e sua interpretação, O*, 193; Seminário XI, *Quatro conceitos fundamentais da psicanálise, Os*, 244

Landmann, Salcia, *Jüdische Witze*, 295

Langer, Marie, *Memoria, Historia y Diálogo Psicanalítico*, 247

Langs, Richard, *Classics in psychoanalytical technique*, 246

Laplanche, Jean: "Interpretar (com) Freud", 181; *Novos fundamentos para a psicanálise*, 215, 248; *Problématiques I a IV*, 246, 248; "Pulsão de morte na teoria da pulsão sexual, A", 134; *Pulsion de mort, La* (org.), 248; *Teoria da sedução generalizada*, 134, 173; *Vida e morte em psicanálise*, 47, 134, 211, 228, 243, 366

Laplanche, Jean e Pontalis, Jean-Bertrand, *Vocabulário da psicanálise*, 211, 228

Le Guen, Claude, *L'Œdipe originaire*, 217, 244; *Nouveaux fondements pour la psychanalyse*, 218; *Prática do método psicanalítico*, 215, 247

Lebrun, Gerard: "Conceito de paixão, O", 363; "Idée d'épistémologie, L'", 438, 456, 462-4

Leclaire, Serge: "Pierre-Marie, ou l'enfant", 194; *Psychanalyser*, 228

Lemaire, Anika, *Lacan*, 225, 246

Lévi-Strauss, Claude, *Tristes trópicos*, 405

Lo Bianco, Anna Carolina, "*Bildung* alemã e a cultura em Freud, A", 327, 339-40, 342-3

Lorin, Claude, *Jeune Ferenczi: premier écrits, Le*, 153

Loureiro, Inês, "Três olhares sobre a relação Freud/Goethe", 329

Lucas, George, *Guerra nas estrelas*, 381

Mahler, Margareth (org.), *Birth of the human infant, The*, 245

Mahony, Patrick, *Freud and the rat man*, 248

Mangabeira Unger, Roberto, *Paixão*, 552-5

Mannoni, Maud, *Psychiatre, son fou et le psychanalyste, Le*, 243

Mannoni, Octave, *Clés pour l'imaginaire*, 243; *Fictions freudiennes*, 246; *Sur l'interprétation*, 174

Marcuse, Herbert, *Eros e ivilização*, 362

Marty, Pierre, *Ordre psychosomatique, L'*, 246

Masson, Jeffrey Moussaieff, *Atentado à verdade*, 90

McDougall, Joyce: "De l'indicible à l'interprétation", 191-2; *Plaidoyer pour une certaine anormalité*, 246; *Teatros do eu*, 247, 493, 495-7, 500, 514, 517-8

Meiches, Mauro, *Pulsão espetacular, Uma*, 252, 420; *Travessia do trágico em análise, A*, 407, 413

Meltzer, Donald, *Explorations in autism*, 245

Mendousse, Pierre, *Âme de l'adolescent, L'*, 261

Menezes, Luís Carlos, "Ideia de progresso em psicanálise, A", 478

Merleau-Ponty, Maurice, *Ojo y el espíritu, El*, 469

Mezan, Renato: apresentação de Tempo de muda, 317; "Crítica e autocrítica: humor judaico", 286; *Escrever a clínica*, 399, 403, 433; *Explosivos na sala de visitas*, 322, 441, 491; *Figuras da teoria psicanalítica*, 251, 323, 345, 545; *Freud: a trama dos conceitos*, 237, 247; *Freud, pensador de cultura*, 21, 98, 237, 248, 286, 322, 327, 441; *Nostra culpa, nostra maxima culpa*, 488; "Psicanálise e neurociências, uma questão mal colocada", 234, 432; *Psicanálise em livros, A*, 395; *Psicanálise, judaísmo: ressonâncias*, 98, 248, 282, 294, 323; "Sobre a história da psicanálise: questões de método", 488; "Sobre a pesquisa em psicanálise", 395; *Sombra de Don Juan, A*, 250; "Três concepções do originário", 488; "Viena de Freud, A", 544; "Viena e as origens da psicanálise", 322, 441; "Viena imaginária", 322; *Vingança da Esfinge, A*, 63, 249; "Violinistas no telhado", 277, 294, 388

Mijolla, Alain de (org.), *Fondamental de la psychanalyse*, 252

Miller, Jacques-Alain, *Excommunication, L'*, 246; *Lacan elucidado: palestras no Brasil*, 546, 548

Mitchell, Stephen, e Greenberg, Jay, *Object relations in psychoanalytical theory*, 247

Molnar, Michael, *Diaries of Sigmund Freud, The*, 250

Monzani, Luiz Roberto: "Discurso filosófico e discurso psicanalítico", 196; *Freud, o movimento de um pensamento*, 249

Moravia, Alberto, *Il dio Kurt*, 378

Mordier, Jean Pierre, *Débuts de la psychanalyse en France, Les*, 488

Moreira, Alduísio, *Leitura introdutória a Lacan, Uma*, 238, 249

Moreira, Ana Cleide, *Depressão em Freud e em Conrad Stein, A*, 407, 420

Moritz Kon, Noemi, *Freud e seu duplo*, 252, 352

Nascimento, Rúbia Mara dos Santos, *Luto de um amor: a perda do seio*, 418

New England Journal of Medicine, 405

Nicolaïdis, Nicos, *Représentation, La*, 247

Niederland, William, *Caso Schreber, O*, 244

Novak, William e Waldoks, Moshe, *Big book of Jewish humor*, 296, 301

Oliveira, César Augusto de, *Adolescentes reagentes: identificação e amor fanático*, 408

Outeral, José (org.), *Psicanálise brasileira*, 250

Ovídio, *Metamorfoses*, 63

Palmier, Jean-Michel, "Psychanalyse en Hongrie, La", 152

Pelanda, Nestor (org.), *Psicanálise — uma revolução no olhar*, 252

Pereira da Silva, Maria Cecília, *Paixão de formar, A*, 250, 408, 421

Pereira França, Cassandra, *Ejaculação precoce e disfunção erétil*, 407, 416

Pereira Leite, Eliana Borges, *Figura na teoria psicanalítica, A*, 407, 411

Perestrello, Marialzira, *Encontros: psicanálise*, 532-5

Perrier, François, *Chaussée d'Antin, La*, 246

Petot, Jean-Michel, *Mélanie Klein*, 247

Philips, Frank, *Psicanálise do desconhecido*, 535-8

Platão: *Banquete, O*, 105; *Mênon*, 471; *República, A*, 318, 470

Politzer, Georges, *Crítica dos fundamentos da psicologia*, 486

Pommier, Christian, *Desenlace de uma psicanálise, O*, 193

Pontalis, Jean-Bertrand: *Après Freud*, 243; "Entre Freud et Charcot", 35; *Entre le rêve et la douleur*, 245

Postman always rings twice, The, 315

Prado Jr., Bento (org.), *Filosofia da psicanálise*, 249

Pribram, Karl e Gill, Merton, *Freud's "Project" reassessed*, 245

Rangel, Adriana, *Diamba, prazer e poder*, 408

Rank, Otto, "Duplo, O", 67

Reich, Wilhelm, "Technique of character analysis, The", 188

Reik, Theodor, *Problemas de psicologia religiosa*, 383; *Variações psicanalíticas sobre um tema de Gustav Mahler*, 117

Roazen, Paul, *Brother animal*, 243; *Freud and his followers*, 230, 244; *Helen Deutsch*, 247

Robell, Suzanne, *Anorexia nervosa e os limites do seu tratamento*, 407; *Mulher escondida*, 123

Robert, Marthe, *D'Œdipe à Moïse*, 230, 244

Rocha, Ana Maria Lino da, *Escolha da paixão: o caso de Camille Claudel*, 408

Rodrigué, Emilio: *Antiyo yo, El*, 245; *Freud: o século da psicanálise*, 251

Rosenfeld, Helena Kon, *Palavra pescando não palavra*, 407, 411

Rosenfeld, Herbert, *Impasse and interpretation*, 248

Roudinesco, Elizabeth, *Généalogies*, 230; *História da psicanálise na França*, 230, 248, 322; *Jacques Lacan*, 250; *Por que a psicanálise?*, 521-7

Índice de obras mencionadas

Ruiz, Juliana dos Santos, *Aids e suas representações*, A, 408

Rycroft, Charles, *Critical dictionary of psychoanalysis*, A, 243

Sagawa, Roberto Yutaka, "História da Sociedade de Psicanálise de São Paulo, A", 228

Sampaio, Camila Pedral, *Ficção literária: terceira margem na clínica*, 407

Santner, Eric, *Alemanha de Schreber, A*, 349

Sartre, Jean-Paul, *Crítica da razão dialética*, 202

Scaff, Denise, *Função paterna, A*, 407

Schafer, Roy, *New language for psychoanalysis, A*, 228, 245

Schneider, Monique, Conscience investie, La, 79; *De l'exorcisme à la psychanalyse*, 445; *Freud et le plaisir*, 246; *Parole et l'inceste, La*, 246, 324; *Part de l'ombre, La*, 250; *Père, ne vois-tu pas...?*, 44-5, 248

Schorske, Carl, *Viena fin-de-siècle*, 27

Schur, Max: "Affaire Emma, L'", 43; *Freud living and dying*, 230, 244

Segal, Hanna, *Work of H. Segal, The*, 246

Selaibe, Mara, *Transpassagens*, 406

Sievers, Donald, *Freud on Broadway*, 243

Sigal, Ana Maria (org.), *Lugar dos pais na psicanálise de crianças, O*, 250

Sister, Bela e Taffarel, Marilza, *Isaías Mehlson*, 251

Slavutzky, Abrão (org.), *Cem anos da psicanálise*, 238, 251

Sófocles, *Édipo-Rei*, 23, 123, 323, 347

Spillius, Elizabeth, *Melanie Klein hoje*, 228, 249

Stasevskas, Yanina Otsuka, *Contar histórias no hospital-dia do Butantã*, 408, 418

Stein, Conrad: *Enfant imaginaire, L'*, 228, 244; *Mort d'Œdipe, La*, 246; "Paternité, La", 38, 39, 41, 58; *Psicanalista e seu ofício, O*, 248

Steiner, Richard e King, Pearl, *Freud-Klein controversies, The*, 249

Sterba, Richard, *Reminiscences of a viennese psychoanalyst*, 247

Strachey, James: "Efeito terapêutico da interpretação inexata, O", 186; "Interpretação mutativa, A", 371

Sulloway, Frank, *Freud, biologist of the mind*, 230, 246

Tanis, Bernardo, *Memória e temporalidade — um estudo sobre o infantil em psicanálise*, 251, 406, 413

Torok, Maria: "Deuil ou mélancolie", 164; "Maladie du deuil et fantasme du cadavre exquis", 164

Uchitel, Myriam, *Além dos limites da interpretação*, 177, 254, 407, 410

Ulhoa Cintra, Elisa Maria de, *Narcisismo absoluto e depressão*, 407; *Primeiros trabalhos de Melanie Klein, Os*, 408

Vargas, Miriam Debieux, *Parece uma mancha de tinta*, 406

Vernant, Jean-Pierre: "Édipo sem complexo", 323; *Mort dans les yeux, La*, 61, 66-7, 69

Vezzetti, Hugo (org.), *Freud en Buenos Aires*, 249; *Loucura en la Argentina, La*, 247

Viderman, Serge, *Céleste et le sublunaire, Le*, 245; *Construction de l'espace analytique, La*, 228, 243

Vieira, Maria Cláudia Tedeschi, *Narcisismo, O*, 406

Violante, Maria Lúcia, *Criança mal-amada: estudo sobre a potencialidade melancólica, A*, 149, 251, 407, 414

Wagner, Claudio Mello, *Freud e Reich: continuidade ou ruptura?*, 408, 426; *Transferência na vegetoterapia cráctero-analítica, A*, 407

Wagner, Richard, *Anel dos Nibelungos, O*, 110

Watson e Crick, *Dupla hélice, A*, 405

Widlöcher, Daniel e Rosolato, Guy, "Karl Abraham: leitura de sua obra", 117ss.

Wilde, Oscar, *Retrato de Dorian Gray, O*, 29

Winnicott, Donald: "Adolescence, L'", 263;

Through pediatrics to psychoanalysis, 245; *Playing and reality*, 228, 244

Wolf, Mareike, *Psychopathologie et ses méthodes, La*, 150

Wolff, Christoph, *Bach, the learned musician*, 450

Wollheim, Richard, *Freud*, 244

Yaroslavsky, Sarah Plotnik, *Como chegar a ser o que se é*, 407

Yida, Valéria, *Gozo do sintoma, O*, 407

Young-Bruehl, Elizabeth, *Anna Freud*, 248

Zola, Émile, *Assommoir, L'*, 405

GRÁFICA PAYM
Tel. [11] 4392-3344
paym@graficapaym.com.br